河北大学燕赵文化高等研究院
INSTITUTE FOR ADVANCED STUDY OF YANZHAO CULTURE,HEBEI UNIVERSITY
——— 成 果 文 库 ———

# 河北期刊出版研究

金强 等著

（1912—1949）

中国社会科学出版社

## 图书在版编目（CIP）数据

河北期刊出版研究：1912—1949／金强等著 . —北京：中国社会科学出版社，2023.8

ISBN 978-7-5227-2016-6

Ⅰ.①河… Ⅱ.①金… Ⅲ.①期刊—出版工作—研究—河北—1912—1949 Ⅳ.①G237.5

中国国家版本馆 CIP 数据核字（2023）第 106130 号

| 出 版 人 | 赵剑英 |
|---|---|
| 责任编辑 | 安　芳 |
| 责任校对 | 张爱华 |
| 责任印制 | 李寡寡 |

| 出　　版 | 中国社会科学出版社 |
|---|---|
| 社　　址 | 北京鼓楼西大街甲 158 号 |
| 邮　　编 | 100720 |
| 网　　址 | http://www.csspw.cn |
| 发 行 部 | 010-84083685 |
| 门 市 部 | 010-84029450 |
| 经　　销 | 新华书店及其他书店 |
| 印　　刷 | 北京明恒达印务有限公司 |
| 装　　订 | 廊坊市广阳区广增装订厂 |
| 版　　次 | 2023 年 8 月第 1 版 |
| 印　　次 | 2023 年 8 月第 1 次印刷 |
| 开　　本 | 710×1000 1/16 |
| 印　　张 | 32.5 |
| 插　　页 | 2 |
| 字　　数 | 516 千字 |
| 定　　价 | 168.00 元 |

凡购买中国社会科学出版社图书，如有质量问题请与本社营销中心联系调换
电话：010-84083683
版权所有　侵权必究

# 特别致谢

本成果出版受到河北大学燕赵文化高等研究院学科建设经费和2022年度河北省哲学社会科学学术著作出版经费的资助，特此表示真诚的感谢！也感谢河北大学新闻传播学院和河北大学跨文化传播研究中心对项目开展给予的特殊支持！同时，对河北大学新闻传播学院2007级、2009级、2015级、2016级、2017级、2018级、2019级本人指导过学年论文或毕业论文的同学们（姓名详见后记）表示感谢！着重感谢我的硕士生王广坦、回笑哲、刘通、王一栋，以及硕士生张旭阳等在资料整理和内容呈现方面所做的贡献！

# 序

中国近代的第一份报刊《察世俗每月统记传》是以"期刊"形式发行的。从物质形态上看，中国报刊业也是沿着由刊到报的形式发展的。晚清时期，"报""刊"往往不分，但《时务报》《新民丛报》《民报》作为"刊"的影响力，已广为学界认知。民国之后，"报"与"刊"在内容、形式方面都有了显著区别。杂志成为"刊"的别称。《东方杂志》《新青年》《生活》《观察》等杂志广受读者欢迎。从思想史的角度看，"刊"重于"报"，期刊提供的"思想资源"和"概念工具"，对读者的影响更为深刻。

期刊史的研究历来受到学界的高度重视，成果亦甚为丰硕。近年来，对清末民初期刊的社会启蒙与思想价值的研究，更引发学者广泛的讨论。但是，从"期刊地理"的角度看，有关期刊作为"地方性知识"的系统研究较为少见。在地方新闻传播史研究中，现有的成果偏向于对报纸的分析，地方期刊史的专题研究尚未得到应有的重视。令人欣喜的是，金强兄带领他的研究团队，十数年来一直从事民国河北期刊的整理与研究，收集民国时期河北期刊共计158种，从刊物的空间分布探讨其区域性特色；从办刊者的类型分析其组织化特色；从读者关系，探讨其思想张力和社会影响。书中对期刊的分类研究颇有特色，甚见功力。书中提出，民国时期河北期刊无论是政府类、文德教育类，还是实业类都是对当时最新思想、最新政策、最新科学技术成果及最新人文发展成就的快速传播者，也是当时整个社会"追新求变"和"思想革新"氛围的主要营造者。期刊形式风格的变化，既是编辑出版技术进步的表现，也是社会文化与思想变迁的写照。这些论述，是建立大量史料基础上所得出的结论，读后颇受启发。

纵观全书，作者既在整体上把握了河北期刊"地理空间"的分布特征，又从历时性的角度对期刊的分期和阶段性发展进行了系统阐述，全面反映了民国时期河北期刊的发展脉络、创办主体、主要内容、发行网络、社会影响，作者采用了大量一手史料进行详细论证，其中有些期刊尚是首次得以全面分析。这对推动地方新闻史尤其是地方期刊史研究有着十分重要的意义。当然，地方期刊史尚有很大的突破空间，如办刊者的思想历程、交往网络如何影响刊物的特色，地方性期刊与"地方性知识"的互动关系，读者如何阅读刊物并形成"意义之网"，等等。这些问题尚待进一步开掘。期待金强兄在现有研究的基础上，再接再厉，在不久的将来，取得更大的突破。

蒋建国[*]

2021 年 11 月 27 日于沪上仁德公寓

---

[*] 作者系复旦大学新闻学院教授、博士生导师，中国新闻史学会地方新闻史专业委员会理事长。

# 目　录

自　序 …………………………………………………………… (1)

绪　论 …………………………………………………………… (1)

**第一章　本研究的基本考量** ………………………………… (6)
 第一节　研究背景 ……………………………………………… (6)
  一　民国时期河北省的经济社会发展状况 ………………… (7)
  二　民国期刊的发展简述 …………………………………… (9)
 第二节　研究现状 ……………………………………………… (14)
  一　相关领域的研究专著 …………………………………… (14)
  二　相关领域的研究论文 …………………………………… (19)
 第三节　研究范围与研究方向 ………………………………… (23)
  一　研究范围的界定 ………………………………………… (23)
  二　研究方向的说明 ………………………………………… (24)
 第四节　研究的基础条件与影响因素 ………………………… (25)
  一　研究的基础条件 ………………………………………… (25)
  二　研究的影响因素 ………………………………………… (26)

**第二章　民国时期河北期刊的出版统计** …………………… (28)
 第一节　期刊出版的时间脉络 ………………………………… (28)
  一　直隶省时期(1912—1927) ……………………………… (30)

二　土地革命战争时期(1928—1936) ………………………… (31)
三　全面抗战时期(1937—1945) …………………………… (33)
四　解放战争时期(1946—1949) …………………………… (35)
第二节　期刊出版地区的分布 ………………………………… (37)
一　民国时期河北省平津地区出版的期刊 ………………… (38)
二　民国时期河北省保定地区出版的期刊 ………………… (39)
三　民国时期非平津保地区的河北省期刊 ………………… (40)
第三节　期刊出版单位的类型 ………………………………… (41)
一　党政机关所办刊物 ……………………………………… (41)
二　学校院系所办期刊 ……………………………………… (43)
三　专业期刊社所办期刊 …………………………………… (44)
四　社会组织所办期刊 ……………………………………… (45)
第四节　期刊出版周期的统计 ………………………………… (46)
一　日刊、五日刊、周刊、双周刊 ………………………… (46)
二　旬刊、半月刊、月刊、双月刊 ………………………… (48)
三　半季刊、季刊、半年刊、年刊 ………………………… (50)
四　特刊、暂不确定出版周期的期刊 ……………………… (51)

**第三章　民国时期河北的各类代表期刊** ……………………… (54)
第一节　民国时期河北的文学艺术类期刊 …………………… (54)
一　《疾呼》 ………………………………………………… (54)
二　《幽燕》 ………………………………………………… (58)
三　《望益》 ………………………………………………… (66)
四　《学友》 ………………………………………………… (71)
五　《文化前哨月刊》 ……………………………………… (79)
六　《烽炎》 ………………………………………………… (87)
七　《歌与剧(河间)》 ……………………………………… (92)
第二节　民国时期河北的文教德育类期刊 …………………… (103)

一　《育德月刊》 …………………………………………………… (103)

　　二　《冀中教育》 …………………………………………………… (116)

　　三　《河北教育月刊》 ……………………………………………… (128)

　　四　《心声》 ………………………………………………………… (141)

　　五　《乡民》 ………………………………………………………… (155)

　　六　《河北省立第七中学校刊》 …………………………………… (169)

　　七　《正中校刊》 …………………………………………………… (182)

　　八　《沧中双周》 …………………………………………………… (195)

　　九　河北女师学院师中部《师中月刊》 …………………………… (207)

　　十　《女师学院期刊》 ……………………………………………… (221)

　　十一　《保师附小校刊》 …………………………………………… (234)

　第三节　民国时期河北的党政与社科综合类期刊 …………………… (246)

　　一　《河北建设公报》 ……………………………………………… (246)

　　二　《河北月刊》 …………………………………………………… (254)

　　三　《河北民国日报》副刊 ………………………………………… (265)

　　四　《市民周报》 …………………………………………………… (274)

　第四节　民国时期河北的实业类期刊 ………………………………… (286)

　　一　《河北实业公报》 ……………………………………………… (286)

　　二　《河北省银行经济半月刊》 …………………………………… (299)

　　三　《河北棉产汇报》 ……………………………………………… (311)

　　四　《河北通俗农刊》 ……………………………………………… (321)

第四章　民国时期河北期刊的出版特征 ………………………………… (334)

　第一节　民国时期河北期刊的主要类型 ……………………………… (334)

　　一　党政综合类与社科综合类期刊 ………………………………… (335)

　　二　文教德育类与文学艺术类期刊 ………………………………… (336)

　　三　实业类与宗教类期刊 …………………………………………… (337)

　第二节　民国时期河北期刊的创刊宗旨 ……………………………… (338)

一　公开政务于民 …………………………………………… (339)
　　二　介绍知识于民 …………………………………………… (339)
　　三　传播思想于民 …………………………………………… (340)
　第三节　民国时期河北期刊的创刊号 …………………………… (341)
　　一　创刊号的整体概况 ……………………………………… (342)
　　二　创刊号的内容特色 ……………………………………… (344)
　　三　创刊号的出版启示 ……………………………………… (351)
　第四节　民国时期河北期刊的发刊词 …………………………… (354)
　　一　发刊词的总体概况 ……………………………………… (355)
　　二　发刊词的内容特点 ……………………………………… (357)
　　三　发刊词的时代使命与出版启示 ………………………… (361)

## 第五章　民国时期河北期刊的形式与风格 ……………………… (366)
　第一节　民国时期河北期刊封面的形式与风格 ………………… (366)
　　一　封面的配置形式 ………………………………………… (366)
　　二　封面的风格特征 ………………………………………… (396)
　第二节　民国时期河北期刊内文的形式与风格 ………………… (402)
　　一　内文版式的呈现形式 …………………………………… (402)
　　二　内文版式的风格特征 …………………………………… (421)
　第三节　民国时期河北期刊的地域风格 ………………………… (427)
　　一　勇猛精进的"新"冀东 ………………………………… (427)
　　二　慷慨博大的"文艺"保定 ……………………………… (432)
　　三　期刊出版的"金三角"——京津保 …………………… (434)
　第四节　民国时期河北期刊的广告形式与风格 ………………… (435)
　　一　广告刊登的样貌、品类与形式 ………………………… (435)
　　二　广告配置的风格特征 …………………………………… (442)
　第五节　民国时期河北期刊栏目的形式与风格 ………………… (443)
　　一　栏目设置的基本考量："因时""因事"与"因势" ……… (443)

二　栏目设置的风格特征:"合规""合用"与"合拍" ………… (444)
第六节　民国时期河北期刊形式与风格的成因 …………… (445)
　　一　国家大势、时代号角与民意汇集的必然呼应 ………… (445)
　　二　地域文化、民俗风尚与区位特征的必然彰显 ………… (447)
　　三　行业约制、专业精神与职业操作的必然体现 ………… (448)

**余论　民国时期河北期刊史学术体系的建构** …………… (453)
　　一　研究路径的基本遵循 ………………………………… (454)
　　二　研究方法的具体运用 ………………………………… (456)

**参考文献** ………………………………………………………… (460)

**附录一　民国时期河北期刊基本信息汇总表** ………………… (472)

**附录二　民国时期河北期刊文献存留情况汇总表** …………… (484)

**附录三　重读《新闻纸与其社会的任务》** …………………… (490)

**后　记** …………………………………………………………… (501)

# 自　　序

　　民国时期河北期刊的面貌与风格究竟怎样？相信在近现代史和地方史专家眼中是有其"形廓"的，但对于出版史专家或者说期刊史研究者来说，却未必能说出一些"端倪"。一直以来，民国时期的新闻出版史研究多以报业为重点，期刊研究相对冷清。目前主流的期刊史或者出版史学术著作中，还未出现专门给河北期刊立章设节的情况，一些权威著作中几乎也未见有对河北一地期刊的提及，但对于一些专门史的研究来说，已经不可避免地大量运用民国时期河北期刊中呈现的事实和观点。如今，地方文化的开掘更加专业化和精细化，要求更具时空感的真实体察和"有一说一"的"在地化"处理。

　　民国时期的河北期刊，是燕赵文化或说是燕赵出版文化的重要载体和组成部分。民国时期的河北，政治波动和军事博弈尤盛，经济也可以独表一枝，是绝对的区域中心，发挥着举足轻重的作用。在整个民国时期，文化方面的"支离破碎"感和"跌宕起伏"感交叉并存，由于行政区划调整和文化力量分散，文化方面的"拳头产品"相对缺乏，从全国范围的横向对比来看，也"表现平平"。民国时期的河北风采，一定程度上被察哈尔省（省会张家口）、热河省（省会承德），以及一直游移于河北省内外的天津所"瓜分"。但无论怎样，河北不可变更的地理区位优势和无法取代的政治地位都表明，这不是一个可以被简单"边缘化"和"零散化"的地方。

　　民国时期的河北，其情势、其气质、其风物，其名其实，都与今日稍有不同，可以用"波澜起伏"和"汹涌澎湃"来形容。虽然"燕赵风骨"和"慷慨悲歌"已给河北的人文历史特征做出了一些基本廓形"显影"，但可歌可泣、求真务实的英雄河北，过往之坎坷、经历之繁复、情感之深沉，远不是已有省情概貌形容词所能够完全涵括的。尤其是于地方史和地方志来说，河北的出版资源之丰富、史实材料之精细、语言表达之真切，也具有不可多得的"宝藏"气质和"隐士"风格。

言论表达，是重要的民众诉求，也是必要的生存武器。民国时期的纷争繁乱，与当时的信息技术条件和舆论环境有很大关系。且不说由于政治立场不同带来的区域分割和情报对抗，同一区域也因为不同的信息接受习惯和迥异的媒介素养，造成了认知上的高低落差以及情感上的冷热起伏和交往上的远近亲疏。民国时期的河北期刊，恰恰在这些方面，都是忠实的记录者和传播者。报纸固然在传递信息、表达情感和价值判断方面，如同"飞枪匕首"般尖利，但期刊也在专题研讨、群组发声、观点磨砺方面，扮演了类似于"大刀长矛"的角色。当时的报纸和期刊，都乐于鲜明地表达自己的政治立场，以致让今人重读时，都不得不重新审慎地判断其对于当今时代的丰富意涵。

找寻民国时期散落于省内多地的河北期刊颇为不易。政治、经济、地理、文化、军事、技术等诸多条件，无一不在影响着当时的期刊出版，而政治因素和地理因素尤为突出。时人常形容河北省是一个"散装省"，这也常被用来解释成河北至今没有较强中心城市的原因，但从民国的繁复过往中，可以判断出河北是有中心的。保定在民国时期的河北，是当之无愧的文化中心，虽然于经济来说，保定一直位落唐山之后，但其也可以与唐山形成"双星共耀"之态势。故而唐山风格和保定风格，正可以互补互进、交映生辉，并几乎撑起了大半个河北。除却民国时期的察哈尔省省会张家口和热河省省会承德，京津的并入与分离，也牵动了河北的复杂情绪，这不仅形成了后来政治心理上的反复纠结，也似乎成为后来河北省经济社会发展的郁结心中、欲言又止的"矛盾点"。京津曾在民国时期的河北发挥了一些现今在河北土地上不太可能发挥的作用。在燕赵大地上，由于军事、政治、经济等多重原因导致的多次省会异动，也加速了河北省"形聚神散"的政区风格。除了京津之外，河北也努力以自己的方式出产并留住人才，虽然相当比例的人才流入京津后不再主要为河北效力，但仍能看出"京津保"和"京津唐"两个三角，是持续而隐约存在的。"京津冀一体化"的趋势势不可挡，民国期刊中的精彩观点和珍贵记忆，应该成为今天奋发有为、开拓创新、共谋发展的助力。

民国时期的河北期刊，有的已经尘封百年，自其出版发行后，可能仅在短时间内发挥过作用、产生过影响，然后便消散于历史云烟里，几十年后才被后人重新收集整理、扫描存档，并有可能被后代研究者加以重视。但也有部分期刊已经残缺不全，部分字迹已经模糊不清，更有几乎全部亡于战火或毁于人祸的，实属遗憾！当时的各行各业、仁人志士虽用心编印了这些期刊，但它们在今天的最大幸运，就是能够重新被收入大型数据库中，被后人检索到后再加以细致品鉴，并有所助益于后人。

从 2008 年开始，笔者带领自己的多届学生，陆陆续续下载、截图、打印、分装、品读、分析过的民国河北期刊已达数十种，发表过的论文也有十余篇，待发表的也有十余篇，总计在 20 万字以上。这些个案研究，多难以引起主流学界的关注，也难以登上高水平期刊的发展园地。但十余年来，笔者坚守了这一阵地，并认真对待每一个个案研究，始终坚信可以"聚沙成塔"。今天，这本研究对象明确、议题基本集中、参考资料相对齐备，基于一手资料并遵循传统研究方法的著作终于要面世了，也算是暂时告慰了作者及作者所带领的学生团队的一个研究"初心"。

金 强

2021 年 8 月 15 日于河北大学坤舆德翰园

# 绪　　论

一直以来，河北省由于特殊的区位和复杂的行政区划，在文化景观和出版风格上呈现出诸多不同于其他省市区的特点。"河北地区近代报刊的出现时间较广东、浙江、江苏（包括上海）、福建、湖北及台、港、澳地区为迟，也稍迟于北京，但远远早于广西、四川、贵州、云南、湖南、河南、江西、安徽、山东、山西、内蒙、陕西、甘肃、辽宁、吉林、黑龙江、新疆、西藏等省"[①]，在省际比较中，河北的出版水平可以大致归入第一方阵的末位或者第二方阵的首位。将民国时期河北地区出版的各类期刊的总体出版状况作为研究对象，并通过对民国时期河北期刊出版情况的统计、整理、分析，来研究当时河北地区期刊的办刊情况，总结出其在全国期刊史中的相对特色，是本研究的重要考量。管窥民国时期河北一带期刊出版的风貌，及其反映的当时政治、经济、军事、文化、教育、社会民生的种种状况，并从中撷英咀华，对当时期刊出版业的情报资料做有益补充，也为相关历史考证提供一些凭据，亦是本研究的重要目标。

首先，本研究是对民国时期河北省期刊出版史料的搜集整理和评价，对于丰富河北省的社科研究成果具有直接意义，对于丰富河北省的出版文化史料，丰富中国期刊史的内涵，丰富中国新闻史和中国出版史的分支内容都有显著的意义和作用。其次，在期刊研究中尝试采用新理论，引入新视角，运用跨学科研究方法，以求深层认知和解读民国时期河北

---

[①] 宁树藩、姚福申、秦绍德：《中国地区比较新闻史：全3册》，复旦大学出版社2018年版，第458页。

期刊的个性特征。作为重要参考资料和研究成果，本研究将有助于当前燕赵传统文化研究，特别是有助于燕赵文化遗产的研究、开发及创意产业园区建设。

民国时期，河北省范围内出版的期刊虽数量不多，但质量多属上乘，区域影响力也较大，在整个华北地区发挥了不可替代的作用。尤其是文艺类期刊、进步期刊和红色期刊，刊登有大量的先进事迹、重要观点，以及极具河北特色的民风民俗景观，是活生生的文化富矿和沉甸甸的历史传承载体。此外，农林、经济、文教类的期刊，其内容也多丰富实用，对于研究当时的教育史、经济史、社会史等都具有重要的参考价值。

民国时期，河北地区的文人群体活跃，撰稿人众多，文艺样式多样，专业期刊也展现了极高的创作水准和编辑水平，在指导生产、研讨观念、倡导学术等方面发挥了重要作用。上百种优质期刊，生动地诠释了民国时期该地区在全国政治、经济、文化、教育等多方面所发挥的特殊作用，并形成了独具特色的"燕赵"风格。

本研究利用现代计算机技术和网络技术，对现存主要的民国时期河北期刊，进行最大规模的搜集整理，并进行数字化转化和保存。基本掌握足量的一手资料后，笔者的重点任务即是进行文本解读、专业评估和思想发掘，因此本研究也是第一次将河北地区的近百种期刊进行全面的综合集成式的分析和解读。

本研究是首次对河北地区的期刊出版史料进行搜集整理，并试图勾画出民国时期河北期刊业发展的历史进程。本研究对于丰富河北地区的出版史成果，丰富中国期刊史的内容，丰富中国新闻史的内容都有显著的意义和作用。

以戊戌变法为起点，中国开启了接二连三的社会变革，戊戌变法、辛亥革命尽管都以失败告终，但提出的新思想、新观点影响着社会的精英思想、主流意志和民间认知。20世纪初，袁世凯称帝等政治体制上的强烈波动，为强国之士提供了更多的现实观照和思考空间。随后新文化运动兴起，五四运动爆发，客观上强势推动了现代科学观念和民主观念的发展，民主共和思想深入人心。1927年北伐战争胜利后，国民党在全国范围实行了"强宣传"模式，社会的变革、激荡与革命，也促进中国社会内部分化出了不同的主义与主张，并在不断变革的社会舞台和组织团体中各自争鸣。1937年7月7日，抗日战争全面爆发，激励全民抗战、弘扬爱国精神被提升为核心议事日程，在这一时期期刊发挥了敢直言、勇担当、聚共识的时代使命。

这一时期，河北省作为京畿重地及军事要冲，是各种军阀力量与政治派系角逐的主要战场。皖系军阀与奉系军阀都曾将河北省作为大本营，展开政治与军事角力。1933年，日本在山海关挑起事变，魔爪伸向华北平原，"山海关保卫战，打响了长城保卫战的第一枪。山海关失陷，临榆城成为日军侵占的河北省的第一个县城，华北的门户被日本帝国主义侵略者打开了"①，河北人民不怕牺牲、奋起反抗，但终未能全效阻击日寇。抗日战争全面爆发后，河北人民因地制宜，运用聪明才智建立起了各具特色的抗日革命根据地，与日本军队进行了艰苦卓绝的游击战。整个抗日战争，河北人民做出的牺牲和贡献尤为巨大。抗战胜利后，国共发生内战，石家庄的解放、平津战役的胜利都为全国的迅速解放奠定了坚实的基础。1948年，中央机关从陕北延安来到西柏坡，开启了中国共产党全面胜利的新征程，此后一段时间里西柏坡成为中国革命领导中心的所在地。

中华人民共和国成立后，河北省进入社会主义建设时期，听从党中央号召，燕赵大地涌现出了诸多劳模典型和生产标兵，同时也积极为国家输送人才，配合首都建设和直辖市发展。

从19世纪70年代开始，河北近代工业开始崭露头角，开滦的矿务局、唐山的纺织与机车厂、唐山启新洋灰公司、山海关桥梁厂、秦皇岛耀华玻璃厂等近代工业企业在当时的发展势态良好，但多由外国人把持，民族资本企业较少。但这一工业生产传统，是从民国时期延续下来的，这些发展的印记在当时的期刊中均有体现。

再说文化方面，新文化运动与五四运动对河北近代文化的形成产生了重要影响。"在直隶，最早起来响应五四运动的是各地的青年学生，其中以保定、唐山、承德等城市及附近农村学校的学生斗争最为激烈。"②河北的仁人志士在新文化、新思潮和新主张的带动下，主动对标西方国

---

① 朱文通、王小梅：《河北通史·民国上卷》，河北人民出版社2000年版，第183页。
② 朱文通、王小梅：《河北通史·民国上卷》，河北人民出版社2000年版，第54页。

家,并在针对外来文化与中国传统文化进行了思想激烈的争论,以图推进其平衡对接和良好融合,将燕赵文化的未来发展提高到一个崭新的境界。这些思想争辩与理念探讨也都真实地记录在了当时的期刊上。

随着社会变革的持续进行,民国时期的河北教育系统也随之进行了一系列的改革。创建新式高级学堂、选派留学生、聘请外籍教师、创办民众学校等一系列改革政策,使河北省的教育规模与办学质量都更上了一层楼,并在全国各省中保持了优势和领先地位,"从民国初年到30年代中期,河北初等教育的发展在全国居于第二位"[①]。后人亦评论说:"厉行新政,惟日孜孜,造端宏大,凡将校之训练,训警之编制,司法之改良,教育之普及,皆创之直隶,中央及省转相效法。"[②] 这一时期的教育期刊中对于教育问题的探讨,在今天仍有重要的启发意义。

民国时期,风云变幻、社会动荡、经济不稳,社会对于信息的需求量猛增,期刊因其传播速度快、范围广的特点,与同时期的书籍、报纸等媒介相比,在社会信息的传播与交流方面发挥了不可替代的作用。吴永贵在《中国期刊史》(第二卷)的导言中说到:"作为媒介的期刊,在这个风云变化的系列时代剧中,有了第二次、第三次、第四次发展的高潮,有时是充当旗手、有时是派作推手、有时是领衔主角、有时是分饰配角,从来都身临其中,总与时代共起伏。"[③] 期刊是时代的"音符"和"注脚",在整个社会"鸣奏曲"中,是离"指挥部"最近的力量之一。

再回到本研究所要探讨的重点——民国时期河北期刊,其具体指的是从1912年至1949年间,在河北省地域范围内出版的期刊。由于1914年长城以北改属热河、察哈尔两个特别区域,1928年改省名为河北省,并将天津划分到河北省外,因此热河省与察哈尔省在民国时期出版的期刊均不计在本研究范围内。另外,由于河北省省会多次迁址,由1928年至1930年和1935年至1949年于天津出版的期刊亦不计在研究范围内。综之,天津和北京在自称是河北属地的情况下,其地域内出版的期刊带

---

[①] 朱文通、王小梅:《河北通史·民国上卷》,河北人民出版社2000年版,第5页。
[②] 李志茗:《袁世凯幕府与清末新政》,《史林》2007年第6期。
[③] 石峰主编,吴永贵著:《中国期刊史第二卷(1911—1949)》,人民出版社2017年版,第1页。

有"河北"字样的，才算在本研究范围内。

在研究对象选取方面，本研究所要探讨的"河北期刊"主要包括两类：第一类，办刊地与发行地一直在新旧河北省行政区划内；第二类，办刊地与发行地，未在现河北省区划内，但曾在旧河北省区划内，且刊名中带有"河北"字样。未纳入研究范围的期刊为，办刊地与发行地均在现河北区划内，但不在民国时期河北省旧区划内，且刊名不带有"河北"字样，如民国时期在察哈尔和热河两省兴办的期刊，再如不在河北省行政区划内而是单独在天津和北京独立行政建制期内自行出版的期刊。

# 第一章

# 本研究的基本考量

本研究以民国时期河北地区出版的期刊为对象，对目前所探及的公开数据库所藏相关的期刊进行了专门统计、数据分析和内容探究。结合民国时期纷繁复杂的历史背景和起伏多变的阶段特征，本研究基于期刊出版的多个关键指标进行了基础分类，力求通过原始数据汇总和专业视角分析，初步展现民国时期河北地区期刊出版的概貌，为民国时期地方期刊史研究工作的进一步完善进行基础建构，同时也为其他相关专门史研究提供参考。在进行专门统计分析前，笔者首先结合民国时期河北地区的历史背景、政治风貌和地理要素，从已发表的相关论文或专著中搜集与本议题有关的知识点、信息点，并寻找切入口，借助专业检索工具，对民国时期河北地区出版的期刊原始资料进行了专业梳理。

第一章主要介绍本研究的历史背景、相关研究现状、研究范围界定、研究便利条件与不利因素等，旨在进一步明确基本研究方向和学术遵循，尤其是划定基本研究范围，明确行文的基本思路。

## 第一节 研究背景

据1992年河北省社会科学院新闻所《河北省志·新闻志》所载，河北省第一家期刊为1886年创办于张家口的《立言小报》，该报由吴闻青创办，于1984年停刊。[1] 至于河北省的第一家报纸，有学者认为是1886

---

[1] 参见宁树藩、姚福申、秦绍德《中国地区比较新闻史：全3册》，复旦大学出版社2018年版，第1374页。

年11月6日创办于天津的《时报》①,该报的主办者是德璀琳、茄臣,李提摩太担任主编,并于1891年6月停刊。又据黄天鹏上海联合书店1930年版《中国新闻事业》"附录"中介绍,河北省的第一家通讯社创办于张家口的西北通讯社,创办日期在1929年之前,社长为刘金池。② 另,河北省的第一家新闻团体为1906年7月1日创办于天津的"报界俱乐部"。③ 河北省的第一家新闻教育机构,为1946年由罗夫、杨觉创办于张家口的"华北联合大学新闻系"。④ 以上多个相关信息可作为本研究的重要专业和行业背景。

民国时期的河北地区区划相对复杂,历经政权多次更迭和战火频繁洗礼,故在研究民国时期河北期刊时,要着重了解民国时期河北地区的政治环境、经济形势、文化生态以及民生风貌。

**一 民国时期河北省的经济社会发展状况**

民国时期是中国革命和历史的变革高发期,之前持续两千多年的封建帝制土崩瓦解,随后建立的新秩序也在多种力量的交战中飘摇不定。随着袁世凯等人违背政治潮流的政治实践宣告失败,新文化运动和五四运动对中国思想界、文化界和政界产生了极大影响,一部分有识之士的进步意识被唤醒,各种新思潮、新主义和新主张加速诞生。"1927年北伐战争胜利后建立南京国民政府,国民党得以在全国范围内复制它在广州时期实行的党天下强宣传模式,而20世纪二三十年代以强劲的左翼文化为代表的各种思想的共存格局,说明官方主流意识形态从未享有独尊的地位。"⑤ 此后,无论是抗日战争时期还是解放战争时期,宣传工作从来都是重要的政治手段和行动"武器"。

---

① 据姚福申、史和、叶翠娣《晚清天津报刊录》,《新闻史料》1982年第2辑。
② 参见宁树藩、姚福申、秦绍德《中国地区比较新闻史:全3册》,复旦大学出版社2018年版,第1382页。
③ 马光仁:《中国早期的新闻团体》,《新闻研究资料》第41辑。参见宁树藩、姚福申、秦绍德《中国地区比较新闻史:全3册》,复旦大学出版社2018年版,第1390页。
④ 李建新:《中国新闻教育史论》,新华出版社2003年版;参见宁树藩、姚福申、秦绍德《中国地区比较新闻史:全3册》,复旦大学出版社2018年版,第1394页。
⑤ 石峰主编,吴永贵著:《中国期刊史第二卷(1911—1949)》,人民出版社2017年版,第1页。

在国外侵略势力和国内守旧势力的双重压迫之下，当时人们的生产、生活和思想都发生了明显变化。河北地区处在整个大环境的"风暴眼"中，是各方势力角逐的主要战场之一，也是遭受破坏最严重的地区之一。民国初年，河北地区的建制受多种因素影响，阻力重重。以保定为行政中心的直隶省，作为河北省的前身，是当时北方乃至全国最为重要的省份之一，也一直作为军事和政治争夺的要地。直至1928年，直隶省改制为河北省，"但也就从那时起，天津与河北，从隶属关系上走向了渐行渐远的彼此"①。同时，以直隶省张北县为省会的察哈尔特别区改制为察哈尔省，以承德市为省会的热河特别区改制为热河省，河北省行政区划进入"大开大合"的时代。在整个民国时期，改制后的河北省，其省会多次变迁，"1928年7月至1937年七七事变前，9年之间，河北省政府驻地凡3迁，有近7年不在隶属于河北省的平津2市办公，这是国民党新军阀统治河北造成的怪现象"②，也成为华北地区行政区划史中的一道奇特的"景观"，保定、北平、天津都曾被确定为其省会城市，以此证明这一区域的文化一体性和政治相依性。抗战时期，河北省的省会变迁也较频繁，政局的不稳定性陡增，军事抗争带来的破坏性持续增加，为文化、教育和出版事业的积累带来了严重不利的影响。"无论是北洋军阀政府政权及其后的南京政府，都是主要从城市的经济部分为政府筹借经费。民国的政府既不是从农村征收大量税收，也没有对半自治的省或者地方的收入和支出产生重大影响。"③ 在这样一种复杂政治变迁力量的牵制下，河北一直处于欠稳定、欠统一和欠和谐的文化环境中，尤其是河北省的出版事业可谓在夹缝中挣扎求生，不断播撒思想火种、传递家国大义，但又难以长久维持，留下了那个时期仁人志士和知识分子们的奋斗足印和思想辉光。

再就经济而言，"……民国并非仅仅是个经济处处停滞、政治体系四分五裂的维持时期。相反，现代城市经济成分的总增长，为1949年以后

---

① 冯世斌主编：《1952—1968河北省省会变迁始末》，河北人民出版社2012年版，序言第3页。
② 朱文通、王小梅：《河北通史·民国上卷》，河北人民出版社2000年版，第122页。
③ [美]费正清编：《剑桥中华民国史1912—1949》（上卷），杨品泉等译，中国社会科学出版社1994年版，第100页。

进一步向前推进铺平了道路。然而，大多数的农业地区没有同时取得城市一样的增长。失调、不稳定、地方灾害、战争和不时的通货膨胀，都拉低了生产水平，抑制了商业，阻碍了农业投资。这些困扰，虽然在20世纪30年代和40年代损害最大，但是在整个晚清和民国时期已在不同地方、不同程度上存在。社会后果令人不安"[1]，这一现实也是研究此时期期刊发展情态的重要背景。

## 二　民国期刊的发展简述

民国时期，作为传播媒介的期刊与报纸、图书、广播等介质相比，也发挥了其独特而不可替代的作用。期刊不仅记录了当时社会的政治、经济、文化、教育、科技等的发展状况，也在较大程度上发挥了宣传思想、传播知识、凝聚共识、砥砺精神及娱乐大众等作用。几次期刊发展高潮，也因应了国内几个重大历史事件所推动的出版热潮。综观整个民国期刊发展史，不同界别类型、不同层次规模、不同出版周期的期刊，对时代发展和社会进步所起到的作用一般是不同的。着重于引导青年思想进步的期刊，多有对于社会现实的深刻思考，对于科学与民主精神的倡导，扮演的是启迪民智的"良药"；着重于解析社会问题的社科综合类期刊，涉猎议题广泛，既能拓宽读者的知识面，又在潜移默化中改变人们的认知态度，是呈现社会真实景象的"舞台"；着重于服务党政军群的党务政务类期刊，既是对政务党务工作的公开"曝光"，又是政党宣传自身思想的工具，是展示治国理政风貌的"阵地"；着重于介绍西学和教授专业技能的技术类期刊，旨在为民众提供了专业系统的生产生活知识，并促进一部分人率先掌握劳动技能，促进技术进步，是帮助其摆脱愚昧和落后面貌的"讲台"；着重于表达情感和宣扬精神的文学艺术类期刊，给时人相对贫瘠的精神世界补充以养料，传递真情实感和有力呼告，是培养他们的精神气质与谈吐风范的"园地"。民国时期，虽社会动荡但思想活跃，虽国力羸弱但文化充满活力，数以万计的期刊生生灭灭、起起伏伏、断断续续，作为思想变革和社会发展的"晴雨表"，甚至作为观念

---

[1] ［美］费正清、费维恺编：《剑桥中华民国史 1912—1949》（下卷），刘敬坤等译，中国社会科学出版社1994年版，第29—30页。

发酵的"蓄水池",总体上汇集了政治界、经济(实业)界、知识界、文化界、艺术界、教育界最优秀的思想和头脑,也刊发了他们最有见地的观点、最有温度的情感以及最能体现其中华民族精神和道路探索的奋斗历程。

民国时期的期刊,既有引领时代精神、启迪民众智慧、融通阶层隔阂的大刊、名刊,如《东方杂志》《教育杂志》《小说月报》《良友画报》等,亦有专耕专精的小众类期刊或地方服务类期刊,它们或直接,或间接地参与了思想讨论、观念思辨和社会转型,共同构建了民国期刊专业、庞大而又相对立体的出版体系。"我们也应看到,在期刊的社会性建构过程中,不仅仅只有洪水性的倾泻,还有为数更多、范围更广的滴水性渗透,它们当中,有的只是为了获取市场利益,如各种商业出版机构办的刊物;有的只是为了搭建学术平台,如各种学术文化机构办的学术刊物;有的只是为了方便行业交流,如各种行业或协会办的刊物;有的只是联络学缘和地缘,如各种同学会同乡会刊物;还有一些针对特定的人群,如儿童刊物和妇女刊物等,它们都通过连续的出版与不断的发行,构建了或全国或地方,或行业或团体,或显性或隐性的水平状的多层级的社会'交流圈',以媒介的方式,重塑和整合了社区社群的方方面面,参与了中国的现代化转型。"① 综之,民国期刊的真实出版景象和实际作用发挥,不是简单几句能够精准描述的。

目前,对民国期刊的研究和讨论,正处在稳步升温期,相关研究机构和团体时有设立,但仍未很好显现出地域和品类研究的纵深感和层次感。随着数字出版技术发展、文献保护意识不断提高以及网络分享渠道的拓宽,经过数字化处理的晚清民国时期的图书、报纸、期刊等开始大批量、低成本地进入研究视野,成为当之无愧的研究"富矿"。民国时期编辑史研究、出版史研究、阅读史研究以及具体的出版生活史研究,都渐成一定的气候、规模与风格。越来越多的研究团队和专门研究人员,开始细分民国时期的出版史料,分地域、分科类、分主题、分时段的研究开始增多。民国时期出版研究史料的数字化水平越来越高,为相关研

---

① 石峰主编,吴永贵著:《中国期刊史第二卷(1911—1949)》,人民出版社2017年版,第3页。

究提供了重要助力，也让多数研究者眼界拓宽，当然，学者们也越来越难以做出针对某一时期或特定区域的整体定性和综合判断。因此，民国时期的出版研究逐渐走向细分化，主要体现为研究某一份刊物、某一个出版人、某一个出版机构的文章越来越多，个案研究的日益丰富，并成为民国出版史研究发展的必然趋势。

笔者对从全国报刊索引、国家图书馆中的民国期刊数据库中搜集到的资料进行统计，又通过民国地方期刊文献硬盘数据加以综合汇总后，确定河北地区出版的期刊共计158种。民国时期的河北期刊散见于多个数据库中，尚未形成自己相对完整和独立的数据库。另外，笔者在调查中发现，对刊物出版性质的判定及出版地归属的判断，还存在一些疑问和难题，有一些属于民国期刊研究和民国河北地方史研究的共性问题。本研究不着重于探讨和解决此类共性问题。

目前，笔者可收集到的民国时期河北期刊共计158种（见附录一），根据重大历史事件前后显著的区隔性，笔者将其分为以下时间节点：国民政府时期的进步期刊（1919—1924年）、第一次和第二次国内革命战争时期（1924—1936年）、全面抗战时期（1937—1945年）与第三次国内革命战争时期（1945—1949年）。据已统计到的数据可知，第一次和第二次国内战争时期出版的期刊种类较多，而全面抗战时期则达到了真正的出版高潮。

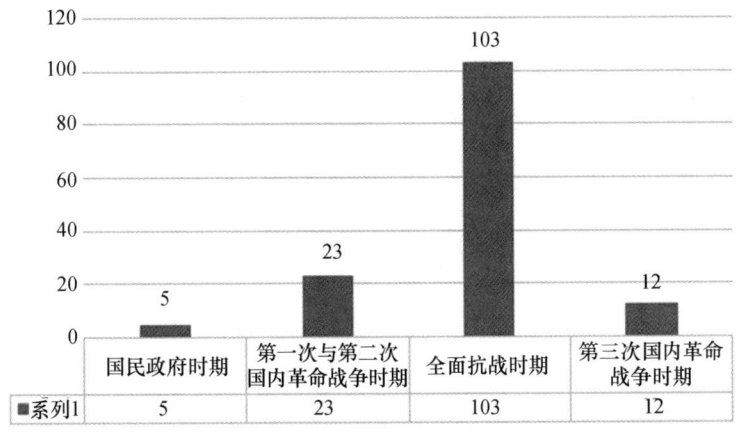

图1—1　民国时期河北期刊在不同历史阶段的出版数量统计图

经笔者梳理，可以确定由政府部门创办的机关刊物为 37 种，由民间组织或个人创办的组织刊物为 47 种，由相对专业的期刊出版机构创办的期刊社刊物为 25 种，由学校创办的校刊为 43 种。

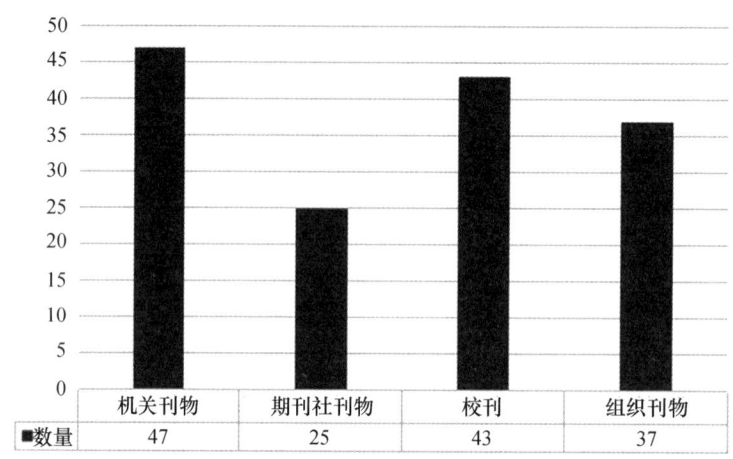

图1—2　民国时期河北期刊不同办刊机构的出版统计图

继而，笔者经查证后认为，民国时期文德教育类期刊最多，占 26%；党政综合类与社科综合类分别占 24% 与 21%；实业类占 19%；文艺类与宗教类占比较少，分别是 7% 与 3%。

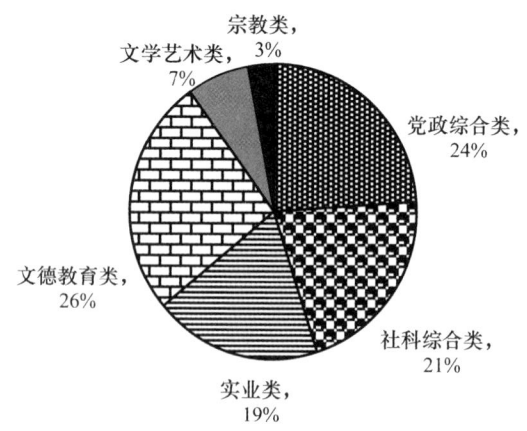

图1—3　民国时期河北期刊的题材类别占比图

以上统计能够大致体现民国时期河北期刊的基本类型与特征，是界定河北期刊出版历史风貌的重要依据。

期刊是信息和观点的记录平台和传播载体，与图书相比，它有着不同的记载要点与描述方式。从出版者看，期刊的出版者身份庞杂多样，涉及的专业领域和身份级别也有较大差异。以民国时期河北期刊为例，办刊者有河北省民政厅、河北高等法院、河北省教育厅等政府机关组织，也有深县讲坛社、唐山大学学生会、烟社等民众或者学生自发组织，还有如新华社冀中分社、唐山日报社等专业新闻机构。丰富多样、层次感强的办刊主体，能够更加立体地呈现社会风貌和变革思潮，更加贴近民众和传递呼声并表达思想关切。从与读者的关系看，期刊较图书的互动性更强，"就虚拟空间的人群集结和互动而言，期刊的社会文化生态更接近数字媒体的一般作为"[①]。大多数期刊的栏目设置中都有"编者按""编后语""答读者"等栏目，如《河北日报副刊》中的"十字街头"栏目，其多专门为读者来稿所设置。政府类期刊甚至有"电""呈"等通信栏目，这些栏目也扮演着网络世界中类似"公众号""微博""贴吧"的角色。从办刊周期与刊登内容来看，期刊与图书相比，优势在于出版周期短，在发行方面，其时效性也更强，目标受众也更为明显。民国时期河北期刊无论是政府政务类、文德教育类，还是实业类都成为当时最新思想、最新政策、最新科学技术成果及最新人文发展成就的快速传播者，也是当时整个社会"追新求变"和"思想革新"氛围的主要营造者。

从期刊的形制和功用上来说，其具有办刊者身份多样、与读者互动性强、出版时效性强等特点，加上期刊本身的轻、薄，价格较低，文章相对较短等特点，更能及时呼应社会关切与时代诉求的变化。在民国时期社会剧烈动荡，社会变革速率加快的大背景下，期刊更能反映"新"与"旧"、"真"与"假"、"美"与"丑"、"善"与"恶"之间的博弈。麦克卢汉说"媒介即信息"，以此对照民国时期的期刊出版特点来看，可

---

[①] 石峰主编，吴永贵著：《中国期刊史第二卷（1911—1949）》，人民出版社2017年版，第4页。

以深化对"期刊即社会"①的理解。期刊形式风格的变化，既是编辑出版技术进步的表现，也是社会文化与思想变迁的写照。而从现实功用的角度来看，民国时期的期刊出版实践，仍有较多先进思想和编辑理念未被完全感知和传承下来。当下的期刊出版工作中出现了一些新情况和新问题，但也有不少是在近百年前就已经存在的，当时的认知判断和解决思路，放在今天也仍不过时。

## 第二节 研究现状

民国时期出版物数据库的逐步研发及陆续开放，客观上促进了民国史研究热度的明显升温。民国期刊作为传播思想和记录观点的主要媒介之一，为研究民国时期的政治、经济、文化、思想、生活状态等方面提供了较为翔实的资料，也可以说是民国时期的社会"缩影"与行动"注解"。近年来，关于民国期刊研究的专著、学位论文、期刊论文等如雨后春笋般出现，研究议题切口有大有小，研究质量良莠不齐，研究方法和方向也较为多样，但成系统、成规模的成果所见不多。特别是关于民国时期河北地区期刊的研究，尚处在原始积累和初步推进阶段。以下为笔者梳理的有关民国时期河北期刊出版议题的研究现状。

### 一 相关领域的研究专著

依据主要关键词进行网络数据搜集与整理，可以大致廓清民国期刊研究的基本风貌。其中，专著的出版已有一定数量，其在研究方法和研究范围上各有不同，比较有参考价值的有以下几种：

1995年1月由河北人民出版社出版的马建国著的《冀东书报刊史料》一书，以民国时期的冀东地区为坐标，以时间发展为脉络，严谨细致地汇总梳理了民国时期冀东出版的图书、报纸与期刊，并对出版物的出版宗旨、版权信息、装帧类型等进行了基本介绍。

---

① 石峰主编，吴永贵著：《中国期刊史第二卷（1911—1949）》，人民出版社2017年版，第4页。

第一章 本研究的基本考量 / 15

图1—4 《冀东书报刊史料》
图书封面

图1—5 《中国期刊发展史》
图书封面

2006年11月由河南大学出版社出版的宋应离著的《中国期刊发展史》一书，视野宏阔、角度独特，主要从期刊为社会进步服务这一角度来审视两百年来的期刊发展，其历史线索梳理得较为清晰。该书在描述社科期刊发展的同时，也着力介绍了科学技术类期刊的发展史。该书可为期刊研究者在历史背景梳理和研究范式选择方面提供重要的参考。

2010年7月由上海远东出版社出版的李勇军著的《图说民国期刊》一书，以图文相结合的形式呈现了民国期刊的发展历史。该书的特色之处在于对民国时期的约40种期刊进行图像梳理和研究，对于文史研究者来说具有一定的参考价值，同时也具有一定的收藏价值。

2011年11月由浙江大学出版社出版的邵志择著的《近代中国报刊思想的起源与转折》一书，对近代报刊思想进行了较为全面的分析和评述，为研究民国时期河北报刊史提供了参考。

2012年9月由商务印书馆出版的沈伟东著的《中医往事：1910—1949，民国中医期刊研究》一书，以民国时期的上海为坐标，通过细致严谨的史料梳理，为读者较为完整地呈现了民国时期上海中医期刊的出

16 / 河北期刊出版研究(1912—1949)

图1—6 《图说民国期刊》图书封面

图1—7 《近代中国报刊思想的起源与转折》图书封面

图1—8 《中医往事：1910—1949，民国中医期刊研究》图书封面

版状况,并深入探讨了时代大变局中中医期刊对中医学术和行业发展的推动与促进,以及基于中医话题引起的整个民族文化生存的论战。

2014年12月由内蒙古大学出版社出版的张丽萍著的《内蒙古民国报刊史研究》一书,将内蒙古地区的报刊分为北洋政府时期、十年内战时期、抗日战争时期和解放战争时期四个阶段加以论述,每个时期都列举了代表性的报纸加以评析,但未对所在地区的期刊出版加以特别的观照。

图1—9 《内蒙古民国报刊史研究》图书封面

2016年8月由中国社会科学出版的刘晨纂述的《晚清民国时期艺术教育期刊志(1900—1949)》一书,从专业文献学和艺术教育史角度对晚清民国时期的艺术教育类期刊进行了细致梳理,同时追溯了此类期刊的发展和壮大过程,为艺术教育史构建提供了重要文献依据,具有较高的史料价值和学理价值。

2017年12月由人民出版社出版的石峰主编、吴永贵著的《中国期刊史第二卷(1911—1949)》一书,对民国时期的期刊史作了详细介绍,厘清了民国时期期刊的发展脉络,从整体上把握了期刊的时代流变。该书对民国时期的一些代表性期刊做了重点分析,如《新青年》《小说月报》

图1—10 《晚清民国时期艺术教育期刊志（1900—1949）》图书封面

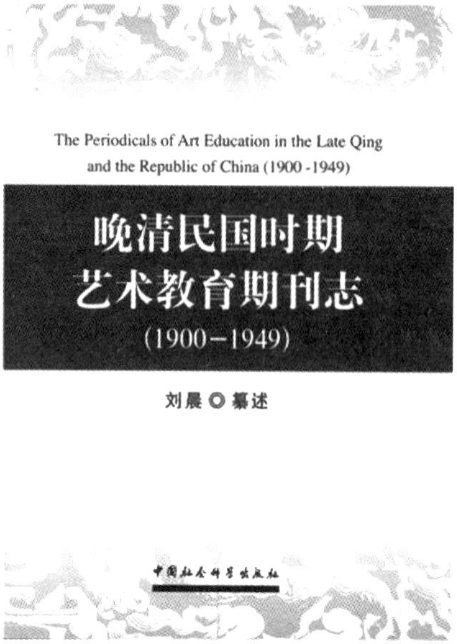

图1—11 《中国期刊史第二卷（1911—1949）》图书封面

图1—12 《民国时期新闻史料三编》图书封面

《东方杂志》等，揭示了民国不同类别大刊的传播特征与影响力，对于研究民国期刊有较高的参考价值。该书也讨论了民国时期期刊整体的形式特点与风格类型。

2018年6月由国家图书馆出版社出版的方汉奇等著的《民国时期新闻史料三编》，收录了新闻文献62种，除各刊的创刊号、周年纪念特刊外，具有资料价值和学术价值的文献占比较大。以后该系列又出版了四编和续编。

**二 相关领域的研究论文**

有关民国时期期刊研究的论文相对较多，以笔者从知网收集到的相关数据[①]来看，从地域角度研究的有13篇，比如对民国时期四川、贵州、广西、甘肃等地区出版的期刊的研究；运用量化方法研究的有8篇，比如对民国时期医学期刊的计量分析研究；从期刊的某一角度出发加以研究的有20篇，比如从发刊词、版式设计、美术字、插图艺术等角度研究期刊所要表达的思想、风格等；针对某一领域期刊做研究的有54篇，如对晚清民国时期戏剧类期刊、体育类期刊、文学类期刊等做专门研究；针对某一期刊的专门研究也有31篇，比如《苏州国医杂志》《望益》《幽燕》等。具体又可以从研究范围大小和研究方法异同上做简要划分。

（一）研究范围方面，有关民国时期期刊研究的论文大致可以分为以下几类：

1. 分地域期刊的研究

从知网收录的论文来看，已有对贵州、山西、甘肃、广西、上海、广东、黑龙江、内蒙古等省份的民国时期期刊的研究。

其中，比较有代表性的有山西大学张君的《阎锡山统治区的山西期刊业研究》，该文通过对散佚资料的搜集和整理，运用调查统计数据，并以时间为线索，试图较完整、系统地对1911年至1949年阎锡山统治区山西的期刊出版情况和相关史料进行调查、整理。同时，该文对教育期刊出版进行了简要分析，从整体上把握了期刊的特点，侧面分析了阎锡山

---

① 时间截至2018年6月。

的治理思想。该文细致梳理了阎锡山统治区山西的期刊出版状况，不足之处在于仅选取了其中的代表刊物进行了分析，缺少整体的量化分析。贵州师范大学陈清莲、罗丽丽的《贵州民国期刊研究》一文，对贵州的民国期刊做了简要分析，从期刊出版发行的社会背景、期刊的发展特点、期刊内容三个方面分析了民国时期贵州期刊的发展概貌，但也缺乏对期刊的详细出版数据的统计分析。

2. 分领域期刊的研究

所谓分领域期刊研究，就是对不同类型或者不同行业的期刊进行专门研究。从知网收录的论文来看，已有对艺术类、宗教类、中医药类、体育类、数理类、农业类、文学类、政治类等领域期刊的研究。

相较而言，复旦大学耿祥伟的博士论文《晚清民国戏剧期刊研究》较有代表性，论文从晚清民国时期的戏剧期刊资料入手，系统梳理了晚清民国戏剧的发展概况，从戏剧学、传播学的视角，对期刊进行宏观审视和评价定位，并依据戏剧发展的特点将期刊发展划分为三个阶段，进而对各阶段戏剧期刊的发展态势与阶段特点进行系统探索与详细描述。同时，该论文也将晚清民国戏剧期刊的发刊词列出专章加以研究。

3. 特定期刊的研究

所谓特定期刊研究，就是对民国时期某一具有代表性的刊物进行专门研究。例如，对《新青年》《东方杂志》《小说月报》《良友》等极具代表性和影响力的刊物的研究。

如杨华丹的《民国期刊〈乐风〉研究》，文章以民国时期的音乐期刊《乐风》为主要研究对象，共分为四个章节。第一章从宏观上对整个民国时期音乐类期刊做了梳理，以文化思潮的变化为主线将期刊出版划分为四个阶段。第二章通过对乐风社的隶属关系分析，探究了《乐风》期刊的创办过程。第三章为《乐风》的编辑实践和编辑特色分析，以1940年到1944年6月出版的25期文本资料为研究对象，运用归纳概括、计量统计、对比分析等方法，对期刊的文本材料做了详细分析，同时对主要编辑者的编辑实践过程、编辑思想做了论述，并从栏目设置、内容编排、整体设计、办刊理念等方面对期刊的编辑特色做了总结。第四章为《乐风》的历史作用和意义，主要论述了该刊对中国早期音乐教育的贡献，对中国近代音乐文化的促进作用以及历史收藏价值。

同时，有关民国时期河北地区期刊的研究论文正处在逐步增多，以笔者发表的论文为主。

4. 期刊出版细节的研究

所谓期刊细节部分，是指封面、发刊词、版式设计、创刊号、广告、插图等，这些出版要素或多或少地反映了期刊的美学追求、编排理念和技术水准。比较有代表性的如雷振的《民国期刊的版式设计研究》，该文从视觉设计的角度分析民国期刊的版式艺术设计，以文字、图片作为设计形式和设计元素，从排版方式的版式设计角度深入研究了民国期刊的审美价值和艺术特色以及时代和历史特征。吉林大学雷延航的硕士论文《杂志封面设计与演变》，从宏观历史的角度对期刊封面设计进行了研究，并探讨了期刊封面的发展历程及风格形成的原因。上海东海职业技术学院孙俐的硕士论文《民国期刊广告设计的视觉叙事分析》，从广告视觉叙事的表现手法、广告叙事空间结构、广告视觉叙事策略模式三个角度总结了民国时期期刊广告设计的叙事特点，对民国时期河北省期刊广告的分析具有借鉴意义。东华大学张茜的硕士论文《民国时期上海期刊的装帧设计研究》，以六年为一个时间段对该时期上海期刊的装帧设计进行了整体分析，从封面设计、版权页、目录等方面介绍民国时期上海期刊的特点，并总结其特点形成的原因。夏文华的《科普期刊发刊词与民国时期的科普思想》一文从发刊词角度出发对民国时期科普类期刊的办刊目的、办刊思想、时代特征等进行了归纳总结。

经过笔者搜集查阅，截至 2019 年 12 月，有关民国时期期刊研究的论文共有 77 篇，其中研究民国时期期刊整体形式与风格的论文有 1 篇，从期刊某一形式角度出发进行研究的论文有 20 篇，如封面设计、版面设计、广告、发刊词、美术字等角度。

（二）研究方法方面，大致可以分为以下几类：

1. 量化分析类

一些论文运用文献计量分析法，对民国时期部分期刊进行了分类汇总，从整体上把握期刊的出版情况，包括出版周期、出版地、出版时间、出版内容、出版风格、出版宗旨等。较有代表性的如付书文的硕士论文《民国中医药期刊的文献计量分析》，其在全面搜集整理民国中医药期刊的基础上，结合文献计量学方法探讨了民国中医药期刊的发展及其特点。该文通过收集各类出版物中医药期刊目录，同时查阅图书馆、数据库相关资料，最终形成了民国中医药期刊主题数据库，进而对期刊的年创刊量增长趋势、主办机构分布、地域分布等做统计分析，并将民国时期中医药期刊的发展总结为四个阶段。该文通过对民国中西医期刊的对比分析，探讨民国中西医期刊的发展趋势，最后选择几种创办地不同且影响较大的期刊，从载文量、作者群体等方面进行了简要的分析。其他如《基于〈民国时期期刊全文数据库（1911—1949）〉的汗法计量研究》和《民国学前教育思想编著、期刊文论的计量与分析》等也都是以计量分析法为主对民国时期某一领域或者某一部分的期刊进行专门研究。

2. 跨学科研究类

即从不同视域下或者采用不同的学科方法对民国时期某一个或某一部分期刊进行专门研究。较有代表性的如安徽大学赵念的《现代性视野下的民国期刊〈红杂志〉研究》，该文从都市空间的角度解读《红杂志》写作的现代性意义。通过对《红杂志》文本的深刻解读，探究了当时人们的生活状态和情感波动特征，从而说明了期刊写作本身具有的现代性意义。

此外，与民国时期河北期刊研究直接相关的论文，主要为笔者与学生合作发表的作品，如《民国时期期刊〈乡民〉出版研究》《〈长城〉季刊出版研究》《民国时期河北文学期刊〈学友〉研究》《民国时期保定文艺期刊〈幽燕〉研究》《民国时期保定期刊〈望益〉研究》《民国时期河北沧县校刊〈心声〉研究》《〈河北民国日报〉副刊研究》等，此类论文对民国时期河北省部分较有代表性的期刊进行了个案研究。此外，还有白丽娟的《唐山报刊出版史略述》一文，对民国时期唐山报刊的出版情况进行了介绍，对民国时期唐山报刊的形式与风格的特点也进行了简要的阐述。此外，笔者指导的硕士研究生王广坦的毕业论文《民国时期河北期刊的量化统计与出版分析》，回笑哲的毕业论文《民国时期河北省期刊的形式与风格研究》，以及张旭阳的毕业论文《民国时期河北教育类期刊出版研究》，都旨在对民国时期河北省期刊的出版统计、出版特色、出版类型等进行分析与研究。

## 第三节 研究范围与研究方向

针对本研究来说，民国时期的时间起止点是明确的，但这一时期河北的行政区划和管辖范围多有变化，因此清晰合理地廓清研究对象的属性和研究范围，存在一定难度。但只有确保研究对象处于清晰可控范围内，才能保证研究的科学性、严谨性与准确性。

**一 研究范围的界定**

本研究主要述及民国时期在河北地区兴办的各类型期刊的出版状况，故须对所研究期刊的范围作出版时间、出版地和出版物性质等方面的界定。

第一，在出版时间选择上，期刊应为民国时期出版，即1912年1月1日至1949年9月30日期间在河北省域内出版的期刊。一些兴办时间跨越晚清时期和民国时期，或者跨越民国时期和中华人民共和国时期的期刊，不在本研究所论述的范围内。

第二，在出版地点选择上，因民国时期河北地区的区划复杂，且历经数次分化和整合，故本书所论述的以当时明确标注为河北省区划范围内的期刊为主，凡在兴办时期内办刊地不属于河北省管辖区的，不纳入本研究范围。

第三，在出版物性质判定上，本研究论述的是民国时期的期刊，故选择的研究对象需要符合期刊的基本特征。期刊是有固定出版周期和编号的连续性出版物，一方面它与报纸不同，报纸通常每日更新一次，时效性强，且开本较大，强调快速获得重要信息；另一方面它又与书籍不同，书籍一般没有固定出版周期，时效性通常不强，开本通常较小，强调思想上的深度和广度。期刊介乎两者之间，有固定的出版周期，在强调时效性的同时也注重内容的深刻性和思想的引领性。因此，在对民国时期河北地区的期刊做筛选时，要结合出版物的形制、刊名、性质等来判断该出版物属于期刊还是属于报纸，并从名称上做一些排除工作，有的名为"报"实为"刊"，有的名为"刊"实为"报"。

第四，属于此时期的日伪期刊，本研究遵守国家图书馆数据库的收录标准，如相关数据库将其收录，则本研究对其加以观照；如未收录，则不述及。

笔者所搜集的期刊以1913年创刊的《长芦盐务公报》为起点，在遴选重点期刊时遵循如下几个优先原则：一是办刊时间相对较长，发行范围相对较广；二是保存相对清晰完整，刊期相对较多；三是由名人创刊或有名人文章言论刊登，影响力相对较大；四是能反映当时社会环境与变革的基本情况，具有较强的档案价值。政务类刊物中，本研究重点关注《河北民政汇刊》《河北周刊》《大城县政府周报》《河北半月刊》《河北前锋》等近10种期刊。期刊社创办的刊物中，本研究重点关注《河北日报副刊》《烟》《春草》《疾呼》《幽燕》《交河周刊》等期刊。本研究对以唐山、保定为主要办刊地的校刊进行了相对细致的分析，对于民教类、实业类、宗教类刊物，由于其数量相对较少，仅将办刊质量较高的期刊纳入研究范围。

## 二　研究方向的说明

本研究从民国时期河北地区的行政区划出发，通过量化统计的方式，旨在描绘民国时期河北地区期刊的出版景观，概述其出版风貌，并从编辑出版学的角度切入。本研究深入探讨这一时期河北地区期刊的出版情况，具体包括出版时间、出版地区、出版单位、出版性质、出版周期、出版特色等。

对期刊的出版时间作统计分析，以便清楚地了解民国时期河北地区在某一年份或者某一时期内的期刊出版状况，以及整个民国时期的出版波动情况，尤其是探讨期刊发行规模与当时整体环境之间是否存在一定联系，进而对当时的期刊出版生态作出判断和评价。

对期刊的出版地区作统计分析，以便清楚地反映民国时期河北省尤其是保定、石家庄、唐山等重点地区的出版状况，确定此时期河北省的期刊出版"重镇"。期刊出版的数量和质量，能够反映一个地区在政治、经济、文化和思想等方面的参与状态和活跃程度，对于了解当时该地区社会整体状况有着重要的参考价值。

对期刊的出版单位作统计分析，以便清晰地了解当时的出版人处于何种阶层，来自何单位，是集体办刊还是个人办刊，以及出于何种目的兴办期刊等。通过对期刊出版主体作专业细致的划分，可以进一步探究民国时期政界、商界、知识界、文化界、教育界、出版界参与社会变革、投身民生建设、服务群众生活的基本态度与主要作为。

对期刊的出版性质作统计分析，以便清楚地了解民国时期河北地区期刊出版的服务对象和重点领域。不同类型的期刊展示了不同领域的发展诉求，而每种期刊的服务对象和目标受众，出版内容和栏目设置均与该期刊的办刊性质有关。

对期刊的出版周期作统计分析，以便清晰地探知当时河北地区在期刊出版周期上呈现怎样的特点和规律，周刊、双周刊、半月刊、月刊、双月刊、旬刊等各占多大比例，它们为何会呈现出版的周期性变化，又是受到怎样的出版环境的影响而变更出版周期的。

对期刊的出版特色作统计分析，主要是针对期刊的编排风格与设计要素特征进行分类简述。各种期刊在标题、封面、开本大小、插图、广告、字体、排版方式上既有相同点，又有不同之处，有的甚至自成一派、令人耳目一新。民国时期河北省出版的上百种期刊，共同绘就了该时期河北地区出版的生动、活跃且独特的出版景观。

综之，本研究需要对数以百计的民国时期河北期刊进行定量分析、定性分析和文献研读，进而总结其出版特征和规律。

## 第四节　研究的基础条件与影响因素

站在新的历史起点上，回顾百年期刊出版历程，媒介技术迭代以及信息技术革新是重要的时代标志。总体来讲，今日研究的物质基础、技术支持与人员配备都较以往更为坚实和充裕，特别是多数高校普遍购置了相关数据库，资料更加易得且保真性较好，这为开展大规模、长时间的专门研究提供了重要的基础保障。

### 一　研究的基础条件

在笔者十数年关于民国时期河北期刊资料的搜集过程中，影印和数字化期刊占据了搜集与整理的主体。早在2008年前后，笔者搜集到的第一部分资料，主要来自当时国家图书馆网站开设的"民国期刊"数据库栏目，通过此途径笔者采集到了48种期刊的创刊号或现存最早一期，并于2010年前后制作出了第一份期刊出版统计表。随着研究的逐步深入，这一统计因为新数据库的发掘而逐渐丰富完善。此后，笔者又加大了数据库搜索范围，主要涵括了全国报刊索引（专业版）中的"民国期刊全文数据库"、国家图书馆数字馆中的"民国期刊数据库"以及"大成老旧期刊数据库"等。笔者还查阅了"民国地方期刊文献""民国画报合集""民国文献资料合集""民国文献资料丛编""近代报刊珍藏"等硬盘版数据库，对其中涉及民国时期河北期刊部分的电子数据库资源，进行了打印装订。在整个资料搜集过程中，笔者也进行了大量的人力资源整合，广泛发动学生参与并进行精细化的任务分配，整个过程持续了近十年时间。

## 二　研究的影响因素

尽管以上便利条件能够支撑本研究进行相对独立的操作，但在研究过程中，仍存在以下可能影响研究判断及结论的因素：

首先，资料搜集上的难度。由于民国时期河北地区的政局多变，文化环境和出版政策历经数次较大的冲击，特别是历经了多次战乱的洗礼，许多期刊的资料或散佚或残缺，完整保存下来的较少。河北县域之间的文化独立性相对较强，县域范围内的资料保存能力与数字转化能力较弱，很难通过互联网获取更多的资料。由于文献保护力量薄弱，也导致能够完整保存下来的期刊仅占少数，一些期刊创刊号的散佚更是极大遗憾。随着新数据库的不断发布与上市，均有可能实现资料搜集上的新拓展，而分散于河北省县域范围内的期刊，其数字化和网络化还需要一个更长的过程。

其次，资料统计上的难度。由于民国时期河北地区的区划调整较为频繁，在对具体研究对象进行分类时，可能存在一定程度的偏差。如一些期刊本身年代久远，创刊时间、出版周期、出版单位、出版人以及主要撰稿人等无法通过现有资料进行查证，故可能造成统计上的错漏和缺失。另因资料划分标准与实际资料之间可能存在不匹配性，仅根据刊物性质作划分，会导致有的期刊只能归为某一类，但有些期刊不仅具有专业性还具有一定的综合性，有的期刊的办刊地有变化，刊名有变化，有的出现了出版周期和栏目的调整,这些细节本研究在做具体刊物研究时都给予了一定的观照,但也难免有照顾不周之处。

最后,资料分析上的难度。由于民国时期河北省的历史沿革具有高度复杂性,导致在这一地区出版的期刊,其政治立场经常多是复杂且有变化的。以今天的视角来看,当时很多期刊的立场和观点是明显错误的和偏颇的,但其作为历史资料,同样具有除政治立场和观点之外的研究价值。特别是针对一些历史人物,在对其进行介绍时,其在中华人民共和国成立后的职位和身份较为重要,甚至决定了其被讨论的价值和意义。因此,本研究在涉及具体期刊出版人时,一般仅作业务评价,不作其他引申,亦不做政治意义上的评判。在对刊物可能具有的专业贡献和行业启示方面,本研究也力求做到客观叙述、公正评价,少发议论。

本研究的主要出发点和落脚点均为期刊的出版,围绕出版环境周边的政治、经济、文化、教育等重大议题,在对其进行叙述和引用时,基本遵从目前学界的主流观点和常识判断。

# 第二章

# 民国时期河北期刊的出版统计

对于民国时期期刊的研究，可以从期刊创办的历史背景出发，对出版时间、出版地、出版单位、出版周期、发行范围等要素作深入探究，再针对其内容编排、形式风格等进行细致分析，从而较为全面了解期刊的专业特征和发展脉络。因此，对期刊相关出版要素的统计分析，为期刊出版史学术体系的建构奠定了基础，也是出版史学术体系的框架所由。本章通过量化统计的方式对期刊的出版要素进行基础分类，使用图表等呈现方式，分析民国时期河北地区期刊出版的总体趋势、出版重心、出版规模等，从而呈现民国时期河北期刊发展的基本面貌。

## 第一节 期刊出版的时间脉络

因民国时期国内外环境复杂多变，期刊的出版受环境影响较大，所以结合民国时期的历史背景，可以将河北地区期刊的出版时间脉络分为几个重要时间节点。五四运动、北伐战争胜利、七七事变、日本投降、国共内战等重大事件，都在一定程度上影响了民国期刊的出版，也可以作为阶段性划分的重要依据。

关于民国时期期刊出版种数的统计，有更为宏阔的数据参照，"根据邓集田所做的各年度创刊中文期刊种数统计表，1912 年创刊 113 种，是 1911 年创刊 36 种的 3.14 倍；1920 年创刊 208 种，是 1918 年创刊 89 种的 2.34 倍；1928 年创刊 709 种，是 1927 年创刊 475 种的 1.49 倍；1946

年创刊 1420 种，是 1945 年创刊 679 种的 2.09 倍"[1]。这些出版变化趋势及阶段化特征，也是本研究的重要参考背景。

从具体数据来看，民国时期期刊的兴办数量在几个重要时间节点前后的增减变化较为明显，分别是民国成立初期、五四运动后期、土地革命前期、全面抗战后期。这些时间节点与河北地区期刊的创刊数量变化形成一定程度的吻合，出版趋势与时代脉搏更好地结合在了一起。

目前，笔者可搜集到的民国时期河北地区期刊的种数为 158 种[2]，而能够确定创刊年份的期刊为 140 种，因资料不完整导致无法确定创刊时间的有 18 种。为保证数据的准确性和真实性，针对创刊时间是否明确，笔者将其呈现为以下两个统计图（图 2—1、图 2—2）：

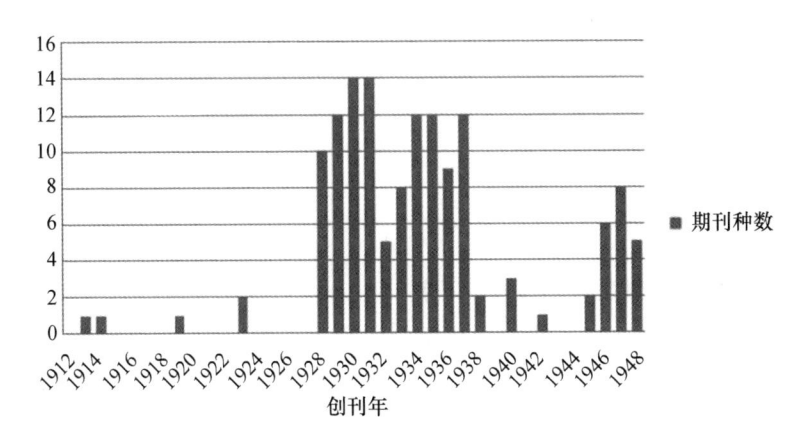

图 2—1 可明确创刊时间的民国时期河北期刊出版统计图

从已统计到的期刊出版信息来看，1928 年至 1938 年十年间，河北地区创办的期刊数量较多，呈现出明显的出版热潮。而 1912 年至 1928 年这一阶段，创刊数量较少，仅 1913 年、1914 年、1919 年、1923 年等几个年份的期刊可搜集到，总数仅 5 种。1938 年至 1944 年这段时期，期刊数

---

[1] 邓集田根据《中文期刊大词典》统计，在 1902—1949 年间，共创刊中文期刊 23277 种，参见邓集田《中国现代文学出版平台》，上海文艺出版社 2012 年版，第 90 页。

[2] 如《交大唐院季刊》，后改名为《交大唐院周刊》，编辑与发行单位均未发生改变，本研究也算作两种。再如，河北省立第七中学后更名为正定中学，因此，《河北省立第七中学校刊》与《正中校刊》也算作两种。

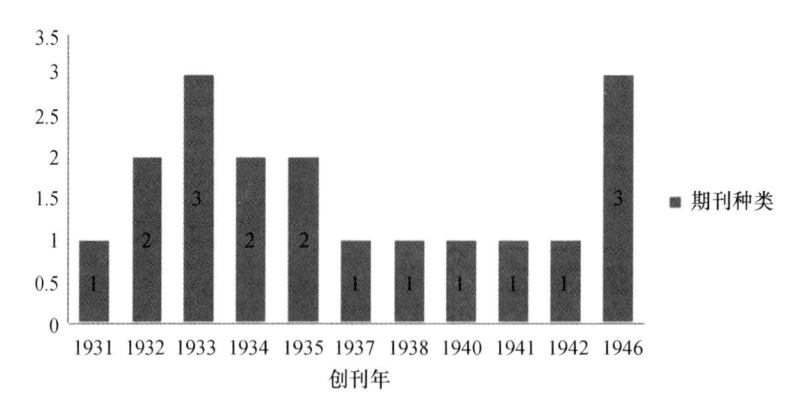

图 2—2　最早出版时间可考的民国时期河北期刊统计图

量又有很大程度减少。1945年后，创刊数量又呈现上升趋势。因民国时期河北地区期刊出版的实际情况，与民国时期全国整体的出版情况在变化曲线上略有差异，本书为统计和研究方便，将期刊的出版划分为四个时段，分别为：直隶省时期、土地革命战争时期、全面抗战时期和解放战争时期。

## 一　直隶省时期（1912—1927）

1912年至1919年这段时间出版的期刊数量相对较少，抑或存留下来的不多。造成这一现象的主要原因是该时期民国初立，国内局势尚不稳定，知识分子渴求进步与民主的热情和行动尚未完全迸发。"然而民国元年全国民主自由的气氛很浓，刚当上大总统的袁世凯也不能不用言论自由点缀一下门面，因而河北地区的报业也曾出现过短暂的繁荣"[①]，但对于期刊来说，民国初年各省的期刊出版事业多尚处于起步阶段，既缺乏先进设备的支持，又缺少相关人才的助力。加之早期资料保存条件较差，原始资料受时间和环境的影响较大，因此这一时期期刊的出版量较小，可搜集到的期刊数量更少。目前仅搜集到3种期刊，分别是《长芦盐务公报》《唐山工业专门学校杂志》和《政学纪闻》。1920年以后，受到五四运动和俄国十月革命的影响，出现了一批影响力较大的进步报刊，但

---

[①]　宁树藩、姚福申、秦绍德：《中国地区比较新闻史：全3册》，复旦大学出版社2018年版，第460页。

还是以报居多、刊居少。

《长芦盐务公报》由直隶省长芦盐运公署主办，《政学纪闻》由直隶省深县讲演社刊发，这两种期刊都属于政务类期刊，内容以公务信息为主。《唐山工业专门学校杂志》是由唐山工业学校校友会主办的综合性刊物，内容侧重于科学工程、校内外新闻及文艺作品等。

表2—1　　　　　　　　　直隶省时期出版期刊统计表

| 刊名 | 省份 | 创刊年 | 出版周期 | 编辑出版单位 |
| --- | --- | --- | --- | --- |
| 《长芦盐务公报》 | 直隶省 | 1913 | 半月刊 | 长芦盐运公署 |
| 《唐大月刊》 | 直隶省 | 1923 | 月刊 | 唐山大学学生会营业股 |
| 《唐山工业专门学校杂志》 | 直隶省 | 1919 | 年刊 | 唐山工业学校校友会 |
| 《新钟》 | 直隶省 | 1923 | 半季刊 | 直隶省立第一中学校 |
| 《政学纪闻》 | 直隶省 | 1914 | 周刊 | 深县讲演社 |

1919年至1927年期间，仅搜集到《唐大月刊》和《新钟》2种。其中，《唐大月刊》由唐山大学学生会主办，《新钟》由直隶省立第一中学发行。

从期刊性质上来看，以上5种主要为政务类期刊和文化教育类期刊。随着直隶地区受到五四运动的影响，民众对于科学与民主的呼声日渐高涨，并开始寻求精神面貌上的改变，尤其是试图以刊物来唤醒国民意识。政务类期刊的出版，则多是出于政治宣传的需要。

"这一阶段的报刊出版已不局限于天津、保定、张家口等大中型城市，河北省的一些县级城市也出版了报刊。这些报刊的出现并不是出于经济发展的需要，而是由于政治宣传和启蒙教育的需要，也可以说是中国共产党人革命斗争深入发展的结果"[1]，这也正是现有主流数据库中此时期期刊呈现出相关出版特点的主要原因。

### 二　土地革命战争时期（1928—1936）

结合前文可明确创刊时间的期刊统计表，及可考最早出版时间的期

---

[1] 宁树藩、姚福申、秦绍德：《中国地区比较新闻史：全3册》，复旦大学出版社2018年版，第461页。

刊统计表来看，自 1928 年开始，河北地区出版的期刊数量明显增多，九年中平均每年有约 12 种期刊出版，所以这一阶段可以称为"热潮期"，其原因在于"河北地区在十年内战时期不仅有国民党办的报刊，还有共产党办的许多革命报刊。除此之外，由于河北地区的经济发展，办报已成为可以获利的事业，这一时期还出现了一批以盈利为目的的民办报纸"[①]。

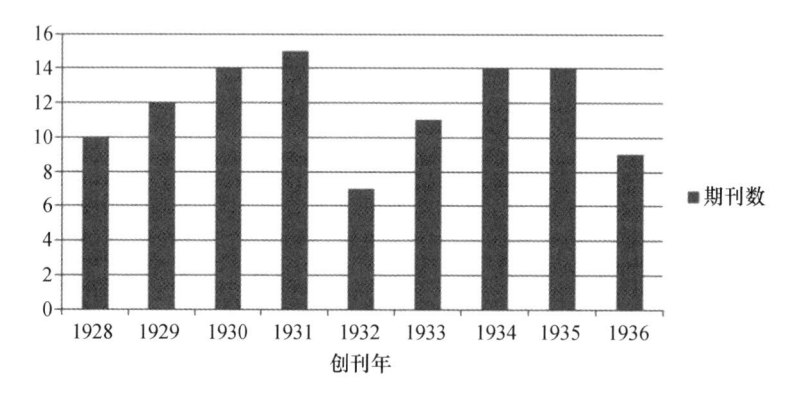

图 2—3  土地革命战争时期（1928—1936）河北地区期刊出版统计图

从图 2—3 可以看出，土地革命战争时期，河北地区期刊出版业处于相对稳定的发展阶段。从外部环境来讲，当时的国内形势虽然依旧动乱，但军阀混战已基本结束，政治局势暂时稳定，并给出版业发展带来了短暂的繁荣。从具体省情来看，河北省于 1928 年由原直隶省改制而来，省内政治、经济、文化等方面都在相对稳定的局面中获得了发展机会，并为出版业的初步繁荣创造了有利条件。以 1928 年开始出版的《育德月刊》为例，该刊由河北保定育德中学同学总会主办，刊登哲学、政治、经济、文学等方面的文章，宣传唯物史观，阐扬三民主义。同时，该刊对国内外政治、东北问题等也发表有评论，重点研究中国实业问题和青年问题，发表相关文学评论作品，介绍文学名家，此外还记述了学校的历史沿革及发展中重要的事件。

此时的期刊出版人开始自觉关注社会现实，试图通过自身的努力来

---

① 宁树藩、姚福申、秦绍德：《中国地区比较新闻史：全 3 册》，复旦大学出版社 2018 年版，第 463 页。

强化职业担当并唤醒国民意识。

### 三 全面抗战时期（1937—1945）

"为了适应革命斗争形势的需要，抗战初期各级党组织和党领导下的爱国团体，纷纷办起了各种不同类型的报纸，出现了全党办报、群众办报的崭新局面。据不完全统计，地委级以上报纸有30余种，县级及县级以下的小型报纸有130多种。这些报纸对于提高群众觉悟，反动群众，鼓舞敌后抗日武装的斗争，推动抗日民主根据地的建设发挥了很大的作用。但是，由于这些报纸都是仓促上马，办报纸量不足，报纸的政治质量和宣传水平参差不齐"①，办刊情况也与之相类似。图2—4为这一时期河北地区期刊创刊的情况统计：

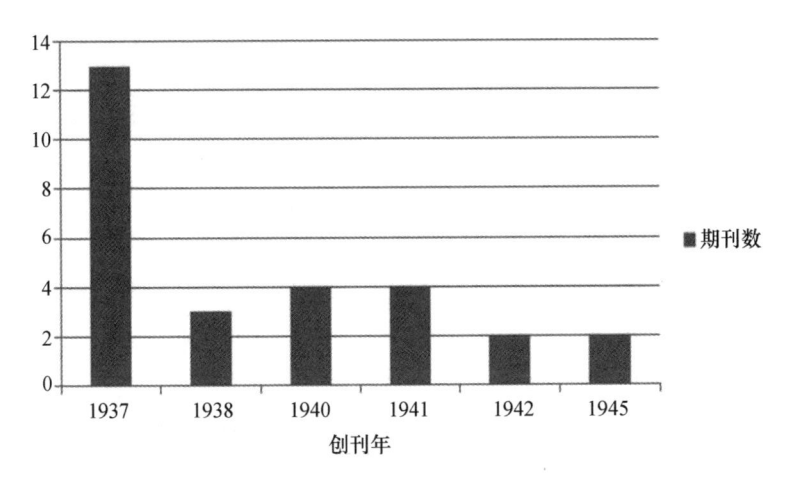

**图2—4 全面抗战时期（1937—1945）河北地区期刊出版统计图**

上图数据显示，1937年河北地区期刊创刊数量为13种，至1938年时仅为3种，而1939年和1943年、1944年的创刊数量为零。1937年七七事变后，国家处于危急存亡之秋，日军大举南下、国人自顾不暇，期刊等一众出版事业也几乎遭遇灭顶之灾。"由于抗日战争物资匮乏、条件困难、战争残酷，而且居无定所，随时可能与敌人遭遇，因而几乎所有

---

① 宁树藩、姚福申、秦绍德：《中国地区比较新闻史：全3册》，复旦大学出版社2018年版，第467页。

报纸都只能采取油印和石印出版。"① 下表为全面抗战时期河北地区出版的部分期刊统计：

**表2—2　全面抗战时期（1937—1945）河北地区期刊出版统计表（部分）**

| 刊名 | 创刊地 | 创刊年 | 编辑出版单位 |
| --- | --- | --- | --- |
| 《永清县治安维持会县政月刊》 | 永清 | 1938 | 永清县治安维持会② |
| 《长芦盐务管理局民国二十八年年报》 | 长芦 | 1940 | 长芦盐务管理局③ |
| 《玉田半月刊》 | 玉田 | 1940 | 玉田半月刊社 |
| 《德风》 | 保定 | 1938 | 保定道女子教育研究会 |
| 《黄农双周》 | 黄村 | 1940 | 河北省立黄村初级农业职业学校 |
| 《昌黎县政公报》 | 昌黎 | 1942 | 昌黎县公署秘书室 |

从表2—2可见，全面抗战时期河北地区出版的期刊较少，大多属于政府部门主办的刊物，包括一份日伪刊物，真正由期刊社编发的刊物几乎没有。对比当时的报纸来看，"抗日战争时期河北日伪的报纸只要集中在承德、石门、保定、唐山四个城市，县级报纸极为少见"④，情况较为相似。此时期出版的政治性刊物《晋察冀画报》⑤，内文多为照片，主要

---

① 宁树藩、姚福申、秦绍德：《中国地区比较新闻史：全3册》，复旦大学出版社2018年版，第468页。

② 维持会是指抗日战争初期日本侵略者在中国沦陷区内利用汉奸建立的一种临时性的地方傀儡伪政权，为日本侵略者实现"以华治华""分而治之"服务。维持会作为临时性的政权组织，是一种过渡形式，在敌伪正式政权建立后便瓦解，1940年汪伪政权建立后，沦陷区基层"维持会"组织依然存在。后随着日本侵略战争的失败而崩溃。

③ 长芦盐务管理局，盐务管理机构。驻天津。民国二十六年（1937）由长芦运司与长芦稽核分所合并改组而成。隶属南京国民政府财政部盐务总局。下辖总务、税务会计、产销、警务科、丰财、芦台场公署和硝磺处、理化实验室。"七七事变"后，长芦盐区被日军占领。民国三十四年（1945）秋国民政府接收伪长芦盐务局，改称河北盐务管理局。次年初又改称长芦盐务管理局。

④ 宁树藩、姚福申、秦绍德：《中国地区比较新闻史：全3册》，复旦大学出版社2018年版，第470页。

⑤ 《晋察冀画报》是中国共产党领导的抗日根据地第一份以刊登照片为主的综合性画报。1942年7月7日在河北平山县碾盘沟创刊。晋察冀军区政治部主办。主任（社长）沙飞，副主任罗光达，政治指导员赵烈。十六开本，用瑞典木造纸铜锌版印刷。在画报正式创刊前，1942年3月20日曾编过一期试刊，名为《晋察冀画报时事专刊》。该画刊以战争新闻照片为主，兼登通讯、漫画和文艺作品。从1942年至1948年，共出画报13期和1期试刊号，另出丛刊、画刊、摄影新闻等60余期。1948年5月，该画报与原晋冀鲁豫军区的《人民画报》合并，组成华北军区政治部领导的《华北画报》。

反映了晋察冀边区各抗日根据地及大后方的各种斗争和建设情况，也登载有漫画、木刻等美术作品，此外还有通讯、报告、诗歌、小说、散文等文艺作品。

### 四　解放战争时期（1946—1949）

抗日战争结束，国家局势在短暂稳定之后，又陷入了国共两党之间的矛盾冲突中，这一时期"河北省的新闻事业经历了一个发展、收缩、再发展的演变过程"[①]。而期刊的出版相较于全面抗战时期已有明显改观，此间的期刊出版逐渐复苏。"抗日战争和解放战争时期，河北各根据地的群众团体也油印、石印、铅印了大量报刊。如晋察冀边区文化界抗日救国联合会的综合性刊物《边区文化》，边区文协会的《晋察冀文艺》，边区剧协会的《晋察冀戏剧》，边区音协会的《晋察冀音乐》，边区美协会的《晋察冀美术》等刊物。冀中区个群众团体创办报刊200余种，主要有冀中新世纪剧社先后创办的《歌与诗》《诗与画》《新世纪特刊》，冀中妇女抗日救国会创办的《冀中妇女》，冀中文建会创办的《文化工作》等刊物。北岳区群众团体的刊物主要有《北岳妇女》《北岳青年》《乡村文化》等。1944年9月冀东第四分区路南文救会创办了《文艺阵地》。晋冀鲁豫根据地，有《抗战生活》（后改为《华北文化》）、《华北文艺》，《新华日报》华北版还开辟了《新华文艺》《新地》《戏剧》《敌后木刻》等文艺园地；冀南文化界抗日救国会创办了《抗战知识》杂志，妇女、青年等团体也先后创办了自己的报刊"[②]，但可惜的是，以上这些期刊在目前公开的出版数据库中较少被收录，笔者也未见其刊影，故暂未纳入研究范围。

表2—3　　解放战争时期河北地区出版期刊统计表（部分）

| 刊名 | 创刊地 | 创刊年 | 编辑出版单位 |
| --- | --- | --- | --- |
| 《工农兵》 | 威县 | 1947 | 冀南书店工农兵编委会 |
| 《河北省银行月刊》 | 天津 | 1948 | 河北省银行经济研究室 |

---

[①] 宁树藩、姚福申、秦绍德：《中国地区比较新闻史：全3册》，复旦大学出版社2018年版，第471页。

[②] 谢忠厚：《河北通史·民国下卷》，河北人民出版社2000年版，第292页。

续表

| 刊名 | 创刊地 | 创刊年 | 编辑出版单位 |
| --- | --- | --- | --- |
| 《银行月刊》 | 石家庄 | 1948 | 华北银行总行 |
| 《河北省立工学院半月刊》 | 天津 | 1947 | 河北省立工学院 |
| 《歌与剧》 | 河间 | 1947 | 冀中新华书店 |
| 《国立唐山工学院四十二周年纪念特刊》 | 唐山 | 1947 | 国立唐山工学院 |
| 《唐院季刊》 | 唐山 | 1948 | 唐山国立工学院 |
| 《石门市政府公报》 | 石门 | 1947 | 石门市政府秘书室 |
| 《冀中教育》 | 保定 | 1948 | 冀中教育社 |
| 《昌农月刊》 | 昌黎 | 1947 | 河北省立昌黎农业职业学校昌农月刊社 |

结合表2—3可见，解放战争时期，河北地区出版的期刊以政府单位和期刊社创办为主。与全面抗战时期相比，此时期期刊社的出版力量明显得到增强。"在国民党向华北解放区的大举进攻下，有些党报被迫停刊，也有些党报在极其严峻的形势下坚持出版。"[①] 对于根据地来说，"抗日战争和解放战争时期，河北各根据地在相当一个时期内，出版工作依附于新闻机构，书店主要是发行部门，而书刊的出版多由报社监管。解放战争后期，出版工作才与新闻机构脱离，形成了担负起编辑、印刷和发行等全部工作的独立出版机构"[②]。以《工农兵》为例，该刊于1947年3月创刊于河北威县，由冀南书店工农兵编委会编辑，冀南书店总店门市部出版发行，属于大众文艺刊物。该刊物内容涉及国家大事和社会生活等方方面面，贴近底层民众的现实生活，并以老百姓、工人、士兵、群众领袖等普通人的工作生活为写作内容，关注农业生产，普及生活常识。在思想性和舆论导向上，该刊倾向于支持共产党领导的人民解放战争，坚决拥护共产党和人民军队，并大力批判国民党反动派的丑恶罪行。该刊内容可以非常鲜明地表现出解放战争时期共产党得民心、顺民意的状态和趋势。

---

① 宁树藩、姚福申、秦绍德：《中国地区比较新闻史：全3册》，复旦大学出版社2018年版，第473页。

② 谢忠厚：《河北通史·民国下卷》，河北人民出版社2000年版，第293页。

## 第二节 期刊出版地区的分布

因民国时期河北地区的区划范围历经了数次调整，给期刊出版地的所属省份确认工作带来了一定的难度。本研究在相关期刊搜集过程中，结合期刊中所显示的出版单位的地址、期刊的名称等要素，对期刊的出版地进行了逐一核查。在对期刊中标明的出版单位进行确认后，共统计到以下出版地[1]，见表2—4：

表2—4　　　　　　民国时期河北地区期刊出版地一览

| 安平 | 保定 | 北戴河 | 北宁路杨村 | 北平 | 黄村 |
|---|---|---|---|---|---|
| 沧县 | 永年 | 昌黎 | 大城 | 大名 | 河间 |
| 定县 | 丰润 | 邯郸 | 河北 | 曲阳 | 唐山 |
| 交河 | 井陉 | 景县 | 滦县 | 邢台 | 正定 |
| 三河 | 深县 | 石家庄 | 石门 | 吴桥 | 长芦 |
| 天津 | 通县 | 威县 | 玉田 | 永清 |  |

上述部分出版地的行政归属，由于民国时期存在行政区划变更的情况，因此需要根据河北省行政区划的具体历史沿革过程进行再确认。经对比发现，全国报刊索引数据库在数据整理与呈现方面存在一定疏漏，笔者又根据其他相关数据库对创刊地进行校对和补证，最终确认结果详见文后附录一。

根据各出版地的现今行政管辖归属，可将民国时期河北地区期刊出版的地域进行简要统计，如图2—5所示。

由图2—5可知，民国时期的河北各地区在期刊出版数量方面存在着较大差异。其中，保定、北京、天津三地的期刊出版种类明显高于其他地区，保定有40种期刊，其次为天津和北京。在进行出版地的统计时，依据归属地的不同，可归为以下几类：平津地区、保定地区、非平津保地区。

---

[1] 排名不分先后，区域不分大小。

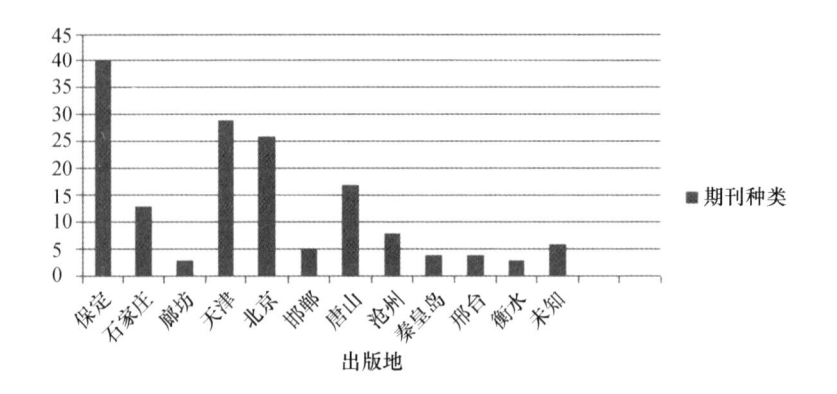

图 2—5　民国时期河北各地期刊出版统计表①

## 一　民国时期河北省平津地区出版的期刊

民国时期，河北省省会在天津、北平、保定之间多次转换，平津保为实际的行政中心区域。因现在北京、天津已从河北省中分离出来，所以应将平津地区的期刊单独划分出来，以便更清楚地探知河北省不同地区期刊的出版特征。

民国时期河北省平津地区出版的期刊共计55种，其中天津29种，北京26种。从期刊性质来看，以政府机关及一些社会组织为主要出版单位，文艺类刊物相对较少。以这一时期出版的《河北前锋》为例，该刊由国民党河北省党务整理委员会宣传科于1931年在北平编辑并发行，以阐明国民党党义、讨论革命工作并传递党政消息为宗旨，内容分为时评、论著、党政近况、国际要闻、专载、文艺、通信等。从该刊内容来看，党务刊物并不只是论述党政情况，也有文艺作品刊登。而这一时期的文艺类期刊，如《春草》等也为研究此时期的文艺发展情况提供了重要参考。

从期刊的创刊年份来看，多集中于1928年至1937年，正与前文提到的土地革命战争时期相吻合。这一时期，平津地区出版的期刊几乎占据了河北省的半壁江山。

---

① 以各出版地今天的地区归属为准进行分类。

## 二 民国时期河北省保定地区出版的期刊

保定地区在河北省历史上占有极其重要的地位,"保定最初的出现,与军事意义紧密相连。元、明两朝均以重兵驻守。清代对保定的军事地位亦非常重视,保定作为京畿重地,乾隆皇帝六次巡视江南,都在保定驻跸"[1]。在清朝直隶省时期,保定就一直作为省会。在河北省时期,虽省会驻地一直有变,但保定担任省会角色的次数最多。经过对民国时期河北地区出版的期刊的统计,保定地区出版的期刊达到了40种,大概占据了可考期刊的四分之一。

表2—5　　　民国时期保定地区期刊出版统计表(部分)

| 刊名 | 创刊年 | 出版周期 | 编辑出版单位 |
| --- | --- | --- | --- |
| 《德风》 | 1938 | 月刊 | 保定道女子教育研究会 |
| 《冀中教育》 | 1948 | 月刊 | 冀中教育社 |
| 《务实》 | 1937 | 半月刊 | 保定务实半月刊社 |
| 《育德月刊》 | 1928 | 月刊 | 保定育德中学校同学总会 |
| 《保定新青年》 | 1934 | 周刊 | 保定中学新青年社 |
| 《财政研究》 | 1936 | 半月刊 | 河北省财政厅地方财政研究委员会出版部 |
| 《烽炎》 | 1936 | 月刊 | 保定北关烽炎月刊社 |
| 《河北教育半月刊》 | 1935 | 半月刊 | 河北省教育厅 |
| 《河北教育公报》 | 1928 | 旬刊 | 河北省教育厅 |
| 《河北教育月刊》 | 1947 | 月刊 | 河北省政府教育厅 |

结合表2—5可见,与平津地区不同,民国时期保定地区期刊出版的多样化特征明显,共有约14种不同性质和类型的期刊,如政务类、教育类、文艺类、经济类、农业类、矿务类、气象类等。文艺类期刊如《烽炎》,该刊由烽炎月刊社主编,所刊内容包括小说、诗歌、戏剧、散文、随笔、学生生活素描、书报介绍及批评等,其为研究民国时期保定文学的创作和发展留下了宝贵资料。本研究也将保定部分作为研究的重点。

---

[1] 冯世斌主编:《1952—1968河北省省会变迁始末》,河北人民出版社2012年版,第244页。

## 三 民国时期非平津保地区的河北省期刊

民国时期非平津保地区的河北省期刊共计 65 种，分散于全省各地，部分统计结果如下表：

表2—6　民国时期非平津保地区河北期刊出版统计表（部分）

| 刊名 | 创刊地 | 刊名 | 创刊地 |
| --- | --- | --- | --- |
| 《八师校刊》 | 正定 | 《铁路月刊：正太线》 | 石家庄 |
| 《河北省立第七中学校刊》 | 正定 | 《新钟》 | 石家庄 |
| 《永清县治安维持会县政月刊》 | 永清 | 《正太铁路消费合作社社务汇刊》 | 石家庄 |
| 《长芦盐务公报》 | 长芦 | 《正中校刊》 | 石家庄 |
| 《吴桥县政府公报》 | 吴桥 | 《交河周刊》 | 交河 |
| 《工农兵》 | 威县 | 《丰中季刊》 | 丰润 |
| 《石门物价月报》 | 石门 | 《永年教区校友会年刊》 | 永年 |
| 《银行月刊（石家庄）》 | 石家庄 | 《七师期刊》 | 大名 |
| 《交大唐院季刊》 | 唐山 | 《昌农月刊》 | 昌黎 |
| 《交大唐院周刊》 | 唐山 | 《九师月刊》 | 沧县 |
| 《唐大学生》 | 唐山 | 《沧中双周》 | 沧县 |
| 《唐大月刊》 | 唐山 | 《心声》 | 沧县 |
| 《唐山工业专门学校杂志》 | 唐山 | 《威县赵庄校友会年刊》 | 威县 |
| 《唐山交大周刊》 | 唐山 | 《文会期刊》 | 大名 |
| 《唐山土木副刊》 | 唐山 | 《农建旬刊》 | 正定 |
| 《唐院季刊》 | 唐山 | 《北戴河海滨公报》 | 北戴河 |
| 《唐院月刊》 | 唐山 | 《唐钢》 | 唐山 |
| 《银河》 | 唐山 | 《河北矿务汇刊》 | 石家庄 |
| 《石门市政府公报》 | 石门 | 《紫光》 | 安平 |

结合表2—6的信息可见，民国时期非平津保地区的河北省期刊，涉及多个出版地，其中唐山和石家庄的期刊种类为多，唐山有11种，石家庄（石门）也超过了10种。唐山地区出版的期刊，以校刊为主，如《唐山交大周刊》《唐院季刊》等。以《唐院月刊》为例，该刊是由国立唐山工学院出版的综合类刊物，主要介绍国立唐山工学院历史、现状和未

来发展计划，报道战后该校复校及师生返校情况和教学计划的安排，刊登国内外各地校友近况、师生生活状况及该校会务消息、校闻等，对于研究民国时期唐山工学院的历史具有重要的史料价值。

石家庄地区出版的期刊比较多样，包括政务类、文教类、社科类、实业类等，如《石门市政府公报》《正太铁路消费合作社社务汇刊》《正中校刊》《八师校刊》《北光》等。

## 第三节　期刊出版单位的类型

期刊需要经过编辑、印刷、发行三个步骤才能到达读者手中，因此对出版单位的统计分析，能够清晰展示民国时期河北地区期刊出版主体中的主要力量来自哪一阶层或者何种组织。基于期刊编排风格和内容的差异性，在对期刊单位进行统计分析时，笔者发现某些期刊并未明确写明编辑、印刷和发行单位，这给统计工作造成了一定难度。因此，笔者对出版单位进行统计分析时，将每种期刊的主办或上级主管单位、编辑单位、印刷单位、发行单位进行分别整理后，归为一类，即对期刊出版相关单位进行单独考察。期刊主办单位的性质往往能够体现期刊自身的出版意图，而期刊的编辑单位既有可能是主办单位，也有可能是其成立的编委会，还可能是专业的期刊社。

根据期刊出版单位的性质，可将民国时期河北地区期刊的出版单位划分为四种类型，分别是党政机关类、学校院系类、期刊社类、社会组织类。其中，党政机关类是指以政府机关和党的机关为主的机关刊物；学校院系类是指以小学、初高中、大学等主办或由其下属专门组织主办的刊物；报刊社类是指由专门的期刊社主编和发行的刊物；社会组织类是指非政府机关及职能部门组织发行的刊物。

### 一　党政机关所办刊物

据笔者统计，民国时期河北地区出版的党政机关类刊物有46种，具体主办方涵盖了政府的多个职能部门，出版内容与其政务工作的面向群体密不可分。

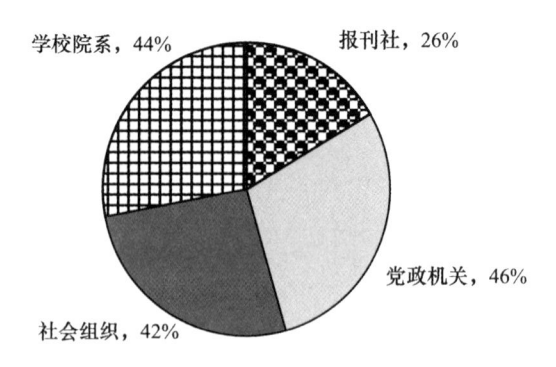

学校院系，44%　报刊社，26%
党政机关，46%
社会组织，42%

图 2—6　民国时期河北期刊出版机构类型占比图

表 2—7　　民国时期河北党政机关期刊出版统计表（部分）

| 刊名 | 创刊年 | 出版周期 | 编辑出版单位 |
| --- | --- | --- | --- |
| 《吴桥县政府公报》 | 1935 | 旬刊 | 吴桥县政府秘书处 |
| 《冀东政府公报》 | 1936 | 半月刊 | 冀东防共自治政府①秘书处 |
| 《团刊（河北）》 | 1946 | 月刊 | 河北省地方干部训练团 |
| 《河北财政公报》 | 1928 | 月刊 | 河北省政府财政厅庶务处 |
| 《河北月刊》 | 1933 | 月刊 | 河北省政府河北月刊社 |
| 《警务旬报（河北）》 | 1933 | 旬刊 | 河北省民政厅警务处 |
| 《天津市商情变动》 | 1946 | 月刊 | 河北平津区敌伪产业处理局 |
| 《石门市政府公报》 | 1947 | 月刊 | 石门市政府秘书室 |
| 《河北省滦县教育公报》 | 1934 | 月刊 | 河北省滦县教育局 |
| 《井矿月刊》 | 1936 | 月刊 | 河北省井陉矿务局总务处 |
| 《河北高等法院季刊》 | 1936 | 季刊 | 河北高等法院 |
| 《河北工商月报》 | 1928 | 月刊 | 河北省政府工商厅第四科 |

结合表 2—7 可见，从出版单位来看，党政机关刊物以政府机关为兴办主体，党务类刊物相对较少，仅有 3 种，分别是《河北前锋》《河北周刊》《河北半月刊》。政府机关刊物，以典型的政务类期刊为主，其中工

---

① 冀东防共自治政府（日本语：きとうぼうきょうじちせいふ）是日本成立的傀儡政权之一，1935 年 12 月 25 日由殷汝耕等人所成立，最早为冀东防共自治委员会。以通州为政府所在地（1937 年 8 月，伪政府由通州移驻唐山），统治面积约 8200 平方公里，统辖约 600 万人口。财政收入占当时河北省的 22%。

商财经类、教育类、实业类期刊各占一定比例。政务类期刊如《石门市政府公报》，该刊于1947年4月创刊，由石门市政府秘书室编辑并发行，主要分为公牍、法规、会议录等栏目。该刊保存了民国时期石门市政府会议的原始记录，是研究石门市政府的一手资料，其刊行也宣传了石门市政府的各项政策，在当时起到了规范管理、稳定民心的作用。

**二 学校院系所办期刊**

据统计，民国时期由各类学院和院系出版的期刊有44种，在数量上基本与党政机关类持平，具体包含了小学、中学、职业学校、各学院等，也包含其所设立的学友会、自治会等。

**表2—8　民国时期河北地区学校院系期刊出版统计表（部分）**

| 刊名 | 创刊年 | 出版周期 | 编辑出版单位 |
| --- | --- | --- | --- |
| 《河北省立第七中学校刊》 | 1933 | 半月刊 | 河北省立第七中学 |
| 《河北通师》 | 1934 | 半月刊 | 河北省立通县师范学校 |
| 《通县女师半月刊》 | 1934 | 半月刊 | 河北省立通县女子师范学校 |
| 《河北省立工学院半月刊》 | 1947 | 月刊 | 河北省立工学院 |
| 《交大唐院季刊》 | 1930 | 季刊 | 交通大学唐山土木工程学院 |
| 《交大唐院周刊》 | 1930 | 周刊 | 交通大学唐山土木工程学院 |
| 《唐大学生》 | 1937 | 半月刊 | 交通大学唐山工程学院学生自治会出版部 |
| 《唐院季刊》 | 1948 | 季刊 | 唐山国立工学院 |
| 《唐院月刊》 | 1946 | 月刊 | 唐山国立工学院 |

结合表2—8可见，校刊在民国时期河北地区期刊中占据了约四分之一，彰显了教育事业的重要地位以及教育部门的使命担当。无论政党交替还是权力交接，教育始终是国家大事、民族之本。这些期刊辅助教育培养和造就了大批活跃而先进的知识分子，为国家发展和民族复兴贡献了自己的一份力量。在当时内忧外患的社会环境下，教育类期刊更是凝聚共识、唤醒人们科学与民主意识的有效武器。

如《正中校刊》，该刊由河北省立正定中学出版，主要登载该校的布告、会议纪录、演讲辞、校闻、各课消息、图书馆报告、常识问答、毕业同学消息，以及该校学生的论著、论说、小说、戏剧、小品、读书笔记、诗词、杂俎等作品，内容丰富、观点新颖、道义庄重，其为研究民国时期河北地区教育事业的状况提供了宝贵参考。

### 三 专业期刊社所办期刊

民国时期河北地区的期刊社各具特色，目前可考的由期刊社或报社出版的刊物约有26种。

表2—9　　　　民国时期期刊社期刊出版统计表（部分）

| 刊名 | 创刊年 | 出版周期 | 编辑出版单位 |
| --- | --- | --- | --- |
| 《合力周刊》 | 1937 | 周刊 | 合力社 |
| 《工农兵》 | 1947 | 半月刊 | 冀南书店工农兵编委会 |
| 《北光》 | 1937 | 半月刊 | 北光半月刊社 |
| 《交河周刊》 | 1934 | 周刊 | 交河周刊社 |
| 《保定新青年》 | 1934 | 周刊 | 保定中学新青年社 |
| 《烽炎》 | 1936 | 月刊 | 保定北关烽炎月刊社 |
| 《农民须知》 | 1936 | 半月刊 | 河北省立农学院农民须知社 |
| 《文化前哨月刊》 | 1935 | 月刊 | 文化前哨月刊社 |
| 《烟》 | 1930 | 月刊 | 烟社 |
| 《幽燕》 | 1933 | 半月刊 | 幽燕社 |

结合表2—9可见，民国时期河北地区的报刊社在出版发行上因主管单位的不同而呈现差异性。从整体上来看，社科综合类刊物最多，文艺类次之，其他如政治类、农业类、学术类、宗教类等基本只有一种或两种。以社科综合类刊物《河北民国日报副刊》[①]为例，该刊是由河北民国日报副刊社出版，以国民党的"三民主义"为中心理论，排斥其他一切党派言论。在内容上，该刊主要发表有关社会问题的论著，刊载时事政治评论、文学评论、小说、戏剧、译著、杂纂、十字街头、通信等，并编辑发行了"鸮""迦""社会科学周刊"等周刊。

---

① 该刊连续使用了多个附属刊名，每次更名，都重新以第1期计数，因此计算为多刊。

## 四 社会组织所办期刊

民国时期河北地区由各种社会组织编印的刊物有 42 种，依社会组织的性质不同，所办刊物也各有特色。

表 2—10　民国时期河北地区社会组织期刊出版统计表（部分）

| 刊名 | 创刊年 | 出版周期 | 编辑出版单位 |
| --- | --- | --- | --- |
| 《永清县治安维持会县政月刊》 | 1938 | 月刊 | 永清县治安维持会 |
| 《河北省银行月刊》 | 1948 | 月刊 | 河北省银行经济研究室 |
| 《银行月刊（石家庄）》 | 1948 | 月刊 | 华北银行总行 |
| 《城市民教月刊》 | 1930 | 月刊 | 河北省立实验城市民众教育馆 |
| 《民教月刊》 | 1936 | 月刊 | 冀东通县民众教育馆 |
| 《民众半月刊》 | 1930 | 半月刊 | 河北省立实验城市民众教育馆 |
| 《河北省工程师协会月刊》 | 1932 | 月刊 | 河北省工程师协会 |
| 《技术》 | 1930 | 半月刊 | 北宁铁路机务技术员学会 |
| 《歌与剧（河间）》 | 1947 | 月刊 | 冀中新华书店 |
| 《乡村民教季刊》 | 1930 | 月刊 | 河北省立实验乡村民众教育馆 |
| 《乡村民众教育月刊》 | 1930 | 月刊 | 河北省立实验乡村民众教育馆出版 |
| 《德风》 | 1938 | 月刊 | 保定道女子教育研究会 |
| 《冀中教育》 | 1948 | 月刊 | 冀中教育社 |
| 《市民周报》 | 1934 | 周刊 | 河北省立实验城市民众教育馆出版委员会 |
| 《务实》 | 1937 | 半月刊 | 保定务实半月刊社 |
| 《育德月刊》 | 1928 | 月刊 | 保定育德中学校同学总会 |

结合表 2—10 可见，民国时期河北地区由各种社会组织出版的刊物，主要包括社科类、教育类、实业类、文艺类、经济类、宗教类等。如《中国文化建设协会[①]河北分会会刊》，该刊属于文化类刊物，"以科学化运动检讨过去，以新生活运动把握现在，以文化建设运动创造将来"为宗旨。在内容方面，主要刊载该会规程，介绍该分会成立经过，刊登会

---

① 中国文化建设协会是 1934 年 3 月 25 日由中国国民党 CC 系陈果夫、朱家骅、邵力子等 440 人发起组织，在上海正式成立的协会。1934 年 5 月 10 日在中央备案。以"根据三民主义，建设新中国文化"为宗旨。"文化中落，国运衰颓，民族失其活泼进取之精神，社会临于腐溃恶劣之绝境"为"消灭封建残余之意识，肃清阶级斗争之学说"，并"发扬民族精神，提倡科学知识"，特发起"中国文化建设协会"。

议记录，发表文摘，发布重要公告等。

## 第四节 期刊出版周期的统计

期刊的出版周期反映了主办单位的编印发规划、回应现实效率和集稿能力等。依据期刊出版周期的不同，可以将期刊分为周刊、旬刊、半月刊、月刊、季刊、年刊等。因具体的办刊条件和环境制约，一些期刊的出版周期并不完全固定。在实际统计中，三日刊、五日刊、双周刊、双月刊、半季刊、纪念特刊等也均有出现。

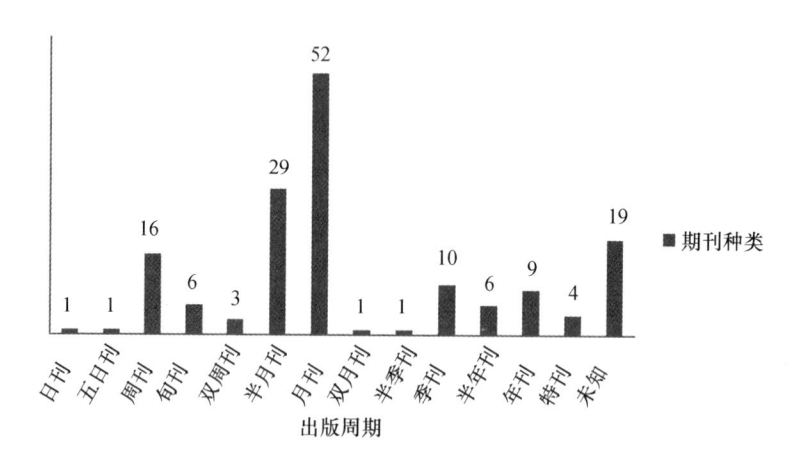

**图 2—7 民国时期河北期刊出版周期统计图**

结合图 2—7 可见，民国时期河北地区出版的期刊中，半月刊、月刊的数量明显高于其他出版周期的期刊，而日刊、五日刊、双月刊、半季刊之类都各仅有 1 种。依据期刊出版周期的不同，可将其简单划分为以下几类：日刊[①]、五日刊、周刊、双周刊；旬刊、半月刊、月刊、双月刊；季刊、半季刊、半年刊、年刊；特刊、暂不确定出版周期的期刊。

### 一 日刊、五日刊、周刊、双周刊

依据目前统计到的期刊来看，日刊和五日刊各有 1 种。日刊为《河

---

① 日刊实际为报纸，本书在统计上仅将《河北民国日报副刊》作为特殊刊物列入。

北民国日报副刊》，该刊为社科综合报纸中的文艺类版面。[①] 而《银河》则为五日刊，同属于社科综合类出版物，其主要内容涵盖时政新闻、妇女家庭、长篇连载小说等，该刊希望以深入浅出的方式，供给民众一点精神食粮，以补社会教育之不足。

现今可考的周刊有 16 种，从刊物性质和出版单位来看，主要包括社科综合类、政治类、教育类等。其中，社科综合类刊物占比最多，如河北民国日报的 3 种副刊及《保定新青年》等。政治类刊物也相对较多，如《大城县政府周报》《昌黎周报》《交河周刊》等。教育类刊物相对较少，如《河北省立民众教育实验学校周刊》等。

表 2—11　　　民国时期河北期刊中周刊出版统计表

| 刊名 | 创刊年 | 编辑出版单位 |
| --- | --- | --- |
| 《合力周刊》 | 1937 | 合力社 |
| 《河北省立民众教育实验学校周刊》 | 1932 | 河北省立民众教育实验学校 |
| 《交大唐院周刊》 | 1930 | 交通大学唐山土木工程学院 |
| 《唐山交大周刊》 | 1929 | 交大土木工程学院学生会出版部 |
| 《政学纪闻》 | 1914 | 深县讲演社 |
| 《交河周刊》 | 1934 | 交河周刊社 |
| 《大城县政府周报》 | 1929 | 大城县政府 |
| 《昌黎周报》 | 1931 | 昌黎周报社 |
| 《河北民国日报副刊：筎》 | 1929 | 民国日报馆 |
| 《河北民国日报副刊：社会科学周刊》 | 1929 | 民国日报馆 |
| 《河北民国日报副刊：鹗》 | 1928 | 民国日报馆 |
| 《河北前锋》 | 1931 | 中国国民党河北省党务整理委员会宣传科 |
| 《市民周报》 | 1934 | 河北省立实验城市民众教育馆出版委员会 |

---

① 副刊是报纸上用文学体裁反映社会、文艺色彩较浓的、能给读者提供美的享受的固定版面，定期出版，一般有刊名。常见于各种报纸，区别于新闻的版面和栏目。《河北民国日报副刊》详细信息见附录一。

续表

| 刊名 | 创刊年 | 编辑出版单位 |
| --- | --- | --- |
| 《河北周刊》 | 1928 | 中国国民党河北省党务指导委员会宣传部 |
| 《保定新青年》 | 1934 | 保定中学新青年社 |
| 《河北省公报》 | 1938 | 河北省公署秘书处 |

现今可考的双周刊较少，笔者只统计到3种，其中2种为校刊，1种为期刊社发行的刊物。以《民中双周》为例，其主要刊登科学知识、文艺作品、校闻等内容，对于砥砺青年思想、树立集体观念有一定促进作用。

表2—12　　民国时期河北期刊中双周刊出版统计表

| 刊名 | 创刊年 | 编辑出版单位 |
| --- | --- | --- |
| 《沧中双周》 | 1934 | 河北省立沧县中学校 |
| 《民中双周》 | 1930 | 保定民生中学出版委员会 |
| 《望益》 | 1936 | 保定望益社编辑部 |

## 二　旬刊、半月刊、月刊、双月刊

民国时期河北地区出版的旬刊共有6种，从刊物的出版单位来看，《吴桥县政府公报》《河北教育公报》《警务旬报》（河北）属于由政府机关发行的刊物，主要发布政府机关各项事务的公开信息等。《乡民旬刊》和《农建旬刊》则是由社会组织出版的刊物，主要涉及农民训导和农村事务等信息。《疾呼》属于期刊社发行的刊物，内容上主要涉及国内外时事政治评论，以反映当时的时局变化。

表2—13　　民国时期河北期刊中旬刊出版统计表（部分）

| 刊名 | 创刊年 | 编辑出版单位 |
| --- | --- | --- |
| 《吴桥县政府公报》 | 1935 | 吴桥县政府秘书处 |
| 《警务旬报》（河北） | 1933 | 河北省民政厅警务处 |
| 《河北教育公报》 | 1928 | 河北省教育厅 |

民国时期河北地区出版的双月刊仅有1种，即《河北民政汇刊》，该刊由河北省民政厅于1928年创办，属于地方行政类刊物。在创刊宗旨上，该刊声明将河北省政府民政厅成立以来各项政令条件分类编辑以便检查，亦可借以自镜；内容方面，该刊主要分为议案、法规、公牍、书表、附录等栏目，风格较为严肃庄重。

民国时期河北地区出版的半月刊数量较多，约计29种，占比相对较高。从各半月刊登载的内容来看，涵盖了党政类、社科类、教育类、实业类等多种类型，且各类型刊物的占比相对平衡。党政类期刊如《河北半月刊》《冀东政府公报》等；社科类期刊如《北光》《务实》；教育类期刊如《河北教育半月刊》《民众半月刊》；实业类刊物如《黄农双周》《河北棉产汇报》等。以半个月作为出版周期的刊物，受编辑单位的认可程度较高。

表2—14　民国时期河北期刊中半月刊出版统计表（部分）

| 刊名 | 创刊年 | 编辑出版单位 |
| --- | --- | --- |
| 《河北省立第七中学校刊》 | 1933 | 河北省立第七中学 |
| 《长芦盐务公报》 | 1913 | 长芦盐运公署 |
| 《玉田半月刊》 | 1940 | 玉田半月刊社 |
| 《冀东政府公报》 | 1936 | 冀东防共自治政府秘书处 |
| 《工农兵》 | 1947 | 冀南书店工农兵编委会 |
| 《河北省银行经济半月刊》 | 1945 | 河北省银行经济调查室 |

表2—15　民国时期河北期刊中月刊出版统计表（部分）

| 刊名 | 创刊年 | 编辑出版单位 |
| --- | --- | --- |
| 《永清县治安维持会县政月刊》 | 1938 | 永清县治安维持会 |
| 《河北省立邢台师范学校月刊》 | 1934 | 河北省立邢台师范学校 |
| 《河北省国货陈列馆月刊》 | 1929 | 河北省国货陈列馆 |
| 《团刊》（河北） | 1946 | 河北省地方干部训练团 |
| 《河北省银行月刊》 | 1948 | 河北省银行经济研究室 |
| 《银行月刊》（石家庄） | 1948 | 华北银行总行出版 |
| 《城市民教月刊》 | 1930 | 河北省立实验城市民众教育馆城市民教月刊编辑部 |
| 《春草》 | 1931 | 津浦路春草月刊社 |

民国时期河北地区出版的月刊种类最多，共统计到52种，约占全部期刊的四分之一，内容涵盖了社科、党政、教育、实业等多个类别，此类期刊不仅记录了当时的社会实况，也旨在有节奏地影响当时人们的思想和观念。

### 三 半季刊、季刊、半年刊、年刊

民国时期河北地区出版的半季刊[①]仅有1种，即《新钟》，该刊由直隶省立第一中学发行，主要刊登论著、演讲、学术、史论、课选、笔记、小说等内容，属于中学校刊。创刊宗旨方面，该刊以"联络感情，交换最新学识，记载校务，以便日后有所考据"为要务。

民国时期河北地区出版的季刊有10种，从刊物内容来看，以实业技术类为最多，主要有《津南农声》《河北通俗农刊》《气象季刊》《园艺季刊》等。经济类刊物有《河北物价指数季刊》和《河北省财政整理委员会季刊》；教育类和社科类刊物有《唐院季刊》和《丰中季刊》《交大唐院季刊》；党政类刊物只有1种，即《河北高等法院季刊》。

表2—16　　民国时期河北期刊中半季刊、季刊、年刊、
　　　　　　半年刊出版统计表（部分）

| 刊名 | 创刊年 | 出版周期 | 编辑出版单位 |
| --- | --- | --- | --- |
| 《新钟》 | 1923 | 半季刊 | 直隶省立第一中学校 |
| 《期刊》 | 1933 | 半年刊 | 河北省立大名师范学校期刊编辑委员会 |
| 《三师汇刊》 | 1930 | 半年刊 | 第三师范消费合作社 |
| 《保师附小校刊》 | 1946 | 半年刊 | 河北省立保定师范学校附属小学 |
| 《河北物价指数季刊》 | 1931 | 季刊 | 河北省实业厅 |
| 《交大唐院季刊》 | 1930 | 季刊 | 交通大学唐山土木工程学院 |
| 《唐院季刊》 | 1948 | 季刊 | 唐山国立工学院 |
| 《丰中季刊》 | 1929 | 季刊 | 北甯路唐山北车轴山丰润县立中学校 |
| 《河北高等法院季刊》 | 1936 | 季刊 | 河北高等法院 |
| 《河北通俗农刊》 | 1934 | 季刊 | 河北省立农学院出版委员会 |

---

① 一个季度为三个月，约计90天，半季约为45天。

续表

| 刊名 | 创刊年 | 出版周期 | 编辑出版单位 |
|---|---|---|---|
| 《气象季刊》 | 1932 | 季刊 | 河北省立农学院气象观测所 |
| 《园艺季刊》 | 1937 | 季刊 | 河北省立农学院园艺系同学会 |
| 《新十一中》 | 1931 | 年刊 | 河北省立第十一中学 |
| 《工业年刊》 | 1931 | 年刊 | 河北省立工业学院年刊社 |
| 《唐山工业专门学校杂志》 | 1919 | 年刊 | 唐山工业学校校友会 |
| 《永年教区校友会年刊》 | 1937 | 年刊 | 永年教区威县赵庄校友会 |
| 《威县赵家庄校友会年刊》 | 1933 | 年刊 | 永年教区威县赵庄校友总会 |
| 《威县赵庄校友会年刊》 | 1935 | 年刊 | 永年教区威县赵庄校友总会 |

可考的半年刊约有 6 种，占比相对较小。6 种刊物中，校刊有 3 种，分别为《文昌》《三师汇刊》《保师附小校刊》。《水产》和《壬申医学》的专业性较强，属于学术研究类刊物，《期刊》则属于社科综合类刊物。其中，《水产》由河北省立水产专科学校学生自治会出版委员会编辑并发行，主要介绍水产知识，刊登捕鲸业概况，报道水产界消息等，是了解该校专业特色的重要资料。

民国时期河北地区出版的年刊有 9 种，其中社会组织发行刊物 4 种，校刊 3 种，机关刊物 2 种。在刊物性质上，文教类和宗教类期刊各有 3 种。其中，《永年教区校友会年刊》《威县赵家庄校友会年刊》《威县赵庄校友会年刊》属于同一出版单位，即永年教区威县赵庄校友会，三刊之间是继承与被继承的关系。学术性刊物如《工业年刊》，由河北省立工业学院创办，主要介绍该院的科系，并刊载实用学术信息及译著等。

**四 特刊、暂不确定出版周期的期刊**

特刊是指出于某种纪念或总结的目的而出版的刊物，通常无确定出版周期，内容也与常规期刊有所不同。目前可收集到的民国时期河北地区纪念特刊有 4 种，分别为《国立唐山工学院四十二周年纪念特刊》《长芦县盐务管理局民国二十八年年报》《河北省立法商学院反日特刊》和《视察特刊》。

《国立唐山工学院四十二周年纪念特刊》是 1947 年 5 月由国立唐山

工学院主编的一种纪念刊物，主要刊载了该校的校史和学校建设方面的内容。从刊登内容上来看，该刊通过短短几篇文章就将抗战后唐山工学院的全貌展现了出来，并且附带有校园全图，其为研究唐山工学院留下了宝贵的历史资料。其在发刊词中提道，"将复员后各部门情形，亦撮要列入，分赠各方浏览，作用于宣传，欲抛砖而引玉，不吝批评指导，完成工程教育之重大使命"，足见其担当精神。该刊虽只有短短二十六页，却将唐山工学院的办学面貌生动地描绘了出来。

《长芦县盐务管理局民国二十八年年报》是 1940 年由长芦县盐务管理局出版的刊物。该刊并非出于纪念目的而发行，而是倾向于对年度工作进行总结。从刊内载文来看，主要为该局当年有关改革事宜的工作汇报，有政务、产销、税务、警务、工务与硝磺 6 项专栏，并汇集成册，供考核参改之用。仅就内容而言，该刊是民国时期长芦地区盐务管理工作的重要见证。

《河北省立法商学院反日特刊》是 1931 年河北省立法商学院反日救国宣传部编辑发行的刊物。从该刊要目来看，主要是对于满洲事件、东北问题、日本帝国主义等议题的思考。该刊栏目主要有时评、论著、文艺、日记、会务等，对于研究民国时期河北地区抗日救国的历史具有重要参考价值。

《视察特刊》是 1928 年由河北省政府民政厅编印的刊物，主要摘编河北省政府民政厅各视察员的报告，用以反映地方状况和民间疾苦等。在栏目设置上，主要有章则、记载、公牍、报告、意见等。

本研究在进行统计时，也存在因期刊相关内容欠缺而无法确定其出版周期的情况，列表 2—17 于下。

表 2—17　　民国时期河北期刊中出版周期不明期刊统计表

| 刊名 | 创刊地 | 现存期数 | 现存页数 |
| --- | --- | --- | --- |
| 《八师校刊》 | 正定 | 1 | 158 |
| 《新冀东》 | 三河 | 1 | 19 |
| 《新十三中》 | 永年 | 1 | 145 |

续表

| 刊名 | 创刊地 | 现存期数 | 现存页数 |
| --- | --- | --- | --- |
| 《河北省立工业学院学报》 | 天津 | 1 | 245 |
| 《山西醋》 | 天津 | 1 | 11 |
| 《唐山土木副刊》 | 唐山 | 1 | 16 |
| 《曲阳县教育汇刊》 | 曲阳 | 1 | 169 |
| 《七师期刊》 | 大名 | 1 | 306 |
| 《河北省省立正定中学校刊》 | 北平 | 1 | 386 |
| 《文会期刊》 | 大名 | 1 | 78 |
| 《中国文化建设协会河北分会会刊》 | 北平 | 1 | 197 |
| 《保定民生中学校刊》 | 保定 | 1 | 129 |
| 《唐钢》 | 唐山 | 1 | 100 |
| 《河北矿务汇刊》 | 石家庄 | 1 | 320 |
| 《农友（定县）》 | 定县 | 1 | 21 |
| 《晋察冀画报》 | 保定 | 5 | 118 |
| 《晋察冀画报丛刊》 | 保定 | 1 | 27 |
| 《学友》 | 保定 | 1 | 72 |
| 《紫光》 | 安平 | 1 | 199 |

结合表2—17可知，这些期刊之所以未能确定出版周期，原因主要有两点：一是因为上述期刊的可考刊期较少，多仅存1期，故无法根据期刊前1期与后1期之间的出版时间间隔来进行推断；二是因为可考期刊的相关版面上没有明确的标识，尤其在期刊刊名、首页、结尾处等均未标注其为哪一出版周期。虽然此类期刊存量较少，但也是研究民国时期河北地区历史的重要资料，有其出版史意义上的闪光点。如《晋察冀画报丛刊》，作为抗战胜利后华北野战军晋察冀军区政治部编印的宣传该军区抗战情况的画报丛刊，具有不可替代的史料价值和政治意义。

# 第 三 章

# 民国时期河北的各类代表期刊

## 第一节 民国时期河北的文学艺术类期刊

由国民党北平市党部主办的《河北民报》自 1932 年创刊之始，先后辟有《疾呼》《洪流》《铁锥》等十余个副刊。《疾呼》是由河北保定疾呼旬刊社出版的一种旬刊。本部分主要对《疾呼》的文本进行了整理，从中梳理出办刊脉络，尤其对《疾呼》的出版情况、办刊宗旨、读者对象、编辑思想以及编辑风格等进行了阐述与分析。

### 一 《疾呼》

1. 《疾呼》的文本概况

《疾呼》，旬刊，1932 年创刊于河北保定，属于国民党北平市党部主办的《河北民报》的副刊。创刊号不详，目前现存《疾呼》期刊有 1933 年 5 月 1 日出版的 1933 年第 2 卷第 2 期，1933 年第 2 卷第 3 期，1933 年第 2 卷第 4 期，1933 年第 2 卷第 5、6 期（合刊），1933 年第 2 卷第 7 期，1933 年第 2 卷第 8 期，1933 年第 2 卷第 9 期，1933 年第 2 卷第 10、11 期（合刊），1933 年第 2 卷第 12 期，1933 年第 2 卷第 13 期，1933 年第 2 卷第 14、15 期（合刊），1933 年第 2 卷第 16 期，1933 年第 2 卷第 17 期，1933 年第 2 卷第 18 期，1933 年第 3 卷第 1 期，1933 年第 3 卷第 2 期，1934 年第 3 卷第 3、4 期（合刊），1934 年第 3 卷第 5 期，1934 年第 3 卷第 6、7 期（合刊），1934 年第 3 卷第 8、9 期（合刊），1934 年第 3 卷第 10、11 期（合刊），1934 年第 3 卷第 12 期，1934 年第 3 卷第 13 期，1934 年第 3 卷第 14、15 期（合刊）。现存 24 期（其中合刊为一期），发行时间约为两年，发行地址为保定疾呼旬刊社，现存期刊由国立北平图书馆藏，代售处有北京各大学各大书店、南京各大书店、天津各大书局、保定各大书局等，销往全国各地。

《疾呼》期刊的主要栏目有时政新闻、时评、译文、文史知识、论著、文艺、杂俎、文艺理论、随笔、小说连载、通讯、读者园地、读者论坛、书报介绍、编后等。栏目丰富，虽多有变动，但编排精当。

从所存留的期刊统计来看，该刊的主要撰稿人有任难、沃、孤村、马培棠、树耘、馨芝、絮如、凡、沙鸥、杏枝、行知、金水、紫泉、休和、星、剑心、庚辛、雪菲女士、述闻女士、炳煊、力进、西方、一民、马树桐、韩超群、陈立夫、张厉生、梁漱溟、王芸生、高均亭、赛天山、董兆瑞、敬一、莫明、逸庵、刘学仁、绍伯、孙景祥、刘继华、王休和、米兴田、今生、枫、易庵、苍福成、申亮、周锤悌、孙德贵、紫泉、张思海、潘逊毕、皆言、刘润田、无、茗雪、仁南、丰哉等。该刊署名自由，其中笔名较真名为多。

《疾呼》现存共24期，从出版周期来看，为每十天一期，半年18期，一年32期，其中合刊为一期，按时间梳理，各期文章篇数如下：

1933年第2卷第2期，共有文章7篇；1933年第2卷第3期，文章只有3篇；1933年第2卷第4期，共有文章7篇。

从栏目来看，创刊伊始，并没有设置明显的栏目，直至1933年第2卷第5、6期（合刊），才开始设置相应的栏目，初步设了"时评""论著""文艺"三大栏目，此期共有文章8篇；1933年第2卷第7期，文章共5篇。

从1933年第2卷第8期开始，栏目又有所调整，分为"时评""论著""杂俎""随笔""文艺""读者园地"等栏目，具体文章共6篇。

1933年第2卷第9期，栏目有"姑妄言之""碎铜烂铁""鸿鲤来音""文艺""读者园地"，具体内容共8篇。

1933年第2卷第10、11期（合刊），栏目有"时评""论著""文艺""读者园地""书报介绍"，文章共9篇。

1933年第2卷第12期，栏目有"论著""文艺"，共4篇文章；1933年第2卷第13期，也是4篇文章；1933年第2卷第14、15期（合刊），共7篇文章；1933年第2卷第16期，文章5篇；1933年第2卷第17期，有文章4篇；1933年第2卷第18期，有7篇文章。1933年第3卷第1期，文章共6篇；1933年第3卷第2期，文章共4篇。1934年第3卷第3、4期（合刊），有4篇文章。

1934年第3卷第5期，共4篇文章。1934年第3卷第6、7期（合刊），共5篇文章。1934年第3卷第8、9期（合刊），共6篇文章。1934年第3卷第10、11期（合刊），共10篇文章。

1934年第3卷第12期，有"通讯""读者园地"等栏目，共7篇文章。1934年第3卷第13期，共4篇文章。1934年第3卷第14、15期（合刊），共7篇文章。

从栏目来看，创刊始时，并没有明显的栏目设置，后来，通过逐渐的摸索与实践，到1933年第2卷第5、6期（合刊），疾呼才开始设置相应的栏目，从1933年第2卷第5、6期（合刊）开始，又分为"时评""论著""文艺"三大栏目，从1933年第2卷第8期开始，栏目又有所调整，分为"时评""论著""杂俎""随笔""文艺""读者园地"等栏目，1933年第2卷第9期，栏目有"姑妄言之""碎铜烂铁""鸿鲤来音""文艺""读者园地"。1933年第2卷第10、11期（合刊），栏目有"时评""论著""文艺""读者园地""书报介绍"。1933年第2卷第12期，栏目有"论著""文艺"。从1933年第2卷第13期至现存的最后一期1934年第3卷第14、15期（合刊），除"读者园地""读者论坛"等并无其他栏目，另外，1934年第3卷第12期，有"通讯""读者园地"等栏目。

从刊登文章数目来看，单期文章最多时有10篇，最少时为4篇。当时的稿件来源不够稳定，优质文章资源时断时续，期刊文章数目的起伏不定，与时局动荡有关，也与期刊社的运作能力和水平有关。另外，从总体上来看，合期期刊比单期期刊的文章数目为多。

2.《疾呼》的编辑风格与编辑技巧

编辑风格是编辑在加工一部作品时所加入的自己对作品的理解，并最终落实到版面编排和版面语言运用上。由于个人的生活实践、思想立场、学识素养、艺术趣味的不同，在加工过程中编辑对内容的选择与形式的表现也必然存在差异，这种特色与个性是刊物的重要表征。

《疾呼》的编辑风格首先体现在对文学作品的全方位把握上。从《疾呼》所刊载的内容上看，其刊登过的文章体裁有政治理论、政治思想、散文、小说、诗歌、杂文等，不拘一格。综合来看，又以宣传政治思想为主，兼顾其他体裁。"时评""论著"等是其中分量较重的优势栏目，如1933年第2卷第8期、1933年第2卷第5、6期（合刊）、1933年第2卷第12期、1933年第2卷第10、11期（合刊）等都开设有这两个栏目。

《疾呼》在1933年第2卷第8期中首次增加了"读者园地"栏目，并在此栏目中刊登读者来稿。该栏目比较优秀的来稿如《青少年怎样救国》《谈谈乡村教育》等，既贴切读者日常生活，又富于文采，堪称佳品。1933年第2卷第16期中又首次增设了"读者论坛"栏目，该栏目与"读者园地"并驾齐驱，更加强化了读者反馈的功能以及读者的主体意识。

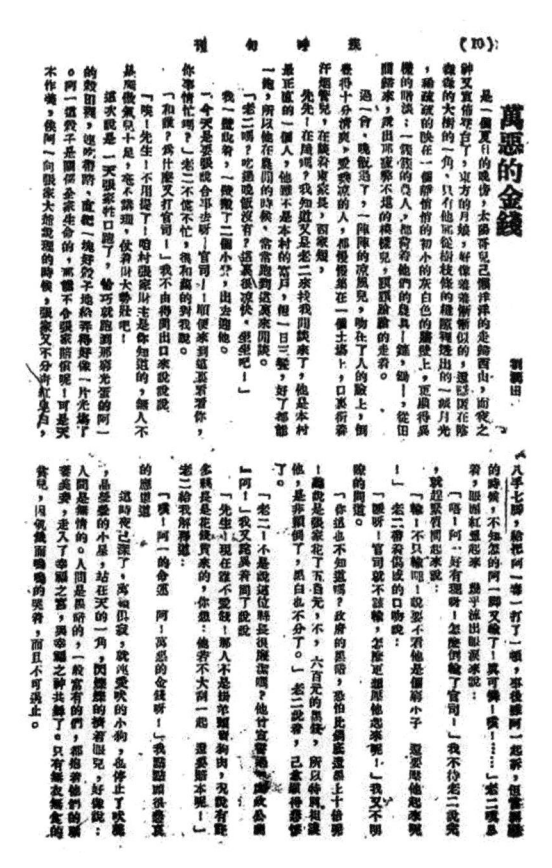

**图3—1  《疾呼》1933年第2卷第16期"读者论坛"栏目文章**

3. 《疾呼》的发行

《疾呼》的第2卷第2期中刊载的代售处有：北平各大学各大书店、南京各大书店、天津各大书局、保定各大书局。随时局变化，代售处也有所变化，第2卷第5—6期合刊时即改为：保定疾呼旬刊社及保定各大书局、北平各大书局及各大学号房、南京各大书局及各大学号房、天津各大书局及各大学号房、汉口青年评论社及各大书局等。当时的代售处主要集中在全国重要城市，《疾呼》的代售处有保定的文德堂、需霖阁及群玉山房，北京的佩文斋、歧山书店及各大书局，南京的正中书局、花牌楼书店、国际书店及各大书局，天津的永记书局、天津书局及各大书局，汉口的青年评论社及各大书局，上海的现代书局及各大书局，武昌的新生命书局及各大书局。

《疾呼》当时的售价为每期大洋2分；半年18期，大洋共计3角；全年32期，大洋共计5角。

综合《疾呼》现存的这24期来看，其销售价格并无变化。

关于《疾呼》对当时国民政府的时政及广大人民群众的政治和文化生活影响，尤其是对保定当地民众的思想观念影响，对文学爱好者的实际影响，今天已经无法再去做深入的专门研究。但《疾呼》作为保定文艺出版的重要一支，其在冀中腹地的出版实践，有诸多经验仍可以沿用到今天。

## 二 《幽燕》

1. 《幽燕》的文本概况

《幽燕》，半月刊，1933年4月15日创刊于河北保定，社址初为保定振兴里十二号，后迁至振兴里十四号。1933年4月15日出版第1卷第1期（创刊号）。第1卷第5、6期，第1卷第11、12期，第2卷第6、7期，第3卷第4、5期均为合刊。1933年12月1日出版第2卷第1期，1934年11月1日出版第3卷第11期，后或停刊，余者不详。从现存来看，发行时间共约一年半，共出版31期（其中合刊算作一期）。前十期由时保定西大街协生印刷局印刷，萧卓麟等编辑，"幽燕社"发行，秦卓菴担任编辑后，改由保定大金线胡同益世印刷所印刷，代售处有西大街中华书局、群玉书房、市场纸艺局、博文堂、需霖阁、竞新书社、大立斋，古莲花池内的青莲阁。

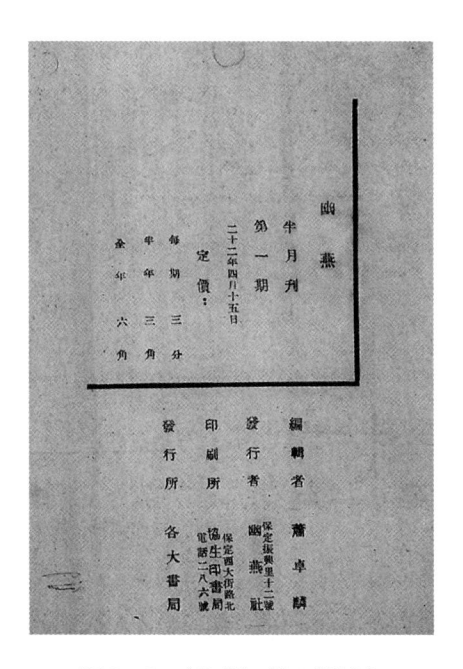

图3—2 《幽燕》第1期封底

《幽燕》上刊有小说、散文、诗歌等作品，以及国内外局势分析评论，文人行踪报道、文坛消息、文艺流派评介等。主要栏目有时事述评、青年园地、评论、读者园地等。

主要撰稿人有河汉、适存、卓麟、惠风、尔昂、曼娜女士、雨丝、谢尔、公野长、吴蘋霞、木明、罗郎、王质直、彭古、徐寒石、电兮、失名、石君、张堃、贵鸳、浮萍、朱了梅、漪澜、丁作能、仲良、晋基、春波、今是、丽沙女士、田晨、湖萍、佛克、声序、寒梅、石甫、梨姗女士、了心、葬非、瑰园、林房雄、王季陆、壬子、诚文、勉菴、阿良、水若、絮如、碧波女士、王登瀛、刘纪友、董新华、董兆瑞、晁忱、浮萍、李山樵、张汉卿、仁子、李士清、乐喃、学言、慧石、刘盈科、长征、絮如、非非、苍帆、浮萍、吴诚文、李山樵、萍、逸君、韧光、萧卓麟、长征、惊鸿、文、佛、珊弟、任来祝、郁英、萍、路、高祥和、琴、李曼、纹、施一萍、徐觉辛、董东海、时俊、马聚文、邢兆丰、周大烈、李普曼、石一亭、铭心、王邦桢、镜萍、燦晖、静雨、晚芳、涓波、奇秋、里华、曼若、文辉、黄诚、里华、冰晓、王新民、管儿、曼诺、杨永泰、士心、季英、南风、青枫、平夫、厚生、管儿、李志鸿、刘钊、夜波、魏兆铭、玉元、杨凤尘、冰洲、王萃文、谢萍、马连章、丛一、马铃薯、李津、茜、夜波、馄饨、黄肃秋、谢萍、鲁咖、张飘侠、英、尔人、萧丹。

《幽燕》期刊现存共31期（其中合刊算作一期），每半月一期，一卷12期，一年两卷。顺沿卷期的发行时间以及遵照主编的更替情况，大致的出版信息梳理如下。

第1卷第1期至第4期，由萧卓麟编辑。

后萧卓麟因故离保南下，转由徐寒石担任主编。从第1卷5、6期合刊起至第10期由徐寒石编辑。后徐寒石也离保南下，再转由秦卓菴编辑，并具体编辑第1卷第11、12期合刊和第2卷第1期。

从第2卷第2期至第3卷第11期（可考最后一期），版权页编辑者均属名为幽燕社。从第3卷第1期周年纪念号《周年纪念自述》看，主编应仍为秦卓菴，或许自第2卷第2期起编辑队伍有所扩大，或秦不喜贪功争名，遂属名为"幽燕社"。

其中第1卷第5、6期合刊，第1卷第11、12期合刊因编者更替，而延期出版，与前一期发行间隔一月，所以作两期合刊发行；第2卷第6期、第3卷第4期延期出版，分别与后一期作合刊，原因不详。第1卷共约260页，第2卷共约346页，第3卷共约320页。

从栏目来看，创刊之始，由于稿源不充足，篇目较少，其没有明显的栏目设置。萧卓麟所编四期篇目如下：

（第1卷第1期）《咱们自己》，河汉；《王三子》，适存；《减字木兰花》，卓麟；《我骗你像你骗我一样》，惠风；《最近文坛评阅》，尔昂；《南乡子》，卓麟；《我的情书》，曼娜女士；《鸽》，雨丝；《望》，编者，共7篇。

（第1卷第2期）《冲》，谢尔；《呆子》，卓麟；《月（一个春天的）》，吴惠风；文坛消息；《关于幽燕》，编者，共4篇。

（第1卷第3期）《夜》，剑白；《麻疯女》，吴惠风；《诗》，罗郎；《无题》，蘋霞；《末日》，徐寒石译；《故宫词》，吴惠风；《西山》，质直，共7篇。

（第1卷第4期）《忆东京》，彭古；《宴前》，寒石；《诗评——橄榄味的恋情》，吴惠风；《紫罗兰下》，夙振译；《友情》，徐寒石；《凉风习习天》，电兮；《晨过御河桥》，质直，共7篇。

由上述资料来看，散文、诗歌、译作、文学评介并无固定顺序安排；从第2卷第2期起，增设"时事评述"一栏；第3期起，辟"读者园地"一栏；第6、7期合刊起，辟"幽燕民间故事选"一栏；第3卷第6期起，"读者园地"改为"青年园地"；第3卷第1期为"周年纪念号"。自《幽燕》设立独立栏目以后，编排的顺序大致为：时事述评、论著、文学创作（包括译作）；文学作品排版的先后顺序按照文学样式类别来看，也并不固定，但大致可以分为小说、散文、诗歌、杂文小品类、民间故事选、读者园地（后改为青年园地）等。

2.《幽燕》的编辑风格

（1）文学样式的多样性及连载体现的统一性

《幽燕》的编辑风格首先体现在文学样式选取的多样性。

在《幽燕》的一篇文章中介绍到保定的地方学校不少，学生有四五千人，而保定没有一本专注于文学的刊物，当时的学校大多有校刊，如《民中双周》《培德月刊》《新十一中》《七师期刊》《心声月刊》《河北省立第七中学校刊》等，校刊的内容很广泛，包括校务、讲话、数理化、文史哲、健康与体育、英语、天文、地理等，虽然有的校刊文学作品刊登比重很大，其中不少是学生习作，也多设"杂俎"一栏，含有字谜、对联等小版块，从文学的题材和体裁来看，还是比较单一的。与这种综合性期刊相比，作为文学期刊的《幽燕》所刊载的作品，从文学体裁上分类是非常多样的，可分为小说、散文、近体诗、现代诗、诗歌、词、戏剧、游记、书信、杂文、随笔、小品、文艺理论等，从这一点上看，相对于专门刊登散文的期刊或专门刊登诗歌的诗刊等来说，《幽燕》可称得上是所谓的"综合性文艺期刊"了。

此外，《幽燕》刊载有多种样式的文学作品，这些作品以诗歌的篇目为多，主要撰稿人吴惠风、丁作能、路、张静雨、佛、碧波女士也是以诗作见长，不仅有原创还有诸多译作，译作又都是以现代白话为载体的，诗中也多见现代诗，不仅符合当时语言环境，对于普及文学知识与素养也有很大的助益。《幽燕》的读者多是保定一带的学生和文学青年，读者的文学修养并不是很高。文学作品的语言除了要符合当时的语境，还要通俗易懂，才有利于读者的消化和吸收。这样，《幽燕》呈现了平易近人的平台形象，利于读者积极参与其中，实现良好的反馈，从而更利于《幽燕》的长期发展。

《幽燕》不仅在文学样式上体现了多样性，还利用连载体现其整体策划的统一性。新一期《幽燕》的发行都会把前一期或者前几期的目录重新刊载，这不仅是对新的读者的一个介绍，同时还体现着《幽燕》在整体办利思路上的衔接性。《幽燕》自第2卷起，采用整卷计算页数的方法，将每一卷作为一单位，一卷的12期期刊的页码是连续的，如第2卷刊载到346页，第3卷第11期刊载到312页（以原件所标页码为准），在形式上的连载也体现了《幽燕》对统一性的要求。

从内容上看，《幽燕》的统一性还体现在小说连载方面。小说连载就是在一篇小说还未创作完成的时候就发布出来，后面的章节随着创作逐步更新发布，这种小说连载的形式很适合现代人的生活节奏。编者在遴选作品时考虑到多方面的因素，由于一些中长篇小说的篇幅较大，或者边发边写，时有更新，而一期期刊的容量有限，《幽燕》根据这一特点进行连载。这样既可以用优秀作品吸引一批长期读者，在期刊的内容编排上也有一定的稳定性，同时长篇也更能体现编者的文学和审美情趣，作品与时俱进的时代性也可得到更好的体现。如张埜的《端阳节》、石君的《维宁》、佛克的《凶杀的故事》、冰若的《落魄》、仁子的《邻家》、徐寒梅的《别了汉皋》、漫波的《王校长》等，有的连续刊载几期，有的则断断续续加以连载，有的则因为第3卷第11期后的散佚无法考证了。

作品的连载和编排形式上的连续性，正体现了《幽燕》的统一性。

（2）稿件作者的分散性及撰稿人的稳定性

第1卷第5、6期合刊《拓荒——关于幽燕社的一点报告》介绍说，"在六月二十日（此处应为'五月二十日'，疑为作者笔误）开成立大会的那一天，聚集了五十多个各省各地的青年男女，虽然各个人的工作，环境多不相同，而爱好文艺的情趣，却是一致无二的"。可见《幽燕》的稿件来源是相当丰富的，刊物也是备受各省各地青年关注的。从刊登的文章来看，曼娜女士的《我的情书》来自南京，木明的《押》来自天津，王质直的《西山》来自北平，石君的《别》来自保定定县，田晨的《关于决战队——写给萍》来自济南，徐寒梅的《淫潦——农村写实》、丁作能的《鸿——给世骥》来自南京，葬非的《作客难》来自青岛海滨，张汉卿的《光荣的死》来自镇江，李山樵的《命运》来自福州，萧卓麟的《海燕》来自上海，施一萍的《偷桃》来自石家庄，羞的《她物化了》来自汉南（今属武汉），絮如的《民间故事选》也多取材保定当地，分别来自博野县、完县、定县、安国县等。

虽然作者来自全国各地，但又都具有一定的稳定性，如王质直的游记《西山》《晨过御河桥》《莲池的雨天》《北海的雨天》《八达岭旅行记》《铁展会参观记》等，徐寒梅的诗作《呆人杂记》《凭吊——给亡友谢君友璋》《浪迹》《小品三则》《我们需要什么文艺》等，佛克的《草鞋随笔》等多篇杂文、小品文，诚文的散文、随感、诗歌，碧波女士的诗歌、散文……以及吴惠风、张堃的作品等。

（3）介绍文坛时事的时效性及与青年的互动性

《幽燕》地处保定，编者初来颇感此地荒芜，学校虽多，但是文学事业很不景气，偏文学的校刊虽有一些但都是"大门不出"的，交流甚少，气氛沉闷。编者为活跃氛围，与青年联络感情而创办刊物，势必会介绍我国乃至国外文坛情况。第1卷第1期便有一篇《最近文坛评阅》，这是最早出现在《幽燕》的评介式文章，作者尔昂对当时激烈的左翼与托洛茨基派的文艺论战发表了意见；并对"文艺与时代"议题表达了观点，同时也阐明了《幽燕》以后要走的路线和秉持的文艺观。《幽燕》初创便向保定的读者介绍"我们的文坛"的"时事"，可见其定位和着眼点是宏观的，也是有全局观念的。第2期《文坛消息》向读者介绍了诸如张天翼、茅盾、田汉、段可情、施蛰存、杨邨人、王独清、左漱心等作家的情况，第3期向读者介绍了萧卓麟和左漱心主编的《流露月刊》的革新号的目录。但是，后来因为编辑团队人员的变动，向读者介绍文坛消息的栏目没有能够继续办下去。第2卷第1期王质直《作家笔名录》一文为读者介绍了文章的写作背景。第8期至第10期辟有"文坛鳞爪"一栏，由程心芬负责编辑，内容丰富，包涵文艺会议、新书新刊出版、名家诗人行踪、文艺社团活动，以及名人轶事，如北平文话茶会的召开，沈从文、郑振铎、废名未列席该会或因京派与海派之间存在区别；中国第一幽默小说家（老舍）的新书长篇小说《牛天赐传》，叶灵凤、穆时英编的《文艺画报》，徐苏灵编的《大众文学团画月报》，杨丙晨、李长之编的《文学批评》，董文渊主编、杜衡、施蛰存主笔的《文艺半月刊》，《文学季刊》或停刊的消息，"最近停刊刊物《作品》《文艺风景》《大上海》《新语林》"；郁达夫与王映霞婚变、王独清说和，穆木天脱离左联，鲁迅隐居上海，无新作，周作人旅日会晤日本作家，并采集文学资料等等。第11期尔人的《文坛轶事》介绍章铁民、穆木天、张竞生以及新诗人方玮德、诗人邵冠华、汪锡鹏、乜金言、茅盾、郑振铎等的文人轶事，笔调诙谐。此外，因编者之间的互动，该刊还登有其他刊物的目录，如《流露月刊》《青年与战争》《职业教育》《疾呼旬刊》《文艺战线》《青年评论》以及《振民日报》的征订广告等。

　　《幽燕》不仅重视对文坛现状的报道，还很注重与青年们的互动和交流。《幽燕》的创刊，本就以丰富青年生活，联络感情为宗旨，这种思想在刊物栏目的设置上也多有体现，不过也并非局限于此。《幽燕》初期就多次呼唤青年奋进，加入进步者的行列。不久，萧卓麟即组织了读者见面会，与七八十个爱好文艺的青年朋友在莲池畅游，探讨文学、研究时事。之后，在《幽燕》上多有读者反馈的消息。从第2卷第3期起，辟"读者园地"一栏，刊载一些读者来稿、反馈信息与编者答谢等，持续至第9期止。第10期辟"读者通信"一栏，仅一期，功能与前者相同，刊载某些读者的来信。第3卷第3期复辟"读者园地"一栏，第6期起又改为"青年园地"，至第11期（现存最晚一期）。总体来看，一些栏目从无到有，独据一角，而形式又在不断演变、革新，但是编者对青年读者互动的关注与重视始终未变。

　　3. 《幽燕》的发行

　　《幽燕》的代售处有西大街中华书局、群玉书房、市场纸艺局、博文堂、需霖阁、竞新书社、大立斋，古莲花池内的青莲阁，其销售网点遍布保定城内。其实当时的保定城并不大，之所以代售地点较多，表明《幽燕》在保定的发行量还是相当可观的，其在保定应该是很普及的刊物。在《周年纪念号》中，一位《幽燕》的忠实读者——非（笔名）来稿《我所期望于幽燕者》，说道，从刊物的地方性来看，《幽燕》"虽不足代表一国，代表一省，但至少能代表一个特定的区域——保定"。这个代表性便是《幽燕》的成就，《幽燕》的影响也正基于此，"你如果要明白保定的一般思想吧，需要读她，要明白保定的文艺作物的内容吧，更需要读她，其次关于带有地方性的事故，保定学生的文学程度，皆可在这小小的篇幅求之。一言蔽之，幽燕即是保定的缩影"。从该读者的评价中即可知《幽燕》是怎样一本刊物，以及这样一本刊物在保定所产生的影响，具有代表性又具有凝聚力。

此外，《幽燕》的发行工作基本是准时的，除几次因人事变动而被迫出现延期。它的初期定价为每期大洋三分，半年三角，全年六角；后来自第2卷第6—7期合刊因纸张和印刷费用的提高而不得涨价至每期大洋五分，半年五角，全年一元。此后，其价格一直是稳定的。

由于《幽燕》的出版距今已有九十年，现今关于该刊信息来源渠道比较单一，最多只能从现存原文原件的内容上对其发行与影响进行分析与判断，而发行数据，如总发行量、期发行量、发行范围等，已无了解。《幽燕》在当时的影响，部分读者的来稿是否言过其实也很难考据。

另外，通过《幽燕》刊载的广告加以分析，也可以对其发行与影响有大致的印象。《幽燕》上刊登的广告可分为三种：第一种是本刊的启事，包括征稿启事、征订启事、涨价通知、组织有奖征文活动的启事、稿费派发启事、投稿规约、广告价目表等；第二种是对刊物的提要目录的刊载，包括《幽燕》的往期目录以及对《流露》《青年评论》《青年与战争》等期刊目录的转载；第三种则是商业广告，主要是刊登报刊广告，也有印刷所和医药厂家的广告。

《幽燕》文艺半月刊　征求基本订户

特价一个月　自六月一日起至六月三十日止

本刊为华北唯一之文艺刊物，每月出版两期，绝不脱期，内容日求充实，印刷日求精良，故每期销售日增，实为各地爱好文艺青年不可分离之良友。兹为便于读者起见，特征求基本用户，特价一个月，全年报价本市三角，外埠四角，国内邮费在内，国外邮费再加二角。邮票代洋十足通用，但以五分以下者为限，自六月一日起，至六月三十日止，期满恢复原价。预定以全年为限，半年不定。

幽燕社谨启

从《幽燕》的征订广告来看，它的市场定位主要是华北地区乃至更广。再者，在《幽燕》上刊登广告的报刊也非少数，如《河北民声日报》《北方日报》《文艺战线》《职业教育》《前途》《中国革命》《中国文学》《保定振民日报》《西北公论》等，以及其协办的文化学会组织的征文活动，足见其影响之广泛。《幽燕》刊登广告价目表如下表3—1：

表3—1　　　　　　　　《幽燕》的广告价目

| 面积<br>价目<br>地位 | 全页 | 半页 | 四分之一 |
| --- | --- | --- | --- |
| 封面前内面 | 五元 | 二元五角 | 一元二角 |
| 后封面 | 三元 | 一元五角 | 八角 |
| 刊内 | 二元 | 一元 | 五角 |

注：以上价目以每期计算，不折不扣，刊费预付。连登多期，为优待起见，按八折计算，广告概用白纸黑字，如用色纸彩印，价目另议，接洽地点：保定振兴里十四号本社。

### 三　《望益》

1.《望益》的出版概况

（1）《望益》的创刊

《望益》的创刊号已散佚，现无法考据其创刊的确切日期。1936年10月19日出版的第1卷第10期《本刊的回顾与前瞻》中有这么一句话："望益与读者诸兄见面，已经将近一周年了。"另第3卷第2期中《望益的春》说"她生于春"，从1936年10月"将近一周年"可知是1936年春，而1936年2月5日（正月十三）立春，1936年6月13日出版第1卷第7期，按照它的最少出版周期12天算，《望益》最晚应于4月初创刊。通过其他卷期的只言片语亦可以推知其创刊于1936年2月至4月间。

《望益》是几个本着在文学这片岑寂的荒原上拓荒的目的，唱着"不怕你关山千万重，不怕你关山千万重"的小伙子们凭着满腔勇气和热情创办的，胡适、朱自清两位作家分别为其题写过刊名。《望益》前期社长是一位阎姓先生，第3卷第1期的《后序》中，武良俊写道，"本社前任社长阎君预计改变望益的性质……"，武良俊本人是望益社的一位编辑兼主要撰稿人。因前六期存佚不详，故如今无法得知更多关于《望益》创刊的史实。

(2)《望益》的读者对象

望益的读者对象前期主要是中学生，直到第3卷第1期才提到要改变《望益》的性质，并设立了一部分小学生的园地，接着在第3卷第2期就发布了向小学教师和小学生征稿的启事：本社欢迎小学教师及小学生投稿，凡浅易科学，史、地、英雄传记故事及小学自己作品均可，所乐取。

第1卷第10期旭之的《告诉你一些关于办"壁报"的话》说："'壁报'好像是中学生的专利品……"很明显，这是一篇教中学生怎样办好壁报的文章，既然是中学生的"专利品"，这篇文章就只是给中学生看的，而不会是小学生，也不会是从事社会工作了的人，因为只有中学生才需要学习怎么办"壁报"。文章是特意写给中学生的，那么这份刊物也必然面向中学生发行。

第2卷第6期有一篇文章题为《赠给初中同学们》，作者鼓励初中孩子们在空闲时间做一些重要事情：读课本以外的书，积累知识；锻炼身体，为做大事立大业打下基础；参加各种有益的课外活动，锻炼做事能力，焕发精神。第3卷第1期《给毕业同学的一封信》一文中说，"光阴像流水般地过去，诸位将毕业了，我们就要别离……"，这更加证实了《望益》只是一份面向中学生的期刊。

在现存的文本中，类似可以证明《望益》的服务对象是中学生的文章和文字还有很多，就不在此赘述了。

(3)《望益》的版面概况

《望益》一期共12页，两期合刊则分别为46页和26页。第一页为固定版式，从中间分栏，第一栏右上为刊头，第2卷第5期之前刊头为胡适题写的"望益"二字，换行署名"胡适"；从第5期开始则为朱自清题写的"望益"二字，换行署名"朱自清"。刊头右侧印有"内政部登记证警字第五二二四号，中华邮政特准挂号认为第一类新闻纸类"的字样。刊头下面横排换行分别写有"双周"、卷期、出版时间、"目录"，目录内容为竖排。第一页第二栏开始为正文，其他页的分栏则根据内容而定。该刊除了刊头的"双周"、卷期、出版时间、"目录"等字样为横排，其他皆为竖排文字。

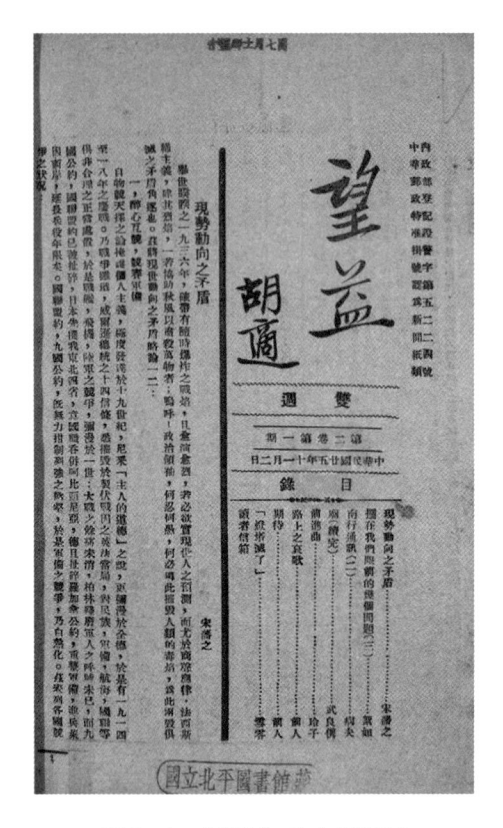

图 3—3 《望益》的头版版面

2. 《望益》的文本概况与内容分期

(1)《望益》的文本概况

《望益》，双周刊，由望益社创办、编辑、发行，社址为河北保定北关大街八三号。第1卷前六期、第9期不详，每卷十期。1936年6月13日出版第1卷第7期。《望益》出版周期固定，为12天至15天，但因为是面向中学生，学生放假后《望益》则暂时停刊。第1卷第7期于1936年6月13日出版，因为放暑假的关系，第1卷第8期于1936年9月21日才出版。第2卷第3、4期，第2卷第7、8期，均为合刊。1936年11月2日出版第2卷第1期，1937年5月22日出版第3卷第2期，后或停刊，余者不详。从现存刊期来看，发行时间不到两年，共出版18期（算上第1卷前六期，合刊算作一期），现存12期。

《望益》不拘泥于文学形式，刊有论说文、文艺、漫谈等，推崇有思想、有意识，近而对于青年本身，远而对于国家民族有贡献的文字。每篇文章字数以 2000 字为限，漫画长两寸宽一寸五为限。每一期文章最少 6 篇，不超过 10 篇（1936 年的第 2 卷第 3、4 期合刊为 17 篇，为读书专刊，介绍阅读各种文学体裁的方法以及分享读书经验），另设有读者信箱、本社启事、投稿规约、编辑室谈话等栏目。

主要撰稿人有：武良俊、间、病夫、玲子、絮如、雪零、青水、魏凌、宋藩之、馨芝、鹤、锐、禧、英、丰哉、望鹄、崇熹、耳呈、鲁颖、任难、君宇、之右、正文、爱莎、青平、赵湘舟、马贵泽、玲、旭之、一丁、刘文湘、澍耘、景汉、慈宜、倩清、建中、英弟、沙影、拾者、子超、京葵、澍润、志、魏豪、孀妇、和平、小卒、刘之章、润波、云霞、杨志英等。

（2）《望益》内容的分期变化

《望益》现存 12 期（合刊算作一期），每卷 10 期。顺沿卷期的发行时间以及遵循编排思想的变化的特征，大致梳理如下。

第 1 卷第 7 期及第 8 期，具有强烈的民族意识，其中第 7 期的《宁为战死鬼》和《弟兄们，杀!》等激烈的文字表达了强烈的抵抗侵略的意志。

从第 1 卷第 10 期开始，该刊更多地关注与青年学子切身相关的问题，为他们的生活和学习提供帮助。同时，更多刊载富于民族意识和描写社会弱点的文字，贴近现实生活，引发青年学生的思考，有利于爱国情感的培养。

第 2 卷第 3、4 期为读书专刊，介绍读书的意义以及各种文学体裁的阅读方法、并刊载有书评等的文章。其中某些文章极具针对性，如丰哉的《读书与为人》，讨论了读书有助于人格完善的问题；宋藩之的《我的读书经过与经验》，自述其读书经验与经过，有别于介绍一般读书方法的论著；馨芝《读古书的方法》，从读书与救国的关系说起，最后从多做笔记、勇于疑古、公于求是、勤于整理四个方面强调了读古书的方法；彦威的《论读词之法》详细易懂，从通其文意、明其典故、考其本事、求其寄托到玩其意境，一一详细道来；锐所写的《曾国藩的读书方法——介绍曾公》，则从介绍前人读书方法的角度来教育青年学生；雪零的《读书与吃饭》，开始写读书与吃饭的相似之处，之后用较长的篇幅写了读书应解决的问题和读书的方法；青水的《我所认识的曹子建》，从才学和情感两方面对曹子建极尽赞美，有理有据，让人信服；友菊在《读诗刍见》一文里认为，国风是一部男女情诗歌，接着又写了诗之源头以及诗之肇始。这些文章在今天也是极具阅读价值的，字里行间皆能感知作者的博学。

第3卷第1期之后的征稿主旨依然是"对青年本身，对国家民族有贡献的文字"。同时，一些预告也阐明了要改变《望益》的性质，设立小学生园地，刊载简易的自然科学、史、地、学术之类以及儿童自己的作品或适合儿童阅读的文字。第3卷第2期特别向小学教师和小学生征稿，还刊发了一篇充满希望的文章《望益的春》，但是，尽管编者们满怀希望地继续，毫无停刊的意思，但这一期却是《望益》现存的最后一期，其或许是有后续的，只是没有遗存。

3.《望益》的发行

《望益》的发行量没有明确的记载，故无法判断具体情况，但是从《望益》所设代售处的数量可以略知一二，它一共有三个代售处，分别为保定市的文德书局、文化书局，定县的庆升书局。与同时期保定另一重要期刊《幽燕》的八处相比显得偏少，但还是远超《务实》的一处。另外，《望益》在邮购时有分期购买或者预定全年两种方式。在抗战时期，实在是较难确定一份期刊的寿命能有多长，除非学校图书馆或《望益》的忠实读者，一般不会有太多人一次订阅全年的。另一方面，战争爆发，物价飞速上涨，而《望益》的定价一直未变（邮费在内，本埠每期四大枚、全年四角，外埠每期二分，全年五角），经济压力可想而知。但是，如果一期一期地订，多数人都有嫌麻烦的心态，除非非看不可，很少有人会愿意两个星期去邮购一次，而且学生的零花钱并不稳定。所以，在那个特定的年代背景里，不少期刊一年半载就会夭折，而且交通条件所限，《望益》邮购的数量也不会太多。综上可知，《望益》的发行量在当时的保定应属中等。《望益》作为双周刊，基本很准时地与读者见面，仅有的两次误期都事出有因，第一次是因学生放假仓促，即假期的原因停刊；[①] 第二次是与印刷厂协商未果，不得不换一家印刷厂，这个过程耗费

---

[①] 参见《望益》第1卷第8期"写在前面"。

了大量时间。①

### 四 《学友》

《学友》是民国时期由学友社主编、发行并在河北省保定市出版的文学类期刊。该期刊并无明确办刊宗旨，主要选取杂文、小说、诗歌、散文等一些新的文学体裁作品加以刊登，内容上多反映当时的社会现状，表现文人以及当时青年学生的生活状态与内心活动。该刊封面设计与内文的排版相对简洁，其读者对象相对较窄，主要在保定市发行。该期刊作为文学类刊物具有一定的文学价值，且因其反映当时的部分社会现状，故也具有一定的史料价值。

"学友"一词在杂志名中较为多见。在国家图书馆民国期刊专栏中检索"学友"二字，结果有三种，分别是：由学友季刊社1935年在北平出版、发行的《学友季刊》；学友社1937年在河北省保定市出版、发行的《学友》；学友杂志社在南京出版、发行的《学友杂志》。此外，还有1923年5月由广东公法专科学校学友社省港支部创办的《学友季刊》，该刊为社会科学综合性刊物，"现仅见第1期，刊载该社成员有关经济、法律、教育与妇女问题的论著多篇，还有小说、诗歌等文学作品。并通报该社社务情况"②，1935年由太原平民中学留平校友会创刊的该会会刊也名为《学友季刊》，该刊"发表该校各地校友关于政治、经济、教育、社会问题的著述及文艺作品，报道该校及校友会的消息"③。综合来看，"学友"作为刊名在民国期刊史中多有出现，容易混淆，本文所要讨论和研究的对象是1937年在河北省保定市出版、发行的文学类期刊《学友》。

1. 《学友》的概况

（1）《学友》的出版背景

1928年以来，革命文学开始兴起，结合时事需求的各类文学期刊相继创刊、发行。

1935年6月6日，河北省政府由天津迁至保定，1936年保定设行政

---

① 参见《望益》第2卷第7、8期合刊"编辑室谈话"。
② 郭诚：《学友季刊》，学友社省港支部1923年。
③ 太原平民中学留平校友会：《学友季刊》，学友季刊社1935年。

督察区。《学友》期刊出版于1937年初,此时东北已经沦陷近六年,1935年日本扩大对华侵略,增兵华北,先后制造了"察东事件""河北事件""张北事件",国民政府先后同日本签订了《秦土协定》和《何梅协定》,冀察两省的主权大部分丧失。[1] 华北形势急转直下,中日民族矛盾逐渐上升为主要矛盾,爱国救亡运动迭起,"1937年'七七'事变之后,中国集结10余万人的庞大兵力,以保定为中心组织了抗日战争开始以来的第一次大会战——'涿保会战',最终保定陷落标志这一会战失败"[2]。再就保定来说,"1931年'九一八'事变后,随着民族危机的加深,育德中学抗日救亡斗争逐渐高涨,在学生中涌现出许多抗日群众团体,如铁血杀敌团、热血救国会和血性奋斗队等。这时,育德中学校长郝仲青利用自己的身份和地位,对抗日团体的活动给予支持和保护"[3],1937年9月24日,日军侵占了保定,并将保定作为河北省日伪军政首脑机关驻地。"1937年11月1日,由于'七七'事变,育德中学南迁至河南郾城办学。"[4] 就此情况来看,《学友》办刊时的保定,正处于抗日战争的最前线。

(2)《学友》的基本信息

《学友》杂志由学友社于1937年在河北省保定市出版、发行,现有搜索技术条件下,仅能查到该刊第1期的相关资料。该刊由学友社主编(具体编者不详)、发行,各地书局代售。约1924年前后,保定曾经出现过进步团体"学友会"[5],但与此"学友社"为不同组织,时间也相差13年之多。《学友》作为一本文学类的期刊,其内容包含各类文学体裁,主

---

[1] 黄丽芬:《华北事变后南京政府对日政策的转变及其原因》,《洛阳师范学院学报》2003年第1期。

[2] 丁璨:《勿忘1937—1945:穿越古今再现保定抗战风云》2015年7月29日,http://bd.hebnews.cn/2015-07/29/content_4933080.htm,2021年8月18日。

[3] 李子谦:《在革命史上写下光辉一页——保定育德中学校史简述》,《河北学刊》1982年第4期。

[4] 李子谦:《在革命史上写下光辉一页——保定育德中学校史简述》,《河北学刊》1982年第4期。

[5] 韩永禄,又名韩煜,曾化名刘士贵,1905年出生于河北省完县(今顺平县)西五里岗村。1922年入保定育德中学学习,开始接受革命思想。1924年组建进步团体"学友会",同年加入中国共产党。

要有杂文、校园圈—特写、小说、诗歌、散文、通讯等。此外，已经排版好的《生活星期刊》因故停刊，《学友》编辑部受该刊委托添加了"文坛报道"一栏。《学友》的杂文和特写较有特色。现存《学友》第1期的撰稿人有黄韦、戴荒、张蕴学、张文经、黄雨秋[1]，以及笔名为小方、矛盾、昆、大谋、子兮、欠让等若干作者，还有部分佚名作者。经多途径查找，撰稿人身份多不可考。

（3）《学友》的办刊宗旨、读者对象

《学友》属于文学类期刊，在第1期"出刊的话"中编者说"我们觉得在目前救亡运动高潮澎湃，所谓'国难'正是严重到万分的时际，我们不应该再玩物丧志的沉默下去"，可见，《学友》应以爱国救亡、警醒世人为主要宗旨。另从该刊设置的几个主要栏目（主要通过新的文学体裁来反映社会现状）上看，其主要读者对象当是关心中国社会现状和前途命运的青年人。

2.《学友》的编辑风格

（1）《学友》的栏目设置丰富

《学友》虽仅存1期，其栏目设置却很丰富，涵盖了杂文、学校圈—特写、小说、诗歌、散文、通讯、文坛报告等，这些栏目中的内容主要是以当时新文学的体裁样式写成的，顺应了当时文学发展的潮流。

（2）《学友》的封面设计与内文排版简洁

《学友》的封面设计相对简洁，如下图所示，除使用大篆写成的"学友"二字突出书名外，期刊的主编、发行、代售以及定价等信息均采用简洁的宋体字呈现于封面上。内文的排版则更为简洁，除文章标题字号略加放大外，其余文字排版均无较大特色。整本期刊的内文排版相对紧凑，各栏目、各文章之间缺乏一定的空间留白，易造成读者的视觉疲劳。同时，在封面和内文中，《学友》都没有使用图片。

---

[1] 黄雨秋（1915—1954），缅甸归国华侨文化新闻界人士。又名黄易韦、黄毅、黄静三、黄苇茅。祖籍河北保定。早年参加"左联"和"一二·九"运动。1940年协助李公朴编写著名的《华北敌后晋察冀》一书。1941年皖南事变后，同其他进步文化界人士一道疏散到缅甸。在仰光先后担任《仰光日报》和《新知周刊》的编辑，并撰写大量政论文章宣传抗日。1942年5月回国，先后在云南、四川、山东等地的中学及出版社工作。中华人民共和国成立后在文化部戏曲研究院工作，任剧目审室主任，曾改编《窃符救赵》剧本。

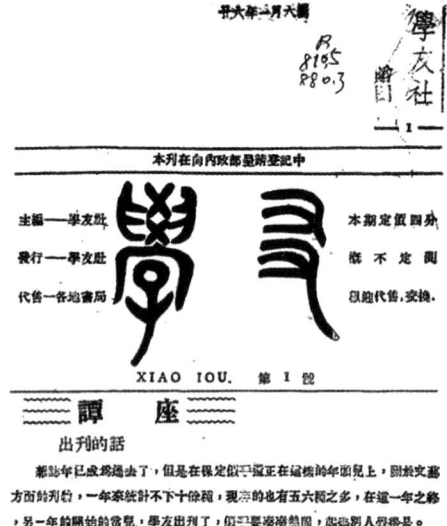

图3—4 《学友》第1期封面

(3)《学友》的稿件来源存在不足

之所以《学友》的后续刊期无法找到，并不排除有停刊的可能。如果这一假设成立，那么笔者认为稿件来源不足或许是一大因素。首先，向《学友》投稿的作者并不多，有一部分甚至是在编者一再请求之下投的稿，笔者查阅笔名为昆所作的《×中同学的一封信》中的原文，"她说：'贵刊开有学校生活纪实一栏'且以外稿为原则，但现在还没有一篇稿子，急得你一连发了好几封信，但一篇也没有见着，并且连封回信都没有接到"，可见创刊时《学友》就为稿件来源发愁。另外，尽管《学友》的版面规模较小，除"文坛报道"一栏为临时添置外，仅选取了13篇文章，但13篇文章中，也出现了像黄雨秋这样的作者一人同时投稿多篇的现象，也辅证了《学友》稿件来源之紧张。其次，《学友》无论是作者还是稿件均存在一定问题，主要表现为投稿作者知名度不高、部分稿件的质量水平不高、文笔不够出彩等。

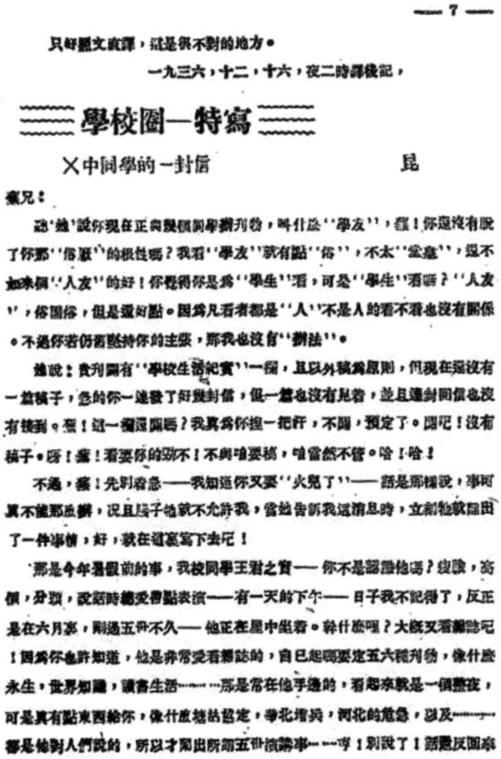

—7—

只好照文直譯，這是很不對的地方。

一九三六，十二，十六，夜二時譯後記，

學校圈—特寫

X中同學的一封信　　昆

秦兄：

還'她'說你現在正與幾個同學辦刊物，叫什麽"學友"，喉！你還沒有脫了你那"俗厭"的根性嗎？我看"學友"就有點"俗"，不太"堂皇"，還不如來個"人友"的好！你覺得你是爲"學生"看，可是"學生"看嗎？"人友"，俗固俗，但是還好點。因爲凡看者都是"人"不是人的看不看也沒有關係。不過你若仍舊堅持你的主張，那我也沒有"辦法"。

她說：貴刊闢有"學校生活紀實"一欄，且以外稿爲原則，但現在還沒有一篇稿子，急的你一連發了好幾封信，但一篇也沒有見着，並且連封回信也沒有接到。喉！這一欄還開嗎？我真爲你捏一把汗，不開，預定了。開吧！沒有稿子。呀！秦！看要你的勁不！不與咱要稿，咱當然不管。哈！哈！

不過，秦！先別着急——我知道你又要"火兒了"——話是那樣說，事可真不能那麽辦，況且肚子裏就不允許我，當她告訴我這消息時，立刻就想出了一件事情，好，就在這裏寫下去吧！

那是今年暑假前的事，我校同學王君之賓——你不是認識他嗎？瘦臉，高個，分頭，說話時總愛帶點表演——有一天的下午——日子我不記得了，反正是在六月裏，剛過五卅不久——他正在屋中坐着。幹什麽哩？大概又看雜誌呢！因爲你也許知道，他是非常愛看雜誌的，自己起碼要定五六種刊物，像什麽永生，世界知識，讀書生活……那是常在他手邊的，看起來就是一個整夜，可是真有點東西給你，像什麽塘沽協定，華北增兵，河北的危急，以及……都是他對人們說的，所以才鬧出所謂五卅演講事……哼！別說了！話還反回來

图 3—5　《学友》“学校圈—特写”版面情况

3.《学友》的发行

（1）《学友》的发行情况

《学友》的编辑与发行单位均为学友社，定价为 4 分，不接受订阅。虽无《学友》期刊的发行数据统计，但可以肯定的是，《学友》的发行规模较小，读者对象也较为单一（主要以学生为读者对象）。《学友》的编者在“出刊的话”中就指出，保定一年内文艺类刊物的发行有十余种之多，现存的也有五六种。《学友》在发行理念上是开放的，如在封面上标明《学友》欢迎各地书局代售，但具体发行效果已无法考证。

（2）《学友》是否为“短刊”

民国期刊浩如烟海，文艺期刊数以千计。其中，20 世纪 30 年代为期刊出版的鼎盛时期。此时期，短刊也大量出现。短刊现象在我国历史上

为民国时期所独有，在世界出版史上亦属罕见。① 《学友》是否为短刊？可以就此展开相关讨论。

笔者分别查阅国家图书馆的民国期刊数据库、上海图书馆《全国报刊索引》数据库中的《民国时期期刊全文数据库》、CADAL（高等学校中英文图书数字化国际合作计划）中的民国期刊数据库、大成老旧刊全文数据库之后发现，除国家图书馆的数据库仅存的一期有关《学友》的资料外，其他三家并未发现任何相关资料。笔者又查阅了其他各大图书馆自建民国期刊数据库，如北京大学图书馆、复旦大学图书馆、重庆图书馆、安徽省图书馆、武汉大学图书馆、江西省图书馆，均未发现有关《学友》的资料。

笔者初步认定《学友》属于短刊，理由如下：

第一，当时文学类期刊竞争激烈，期刊想持续立足并不容易。1928年以来，革命文学逐渐兴起，文学期刊也随之大量创办，1936年全中国文学期刊的发行量达到近十几年来的顶峰，有501种之多。而到了《学友》创刊的1937年则有所回落，但总体发行量依然居高不下，达到439种。②

表3—2　　民国时期全国文学期刊创刊时间、数量统计表

| 创刊年份 | 创刊数量 | 创刊年份 | 创刊数量 | 创刊年份 | 创刊数量 |
| --- | --- | --- | --- | --- | --- |
| 1912 | 37 | 1925 | 171 | 1938 | 391 |
| 1913 | 42 | 1926 | 156 | 1939 | 416 |
| 1914 | 70 | 1927 | 142 | 1940 | 352 |
| 1915 | 48 | 1928 | 230 | 1941 | 352 |
| 1916 | 78 | 1929 | 323 | 1942 | 244 |
| 1917 | 59 | 1930 | 331 | 1943 | 255 |

---

① 何宝民：《民国文学期刊的短刊现象》，《寻根》2017年第2期。
② 刘泉、刘增人：《民国文学期刊论纲》，《南京师范大学文学院学报》2014年第4期。

续表

| 创刊年份 | 创刊数量 | 创刊年份 | 创刊数量 | 创刊年份 | 创刊数量 |
| --- | --- | --- | --- | --- | --- |
| 1918 | 53 | 1931 | 412 | 1944 | 217 |
| 1919 | 61 | 1932 | 421 | 1945 | 399 |
| 1920 | 94 | 1933 | 481 | 1946 | 740 |
| 1921 | 86 | 1934 | 431 | 1947 | 503 |
| 1922 | 114 | 1935 | 472 | 1948 | 381 |
| 1923 | 152 | 1936 | 501 | 1949 | 153 |
| 1924 | 154 | 1937 | 439 | 总计 | 9901 |

全国的文学期刊发行状况呈现逐年上升趋势，河北省虽偶有波动，但发行量也保持在一个可观的范围内，其中1933年至1937年是创刊高峰期，五年内创刊量均值为6.2种，超过了之前和后来任何五年的年创刊量平均值。保定文学期刊的发行也是顺应着时代潮流的，无外乎《学友》编者在"出刊的话"中指出，保定一年内文艺类刊物的发行有十余种之多，现存的也有五六种。可以确定的是，1937年即《学友》创刊的那一年是文学类期刊创刊的高峰期，《学友》面对如此大的竞争压力，与其后的停刊应当是有一定关系的。

第二，意识形态不为当局所容。1928年革命文学开始兴起，越来越多地反映进步革命思想的文学期刊开始创刊，诸多左翼文学类期刊一经出版便遭到国民政府当局查禁。如《文学报丛》在出版之后遭到查禁，改名为《人民文学》后再次被查禁，后又改名为《散文》，仅出版一期后便再遭扼杀。《学友》虽不能算是严格意义上的左翼期刊，但翻阅其内容便不难发现其中许多文章的观点是偏左翼的，更有一些文章是以赞扬鲁迅为题材的，这很有可能引起当局的注意并遭查禁。

第三，办刊过程中可能存在的资源利用问题，包括经济资源和人力资源两方面。民国时期有不少文学期刊是因经济状况不佳而停刊的，如《无名文艺月刊》因为付不起作者稿费而停刊；《耕耘》的第3期已经准备出版，也因付不起稿费和印费而夭折。《学友》的办刊者是一批学生，经济基础相对较弱，编者在"编后笔谈"中也指出，《学友》是他们用血养成的小生命，并没有任何方面的津贴，也没有稿费、不做广告。虽然编者指出这是他们统一思想和团结力量的表现，但这也从侧面反映出编者创刊过程中是顶着较大经济压力的，《学友》或因经济原因停刊也在情理之中。其次便是人力资源问题，前文指出《学友》的稿件资源存在不足的情况，稿件资源背后所对应的是学友社的编辑人员资源和作者资源，加之因为没有稿费和广告，想要让作者凭借个人意愿去投稿更是困难。

第四，外部环境日趋恶劣。1937年7月爆发了七七事变，"为避免事态的进一步扩大，我方和日方经过紧急磋商，决定双方立即派员前往宛平县调查，谋求事情的和平解决。我方代表为河北省第四行政督察专员兼宛平县县长王冷斋、冀察政务委员会外交委员会专员林耕宇、冀察绥靖公署交通处长周永业3人；日方代表为冀察绥靖公署顾问日本人樱井、日军辅佐官寺平、秘书斋藤3人。双方代表乘同一辆汽车，于7月7日晨4时到达宛平县政府。刚刚坐定，樱井就先发制人提出了三点要求：一、中国驻军撤至宛平县城西门外10华里，以便日军进城搜寻失落之士兵；二、日方所遭到的一切损失，中方应负责赔偿；三、严惩祸首，最少必须处罚中国驻军营长。樱井的蛮横要求，理所当然地遭到了我方的拒绝。正在交涉间，忽闻东门外枪声大作，紧接着西门外响起了炮声。守卫卢沟桥、铁路桥、龙王庙的各连纷纷报告日军大举进攻"[①]，全民族抗战就此开始。7月28日，日本华北驻军按预定计划向北平发动了总攻，29日占领了北平，30日占领了天津。不久，华北的大部分地区沦陷，保定也位于其中。战争局势的恶化也加大了期刊出版发行难度，加之《学友》本身力量薄弱，维持出版现状已得相当困难。

（3）《学友》期刊的发行意义

《学友》作为20世纪30年代发行的一种文学类刊物，是1928年革命文学兴起之后结合时代发展的产物。《学友》作为文学期刊除具有一定的文学价值外，还收录了当时文坛上的一些意义显著的新闻，与重大时事呈现出呼应性，也见证了当时的社会动荡情况与青年学生的生存状态和心理斗争。

《学友》诞生于华北事变后七七事变前中华民族临近最危险的时刻，其办刊过程展现出了保定期刊出版业顽强的爆发力和期刊编者们昂扬的

---

[①] 友辉：《中国全面抗日战争的序幕——卢沟桥事变纪实》，《福建党史月刊》1995年第7期。

战斗力，也展示了保定作为北方重镇，参与民族自立、政治自省、军事自强和文化自持的情怀与担当；同时，《学友》蕴含的出版精神也可为今天的文化建设领域提供宝贵的经验。

**五 《文化前哨月刊》**

1. 《文化前哨月刊》的基本情况

（1）办刊背景

1935年，红军正当长征过程中，1月15日，中共中央政治局在遵义召开了扩大会议，并确立了毛泽东的领导地位。3月底，中共中央决定周恩来、毛泽东、王稼祥三人组成军事小组，并负责指挥中央红军。5月1日，红军强渡了金沙江，并跳出了国民党军的包围圈。时局动荡、日军南下、国难当头之际，中国共产党为国家命运和前途积极奔走，也促使更多的期刊为正义理想和信念发声，为国家民族命运前途发声。

民国二十四年（1935）6月6日，河北省政府由天津迁至了保定。民国二十五年（1936）保定设为行政督察区。[①] 这一时期保定作为河北省的政治中心，在文化上也主动积极作为，尤其是在保有志文人，编辑出版了多份有影响力的文化类期刊。而抗日战争时期，日军侵占了保定，并作为河北省日伪军政首脑机关驻地，使得不少刊物受到重创，一些刊物旋即停刊或者改刊。从现存《文化前哨月刊》所显示的办刊时间来看，为1935年5月1日至1937年7月1日，此时的保定正值担任河北省省会和行政督察区期间，在全国仍具有突出的政治和文化影响力。

（2）基本情况

据"全国报刊索引"，《文化前哨月刊》现藏1935—1937年的3卷共16期[②]，文章总数为386篇。分别为第1卷第2期、第1卷第4—5期、第1卷第6期，第2卷第1期、第2卷第2期、第3—4期合刊、第5—6

---

[①] 行政督察区为中国国民政府时期省以下县以上的行政分区。行政督察区作为第二级行政区，为虚级，属于准行政，由行政督察专员公署管理，其行政长官为行政督察专员。行政督察区制度是在《行政督察专员公署暂行条例》颁布后在全国全面推行的一种省以下行政分区制度。各省均被划分为行政督察区，并以序数命名，"省名＋序数＋行政督察区"，为行政督察区的完整名称。

[②] 合刊算作一期。

期合刊、第7—8期合刊、第9—10期合刊、第11—12期合刊，第3卷第1期、第2期、第3—4期合刊、第5期、第6期、第7期。该杂志由文化前哨月刊①社编辑和发行，由聚兴印刷局印刷②，由保定文德书局及各大书局代售。该刊的价目为零售一册一角，半年六册六角，全年十二册一元；邮费方面，国内一分，国外一角，预定半年和全年刊物者国内和国外邮费全免，前后价目未发生变化。该刊先为月刊，后改为半月刊③，半月刊价格为每册大洋八分，半年一卷十二册为四角，邮费一角，全年二卷二十四册为八角，邮费二角。《文化前哨月刊》于1935年5月1日在保定创刊，停刊日期不详，现存第1期为第1卷第2期，出版日期为1935年6月1日，现存最后一期为第3卷第7期，出版日期为1937年7

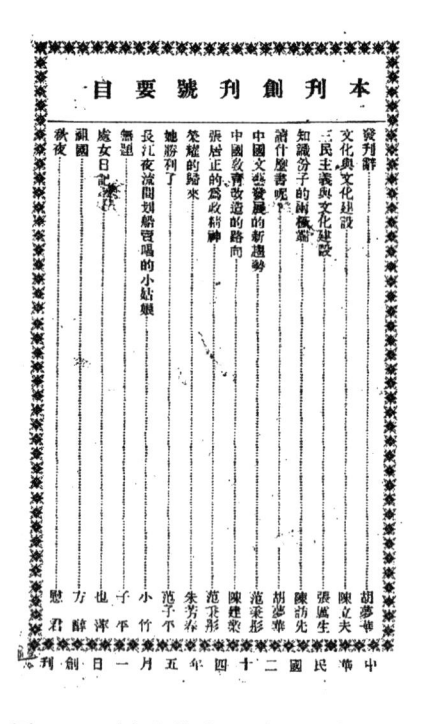

图3—6 《文化前哨月刊》创刊号要目

---

① 初期地址为北平宣内国会街26号，后改为保定城内青年会。
② 地址为北平琉璃厂东北园22号。
③ 自1936年7月1日第2卷第5—6期合刊改为半月刊。

月 1 日。因该刊为月刊，故推算该刊的创刊日期为 1935 年 5 月 1 日。该刊第 1 卷第 2 期最后一页印有创刊号要目，显示该刊第 1 期连同"发刊词"，共刊登文章 15 篇。

2.《文化前哨月刊》的编辑特点

随着社会民众整体觉悟的提升以及报刊编辑操作的日渐娴熟，现代编辑出版理论开始受到诸多编辑家的高度重视。编辑作为报刊精神和价值观的主导者，已经不仅仅是一个谋生的职业，更是一项肩负社会教育使命的工作，还同时承担着为社会提供文化知识服务并传承中华民族知识文化的重任。《文化前哨月刊》的编辑理念始终走在当时期刊编辑界的前列，从文章内容的选取上可以看出稿件质量选择的严格，而从现存的保存完好的 386 篇文章中可以看出该社自由、包容且具有前瞻性的办刊风格，这也恰好契合了杂志名称中的"前哨"二字的涵意。

（1）贴近读者与服务读者的理念明显

该刊注重使用编辑辅文，如"编后""征文启事""创刊以来""读、作、编谈座开场白"，通过及时沟通，实现读者对于刊物编辑行为的理解和认同，同时，也告知了一些编辑动向，希求读者们关注和配合。

如第 2 卷第 5—6 期合刊的"文化前哨社征文启事"写道，"敬启者，本社为提倡青年作品起见，特向全国大学中学学生，举行征文，并酌致酬金，以示奖励，兹开列其办法于后，敬希全国学界注意！一 题目：（一）论文：1. 到民间去（以二千字至四千字为限）（二）记述：2. 农村状况素描（以三千字至五千字为限）3. 我的暑假生活（以三千字致五千字为限）（三）随笔：4. 消夏琐记（字数不限）一、奖励：以上四题，各取三名，奖金从优。一、期限：投稿自七月一日起，至八月十五日截止。九月一日揭晓。一、规则：征文规则，除上开者外，请参看本刊投稿简章"。作为征稿启示，该刊思路清晰，其后专号所刊登的获奖文章也印证了该启示的确发挥了重要的告知功能。

如该刊第 1 卷第 2 期的"编后"中提到，"想不到这个小小的刊物，竟能博得读者热烈的欢迎！创刊号发出后，不到一月，来函订阅本刊全年者，竟达七百户之多。我们所惊讶的，不是本刊的销路的畅旺；而是中国沉默的读者界，会有这样空前的热狂！有人说：'国人并非不读书，而是没有值得读的书；并非不鉴赏杂志，而是没有值得鉴赏的杂志。'诚然，能适合国情，切乎读者界需要的杂志，实在没有几种！过去一般杂志之产生，虽如雨后春笋之盛；而其消灭，亦如风驰电促掣。即或幸免夭折，觍面挣扎，亦不过苟延残喘，仅以覆瓿。像本刊这样迅速底博得读者热烈欢迎的，实属创闻。自然，这不是说，本刊比一般杂志要高明多少；只是说，本刊在读者这样热烈的爱护之下，必须臻于至善的希望罢了"。这一叙述彰显了编辑团队的谦虚态度，言辞恳切，且表达了对未来编辑工作的畅望和期冀。

读者市场是决定其办刊持续时间的重要因素，该杂志每一期正文前的页面上都会印上类似于广告的征订启事。在"本刊征求基本订户启事"中，其特例说明刊物优待学生和中国文化建设协会会员两类人群，为其征订施行优惠政策。可以看出，文化前哨月刊社在期刊销售及迎合市场方面已经具备一定的营销思想，也基本摆脱了早期办杂志时仅限制于杂志本身而不考虑市场因素的短板。该刊物的发行地为保定，但在全国各大书局均有代售，将市场扩展到北平以及省外的各大学生群体中，是该刊办刊成功的重要路径。

（2）期刊的容量基本稳定，但也有波动

从期刊的容量规模来看，第1卷第2期64页，第1卷第4—5期合刊（文艺专号）85页，第1卷第6期68页。第2卷第1期34页，第2卷第2期34页，第2卷第3—4期合刊（青年文艺专号）50页，第2卷第5—6期合刊59页，第2卷第7—8期合刊（暑期征文揭晓专号）60页，第2卷第9—10期合刊56页，第2卷第11—12期合刊60页。第3卷第1期54页，第3卷第2期52页，第3卷3—4期合刊（春季特大号）75页，第3卷第5期51页，第3卷第6期共计51页，第3卷第7期共计56页。每期的页码数，最多为85页，最少为34页，平均页数为60页。关于"半月刊"与"合刊"现象，该刊在一些编辑辅文中均有交代。如第1卷第4—5期合刊的"编辑后记"中说"本期是一二两月份的合刊，原定二月一日出版：嗣因年节印刷不便，故又迟延半月。以后各期，爰即改为每月十五日出版。希读者注意！"

再如，第2卷第7—8期合刊（暑期征文揭晓专号）中的"编后"提到"此次征文，应征者非常踊跃，是编者所引为欣幸的！惟以篇幅的限制，不能尽量揭载；未免令多数人扫兴！平心而论，落选的各篇，未必尽较揭载者为劣；不过揭载的各篇，在同一个题目内，比落选者总有一着占先；在这里，编者没有方法把美篇的优劣都评判给读者看，希此次参加应征者诸君特别原谅！本刊自第 2 卷改为半月刊后，第 3—4 期出一合刊（青年文艺专号），第 5—6 期仍为合刊，本期暑假正文揭载专号又系第 7—8 期合刊，这似乎是编者偷懒，实则另有缘故：因改为半月刊后，每期篇幅缩至三十页，总计不过二三万字，以致稍长之稿，均不能登载，编辑上发生很大的困难，编者于无可如何中，只得仍按每月出版一次，篇幅与月刊相若；俟第 2 卷出满十二期，于第 3 卷开始时，当再正式改为月刊，希读者注意！……自下期起，拟增开'读，作，编谈座'一栏，专作读者，作者，与编者问答讨论的园地，以补此缺憾：敬盼爱护本刊的朋友们，进这园地来！"则着重说明刊物刊期变动的原因，以及所面临的实际困难，通过向作者坦白实情，来求得读者的理解与支持。开办对话栏目，也是为了更好地引入作者资源，拓宽刊物思想和作品来源。另，其第 2 卷第 11—12 期合刊刊末"改为月刊"的通知提到，"本刊自第 3 卷第 1 期起，仍改为月刊。于每月一日出版，决不再脱期或延期，三卷一期定新年出版，内容特加充实"，即说明之前有脱期和延期出版的情况。

（3）刊物风格庄重大气，栏目设置及版式稳中有变

该刊的排版风格整体简约自然、落落大方，并力求版面干净。其在常规的半月刊版块安排上也存在差异，每一期都有各自不同的目录编排形式，比如第 3 卷第 2 期的目录有"文化论坛""小说""杂文""诗"；而在第 1 卷第 2 期中，目录则为"文化论坛""先贤史略""文艺"……在前者中，则把文艺投稿的多种形式单独列出来形成版块，而在后者中，诗歌、小说、散文等文学形式作品，都统一划分到"文艺"目录版块下，同时后者在内容上又增加了"先贤史略"版块，这些都显现出该社常规半月刊也具有"稳中求变"的版面特点。

该刊每期封面标示的重要文章数为 10—15 篇，一般前半部分 5—7 篇文章为宏论类，后半部分 7—10 篇为文艺类。在封面后，还设有专门的细目，每期文章的实际数量约为 20 篇。也就是说，该刊从全部文章中选取部分重要文章将其刊列于封面，再把封面上的部分文章和作者标红，这样就形成了三个层次区分，便于读者理解和选择。

**图 3—7　《文化前哨月刊》文艺专号封面**

再从刊名来看，该刊的刊名位置固定，均为封面正上方居中。字体方面，第 1 卷第 2 期为印刷体，并一直沿用到第 3 卷第 6 期，其中第 1 卷第 4—5 期（文艺专号）合刊刊名有一些变化，至第 3 卷第 7 期时刊名改为由郝仲青题写的书法体。

**图 3—8　《文化前哨月刊》刊名**

该刊的封面亦有诸多变化，如第 1 卷第 4—5 期合刊（文艺专号），其"编辑后记"中说"本期封面，是本刊读者那迭云君寄赠的：那君除为本刊作封面外，并赐给许多指示，特于此处，表示谢意"，即说明此期的封面变化并非出于编辑的构想，而是出于读者的热心，而编辑也欣然

图3—9 《文化前哨月刊》第1卷第4—5期（文艺专号）合刊刊名

图3—10 《文化前哨月刊》第3卷第7期刊名

接受了读者所寄赠的封面并示谢意。再从颜色使用来看，全刊仅使用红色和黑色两种，风格鲜明且庄重大气。排版方面，全刊为竖式排版，包括目录、正文及辅文。虽然每期《文化前哨月刊》在栏目版块设置上都有一些差异，但从杂志内容的层次上可以看出每一期的风格特点和编辑特色又是一脉相承的。首先，在现存完整的16期杂志中，文章质量整体处于上乘水平，且形式风格多样、内容讨论丰富而深入，尤其是常常结合社会背景来进行思考。

（4）刊物的"阵营"意识

《文化前哨月刊》还具有一定的刊物"阵营"意识，如其第2卷第3—4期合刊上刊登了"保定新文坛上之五大联军"的内容，作为形象的比喻，其将《春草半月刊》《望益双周刊》《惊蛰半月刊》和《互助月刊》及《文化前哨半月刊》的编辑出版发行者、出版日期、定价做了详细介绍。所谓"同行是冤家"，《文化前哨月刊》编辑者们胸襟开阔，能够在刊物上集中介绍同类保定优秀刊物，实属难得。比《文化前哨月刊》办刊时间更早一些的还有文艺类期刊《幽燕》，"《幽燕》，半月刊，1933年4月15日创刊于河北保定，社址初为保定振兴里十二号，后迁至振兴里十四号。……从现存来看，发行时间共约一年半，共出版31期（其中合刊算作一期）”①。由此，基本可以看出，在保定创办的文艺类期刊不仅在同时段存在刊物之间的天然联系，在纵向传承方面也有前仆后继的接续意识。

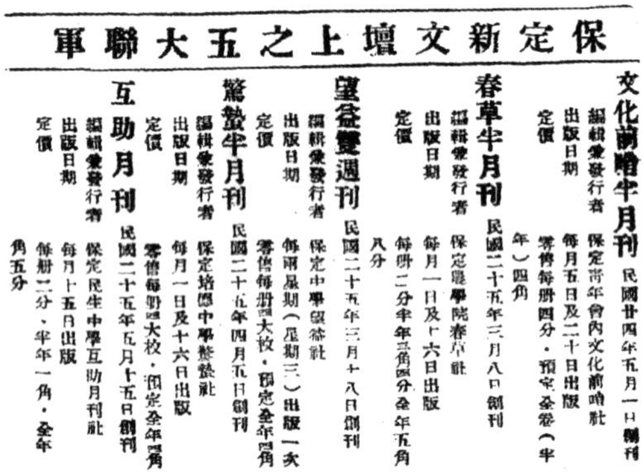
保定新文壇上之五大聯軍

文化前哨半月刊 民國廿四年五月一日創刊
編輯兼發行者 保定青年會內文化前哨社
出版日期 每月五日及二十日出版
定價 零售每册四分，預定全卷（半年）四角

春草半月刊 民國二十五年三月八日創刊
編輯兼發行者 保定農學院春草社
出版日期 每月一日及十六日出版
定價 每册二分半年三角四分全年五角八分

望岳雙週刊 民國二十五年三月十八日創刊
編輯兼發行者 保定中學望岳社
出版日期 每兩星期（星期三）出版一次
定價 零售每册四大枚，預定全年四角

驚蟄半月刊 民國二十五年四月五日創刊
編輯兼發行者 保定培德中學驚蟄社
出版日期 每月一日及十六日出版
定價 零售每册四大枚，預定全年四角

互助月刊 民國二十五年五月十五日創刊
編輯兼發行者 保定民生中學互助月刊社
出版日期 每月十五日出版
定價 每册二分，半年一角，全年二角五分

**图 3—11 《文化前哨月刊》第 2 卷第 3—4 期合刊相关版面情况**

《文化前哨月刊》的具体停刊时间不详，据笔者猜测，停刊原因一方面应是时局的影响，另一方面也可能因为财务因素和市场因素。在现存16 期杂志中，其刊发的广告量极少，仅为一些期刊广告和招租消息等，如第 3 卷第 1 期介绍《新中学生》月刊。杂志出版后期是否真正出现了资金问题，无法准确判断。民国时期的期刊编辑出版工作，的确需要办刊人投入极大的热情，并要克服诸多困难，即使这样，因为时局原因，突然停刊的现象也较为常见。

“20 世纪 20—40 年代，民国集中出现了一批以史地为名的期刊（有二十几种，不过很多期刊只出了几期），这些史地期刊在体现中国近代学科分化方面，在传播西方史学理论与方法方面，在探讨当时各种学术思潮方面，在讨论史地教育如何进行方面，在爱国主义与反对帝国主义的表达方面都推动了中国史学近代化的进程。”② 《文化前哨月刊》虽创办于河北保定，但由于当时社会环境变化都随着战局的动态而起伏，社会

① 金强、马志毅：《民国时期保定文艺期刊〈幽燕〉研究》，《保定学院学报》2013 年第 3 期。

② 姚正平：《近 20 年史地期刊研究的回顾与展望》，《武陵学刊》2013 年第 3 期。

思潮改变和社会共识形成，都主要依赖于报刊媒体。河北省并未处于当时革命斗争、社会变革和文化反思的边缘，而恰恰通过《文化前哨月刊》中的充实内容和生动记述，可以印证当时的河北，尤其是保定，在思想表达水平和文艺创作水平方面是处于全国前列的。

**六 《烽炎》**

1.《烽炎》的期刊出版概况

（1）刊物的出版背景

"从1915年的《文学改良刍议》开始，胡适以'大胆假设，小心求证'式的心态逐步将'文学'推到革命的风口浪尖，经由陈独秀的《文学革命论》和胡适的《建设的文学革命论》等理论文章，'文学革命'从理论争论到创作实践产生了一定范围内的影响，并因此形成了一个新文化运动的浪潮。"[①] 1928年以来，革命文学开始兴起，结合时事需求的各类文学期刊相继创刊、发行。1936年，全国的文学期刊的发行量达到近十几年来的顶峰，有501种之多，"1936年发生了一系列看似不重要却影响深远的事件，如'两个口号'的论争，鲁迅的去世，'新启蒙'运动的展开，而这些事件，都曾对中国后来的文学和文化思潮产生了深远的影响"[②]。而"保定是近代中国军事教育的摇篮。1906年，清朝廷成立陆军部，收束兵权于中央，陆军部正式执掌国家军事教育。民国建立后，清廷的保定军官学堂更名为陆军大学迁往北京。陆军部决定在原保定军官学堂校址开办保定陆军军官学校，隶属陆军部军学司，培养军队初级军官"[③]，1935年6月6日，河北省政府由天津迁至保定，1936年保定又设行政督察区。而七七事变之后，日军侵占了保定，保定也成了河北省日伪军政首脑机关驻地。保定在华北地区的政治地位一直在动荡与稳定两种状态下徘徊。此外，就在1936年11月25日《烽炎》创刊号出版的

---

[①] 许永宁：《从文学革命到革命文学：20世纪20年代中国文学观念的嬗变》，《江西社会科学》2018年第5期。

[②] 张武军：《1936年：20世纪中国文学发展道路中的转捩点》，《东岳论丛》2016年第5期。

[③] 冯超：《从保定军校看民国初期军人学生的社会参与及其影响》，《沈阳教育学院学报》2008年第2期。

当天,日德两国继德意两国之后又秘密签署了《反共产国际协定》[①],国际上的反苏反共力量进一步集结,并妄图重新瓜分世界。正是在日敌侵犯逐步加深的情况下,《烽炎》创刊。

(2) 刊物的基本信息

《烽炎》的创刊号于1936年11月25日出版,第2期于1936年12月30日出版,第3期于1937年1月20日出版,第4—5期合刊[②]未标注出版日期,但从其出版周期来看,基本属于月刊。该刊由保定北关烽炎月刊社主编(具体编者不详)、发行,各地书局代售。《烽炎》共发行五期,其中第4—5期合刊为终刊号。该刊的创刊号封面上刊登有"本刊已向内政部呈请登记",第4—5期合刊登有"本刊内政部登记证警字五九七四号",并印有"终刊号"字样,即刚得到官方登记许可就停刊了。《烽炎》作为一本文艺类的杂志,其内容包含各类文学体裁,主要有议论、杂文、小说、诗歌、散文等。现存的五期《烽炎》中,有林檎、鲁颖、赵联芳、南星、驰野、一土、青水、耳呈等数十位作者[③]参与撰稿,其中多产作者有南星、驰野等,还有部分佚名作者。

(3) 办刊宗旨、读者对象

《烽炎》属于文艺类期刊,编者在创刊号前言"发刊鳞爪"中并未明确提出其办刊宗旨,却隐晦地表明了志向——"我们相信,这小小的烽炎还能对这种人援之以臂的:它蜉蝣在凌空中做成一个非人世的世界,非现实的人世,却是天上人间"。由此可见,在当时世代混乱,救亡图存的背景下,编者希望以文艺著述,搭建出一个与现实分离的世界,一个给予广大知识分子心灵以慰藉的乌托邦。而发刊号的"编辑后记"中亦有提道:"【风,花,雪,月】的颓废文学在现时的我国是太不需要了,

---

① 第二次世界大战前,德、意、日三个法西斯国家勾结的协议。1936年,德、意秘密签订了《德意议定书》,商定加强在对外侵略过程中的合作,形成了"柏林—罗马轴心"。1936年11月,德、日签署了《反共产国际协定》。1937年11月,意大利加入了《反共产国际协定》,德、意、日三国轴心正式形成。此后加入该协定的还有匈牙利、西班牙、保加利亚、芬兰、罗马尼亚、丹麦以及斯洛伐克、克罗地亚傀儡政权和中国的伪满、汪伪政权。

② 四五期合刊在本书中算作一期。

③ 经多途径查找,撰稿人身份多不可考。

我们要以玛志尼①和费舒特②为我们的导师，前进。"编者所希望的"烽炎"是革命的烽炎，是文艺工作者的枪支子弹，是知识分子与社会抗争的碉堡。不难看出，《烽炎》以爱国救亡、警醒世人为主要宗旨，如胡适的《文学改良刍议》中说："吾惟愿今之文学家作费舒特（Fichte），作冯志尼（Mazzini），而不愿其为贾生、王粲、屈原、谢皋羽也。其不能为贾生、王某、屈原、谢皋羽，而徒为妇人醇酒丧气失意之诗文者，尤卑卑不足道矣！"③不做无病呻吟。另外，从《烽炎》的栏目设置与主要内容上来看，其主要发行对象与读者为有文艺追求的知识分子群体与关心社会现状的爱国青年。

（4）《烽炎》的停刊

《烽炎》杂志的停刊由于资金支持不足而无法延续，编者在终刊号的"前辞"中写道："可是，钱魔的巨手扼住了我们的喉咙，我们已经没有了一丝的路径，我们只有满腔悲愤眼睁睁看着它夭折了。"并就此表达了自己因外部客观条件而遭受失败的不甘，在前辞的末尾，编者还表达了其美好的愿景："或者不久的将来，我们还要重整旗鼓再和读者见面。"由此可见，《烽炎》的停刊是迫于无奈，是由于外部客观因素而非主观原因。

2.《烽炎》的编辑风格分析

首先，《烽炎》并无明确的栏目设置，仅在封面有简单的目录栏设计。其栏目设置虽整体较为松散，但内容丰富，包含诗歌、散文、杂文、议论、小说、翻译作品等系列文章，内容翔实，可读性强。

其次，《烽炎》的封面设计大气美观。《烽炎》封面由林檎先生题字，行书字体潇洒大气，遒劲有力。封面总体较为简洁明了，大体分为上下两部分：第1和第2两期封面上方中部为期刊标题，下部分以简单的文本

---

① 朱塞佩·马志尼（Giuseppe Mazzini，1805年6月22日—1872年3月10日），意大利革命家，民族解放运动领袖，是意大利建国三杰之一。列宁把他归为马克思主义以前的非无产阶级社会主义的代表人物。1870年，他在前往西西里领导共和党人起义途中遭捕，获释后创办新报《人民罗马报》，为继续唤醒国人灵魂而努力，直至1872年3月10日去世。

② 一般译作"费希特"。约翰·戈特利布·费希特（Johann Gottlieb Fichte，1762年5月19日—1814年1月17日），德国作家、哲学家、爱国主义者，古典主义哲学的主要代表人之一。作为一个哲学家，他寻求对哲学思想，特别是康德唯心主义思想的统一；作为一名爱国主义者，他试图唤醒德意志人民要求国家统一。

③ 胡适：《文学改良刍议》，http：//www.bookdao.com/book/1845608/，2021年8月18日。

框区分出目录，主要登载文章题目及其作者信息，中间以较小字体的期刊号做分隔；第3及4—5期合刊标题大字居于上半部分右方，左边为期刊号，中部以横线做分隔，下半部分为简洁的目录。但《烽炎》的目录仅有文章名与作者相对照，并无明确的页码标识，不方便读者翻阅查找。

再次，《烽炎》的内文排版整体来看较为整齐有序。《烽炎》的内文排版简单划一，文章间衔接紧密，在内页留白处刊登广告，资讯及一些简短的诗歌，小品文等作为补白。该刊主要版式分为上下两部分，中间以少许留白做分隔，每页有竖线分隔页码标识。与此同时，《烽炎》的部分内页排版过于单一，显得松散且不够美观。

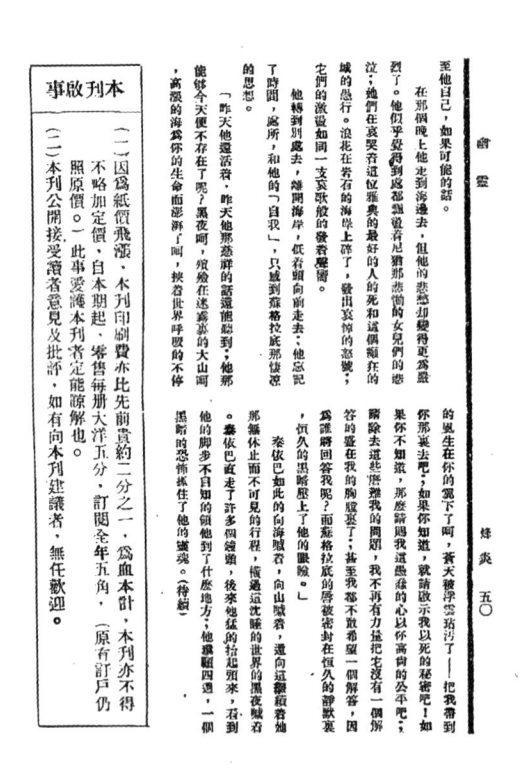

图3—12 《烽炎》的内文版式

此外，《烽炎》全刊没有使用图片，这对视觉美感和内容表现力也有一定的影响。

3.《烽炎》的发行

《烽炎》的编辑与发行单位均为保定北关烽炎月刊社,共发行五期,其中第4—5期合刊为终刊号,时间跨度为民国二十五年(1936)十一月至民国二十六年(1937)二月。《烽炎》杂志的定价在发刊期间有所调整,第1期每册大洋四分,由第2期起由于"纸价印刷费飞涨","为血本计"调整为每册五分大洋。《烽炎》接受全年订阅,在第2期提价之后,全年订阅价亦由全年四角提升至五角,在提价声明中编者称提价后"原有订户仍按照原价"。第4—5期合刊的价格为"零售每册大洋六分"。《烽炎》在保定境内发行,具体发行数量暂不可考。但受国共合作大趋势的影响,文学刊物应该敏锐察觉到政治动向的变化,且第4—5期合刊的《烽炎》也已经取得了国民政府内政部登记号,只可惜也成为了终刊号。"1937年2月15日,国民党五届三中全会在南京举行。会上,宋庆龄等人联名提出《恢复孙中山先生手订联俄、联共、扶助农工三大政策案》;杨虎城等人提出了西安方面关于抗日救国8项议案;李宗仁等人提出保障言论自由、保护爱国运动、解放群众及加强救国运动案等。会上,尽管国民党没有放弃反共立场,但在对内政策上基本确定了停止内战,实行国共合作的原则。"[①] 1937年的上半年,日本仍在加紧扩张野心,敌我矛盾上升为主要矛盾,抗日战争即将进入全面抗战时期,且社会持续动荡,也应是停刊的重要原因。

《烽炎》是民国时期保定境内发行的文学类刊物,迎着革命文学兴起的浪潮而诞生。它除作为一部文学刊物很好地展现了其文学价值之外,同时还展现了真实的时代风云与社会风貌。其中,个别新闻、大事件的收录也对史学家研究该时期保定的史脉传承与演化提供了重要参考,也展现了当时处在中日战争关键时期的保定的文坛现状,以及青年知识分子们的文学感悟和创作动向。《烽炎》诞生于华北事变后、七七事变前,在中华民族危险存亡的关头得以创刊,展现出了保定作为河北省会、北方重镇蓬勃的文化生命力与百折不挠的抗争精神,为后代留下了可资参考的精神财富。

---

① 张震、闫盼:《西安事变前中国共产党对张学良、杨虎城的统战工作》,《新西部》2017年第33期。

### 七 《歌与剧（河间）》

河北河间地区作为传统民间曲艺西河大鼓的发祥地，在不断继承发展中形成了优秀的曲艺文化。解放战争时期，晋察冀解放区为加强政治宣传，在冀中地区形成了诸如火线剧社、新世纪剧社等众多文艺团体。各剧社积极开展包括歌曲、舞蹈、话剧、民间曲艺在内的多种活动形式，展现了部队生活和边区劳动人民形象。边区文艺活动的广泛开展，推动了冀中地区文艺创作的浪潮，文艺作品的出版工作也更为受到关注。

1. 《歌与剧（河间）》的出版概况

（1）出版背景

解放战争时期，河北地区作为华北战场的战略要地，多次遭遇国民党的进犯。为粉碎敌人进攻势力，晋察冀军区军民协力，积极开展自卫反击战役，给予敌人以沉重打击。晋察冀边区政府为保卫和建设解放区，在开展军事斗争的同时不断加强河北各解放区的政治、经济、文化建设。河北各解放区人民民主政权建设的加强和土改运动、大生产运动等经济活动的开展，为边区文化事业发展提供了强有力的支撑，进而促进了边区出版事业的发展。解放战争初期，晋察冀边区出版机构的建制不甚完善。这一时期，晋察冀边区的多家报社同时承担出版报纸和编辑出版图书的任务，发行、销售由新华书店晋察冀分店进行。图书、期刊等出版由报社进行管理，书店分管发行，缺乏完整、独立的出版机构。虽然在解放张家口之后，创立了新华印刷局，但这一时期报社与书店仍是一个系统。直到"1947年3月，新华书店晋察冀分店与边区新华印刷厂合并，至此，边区出版机构与报社正式分开成为独立的系统"[1]。独立出版机构的形成标志着晋察冀边区出版事业的一大进步。《歌与剧（河间）》正是在这时创刊，加之晋察冀边区文化事业的发展与积淀，均为此刊的出版提供了良好的条件。

（2）刊物介绍

《歌与剧（河间）》是一本部队文艺刊物，于1947年创刊于河间，出版周期为月刊，由冀中新华书店出版，停刊时间不详，现存有第2期至第5期。

---

[1] 谢忠厚：《河北通史 民国下卷》，河北人民出版社2000年版，第295页。

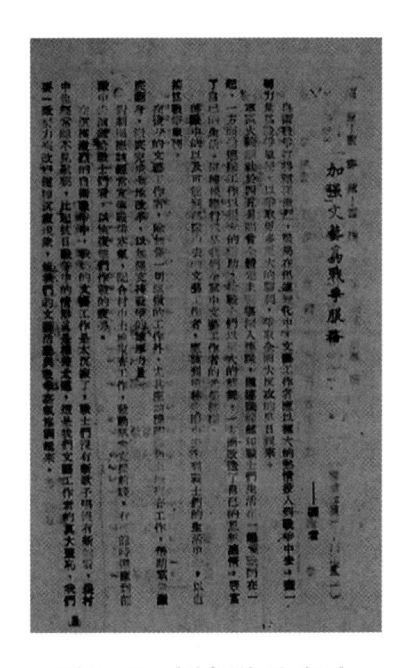

图 3—13 《歌与剧（河间）》
第 2 期第 3 页版面情况

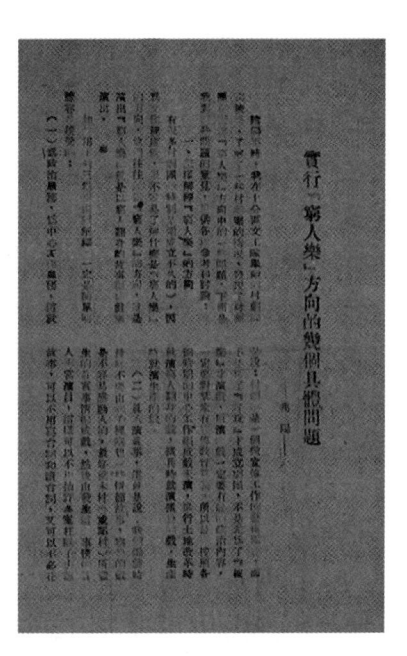

图 3—14 《歌与剧（河间）》
第 4 期第 1 页版面情况

《歌与剧（河间）》中刊登的作品主要为歌曲、剧本、地方戏以及评论文章和通讯等。其中歌曲、剧本、地方戏等文艺作品多与时代发展特征相吻合，主旨多为歌颂人民解放军、表现解放区人民的幸福生活等。例如歌曲《英雄豪杰看今天》《解放区妇女好生活》《快快立功劳》等，还有秧歌剧《张金虎参军》、农村落子《齐连荣》、广场快板剧《小歼灭战》等各种特色戏剧，其剧本内容丰富完整，主题积极向上、鼓舞人心。该刊所刊载的评论文章多为对开展戏剧活动的建议与合理批评等，例如《实行〈穷人乐〉方向的几个问题》《领导村剧团的几点问题》《我就不爱看旧戏那行子》《连队排剧经验》等，文章专业性与通俗性并存，对当时戏剧活动的开展起着积极的促进作用，为戏剧界的发展也提供了宝贵的建议。

《歌与剧（河间）》真实地反映了当时河北地区的社会环境与文化氛围，具有一定的史料价值。作为出版物，该刊对于研究解放战争时期的文艺宣传工作、文艺期刊的发展情况具有重要意义。

（3）办刊宗旨及目的

该刊的办刊宗旨是使文艺更好地为革命战争服务、为人民子弟兵服务。毛泽东同志的《在延安文艺座谈会上的讲话》一文为广大文艺工作者做出了重要指示，明确提出了"要使文艺很好地成为整个革命机器的一个组成部分，作为团结人民、教育人民、打击敌人、消灭敌人的有力的武器，帮助人民同心同德地和敌人作斗争"[①]。讲话指出了文艺为人民大众、首先为工农兵服务的方向，这亦是该刊创作所遵循的宗旨。依照这一宗旨，《歌与剧（河间）》收录了贺敬之[②]、韩塞[③]、王林[④]、何迟[⑤]等主要撰稿人的作品，他们均为在这一时期身处晋察冀解放区的文艺工作者。他们或是在华北联合大学文艺学院从事工作，或是在晋冀剧社创作组进行工作，或是来自冀中文协的工作者。这些文艺创作者长期扎根于晋察冀边区，对于边区文化以及边区文艺事业的发展情况有着深入的了解。他们的作品更能真实反映晋察冀边区文艺活动的开展情况，加之撰稿人具有深厚的写作功底与极强的创作意识，能够更好地践行文艺为工农兵服务的理念。

该刊创作及出版时，晋察冀边区正同国民党军队展开战斗，该刊贯彻"为兵服务"这一中心工作，为解放军战士及边区人民带来鼓励和希望，并为迎接战争胜利而努力进行出版工作。

2. 《歌与剧（河间）》的内容分类及特征

（1）主要内容

《歌与剧（河间）》内容主要包括文艺作品和评论文章两大类。

---

[①] 黑龙江大学哲学系：《学习〈毛泽东选集〉第3卷参考材料》，黑龙江大学出版社1977年版，第68页。

[②] 贺敬之：山东枣庄人，中共党员。抗战胜利后，随文艺工作团华北联合大学文学院工作。在解放战争时期，参加土改、支前等群众工作。

[③] 韩塞：原名韩厚德，1918年出生于南京。1939年任华北联大文艺学院戏剧系教员。1940年兼任中共北方分局文委秘书、边区剧协副主任。1943年任晋察冀军区抗敌剧社演员、队长、创作组长。

[④] 王林：河北衡水人。中共党员。抗日战争、解放战争期间，在冀中平原抗日民主根据地工作，为晋察冀分局文委成员之一，曾任冀中军区火线剧社社长，《冀中导报》、记者。

[⑤] 何迟：原名赫裕昆，北京人。1942年加入中国共产党。曾任火线剧社、华北联合大学文工团团员、晋察冀军区抗敌剧社演员。

①文艺作品

该刊所刊登的文艺作品，有歌曲、地方戏剧本、鼓词等。歌曲作品多以歌颂和鼓舞人民解放军为主题，例如《英雄豪杰看今天》《快快立功劳》《再接再厉歼灭敌人》等。还有反映土地改革与大生产运动的歌曲，如《翻身小唱》展现了解放区的经济建设活动，展现了农民真正翻身做主人这一伟大历史印记；《一粒落地，万谷归仓》表现的是广大农村所进行的生产竞赛。此外，展现解放区广大群众生活的有《解放区妇女好生活》、莲花落《歌唱安平独立营》等作品，其歌曲简谱以活泼愉快为主旋律，描绘出解放区人民的幸福生活。

剧本的创作多是各作者明确以地方戏为最终表演形态而进行的文艺创作，这些作品内容通俗易懂，贴近群众生活，能够更好地进行宣传。农村落子《齐连荣》，就是在群众进行轰轰烈烈的大生产运动之时，为鼓励生产而作；秧歌剧《张军虎参军》展现的是农民参军入伍，以及军民并肩作战的主题；还有广场快板剧《小歼灭战》、梆子戏《兄弟会》等，都极大鼓舞广大军民的抗战热情，用于加强宣传阵地建设。

在所刊登的文艺作品中，还有河间民间艺术西河大鼓的创作作品。"鼓词"在冀中一带的流传渊源已久，明朝时鼓词已在河北地区发迹，到清以后，鼓词的演唱更为兴盛，加之民间艺人对鼓词艺术的热爱与传承，鼓词艺术得以流传下来，其于20世纪20年代在天津被定名为"西河大鼓"。鼓词是配合鼓、板演奏来进行的说唱曲艺，因此在鼓词剧本中除了有一般剧本所含有的念白划分，还有唱词小段、正段的划分。鼓词的曲词内容多分为诗赞体和乐曲体两种。乐曲体的内容以民间传说和戏曲故事居多，而诗赞体多为史诗长篇为主。随着时代的发展，鼓词内容也不断发生着变化，鼓词创作更为贴近具体的时代环境。例如该刊所刊登的鼓词《瓮中之鳖》就是对蒋介石反动统治的讽刺与批判，文中写道："比的就是蒋介石这个老狗熊"[①]，文中还写道："大家齐心鼓一把劲，打败了老蒋享太平"[②]，展现了人民解放军的英勇作战以及夺取战争胜利的信心。除鼓词外，该刊还刊登了大鼓词，如《穷富变》和

---

① 王敏等：《瓮中之鳖》，《歌与剧（河间）》1947年第3期。
② 王敏等：《瓮中之鳖》，《歌与剧（河间）》1947年第3期。

《学习李洛贵》。鼓词的表演形式通俗易懂且极具地方特色，更能受到部队官兵的欢迎。

②评论文章

该刊所载的评论文章多为对文艺工作者提供的工作建议。例如在《实行〈穷人乐〉方向的几个具体问题》中，作者开篇首先解释了什么是《穷人乐》方向，就是"以穷人翻身的故事"[①] 进行排戏演出。《穷人乐》原是1944年在阜平史家寨村所进行的一场文艺演出，"这次演出大获成功并获得了中央领导的认可，将《穷人乐》的表演模式确定为了开展文艺运动的新方向"[②]。因此，晋察冀边区大范围展开了《穷人乐》方向的文艺创作运动。作者还在文章中提到文艺工作者要为政治服务、为中心工作服务，演出要演"实事剧"，要演模范故事以及如何进行剧本材料的收集和运用等。关于对开展文艺工作的建议，还有《领导村剧团的几点经验》《连队排剧经验》《写剧本应注意的一些问题》等文章，其都为广大文艺工作者提供了诚恳的建议和宝贵的工作经验。对于各村剧团文艺活动开展中所呈现出的问题，各位笔者也都勇于提出批评和建议。例如在《六十万与一壶水》中，作者将某村剧团演出的两场剧《白毛女》与《三打祝家庄》的群众反映进行比较，批评了演出中劳民伤财、铺张的现象，提出了采取短小形式的广场剧收效更好的观点。

该刊还刊登了通讯稿件。在第四期中刊登了针对文艺界牺牲同志的悼文《悼田禾同志》《悼文艺战友苏路忆璐玲》，在第五期刊首刊登了《区党委宣传部关于土改复查中开展文艺创作的号召》《冀中文艺界纷纷下乡参加土改复查工作》等两篇通讯。不过这类内容刊登较少，仅于第4期、第5期可见。

（2）内容特征

①专业性与通俗性兼具，宣传效果明显

《歌与剧（河间）》重视对各类文艺稿件的刊登。出版第2期时，其在期刊正文中穿插了征稿条例，关于剧本的征稿，该刊在形式上欢

---

[①] 兆阳：《实行〈穷人乐〉方向的几个具体问题》，《歌与剧（河间）》1947年第2期。
[②] 王林芳：《〈穷人乐〉：群众文艺运动发展的新方向》，《党史博采（上）》2020年第8期。

迎地方戏、小调剧、秧歌剧等多种戏剧形式，同时征集歌曲、鼓词、相声、通讯、批评文字等稿件。该刊为读者呈现了形式多样的作品，但其面向的征集范围不是很大，从该刊的作家群体来看，其创办之际，所刊登作品的主要撰稿人都是来自晋察冀解放区的文艺工作者。这些长期从事文艺创作的撰稿人，对于文艺活动相关问题的探究更具专业性，为文章质量提供了保障。加之他们在这段创作时期正扎根于冀中解放区，对当地文化与部队军兵的文化需求更为了解，能够在内容创作中更加立足于现实、贴近部队生活，真正做到文艺为人民子弟兵服务。期刊编辑对于稿件内容进行审核，也对文章质量进行了把关。在出版第4期时，编辑对前4期的来稿情况进行了总结，其中也公开了所收集到的稿件数。截至第4期出版时，共收集到了一百五十四份稿件，其中文艺创作类稿件最多，评论文章等较少，可见冀中文艺工作者文艺创作热情高涨并且文艺功底深厚。虽然评论文章较少，但稿件质量较高，在所出版的4期中，期刊将所征集的评论文章全部进行了刊载。

总体来说，虽然《歌与剧（河间）》的征稿范围有限，所征集到的稿件也不多，但是其所刊登的稿件质量较高，且通俗易懂，较受战士们的欢迎。期刊中作品多为对解放军战士们英雄形象的宣传，能够鼓舞战士们的战斗士气，在部队文艺宣传工作中极大地发挥其宣传效能。

②紧扣时代主题，坚持文艺为革命战争服务

《歌与剧（河间）》作为部队文艺刊物，深入贯彻了文艺为革命战争服务的思想。这首先体现在该刊编辑思想中，在《加强文艺为战争服务》一文中，编辑谈到"我们的文艺工作者是太沉寂了"[1]，文艺工作者要深入部队生活，强调"文艺工作者应以极大的热情投入到战争中去，尽一切力量为战争服务，以争取更多更大的胜利，争取全面大反攻的早日到来"[2]。编辑对于推进文艺工作的信念和追求，亦决定了该刊的主旨。在严峻的战争形势下，广大文艺工作者按照中央对于文艺工作的指示，以

---

[1] 编者：《加强文艺为战争服务》，《歌与剧（河间）》1947年第4期。
[2] 编者：《加强文艺为战争服务》，《歌与剧（河间）》1947年第4期。

"为工农兵服务"为中心，深度进行文艺创作。《歌与剧（河间）》所辑录的作品中，亦多为歌颂人民解放军以及促进部队文艺活动开展的文艺创作。在多篇评论文章中，也都明确讨论文艺如何更好地为工农兵服务，如《连队排剧经验》一文中谈到"把开展连队戏剧活动与戏剧工作者入伍结合起来"①，在《实行〈穷人乐〉方向的几个具体问题》中作者提到文艺要为政治服务、为中心工作服务。在第五期的开篇，该刊刊登了两则冀中区党委宣传部对于文艺工作者在土改复查运动中的工作指示与号召。该刊的主要内容，都深刻体现了文艺活动要与战争形势相协调，为战争服务的思想。

3.《歌与剧（河间）》的版式设计特点及存在的问题

（1）版面设计特点

《歌与剧（河间）》封面、封底的设计都较为简洁明了，表达直观。

该刊封面设计以大写字体"歌与剧"三个字呈现期刊名，在封面中心位置以阿拉伯数字标明期刊期数，整体风格简洁大气。此外，在封面下方加入了绘图，图中所展示的是拿着农耕工具的劳动人民形象，与当时晋察冀解放区所开展的大生产运动相呼应，彰显了时代主题。绘图的使用，丰富了封面的内容，增添了趣味性与艺术感。

该刊封底设计为一个小幅绘图，并置于页面中央。绘图设计为一个倒三角形状，从中间切割开，两部分小三角内展示的是农民牵引着牲畜进行犁地耕作的场景。图中内容贴合时代环境，虽然设计简单，但同样与大生产运动的开展相契合，主题鲜明。

该刊出版到第3期时，刊末增添了版权页，注明了出版者、发行者、总店与各分店地址以及代售处等。虽然版权页的内容较为简单，信息不够完整，但也体现出这时期刊的出版具有了一定的版权意识。版权页的配置便于读者了解期刊的出版情况，也为对期刊的整理研究提供了方便。自第3期后，该刊所出版的几期都附上了版权页。

---

① 韩塞等：《连队排剧经验》，《歌与剧（河间）》1947年第4期。

图 3—15 《歌与剧（河间）》第 2 期封面

图 3—16 《歌与剧（河间）》第 3 期封面

图 3—17 《歌与剧（河间）》第 5 期版权页

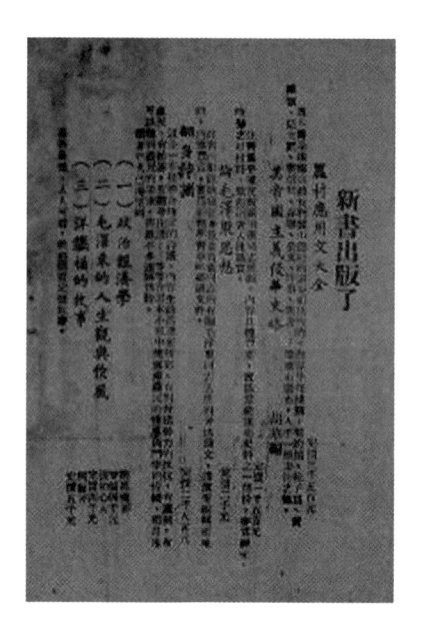

图 3—18 《歌与剧（河间）》第 3 期新书简目

在第 3 期出版时，期刊内文里还增添了新书简目，对冀中新华书店新出图书进行宣传，这进一步丰富了期刊的宣传功能，提升了期刊的附加价值，为后来期刊出版对相关内容进行刊登宣传提供了借鉴。简目中所展示的书目均为优秀革命党人所创作的文学作品或是理论著作，具有较高的文学价值，对指导伟大革命也有着重要意义与价值。该刊对于这些书籍进行宣传，亦是为革命战争服务，坚持"文艺为战争服务"这一中心工作，与该刊的创刊宗旨相吻合。在此后出版的几期中，该刊也都增添了新书简目。

（2）排版设计中存在的问题

《歌与剧（河间）》的排版设计整体上较为规整，内文文字排版多为竖排，行距、字距的设置也比较合理，页面整体布局较为整齐。但该刊的排版设计也存在着一些问题。

首先，该刊没有明确的栏目设置，内文中不同类型的作品没有进行分类排置，这一点在目录页中也得以体现。以第 3 期刊本目录为例，这期的作品有歌曲、鼓词、小调剧、落子戏、快本剧、评论文章等几种类型，排版时并未分门别类的将不同类型作品进行统筹与区分。不过，虽然各种作品形式混杂，但作品内容之间还是具有一定联系的。例如第3期中前两篇为有关生产运动的歌曲，随后便是《最忙时节村剧团怎样活动》一文，可见两篇歌曲的主题与此文章的主题相关联，依照作品之间内容关联排序也显合理。但是，这样的篇章顺序安排并未呈现于所有刊本中，总的来看，该刊栏目设置部分有所欠缺。

其次，该刊目录页的设置较为混乱。第2期和第3期刊本中的目录页穿插在了正文里，而且是在刊本内容的中部。这样的设置不便于读者的阅读，并且会显得正文排版混乱。在目录页中，还出现了目录标题错字、漏字，与内文的标题不一致的情况。例如第2期中的一篇歌曲，目录页所注的题目为《解放区妇女好生活》，而正文中的标题则是《解放区的妇女好生活》，还有秧歌剧《女八将》目录页中写成了"歌秧剧"。还有的目录标题顺序与正文顺序不符，例如第3期中，目录页标题顺序为歌曲《报仇出气》在前，文章《教歌子的几点经验》在其后，但在正文中这两部作品的顺序正好相反。这反映了期刊在前期出版时的经验不足，在随后出版的两期中，可以看到目录设置的问题已有很大的改观。4、5期刊本的目录不再融于正文中，而是设置在了封面之后正文之前，并且目录页的设计也更为清晰明了。从所见几期刊本中目录页的变化，可见得在期刊出版中编辑意识和水平的不断提高。

此外，刊本页面还存在文字重叠和透页、字迹不够清晰等印刷质量问题，这对读者的阅读体验感有所影响。随着时间的推移，刊本原始质量的缺憾会对刊本的保存造成困难，并且在流传过程中也会有所缺失。例如刊本封面所呈现的问题，第2、4期的封面质量远不如3、5期，现存版本中2、3期封面的绘图已明显淡化。印刷技术不足、战争形势等多方因素，都会对刊本的保存造成负面的影响。

4.《歌与剧（河间）》体现的编辑精神

（1）客观、包容的职业态度

从《歌与剧（河间）》所呈现出的内容中可以看出，编辑人员对于稿件内容的征集与审核是客观且包容的。在刊本中，编辑人员就明确提出了该刊的征稿原则，欢迎各种形式的地方戏、歌曲、剧本、批评文字等，表明了该刊对于接纳各种形式作品的包容性。综合来看，所刊载的内容既有对文艺工作中表现好的方面的赞扬与歌颂，也有对文艺工作中所反映出的问题的批评与纠正。在随后的期刊出版中,编者亦提出欢迎更多关于文艺界新领域、新内容的创作来稿的想法,并且"欢迎切实而有作用的批评文字。"① 由于编辑人员有着高度的职业素养,秉持客观、包容的工作态度,这些内容才得以完整地呈现。

(2) 编辑的问题意识

纵观《歌与剧(河间)》几期的出版变化,能够明确地感受到编辑人员对与读者、作者联系的重视,这体现在了编辑人员对于出版中所出现的问题的反思与总结。

自创刊到第 4 期出版时,该刊的来稿情况不甚明朗,编辑人员对此高度重视,在第 4 期刊末,编辑人员对出现的问题进行了总结,认为来稿不多主要是由于"与读者、作者联系不够""发行范围不大,知名度不够""与各剧社关系建立不够"所致。② 可见,编辑人员的问题意识是明确的,思考也是深刻的。读者意见与作者的来稿是编辑工作不可或缺的部分,该刊编辑十分重视加强与读者和作者的联系。在第五期编后,编辑写道:"本刊力图在形势发展中,日渐改进,希望更多来稿与提供意见,歌与剧与读者作者紧密的联系来坚持工作,迎接胜利。"③ 在当时的战争形势下,与读者和作者的联系不仅是编辑工作的重点,更是联合广大群众、统一战线为夺取胜利的重要抓手,编辑人员更是将此摆在了出版工作的首位。

综观这一时期河北地区的历史,可见当时社会环境对于期刊的出版产生着重要影响。严峻的战争形势对于出版事业的发展有着较大的制约,在此刊创办的前不久,冀中地区才成立了独立的出版机构,加之这一时期印刷技术水平不高,致使解放区的出版工作充满艰辛。《歌与剧(河间)》作为解放战争时期河北地区少有的文艺刊物,是编辑工作者立足于时代,植根于社会文化,凭高度的职业坚守与编辑责任意识才得以实现出版的。在时局艰辛的情况下,编辑工作者扛起出版事业发展的旗帜,为当时更是为后世留下难忘而深刻的文化记忆。对于今天的文艺刊物的编辑工作者来说,前人的理念与精神仍是值得学习的。

---

① 编者:《编后》,《歌与剧(河间)》1947 年第 5 期。
② 编者:《本刊四个半月来稿小结》,《歌与剧(河间)》1947 年第 4 期。
③ 编者:《编后》,《歌与剧(河间)》1947 年第 5 期。

## 第二节　民国时期河北的文教德育类期刊

### 一　《育德月刊》

《育德月刊》由育德中学教师安志成以育德中学为依托创办，是当时思想较为进步的红色刊物，其编辑理念和出版实践都具有进步的时代精神，也兼具河北地方特色。《育德月刊》秉承创刊"初心"，作为校园公共传媒在教育规制和社会引领方面发挥的作用是巨大的，对当下校刊编辑出版工作也有较大的启发。

育德中学，校史辉煌，号称"天津南开，保定育德"。"育德中学不仅对保定革命思想的传播发挥了重要作用，而且还是保定党团组织的最早诞生地。其党团组织创建时间之早、参加人员之多、活动影响之大，使之成为我党领导的保定乃至河北中南部地区革命和青年运动的重要堡垒和基地。"[1] 对于育德中学的研究已成体系，但对其校刊《育德月刊》则鲜有研究。《育德月刊》于1928年创办，1930年停印，办刊时间不长，但作为育德中学的重要媒体平台，体现了该校卓越的教育理念和优秀的教学成果，该刊是育德中学的集体智慧的结晶，亦是校史重要的组成部分。

1.《育德月刊》的创刊背景

"晚清以降，儒家教育让位于西方教育，作为道德灌输的地方教育已经穷途末路。中国社会包括教育的近代化过程极其漫长，外来压力使其近代化的过程颇为坎坷。"[2] 地处冀中的保定，正是当时河北地区"革新除弊"的前沿阵地，在教育领域也做过颇多积极尝试。

（1）主办单位

"1905年，孙中山在日本创建同盟会后，会员陈兆雯受同盟会本部之命，回国组建直隶同盟分会。光绪三十三年（1907），陈兆雯将保定一公

---

[1] 王胜国、张焕琴：《河北早期青年运动的摇篮——育德中学》，《河北青年管理干部学院学报》2002年第2期。

[2] 王成：《民国时期农村教育及其经费问题》，《长安大学学报》（社会科学版）2013年第1期。

立高等小学堂改建为育德中学，一面办学，一面从事推翻清王朝的秘密革命活动。"① 《育德月刊》由民国时期河北的著名学校"育德中学"承办，育德中学"是在清末新政时期国家实行教育改革兴办新式学堂的时代背景下，由当时的爱国学生发起创办"② 的。该校由同盟会成员陈幼云进行治校管理，最初的教职工也多为同盟会成员。1909 年，陈幼云③校长积劳成疾病故，郝仲青④继任育德中学校长。由于育德中学自创建时就带有宣扬革命精神的使命，两任校长又都是同盟会成员，育德中学自然带有一股激进、变革的鲜活风气。"初建校时，占地 4 亩，房舍 24 间，至 1935 年，已扩展百余亩，教学用房有普通教室 18 座，特别教室 3 座，图书馆 1 座，理化教室、实验室、师生宿舍 270 余间，容纳千余人的饭厅 2 座。《壬戌学制》颁布后，它首先成为保定第一所完全中学，不仅是保定中学的佼佼者，而且在华北地区享有盛誉。"⑤ 从创建时的"集会之所"，到辛亥革命时期的"保定革命总机关"，再到五四运动时期保定革命活动的发起者，育德中学的发展中一直有着革命的基因，这种风格和追求也经常反映在月刊上。《育德月刊》既是成员联络感情的渠道，也是传播进步思想及向外宣扬革命精神的阵地。

（2）编辑团队

《育德月刊》的主编是育德中学的图书馆管理员安志成，安志成在少年时期就与几个同学发起成立了进步社团——"文学研究会"，并暗中售卖进步书籍，传播先进思想。"1922 年 12 月，经中共北京区委批准，育德中学学生、社会主义青年团员王锡疆、杨其刚、安志成、彭桂生等 4

---

① 李捷三、胡永波：《久负盛名的育德中学》，《中小学管理》1994 年第 1 期。

② 马青青：《民国时期保定私立育德中学研究（1928—1937）》，硕士学位论文，河北大学，2018 年，第 8—10 页。

③ 陈幼云，名兆雯，字幼云，保定育德中学的创始人，第一任校长。1879 年生于河北蠡县潘营村书香门第，系宿儒陈登明之次子。保定育德中学是留法勤工俭学运动的发祥地。运动的主要倡导者是来自于保定高阳县的李石曾，在他和一些早期民主革命人士的建议下，原保定育德中学率先附设了留法勤工俭学预备班。

④ 郝仲青（1879—1957），名濯，字仲青，教育家。原籍霸县。21 岁中秀才，曾在私塾任教。1907 年秋，毕业于保定高等师范学堂，后在保定崇实中学任教，经陈兆雯（幼云）介绍，加入同盟会，创办育德中学。1909 年，任育德中学监督（即校长），同时被推举为直隶同盟会主盟人。1912 年，被委任为燕（即直隶省）支部组织员，顺直临时省议会议员。

⑤ 李捷三、胡永波：《久负盛名的育德中学》，《中小学管理》1994 年第 1 期。

人由团转党,并建立了中共保定小组,由王锡疆负责。这是保定发展的第一批党员和最早建立的党组织。"① 1926年8月,安志成回到保定育德中学,任图书管理员。育德中学内部自由开放、兼容并包的风气,以及师生间积极交流思想的氛围,非常契合安志成的性格。在校期间,他得到了校长郝仲青的支持,与同样具有爱国情怀并希望借期刊传播新思想、开启新思维的同校教师,创办了《育德月刊》。在这本期刊上,他与同仁积极发表对于时事的分析,宣传马克思主义。另外几位教师如柳风②、谢采江③等,也都参与到了《育德月刊》的编辑中,为月刊提供了不少质量优秀的稿件。

（3）办刊宗旨

《育德月刊》第1期发刊于1928年,是年,育德中学决定成立同学会。在《育德月刊》第1期的发刊词中,创刊者明确指出:"本会宗旨,第一项是'联络感情'……第二项是'砥砺学行'……第三项是'发扬育德精神——不敷衍不作弊'……"④ 创刊者认为,人的精神很容易受环境的影响,因此,为了弥合与修复一些同学已被社会侵蚀所形成的创伤,同学会成员应该经常性聚会,以扭转"颓势"。但常因为同学会成员无法全员到齐,以及难以持续召开聚会,因此决定出版刊物《育德月刊》,"每月'人手一编',即等于回校一次"⑤。且创刊者相信该刊具有这样的使命:"精神已被侵蚀的,固可得到普遍的连续补充。未被侵蚀的,亦可增加若干的分量！我们的精神,才不至为各别的环境所支配！更进一步,我们才能以我们的精神支配各别的环境！育德的精神——不敷衍不作

---

① 《中共保定党组织的建立》,《保定学院报》2008年第14期,第3版。

② 柳风,原名甄永安,河北大名人,曾加入过国民党,后倾向革命,要求进步,与鲁迅有过接触。

③ 谢采江（1893—1984）,原名谢长枢,曾用名谢庚辰,笔名子波、子兮。定兴城内四街人。1917年考入直隶保定第二师范学校。1919年五四运动爆发后,5月22日保定学生联合会召开成立大会,发表《宣言》,谢采江以二师学生代表的身份参加了《宣言》的起草工作。事后校方将谢采江开除学籍,保定育德中学校长王国光深知谢采江的为人与才华,便以不收学费等优惠条件答应他在育德中学插班学习。1921年他以优异成绩毕业于育德中学并留校任初中部国文教员。

④ 《发刊词》,《育德月刊》1928年第1卷第1期。

⑤ 《发刊词》,《育德月刊》1928年第1卷第1期。

弊——才能够发扬！"① 抵御精神侵蚀，力促精神觉醒和行为独立，是育德中学同学会赋予《育德月刊》的使命，也是每位编辑人员想要努力达到的目标。

（4）发行时限

《育德月刊》创刊于1928年10月1日。"1931年育德中学因为扩充高中设备经费紧张，缩减月刊篇幅，以及按月刊性质不便多刊过时之校闻之故，将《育德月刊》改为《育德双周》。"② 根据目前可以收集到的资料显示，《育德月刊》共出版27期，其中有两期合并为一期出版的情况，但未中断办刊。按时间计算，该刊的最后一期出版于1930年12月。而后，育德中学在1931年11月1日出版了新的刊物——《育德双周》，此时，《育德月刊》的历史便彻底终结了。"1931年'九一八'事变后，随着民族危机的加深，育德中学抗日救亡斗争逐步高涨，在学生中涌现出许多抗日群众团体，如铁血杀敌团、热血救国会和血性奋斗队。这时，育德中学校长郝仲青利用自己的身份和地位，对抗日团体的活动给予支持和保护。"③ 随着国难加深，办刊挑战随之加剧，《育德月刊》如当时诸多刊物一样，最后只能选择停刊。

2.《育德月刊》的内容特点

（1）内容来源

《育德月刊》在创刊号中的"育德同学总会启示"中明确指出，"凡我同学会无论何项投稿均有欢迎，望各地同学源源惠寄以便分期登载"④。由此推知，《育德月刊》的稿件有相当的比例来自育德中学同学会成员的投稿。同时，根据刊登在《育德月刊》的稿件，笔者发现在27期的刊物中，安志成、采江、柳风、郝仲青等几位教师的文章出现频率较高，且几位作者的文风也相对固定。安志成、郝仲青倾向于撰写时事评论，采江和柳风则倾向于文学创作或文学作品翻译。虽然该刊也接收来自学生

---

① 《发刊词》，《育德月刊》1928年第1卷第1期。
② 马青青：《民国时期保定私立育德中学研究（1928—1937）》，硕士学位论文，河北大学，2018年，第8—10页。
③ 李子谦：《在革命史上写下光辉一页——保定育德中学校史简述》，《河北学刊》1982年第4期。
④ 《育德同学总会启示》，《育德月刊》1928年第1卷第1期。

的投稿，但其体裁多是文学作品。例如，1929 年第 1 卷第 10 期孙树洞的《自杀》、潘继庆《操场中的早晨》等。与学生相比，育德中学教师的作品构成了《育德月刊》的主要稿源。

（2）栏目类别

该刊除每期必刊登一些校内新闻外，其他内容分为三类：时事评论、文学作品、学术介绍。时事评论细分为社会事务评论、政治事务评论、外交事务评论；文学作品分为外国作品翻译、小说创作、文学杂谈；学术介绍分为哲学、生物学、西方思想引进。

其代表性作品[①]如表 3—3、表 3—4、表 3—5 所示：

表 3—3　　　　　　　时事评论类内容细分及代表作品

| 分类 | 时事评论 ||
| --- | --- | --- |
| 社会事务评论 | 《河北教育之我见》 | 《理想中的教师》 |
| 政治事务评论 | 《以党治国》 | 《军民分治与是实质统一》 |
| 外交事务评论 | 《太平洋国交讨论会与中国》 | 《中俄交涉之观察》 |

表 3—4　　　　　　　文学作品类内容细分及代表作品

| 分类 | 文学作品 ||
| --- | --- | --- |
| 外国作品翻译 | 《陀思妥夫斯基》 | 《斯当达尔与美立美》 |
| 小说创作 | 《死的胜利》 | 《新年日记》 |
| 文学杂谈 | 《什么是奢侈》 | 《文艺杂谈》 |

表 3—5　　　　　　　学术介绍类内容细分及代表作品

| 分类 | 学术介绍 ||
| --- | --- | --- |
| 哲学 | 《初级伦理学》 | 《唯物史观与民生史观》 |
| 生物学 | 《生活素》 | 《遗传优生学》 |
| 西方思想引进 | 《俾斯麦的外交政策》 | 《预测下次世界大战的情形》 |

---

① 仅列部分代表性作品。

(3) 内容特点

①题材较为丰富多样

该月刊属于综合性刊物，内容包括校内新闻、时事评论、文学小说、学术论文等多种体裁，涵盖政治、经济、外交、文学、生物学等多门学科。具体内容，从最浅显的外国文学作家介绍，到赋予反讽意义的小说，再到深刻的社会时事评论；从初级的社会伦理学介绍，到有关民族的遗传优生知识，再到充满哲学争辩性的唯物史观探讨。《育德月刊》的内容可谓题材丰富，视角开阔，思维活跃。在介绍西方思想方面，该刊不仅译介了西方文学作家和小说，同时也翻译了西方生物学及西方社会对于时事的看法。在传播文学知识的同时，该刊也注重对读者阅读广度的扩展，这与学校注重塑造学生优良品格，拓展教职工及学生知识面的宗旨相匹配。

②内容的政治性较强

该刊主编安志成是共产党员，同时，同盟会成员积极参与筹办了该刊，其政治的诉求和政治倾向性也是显而易见的。安志成、郝仲青等教师积极在月刊上针对时事发表见解主张，同时也会对政府政策施行时遇到的困难提出建议。

例如，郝仲青在第1卷第1期发表的《打倒劣绅的根本方法》一文中，针对国民党打不倒土豪劣绅的现状，借用经济学需要供给的法则，分析劣绅存在的主要原因，并给出了打倒劣绅的三种根本方法，即"由政府去掉贪官""去掉人民的虚荣心""党部监视劣绅行动，提高人民常识"。除了显而易见的政治性评论以外，《育德月刊》也兼顾到对外国知识分子作品的介绍，如第1卷第10期的《预测下次世界大战的情形》（胡金、罗蓝原著，克悌译），第2卷第1期的《一个日本新闻记者的满洲观》（河上氏原著，许克悌译）等。

保定育德中学是河北早期革命活动的发源地，1922年，保定地区第一个共产党党支部——育德中学党支部建立。"1921年夏，我党早期著名革命活动家江浩也来到育德中学担任学监。他在课堂上以《新青年》为教材，传播革命思想，帮助进步学生树立革命人生观。他帮助进步学生组建革命团体，对一大批进步学生进行启蒙教育。1922年春，我党又一名革命家何孟雄来到育德中学，担任国文教员。他在向学生讲课时，公开讲解《共产党宣言》，并介绍十月革命，他还利用各种活动积极扩大马克思主义对进步师生的影响。邓中夏、张兆丰、何孟雄、江浩等一批我党早期著名革命家在育德中学的革命活动，推动了育德中学和保定新文化运动的开展和马克思主义的传播，为保定党团组织的建立作了重要的思想、组织和干部的准备。可以说，后来大革命时期保定蓬勃兴起的青年运动，是与他们早年播下的革命火种分不开的。"① 育德中学的基因中，带有强烈的革命色彩，在革命理论潜移默化的教育和感召下，从育德中学走出了一大批革命骨干，如张兆丰②、韩永禄③等，他们为中国早期的革命事业做出了突出贡献。

③内容的批判性较强

当时社会中的一些知识分子，除了持续关注政策施行及政治走向外，也在试图寻找改变当时黑暗社会现实的光明路径。月刊上的文学类小说作品尤其具有批判意识，例如1930年第2卷第3期李文修的《压迫》一文，描绘的正是战乱时期兵痞对于百姓的压迫。该文讲到，一群士兵闯入老者家中，在杀了猪、鸡，毁了所有的家具，抢了老者的积蓄，吓死了老者患病的妻子后，"丘八十分的恼怒的跑进了屋，发现老者悬梁自杀了，脸上带了毫无关系的样子走了出去"④。该文虽然没有直接对士兵的无理行径进行批判，但通过反讽文字使读者鲜明地感受到作者对于兵痞的憎恶，及对黑暗现实的抨击。再如，1928年第1卷第3期何其超的《什么是奢侈》，文中批判了多种对于"奢侈"的不正确阐发，认为"我对于这种为特权阶级辩护而不顾生存权的这一派学者的说法是不敢苟同

---

① 王胜国、张焕琴：《河北早期青年运动的摇篮——育德中学》，《河北青年管理干部学院学报》2002年第2期。

② 张兆丰（1890—1930），又名献瑞，字兆丰。1908年，张兆丰考入保定育德中学第一班学习。1920年，张兆丰从天津回到保定育德中学，担任该校教务主任。这期间，他在校宣传新文化、新思想，对学生进行革命教育，还带领进步学生到工厂、农村进行革命宣传。这年冀南地区大旱，民不聊生，他团结进步人士，利用上层关系，开展合法斗争，迫使当局救济灾民。次年5月，他又领导农民进行反对粮食出口、要求放粮的斗争，使群众得到不少利益。当地群众一直念念不忘张兆丰领导的这次"放粮"斗争，赞扬他"和穷人是一家"。后来，他因与校长郝仲青在政治主张上发生激烈冲突，遂愤而辞职，回到樊钟秀领导的靖国军第二路军。这时，樊钟秀与孙中山先生取得联系并支持中山先生的革命活动。张兆丰随部赴广东，于同年11月12日进驻广州。

③ 韩永禄（1905—1931），又名韩煜，曾化名刘士贵。1905年生于保定完县（今顺平）西五里岗村。1922年入保定育德中学学习，开始接受革命思想。1924年，组建进步团体"学友会"，同年加入中国共产党。1927年任完县县委书记。

④ 李文修：《压迫》，《育德月刊》1930年第2卷第3期。

的"①，最终认为"个人物质上的享受，超过社会的生产均数，就是奢侈"②。而作者何其超，是第二年级初十二班的学生。通过文艺切磋，育德学子不断加深了对于当时社会现实的理解，再加上育德中学内部的学术氛围较为开放自由，其图书馆中藏有不少马克思主义先进刊物，这使学生开始思考如何将先进理论应用于实践，并着力思考解决现实问题的出路。该刊内容中充满对现实的强烈批判，激发了相应的文学创作实践，通过"精神演武"，更容易为助推读者投身革命事业，并做好经验和理论准备。

3.《育德月刊》的装帧设计特点

（1）封面设计

按月刊封面的出版时间顺序，本书将其分为两组进行分析。《育德月刊》自1928年创刊到1930年最后一期终刊，共配置了3种封面，如图3—19所示：

从三幅封面来看，其风格都不尽相同。相比之下，第一幅封面生动活泼，更能体现月刊的办刊宗旨，即以青年之间联络感情、发扬育德中学不敷衍、不作弊的精神，进而砥砺学业和品行。除第二幅外，其他两幅封面都以"文字+图画"的版式构成。

第一幅封面是设计最为奇特的一幅。该封面整体以砖红色为背景，封面中的主要文字也主要由砖红色构成，文字位于漫画中央的一块三角空间中，其中的文字内容是期刊名称及期数。封面中女性人物画像占据了较大空间，画像笔触柔和，体现了女性的温柔典雅，这与当时妇女追求解放的时代背景紧密相关。整个封面具有较强的艺术美感，并带有一种独特的意境美。

第二幅、第三幅封面的风格又与第一幅的封面风格完全不同。第二幅封面重新采用"文字+图画"的模式，并运用垂直构图方式，封面中所有的文字都采用竖式排版，封面的正中配置"育德月刊"四个大字，右边小字部分写明出版期数，左边是题词人李涤支③的名字和印章。整个

---

① 何其超：《什么是奢侈》，《育德月刊》1928年第1卷第3期。
② 何其超：《什么是奢侈》，《育德月刊》1928年第1卷第3期。
③ 李涤支（1893—1974），名思湛，号涤之、涤支，天津市人，民进会员。1922年，南开大学肄业至河北保定私立育德中学任教，继任训育主任。1937年卢沟桥事变后，随校南迁河南省西峡口，改任总务主任。

1929年第二卷第一期 　　1929年第二卷第二期

1930年第三卷第一期

图3—19 《育德月刊》的3幅封面情况

封面没有任何图画，简洁直观。

从第三幅封面中可以看出，该风格受到20世纪二三十年代西方艺术风格影响，使用类似西方现代派的绘画手法，舍弃了对人物形象的运用，并以几何图案进行装饰，打破简单平衡规则，追求自由美感。另外，此封面采用三分式构图手段，但并非等分，而是放大了中心交叉点部分，以吸引读者注意。这部分修饰图案也完全由几何图案构成，并由线条交叉搭配构成修饰图案，其构图方式与前两幅完全不同。

（2）内文版式设计分析

《育德月刊》为32开本，每期150页左右。该刊整体的编排风格相对固定，每一期的正文之前都配有多幅图片。图片的内容没有固定标准，有人物，有学校生活场所，有现代机械……除了每本期刊的正文之前，正文中以及刊物结尾都未再出现装饰图片，且图片与文章内容之间无关联，即文图分离。《育德月刊》的内文字体采用民国时期期刊普遍流行的老报宋体，全文采用竖式排版。此外，《育德月刊》内文的字与字、句与句、段与段之间，间距较大。通观整个页面，布局稳重清朗，消除了阅读上的压迫感。

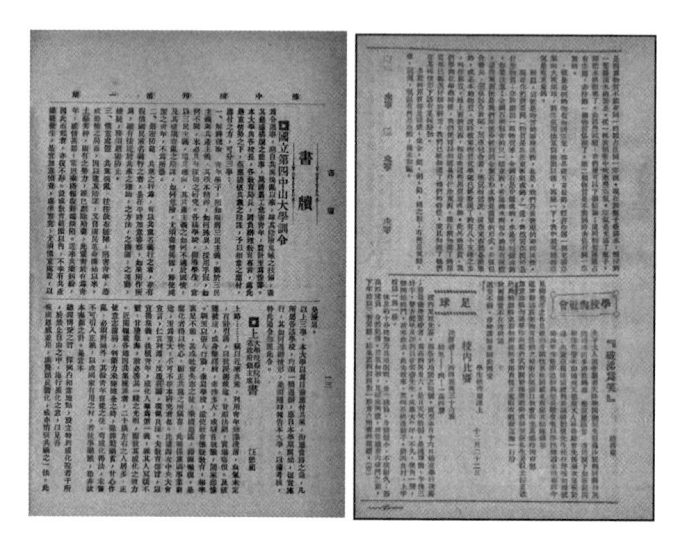

图3—20 《苏中校刊》（左）和《明德旬刊》（右）的内文版面对比

另外，《育德月刊》的页码标注方式也与其他期刊不同。与《育德月刊》属于同类刊物的《苏中校刊》和《明德旬刊》，采用的都是文章连续接排的方式，而《育德月刊》则是以文章作为分隔，每一篇文章都另起页码重新编排。因此，排布同样的内容，《育德月刊》使用的纸张要更多。此外，《育德月刊》作为一本综合性校刊，每期的内容体裁多样，但缺少正规和稳定的栏目设计，没有固定的栏目编排，或者说没有明确地将栏目设计体现在刊物上，导致该刊文章的类目感较弱。

4.《育德月刊》的办刊意义及启示

（1）办刊意义

①对于学生：了解世界的窗口和文学的试炼场

对于育德中学的在校学生而言，《育德月刊》既为他们打开了一个观察世界的窗口，同时又为他们提供了一个锻炼自我文笔的平台。民国时期战乱频繁，部分地区的百姓生活艰难，在这种情况下，学生想要获取知识、了解世界，更多的只能依靠学校为他们提供的资源。"育德中学在艰难曲折的环境中，办得有声有色，为国家培养出大批人才，靠的就是一批具有远见卓识、学问渊博、竭诚奉献、不谋私利的中华知识分子的精英。"①《育德月刊》无疑为在校学生提供了一个良好的渠道，其大多数文章都是来自学校内颇有水平的教师，阅读这些老师的文章不仅可以拓宽他们的知识面，而且对于启发他们的思想也颇有益处。另外，《育德月刊》的创办也为这些学子提供了一个培养文学修养，提高写作能力的平台。孙犁就是《育德月刊》培养的一个典型代表，孙犁的第一篇小说《自杀》就发表在《育德月刊》上。孙犁在校期间一共有五篇文章发表在《育德月刊》，分别是《自杀》《孝么》《弃儿》《顿足》《麦田中》。可以说，育德中学和《育德月刊》同样是孙犁文学创作的摇篮，孙犁的文学创作实践正从这里起步。同样，《育德月刊》为当时的充满政治抱负、追求革命理想的年轻人播下了一颗颗文学创作的种子。

②对于教师：表达新见与沟通外界的园地

对于教师来说，《育德月刊》为他们提供了一个与外界顺畅沟通的平台。民国时期，绝大多数地区的交通和传媒尚不发达，期刊、报纸是知识分子观点表达、思想争锋、学问切磋的主要渠道。《育德月刊》接受来自育德中学同学会成员的投稿，"初创时期的郝仲青、王国光、张纪五、臧一亭等，都是学问渊博、教学经验丰富并立志献身教育事业的辛勤园丁。他们抱定'教育救国'的宗旨，以苦为荣，以为国家培养人才为己任，身体力行，带动了一些献身教育的实干家。学校教员大部分毕业于大学或专门学校，有的还在香港大学、日本大学深造过。如刘仙洲在育德中学毕业后，考入香港大学机械系，以优异成绩毕业，放弃去英国留学机会，辞谢河北高等工业学校高薪聘请，回母校任薪俸微薄的机械科教员"②。育德中学的教师不仅借助《育德月刊》表达自己对于时事的看法，也会邀请学界著名人士来校演讲，例如胡适、朱自清、俞平伯等人

---

① 李捷三、胡永波：《久负盛名的育德中学》，《中小学管理》1994年第1期。
② 李捷三、胡永波：《久负盛名的育德中学》，《中小学管理》1994年第1期。

都曾受邀来校演讲,他们的部分演讲稿也会刊登在月刊上。"河北早期革命和青年运动的一些著名领导人和英雄人物,如张兆丰、张乃东(廷瑞)、韩永禄、王锡疆(仲强)、谷雄一等同志都是在育德中学接受过革命思想的熏陶,进而走上革命道路的。"①《育德月刊》使教师有了一个自由表达真实想法的平台,成为育德中学两千多学子与教师进行思想交流的园地。

③对于政府:舆论监督的一扇窗

针对政府的政策施行来发表看法并展开评论,是《育德月刊》每期必登的重要内容。如1928年第1卷第1期的《打倒劣绅的根本方法》、1928年第1卷第3期的《以党治国》、1929年第1卷第10期的《军民分治与实质统一》等,都是育德学子针对政府的某些政策、说法等给予的分析、建议,甚至是批驳。《育德月刊》能够带来的政治思想锻炼和表达方式演练,既扩展了育德师生的气度和胸怀,也切实发挥了刊物和学校的政治思辨和行政监督作用。

(2) 对当今校刊的启示

①校刊应该传承优秀的品格

在郝仲青校长管理育德中学时,育德中学就确立了"目注全盘,行守本位"的办学宗旨,并以"不敷衍,不作弊"为校训。"郝仲青认为和学生朝夕相处的教师,其思想、行为,对青年学生起着潜移默化的作用,必须里表如一,言行一致,以身作则。立信是教师的根本,要学生做到的,教师首先要做到。"② 正是为了使育德中学学生精神免受环境侵蚀,并持续传承该校精神,《育德月刊》才得以创办。《育德月刊》也正是一直秉持育德中学"不敷衍,不作弊"的价值理念,向外传播文笔优秀且内容健康的文章,培育学生良好的价值观和人生观。"育德中学对学生要求,向以'严'著称。'教学管训各方面均精细研究,严格齐一,故蒸蒸日上擅有盛名。'学校形成了考试、考勤、升留级、奖惩等一系列规章制

---

① 王胜国、张焕琴:《河北早期青年运动的摇篮——育德中学》,《河北青年管理干部学院学报》2002年第2期。

② 王胜国、张焕琴:《河北早期青年运动的摇篮——育德中学》,《河北青年管理干部学院学报》2002年第2期。

度。学校设置'奖学委员会',对操行优良、热心服务、努力勤学的学生,分特等、甲等、乙等予以奖励。为避免优良学生因贫废学,特设置贷金奖,对优良学生分别给予学费、膳费、图书、体育费等贷金奖。对品行不良、怠忽学业或违反校规者,分别惩戒,采取告诫、登记过失、禁出门、住思过室、记过、斥退等。其训育制度,尤为完备详尽,训育组织、标准、方法、态度等,都有具体规定和要求。严格的规章制度,保证了学校良好的教学秩序。"① 一方面,《育德月刊》每期都会刊登时事评论文章,拓展学生的思维,提高他们对于问题的辩证思维能力;另一方面,该刊每期也会发表一些颇有文采的文艺作品,这既能搭建与青年学生真挚沟通的通道,也能提高他们的表达敏感和文学知识储备。月刊传承的精神、秉持的理念,也逐渐成为师生的行事准则和智囊参谋,这也正是当今校刊出版应该借鉴的。

②校刊应具有强烈的社会责任感

《育德月刊》出版于民国特殊动荡的时期,强烈的社会责任感和笃定的价值追求,成为其聚集人气、发表高见的关键。反观当下的校刊,除了刊登校内新闻外,多是学生老师的练笔,体裁多是散文、小说等,文章内容多为抒发作者的个人感悟,已经普遍缺乏对于社会的深切体悟与细致关怀。类似一般的社会报刊,对社会时事进行尖锐评论,在当今的校刊上也较难见到。"育德中学从创办到结束,历时四十年,历经清末、北洋军阀和国民党三个时期,走过了一条坎坷不平的道路,在办学四十年的历史中,始终存在着进步与反动、革命与发革命的斗争。育德中学校史中的光辉篇章,正是这种斗争的结果。"② 优秀的校刊,应该成为教育界和一般社会共同呵护的公共发声渠道。针对公共事务进行公开理性的辩论,为校刊应承担的社会责任感增光添彩,也为整个社会健康的发展提供了更多的理念支撑。

《育德月刊》的文字记述,不仅包含文学故事和历史事实,也深藏着背后那个时代知识分子批判与革新的思想观念。从《育德月刊》的封面

---

① 王胜国、张焕琴:《河北早期青年运动的摇篮——育德中学》,《河北青年管理干部学院学报》2002年第2期。

② 李子谦:《在革命史上写下光辉一页——保定育德中学校史简述》,《河北学刊》1982年第4期。

及内文版式设计,后人可以了解到当时的美术风格深受欧美国家影响。而更重要的是当时的诸多文章,既深刻反映了当时的社会现实,也真实展现了知识分子致力于革新社会的漫漫求索之路。

## 二 《冀中教育》

《冀中教育》是民国时期由冀中教育社主编、冀中邮政局发行并在河北省保定市出版的教育类期刊。该刊以冀中小学教师在职教育的培养为办刊宗旨,主要选取社论、通讯、科普、诗歌、散文等文章作品,内容上多关于教学方法研究、生产教育,侧面反映出当时冀中地区的生产力发展水平和教育发展水平。该刊封面设计与内文的排版相对简洁,其读者对象相对较窄,主要面向保定市境内发行。该期刊作为文学类刊物具有一定的文学价值,因其反映部分当时的社会现状和教育发展水平,故也具有一定的史料价值。

1.《冀中教育》的出版概况

(1) 出版背景

"在交通不便、信息相对闭塞的近代中国,期刊作为一种重要的传播媒介,以其新闻性、时效性、学术性等特点而备受时人的青睐。在这种情形下,一大批专业期刊得以创办,其中,教育期刊的发展表现得尤为突出,深深地影响着中国教育乃至整个社会的发展走向。据统计,从1901年国人自编的教育专业期刊问世以来,到1949年,中国近代教育期刊累计达千种以上,省级以上教育期刊也达四百多种。这些教育期刊以讨论教育问题、传播西方教育理论与方法、指导教育实践为己任,积极参与并推动着中国教育改革的进程。"[①] 诸多进步人士通过组成各种教育团体,进行教育试验,积累了一些办学经验,培养了一批人才,并通过教育期刊传播交流,他们提出的主张和进行的教育工作实践,在当时具有进步意义,对中国的教育事业有相当的影响。"民国时期在河北省范围内出版的报刊质量多属上乘,影响力较大,在整个华北地区发挥了不可替代的作用。"[②]

---

① 喻永庆:《近代教育期刊研究的回顾与展望》,《河北师范大学学报》2014年第5期。
② 金强、唐甸重:《民国时期河北沧县校刊〈心声〉研究》,《中国出版史研究》2019年第4期。

《冀中教育》于1948年8月15日在保定创刊,当时,"人民解放军在各个战场上继续发动攻势,并相继取得胜利,狠狠打击了国民党军队的有生力量……在华北,聂荣臻等率领的晋察冀和晋冀鲁豫野战军分别出击察绥、保定以北和晋中,孤立了(北)平(天)津保(定)之敌"①,并于1948年11月25日解放保定。在政局日趋稳定的背景下,恢复整顿教育被提上日程,发展小学教育呼声渐大,提升小学教师教育水平、加强在职教育逐渐受到重视。《人民日报》1949年发表社论指出:"小学教育是国民的基础教育。华北已全部解放,除极少地区外,土地改革已大体完成,开始进入和平建设时期,教育工作应有大步开展。为此,明确规定小学教育方针,制定比较统一和正规的办法、制度,以使小学教育更有步骤有计划地提高与普及,已属迫不容缓……方针、办法确定后,师资是决定一切的。因此,首先要加强在职小学教师的学习,以提高质量:(1)有计划的轮训……(2)只有集中学习,缺乏平时进修,进步仍属有限。因此还必须以教师个人自学、集体互助、加强领导三者相结合的方法,坚持工作中的学习……在职学习的内容,必须切合教员的需要,以'缺啥学啥'为原则,不强求一致,更不应机械搬运干部学习的一套。不同地区应有不同重点,新解放区一般是着重政治思想教育,而老区则主要是提高文化业务水平。(3)各地的教育刊物,争取逐渐起函授学校的作用,有计划地组织教师交流业务经验,解答他们提出的疑难问题。"②《冀中教育》便是在这样的背景下创刊的。

(2)基本信息

《冀中教育》,为月刊由冀中教育社主编、冀中邮局发行,冀中各地书局代售。期刊的第1卷第1期于1948年8月15日出版,该刊的最后一期(第2卷第5期)于1949年7月30日发刊,在现有搜索技术条件和范围下,仅能查到该刊8期的相关资料,分别是第1卷第1、2、5期,第2卷第1到5期。《冀中教育》属于地方性教学研究类刊物,旨在培养冀中

---

① 史润泽:《1948年上半年的国内局势》2018年4月16日,http://www.cndca.org.cn/mjzy/ztzl/hdlzt/jnwykhfb70zn/_1248765/1249899/index.html,2021年8月18日。

② 社论:《贯彻华北小学教育会议的精神 把小学教育从现有基础上提高一步》,《人民日报》1949年6月15日第1版。

地区小学教师在职教育，主要内容包括教学方法研究、科学教育、生产教育及其他实际教育问题，还有介绍国内外教育新思潮，刊登中小学及民众学校各科补充教材，某种教学法的实验，介绍学理浅显、适合中小学教师的各科最新学说、图书评介、教学生活、文艺散文。文学体裁有社论、教育学习简报、诗歌、散文、科普、通讯，其中，关于冀中小学老师在职教育的经验分享文较有特色，富有生活小智慧的诗歌也饶有趣味。《冀中教育》的主要撰稿人有许洁如、成汉三、苏又然、宋砥刚、刘芰村、齐心、刘镜、张星五、王良、田策、段忠甫、王谦、薛聊、丁冠英、镜塘、孙敬之、张步青、徐开、李茂林、郭旭等，以及笔名为矛盾、煦光、鹿更子、甘霖的数位作者，还有部分佚名作者。笔者经多途径查找，撰稿人身份多不可考。

（3）办刊宗旨、读者对象

《冀中教育》属于地方教育类期刊，以冀中小学教师在职教育的培养为办刊宗旨，"本刊旨在和全体教师同志建立联系，以提高自己的能力，把学校办好，把几百万儿童教育好，建设我们的新社会"[①]。从第1卷第1期首页的代发刊词"把在职学习组织起来"和同期转载社论"论小学教师在职学习"中可以读出此意。文中说道，"《冀中教育》出版了。也就是冀中一万多小学教师的一个自修大学开学了"[②]。"本刊就是这一个大学的机关报，这一个大学就依靠这一个刊物，和全体教师同志建立联系。每一个教师都有权利直接和我们通信，无论什么问题都可以问，无论什么心事都可以谈，也同样是一种义务。每一个教师，如果完全不和我们有通信、来往，学习不好，那就要受批评。请大家很重视通信！重视这一个小刊物！它是我们大家的，目的在提高我们自己，把学校管好，把几百万儿童教育好，建设我们的新社会。"[③] 该刊通过鼓励冀中小学教师积极投稿，以此促进冀中小学教师队伍交流经验，促进教学反思和教学设计优化，在教学探索中提高专业水平。可见，《冀中教育》旨在提高小学教师的在职教育水平，该刊的主要读者对象是冀中地区的小学教师。

---

① 《把在职学习组织起来——代发刊词》，《冀中教育》1948年第1期。
② 《把在职学习组织起来——代发刊词》，《冀中教育》1948年第1期。
③ 《把在职学习组织起来——代发刊词》，《冀中教育》1948年第1期。

2.《冀中教育》的主要内容及其特点

因目前条件下只能找到《冀中教育》的八期内容，因此对《冀中教育》的内容探讨和分析也主要围绕这八期展开。

(1) 刊载的主要内容

《冀中教育》现可考八期，每期内容页数不一，大致从 30 页到 58 页不等，后期内容比前期丰富，呈递增趋势。前期文章安排没有固定模式，内容上没有明显的栏目设置。后期期刊内容更有条理，主要常规栏目有社论、研究专题、教育文艺、习作指导、补白、教育学习简报、通讯和短论等，每期涉及的内容类型大致相同。

《冀中教育》社论部分一般放在每期的首页，以下列举三篇社论并加以简要介绍说明。《三十八年教育工作者的任务》一文发表于 1949 年新年之际，文中提出在新的历史背景下，即在中国人民真正摆脱封建压迫和帝国主义奴役之后，中国人民要开始建立起真正科学、民主的国民教育，中学教育也要进一步走向正规化。中学教师要贴近时代发展要求，加强学习，提升教学水平。《加强领导进步，整顿小学教育》一文强调当时工作的重点主要是恢复与整顿，逐步普及，即未恢复的学校要赶快恢复，已恢复的要整顿，进行测验编班，整顿年级，按时上课，按期完成教学计划，提高教学效果。《我们要切实做好学校教育照顾儿童家庭生产》一文开篇提出要解决"学校教育如何为生产服务"和"怎样照顾儿童家庭生产"等问题，并提出要将过去成功的经验、失败的教训从点滴着手把它高水平地总结起来，根据具体环境把它高水平地贯彻下去。社论部分反映出编者和作者对中学教育发展的思考。

《冀中教育》杂志中关于小学教育经验的部分是该刊的特色所在。《冀中教育》是在 1948 年和 1949 年之间发刊的杂志，当时经济建设和国民教育是国家发展的重点，《人民日报》1949 年 6 月 15 日社论着重指出："今后的工作重心，第一是经济建设，第二便是文化教育。而作为国民教育的小学教育，不仅是文化建设的基本环节之一，也是发展生产不可缺少的重要条件之一。"[①] 关于小学教育经验的部分，在期刊内容占比较大，

---

① 社论：《贯彻华北小学教育会议的精神　把小学教育从现有基础上提高一步》，《人民日报》1949 年 6 月 15 日第 1 版。

且文章体制短小精悍，语言文字通俗易懂，具有学习和借鉴意义。如第1卷第1期的第9、10页的点滴经验栏目里，教师们分享自己的教学经验，《我是这样发动和掌握女生的》分享了作者在任邱小北村发动女生入学的经验；《解决了女生入学的困难》一文分享了乡村小学教师王英才在动员学生做家庭访问时逐步解决女生入学困难的经验；栏目里还有《怎样教算术和珠算》《改作文的经验》《用泥钱练习识数》《学生能识了字，家长喜欢》《发动学生的一点经验》五篇短小的经验分享文，内容质朴浅白，题目直截了当。此外，期刊还有关于学习方法的经验分享文，如《纠正错别字的经验》《识谱法》《写通讯的关键和过程》《怎样使用标点符号》；有关于教学内容的课外拓展，如《高小自然课补充解释》《初小算术课本参考资料》；有关于如何管理和教育儿童，如《两种好坏不同的领导儿童的方法》《怎样改造了顽皮学生》《怎样在课堂里管理儿童》。还有游戏教学专栏，寓教于乐，配图活泼，十分有趣。

关于劳动生产经验部分的内容与农业相关，极具时代特色，且语言平直易懂，内容简洁直观。例如第1卷第1期专题"教育与生产结合"，倡导学生一面参加家庭部分劳动，一面上学，并列举如下可供参考的例子（单独短文）：《不影响学校生产，才能把学校办起来》《根据家长意见，也生产也念书》《在家庭会议上分活》《在家浇园》《以互助学习为主，不光为挣米》《两个组织校外女生的学习》，体现出国民教育对生产劳作的重视与关怀。

通讯部分主要是关于教育发展动态的相关内容，一方面是即时消息动态，如第2卷第3期的《恢复与整顿小学教育简报》、第2卷第4期的《华北人民政府发布关于小学教育几个重要问题的指示》和《华北区小学教育暂行实施办法》，刊登内容是今日教育界发布的最新相关政策动态；另一方面是具体教育环境里发生的大事小情，比如第2卷第2期《保定市小学教育整顿改造的现状》《在改进发展中的保师附小》《新收复后永清北关小学校发展起来了》，更具象化地表现出冀中地区教育切实的变化与发展。

教学研究部分多是关于教育现象和教育问题的探讨，其研究的问题对改进发展教学方法和教学环境大有裨益。如第2卷第2期教学研究专栏《中等学校政治课教学半年来的检讨和改进意见（行政公署教育厅中等教育科）》一文针对中等学校政治课教学发展现状，首先分条列点叙述半年来政治课教学的改进成果，然后举例说明政治课仍存在缺点，最后对今后政治课教学提出多点意见，助力政治课完善与进步。

散文小说部分内容不多，但是每期都有刊登。如第 1 卷第 1 期的文章《华北平原上的两种雨》《蛙的生活》，第 2 卷第 2 期的文章《教员》《苏联的青年教育》《苏联儿童团》，第 2 卷第 4 期的文章《可纪念的一夜》《聪明的牧童》《我错了》等。这部分的文章来源广泛，有国外作家的转载作品，也有原创稿件。文章篇幅长短适中，版面配置合理。

知识普及部分既包含自然科学、文史地知识，也包括小实验、小创造、科学珍闻、标本室、问答等栏目内容。这部分虽关涉知识普及，但编者设计巧妙，不仅文章语言生动，还配有图画加以辅助表达。如第 2 卷第 2 期《捕蝇》介绍了蝇的外观和生活习性，语言生动有趣，读来易于理解引人入胜，如文章中的语句"蝇是贪吃的，一般说的甜、酸、香、臭都适合他的胃口"[①]。在本期的问答栏目里编者在回答关于月亮运动与日光变幻的相关问题时，还巧用图示加以解释，更加易于读者理解。

诗歌部分有曲谱和歌谣两部分。曲谱一期一首（除第 1 卷第 1 期外），一般和目录一起排版放于期刊尾页，有《小铜铃》《劝同学》《解放全中国》《拥护毛主席》《惩办战争罪犯》《国际歌》《跟着共产党走》《庆贺新年》《毛主席八条件》《争取模范第一名》。歌谣相对曲谱更简短，多是与人们日常生活息息相关的内容，读来朗朗上口便于识记，如儿歌《儿童"抓子"口歌》《小青蛙》《洗衣裳》《太阳》；还有与时事贴合的歌谣，如《骂"该杀"（纪念九一八）》《模范儿童程孟池》《动员哥哥参军立大功》，都极具时代气息。

除上述较为固定的栏目内容之外，期刊还有"约稿（本刊稿约）""问答""启事""新书预告""更正""写和编""来稿统计及赠书""代邮"等编者栏目。现存的《冀中教育》期刊中未见有广告刊登。

（2）内容特点

①内容贴合时代，注重教育方法探究

《冀中教育》现存可考的期刊出版时间为 1948 年到 1949 年，此阶段国家政局趋向平稳，国民教育亟待整顿恢复，《冀中教育》便是在这样的

---

① 许洁如:《捕蝇》，《冀中教育》1949 年第 2 期。

时代需求下应运而生。《冀中教育》关于小学教育研究和经验传播方面的内容切实可行，紧贴时代需求，倡导既要加快冀中地区小学教育的恢复与发展，并逐步普及开来，又要完成教育服务于生产的艰巨任务，促进经济建设和冀中地区的文化建设。关于冀中地区具体环境下的小学教育经验，期刊内容贴近时代，普遍十分实用。列举冀中地区先进教育教学实例说明，在教师工作经验方面，如《怎样写工作小经验》；在教师教学方面的小建议，如《纠正错别字的经验》《饶阳南师钦小学的识字教学》《两种好坏不同的领导儿童的办法》；在学校办学借鉴方面，如《教员申云书决心要把小学办好》《怎样制定复式教学的日课表》《对于启发式教学的认识》。《冀中教育》关于小学教育教学方面内容结合实际，经验知识普遍适用，切实有助于冀中地区小学教育普及发展目标的实现。

②关切经济生产，关注农耕知识普及

《冀中教育》编者注意到家庭生产与学校教学的制衡关系，在多期开设栏目探讨学校教育怎样做到照顾儿童的家庭生产，兼顾家庭生产与学校教育。如第 2 卷第 4 期《学校教育怎样做到照顾儿童的家庭生产》探讨了农忙时如何坚持学习的问题，以北柳庄小学、泊头市小学学校照顾生产的成功案例为借鉴，提出了切实建议，旨在"帮助家里捞纸的儿童也能上学"，协调教学与生产，实现二者的良性互动。在关切经济生产的同时，该刊还十分注重知识普及，如第 1 卷第 5 期《高小自然课（第二册）补充资料》中补充了关于"风的利用""牛和羊""猪""家禽""养蜂""棉和麻"等与生产相关的材料信息，第 2 卷第 1 期《植物怎样呼吸》讲解了关于植物呼吸作用的相关知识。该刊关于生产知识内容讲解语言浅白，介绍的方法简单实用，一方面帮扶了生产发展进步；另一方面也提高了儿童的受教育率，兼顾了家庭生产与学校教育，促进了知识普及。

③重视教育宣传，紧跟政策脚步

《冀中教育》通讯部分关于教育政策的资讯内容较丰富，月刊每期开设专栏以及时传达解读教育最新发展动态和政策条文，反映当时的教育发展趋势和期刊的教育宣传思想。除此之外，该刊还发文介绍教育宣传方法，传承和发扬中国共产党在长期的革命斗争过程中形成的优良的宣传方法和经验；激发群众的建设积极性，夯实群众基础。如第 1 卷第 1 期的《两种宣传办法》、第1卷第5期的《把学习和宣传结合起来》《在冬运里受到欢迎的几种宣传形式》、第2卷第1期的《写通讯的关键和过程》。该刊关于宣传部分的内容加强了冀中地区小学教师与该刊的互通联系，促进了期刊的内容优化调整。其所介绍的宣传方法切实可行，有助于教师在具体教学环境中的知识传授和思想传达，体现出该刊对教育宣传的重视，在一定程度上促进了冀中地区小学教育的进步。

④融合西方思潮，翻译引进优秀外国作品

《冀中教育》期刊的一大特别进步之处在于，其虽为地方性教育期刊，但没有局限于地区视野，而是放眼全国，统观国际，融合西方先进科学民主思想，结合实际，引介与期刊办刊主旨相匹配的文章，旨在契合在职学习教员的需要，以"缺啥学啥"为原则，着重加强政治思想教育，提高科学文化业务水平。同时还结合国际形势，适时翻译发表与热点国际事件相关的信息。如第2卷第4期的《斯大林改造自然的伟大设计》《世界主要国家共产党领袖的名字》《卡尔·马克思》《两个国家两种教育》《教员在两种不同社会里的不同地位》，第2卷第5期的《雅可福烈夫的学习精神》。在教育救国的时代背景下，《冀中教育》基于冀中地区教育发展基础和国家发展大势，吸收西方文化中科学民主方面的有益营养，翻译引进优秀外国作品，着力提升小学教师的政治文化素养，对促进国民教育发展做出了可贵的贡献。

3.《冀中教育》的编辑风格

（1）栏目设置丰富

现可考的八期《冀中教育》，虽作为地方性教学研究类刊物，其栏目设置不完全固定，但内容却十分丰富，包括社论、短论、教导研究、教育文艺、专题研究、写作指导、冬学消息、补白等多个栏目，涵盖了社论、教育学习简报、诗歌、散文、科普、小说、通讯等内容。现存第1卷三期（第1期、第2期、第5期）除社论一栏外没有固定的栏目设置，从第2卷开始，栏目逐渐丰富且固定下来。面对冀中地区的实际教学发展需求和国家的教育要求，为了促进教育普及和适应复式教学的需要，该刊在栏目种类设置上趋于丰富，栏目内容涉及多种类型，着意于提升小学教师的综合素质和小学生的基础素养，且栏目设置整体十分灵活，根据不同时段的具体情况加以安排。

### (2) 封面设计与内文排版简洁

《冀中教育》的设计风格相对简洁，第1卷第1期、第2期、第5期封面内容除由黑体写成的"冀中教育"四字突出书名外，期刊的目录、主编、发行、期号均采用简洁的宋体字呈现于封面上。除此之外，第1期封面还有花纹衬托，第2期还印有毛泽东书法标语"为教育新时代而努力　毛泽东"，第5期有图片居中放置。第2卷五期封面书名字体变为毛笔字体，整体安排更加简洁，皆未刊登图片，封面只保存书名、期号、主编等信息。

该刊的内文排版则更为简洁，除文章标题字号略加放大外，其余文字排版均无较大特色。整本期刊的内文排版相对紧凑，版面利用合理，文章排版余料部分填充以"科学珍闻""启事"等内容。但各栏目、各文章之间缺乏一定的空间留白，易造成读者的视觉疲劳。内文一部分根据文章类型配以图片，增强了文章的可读性和阅读美感。《冀中教育》采用的是黑白印刷。

图3—21　《冀中教育》第1卷第1期封面

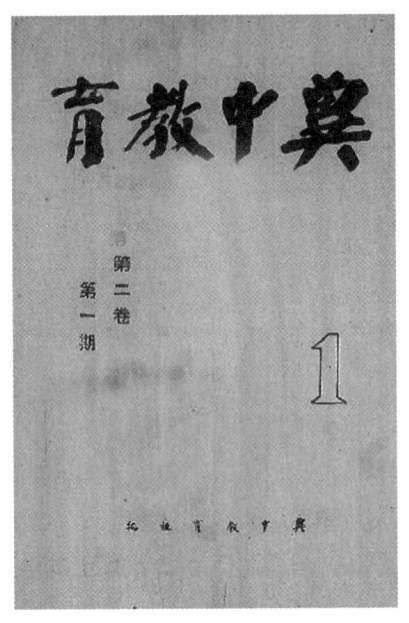

图3—22　《冀中教育》第2卷第1期封面

图 3—23 《冀中教育》
第 1 卷第 2 期第十五页版面情况

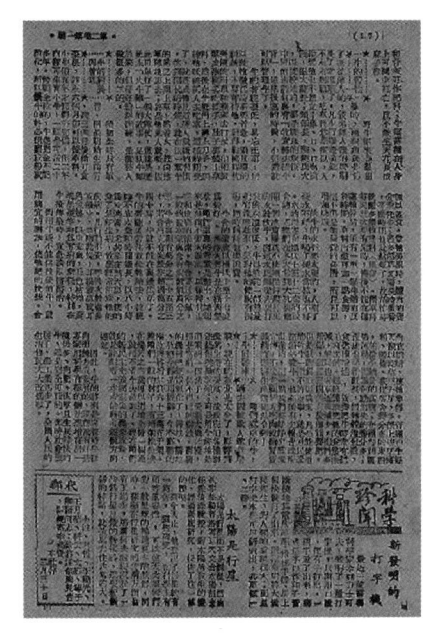

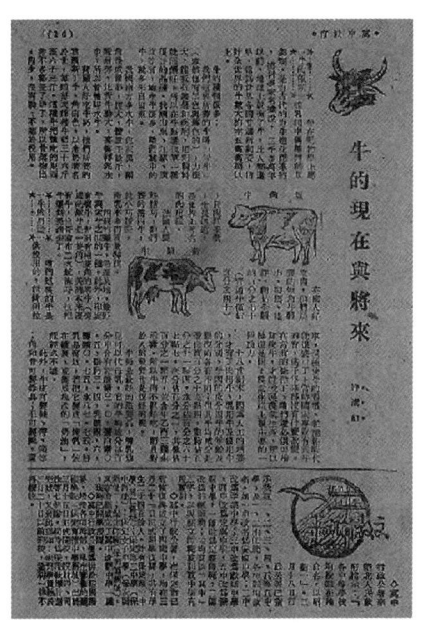

图 3—24 《冀中教育》
第 1 卷第 2 期第十六页版面情况

（3）政治性、时效性强

《冀中教育》时效性较强，其第 2 卷第 3 期是针对六六纪念的特大号特刊，即纪念六六教师节①专刊，该刊于 1949 年 5 月 31 日出版发行，早于教师节约一周时间。该期为庆祝六六教师节开设了专栏，其中专栏文章有《教师节献言》《纪念六六教师节　献给小学教师五点意见》；专栏"纪念五五、六六征文揭晓"登载投稿征文，内容主要与教师教学建议以及学习方法分享有关，具体文章有《今年我们该如何纪念六六教师节》《今年六六教师节和往年不同》《对冀中教育工作的建议》《谈谈教师学习态度方法及其他》《总结学习的我》《怎样坚持并改进我们的学习》《马克思是怎样学

---

① 中华人民共和国成立前，曾经出现过两个版本的教师节。第一个是 1931 年教育界人士自发组织设立、旨在呼吁改善教师待遇的"6 月 6 日"版教师节。第二个是 1939 年国民党政府教育部设立的"农历八月二十七日"版教师节。然而前者国民党政府不予承认，后者因为战争等原因并未在全国推行。1931 年，教育家邰爽秋、程其保等联ం京、沪教育界人士，在南京中央大学集会，发表要求"改善教师待遇，保障教师工作和增进教师修养"的宣言，并议定 6 月 6 日为教师节，也称双六节。这个教师节没有被当时的国民党政府承认，但在中国各地产生了一定影响。

习的》《谈谈我的学习》《列宁是怎样学习的》《从教师来稿谈教师通讯工作——献给六六教师节》《聊共中央关于中小学学生课外工作之决定》《一个苏联女教师的回忆》《苏联的教师》《改造我们的学习》等；典型人物介绍专栏登载介绍教师模范和优秀学生的文章，具体文章有《埋头苦干的辛校长》《三十年的老教委——张造才》《模范儿童曹进才》；学生园地专栏主要展示学生日记；此外，该期还刊登了关于六六教师节的教育通讯和教学研究的文章，针对当时冀中地区的小学教育现状提出对应整顿措施和教学注意事项，如《关于建立教师会的初步意见》《恢复整顿小学教育简报》《河间县整顿小学教育的三点教训》《地理教学应注意的几个问题》等。

该刊也表现出较鲜明的政治特色。《冀中教育》现存发行于1949年的期刊中关于共产党相关历史、发展概况等普及性知识内容较丰富，体现出党化教育色彩。如第2卷第4期、第5期（1949年），内文多篇内容与时事相关，话题多与"共产党""苏联"相关，例如在中共七大召开之际普及中国共产党历年全国代表大会召开的时间地点信息，介绍中国台湾地区女英雄谢雪红的革命事迹，大版面刊登《七一歌》曲谱，介绍中国共产党诞生二十八周年纪念日（七月一日），介绍苏联和美国不同的教育概况，介绍马克思的专题文章以及全世界共产党力量的发展情况。

4. 《冀中教育》的发行、影响与启示

《冀中教育》发行单位为冀中邮政局，冀中各地书店代售，每期单独定价（受通货膨胀影响，人民钞三十元到一百元不等），具体发行量没有明确的记载，故现在没有确切辅证材料对其加以判定。但从目前可考的期刊资料中，能大致推断出《冀中教育》从期刊首发（1948年8月15日）到第2卷第5期停刊（1949年）的时间段内整体发行状况良好，影响力也呈上升趋势。该推测的主要依据为：其一，该刊的创刊初心源于响应教师同志的期盼，于第1卷第1期尾页可找到原文依据，其文中提到《冀中教育》创刊前关于"教与学"稿件堆积以致许多教师同志看不到，可侧面看出期刊的稿件储备较充足，该刊读者受众基础也比较扎实稳定；其二，现存的期刊整体内容呈正比上升，从30页发展到后期固定的58页，且期刊的编辑思想也是愈加完善，配图增多，也刊登了西方优秀的文章，版面设计也更加丰富多样；除此之外，教师群体发表文章比例逐渐加大，反映出该刊在冀中地区小学教师群体中较受欢迎，影响力较大且后期更有所增强。

为《冀中教育》现存只有八期内容，但后人仍能从中汲取诸多精华，可总结如下几点：

第一，结合实际，了解并贴合受众需求。《冀中教育》的办刊主旨十分明确，以培养冀中地区的在职小学教师为宗旨；期刊内容具有极强的指向性，多为教学方法研究、科学教育、生产教育及其他实际教育问题研究，内容的基调与当时生产力水平相符，与教育发展状况相契合，较能满足该刊受众的需求，故其能在存续期间稳步发展。

第二，视野多维，与时俱进。《冀中教育》期刊每期的内容虽都为教育题材，但每期内容侧重皆有不同，第1卷的发刊时间为1948年，前期发刊内容多有关于恢复整顿教育，教育帮扶家庭生产；第2卷的发刊时间为1949年，此时期刊的内容倾向发生变化，视野更宽阔，教育研究及思想传播更加国际化与科学化。

第三，立场坚定，教育与政治的融合度高。《冀中教育》与时代的结合度很高，对共产党的宣传普及充实全面，涵盖历史沿革、国际形势等内容，体现了该刊高度的政治敏感和坚定的立场站位，具有借鉴意义。同时该刊也十分重视宣传，对教育通讯和新闻十分关注，及时刊登教育政策变化信息，并适时调整期刊选题内容，选题灵活机动注重时效性，极大地提升了受众的依赖度。

现代期刊办刊也应以此为鉴，逐步探索并寻求最佳市场效果，对期刊受众进行调查分析，明确受众群体需求特点，适时调整期刊编辑的内在框架和排版形式，同时明确期刊定位与办刊宗旨。

"时代的发展总是在参照过往的历史，历史往往能够在无声中指引前进的方向。学校的建设和教育的发展也是如此。"[1]《冀中教育》在保定的出版，不仅在当时为冀中地区万千小学教师提供了在职教育的养分与动力，活跃了冀中地区教育园地的氛围，也为近百年后的同行们留下了宝贵的办刊经验。它既记载了冀中地区的教育时况、风土人情，也促进了文化发展，为培养新时代的新青年贡献了自己的力量。星星之火可以燎原，《冀中教

---

[1] 金强、刘雪飞：《河北省立沧县中学校刊〈沧中双周〉研究》，《保定学院学报》2020年第1期。

育》播下的思想种子早已经通过冀中地区万千小学教师的言行，在万千青年心中播撒、发芽、结果。虽现存可考期数不多，对其停刊原因也不甚了解，但该刊对时代脚步的描摹、对教育发展的记录、对河北历史教育期刊的研究意义是显著的。

### 三 《河北教育月刊》

《河北教育月刊》是民国三十六年（1947）由河北省政府教育厅和河北省教育月刊社联合编辑、出版及发行的地方教育类刊物。该期刊的内容涉及教育、政治、经济、文化等方面，用于介绍先进的教育思潮，探讨本省教育的实际问题，报道本省教育的实施状况，以期通过发展教育促进政治、经济的建设。该刊对研究解放战争时期的河北教育有一定的史料价值，诸多优秀的教育工作者在该刊投稿发文，指出当时教育弊端，呼吁教育改革，传播先进的教育理念。其中诸多教育理念已成经典，且仍对当下的中国教育具有一定的启示意义。

河北，地处华北平原，内环京津，作为清朝和民国时期的京畿藩屏之地，担当着拱卫京师的重任。在新式教育兴起之时，河北教育无论从其规模、数量、影响，还是在结构、层次上皆处于全国前列，是研究民国教育当之无愧的首选样本之一。《河北教育月刊》是河北省政府教育厅在抗日战争之后创办的地方性教育期刊，是记录解放战争时期河北省教育现状，反映和传播河北省教育思想的珍贵资料。

1. 《河北教育月刊》的出版概况

（1）出版背景

梳理近代河北的教育发展历程，不难发现河北的教育在抗日战争前是非常发达的，无论是在师范教育、普通教育、军事教育，还是职业教育等方面都始终位于全国前列，河北省发达的教育不仅为本省培育了诸多的优秀人才，也为外省输送了大量可用人才。

河北省的师范教育在抗日战争前是非常发达的，民国二十五年（1936）全省有省立女师学院1校，男女师范13校，民教实验学校1校，县立师范及简易师范128校，合计143校。师范设校之多，占全国总额（813校）六分之一，居全国第一位，所培养的小学合格师资，不但足供本省的需求，且有很多到外省去服务的。抗日战争时期，由于河北省处于抗日国防最前线首先沦陷，原先省内的师范学校仅有十余所改归为伪办，剩余的120余所全部停顿。① 在全面抗日战争期间，河北省师范教育急速衰落。通过解读河北省师范教育在抗日战争前后的状况变化，可推测出战后河北省教育整体之现状，河北省的教育事业百废待兴。而抗日战争胜利后不久，本省教育复兴迫在眉睫。正是在这样的背景下，河北省教育厅决定于民国三十六年（1947）6月继续出版发行《河北教育月刊》，来促进本省教育的复兴和生产建设的发展。

（2）文本概况

《河北教育月刊》的前身为1928年9月创刊于保定的《河北教育半月刊》。1929年起《河北教育半月刊》改名为《河北省教育公报》，收录至1935年6月第8卷第18期。民国二十四年（1935）8月起又改名为《河北教育半月刊》，卷起另起，出版第1卷第1期，自新1卷第11期（约于民国二十五年1月）恢复原名，收录至1936年4月第18期，抗战期间停刊。抗日战争结束后，《河北教育月刊》1947年6月创刊于河北省保定市，由河北省政府教育厅与河北教育月刊社联合负责该刊的编辑出版与发行的工作，王镜铭担任期刊主编，天津民国日报社负责该刊印刷。

河北教育月刊社于1947年6月出版第1期，于1947年7月出版第2期，由于物价涨幅较大，印刷费昂贵，本期篇幅由原来的56页缩减为32页。后又由于交通被破坏，印刷不便，河北教育月刊社决定将第3—4期合刊为56页，并延期至1947年11月中旬出版。后来进一步受战乱影响，《河北教育月刊》第5—6期合刊（共64页）延期至1948年5月出版，《河北教育月刊》第7—8期于1948年9月出版。《河北教育月刊》现存五期，即2—6，第1期与第7—8期缺失，具体的停刊时间及停刊原因不详。

从现有资料来看，平均每期《河北教育月刊》页数可达30页左右，其中多涉及教育学术研究、国民教育理论研究和教育方面的调查与统计等内容。从现有期刊的目录设置来看，大致分为九个栏目：论著、特辑、国民教育指导、教育实况介绍、调查及统计、教师园地、青年园地、法

---

① 引自《河北教育月刊》第3—4期合刊中马质清所作的《河北省师范教育的回顾与前瞻》。

令章则、教育文化信息。从整体上看，论著栏目所占期刊篇目最多，第2期与第3—4期合刊中均有3篇论著，第5—6期合刊更是多达7篇论著；其次便是国民教育指导所占篇目较多，第2期载有3篇文章，第3—4期合刊载有5篇文章。特辑栏目是每期期刊中的特色栏目，例如，《河北教育月刊》第1期设置了"社会教育特辑"①，第2期下设"师范教育特辑"内含2篇文章，探讨师范生"专业训练"与"实习"的问题，第3—4期合刊下设"职业教育特辑"内含3篇文章，论述了农职教育的发展现状等问题。

《河北教育月刊》整体风格学术性明显，文章质量很高，其中关于河北教育现状调查和报告，为研究解放战争时期国内的教育问题提供了典型的个案与研究资料，有一定的史料参考价值。部分论说性文章内容中所涉及的先进的教育理念与教学实施方法，至今仍具有一定的指导意义。

（3）办刊宗旨与读者对象

1946年内战爆发，战火重燃，为避免河北教育事业重蹈覆辙，尽早恢复河北教育昔日荣光，河北省政府教育厅以发展河北教育稳定与发展为己任，于1947年在河北省保定市重新创办了《河北教育月刊》。河北省政府教育厅一改以往的仅"以传达本厅政令，辅助教育研究，发布教育消息为宗旨"②而创办的《河北教育半月刊》和《河北教育公报》，进而转为创办一个以"倡导教育学术研究，介绍教育思潮，探讨本省实际教育问题，报道本省教育实施状况，籍谋本省教育文化之改进"③为宗旨的《河北教育月刊》，以谋求河北省教育事业的发展和复兴。

《河北教育月刊》为河北省政府教育厅所编辑出版的地方性教育类期刊，其所要面向的主要读者群体为河北省教育界的学者、教育一线工作者以及各类学校的学生和教育行政人员等。

例如，"论著""特辑""国民教育指导""调查及统计"等栏目的设置可满足教育界的学者和一线的工作人员获取省内教育理论研究现状，

---

① 引自《河北教育月刊》第2期《编后》。
② 引自《河北教育半月刊》封三处刊载的《河北教育（半月刊）简章》一文。此处引用为《河北教育半月刊》1935年第1期。
③ 引自《河北教育月刊》封三处刊载的《征稿简则》一文，此处引用为《河北教育月刊》第3—4期合刊。

参与河北省内教育建设问题探讨的需求。同时亦能满足师范生和其他各类学校的学生作获取先进的教学理念,了解时新的教学实施方案,提升自身教育境界的需求。教育行政人员可以通过"教育实况介绍"栏目中的内容获取省内教育实施的状况,有利于制定本省教育政策和章程。"教育文化信息"和"法令章则"则为省内教育机关的领导者和工作人员提供了国内和省内最新的教育信息和法令计划,便于各教学机关制定自身的教学实施方略。

由此可见,《河北教育月刊》的受众几乎涵盖了本省内从事教育事业的所有工作者和学生,受众阶层相对集中。

2.《河北教育月刊》的栏目设置与内容特点

(1)栏目设置

① "论著""特辑"与"国民教育指导"栏目

"论著""特辑""国民教育指导"是《河北教育月刊》中所占篇幅最多的三个栏目,总共加起来占据了整本期刊二分之一的篇幅,奠定了该刊的整体风格。

其中"论著"一栏着重教育学术研究及一般教育问题探讨,包括三民主义教育理论与实施,中外新教育思潮之介绍,战后各项教育应有之改进,以及本省各种实际教育问题之研究等。例如,《河北教育月刊》第2期中由该刊编辑王镜铭所撰写的《中国社会教育的特质》一文,针对当时学界对于社会教育褒贬不一的现象,对社会教育进行了一个公平客观的评价。

对于社会教育的评价,王镜铭这样写道:"社会教育运动最大价值,第一在打破传统的受教育是少数特权阶级者的权益的科举思想,而主张'教育权力大众化',第二打破抄袭国外的教育思想,而自己从事各项制度及方法实验地实具有革命性与创造性。"[①] 随后王镜铭又在文章中探讨了中国社会教育的特质,进一步论证他对于社会教育的评价。他将中国社会教育的特质分为九项:社会教育是革命的教育,社会教育是全民教育,社会教育是全面教育,社会教育是全生教育,社会教育是淑世教育,社会教育是平等教育,社会教育是劳心劳力合一及手脑并用教育,社会

---

① 引自《河北教育月刊》第2期中王镜铭所作的《中国社会教育的特质》。

教育是教学做合一的教育，社会教育是生活教育。在论证过程中，王镜铭引用诸多古今中外的实例，充分论证了社会教育的九项特质。自清末推行新型教育以来，"中国的教育，踏进学校大门的，在城市大都是中产以上的子弟；在乡村大都是地主的子弟。至于劳动大众和他们的子女，绝大多数被拒于学校大门之外"[①]。在这样的背景下，王镜铭提出的"公平""公正""知识与能力相结合"等先进的教育观念在当时是非常难能可贵的，有力地抨击了当时教育不公的现状，这些先进的教育理念对今日素质教育的普及仍具有重要意义。

另外"论著"栏目中诸如此类的文章还有《河北教育月刊》第2期金澍荣所作的《新宪法与教育机会均等》，第3—4期合刊李蒸所作的《社会教育与民主政治》，第5—6期合刊楚溪春所作的《师范教育与乡村建设》等文章，均显示出一定的专业性与进步性。

"特辑"即为每期期刊的核心问题讨论。例如，在《河北教育月刊》第2期设置的"师范教育特辑"栏目中，主要讨论了师范教育专业训练以及实习问题。师范教育是一种专业教育，教育实习阶段是师范生在专业训练上最重要的过程。教育实习最主要的目的，在于"使教育知识活动化，教育技能熟练化，教育理想具体化"[②]。该特辑刊载了韩遂愚撰写的《师范生之专业训练》和姚佩兰撰写的《师范生实习问题》两文，针对当下师范生专业训练和实习的现状，并从师范教育的原则、师范教育的精神等方面对师范生的专业知能、师范生教育科目设置做出了要求，并对现阶段师范生实习和专业训练存在的问题提出了几点意见。

在《河北教育月刊》第3—4期合刊设置了"职业教育特辑"。我国近代著名的职业教育家黄炎培曾这样解释职业教育："职业教育，以教育为方法而以职业为目的者也。"[③] 他还强调开办职业教育的目的是使无法接受高等教育的学生，接受职业教育，来谋求生存；使已经就业的人，接受职业教育来促进其业务能力的进步。[④] 以此来解决失业青年的就业问

---

① 茅仲英、唐孝纯编：《俞庆棠教育论著选》，人民教育出版社1992年版，第1页。
② 郑之纲：《乡村师范教育实习指导》，黎明书局1934年版，第2页。
③ 魏也一：《陶行知、黄炎培、徐特立、陈鹤琴教育文选》，安徽教育出版社1992年版，第142页。
④ 中华职业教育社：《黄炎培教育文选》，上海教育出版社1985年版，第44页。

题，提高国民的教育普及度，促进生产发展。而该期的"职业教育特辑"中，刊载了《就现在环境计划农职之发展》《对于河北农职教育的几点意见》和《农业职业教育与社会教育》三篇文章①，集中探讨了河北省"农职教育"面临的具体问题，并提出了切实可行的解决措施，可为河北省农教改进之参考。

"国民教育指导"着重国民教育理论与实施方法研究，包括国教理论、国教问题、国教教材教法以及教具介绍等。例如，《河北教育月刊》第2期中由王念生撰写的《如何实施小先生制推行民众识字教育》一文，针对当时国内教育普及度低，文盲众多的现象，探讨了如何发动广大小学生来促进识字教育的普及。再如，第3—4期合刊中由寿山撰写的《中心国民学校对于社会的使命》一文，探讨了中心国民学校对于普及农村教育促进社会发展的作用，极具专业价值与现实意义。

②"教育实况介绍"与"调查及统计"栏目

"教育实况介绍"栏目内容主要包括各级学校及社会机关复员状况，及各优良学校及社教机关之教育实施情况。例如，《河北教育月刊》第2期中由河北省教育厅督学主任金嶺峙撰写的《本省三十六年第1期教育视导检讨》一文，展现了河北省教育复员后所取得的优秀成绩，总结了视导人员针对本省教育的现实提出的共同意见，实为精心之作。再如，第3—4期合刊中由谢真味科长撰写的《介绍河北省立中学》一文，详尽地叙述了河北省立中学的创办经过及办理情况，是河北省抗日战争时期教育实施的珍贵资料。

"调查及统计"栏目内容主要关于本省调查实际情况之统计。例如，《河北教育月刊》第6—7期合刊刊载的"教育统计资料"《三十五学年度河北省教育统计简表》，详细地列出了民国三十五年（1946）河北省省内各级学校及学生的详细数据，也是研究河北省教育实况的珍贵资料。

③"教师园地""青年园地"与"优良教师介绍"栏目

"教师园地"内容包括各级学校及社会机关人员之工作经验，心得及自我介绍等。例如，《河北教育月刊》第2期中由伊凡撰写的《应如何改造中学的国文教材》一文，主要探讨了有关国文教材的内容选定和教材

---

① 三篇文章的作者分别为王国光、张雨生、王镜铭。

编写问题。文学革命的先驱胡适先生曾经说过,"国语不是单靠几位语言学的专门家就能造得成的也不是单靠几本国语教科书和几部国语字典就能造成的。若要造国语,先须造国语的文学"①。受此种新文化思潮的影响,作者伊凡针对当时国内国文教育现状和教材设置现状,在《应如何改造中学的国文教材》一文中,论述了中学国文课程的目的,即以学习现代文字的使用为第一目的。该文进一步提出了中学国文教材的选定方法,认为"初中全用语体,高中始可由浅入深的选入一些文言,但至多不应超过全教材的一半,而且在讲读上仍以近代作品为主,古诗古文,只配备讲授,止于欣赏,不在学习"②。这也是伊凡根据自身多年的从教经历,对国文教材使用方面提出的宝贵建议,对当时国文科目教材的编订有一定的借鉴意义。

另外"教师园地"中诸如此类的文章还有,《河北教育月刊》第3—4期合刊中由四存中学③副校长葛润琴撰写的《关于教育的几点建议》,依据四存的教育精神对教育改进提出了中肯的建议。第5—6期合刊中由杨正春撰写的《一个理想的中学国文教师》一文,将国文教师应具备的条件述说得非常完密,引起诸多国文教师的同感。

"青年园地"栏目主要刊载时下受教育青年学生对于本省教育之意见,及学校生活之描写等所投稿件。例如,刊载在《河北教育月刊》第3—4期合刊"青年园地"栏目中的《师范教育运动周优胜论文三篇》④,是推行师教运动周时所举办论文竞赛的优胜作品,表达青年对于师范教育的意见,作品中表达出的见解较为珍贵。

《河北教育月刊》为了倡导教育上的专业精神,从第3—4期合刊开始增设"优良教师介绍"一栏,介绍本省终身服务教育人员及对教育有特殊贡献人员,以作为教育同仁的楷模。例如,第3—4期合刊中由杨正

---

① 胡适:《胡适文存》,北京大学出版社1998年版,第45页。
② 引自《河北教育月刊》第2期中伊凡所作的《应如何改造中学的国文教材》。
③ 四存中学位于北杨村村北,系民国十八年(1929)在原四存两级小学的基础上建立起来的,因北杨村是颜习斋的故里,他写有《四存编》(即存学、存性、存治、存人),故校名叫四存中学。
④ 三篇文章分别是省立社教师范学生刘盛清的《为什么要学习师范教育》、省立社教师范学生柳中润的《为什么要学习师范教育》、省立保定女师学生毕秀英的《我们为什么要学习师范教育》。

春撰写的《乐道专业的育德校长郝仲青》一文，展现了郝仲青先生的办学精神和成功要诀。再如，在第5—6期合刊中由马志超撰写的《介绍河北女子师范教育家齐璧亭先生》一文，表达了齐璧亭先生对于女子师范的抱负、忠于教育事业的热诚、处事待人的态度以及战胜险阻的可贵精神。

④"法令章则"与"教育文化信息"栏目

"法令章则"栏目内容主要包括中央及本省之重要法令章则及计划等。"教育文化信息"栏目内容主要包括一月来国内及本省教育文化之重要实施及人事动态等。这两栏内容一般放置在期刊正文的最后部分，内容多与时政相关，带有较强烈的政治性。

（2）内容特点

①内容专业性强

由于《河北教育月刊》的投稿作者多为各教育机关的负责人，教育一线的工作者以及河北省政府教育厅的行政人员，这些作者皆是高水平的知识分子，学习过国内外先进的教育理念，拥有极高的学术水平，其中不少还在教育一线工作多年，拥有相当丰富的从教经验和专业精神。例如，王镜铭所作的《中国社会教育的特质》《国民教育面面观》，金澍荣所作的《新宪法与教育机会均等》，第3—4期合刊河北省政府教育厅厅长贺翊新所作的《现代教师要发扬孔子教育精神》等文章传达了"公平""公正""知识与能力相结合""因材施教""教学做合一""授之以鱼不如授之以渔""义务教育"等先进的教育观念，在当时是非常难能可贵的，尤其具有很强的专业性和学术性。这也充分地体现了作者团队认真负责的写作态度和学术精神。

②内容实操性强

《河北教育月刊》中也刊载了许多业内人士对教育实施的建议的文章，诸多学者就河北省教育的实际状况在文章中提出了很多中肯的建议。据1929年国民党《识字运动宣传纲要》估计，"全国人口数计4.5亿，已识字者占20%，计九千万人；不识字者占80%，计3.6亿人"[①]。可见当时教育普及程度之低，文盲人数之多。例如，在第2期中由王念生撰

---

① 沈厚润：《民众语文教育》，中华书局1948年版，第29—30页。

写的《如何实施小先生制推行民众识字教育》一文，极具现实意义。在文中王念生将这一过程分为了七个阶段：建设一般人的心理，选择小先生，训练小先生，大量吸收学生，选定教材，选择适当的时间和地点，殷切的指导与严格的考核。[①] 在第一阶段，王念生写道，要改变一般人对于小学生不能胜任教学工作大偏见，建立一般民众对于小学生的信任。在第二阶段，王念生列举了六条小先生选择原则，以挑选出能够胜任工作的小学生。第三阶段，作者写到应对选拔出的小先生进行分组训练，让他们参与实际教学工作，培养他们对于教育的兴趣，锻炼他们的勇气，为他们的教育工作奠定基础。第四、五、六阶段，作者提出了一些具体的实操原则和方法，最后作者还提出了五点考核原则，以验证小先生制的实施效果。由此可见，王念生所提出的小先生制，以及推行民众识字教育的措施在理论方面是非常完备的，在实际操作中也极具可行性，对于解决当时大量文盲的现状提供了完备的理论指导和操作依据。

在《河北教育月刊》中具有实操性的文章还有很多，例如第 2 期由伊凡所作的《应如何改造中学的国文教材》，第 3—4 期合刊中由张雨生所作的《对于河北农职教育的几点意见》，王念生所作的《如何实施国民学校的训育》，由保定女师附小第一部教师撰写的《教学上几个实际问题的研究》，第 5—6 期合刊中金澍荣的《如何使高级师范教育计划化》等文章，都针对当时河北省的教育现状提出了切实可行的几点意见，实操性较强。

3. 《河北教育月刊》的版式特点与编辑风格

（1）封面、封底以及辅文排版设计工整

《河北教育月刊》封面整体的排版设计整齐，风格严肃，体现着省政府教育厅的威严与地位。从封面内容上看，封面上方横板排列着用楷体书写的四个大字"河北教育"，板正严肃。封面中部竖版排列着该刊的内容要目以及作者姓名，方便读者快速掌握期刊的主要内容和主要作者。封面的下半部分介绍了《河北教育月刊》的出版信息。从整体上看，《河北教育月刊》封面内容全面、清晰，方便读者阅读。

---

① 引自《河北教育月刊》第 2 期中王念生所作的《如何实施小先生制推行民众识字教育》。

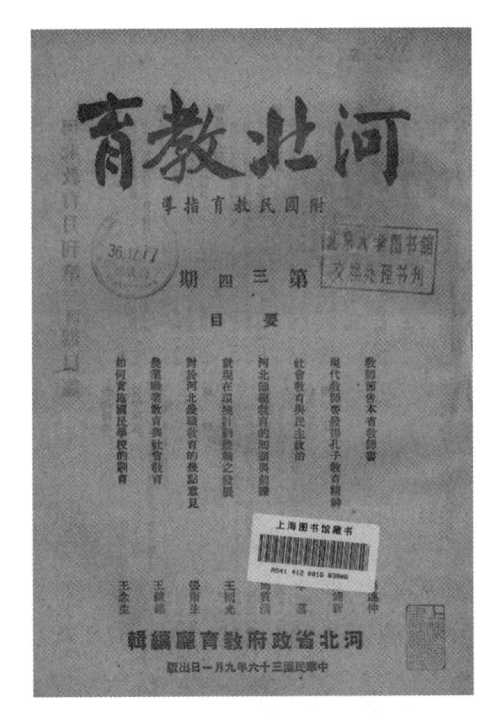

图3—25 《河北教育月刊》第3—4期合刊封面

不同于封面较为严肃的设计风格，封底的排版设计相对普通，没有过于突出的特点。从封底内容设计上来看，封底除了涉及该刊往期内容的展示外，还向读者罗列了其他期刊的信息，类似于现今期刊封底的图书广告。这样的设置调节与中和了封面给读者带来的严肃感。

（2）内文排版设计风格严肃

目录页的排版延续了目录整齐、严肃的风格，整体继续采用从左到右的竖版排列的形式，将该刊的栏目设置和文章标题十分清晰地展现给读者。其中将文章名称和作者姓名用省略号引导起来并标明页码的编排方式，还便于读者查找、翻阅相关内容。

《河北教育月刊》的编辑王镜铭在封底内页设置了"征稿简则"和"出版信息"两块内容。其中在"征稿简则"的内容在封三的上半部分，用以展示该刊的办刊宗旨、栏目设置以及投稿要点等事宜，便于读者了解投稿要求和投稿信息。封三的下半部分详细地展示了该刊的出版信息，便于了解该刊的出版状况。封三的排版设计依旧沿用了该刊整齐严肃风

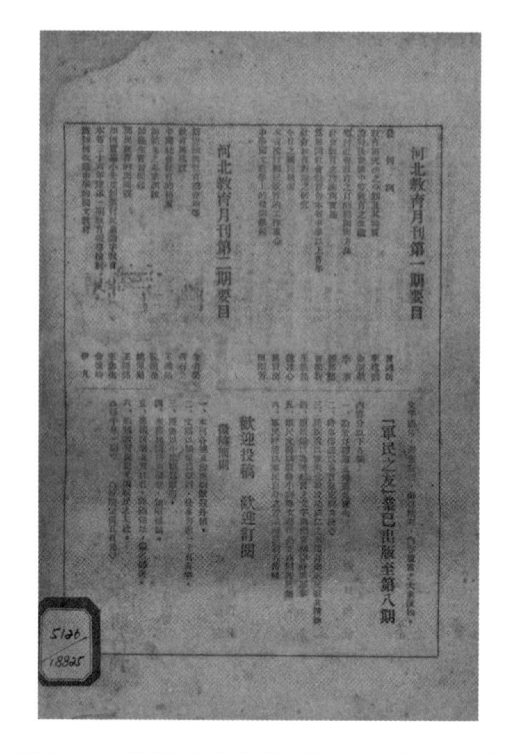

图3—26 《河北教育月刊》第3—4期合刊封底

格，符合其政治性和学术性的特征。

从文章排版来看，总体简洁整齐，展现了一份学术期刊严肃性的特点。文章排版风格变化较少，整体风格一致。文章题目和正文用文字大小、加粗等手段加以区分，正文标题与内容用空行分段等手段加以区分。期刊中部分页面加入了部分图文混排的内容，在每个栏目起始页，都设计有标志性的栏目标题框，对每个栏目进行区分。在每类栏目标题框上方有一个不同的简笔画插图，为整体严肃的风格增添了一些活泼感，给单调的文章排版增添了一些多样性的变化，提升读者的阅读体验。

《河北教育月刊》大部分文章的排版比较工整、字迹印刷较为清楚，但也有部分文章存在行距、字距过小、印刷质量较差等问题，给读者带来不好的阅读感受，降低了尤其是作为学术性较强的期刊的易读性。虽然之前的《河北教育公报》已经提出这方面的建议，但编辑人员还是没

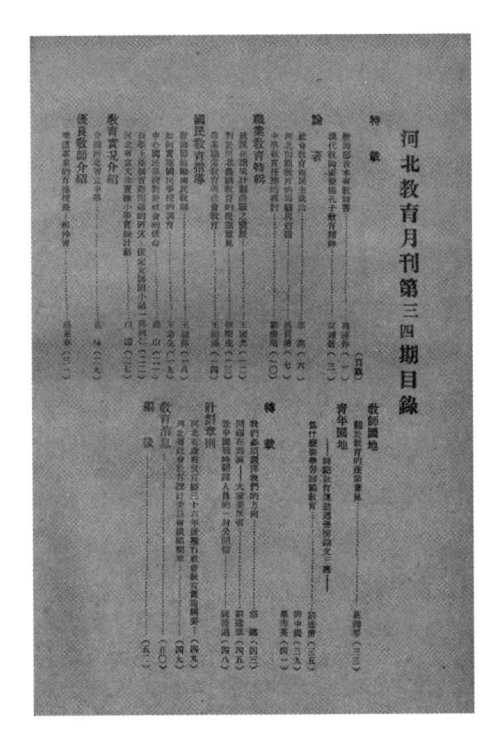

图3—27 《河北教育月刊》第3—4期合刊目录页

能注意到这一点。① 在现存的这几期刊物中,《河北教育月刊》第3—4期合刊这个缺点尤为突出,全刊约有三分之一的页面存在印刷质量较差的问题,还有部分页面行距过小,阅读起来极为不便。

综上,《河北教育月刊》的整体排版风格简单、严谨,其内文排版设计风格和今日学术期刊的排版设计风格十分相似,同时封面严肃的排版设计风格类似今日的党政机关刊物的设计风格。

值得一提的还有本刊编辑认真负责、一丝不苟的编辑精神。在1948年河北省国民政府每况愈下,河北境内人民生活条件愈加艰苦②,教育界学者投稿不甚踊跃的情况下,《河北教育月刊》的编辑们也并未因此粗制滥造,仍然以高超的编辑水平出版高质量的地方教育类期刊,保证了第

---

① 金强、姚恒威:《民国时期期刊〈乡民〉出版研究》,《六盘水师范学院学报》2019年第1期。

② 引自《河北教育月刊》第5—6期合刊《编后》。

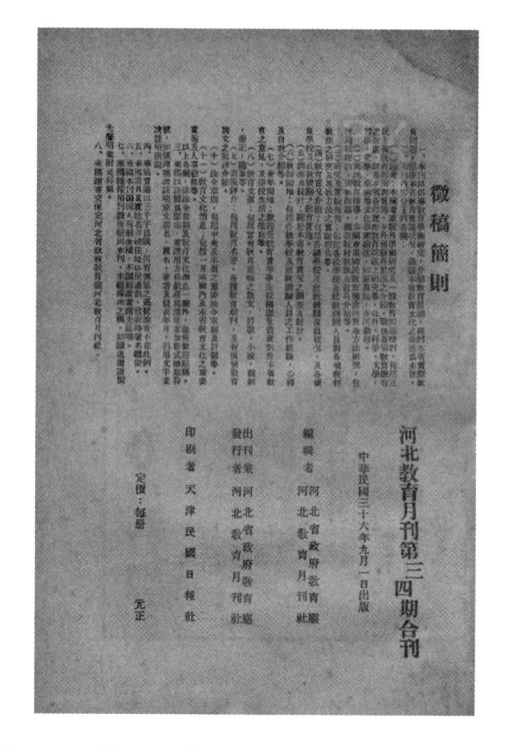

图3—28 《河北教育月刊》第3—4期合刊封底内页

5—6期合刊《河北教育月刊》的出版质量，如此认真负责的精神值得后人学习。

4.《河北教育月刊》的发行

《河北教育月刊》是由河北省政府教育厅和河北教育月刊社联合出版发行的地方性教育类期刊，主要在河北省境内进行发行工作。关于刊物定价这方面，现存资料并未对《河北教育月刊》第2期和第3—4期合刊的定价有详细的记载。由《河北教育月刊》第5—6期合刊的版权页内容可知，于1948年5月出版的《河北教育月刊》第5—6期合刊的定价为四万元每册。受国统区物价飞涨，人民生活条件艰苦的影响，定价颇高的《河北教育月刊》合刊期刊的销量情况可想而知。

其次，从《河北教育月刊》与其他出版物的联动信息上来看，亦能发现随着河北省国民政府的每况愈下，《河北教育月刊》的发行状况也愈加惨淡。《河北教育月刊》第2期封底上刊载了《河北教育周刊》1—9期的分类要目，向《河北教育月刊》的受众展示了《河北教育周刊》的

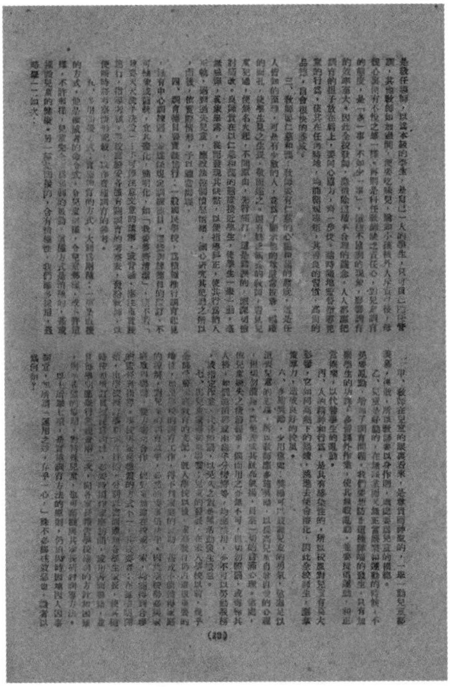

图3—29 《河北教育月刊》第3—4期合刊第20页版面

内容框架，实现了与《河北教育周刊》的良好联动。在《河北教育月刊》第3—4期合刊的封底上刊载《军民之友》的内容框架和征稿简则，实现与《军民之友》期刊的联动。而《河北教育月刊》第5—6期合刊的封底内容中仅刊载了该刊1—4期的主要内容，没有刊载其他期刊的出版内容及信息。由此结合时局分析可以推测，随着河北省国民政府的每况愈下，《河北教育月刊》的发行状况也愈加惨淡。

通过分析《河北教育月刊》的出版概况和作家的投稿情况，可以推测出该刊的发行情况较差。从出版概况来看，该刊多次拖刊，并且从第2期开始缩减篇幅，必然会影响读者的购买情况。从该刊的投稿状况上来看，作者团队投稿不甚踊跃，每期期刊中有多篇文章由编辑亲自编写。由此可见，《河北教育月刊》的发行状况不甚良好。

### 四 《心声》

《心声》半月刊是民国时期河北省立第二中学出版的校刊。河北省立第二中学为津南地区第一所官立中学,始名为天津第二中学,该校于1914年改归省辖,因此改名。这所学校具有光荣的革命传统,1915年呈请占用沧县城内前清城守尉废署作为校舍,1926年建立了津南地区第一个中共党支部,被称为"津南地区革命策源地"。《心声》校刊刊旨为"研究学术文艺",刊载该校师生发表的论著、译述、文学作品等,具备一定的文化价值。同时,内容上多表现青年学生的生活状态和心理状况,并以学校师生的视角反映当时的社会现状,也报道了该校校闻,具备一定的史料价值。

民国时期在河北省范围内出版的报刊质量多属上乘,影响力较大,在整个华北地区发挥了不可替代的作用。而校刊虽于20世纪初便已经出现,但其真正作为一道独特的文化史与出版史风景兴起则是在新式学校出现之后。在当时,校刊已成为凝聚师生情感、培养时代先锋的一项文化事业,是拥有开阔格局、超越校园这一范围局限的社会媒介。①

1.《心声》的出版概况

"心声"在民国时期属于较为常见的期刊名。在晚清民国期刊数据库中检索"心声"二字,结果有六个,分别是:1930年心声社在杭州出版发行的《心声》月刊;1932年心声旬刊社在广州出版发行的《心声》旬刊;1932年河北省立第二中学学生自治会出版委员会在河北沧县出版发行的《心声》半月刊;1934年心声文艺社在湖南邵阳创刊发行的《心声周刊》;1935年汕头自立女子中学初中一宣社创办发行的《心声》校刊,该刊仅留存一期,出版周期不明;1939年心声出版社在上海出版发行的《心声周刊》。综合来看,以"心声"命名的情况在民国期刊中多有出现,易于混淆,本研究所要讨论的是由河北省立第二中学学生自治会出版委员会于1932年在河北沧县出版发行的《心声》半月刊。

(1)《心声》的命名

《心声》半月刊原名为《晨钟》半月刊,根据第1期发刊词中的简要陈述:"最近学生自治会出版委员会又觉得同学课外作业的活动,也需要有发表的机会","这个刊物是同学自动主办的。里边的东西是同学们从心坎中发挥出来的。或根据研究所得把他笔录下来,公之同好;或意兴

---

① 马俊江:《革命文学在中学校园的兴起与展开——北方左联与1930年代中学生文艺的历史考察》,《台州学院学报》2012年第1期。

所至，大胆做一些创作的尝试；乃诚于中，形于外自然的表现"，以及祝词之中的"发之于心，言之成声"①，其更名可以说是学生自治会出版委员会根据学生学习状态，对刊物进行内容策划和调整的结果。

校刊与其他广泛流通于社会上的期刊不同，其内容更加贴近学生的生活，编辑风格和用稿尺度也更加灵活自由，是学生们进行自我展示的重要载体。

（2）《心声》的文本留存

《心声》校刊的期数都会在新学期开始进行排列，故一学期可视为一卷。民国时期的中学校刊常因纸张质量和印刷技术的问题，做到完好保存下来相当不易。《心声》校刊现今已经电子化，保存于晚清民国期刊数据库和国家图书馆数据率。根据目前留存的校刊内容，可推断出《心声》校刊持续出版了四个学期。第 1 卷留存的期数为 1932 年 11 月 15 日出版的第 1 期，1932 年 12 月 15 日出版的第 3 期，1932 年 12 月 30 日出版的第 4 期，1933 年 1 月 15 日出版的第 5 期，随后进入寒假，《心声》校刊暂时停刊。第 2 卷留存的期数为 1933 年 5 月 20 日出版的第 1 期，第 2 卷第 1 期后的期数不详。第 3 卷留存的期数为 1933 年 11 月 30 日出版的第 2 期，该期版式设计已经发生改变，以及 1934 年 1 月 16 日出版的第 3 期。第 4 卷仅留存了 1934 年 5 月 25 日出版的第 4 期。后或改名，余者不详。

基中至第 3 卷第 2 期时《心声》的内容及版式设计进行了整体改变。《心声》每一期刊登的文章至少 6 篇，多则 9 篇，在改版之后，刊登作品明显增多。刊登作品除去杂谈与校闻，主要为论著、科学、散文、小说、戏剧、诗、歌谣等文学体裁作品。

《心声》校刊的主要撰稿人员约为 56 人②，主要有殷景纯、杨峰九、兰荣璋、傅汉光、呆、贾葆珉、冲霄、庭、田绍森、莫易璞、王素霓、刘玉珍、痴、刘鸿机、孟雪庭、王肇兴、觉民、晴、纪鸿儒、张汉民、冯秀珍、王智珠、张殴、张日痒、王枢、席珍、山今、郝荫棠、登岑、赵文锦、季钟英、王凝碧、古渔、马桂岑、张学沆、刘国峰、雪、孙国

---

① 出自 1932 年 11 月 15 日出版的第 1 卷第 1 期《心声》校刊第一页由殷景纯撰写的《发刊词》。

② 以下姓名和笔名多不可考。

城、周宗彬、王玉憎、赵玉璞、赵寿禄、刘宾铎、朱玉筠、马桂茹、姚有济、张存礼、陈宗洛、彦、李云峯、苗鸿宾、王珽、颖、志予、蓝田、毛伟英等。其中真名为40人，笔名或代名为16人。

（3）《心声》的读者对象

《心声》虽在发刊词中描写道："胡适之先生不是曾说过自古成功在尝试的话吗？古代的作家，也不一定作出一篇文案，就必然传诵人间，流播后世；先生一定要向今之作家求全责备，持论未免有偏。况且我们同学不过把自己闻见所及，注之于心；心之所发，诉之于口；心口相应，形之于笔墨而已，那敢妄冀录入作者之林？若一经披露，便能使高明指出缺点，不吝赐教的时候，那么，我们的收获更多了。"① 然而由于校刊出版受到学校环境、资金、主办群体等各种因素的影响，其主要传播范围也会受到限制，因此，其主要读者对象仍为校内师生。

（4）《心声》并非"纯文艺刊物"

20世纪30年代为期刊出版的黄金时期，文艺期刊数以千计。这既是因为当时期刊中的文学作品呈现"新"与"旧"并行趋势，吸引了文人们先后创刊，也是因为1928年国民党打倒北洋军阀，定都南京后开始实行党化教育，在教育方面带来更多的规制。1930年颁布的《中等学校训育实施纲要》第七条规定："指挥组织学生自治会及其他各种集会，以训练青年四权之运用。"民国时期的中学数量远超大学，伴随着各种各样文学社团的兴起，文艺刊物随之越来越多，爱好文艺的青年学子也越来越多，其结果便是校刊这一出版形式伴随着新式学校而兴起，成为现代中国一道独特的教育文化与文学风景。校刊的起源多是文艺，校刊的一个显著特点是由爱好文艺的学生主理。《心声》校刊的刊旨亦为"研究学术文艺"，那么《心声》校刊是否为纯文艺刊物呢？在回答此问题前，需明确何为纯文艺刊物。

民国时期的校刊可以划分为综合性校刊与纯文艺刊物，因纯文艺刊物多会遭到批评，因此校刊一般多为综合性校刊，其主要特征为设置栏目较多，如《南京私立中华女中校刊》分为言论、教育、讲演、翻译、

---

① 出自1932年11月15日出版的第1卷第1期《心声》校刊第一页由殷景纯撰写的《发刊词》。

小说、著述、课艺、文苑、词、戏剧、杂俎、校闻、大事记等。一般而言，综合性期刊都设有文艺栏目。但当综合性期刊过于偏向刊登文学作品时，如同《协和湖》那样"办成纯文艺的"校刊的也不少见。大同中学校刊《大同双旬刊》编者自我批评该刊内容"偏重文艺"，却坚持"初心"，回应外界道："事实上这无办法，编者同人，老实说都是爱好文艺的。"①

明德中学的《湘君》是较为珍贵的纯文艺刊物之一。目前《湘君》校刊仅能在晚清民国期刊数据库找到1924年第3期的文本。在该期中，《湘君》校刊除去散文、诗歌、词曲、戏剧以及小说五大纯文学体裁栏目外，还设有社论、专著以及附录三个栏目，社论刊登的文章为《论吾人眼中之新旧文学观》，专著则刊登的是《文学入门》，附录除有对捐款情况的介绍之外，还有《文学论增修出版预告》。换言之，全本期刊所刊登的所有文章均与新旧文学议题有关，而没有对时政局势、社会现状发表相关观点。

《心声》校刊虽也刊登了《我的文学观》《现在需要怎样的文学》《文学的面面观》等与文学有关的论著以及文学体裁作品，但亦刊登了诸如《1933年国难的清算及国际现势》《在国难当头强敌压境的场合青年们应该往那个方向走》《中国社会》等文章，因此，《心声》校刊并非纯文艺刊物。

2.《心声》的主要内容及其特点

（1）《心声》的主要内容

第1卷以及第2卷《心声》校刊的内容规模整体偏短，每一期总页数只有8至20页，内容以论著、散文以及杂谈为主，偶尔穿插戏剧、诗以及小说。直至第3卷《心声》校刊对内容及版式设计进行整体改变，将刊发的稿件分为九种类型：论著、科学、散文、小说、戏剧、诗、歌谣、杂谈以及校闻。

相关论著主要反映作者在政治、战争、文学等方面的观点，其致力

---

① 1934年11月创刊于北平，双旬刊，由北平大同中学校学生自治会学术股编辑，北平大同中学校消费合作社发行，属于中学生文学刊物。该刊共发行第1卷第1—4期、第2卷第1期，1935年4月停刊，原因不详，馆藏第1卷第1—2期。编者回应一事记载于汤志辉撰写的论文《民国时期的中学校刊及其文学史料价值》之中。

于解决与学生切身相关的问题并唤醒学生们的革命意识，对学生们有所教益，如《我的文学观》《关于救国的话再谈两句》《我们应当认清的一件事》《国际现势与第二次世界大战》《现代青年的人生观》等文章。

杂谈和散文则致力于描述当前的社会现象或是对某些过往进行缅怀，如第1卷第1期的《随手写来》，第1卷第3期的《涟漪随笔》。散文的内容则多为回忆性质的作品，或是回忆友人，或是回忆年少时的某些时光：如《怀友》《回忆的怅惘》。

科学类文章于留存下来的刊期中，只有第3卷第2期的《简单的电阻器及几件附属的实验器的制法》这一篇文章。

在《心声》校刊第1卷第5期，第一篇小说《病着的L》得以刊登，随后则是第2卷第1期刊登的《除夕之夜》，同期还刊登了第一篇戏剧作品《号外》。第3卷第2期之后，小说和戏剧的篇幅大幅度增多，甚至出现了《林鬼子的幸福》等连载小说。诗以及歌谣等文学体裁作品，于第3卷前刊登的情况极少，一期多刊登一两首；于第3卷后，诗与歌谣虽增加至七八首，但本身内容较短，所占篇幅不多，《心声》校刊刊载的诗以及歌谣多为师生抛却旧文学体裁、顺应新文学潮流进行的创作。

校闻作为研究校史、教育发展历程的重要历史资料，可以说是校刊之中不可或缺的一部分，其记载了诸如学生赴平津旅行参观、举行秋季运动会、举行清洁周、添购图书仪器、成立旧剧研究社、举行演说竞赛会、赴泊镇与九师赛球等与学校、学生们息息相关的事件。但《心声》校刊并非每一期都有校闻，第1卷第3期以及第4期便没有校闻的相关记录。

除此之外，翻译文学作品和理论也相继于《心声》校刊上刊载。第一篇文章为孟雪庭所翻译的论著《社会主义！自由？》，之后则是付汉光翻译的契诃夫小说《询问》和戏剧《哥伦布在西班牙朝廷上》。民国期刊热衷于翻译文学作品和介绍国外理论主要有两个目的：一是旨在改善中国传统的文学观念；二是引导中国人以更加现代的方式思考人生问题，与现代的思想相接触。由此可见，刊登翻译文学作品的一个最重要的作用，就是改善传统的文学观念，为建设新文学服务，同时在引导社会舆论、改变人们的思想、配合抗日战争等方面也发挥了积极作用。①

---

① 陈含英：《浅论民国期刊是近现代翻译文学发表的主阵地》，《台州学院学报》2015年第1期。

(2)《心声》的内容特点

①展现青年学子的生活和思想状态

在民国时期的中学校园，与中学生文艺群体关系最为紧密的出版物是校刊。不管是对于作者还是对于发行商，局限于校园的校刊当然无法产生更大的影响，但对于校园内学生群体的文学生活常态而言，校刊无疑是其最易贴近和最为重要的文学生产空间。再加上校刊投稿条件更加灵活与自由，青年学子们多会将自己的生活思想状态撰写成稿投往校刊，以抒发自己的情绪，如《歌舞场中哭幼弟》《骑墙主义》《敬告同学的几句话》《现代青年的人生观》等文章。

②多刊登描述革命意识的文章

河北省立第二中学作为津南地区革命策源地之一，对周围的时政变化情况十分关注。虽然《心声》校刊刊登的文章种类多种多样，但大部分文章的意旨均指向革命，既怒斥了"九一八"事变后学生的集体抗议遭到政府镇压这一事件，也在感叹国人的"安乐心"不小，国耻日一过去，人民对此就漠不关心了。除了《关于救国的话再说两句》这类标题可以看出革命性质，其内容也重在揭示社会弱点的文章之外，其他文章或是通过对国际形势的分析来呼吁人民参加革命，或是在戏剧和小说之中运用暗喻的方式来揭露和讽刺当时中国社会的黑暗。

如《我的文学观》《现在需要怎样的文学》《文学的面面观》《墨学一瞥》《文学是什么及其他》《文学略谈》《时代与文学》等文学论著，虽其作者观点并非完全相同，但在两个方面可以达成一致：第一，文学能够传递感情，且是教化民众的重要手段；第二，一个时代有一个时代的文学，文学是时代的产物，各时代所反映出来的精神旨归，有所不同。

又如《在国难当头强敌压境的场合青年们应该往那个方向走》《国际现势与第二次世界大战》《可怕的第二次世界大战》《对于第二次世界大战的推测》等文章，大部分内容均为对世界形势的分析，以此推测二战爆发的原因以及地点，认为发生、成长、陨落是一切社会制度注定的命运。当时劳动阶级的阶级意识，日渐发达；弱小民族的独立要求，日渐迫切；两大被压迫民族的结合日渐接近，世界革命之连环战线也已形成。随后文章说："我们欲完成这种颠覆日本帝国主义这种伟大的使命，只有脚踏实地的努力根本工作的同时，一方面接受科学的洗礼，充实自身；

一方面深入县村,唤起民众。"①

而在戏剧与小说中,直接号召民众参与革命的作品不多,只有《国事恨》在文中直接谴责政府苟且偷安,似忘襄地之耻;人民偷懒享乐,不知亡国之恨,感慨前年如此,今日亦如此。其他小说和戏剧如《雪晨》《病着的L》《林鬼子的幸福》《错中错》《询问》《新今古奇观》等,都通过描写穷苦人民艰苦求生的场景,来揭露社会的黑暗。

这些文章渴望唤醒人民的民族意识,起到促发民族思潮和改革社会的助推作用。

③反映社会的整体状况

纵观《心声》所有留存文本中的内容呈现,当时中国的政治经济状况以及整体社会风貌跃然纸上。②

政治与军事方面,在《在国难当头强敌压境的场合青年们应该往那个方向走》《关于救国的话再谈两句》《我们应当认清的一件事》等文章均有所涉及。日本发动九一八事变后,1933年3月10日热河失守,东北全境沦陷;同年5月31日,南京国民政府和日本侵略军签订了丧权辱国的停战协定《塘沽协定》。当时的东北已经陷入困境,但南京国民政府一心忙于内战,并未对日军的侵略行为做出有效应对,从《心声》校闻刊载的学生赴平津旅行参观、举行秋季运动会以及赴泊镇与九师赛球等事件可推断出,此时国人的思想还未往统一抗战方向去转变。

经济方面,在第3卷第4期的《国难严重中青年应有的准备》的一文中提及:"中国现在已经到了一发千钧的地步……更加以连年天灾流行,洪水泛滥,以致水深火热,民不聊生,把一个庄严璀璨的大好中国,闹得病入膏肓,不可救药。"③再从校刊上各种小说、戏剧以及散文之中所描写的穷苦人民的生活现状以及官场的黑暗可知,当时经济状况已经到达比较严峻的地步了。但根据校闻中记载的事件,学校在这一时期仍在添购图书仪器、扩建教室、扩充盥漱室,以及募捐资金开展

---

① 出自1933年5月20日出版的第2卷第1期《心声》校刊第一页由王肇兴撰写的《在国难当头强敌压境的场合青年们应该往那个方向走》。

② 金强、周聪:《民国时期河北文学期刊〈学友〉研究》,《保定学院学报》2018年第5期。

③ 出自1934年5月25日出版的第3卷第4期《心声》校刊第8页由苗鸿宾撰写的讲演竞赛会议演稿《国难严重中青年应有的准备》。

游艺会，也显示出了此时在教育方面投入了相当多资金，似乎并未受到经济状况的影响。

文化方面，主要表现为教育者们对教育制度改革的诉求，于晴在《对于现行学制感言》一文中提道："我国教育，向称落伍，近年来虽历经国内教界名流力求改革；然不但无补实际，甚至陷于破产地步。"可见的教育改革已经部分陷入了困境，造成这种局面的原因主要是政府的不作为，作者进而指出："而正宜从事整顿教育之时，执政诸公不但不力求兴革，反终日游山玩水，度其安闲生活。偶尔一时高兴，顾及政事，除发一空洞的命令外，则又别无其事。至于能行与否，则置若罔闻。"再观当时执政人员提议的教育计划，"不是中学校取消分科、选科，就是高唱工业教育，造就建设人才"[①]，即不考虑国情及后果而一味地提倡理工科教育。

3.《心声》的编辑风格及特点

（1）《心声》的封面及目录设计

《图案法讲义》中写道，封面之装潢，略有三种：一为封面之表面施以意匠者；二为脊背加意匠者；三为由表面而脊背而里面，施以连续意匠者。第三种强调的是整体设计的概念意识，对于期刊设计来说更应该强调内外统一。而《心声》期刊目录标题文字使用的是竖版排列方式，这类排列方式大致有两种位置布局形式：第一种是安排在封面上，方便读者通过封面快速地了解该期的主要内容；第二种是安排在正文内页的第一页或者扉页后面的第一页。在版式设计上，民国期刊目录页的形式大致有三种：标题与作者或是页码之间用指引线相连的分离式；页码和标题、作者的组合式；在第一种分离式的基础上增添图片，以此作为内容衬托，使目录页的元素相辅相成的图文结合式。[②]

---

[①] 出自1933年1月15日出版的第1卷第5期《心声》校刊第5页由于晴撰写的《对于现行学制感言》。

[②] 雷振：《民国期刊的版式设计研究》，硕士学位论文，太原理工大学，2017年，第53页。

在《心声》校刊第3卷第2期改版之前，目录的位置安排在封面上，且与刊名放置于一个侧边的边框之内，边框之外则直接开始排正文，排版方式更偏向于报纸而非期刊。改版之后的《心声》校刊则正式拥有了自己的封面风格，封面配有图画，即一朵挂着吊钟的花，吊钟在不停地敲击，好像正发出响声。对比《心声》校刊的原名《晨钟》，可以看出编者所想表达的思想——用有学识之士的心声来敲响青年学子的警钟，督促青年学子用功学习，唤醒青年学子的民族意识。而新版的目录则放置于正文内页的第一页，在标题与作者之间用指引线相连，但没有标注页码，导致检索文章不够便利。

（2）《心声》的栏目设置

作为一本校刊，《心声》一直在以自己的节奏跟紧时代文学发展的潮流。从最初没有明确的栏目直至后来将每个栏目都分门别类地进行排版，再到配置论著、科学、散文、小说、戏剧、诗、歌谣、杂谈以及校闻等九个栏目。

期刊的栏目设置具有相当大的作用，其作为编辑针对刊物特点，并结合作者来稿情况、读者需求特点对期刊进行设计所形成的类目，是三者综合考虑的结果，又对三者产生了积极的作用。[1] 在《心声》进行改版、开设栏目之前，整体的投稿数量相当少，每期大概只有8页至13页内容，而在改版之后，登稿容量提升到了30多页，目前留存的最后一期更是近80页。由此可见，期刊栏目的设置使《心声》走向成熟，许多学者愿意将自己的作品投往该刊。

再加上当时新文化运动的影响仍在，《心声》校刊征稿文体不拘泥于文言、白话，但文章需使用新式标点，大多数热衷于新文学写作的作者纷纷投稿。虽然仍有数量极少的古体散文和旧体诗词，导致其新文学氛围的营造比不上当时南开中学的校刊《南开高中学生》浓厚，但新文学思潮显然已经于此生根发芽。

---

[1] 苗红环：《期刊栏目设置的作用与反思》，《中国传媒科技》2012年第8期。

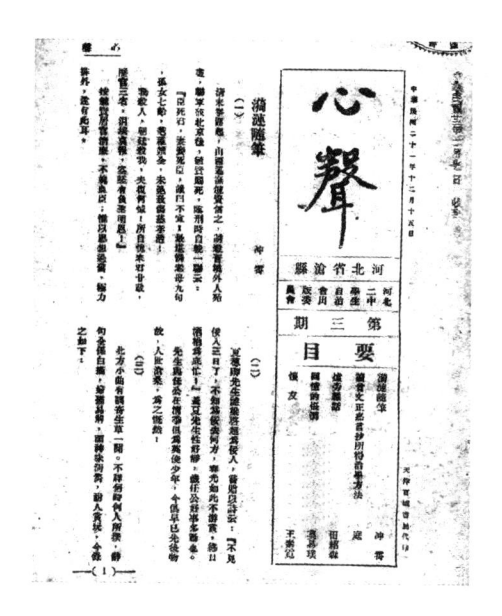

第三章 民国时期河北的各类代表期刊 / 151

图 3—30 《心声》1932 年第 1 卷第 3 期封面目录

图 3—31 《心声》第 3 卷第 2 期封面

## 心聲月刊第二期目錄

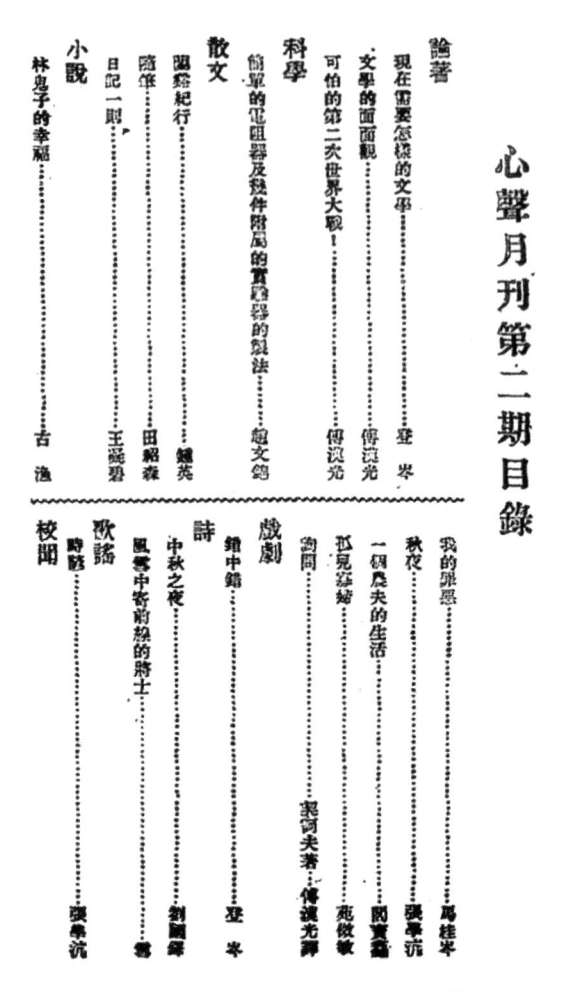

| 類別 | 篇名 | 作者 |
|---|---|---|
| 論著 | 現在需要怎樣的文學 | 登岑 |
| | 文學的面面觀 | 傅沒光 |
| | 可怕的第二次世界大戰！ | 傅沒光 |
| 科學 | 簡單的電阻器及配件附屬的實驗器的製法 | 趙文鴿 |
| 散文 | 陽發紀行 | 魏英 |
| 隨筆 | 日記一則 | 田紹碧 |
| 小說 | 林鬼子的幸福 | 古渔 |
| | 我的罪惡 | 馬桂岑 |
| | 秋夜 | 張攀沆 |
| | 一個農夫的生活 | 閔寅奎 |
| | 孤兒苦婚 | 范微敏 |
| | 窗間 | 裴訶夫著 傅沒光譯 |
| 戲劇 | 鎗中鎗 | 登岑 |
| 詩 | 中秋之夜 | 劉蘭澤 |
| 歌謠 | 風雪中寄前敵的將士 | 一郎 |
| | 時髦 | |
| 校聞 | | 張攀沆 |

图3—32　《心声》1933年第3卷第2期目录

（3）《心声》的内文排版

封面对于期刊来说很重要，是期刊的门面，但书籍内部的风格与编排也应与之呼应。晚清以来"西学东渐"，对中国传统的书籍版式设计产生了巨大的冲击。《心声》采用繁体字，其文字排版是由上至下、由右至左的竖排方式，从殷墟甲骨文到秦汉时期的简牍、帛书，乃至后代的纸制线装书等，这种编排方式都是历代相承。[①] 即使到了19世纪末20世纪

---

① 王文婷：《设计史视野下的民国期刊版式特征》，《艺术科技》2016年第9期。

初，书籍的版式依旧如此。随着西方思潮的涌入，尤其是受"西学"的影响，这种传统的排版形式日渐不能适应时代的发展和行业的要求。从表面上看，这是书刊阅读习惯的差异，但更深层次来看则是一种文化的体式变迁。

版式的排列形式是书籍设计的一部分。如果没有设计，白纸黑字就显得苍白无力，也会影响读者的阅读体验。综合《心声》留存的期刊来看，该刊的内文排版称不上优秀，甚至显得过于杂乱。如两篇文章位于同一版面时，编辑未根据文章的重要程度决定文章应占据版面的大小，也未用边框线将文章区分开来，且全文未搭配任何图片，印刷采用的也是单面印刷，印刷效率很低，同时版面也不够新颖。

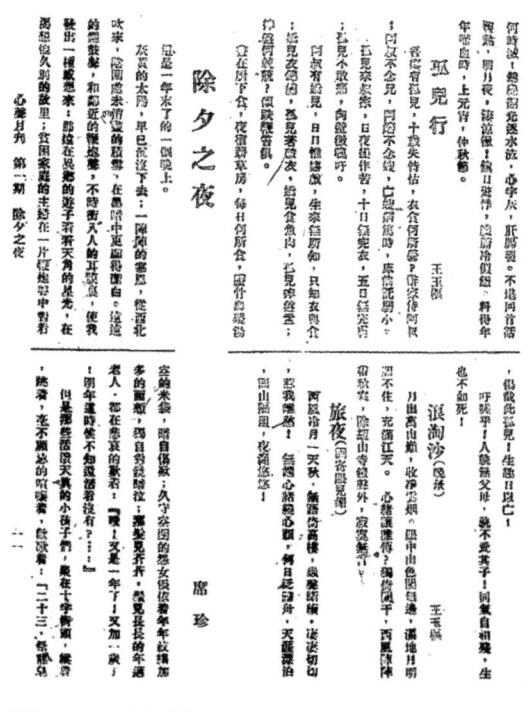

图3—33 《心声》1933年第1卷第1期内文排版

从整体上看，民国时期的校刊的内容和结构相对于其他刊物来说过于简单，在美术、宣传、内容的多样性等方面也不及现今的中学校刊，但其独具时代特色的内容和风格恰好直接地体现了当时沧县地区中学生的生活环境变化和思想转化，是值得深入研究的珍贵文献资料。①

4.《心声》的发行与影响

（1）《心声》的发行情况

《心声》校刊的编辑者为河北省立第二中学学生自治会出版股，发行者为河北省沧县北关省立沧中出版部，由天津百城书局代印，定价为1角。虽然《心声》校刊并无准确的发行数据，但从校刊本身性质来看，其并非面向社会的公开刊物，且作者多为本校师生或是离校校友，虽然征稿简章中欢迎师生以外的作者投稿，但外界人士的投稿只能于开学期间采用，时间上的冲突导致外界作者不会长期向《心声》校刊投稿。殷景纯于《发刊词》中亦有提及："现代国内刊物，无虑数十百种，即名家作品，积案盈箱，但可观者，也屈指可数。"② 可见当时出版的刊物数量是较多的，《心声》校刊的具体发行对象主要还是校内师生，或是用来与他校校刊进行交换。

（2）《心声》的发行意义

任何一本民国时期校刊都具有一定的教育价值和出版价值，东北大学附中训育主任如此描述当时各校竞相出版校刊的风气："近来国内各校出版物，几如汗牛充栋。不论其是季刊、月刊、半月刊、周刊、日刊，内容之优劣，暂且勿论，都有一种蓬勃之气象，活泼之精神。"从《全国中文期刊联合目录（1833—1949）》《中国近代期刊篇目汇录》《中国现代文学期刊目录汇编》《抗战文艺报刊篇目汇编》等工具书中的相关出版数据就可看出有关部门对校刊出版的重视。③

《心声》校刊作为20世纪30年代发行的一种文学刊物，是1928年革命文学兴起的时代产物。《心声》校刊鼓励学生们写作发之于心，言之成声，所以该刊上往往可以不同的观点进行相互辩驳。文学研究方面，傅汉光在《我的文学观》一文中提道："他们主张现在的文学，必须描写无产者的痛苦，暴露资本家的罪恶。那么，文学简直失了个人的独立性

---

① 贾铭宇：《民国时期上海地区中学校刊研究（1912—1949）》，硕士学位论文，上海师范大学，2017年，摘要页。

② 出自1932年11月15日出版的第1卷第1期《心声》校刊第1页由殷景纯撰写的《发刊词》。

③ 金强、曾令：《民国时期保定期刊〈望益〉研究》，《保定学院学报》2013年第6期。

了。"③他认为不能将文学看作一种工具，否则便不成文学了。而周宗彬在《文学是什么及其他》一文中表明："文学站在被利用的地位，永远是含着革命性的，是为社会暴露不平而生的。"革命意识方面，既有对当今青年学子们的人生观的分类与全面分析，也提倡青年学子们让自己的人生观向奋斗型转变，如《在国难当头强敌压境的场合青年们应该往那个方向走》一文。也有认为保持中立，安稳度过自己人生最重要，如《骑墙主义》一文。通过《心声》校刊，可以对该校中学生的思想状态有更加清晰的认知。

《心声》校刊的出版，不仅为当时学校内外的青年学子们提供了丰富的文学养料，也提供了一个能够畅言内心观点以及发挥创作才能的平台。同时，该刊作为在"新"与"旧"两种观念并行的情况下的文艺创作载体，亦展现了民国时期文学创作的丰富形态。

"心声"从字面意义上可以理解为希望能讲出每位创作者的心声。而《心声》校刊无疑已经表达了它"研究学术文艺"的刊旨，也达到了让每位创作者"发之于心，言之成声"的目的。同时，《心声》校刊也是珍贵的史料，所记载的该时期河北省立第二中学的校闻，不仅有利于读者了解民国时期当地的历史与文化，对当今的学子们也有一定的启发意义。

**五 《乡民》**

民国时期河北省立实验乡村民众教育馆①出版的《乡民》是当时的一份面向农村乡民的教育综合性期刊，覆盖华北各地乃至全国。它将国家大事、世界新闻、文化知识、风土人情、文艺小说、生活常识等通过不同的文学体裁表现出来。《乡民》贴近群众，并且注重与读者互动，从传播效果来看，不仅能够帮助提高农村乡民的道德文化修养，对当时的农村经济发展和社会和谐稳定也发挥了一定作用。该刊亦对民国时期的农

---

① 河北省立实验乡村民众教育馆于1930年2月14日在黄村正式开馆，建馆后便划定实验区，下设阅览部、讲演部、卫生部、游艺部、生计部、出版部等部门。该馆通过发行刊物、健康讲演、开办民众学校、普及文字知识等途径，积极致力于民众教育实践活动，以求达到唤起民众的目标。参见罗文、宋永林《民国时期的河北省立实验乡村民众教育馆述论》，《河北广播电视大学学报》2019年第2期。

村研究有一定的史料价值，可从中窥见当时农村的社会状况、民众思想等。

河北省是中国唯一兼有高原、山地、丘陵、平原、湖泊和海滨的省份，"民国前期，河北省农作物品种结构有两个特点：一是粮食作物以旱地作物小麦、高粱、谷子为主；二是适宜旱地种植的经济作物如棉花、花生、大豆、烟草等，在整个作物结构中的地位日趋重要，种植面积增长较快"①。

1.《乡民》的文本概况

（1）《乡民旬刊》② 简介

《乡民旬刊》是农村教育综合性刊物，1933年11月创刊于河北，由河北省立实验乡村民众教育馆乡民旬刊社出版委员会编辑，由北宁路杨村河北省立实验乡村民众教育馆乡民旬刊社发行，由北平晨报承印部印刷。《乡民旬刊》每十天出版一次，1933年11月25日出版第1卷第1期（创刊号），从第1卷第1期至第2卷第30期使用"乡民旬刊"作为期刊名称。该刊自1935年10月1日出版的第2卷第31期由《乡民旬刊》改名为《乡民》，其性质也由旬刊改为了半月刊，并且一直沿用了下去。该刊1936年7月15日出版第3卷第14期，之后或停刊，余者不详。从现存期刊来看，总共出版86期。

《乡民旬刊》旨在向广大乡村民众讲述国家大事、世界新闻，普及文化知识，介绍风土人情，另外还有文艺小说、生活常识等。该刊的主要栏目有谈话、小说、诗画、常识、时事新闻、读者园地等，内容非常丰富。

该刊的主要撰稿人有纪衡、霜生、君铮、镜铭、爱亭、恒通、竹坡、亭、佑文等。

（2）《乡民旬刊》的办刊宗旨和服务对象

1933年11月25日《乡民旬刊》第1卷第1期发行，这标志着《乡民旬刊》的诞生。

当时河北省乡村的状况不容乐观，到1931年前后，河北的农业生产已

---

① 朱文通、王小梅：《河北通史·民国上卷》，河北人民出版社2000年版，第237页。
② 本研究为表述更为贴近原本名称，同时使用两种刊名。

处于每况愈下的境地。如霸县"实业以农业为大宗，约占全县十分之八、九，其耕作仍用旧法。近数年来，种籽间有自外来者，然惟玉米，棉花两种，亦未畅旺。其他谷物产量，以未改良之故，收益皆略减于前"①。元氏县"水利不兴，农产亦薄，东北与栾、赵接壤，产棉之地，十不过二、三，每年所产数量约二百万斤左右，行销多在天津，次则山西榆次、辽州及河南彰德等处。近年受军事影响，交通不便，运费陡增，以故棉价低廉，农商交困"②。望都"近来因谷贱病农，受经济压迫，惟草棉一项，价值较昂，销路亦多，为活动经济之出路，故对于草棉之种植，极力推广，大有一泻千里之势"③。雄县"烟叶销行本境，间有肩贩运至邻境新城、霸县、永清一带销售者。近年纸烟盛行，销路渐少"④。南宫县"花生，本名落花生，土人谓之长生果。沙壤最宜，故东之三、六诸区，西之八区，多种之。自光绪十许年来，其利始兴，远输各国及外洋，土人亦多自榨为油，以便民用，故价值日涨，树艺日多。迩来捐税递加，雨量复缺，种者获利渐微，不如前数年之盛矣"⑤。由此可见，河北各县的乡村在当时的确处于萧条衰败之中，农民生活贫苦，亟须改善。这种萧条衰败的现象不仅存在于河北省，还普遍存在于全国各地，各地相关部门做出了努力希望改变这种状况。在河北省，河北省立实验乡村民众教育馆乡民旬刊社出版委员会决定创办《乡民旬刊》，希望通过知识教育帮助改善这种境况。

《乡民旬刊》服务的对象是广大农村乡民群众。纪衡在《乡民旬刊》第1卷第1期（创刊号）的文章《发刊辞》中说明了办刊的目的："我们编这本旬刊的本意就是要给诸位消愁解惑的。"因为当时几乎没有面向农村乡民的交流互动平台，所以饱受剥削和压迫的农民们变得担惊受怕，不利于农村的良好发展。而《乡民旬刊》的宗旨就是为农民们解答疑惑，帮助农民普及知识，提高素养，从而促进农村的发展，改变农村这种不容乐观的现象。

因此，在办刊初期，该刊的内容大多是办刊人对农村的认知以及对

---

① 刘廷昌等纂修：《霸县新志》，台北成文出版社1968年版，第147页。
② 李林奎等纂修：《元氏县志》，台北成文出版社1976年版，第141页。
③ 王德乾等纂修：《望都县志》，台北成文出版社1968年版，第59页。
④ 刘崇本等纂修：《雄县新志》，台北成文出版社1968年版，第764—765页。
⑤ 刘崇本等纂修：《雄县新志》，台北成文出版社1968年版，第764—765页。

农村问题的建议等。后来该刊逐渐发展成熟，内容不断丰富，对农村信息的搜集也更加全面，并且邀请专业人士撰写相关文章，开通互动栏目，为农村乡民们提供更为人性化的服务。

（3）《乡民旬刊》的更名

《乡民旬刊》在创刊初期由于缺乏经验，文章比较少，所以每期只有10页，后来增加至每期12页。由于是旬刊，所以每十天发行一次，发行频率较快，但同时也存在很多问题。

例如，1934年10月31日《河北教育公报》中就为《乡民旬刊》提出了诸如稿件不宜过长、特约专人撰稿、语言通俗等建议。

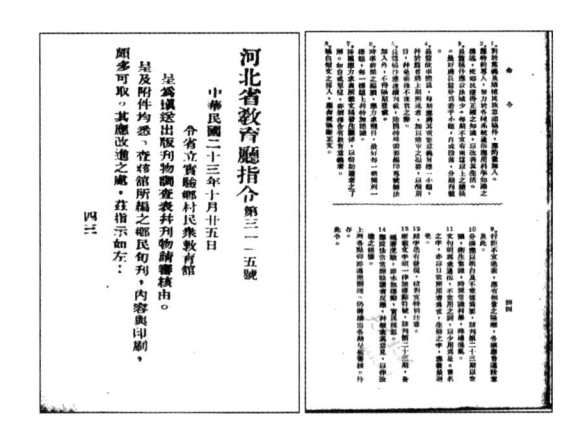

图3—34 《河北省教育厅指令》版面情况

根据《河北教育公报》对《乡民旬刊》提出的问题和建议，以及刊内的文章显示，《乡民旬刊》更名的原因之一就是工作繁忙。因为稿件邮寄速度慢，所以印刷出版就会延缓，从而造成"旬刊"变成"半月刊"这种名不副实的结果。原因之二就是该刊虽为华北农村的乡民读物，但足迹已遍布湖北、四川、安徽等省，并且很受欢迎，为了保证刊物的质量，就必须保证时间充足，准备充分。

改名之后的《乡民》与《乡民旬刊》没有太大区别，只是由于从旬刊变为半月刊，出版周期变长，所以拥有更多的时间进行编辑加工，其内容也更加精美。

图 3—35 《乡民》第 2 卷第 31 期"告本刊读者"版面情况

(4)《乡民》的内容简析

《乡民》与《乡民旬刊》的栏目和版面设计没有太大区别,唯一的区别就是名称。

《乡民》与《乡民旬刊》一样,主要栏目有三言两语、社论、论著(论述)、农业常识、科学常识、公民常识、卫生常识、民族英雄史略、农村文艺、农村公园、农村服务等,除了上述的这十一个主要栏目之外,刊内还有"时事述要""本馆消息""零零碎碎"等几个小栏目,分别包含着一些时事新闻、本馆的相关新闻以及一些小常识等。

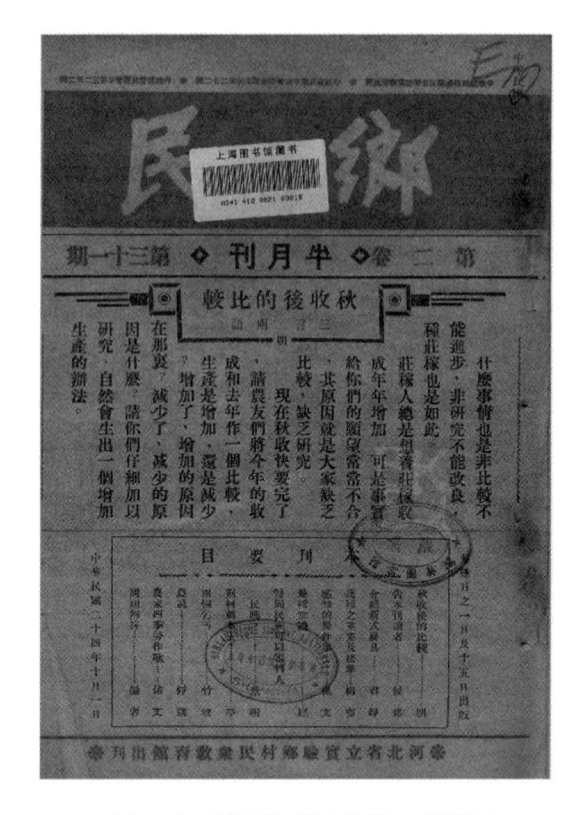

图3—36 《乡民》第2卷第31期封面

①三言两语

这部分选取的是一些篇幅较短的文章,且出现在封面的中间位置,文章的内容通常都是一些有教育意义的哲理或者友情的提醒。

例如第2卷第32期的《勿以恶小而为之》,这篇文章从古语"勿以恶小而为之,勿以善小而不为"出发,表明闻白面(吸毒)是一件恶事,如果做了就会造成家破人亡的恶果,从而劝诫人们远离毒品,拒绝吸毒。又如第2卷第36期的《商量办事团结乡村》和第2卷第35期的《贫富互助安定乡村》等多篇文章都是在号召乡民们团结互助,共同建设美好乡村,这对于树立乡村民众正确的观念具有一定的积极作用。

②社论和论著(论述)

这两部分的文章内容没太大区别,通常都是对社会中某件事的评论

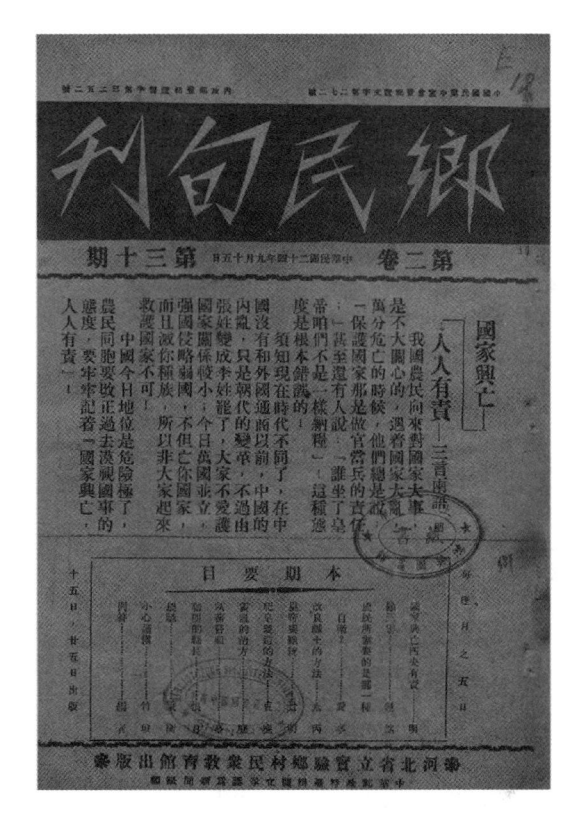

图3—37 《乡民旬刊》第2卷第30期封面

或者对社会中某些现象提出的意见和建议等。

例如第2卷第32期"社论"栏目中《农产展览与农业改良》一文，该文先叙述了本馆将于每年秋收之后举办农产展览会，并且会给予物品优良者奖励的事实，进而论述本馆举办农产展览的真正目的是进行农业改良。作者认为因为西方农产品的入侵导致我国农产品价格低廉，从而导致农村破产，所以通过举办农产展览选出优良物品，并且推广这种优良物品的种植方法和经验，从而进行农业改良，复兴农村。因为大规模举办这种农产展览不是一件容易的事，所以作者还指出了每个村庄应该成立一个"农事研究会"并且举办各自的农产展览会。"论著"栏目中的《在现代社会中农民所占的地位》一文也是针对农民问题的，作者主要指出农民的地位是非常尴尬的，就食物的生产来说，农民占非常重要的地位，但就生活关系来说，农民占很不重要的地位，并且受到其他阶层的压迫。总的来说，农民不仅工作辛苦，而且受商人压迫严重。

虽然这一期的两篇文章都是谈论农业问题的，但是这两个栏目所选的内容也不都局限于农业问题。例如第3卷第2期《怎样便有和美的家庭》是谈论家庭问题的，第3卷第6期《自省与自新》则是对民众自身品质的探讨等。这部分内容对于农村乡民了解社会关系，认知自我有很大的帮助。

③农业常识

顾名思义，该栏目所选取的内容是在农业活动中一些很有用的农业知识。

例如第2卷第32期《苦树皮能杀害虫》一文向读者介绍了苦楝子树的生长习性、产地、价值等基本情况，并且详细介绍了它用于除害虫的具体用法和功效。《秋耕》一文从河北省今年的前半季雨水不调，秋苗子旱死不少；后半季大雨滂沱，又遭受水灾说起，再次指出靠天吃饭的农民的辛劳。作者进而指出通过实施"秋耕"的办法来提高产量。具体方法有三个：变更土壤性质、扩大营养面积、残杀农事害虫。并得出实行"秋耕"使土地肥沃进而产量就会增加的结论。又如第3卷第3期的《谈谈寒害与预防方法》一文中作者针对天气寒冷，庄稼损失的问题提出了三点建议：选择耐寒的品种、勘察地形、熏烟法。

该栏目所介绍的农业知识都很实用，并且大部分在现在的社会中依然有效。农业技术的普及对于农产种植有着很大的帮助，从一定程度上减少损失、提高产量，改善了农民的生活。

④科学常识

这一部分所介绍的是一些科学方面的常识，而农村乡民对于科学知识的认识普遍不足，所以作者运用通俗易懂的语言向读者们普及了科学知识。

例如第2卷的第33—35期分别向读者介绍了雪、雾、露和霜等自然现象形成的原因，第2卷第36期以及第3卷第1—11期都是在介绍与天文相关的知识，第3卷第6期介绍了水的清洁方法。

由于当时的技术有限，该刊所介绍的知识不完全准确，但是对于普及农村乡民的科学知识来说确实能够发挥重要作用。

⑤公民常识

编者在本栏目中所选的都是与法律、国家政治相关的知识或者一些当时比较先进的观念。这应该是基于农村乡民在那时候的法律意识、政治意识等淡薄,思想较为落后的现状而确定的。

1935年前后,农村的法律意识还普遍不高。从第2卷第32期的《奸夫淫妇可以杀吗?》一文可以看出,当时的农村风气败坏,存在很多的"奸夫淫妇"现象。而有读者甚至认为发现奸夫淫妇的时候可以拿刀杀死他们,只要之后自首就可以免罪,这是非常可笑的。作者也在本期公民常识中回应了这位读者:作者指出法律是进化的。如果在专制时代,发生这样的事情是可以免罪的;而如果在民国时代,法律采取感化主义,社会崇尚自由平等,如若发生这样的事,轻则处无期徒刑,重则偿命,所以直接将其杀害是不可取的。法律知识的普及,可以帮助不懂法律的农村乡民树立法律观念,培养法律意识,从而减少触犯法律的事件发生。

除此之外,如第2卷第34期《什么叫做婚姻自由?》一文就向公民介绍了"婚姻自由"这一先进的观念,而第2卷第36期《公民对会议应有的常识》一文则介绍了一些与政治有关的知识。先进的观念能够改变农村乡民固执保守的思想,从而使他们紧跟时代潮流,谋求个人更大发展。

⑥卫生常识

因为农村的卫生条件一般比城市要差,而且农村的卫生习惯不是很好,通常容易造成疾病的传播。农村民众的卫生意识也不算很强,为乡民们提供正确的卫生知识就显得尤为重要,这也是本栏目的主要目的。

在本栏目里,第2卷第32期《几种传染病的预防》中为读者介绍了诸如霍乱、白喉、肺痨、痢疾之类传染病的预防工作。第3卷第2期《简易救急法》中介绍了遇见流鼻血、出血、痤疮、扭筋伤筋、脱臼骨折、灼伤烫伤以及猝倒等突发事件的急救法。除此之外,本栏目还包括女性卫生知识、婴儿卫生知识、养生保健知识、家庭卫生知识以及医药知识等,内容非常全面。

同"科学常识"一样,部分卫生常识不够准确,在今天看来已经过时,但是对于改善当时的农村卫生状况还是有一定的积极作用的。

⑦民族英雄史略

本栏目的内容大都是关于民族英雄的事迹,也有一些历史上有名的事件,并且以小故事的形式展开。例如《荆轲刺秦王》中英勇的荆轲,《孟母择邻》中智慧的孟母,歌颂巾帼英雄的《忠义女子》,还有《抗击外患的文天祥》等。

这部分文章旨帮助人们树立一种爱国观念,通过了解前辈的事迹学习他们身上良好的品质,从而培养出品德高尚的农村乡民。

⑧农村文艺和农村公园

这两个栏目也大致类似,多刊登一些作者撰写的文艺小说、诗歌等文学作品。

一些小说有"小故事大道理"的味道。例如连载了多期的《两个乞丐》一文,讲述了一位整天不思进取、挥霍家产的富家子弟的故事。这位富家子弟结交了一位损友,在他父母双亡之后,他受到那位损友的蛊惑而坐吃山空,最终穷困潦倒,后悔不已但为时已晚,最后沦为两个乞丐。编者通过刊登这些有趣的故事,或者开某些有趣的玩笑,一方面可以为读者带来乐趣,成为他们放松休闲的谈资;另一方面也是为了通过这类有教育意义的故事来启迪民众,帮助他们树立正确的观念,防止误入歧途。

诗歌方面,大多刊登的是一些关于农事方面的诗歌,例如《二十四节气歌》《农家四季劳作歌》等,也有部分宣传美好品德的诗歌如《十不争歌》等,作品大多脍炙人口、耳熟能详,为从事农事劳作的乡民们提供了娱乐来源。

这部分文学作品为农村乡民度过闲暇时光提供了娱乐资料,同时也可以讲述给晚辈,既接地气又有教育意义。

⑨农村服务

这一栏目是《乡民》位置最靠后的栏目,其通常是通过"问答"的形式来为读者解决问题。编者收到来自各地的读者寄来的诸多问题,并且从中挑选出具有共性、有价值的问题进行回答,然后刊登在这一栏目。本栏目一般有两三个问题,并且问题和回答都很明确,能够解答大多农村乡民的共同疑惑。

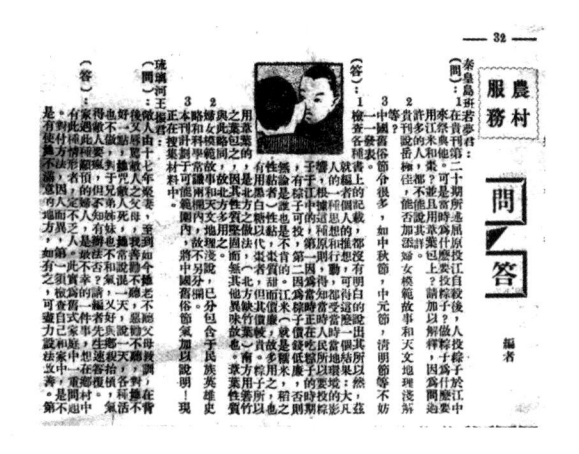

图3—38 《乡民》第2卷第32期"问答"版面情况

2.《乡民》的办刊特色

（1）期刊短小精悍，语言通俗易懂

《乡民》每月出版发行两次，每期《乡民》包含封面总共12页，语言通俗易懂，采用繁体字且没有生僻字，没有任何深奥之处，适合人群广泛，可谓老少咸宜。

因为《乡民》的创刊目的为农村乡民提供阅读，所以主要的读者对象应该是具备一定知识文化水平的农民。农民作为一年四季都很忙碌的群体，拥有的闲暇时间相对较少，而且期刊的性质为半月刊，发行的速度相对较快，所以期刊的内容不能过多，12页的规模相对适中。鉴于农民的知识水平不高，所以期刊的内容也不能过于深奥，所使用的语言也应该尽量通俗，能够让农民在短时间内读懂期刊的内容，减少时间的浪费。

（2）图文结合

《乡民》在阐释某些常识的时候，运用了图文结合的方法，让读者能够生动形象、更直观地了解所介绍的知识。

例如第2卷第31期在介绍新式农具——玉米脱粒机的时候，编者在旁边附上了一张注释图，直观地将玉米脱粒机的形貌展现了出来，并且在各个部件旁标上了注释及其解释。

又如第3卷第4期中的《天空现象谈》，编者在介绍日食与月食现象的时候，同样配上了形象直观的图解，来让读者更加容易理解。

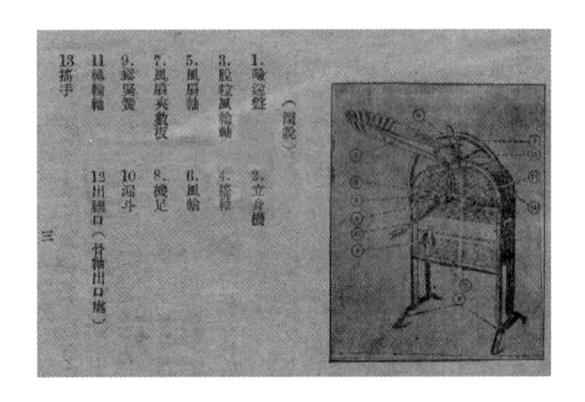

图3—39 《乡民》第2卷第31期《玉米脱粒机》版面情况

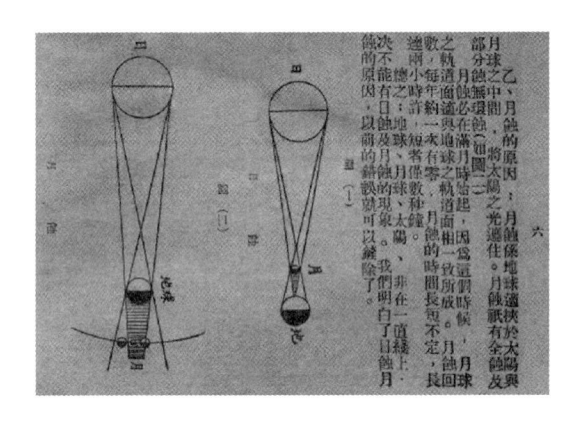

图3—40 《乡民》第3卷第4期《天空现象谈》版面情况

(3) 文学样式的多样性与内容的综合性

《乡民》虽然是一本面向农村乡民的期刊,但是所涉及的题材丰富、内容综合全面、文学样式多样。

从文体上来看,刊内文章既有小说、诗歌、谚语等文学作品,也有议论文、说明文等实用类文本,还有新闻报道、短讯等文章,文体较为多样化。

从内容上来看,刊内所刊登的文章涉及了文学、历史、哲学、国家政治、法律、科学、农业、医学、天文等诸多方面,具有很强的综合性。

总的来说,多样性、综合性的内容能够全方面普及乡民甚至城民的知识，从而进一步扩大了本刊的覆盖范围和阅读人群。

（4）介绍时事的时效性及与读者的互动性

《乡民》除了主要的栏目之外，还会经常配置"时事述要""本馆消息"这两个介绍时事消息的小栏目，所介绍的时事新闻在当时是具有一定的时效性，有利于农村乡民及时了解社会状况。

《乡民》在与读者互动方面做得较好，经常有读者来信与刊物编辑人员、作者等互动，而编辑人员和作者也积极回应了他们。例如第 2 卷第 32 期《奸夫淫妇可以杀吗?》一文就是作者针对读者来信的疑惑的解答。而刊末的"问答"栏目，就是专门设置的为读者进行解惑的栏目。

《乡民》出版周期为 15 天，在短时间内增强编者、作者与读者的互动，让刊物充满生机活力，也是刊物不断持续下去的动力之一。

例如从《发刊辞》中的"诸位愿意同我们交朋友吗?"我们可以得出《乡民》从创刊起就希望与读者形成一种良好的友谊和互动关系。

（5）撰稿人的稳定性及价值观的正确性

刊登在《乡民》上的文章大都是由一批相对稳定的作者来撰写的，而相对稳定的撰稿人能够提供相对优质的稿件，从而提高期刊的整体质量。

例如署名为明的作者就经常为"三言两语"这一栏目撰稿，而署名景明的作者大多提供"常识"栏目的文章。

刊登在《乡民》里大都是弘扬正确的价值观的文章，而农村乡民在这方面接受的教育比较少，所以其对于广大乡民读者树立正确的核心价值观，是有着非常重要的积极作用的，对于塑造农村良好的风气也有很大的帮助。

在这方面，编辑人员并没有采用直接的方式，而是通过诸如"民族英雄史略"中的历史人物故事、"农村文艺"中充满寓言意味的小说故事，潜移默化地帮助乡民读者们树立正确的价值观。

3.《乡民》出版中存在的问题

《乡民》每期仅有 12 页，由于其出版周期较短，即使做过调整，仍然存在着某些问题。

（1）连载文章隔期

关于文章的连载问题，《乡民》做得有所欠缺。例如第 2 卷第 32 期

《在现代社会中农民所占的地位》一文最后说"现在暂且不提,等下一期再谈",但是有关"农民自救方法"在下一期并未出现,反而出现在了第2卷第34期中的《农民自救的途径》中,隔了一期。这样的做法实在不可取,毕竟读者阅读文章是连续的,如果突然发生隔断,会给读者带来不适感。

(2) 文章行距过密

《乡民》大部分文章的排版工整、字迹清晰,但也不排除部分文章存在行距过小,字符之间过于紧凑的问题,导致读者很难看清,特别是视力不太好的读者。虽然之前的《河北教育公报》已经提出这方面的建议,但编辑人员还是没能注意到这一点。

例如图3—83第2卷第33期的《本馆农产展览会的盛况》一文,字符几乎凑在一起,很难让读者找到重点,进行快速阅读。

图3—41 《乡民》第2卷第33期《本馆农产展览会的盛况》版面情况

(3) 知识不够准确

由于当时的科学技术受限,所以刊文所提出的部分知识存在不严谨的问题。例如第2卷第32期中《几种传染病的预防》中介绍霍乱这一疾病的预防工作时,提出"只要不喝冷水就可以了,饮水时必须烧开了再用",作者认为这样就可以预防霍乱,但实际上预防霍乱要复杂得多。第

2卷第35期《家庭医药常识（一）》中作者介绍的大多是些民间偏方，而不是专业的医学知识。例如用石灰研磨的粉末止血，用熟牛粪敷家犬咬伤的伤口等。第3卷第1期《冻疮药品的制法》中作者介绍了自己制作药品的方法。药品这类关系到生命安全的物品最好亲自去医院咨询购买，而作者教授乡民们"自制药品"的这种观念实在不可取。

因此，《乡民》中的知识虽然是邀请专业人士撰稿，但仍然存在不严谨的现象，不可全信。

《乡民》虽然是面向当时华北地区农村乡民的期刊，但由于其精致的内容以及相对较低的订阅价格（全年3角，半年2角，零售每期大洋2分），其足迹已遍布湖北、四川、安徽等省乃至全国，并且很受欢迎。

《乡民》的出版为民国时期农村乡民普及知识的同时也带来了乐趣，也为他们提供了一个倾诉的平台。从传播效果来看，不仅能够帮助提高农村乡民的道德文化修养，对当时的农村经济发展和社会和谐稳定也发挥了一定作用。该刊亦对民国时期的农村研究有一定的史料价值，当时农村的社会状况、民众思想等都可从中窥得一斑。

## 六 《河北省立第七中学校刊》

《河北省立第七中学校刊》是河北正定中学的前身于1933年3月12日创办的半月刊。该刊创办宗旨在于团结全校师生、统一师生意志，推进教育工作开展和教育理念讨论，并记录教学活动样貌和展示师生才华。该刊登载了20世纪30年代前期河北省立第七中学的相关校务、学生活动信息，展示了丰富的历史资料及文艺作品。对该校刊的研究有助于了解这一时期该校的办学状况、发展历程及时代影响。

1.《河北省立第七中学校刊》的出版概况

（1）办刊背景

《河北省立第七中学校刊》于1933年3月12日创刊于河北正定。之前，1925年6月24日，正定正式撤县设市，至1928年6月20日，正定直接隶属于河北省。1931年九一八事变发生，日军侵占了沈阳后，大规模武装入侵开始。蒋介石提出"攘外必先安内"的投降主义方针，由于张学良执行蒋介石的不抵抗命令，绝大多数中国军队不战而退。日军进而侵占了哈尔滨，并攫取了东三省作为特区，直至1933年3月下旬热河各地相继沦陷。热河地区物产丰富，战略地位重要，沦陷后，日本侵略者在热河地区建立了殖民统治秩序。自晚清以来，洋务派、顽固派、维新派、革命派都通过刊物来阐发思想，甚至进行论战，"学术救国"思潮的此起彼伏。"'九一八'事变后，随着民族复兴思潮的兴起，中国学术界以他们的专业知识积极服务于民族复兴。首先，他们对学术研究与民族复兴思潮的关系进行了讨论，充分认识到学术研究于民族复兴的重要意义。其次，他们以自己的研究来回应国人最为关心的'中华民族有无复兴的可能'的问题，并做出了肯定的回答，认为无论从中华民族历史上的复兴案例，还是从其他国家复兴的经验来看，中华民族都能够实现复兴。复次，他们认为造成中华民族衰落的一个重要原因，是民族自信心的丧失，所以要实现中华民族的复兴，当务之急是要恢复和树立民族的自信心。"[①] 生思想、谈理想、兴学术、旺人才，都应该先着眼于教育的振兴。而此时的一个最大的政治便是日军侵华，日军烧杀抢掠、无恶不作并不断南下，保家卫国、救亡图存成了新的时代主旋律。此时的学校教育，一方面必须要完成教书育人的基本职能，另一方面也必然责无旁贷地承担起宣传抗日救国的重任。此后至1937年3月，正定设立河北省第十二督查区，1937年10月8日，正定城沦陷于日军炮火下，1938年2月，日伪在正定设立了县公署。

（2）刊物基本信息

《河北省立第七中学校刊》为半月刊，目前馆藏有1933年出版的第1—12期，1934年出版的第15—16期合刊。该刊的主要撰稿人有张兴周、李秉文、杨凤程、郑双鸾、范修业、傅嘉璜、梁俊德等。该刊具体发行人不详，由河北省石家庄文化公司负责印刷，每一张售价铜元二枚。该刊的主要栏目有布告、会议记录、训辞、时事报告、校闻、常识问答、图书馆报告、毕业生消息、学校园地等。关于校刊的基本刊印信息，都直接刊印在每一期期刊的首页的目录导航中，期刊首版兼具了刊载刊物内容和封面目录导航的作用。该刊创立之初，在1933年第2期第2版中，明确表明校刊第1期试印300份，并将300份校刊分别送至河北省各院

---

① 郑大华：《学术研究如何服务于民族复兴——九一八事变后的中国学术界》，《史学月刊》2018年第10期。

校，正定附近各县教育局各高级小学，正定各机关，及各地本校毕业同学会。此外，该校刊再无具体印刷数量以及明确的发行数量来表明该刊物的具体发行质量。

图3—42 《河北省立第七中学校刊》第一期头版

（3）办刊宗旨和读者对象

《河北省立第七中学校刊》的办刊宗旨明确地刊登在"发刊辞"中，即在于团结全校师生精神，统一师生的意志，下最大的决心，向既定的方向前进，不虚夸也不妄自菲薄，老老实实地把学校的各种活动和师生言论公布出来，以就正国人，并用以自我勉励。该刊载有学术报告、时事报告，也刊载有该校师生创作的文艺作品及时政评论分析文章。该刊承担着服务学校的重担，其主要读者对象当是在校师生及其心系中学教育的各界人士。根据首印第1期的分发情况来看，期刊发行的受众也包括大部分河北省内各教育单位与教育机构人员。

（4）学校简介

河北省立第七中学①建校于光绪二十八年（1902）间，该中学的校史也是随着全国的中学教育变革而变革的，这样的变革大约可分为五个时期。第一时期，从光绪二十七年到光绪二十九年（1901—1903），为钦定学堂章程时代。第二时期，从光绪二十九年到光绪三十四年（1903—1908），为奏定学堂章程时代。第三时期，从宣统元年至宣统三年（1909—1911），这一时期学校分为文实两科。第四时期，从民国元年到民国六年（1912—1917），将学堂开始改为学校。第五时期，从民国七年（1918）至校刊出版以来，这一时期为新学制时代，中学改为了三三制，分为初中高中。② 该校建于光绪二十八年（1902）间，初命名为"正定府中学堂"③，直至1928年，才更名为"河北省立第七中学"④。"民国建立至1950年11月，在正定办学期间，正中校名规范全称冠以'省立'或'晋察冀边区'字样，即学校规格为省立或大行政区立中学。"⑤ 此校是现坐落于国家级历史文化名城正定原恒阳书院旧址"河北正定中学"的前身，于1984年更名沿用至今。

---

① 就学校历史源头来说，河北正定中学是全国唯一拥有近两千年古代郡府级官学、私学双源头中学。公元41年，东汉建立的常山郡学、封龙精舍，到清代分别演变为正定府学、恒阳书院。光绪二十八年（1902），该两校合并为官立正定府中学堂，后经一个多世纪的发展，便是当今的河北正定中学。在古代，真定（正定）郡府官学、私学是中国北方少数重要文化教育中心之一，培养了大批国家大师级人才，其中进身相位或职位相当于国相的有14人之多，有着极其丰厚的文化教育积淀，尤其恒阳书院前身封龙书院是中国古代唯一一所以自然科学见长的学校，其数学科学研究成就领先世界300年，在中国和世界科学史上占有重要地位。

② 1902年创立的正定府中学堂，是正定府唯一一所中等学校。民国时期，从辛亥革命到正定第一次解放，曾更名为直隶省一河北省省立第七中学校、省立正定中学校，一直是原正定府地区唯一的中等学校，并于1930年升级为初、高中两部的完全中学。

③ 河北正定中学的前身是1902年创建的正定府中学堂，校址在恒阳书院及文庙旧址。

④ 1912年春，更名正定府中学校，1913年改称直隶省立正定中学校，1917年9月改为直隶省立第七中学校，1928年改称河北省立第七中学校，是1924年中共正定地方组织的诞生地。1932年，更名为河北省立正定中学校，改四二制为三三制（初中三年，高中三年）。

⑤ 《河北正定中学光荣历史》，2009年1月28日，http：//www.zhengzhong.net.cn/index.php? m = content&c = index&a = show&catid = 18&id = 3852，2020年1月2日。

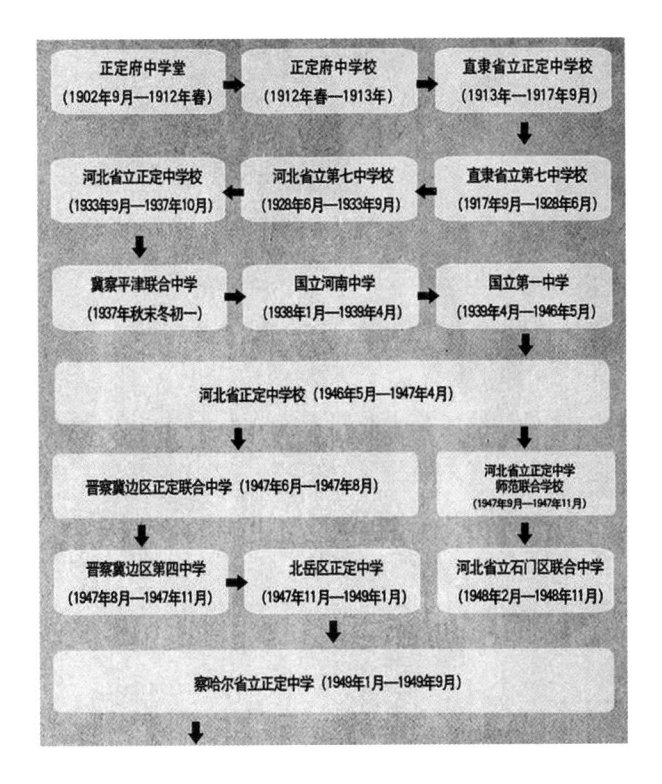

第三章 民国时期河北的各类代表期刊 / 173

**图 3—43 "河北正定中学"在中华人民共和国成立之前的校名沿革**①

另，该刊上刊登的校训为：

> 力戒懦怯苟安，养成勇敢奋发之精神；
> 力戒倚懒敷衍，养成自主负责之能力；
> 力戒轻躁盲从，养成审慎周密之思考；
> 力戒浪漫奢靡，养成刻苦勤朴之习惯；
> 力戒虚伪涣散，养成精诚团结之意志；
> 力戒自私自利，养成爱国爱群之观念；
> 力戒沉闷冷酷，养成活泼热情之感情；
> 力戒粗暴浮滑，养成和平真实之态度；

---

① 河北正定中学官网：《河北正定中学校名沿革》，2009年1月9日，http://www.zhengzhong.net.cn/index.php? m=content&c=index&a=show&catid=18&id=107，2020年1月2日。

力戒迟钝缓慢，养成灵活敏捷之手腕；

力戒近视短见，养成锐利远大之眼光。

以上十句，既是校训，也清晰地彰显了该校目标明确、思路严谨的办学理念。

2.《河北省立第七中学校刊》刊载的主要内容

《河北省立第七中学校刊》现存 1933 年出版的第 1 期至第 12 期，1934 年出版的第 15—16 期合刊，以下内容叙述以及对该中学校刊的研究也围绕现存期刊展开。依现存的期刊来看，该刊每一期内容都包括布告、会议记录、校闻、杂俎（杂录）、时事报告、常识问答等栏目。1933 年第 3 期为该校的纪念特刊，其出版时间在河北省立第七中学的校庆之日（4月1日）。1933 年，因学校第二届运动会的盛大召开，故将第 10 期定位为该校第二届运动会的特刊。除此之外，该刊还多登有学生作品以及毕业生的来信等。

（1）安排学校教务管理、教学工作及阐发教育理念

作为校刊，《河北省立第七中学校刊》首要的任务是服务学校，尤其是辅助教务处理和教学管理，如该刊详细分析了该校入学学生的情况，同时探究在开学之际未就学同学的具体家庭情况或学生自身实际情况。该刊结合学生的就学情况统计，详细阐述了当时的社会条件与周边环境状况，表达了处于国难之际的中学教育的信心与决心。同时，该刊也展示了该校严格的教学模式，即每月考试一次，名次在前列的有奖励，但若考试三个月不及格者就会被开除学籍，奖罚较为分明。为丰富学生们课外生活，该刊还鼓励创办学生学术团体，并详细公布了团体创办的具体实施要点。该刊还详定了学生生活中班长、寝室长等职务的安排与选择。该刊除了规划学生在校的具体生活情况外，还详细规划了该校各功能场所的发展状况，如校舍的修缮，运动场的翻修等一系列学校事务都详记其中。该刊的创刊目的，不仅在于在精神上团结众人，更在于将当时的发生的事件汇编成史料，留与后人便于其了解和探究历史。在学校的三十周年之际，该刊也着手整理了三十年的过往校史，并在庆祝学校成立三十周年的特别时刻，印制了同学录，制作了校徽，编制了校训、校歌，出版了校刊。

对于学生状况的检视也是该刊的重要职责,该刊刊登的学校训育大纲主要从思想、行动、习惯、精神、态度五方面来加以阐示。思想方面,以革命主义、好人主义、自由主义为主要表达重点。革命主义尤以先烈革命精神之感召,来顺应社会革命思潮。好人主义应本旧时代高尚人格之标准,虽于社会无功,但亦无过,固无可厚非,但学校更希望学生们能做一个积极向上的好人。自由主义是西方传来的观念,当时中国是一个半殖民地国家,对于外来的文化也有容纳贯通,而学校希望学生对于自由的伸张,个性的发展,要基于民族的集体主义之上,如此追寻的自由才有价值。行动方面,学校希望学生对学校规则多能遵守,对于团体服务应抱有热心,不得迟缓而欠敏捷,粗疏而欠精密,责己轻而责人重。习惯方面,应持续发扬原先的良好传统习惯,不被浮夸之气带跑,并应爱惜公物。精神方面,认为应活泼且充满朝气,因有事困扰而忧郁的时候,他人应时加开导,促其振发。态度方面,希望学生遇事认真,对人诚恳,学校也希望学生的发展是多方面的,性格心理状况是处于优良状态的。

(2) 刊载优秀文章节选以达宣传教育之意

校刊承载的不仅是一所学校的历史记忆,在通讯尚未发达的年代,纸质作品作为珍贵的阅读材料,也承载着在危难时期对学生们的教育重任,尤其是鼓励学生们充满希望,勇于承担社会责任。该刊中选择刊登的文章,多涉及当时的国情及国际局势,如苗圃撰写的《狂涛将至的太平洋》一文,该文指出中华民族自九一八事变以来,国家已经到了存亡关头之际,民族奋起刻不容缓,西方帝国主义国家把持的国联、军缩会议等不过是假面具,而英法等国的绥靖政策也不能满足日本侵略者的野心,日本侵略者必然在太平洋区域与美国争夺霸权。该文作者已经预测到亚太地区必然爆发大规模的战争,为师生们提出了必要的警示。校刊刊载优秀的时事评论文章,并与同时期的政治文件相呼应,旨在让在校学生拓宽视野,及时把握了当时国情与国际形势,并借时事评论报道,帮助学生们树立正确的爱国志向。

(3) 探讨救亡图存的路线并鼓舞行动

在九一八事变之后,日本占领且控制了东三省,并在长春扶持了溥仪伪满政权。榆关、热河的相继沦陷,将日本侵华的战线火持续引向内地，战线的下移逼迫华北地区的人民必须做出坚决的抵抗。学校的教育和管理人员深刻地明白，在这样的危难时刻，中学教育必须紧跟时事，校刊刊载的校长训辞中也提道："国人民族意识，自来就很淡薄，而民族精神又历遭斫丧，现在我们要恢复国魂，复活民族精神，非如此不能从事革命的战斗！""民族自决，是弱小民族反抗帝国主义的唯一办法。"这两句清晰深刻地揭示了当时的国人心态，以及国人对于救国持有的心态，并显示了事态的严重性。训辞明确地提出了解决办法，即希望增强民族自信心，加强人民团结，以自己的力量去援助前方战线，为前线抗战进行积极宣传，为战士们运送货物，同时也加固后方，不让前线战士牵挂，尽自己的力量救济难民，慰劳前线或受伤战士。学校也就此成立了"国难新剧团"，以剧团表演的方式加强宣传，并在各地演出时为抗战筹募捐款，表达学校师生共同的爱国热情与救国愿望。"九一八事变当月，处在地下的中共河北七中支部发动和组织师生赴石家庄地区及保定地区阜平等10多县，进行历时1个多月的抗日救亡大宣传，在广大城乡掀起抗日救亡高潮。在此后至正定沦陷的近6年期间，正中师生在石家庄地区城乡不断掀起抗日救亡运动新高潮，其主要活动有，师生大力捐款捐物，支援中国军队长城、绥远抗战；组建'国难新剧团'，多次在正定、无极、石家庄市等地城乡公演，宣传抗日救亡，募集慰劳抗日将士善款；多次自行组织宣传队，走上街头，深入农村，奔赴外县，多种形式开展抗日救亡大宣传；在校内，经常开展各种抗日爱国活动，师生一致表示：誓死不当亡国奴，时刻准备到抗日前线杀敌卫国！"[①]

（4）加强学生立德树人及正确人生观价值观培养

学校将该校学生的升学情况详细地刊载在校刊上，包括升学人数和升学成绩，并分析了升学质量，以此来鼓励在校生应如何去努力。在国难关头，校刊也让学生清楚地认识到自己作为一名学生，本职工作是搞好学习。在训导主任的讲话中，他提出"不能把校规当作法律的条文，而应看作道德的规范"，在维护校训威严之际，也教导同学们在日常的生活学习中保有热情。在讲话中，他也提议学生们一定要有实行自己训练

---

[①]《河北正定中学光荣历史》，2009年1月28日，http://www.zhengzhong.net.cn/index.php?m=content&c=index&a=show&catid=18&id=3852，2020年1月2日。

的决心,要有参加集体活动的意志。他提出,要规范学生在校的学习生活,督促学生学习,但在学习的同时也不应忘记作为一个处于群居环境中的人,该为自己或是他人做的事情。可以看出,校刊刊载的内容,不仅是对学生们在校行为的一个规范与教导,不仅仅是服从于学校的机构,不仅仅服务于学生生活,同时也是向大众告知学校持有的愿望与态度,进一步鞭策处于国难之际的普通大众,应该持有清醒的人生价值观。这些训诫与建议,也展现了学校在教育事业上的认真态度,以及对于教导工作的深刻研究及认真实施。

(5)为社团活动及学生课外生活提供展示平台

该学校在培养学生方面,力求做到维系学生特点与促进特长进步并举,既希望培养出成绩优异的学生,也希望培养出健康积极向上的青年。学校多次组织各种各样的课外活动,如在中秋佳节,组织师生一同外出秋游,为学生舒畅胸襟增广见识,登山游览举目远眺大畅胸怀。学校还设置各种赛制,以资鼓励同学们积极努力学习知识,尤其是举办全校国文比赛,考查各班学生国文程度,以竞赛来奖励和推动对国文之研究。常识比赛主要是为提起学生注意各科常识而设。抗日演讲比赛主要是为提高学生普遍联系的演说技巧和养成发表能力而开设。此外,还有各式各样的英文演讲比赛。同时,学校成立了各种社团供学生选择,让学生能够边玩边学,在丰富生活的同时提升能力。尤其是艺光社,不仅设有书法写生,还特别关注山水花卉,该社团经常组织内部比赛,并接受他人的建议或批评。晨曦社,旨在提高学生的文艺作品撰写能力,实现新生老生联合,组织作品编辑出版《晨曦周刊》。消费合作社,是师生共建团体,其股金有三百六十六元,并以贩卖图书文具及日常用品为业务,地址设在该校南院第十二室,不仅方便学生购买,而且价格低廉,颇受学生们的喜爱。健青社(原名微笑境地社),是学生自发社团,以研究文学、发表作品为宗旨。各个社团的成立与运行,对于丰富学生们课余生活、增强动手实践能力、发挥特长、培养情操,都有显著的作用。

3.《河北省立第七中学校刊》的编辑特色

(1)栏目设置特点

《河北省立第七中学校刊》虽为中学校刊,其栏目内容十分丰富,有布告、会议记录、时事报告、校闻、常识问答、图书馆报告、毕业生消息、学校园地等，发布教育主管部门的公文、河北省立第七中学的布告、启事，刊载学校行政会议记录、学术报告，报道本校各类校闻，也刊载该校师生的文艺作品及时政评析论文。栏目集中于教育板块和校园主题两大类，也成为显著特色。

（2）内文排版形式

《河北省立第七中学校刊》的头版以"河北省立第七中学校刊"开篇，"河北省第七立中学"下沿配置的内容是期刊目录及印刷者石家庄文化公司。该刊目录内容设置十分丰富，刊载时也因内容增加来在正文内容页内加入目录内容。该刊的版面设计也十分简洁自然，有清楚的行文边框。该刊正文内容的行文边框通常设置为横版四等分，简洁的四等分版面使期刊内容更显饱满充实，提升了读者的阅读体验。该刊刊载的学校各类校闻，如图书馆阅读统计表和学校财务报表等，排版时会在普通的四等分版面内规划出适宜的版面以供图表的插入，这样做既保证了版面的完整性与期刊的阅读观赏性，又能够准确地传达内容信息。以1933年出版的第10期（河北省立第七中学第二届运动会特刊）为例，其版面依旧沿袭一贯的四等分风格。在运动会特刊中，为了更加方便刊载学校运动会各类项目表、名次表，该刊将其竖排版改为横版行文。这样安排，充分利用了版面空间，易于排布并刊登运动会成绩计分表。该刊还绘制了清晰明确的运动会赛事场地表，场地表明确地标示了各类运动项目地点、观众席、运动员休息室、主席台、大门等。除此之外，运动会期间的各类小文章以及文学文章的登报版式，依旧沿用期刊的横向四等分版式。

在该刊的四等分基本框载文中，每张校刊版面连接的中间空白部分都标有该刊的征稿条件，其标题为"校刊投稿简章"，并明确规定：

  1. 投寄之稿性质不拘，或自撰，或翻译，均所欢迎，文体亦不限文言或白话。

  2. 投稿请缮写清楚，并加新式标点符号，本刊并特制稿纸，备投稿同学应用。

  3. 来稿登载与否不能预覆，如未登载，得因预先声明，退还原稿。

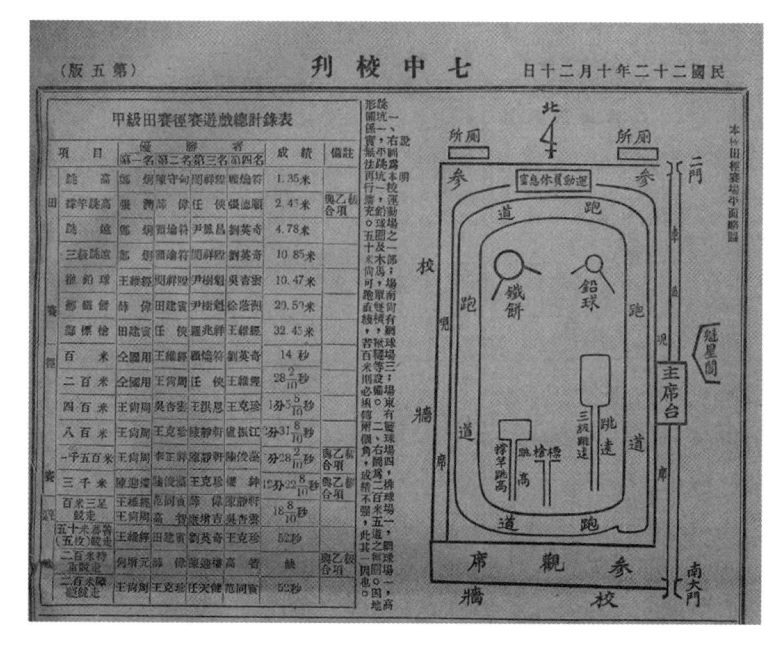

**图 3—44　《河北省第七中学校刊》刊登的运动场绘图**

4. 来稿需注明姓名班级，至揭稿时如何署名听投稿者自定。

5. 来稿得由编辑者酌量增删。

6. 来稿一经登载，当酌赠本刊或其他奖品。

（3）稿件来源

该刊作为一份中学校刊，主要承担着为学校师生服务的责任。学校的办学思路与观念、具体事务处理尤其是学生的生活学习情况，都刊登在校刊上。除师生的文艺作品及时政评析文章外，该刊还刊载了教育主管部门的公文，设置了趣味且富教育之意的常识问答版块。该刊设立了投稿通道，规定"投寄之稿性质不限，或自撰，或翻译，均所欢迎，文体亦不限文言或白话"。这样做，一方面扩充了报刊的投稿类型，另一方面也保证了各级各层各面向的意见和想法能够汇集上来。

4.《河北省立第七中学校刊》的时代功用与启发

（1）从校刊本应有的功用来看

校刊作为教育和文化传播载体的一种，在信息闭塞且不对称的年代，是传递学校信息的重要途径和手段。校刊的创办与发行，代表着一个学校的建设步入正途，且有疏通信息和树立形象的功用。"校刊只是其表，其实质是学术研究，而学术研究的关键在人。"[①] 中学发展的主体是教师、学生，核心工作是教学和管理，但想要更加优质的发展，需要综合的是多方位的建议或批评。所以校刊的创办不仅是履行校刊作为纸质传播媒介的传播宣传功能，还在基本功能中潜藏着其他功能，帮助学校更健康地发展，为学校谋求更加优质的硬件设施和师资力量，为学生们的各方面发展做更大的助力。在国难当头时，作为教育者也更加清楚国家的兴亡牵连着教育之根。校刊承载的是学校的梦想，想要传达对于学生们的细致关怀和耐心培养，应时刻督促学生们了解升学情况、考试成绩，并关心由于各种原因未能按时上学报到的同学。在学习生活上，应严格要求和规范学生；在课外时间，应丰富学生的日常生活与课外知识；在思想上，应帮助同学们树立正确的爱国、护国意识，教导同学们树立正确的人生观、价值观。

（2）从民众实际教育需求来看

河北省立第七中学承载的不仅是每一位学生未来的发展，更是众多家庭的期待。在纷乱动荡的年代中，人们开始转变旧有观念，更懂得要兴国先要兴教育的道理。而国家的安定团结应该体现在每一个家庭中，一个个小家庭的持续稳定与和谐，才是国家安定团结的表现。校刊的创立，是为了告知社会，思想者和教育者们从未放弃过，仍旧在努力寻求变革，努力追求进步发展，希望通过教育来开化思想、创新理念，一步一步领导人民群众，不卑不亢、顽强斗争，争取国泰民安。尤其是在抗日战争时期，时局虽然动荡，但教育对于学校来说仍是第一要义。《河北省立第七中学校刊》不仅是一面历史的镜子，一份学生丰富课外知识的读物，更是一份在水深火热的危难中为人们播下的希望的火种。

（3）从中学教育的历史责任来看

读史而明智，观古以鉴今。该校刊的创办为学校自身留下了工作的注脚和思想的印记。"学生的个性解放发源于学生们对兴趣的发现与坚持，最显著的表现则是他们广泛参与各种活动，改变传统士人的读书方

---

① 王忘筌：《民国校刊中的苏州中学》，《江苏教育》2014年第8期。

式,积极组织和参加校内外课外活动。以学生的办刊活动为例,学生操办的刊物为他们提供了一个言论自由的交流平台,能够更多发表他们的自由言论。在办刊的活动中,学生们的个性得以锤炼,甚至为以后所从事的职业打下了奠基。"① 泱泱历史长河中,三十年的历程并不算长,但在清末民初的三十年,却正是学校在复杂因素与环境中不断蜕变和演进的三十年。该校从最初的学堂到多元包容的学校,各方面的配置与诉求都在不断适应时代的要求,甚至具有一定的引领作用。教育思想的转变、教育规范的确立、教学秩序的维护与教学成果的展示,都应该是校刊的重要聚焦点。这样的付出得到了回报,该校在20世纪30年代的办学成绩达到了一个历史高峰,"直隶七中在王国光治理下已是全国一流名校,其后相继改称的河北省立第七中学校、河北省立正定中学校办学实绩乘势而上,步上高峰,享誉全国。从1929年到1936年,高中升学率多次在全省夺冠,考生多升入京津名牌大学,当时与北京大学几乎齐名的北洋大学,在全校学生中,来自正中的毕业生占五分之一。正中初中部毕业生,也都连年升入包括京津在内的名牌中学,1935年,正中初、高中升学成绩双双居全省第一。升学成绩连年全省领先,声誉远播省内外,吸引大批外地学子竞相投考正中。例如,1933年考生籍贯除原正定府14县者外,还远及北京、天津、豫北、鲁西北,计有44个县;远在辽宁、山西、福建、上海等省市的考生也前来正中报考,原定招收高一新生50名,报考者达647人。第二年,高中部仍招收新生50名,来自省内外的考生增至822人。"② 很显然,对于一个学校来说,能够培养出合格可用的人才,是最高的目标,而中学的奠基作用在人才成长的道路上是至关重要的。学校教育的质量和成败,通过校刊能够直接反映出来。

《河北省立第七中学校刊》的创刊与发行,在很大程度上代表了河北省水平和层次较高的中学校在教育方面的思考深度和践行水平。教育是立国之本、强国之基,所谓"十年树木,百年树人",有着超百年历史的

---

① 刘京京:《民国时期中学生的生活研究》,博士学位论文,华东师范大学,2015年,第345页。

② 《河北正定中学光荣历史》,2009年1月28日,http://www.zhengzhong.net.cn/index.php?m=content&c=index&a=show&catid=18&id=3852,2020年1月2日。

名校河北正定中学，在其不同阶段的校史演进中，呈现出了内容丰富、多姿多彩的教育风貌。而《河北省立第七中学校刊》也正是其能够作为民国时期河北中学教育杰出代表的实物佐证。

### 七 《正中校刊》

《正中校刊》作为陪伴正定中学成长的优秀校办期刊，真实地反映了民国时期该校的基本发展状态、教师的教育方式、学生的学习生活等情况，深切表达了正中师生在当时社会背景下对中国时政状况的思考。师生面对国家内忧外患时奋起反抗的态度和保家卫国的情怀也都跃然纸上。《正中校刊》作为珍贵的民国时期河北省的中等学校校刊，其内容特色、编辑思想、形式风格、排版设计等都体现出了河北地域的出版特征和河北出版者的职业情怀和价值判断，值得当今同类校刊学习借鉴。

民国时期，"除了一些著名中学外，每个地区都有独具地方特色的中学，有关它们的校刊、校史方面的资料还有待进一步挖掘"①。《正中校刊》是民国时期河北省立正定中学编辑出版的校刊。该刊主要登载本校的布告、会议纪录、演讲辞、校闻、各课消息、图书馆报告、常识问答、毕业同学消息，以及该校学生的论著、论说、小说、戏剧、小品、读书笔记、诗词、杂俎等作品。"河北正定中学是一所具有千年文化教育传承的百年名校，1902年（清光绪二十八年），具有近两千年历史的正定府学、恒阳书院合并改建为官立正定府中学堂，是直隶省（时含今北京、天津，1928年6月改称河北省）最早建立的七所普通中学之一。"② 该校于1902年创立后，"曾更名为直隶省立第七中学、河北省第七中学、河北省立正定中学、晋察冀边区正定联合中学、晋察冀边区第四中学、河北正定第一中学，1979年定名为河北正定中学"③。《正中校刊》原名为《河北省立第七中学校刊》，发刊周期为半月，于1933年3月20日创刊。该刊前十二期名为《七中校刊》，13—14期合刊已遗失，15—16期合刊

---

① 张媛：《近十年来民国中学教育研究综述》，《高校社科动态》2016年第3期。
② 《河北正定中学学校概况》2016年1月28日，http：//www.zhengzhong.net.cn/index.php? m = content&c = index&a = show&catid = 17&id = 3853，2021年8月18日。
③ 《继往开来，致力卓绝的河北正定中学》，《地理教学》2015年第1期。

出刊时更名为《正中校刊》。现存的刊期有第 1—12 期，15—16 期合刊，19—22 期，25 期，28—32 期，37 期，共计二十五期。该刊发刊周期原为半月，后改为不定期，刊物页数也由开始的四版增长到最多时八十余版。

1. 《正中校刊》的内容与栏目特色

（1）行政类栏目

①公文类栏目，多刊发教育厅指令

这一栏目主要刊登上级命令或学校对上级的请示类公文，内容与省教育厅指令有关。教育厅指令多为首要刊登的内容，如同期还刊登启事内容，则教育厅指令排在启事之后。经统计，在留存的二十五期刊物中有九期设置了该栏目，分别为第 2 期、第 7—8 期合刊、第 9 期、第 10 期、第 11 期、第 15—16 期合刊、第 25 期、第 30 期和 37 期。该栏目中的请求类公文，往往是正中根据本校实情，向教育厅提出请示意见；指令类公文，一般是教育厅对学校意见的回复及对学校考试、对举办运动会等工作的相关指令。公文栏目真实地记录了当时教育厅对正中的工作态度和行事原则，是非常珍贵的基础教育史料。

②布告、会议纪要类栏目，传达相关决定并记录要事

布告是较为固定的栏目之一，第 1 期到第 25 期基本都有开设，仅个别特刊没有刊登布告。布告内容较为多样，主要分为本校布告、教务处公告和训育处公告等。本校布告多为教学安排、教师聘用、优秀学生免学费名单、学校活动或者比赛的举办通知、军训安排等。教务处公告内容主要为学生出勤情况、考试成绩、课程安排等。训育处公告则基本与学生的日常生活有关，多为后勤事务，以及社团管理公告，例如关于洗澡设施、生活用品的领取、学生自治会会议通知等。布告栏目反映出学校组织机构的职能设置与权力分配，展现了学校对学生各方面事务的管理程序和要点把握。

会议纪要栏目记录了正中比较重要的会议，例如校务会议和各学科会议，内容较为详细，包括时间、地点、出席人、缺席人、主席（校长）、记录人员等。其中校务会议的讨论内容，多为学校用地、大型活动是否举办以及时间安排、对学生组织的管理决议、对个别学生的奖赏处罚等。学科会议主要涉及体育、国文、英语、算术等。此外，国文、英语、算术等学术类会议研讨，其内容多为学科教学方法研究、会考决议、

考题规范等。体育类的内容多为运动会的详细安排等。会议纪要的大量刊发,更加细致地反映了学校的管理水平和教学理念,同时也真实再现了会议场景和行动方案。但在第二十五期之后该栏目就被取消了,概因后来每期刊登的此类内容不断增多,编辑者考虑将更多的版面留给师生以刊发其作品。另外,由于会议内容的主题大致相同,编辑者或许考虑不必事无巨细全盘将其登于校刊,所以也不再刊登会议记录于校刊。这也体现出《正中校刊》编辑思想的变化和沟通意识的增强,即服务视角继续下沉。

③最近时事报告、演讲词类栏目,引领师生共抒理想抱负

最近时事报告,也是创刊初始就开设的栏目,但并不是每期都有刊登。据笔者统计,共有四期配置有该栏目,分别为第1期、第2期、第9期和第11期。这部分内容主要为教师对当时政治形势的判断,包括造成当前局势的原因解析及提出自己的看法和建议。如,第1期谈论满洲里问题,第2期谈论美国银潮、国际军缩会议和中日问题,第9期继续深入讨论国际军缩会议,第12期讨论远东太平洋问题和与西欧德法冲突问题。虽然此类文章数量不多,但其展示了正中教师的政治胸怀和国际视野:一方面,促进学生对国际政治局势加强了解,提升学生的政治素养和识见能力;另一方面,则体现出国际政治局势暗涌之时,文人志士应有的警觉态度,即尽个人之力传达确切信息,多角度研判而不是碌碌无为只能接受信息。

演讲词部分,主要分为开学时演讲和重大活动时的演讲两部分。开学演讲,一般为于寄梦校长致辞,且多从国家局势、学生个人理想追求等方面动员和鼓励学生努力学习,为国效力。其他教师的演讲致辞,所关注的方面虽有不同,但其大致思想相似。在举办一些重大活动时,也会有教师、来宾或学生的演讲,比如该校建校三十周年的演讲,内容包括举办庆祝活动的意义、学校的发展状况以及学校培养人才的方向等。其他学生代表的演讲,多为诉说对母校的感恩之情,对学校发展的自豪之情,以及对过去学习生活的回忆等。来宾演讲词,多为相关贵宾访客在正定时的所见所闻所想及对学生教育工作的探讨等。这些演讲词或激扬澎湃或铮铮有声,有礼有节、有魄有魂,是激发师生警醒和奋进的剂剂"良药"。

(2) 校内要闻类栏目

①校闻栏目主要刊登校内新闻，旨在促进学生多方面发展

校闻栏目是《正中校刊》最为固定的一个栏目，每期均有开设且内容逐渐充实。"校闻"，顾名思义，即为有关学校的新闻，它主要的内容涉及学校的各个方面。该刊前三期的校闻内容，充当着对布告进行详细解释的角色。例如，对新聘教师的详细介绍，对到校及休学学生的详细介绍，对举办的相关活动的介绍，以及对新成立的社团的介绍，还包括对社团简章的介绍。该刊在发展中完善，校闻内容逐渐增多，但也越发多且杂，既有开学校长训辞、社团消息，也有学校相关管理办法等。上到学校管理层面，下到学生自主活动层面，丰富而持续的内容，反映了正中学生多彩的学习生活和蒸蒸日上的办学业绩。正中在教育方面，不仅从知识普及和基础理念培养出发，同时也非常注重学生的多方面发展，注重学生自身能力的挖掘和塑造。例如在第21—22期合刊中，其校闻内容为运动会通知、秋梦社近况、健青社举行第二次野餐旅行等。第30期校闻中，刊发了该校三十二周年纪念志略、规定各年级训育实施程序、曲阳桥旅行、学生种花生活之一斑等，这些内容均体现出学校对学生多方面发展的重视。

②图书馆报告栏目主要用于公布新书目，旨在开拓学生阅读视野

图书馆报告栏目的开办，反映了正中对基础教学资料和设施的重视。1915年颁布的《图书馆规程》第2条规定："公立、私立各学校、公共团体或私人，依本规程所规定得设立图书馆"①。图书馆是一个学校的文化底蕴和精神寄托所在，图书馆建设是营造良好学习氛围、扩充知识文库的重要阵地。1931年12月，国民政府公布了《中学法》，规定："中学教育须培养学生继续深造的学习能力与适应社会的谋生能力"②。图书馆报告栏目，也是《正中校刊》较为固定的栏目。该刊前三期（第3期为3—4期合刊）并未设立"图书馆消息"栏目，至第5—6期合刊设立了"新购图书"栏目，内容为刊登新购图书的目录，可视为"图书馆报告"栏目的前身。至第7—8期合刊，又更名为"图书馆消息"，至第9期再次

---

① 民国教育部：《第一次中国教育年鉴》，开明书局1934年版，第789页。
② 符晓林：《民国时期中学图书馆思想论略》，《山东图书馆学刊》2016年第4期。

更名为"图书馆报告",之后的各期大部分命名均为"图书馆报告",但第 25 期及第 32 期又命名为"图书馆消息"。多次更名,一方面是说明了刊物对于这部分内容的认知存在变化,另一方面也显示了该栏目的重要性。虽然这一部分基本内容是关于图书馆的,但是其实际刊登的内容也有所差别。"图书馆报告"内容较多,主要是刊登新书目录、图书借阅统计、图书馆一年的工作总结等信息。"图书馆消息"较为简短,篇幅偏小,内容多为通知。从此类栏目所刊登的新书书目来看,该校的新书购买不仅仅局限于课业书,还有拓展知识的多门类图书。如在第 19—20 期合刊中,该栏目刊登的新到图书既有《低年级算术学法》《读写算教学法》《中学各科学习法》等课业书,也有如《美人与野兽》《战争与和平》《芥川龙之介集》《寝人之爱》《秋天里的春天》等文学类书籍,可见学校对学生的阅读范围拓展有专门的考虑。民国时期的中学图书馆,担任着学校重要的服务职能,"一是服务中学教育,作为教辅机构而发挥作用;一是服务社会,贯彻中央政府的教育方针,以实现政府的既定教育目标。这种价值,既不同于小学(儿童)图书馆,也有别于大学图书馆"[1]。

③毕业生消息栏目主要展现毕业生风采,旨在营造积极向上的校风

当今的中学学生,多数在毕业后与学校较少再产生联系。而民国时期的交通不便、通信不畅,仍未阻隔正中毕业生的来信热情,也充分说明了该校学生对母校培育的感恩。正中能够特设"毕业生消息"栏目,也同样反映出该校对毕业同学的关怀和对毕业生校友资源的重视。据笔者统计,该刊共有九期设立了"毕业生消息"栏目,主要内容为毕业同学来函和毕业生情况统计。其中,毕业同学来信多为毕业生写给教师的信件,多叙述毕业生本人的近况,并表达对母校的思念和在外漂泊的感慨。如有一篇来信中这样写道:"自远函丈,瞬息将近五月,不聆训教,殊为怅然!生等前在校时,只觉学校生活之讨厌,今则万里漂泊作客他乡,忆及母校,始知'精诚奋进'校训之伟大,学校生活之

---

[1] 符晓林:《民国时期中学图书馆思想论略》,《山东图书馆学刊》2016 年第 4 期。

美满可爱也!"① 短短数语,道出了毕业生对母校生活的情感转变和毕业后经过社会历练的感慨。其他的毕业生来信,有的谈及家国情怀、生活趣事、游玩感慨等,也尽显担当与温情。"毕业生情况"的统计较为简单,且数据相对稀见,或为保护毕业生隐私起见,统计内容仅为姓名、班次、通信处,相关信息也由毕业同学来信时提供。

(3) 文学类栏目内容

①学校园地、文艺、小说等栏目多刊登学生作品,展现学生文采

"学校园地"是该刊唯一刊发学生作品的栏目,在第 1 期便开设了。第 1 期刊登了两篇学生写的文章,第一篇题为"一个工人",只刊登了部分,作者为一名初四学生。第二篇名为"献给青年",文章较短,作者是一名高二学生,文章旨在呼吁青年同胞努力向上、积极面对残酷竞争。之后,该刊刊登的学生文章逐渐增多,题材也逐渐丰富。从第 9 期开始,"学校园地"栏目更名为"校园",并将具体内容分为三个小栏目,刊于刊物的后部,但封面目录没有着重提示这部分内容,只是将"校园"作为大标题新列进了目录。在第 19—20 期合刊及之后,该刊就取消了"校园"栏目,直接将小栏目列在封面目录内。

该刊从第 11 期开始设置"文艺"栏目,并归于"校园"版块下,主要刊发学生的作文。其具体内容多为学生写作的抒情文章,篇幅一般较短。据笔者统计,第 11 期刊登了两篇,第 12 期刊登了四篇,第 15—16 期合刊刊登了六篇,之后基本都在八九篇左右,但第 37 期刊登了三十二篇。从刊登文章的数量变化可以看出,该刊内容逐渐重视学生作品中流露出的看法,学生对征文的积极性也明显提高。具体来看,所刊登文章质量都相对上乘,是经过优选的。有些文章的题目相同,是命题作文或者征文被选中的佳作。通过阅读学生的文章,可以了解当时学生的学习生活动态以及思想特征,如有一篇名为"在归校的途中"的文章,主要写作者在归校途中的所思所想,突出了离家的不舍,对未来学习的思考,以及对前途感到迷茫的多重感悟。有的文章描写作者的假期生活,抒发对于季节变化的感想。文艺栏目为学生提供了创作展示的平台,锻炼了

---

① 引自《正中校刊》第 28 期"毕业生消息"中的"初级第四十二三班全国用君李宝瑞来函"。

学生的写作能力，同时也记录了学生的思想情况，是师生们都喜闻乐见的栏目。

该刊刊登的小说作品，来源有两种：一为学生创作，二为翻译。小说作品一般为短篇，且每期一篇。据笔者统计，只有第9期、第10期、第19—20期合刊、第21—22期合刊中设置了"小说"栏目。其中，第9期和第10期刊登的内容实为散文，这可能是之后"小说"栏目更名为"文艺"栏目的原因。其他的两期，共刊登了一篇小说，名为《舞台情人》，该小说描述了青年男女为了排练舞台剧而付出很多，进而产生的情感纠葛，最终表现的是青年男女积极向上的心态和对事业的坚定追求。该小说有一幕是接吻，也反映出了时代风气的开放以及对男女关系逐渐大度的态度。该小说情节细腻，内容跌宕起伏、引人入胜。但该刊真正的小说只有这一篇，很具典型性。

②论著栏目多讨论社会发展，指点江山

该栏目前期名为"论著"，第19—20期合刊更名为"论说"。"论著"栏目刊登的文章较有学术性，该栏目从第9期开始设立，对热点问题进行讨论。论著的作者主要为老师，也有个别比较优秀的学生。论著的篇幅相对较长，内容也较为深刻。如第9期第一篇论著文章，就太平洋局势进行了分析和讨论；第二篇文章则是对政治宣传手段进行分析，从贴标语、喊口号说起，最终回归到认真读书层面。第10期的第一篇文章，题目是"青年的厌世"，该文探讨了青年自杀的问题；第二篇则是对世界经济恐慌问题的探讨；第三篇是对世界政治危机的探讨。第11期第一次刊登了学生的论著，主要对青年厌世的原因进行探讨。该刊对相似论题的文章也具有较强的包容性，对相似论题选取不同角度进行文章编选刊登。综之，论著的主题大致为对当时时事热点问题的探讨，较多涉及国际经济政治、社会问题。个别论著也讨论文学和学习问题，如第29期刊登的《辞至宋而大盛其故安在试申论之》《求学首重自修》，第31期刊登的《由六书的条例推论汉字的演变》《中国文学史话》。这些文章论述有理有据，文章论点论据清晰，问题剖析深刻，提出的建议符合时代特征，足以体现当时教师学生对待学术的态度之严谨，对教书求学的态度之认真。

③杂俎栏目内容丰富多样，杂而有趣

"杂俎"栏目刊登的内容篇幅不一，内容多样且繁杂。评论如《从春蚕到秋收》，是对茅盾农村三部曲《春蚕》《秋收》《残冬》①的书评。散文如《所以我愁了》《随笔二则》等，民谣如《想亲亲》《来娘家》等。这一栏目多见于第9期到第21—22期合刊中，之后刊物对此类内容进行细分，"杂俎"栏目随之取消。正是这些富于地方文艺特色和语言风格的作品，令人读来倍感亲切，这些作品也尤有生命力，成为值得后人玩味和品评的佳作。

（4）其他类栏目内容

①周年纪念特刊和运动特刊，讲求庄重感和仪式感

该刊的特刊名义上只有一期，实为两期。第3—4期合刊虽没有特别说明为特刊，但据其内容来看，是正定中学（当时名为河北省立第七中学）三十周年特刊，共有二十二版。此刊开头醒目刊登着"精诚奋进"的校训，然后是校歌，之后是学校历史变革。之后刊登的是校长、教师、来宾以及学生的演讲，最后附录了九个版面的祝词。从刊物内容可以了解到，当时举办了隆重的校庆活动。

第10期为"本校第二届运动会特刊"，共十二版。该特刊主要刊登了运动会前后的各种消息，第一篇文章是校长为运动会特刊撰写的专题文章，体现出学校对运动会的重视，特别是提到了重视体育的原因，即国家内忧外困。同时，该文也提到了一些人对学校运动会的质疑之声，最后，文章激励同学们要积极参与运动会。校长的专题文章之后，是运动员的名录和编号，赛事安排等内容。接着是对开幕式的报道以及学生的各项运动成绩记录表，其中较有趣的是记录比赛趣事的文章。如，其中一篇题为"挨打"的短文，记录了在组队竞走比赛时，甲乙运动员因协作问题导致相撞的趣事，文字活泼有趣，文中这样写道："某级某组三足竞走时，某甲乙运动员为一封，跑至终点时，甲忽倒地，而乙亦被撞到，压甲身上；乙自解带起身后，向甲之臀部用力一拍，而博得观众热烈鼓掌；并有思议谓'这一拍，大有亲爱精诚之滋味'"②。这一小段文

---

① 《春蚕》，最初发表于1932年11月《现代》第2卷第1期。《秋收》，发表于1933年4月、5月的《申报月刊》第2卷第4期、第5期。《残冬》，发表于1933年《文学（上海1933）》第1卷第1期。

② 引自《河北省立第七中学校刊》第10期短文《挨打》。

字再现了当时有趣的场景，通过对趣事的细节描写，更体现出运动会的激烈，以及"友谊第一，比赛第二"的精神。该刊的此类短文共有十四篇，题目都活泼有趣，如《看媳妇又吃花生米》《原来是太太到了》。最后，该刊登录了闭幕词、奖品颁发、会后报告及部分成绩统计，作为一届完满的运动会的生动真实记录和档案资料保存下来，也体现了庄重感和仪式感。

②为适应时势而灵活设置的栏目，全面提升服务功能

特殊栏目是指个别比较灵活的栏目，这些栏目会根据刊物内容灵活设置。据笔者统计，此类栏目有启示、常识问答、书报介绍、戏剧、小品、诗词、格言选录、翻译、读书笔记、书信、编后等。"启示"是对刊物内容变化的提示。"常识问答"是对一些常识的普及，以答问形式回应关切，如"问：儿童节的来历如何？意义如何？答：一九二五年……这是我国有儿童节的开始"。该栏目的内容涵盖广泛，旨在提升学生的常识储备。"书报介绍"是对一些书籍的介绍，包括图书的作者、内容、著作来历、出售书店及出售价格等。"戏剧"主要介绍舞台剧台本，形式为人物对话，内容多反映社会变化。"小品"多刊登学生作品，类似于文艺才能展示。"诗词"栏目刊登的有古体诗形式的作品，也有近体诗形式的作品，多为学生所作。"格言选录"主要是对名人名言的选择性刊登。"翻译"也称"译著"，是对国外文学等作品的翻译介绍，如《俄国史》《约翰逊父子》，译者有教师也有学生。"读书笔记"是学生读书时的感想或者读后感。"书信"栏目中，有教师写给学生的，如贯之写的《给高五班同学的一封信》，也有学生写给学生的，如樊殿祥等写的《写给不能升级的同学》。"编后"主要是对刊物的情况说明，如对文章刊登分为几期或者是对刊物出版变化情况的说明。名称多变的十余个栏目，旨在全面激发刊物的刊载潜力和文化传播功能。

2. 《正中校刊》的编辑思想与编辑特点

（1）编辑思想

①刊物宗旨：团结精神与统一意志

《正中校刊》的办刊目的是团结全校精神，统一师生意志，要求师生做好日常教学活动，并呼吁正中人关注国家形势。民国二十二年（1933），日军已经攻陷了热河，华北地区局势紧张，河北正定中学（当

时名为河北省第七中学）在这时已决定出版校刊。当时的校长于寄梦先生在发刊词中这样写道："黑水白山，已非我有，榆关热河，相继沦陷，我们华北的局面是若何危险呢！"① 声声高呼，呼喊出文人对国难的悲痛之情和对局势发展保持的警醒。同时，该刊也呼吁正定中学师生勤奋努力、投身革命，救国于危难之中。一份刊物的发刊词，尤能体现其办刊思想和"编辑初心"，在1933—1935年间，该刊正秉承了这一主旨，发挥自己应有的作用。正定中学作为当时河北著名中学，也跟当时全国其他知名中学一样，具有"校长学高身正；机构设置精兵简政；教学管理遵循规律；教师管理以师为本；学生管理严慈相济；经费管理开源节流；危机管理沉着坚韧；对外关系多方拓展"② 等特点，这些特点在校刊中均有体现。

②刊文主体：由行政官文到师生文艺

该刊发刊初期，每期内容相对较少，多刊登学校杂事，每期只有四版。从第2期开始，该刊开始登载学生文章，但占据的版面很小，如一篇学生的文章分为三期才刊登完毕。第3—4期合刊的主题，主要为庆祝建校三十周年，大部分版面是贺词，虽然也有学生文章，但并不是主体。随着期数增加，师生文章逐渐成为刊物的主体内容，也形成了较为固定的栏目，编辑思想亦逐渐成熟，形式也逐渐固定。如在第1—4期，其主要内容为学校行政事务记录，只有"学校园地"栏目刊登学生作品。至第5期，增加了"最近政治（时事）报告"栏目，至第6期，又将"学校园地"分为了三大部分，并每期从论著、小说、杂俎、文艺、戏剧这些栏目中挑选三个栏目。该刊有时会根据情况，直接用学生作品标题作为次级标题命名。通过持续不断的办刊经验积累，该刊形成了较为固定的日常活动内容展示模式，并逐渐形成了以师生文章为主体的模式。

（2）编辑特点

①栏目设置适时调整，稳中有变

通过对二十五期刊物栏目设置的对比发现，该刊栏目设置逐渐趋于

---

① 引自《河北省立第七中学校刊》第1期由于寄梦所作发刊词。
② 程斯辉、代小芳：《民国时期著名中学的管理特色初探》，《教育理论与实践》2018年第2期。

完善，但基本稳定。较为稳定的栏目是校园、毕业同学消息、学校园地、论著、文艺、杂俎、图书馆报告，这些栏目基本每期都有设置。布告、会议记录这两个栏目在第 25 期及之前较为固定。演讲词、公文这两个栏目依据于活动或者是上级情况设置，刊发相对不多。小说、最近时事报告、启示、常识问答、书报介绍、戏剧、小品、诗词、格言选录、翻译、读书笔记、书信、编后等栏目则是灵活设定的，或根据刊物版面，或根据刊物征稿内容，增加了刊物的灵活性，使刊物不显得古板。第 28 期及之后，该刊基本不再刊登日常行政类内容，随之刊物表述的文学性得到增强。该刊栏目的顺序设定，主要基于日常版块和师生文章版块顺序，公告类和公文如有刊登则排布在前，然后是会议纪要、校闻、图书馆报告、毕业同学消息等，之后是师生文章版块，并多以论著、文艺、杂俎为序排列。如有一些师生文章类灵活栏目添加，则一般放在论著之后，杂俎之前。书报介绍、常识问答、格言之类的一般放于图书馆报告之后。

②依内容分配版面，不设上限

创刊初期，该刊版面占据比重较大的多为日常行政类内容，如公文、布告。第 1 期共有四版，日常行政类内容占三版。第 2 期中，学生文章仅占据第四版版面的四分之一，该篇文章刊登了三期才完成。之后，刊物内容亦较为单调，版面分配不均衡，到第 9 期时情况有所改善，版面数量由四版增至八版，并设立了"校园"栏目，包含论著、文艺、杂俎三个栏目。虽然文学类栏目只占据了两版，但也是一个良好的开端。第 15—16 期合刊的日常行政类内容与师生文章平分版面，之后师生文章类所占版面逐渐增多。第 28 期之后，会议记录、布告等栏目基本不再刊登，师生文章占据了主要版面。根据以上变化可以发现，版面的比重分配基于内容的变化，且刊物页（版）数不断增加，到第 37 期时已达八十七页（版）之多。从相关版面的数量变化，也可以看出刊物的编辑重心与作者的创作之间出现了双向互动，刊物的内容重心出现了游移。

（3）形式风格

①封面布局多次微调，延续务实风格

《正中校刊》严格来说并没有封面，刊物第一页即包含目录及正文。该刊封面整体为竖排，从右到左行文。第 1 期到 15—16 期合刊的刊物名称及目录期数等均为竖排，占据整版的三分之一，刊名"河北省立第七中学校刊"又占其八分之五,"河北省立"字号较小竖排两列,校刊字号较大自成一列,字体类似行楷,整体加粗。目录仅占不到八分之三,字体为宋体,字号较小,小于正文字号,其他均为正文版面。第19—20期合刊封面进行了改版,整版横分为三部分,刊物名称"正中校刊"横排占据了整版的三分之一,"正中校刊"四字加黑加粗,字号较大。右边楷书为刊物类别,左边为期数。目录占据剩下版面竖列的三分之一,横行的三分之二,处于版面右边,相较于之前目录所占版面比重扩大,字体依旧较小。在第29期及之后,目录所占版面比重占除刊名之外的二分之一,至第37期,目录则占据了第一版,目录内容均为居上排列。从下图可以看出,封面的排版延续了较为庄重务实的风格。

图3—45 《正中校刊》封面对比

②内文排版空间的布局,整体整洁有序

第1期到第15—16期合刊的版面,横向均分为四行,第19—20期合刊及之后版面横向分为两行,文字均为竖排,字体为宋体,均为从右到左阅读,没改版之前,正文字号以及行间距较小于改版之后,比较密集,排列紧密,改版之后字号相对加大,行间距扩大。小标题字号均加大,字体加粗。第15—16期合刊之前,书眉简称"七中校刊",左右为版数

（页数）、出版日期，页数和出版日期会因版面在刊物的左右进行调整，如一本书翻开之后的左右页，页码始终靠近书脊。第19—20期合刊及之后，刊物简称为"正中校刊"，竖排于页面左右，靠近书口，位于最上，中间为期数，下边为页码。刊物的正文标题均居中，内容会根据情况向下缩进两个字符，整体排列整洁有序。从下图可以看出，虽然内文版式出现了显著变化，但延续了整齐有序的简洁风格。

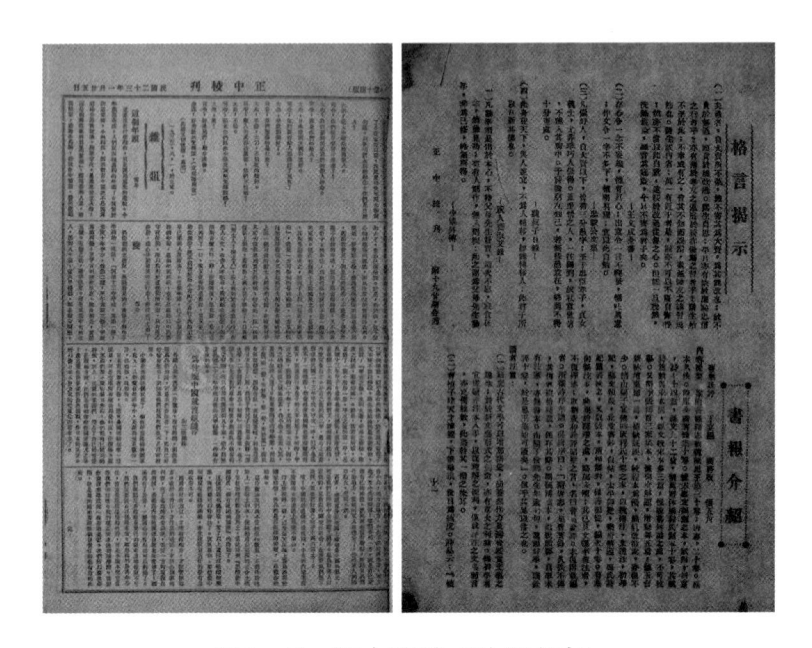

图3—46 《正中校刊》正文版式对比

③图表、图纹的使用，发挥点缀功能

图表排版常受到整体排版的限制，多根据整体排版需要由左到右竖排，占据版面大小也是基于实际需要进行分割。第15—16期合刊及之前的排版高度为整版的四分之一，第19—20期合刊及之后为版面的二分之一。这种排布方式，图表基本为长方形，会因为版面不够而分割成上下或直接跨页，图表与图表之间的间距也较小。个别图表的设置占据一整页，如图书馆借阅书籍调查表。鉴于排版难度，刊物在尽量避免使用表格。

图纹方面的使用主要是对正文一级标题设计的修饰，均为简单图纹，是为了凸显一级标题。相关图纹基本由简单线条组成，也有简单的图形，如正方形、圆圈、点等，个别有较复杂的花饰。该刊的图纹设计简单整洁，增加了刊物的美观性。第20—21期合刊及第29期，在刊物最后一页的空白处都印制了简单的图画，填补了页面空白。

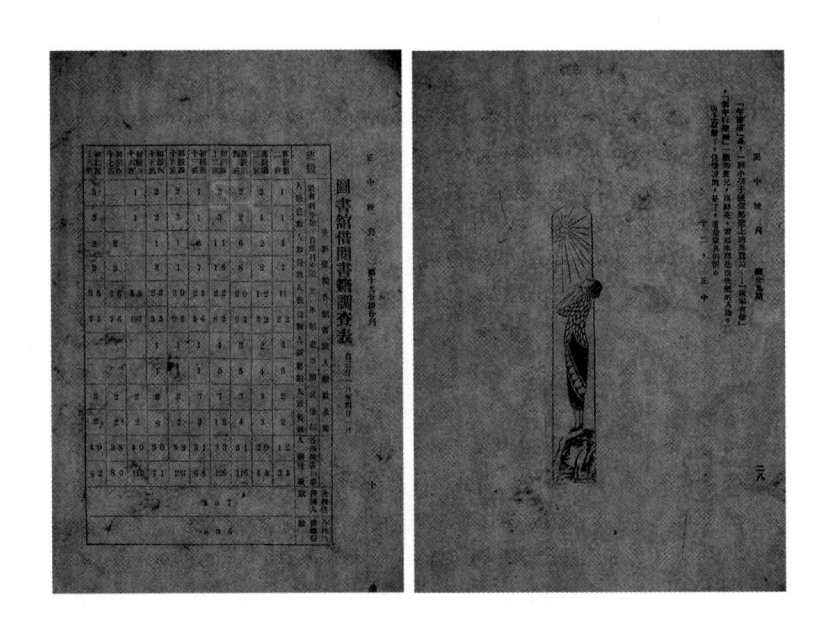

**图3—47 《正中校刊》中的图表与图案**

纵观《正中校刊》的版式和设计发展变化，可以看出刊物的发展受到了社会背景、学校发展状况、教育思想等多方面因素的影响。《正中校刊》从最初的每期四版增加到八十多版，文章数量成倍增加，刊载内容日益丰富，正体现了其积极而活跃的办刊理想。虽然受技术和设备限制，该刊的风格格式不能够像现代刊物一样充满活力和张力，但正因其简洁的排版，图表更能映衬出内容的质感。

### 八 《沧中双周》

《沧中双周》是民国时期河北省立沧县中学（今沧州市第一中学）的校刊，存续近四年时间，该刊名为"双周"但不定期出版，并装订成册发行，受众为全校师生。《沧中双周》作为校刊，其内容涉及沧县中学的教学理念、文件通知、教学安排等方面，也涉及文学类稿件。该刊的主要内容为师生所写的文章，亦有教育教学方面的问题解答。该刊的内容质量较高，也对研究同时期河北中学教育和沧州市第一中学的校史具有重要的参考价值。

1.《沧中双周》的创刊背景

清末民初的河北教育，从全国横向对比来看，无论数量还是质量均居于全国前端，"据学部光绪三十三年（1907）统计，袁世凯当政的直隶省（今河北省）共办有专门学堂12所，实业学堂20所，优级师范学堂3所，初级师范学堂90所，师范传习所5处，中学堂30所，小学堂7391所，女子学堂121所，蒙养院2所，总计8723所，学生16万多人，人数位居全国第二"①，河北省是当时全国兴办新式学堂最多的省份。就沧县的学校教育来说，"从来盛明之世，政治美备，风俗优良。推其致此之由，胥归功教育是兴。立学校关系文化进步，良非浅鲜。三代时，有庠、序、学校，后世开科取士，设儒学，立书院，人才悉出其中。本县旧名沧州，儒学教官正齐曰学正，偏齐曰训导，书院设置有天门、渤海之别，此皆属最高行政教育，其他有社学，有沧曲书舍，以及村自为学，家自为教，率皆延师，以教子弟。或家贫无力延师，官绅捐资兴办义塾，专为教寒家儿童，是为普通教育"②，大致勾勒了沧州教育的建制历史与发展脉络。清末至民国初期，沧县的教育取得了更大的进步，"根据清政府和民国政府的政令，沧县教育在政府主管机关和民间组织的领导和支持下，秉持政府的教育宗旨和学制、课程、教师资格的有关规定，通过政府拨款和民间筹资，开展学校教育、社会教育、职业教育、特殊教育，取得了很大成绩"③。《沧中双周》创刊之际，"到1933年，沧县全境共有小学350所，学生11706人，其中完全小学18所，学生2445人；初级小学246所，学生6499人；女子完全小学1所，学生120人；女子初级小学1所，学生243人"④。

沧州市第一中学的前身为河北省立沧县中学，始建于1913年，"由

① 刘振修：《"新政先锋"袁世凯》，《文史天地》2010年第10期。
② 焦以爽：《清末民国时期沧县教育简略》，《沧州师范专科学校学报》2008年第4期。
③ 焦以爽：《清末民国时期沧县教育简略》，《沧州师范专科学校学报》2008年第4期。
④ 张坪等：《沧县志（影印本）（卷六）》，成文出版社1933年版。

于学校创建之初所有经费皆由直隶省立第一中学（天津铃铛阁中学）划拨，始名天津第二中学，1914年改归省辖，更名为直隶省立第二中学，1928年，改称河北省立第二中学，1933年改称为河北省立沧县中学。1937年9月，日军侵占沧城，省立沧县中学停办，1946年复校。1947年6月沧县城解放，沧县中学部分师生北去天津并并入沧县中等联合学校，本校再次停办。1949年2月学校复校改称冀中区沧县中学，12月改称河北省立沧县中学。1952年12月改称河北省沧县中学，1956年改称河北省沧县第一中学。1961年改称沧州第一中学，1970年定名为沧州市第一中学"[①]。1933年，原河北省立第二中学改称为河北省立沧县中学，至1937年9月，日军侵占了沧州城，而后省立沧县中学停办，一直到1946年复校，即"河北省立沧县中学"的名称在该校校史上存用了4年。《沧中双周》的办刊历史基本与"河北省立沧县中学"一名的存续时间吻合。

　　《沧中双周》现存35期，总共发行36期，创刊号缺佚，主要撰稿人有焕岷、曾世凉、张一闻等。该刊基本的发行周期为两周，即14天，但个别刊期间的出版间隔超过14天，如第11期的出版时间为1935年5月18日，第12期的出版时间为1935年9月22日，跨度达四个月之久。至于期间的出版周期变化，该刊的头版的"本刊启事"栏目一般均做交代。该刊刊名为竖排书法体，由河北省立沧县中学校出版，由天津百城书局代印。该刊第2—3期合刊及第4期刊名右侧刊登有"河北省立沧县中学校发行"字样，第5期刊名右侧刊登有"中华邮政批准挂号认为新闻纸类"字样，自第6期开始在刊名右侧刊登"内政部登记警字"为第4079号，以后每期均在相同位置刊登此信息。该刊的第2—3期合刊的出版日期为1934年12月2日，现存最后一期（第36期）的出版时间为1937年6月11日。因第1期缺佚，其第2—3期合刊上刊登的"本刊启事"说，"本刊因编辑两人同时请假，致第2期未能如期出版，至以为歉！兹特扩充篇幅，将第2—3两期合并刊印，以后当充实内容，按期出版，以飨阅者。此启"，第4期的出版时间为1934年12月16日，故推测其创刊号的出版时间约为1934年11月上旬。就期刊容量来看，该刊第2—3期合刊

---

[①] 常树青：《沧州市第一中学百年校庆公告》，2013年3月11日，http：//www.hbczyizhong.cn/Article/lscl/xqgg/201303/5181.html，2020年1月2日。

为 26 页，第 4 期为 16 页，第 5 期为 14 页，第 6 期为 18 页，第 7 期为 17 页，第 8 期为 24 页，第 9—10 期合刊为 32 页，第 11 期为 12 页，后每期多为 12 页左右。该刊第 2—3 期合刊直至第 5 期均在头版刊名下登载期刊价格，"每份售铜元八枚"，但自第 6 期起不再登印期刊价格。

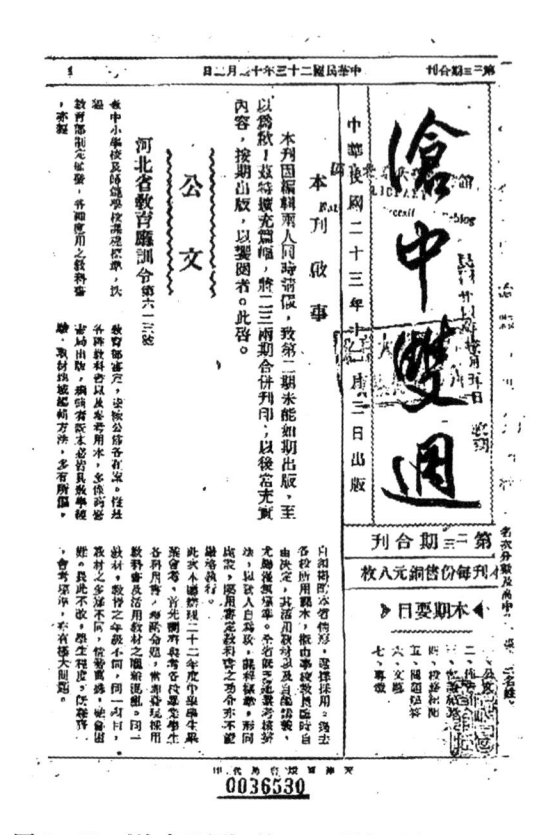

图 3—48　《沧中双周》第 2—3 期合刊头版版面情况

校刊校报体现着学校的文化建设方针和政策，也体现着学生对于校园文化建设的贡献与思考，作为校园文化的重要内容和成果，具有重要的教育史料价值和学术文艺传承价值。《沧州双周》主要服务于河北省立沧县中学的师生，具体印量和发行范围不详。

2.《沧中双周》的栏目设置与内容价值

栏目建设对提升期刊的质量、增强讨论功能、促进期刊的资源优化配置等具有重要的意义。《沧中双周》的栏目设置较为固定，其栏目分类提示主要刊列与每期头版的右下方。①

(1) 各类文学与文化类栏目

"论著及文艺"是《沧中双周》的主要栏目,其内容约占期刊三分之一的篇幅,此栏目涉及范围较广。从第1期至第7期,主要是对唐宋诗人及其诗歌的分析与解读,分析诗人的时代特征与意义,在分析的过程中,具有独到的见解。诗词方面选取了唐宋时期李清照、苏轼等9位诗人,并对他们的代表作进行解读。例如,第6期中提到的悲观主义作家——李煜,文中做了一些拓展性和启发性解释,在介绍中带有评价。②该文对李后主词的分析与赞美是专业的和符合逻辑的。第7期中,谈到词的革命巨擘——苏轼:"老夫聊发少年狂。左牵黄,右擎苍,锦帽貂裘,千骑卷平冈。为报倾城随太守,亲射虎,看孙郎。酒酣胸胆尚开张。鬓微霜,又何妨?持节云中,何时遣冯唐。会挽雕弓如满月,西北望,射天狼。"③这篇《江城子·密州狩猎》是东坡在密州任上所作。该词的豪迈与壮志,在期刊中被编者进行了透彻的解读。期刊的编者认为,那时词坛的主流是"凡有井水处,皆有歌柳词",柳永儿女情长的靡靡之音,是文人士大夫工作之外消遣打趣的柔情小调,是由樱桃小口的美女打着檀板载歌载舞,千娇百媚地摄人心魄④,而东坡词则更像是袒胸露乳的西北大汉,手持铁铙铜钹的临风高歌。此比拟在当时可谓见解独特,新人耳目。

在"论著及文艺"栏目中,随笔与散文也较常见。在第5期的"随笔三则"中,其讨论回忆的特性时,意到笔随、言尽而止又率真自如,不拘一格的文风得到了淋漓尽致的展现。可以看出,编者对此类文章的选取标准是力求精要、准确、生动、活泼、新鲜,充满个性和灵性。此类文章有两个主要特点:一是善于以小见大,对生活中的片段见闻、偶尔经历、点滴感悟、瞬时思考进行一种同步跟踪和摹写。如文中提到"回忆是人类所具有的一种特性,并且也是添人烦恼的一种要素,无论是

---

① 由于公文与布告两栏仅在前六期中出现故不做分析,本书只着重分析此期刊常见的五大栏目。

② 引自《沧中双周》第6期论著及文艺栏。

③ 标点为原文标点。

④ 引自《沧中双周》第7期论著及文艺栏。

快乐还是悲哀，总会使人伤感"①。在举例时，文章还提及了李后主的生平及其诗词风格，并从李煜的诗词之风扩及回忆对人们的作用和影响。二是善于描写，用生动形象的语言，把人物或景物的状态具体地描绘出来。不少文章描写得犹如色彩鲜艳、生动活泼的情景再现，而善于描写才能做到绘声绘色、活灵活现。在第9—10期合刊中，名为《某日日记》一文中，不乏新颖别致的观点和记录。虽然为日记，其内容不仅停留在日记的层面，还充满感情的释放和理想的呼告，"也许饿着肚子受着压榨的人们是最可怜的吧！但是我自己也正是受着压榨的一个，我没有感觉到可怜，而觉得自己是在用力掣着这压榨的机器的轮轴，叫他不要再压榨我的肉体和灵魂，而且同样不再压榨和我一样命运的人。那么我该是兴奋的啊！我们不承认别人的怜悯"②。从这段话中可以看到，这并不是简单的日记写法，而是对生活、对社会充满着态度的表达，其韵味如诗一般。

此外，期刊中还刊登有一篇英文文章，其内容为讲述日常生活习惯及小知识，对同学们学习英语具有一定的辅导作用。"民国十六年（1927年），县立中学遵令开设必修课：党政训练、童子军、国语、数学、历史、地理、植物、动物、矿物、物理、化学、卫生、音乐、图画、体操。同时开设英语、手工、园艺等选修课。"③ 英语作为一门选修课也逐渐得到了重视。1923年6月，全国教育联合会新学制课程标准起草委员会刊布了《新学制课程标准纲要》，供教育界参考。这个课程标准纲要中，对自然学科、文学、社会学科等均做了一定的要求。而《沧中双周》所显示的课程安排也是在顺应这样的时代需求中产生的，新增了植物、矿物、动物、卫生、手工、园艺等课程，这些课程并不常见，而当时的课程安排也正在摸索前行状况，例如"童子军"，这一课程的设置旨在为应对战乱做好准备。随着时间的推移，课程逐步改善，摸索中的课程建设也是为了适应当时的社会环境。

---

① 引自《沧中双周》第4期论著及文艺栏。
② 引自《沧中双周》第9—10期合刊。
③ 焦以爽：《清末民国时期沧县教育简略》，《沧州师范专科学校学报》2008年第4期。

(2) 问答及交流互动栏目

"问题解答"是《沧中双周》较具特色的栏目，也可称为"接地气"的栏目。该栏目设置了问答的形式，一问一答，当然答题内容先要经过编辑的审核。这一举措增强了校刊的服务功能，从资源利用上加以整合，解答问题者既可以是学生也可以是老师。这一栏目犹如实时热线，实现了师生共同学习、共同进步的诉求，既可以提升学生爱好发问的求知欲，也在很大程度上增强了校园的学习氛围。不仅如此，"问题解答"栏目所涉及的知识面也非常广泛，小到人们生活中的一些细微生活现象，大到国家的军事形势分析，既有物理化学现象解释，也有政史地的理论探求。例如在第9—10期合刊的"问题解答"中这样问道："夏日夜间，有时只见闪光不闻雷声，其故安在？"对于这一问题，在后面的解答栏中既有学生对此问题的解答，也有任课教师对这个问题进行的拓展性回答。关于男女平等话题，该刊也会进行讨论，如第5期中"在什么情况下，女子有或无财产继承权"。在解答的过程中，如果遇到相互争执的话题，那问答栏目就成了他们畅所欲言的地方。"问题解答"栏目既有问也有答同时也有辩，既表现了师生们对知识的探索热情，也体现了孜孜不倦的真理探索精神。这一栏目能够生动地再现当时师生的求知状态。

(3) 会议纪要及通告类栏目

"会议纪要"所刊登的内容相对具有针对性，内容包含了学校所有的通知与公告，如图3—36所示。这一栏目从内容到数据都较为精细。内容上，该栏目刊登了学校所有会议的记录，包括军训服装的颜色选取、学生学习标准的讨论、学生增加学习兴趣的方法及各科目的分类会议。

"会议纪要"栏目的服务对象主要是学生，其精细化的内容设计，也是为了方便学生的生活，增进校刊的服务功能。在数据上，其精细程度也非常之高，如第9—10期合刊中，对于津南区运动会的记录就非常详细，致辞稿、宣言稿、运动会的比赛记录都记录在案。这样的精细记录，既能让比赛的激情在同学们之间传播，也可以鼓励学生对自己的项目作深入思考，从中也可以洞见赛事的激烈程度。

(4) 新闻报道类栏目

在《沧中双周》中，"校闻"一栏为学校的新闻报道，其选取的新闻多发生于沧县中学内，其性质与现今的校园媒体类似。"校闻"栏目在内

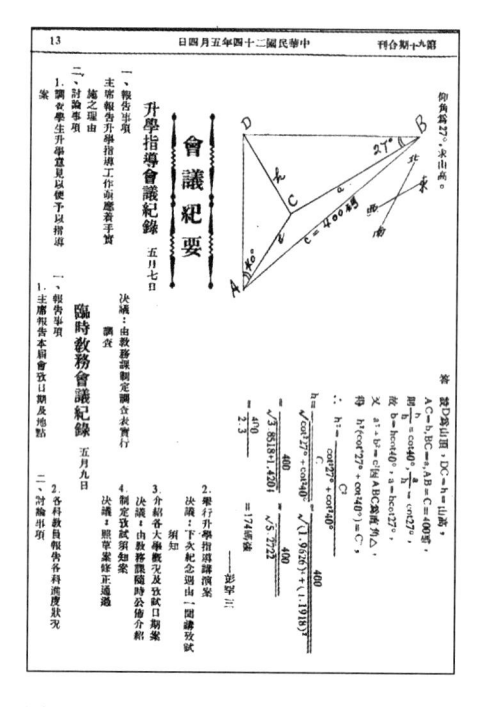

图3—49 《沧中双周》上刊登的会议纪要

容上显现出新闻的特点,如第 13 期的"校闻"栏目中有对马场驻军与校队篮球赛的报道,"十月三日,驻马场三十二军七一六团篮球队,由杜排长率领来沧,下榻本校;当于午后四时在本校第二篮球场,与校队开始比赛。由董清平先生担任裁判,银角一鸣,双方立即搏战。本校学生齐玉峰一马当先,首开记录,七一六团亦不肯示弱,奋勇应敌。一场鏖战,再接再厉,颇为激烈。结果以二十对十之比,本校胜利"[①]。在上述报道中,可以明确其作为新闻报道的一些特点,时间、人物、事件等报道要素都非常清楚,同时也有对事件过程的描述,与其相似的还有第 11 期中对举行毕业仪式及欢送毕业同学茶话会的报道。此栏目的报道内容简洁精炼,在其他期的校闻报道中,还展现出了现场报道的特点,既有实时新闻的特点也类似于突发新闻。报道的范围仅限于校园,内容包含学术、会议、比赛、突发新闻、视察等。

---

① 引自《沧中双周》第 13 期"校闻"栏。

(5) 专载类栏目

"专载"栏目在期刊中所占篇幅不大，一般设置在每一期的最后一栏，内容大多刊登河北省与教育教学相关的通知、文献，以及学校的招生简章和重要公告等。该专栏在数据记录方面做得非常精细，所刊登的通知内容还原性也较高。此栏目专载的河北省教育安排与通知文件的还原性比较强，涉及教育类通知约7条，基本是以原文件的形式刊登。该栏目除对教育教学方面信息较关注外，对运动方面信息也较为重视，并在期刊中多次提及校运动会，多次刊登河北省分区运动会的新闻和记录。在第8期中"专载"栏目精细的特点体现得尤为明显，例如《河北省津南区体育联合会章程》，对会议的安排总共有17章57条之多，细目也有约106条。其内容精细到运动会的每一个项目，包括人员安排、计分规则、奖品分配等，由此也可以看出河北省教育教学对运动发展的重视，以及对德智体美劳全面发展的追求。

"专载"栏目为当时师生了解学校情况以及河北省、教育部的政策方向提供了平台，精细的内容让每一位师生都能清楚地感受到学校的发展。在期刊中专载河北省的教育类文件，能助力和保障文件的实施，同时也让河北省的教育安排作用于每一位学生，实现学生与部门的双向反馈。

3.《沧中双周》的编辑特点

(1) 排版和版式特点

笔者将长沙明德中学办的《明德旬刊》与《沧中双周》进行了对比，发现《明德旬刊》的知名度相对较高，办刊规模也较大，有校刊、班刊的细分，而《沧中双周》未做如此区分。相比之下，在资源的分配和利用方面，《沧中双周》显得短小精悍、内容集中。在内容上，《明德旬刊》分为综合刊物、纯文艺刊物，而《沧中双周》主要是通过栏目来区分，而不是通过期刊的号别来区分。《沧中双周》主要是在栏目上进行创新，每个栏目所刊登的类别不一，所展现的内容也不同。相比来看，《沧中双周》是一个具有较高灵活性同时兼具规律性的刊物，其排版方式为竖排，文章连接方式为由左上至左下为上下文，右上与右下为连接上一文，或者是新开一文。每一栏目的标题字体大小不一，易于读者的阅读，但其中部分栏目的排版过于繁杂，例如"问答"栏目中的物理化问题解答，其排版与构造有些许欠缺，竖版横版的结合会给读者带来感官体验上的不足。整体的排版基本美观,如版面的设计、字体的选择、期刊名称的排布都做到了美观适宜。期刊中"问题解答"一栏的排版可变性很大,既有不足之处,又有可取之点。在对地理、数学问题解答时,图文混排是通用做法,文字是对问题的全面解答,图片则对问题进行立体展现。此外,该刊前六期的刊首文章分别是"公文"和"布告",在第6期之后"论著与文艺"栏目成为刊首栏目,体现了办刊思路的演进。

(2)内容编辑特点

①广泛性

从期刊属性上来说,《沧中双周》的校刊性质决定了它内容上的指向性和规定性,《沧中双周》不属于某一个类别的期刊,尤其与纯文艺、纯文学或者纯理论的期刊不同。从校园需求和教育诉求的角度看,学校的教育教学几乎汇集了所有学科的知识点,所以与其他期刊相比,校刊的内容广泛性就更强。如,从读书方法略谈,到科技上的火箭略谈,再到文人之间的辩论,只要是对学生增长知识、获取思想有益的,该刊就广为收罗。该刊既不乏精美文章和独到观点,也不乏细致的数理化科类讲解。期刊问题解答共有问答84个,涉及数学、经济、宗教、人生探讨、人权、物理、文化、生活等。刊登及引用文章23篇,散文、演讲文章居多,同时也有随笔、短篇小说、诗歌解读等。

②倾向性

《沧中双周》非常重视历史研究及历史事件的原因探寻,此类文章在期刊中的占比较大。所评述人物的历史分布也较广泛,上至晋朝三国,下至清朝民国初期。在第2—3合期中有《晋石崇的轶事》一文,文中评价石崇[①]道:"很聪明,而最荒淫。同时是夸张言辞,自命不凡的一个人"。而结合今人的相关评价可知该评价也近乎合理。再如第4期中的《拜伦评述》对拜伦[②]这样评价道,"拜伦是背叛时代的伟大诗人",文章

---

[①] 石崇(249—300),字季伦,小名齐奴。渤海南皮(今河北南皮东北)人。西晋开国元勋石苞第六子,西晋时期文学家、大臣、富豪,"金谷二十四友"之一。

[②] 乔治·戈登·拜伦(George Gordon Byron,1788—1824),是英国19世纪初期伟大的浪漫主义诗人,代表作品有《恰尔德·哈洛尔德游记》《唐璜》等,并在他的诗歌里塑造了一批"拜伦式英雄"。他不仅是一位伟大的诗人,还是一个为理想战斗一生的勇士,积极而勇敢地投身革命——参加了希腊民族解放运动,并成为领导人之一。

认为作为诗人他是伟大的，但是在当时的时代背景下，他算是一个背叛者。除对历史的研究和探讨之外，对于各类思想的探讨也是期刊文章的重点，包括当时中国需要何种文化的讨论，也包括对韩非法制思想的分析，这些研讨的旨归，都是为了促进教育教学的开展，提高学生的识见水平和辩解能力。

4.《沧中双周》的教育贡献与文化意义

无论近现代还是当代，校园媒体对学校建设的作用是必不可少的。报纸、期刊、广播、电视、网络等，无论载体形式如何变化，校园媒体在内容和形式上都可以称得上是整个学校教育不可分割的一部分，并与学校的各项工作发生细微联系和微妙反应。尤其是随着历史的更迭，一些学校的校名多变，甚至校址迁移或最终停办，抑或校友四散各地，无法复原当时学校的各种情形。而如果有当时的校刊存留，情况则会大有不同。

(1) 学校的文化建设和思想传播阵地

文化氛围对于学校而言，可谓源头活水和"点睛之笔"，"文化立校"不失为明智之举。在《沧中双周》中可以看到，一些栏目的开办宗旨就是让学生与老师互动起来，并尽可能让学生参与其中诸多栏目的创建和维护，诸如文艺比赛、演讲记录、道德修养、新书报告等内容，师生都广泛参与。通过这些内容，学生与老师之间就拉近了距离，学生之间也就有了更多的业务联系和思想交流，可以进一步促生"文艺上百花齐放，学术上百家争鸣"局面的形成。其中刊登的诸多优秀文章和解答，也能对学生起到直接的激励作用，使学生增加求学激情，增进学习兴趣。通过校刊，能够积极地反映校园文化建设的成果，也能反映积累校园文化建设的经验，尤其是能够直观现实地反映老师与学生的精神面貌和思想动态，体现学校作为教书育人之地的神圣使命感。

(2) 学生同步于时代并与外界连接的纽带

报纸是人们了解外面世界的媒介，而校刊就成了学生了解校园以外世界的媒介。在当时，没有其他媒介能够替代报刊而发挥同样的作用，因此，作为"严肃媒体"的报刊几乎发挥了全部媒体作用。校刊的办刊有自己的规律，但服务对象明确，服务职能清晰，可发挥的余地并不算大。高水平的校刊应该以学生为主体，将学习内容探讨和学生生活表述，高质量、高标准地呈现出来。

《沧中双周》头版的"论著及文艺"栏目每每刊载重头文章,如1935年3月24日第7期刊载了《中国现在文坛需要什么创作家与批评家》,1935年9月22日第12期刊载了《农村杂写》,1935年10月20日第14期刊载了《论中国需要何种文化》,1935年11月3日第15期刊载了《我对于建设中国本位文化所取之态度》,1935年12月1日第17期刊载了《我之研究国学之动机》,1936年3月15日第19期刊载了《新年中的反正面》。这些文章描述时政、针砭时弊、发表见解,成为从学校看社会、观时代、察世界的重要平台。尤其是1937年5月25日的第35期和1937年6月11日第36期刊载的以"吾国前途之展望"为题的文艺比赛获奖篇目,分别刊登了高级组甲等前三名和乙等前三名的文章,这些文章表达了学生深厚的家国情怀。五四运动以来的经验表明,学生常常成为时代运动的积极参与者,而校刊正是一些先进思想的策源地。

(3)学校发展足印与阶段性教育史的见证

1932年,国民政府公布了《中学法》,1933年又公布了《中学规程》,"其中《中学规程》规定:公立初级中学和高级中学中只能'分别附设简易师范科及特别师范科',不能再兼办其他职业科。同月,国民党第四届三中全会关于教育决议案明确规定:'中学为预备人才之地,应提高程度,充实内容,并采取绝对严格训练主义。现有中学应加以整顿或淘汰。其请求新设中学,应由教育部严定标准,切实考核限制。高中不分文理科,现有之工农商等高中,均应改为职业学校。'这就从制度上规定了普通中学、师范学校和职业学校分开设立,中等学校又恢复到清末民初的单一功能型"[①]。而1933年河北省立沧县中学正是从河北省立第二中学改名而来,在改名后的5年时间内,《沧中双周》陪伴了该校近4年,并最终因为日军攻势渐强而无法自保。尤其是第35期和第36期刊登文艺比赛的获奖文章,高级组乙等三名学生的《吾国前途的展望》、初级组乙等十名同学的《读书救国说》,学生们用同样的题目抒发各自的观察、体会、志向、主张,彰显了当时的青年志向和时代精神。

时代的发展总是在参考过往的历史,历史往往能够在无声中指引前

---

[①] 王金霞:《河北与中国教育早期现代化》,博士学位论文,河北大学,2006年,第122—123页。

进的方向。学校的建设和教育的发展也是如此，从出版史和教育史相结合的角度审视，《沧中双周》不仅仅展现了河北省立沧县中学教学的严谨性与规范性，也记录了那个时代师生们的团结紧张、严肃活泼的氛围与风尚。在构建教育现代化的进程中，回顾过往的办刊历史，能够辅助寻找到教育的初心，也能够引发更多的教育共鸣。

**九 河北女师学院师中部《师中月刊》**

《师中月刊》是河北女师学院师中部学生自治会创办的综合性校刊，以刊登短论、文艺、诗词为主，并以研究学术文艺为宗旨。其作为河北女师的期刊体系建设中的一环，既体现了河北女师"以抗争求生存"的立校理念，也具有朴素的阶级意识和联合抗争的进步倾向。对于研究特殊环境下河北女师学院的抗争精神和师生精神面貌有很大的参考价值，对于研究20世纪30年代围绕在该院周边的文学发展状况也有一定的补充史料价值。

河北省立女子师范学院最早起源于1902年创建于北京的顺天府学堂和1906年创建于天津的北洋女师学堂，为现河北师范大学前身之一，部分院系划分为河北大学教育学院。其几易校名，1929年才最终定名为河北省立女子师范学院。从1906年建校始，其经历了清朝末期、民国时期，直至1949年中华人民共和国成立后，一直保持着办学连续性，没有出现办学中断和历史间隔，成为我国女子师范教育的全景文化画卷。该院还创造了诸多文化亮点，成为我国女子师范教育的思想文化宝库之一。

河北省立女子师学院作为我国最早建立的公立女子师范教育机构，不仅有丰富的学校组织文化、制度文化、学科文化、学术文化和革命文化等多元文化，形成了有特色的女子师范教育文化架构[①]，创办了一定数量的期刊，形成了一定的期刊文化，并倡导了诸多文化价值与出版观念。由师中部学生自治会出版的《师中月刊》，即为其期刊体系中文艺色彩和抗争精神较为突出的重要组成部分。

1. 河北女师学院的期刊体系及其出版特征

（1）女师学院的期刊方阵及其功用类型

河北女师学院作为女子师范教育的开拓者，学校本身搭建了具有现

---

① 邱士刚：《论河北女师的文化架构及其文化价值》，《河北师范大学学报》2009年第1期。

代大学内涵的教育文化架构，师生也颇具进步思想，上至女师学院及其相关院系、学生自治会等，下至女师附属师范、中学部等都先后创办了众多的期刊，初步形成了一定的期刊出版体系。这些期刊就管理机制不同可分类为：一类是由学院出版课主管的期刊；一类是由学生自治会学术部主管的期刊。出版课主管的期刊主要有：《直隶第一女师范校友会会报》《朝华》《女师学院期刊》《河北省立女子师范学院周刊》等。学生自治会学术部主管的刊物主要有：《北洋女师范学堂同学文录》《女师季刊》《女师学院季刊》《涛声月刊》《师中月刊》《我们的半月》《弦》《家政汇刊》《国文学会特刊》《教育学会》《图书馆月报》等。以上期刊形成了由学院主管的学术期刊阵营和由学生自治会学术部主管的学校期刊两大学术平台。学院坚持"属学术研究性质，总期将本院师生学术上之心得，充分介绍，借以效其阐扬学术之天职"的办刊方向，学生自治会也致力于为同学提供发表作品和交流思想的园地，营造共同学习进步的校园氛围。[①] 可以说，即使在当时极其艰难的办学条件下，女师学院和学生自治会仍然坚持创办各种学术、文艺刊物，一个刊物"倒下"了，下一个刊物随即接过接力棒，继续为女师学院师生提供新的平台，推动女师学院的思想交流和学术进步。

表3—6　　　　河北女师学院期刊出版体系及其沿革

| 刊物名称 | 出版时限 | 主办单位 | 刊物性质 | 刊物特色 |
| --- | --- | --- | --- | --- |
| 《北洋女师范学堂同学文录》 | 1911—不详 | 北洋女师范学堂 | 报纸和综合性刊物双重属性 | 报纸、期刊体系的发端 |
| 《直隶第一女师范校友会会报》 | 1916—不详 | 直隶第一女师范学校校友会总务部 | 综合性刊物，不定期发行 | 《河北师范大学学报》的前身 |
| 《女师季刊》 | 1927.12—1930.6 | 不详 | 学生会刊物 | 期刊体量丰富 |

---

① 邱士刚：《论河北女师的文化架构及其文化价值》，《河北师范大学学报》2009年第1期。

续表

| 刊物名称 | 出版时限 | 主办单位 | 刊物性质 | 刊物特色 |
| --- | --- | --- | --- | --- |
| 《朝华》 | 1929—1931.5 | 河北省立女子师范学院出版课 | 校刊,月刊 | 较规范的学术刊物 |
| 《河北省立女子师范学院周刊》 | 1930.3—1937.7 | 女师学院 | 院刊,周刊,属于公报类型的报刊 | 办报时间最长,最具规范性和连贯性 |
| 《师中月刊》 | 1931.5—不详 | 女师学院师中部学生自治会 | 师范学校刊物,月刊 | 以研究学术文艺为宗旨 |
| 《弦》 | 1932—1932.6 | 女师学院国文学会出版部 | 文学刊物,旬刊 | 国文学会成员发表和交流作品的园地 |
| 《女师学院季刊》 | 1932.12—1935.6 | 女师学院师中部学生自治会 | 校园刊物,季刊 | 紧贴学生生活又有社会思考 |
| 《女师学院期刊》 | 1933.1—1936.6 | 女师学院出版课 | 综合性刊物,半年刊 | 女师创办的最有成就的学术刊物之一 |
| 《涛声月刊》 | 1933—不详 | 女师学院中学部 | 文学刊物 | 站在时代立场上解读大众文艺 |
| 《国立文学会特刊》 | 1934—不详 | 女师学院国文学会 | 国文学会特刊,不定期 | 女师范学校学生作品集 |
| 《教育学会》 | 1934.6—不详 | 女师范学院教育学会出版部 | 教育刊物 | 在教育上做出了学理的探讨和忠实的介绍 |
| 《我们的半月》 | 不详 | 系女师学院相关学系和附属师范、中学部创办,具体不详 | 不详 | 不详 |
| 《家政汇刊》 | | | | |
| 《图书馆月报》 | | | | |

从整体来看,女师学院的期刊建设较为丰富多元,具体体现为创刊主体的多元,既有学院又有学生自治会。刊物类型丰富:从内容上看,既有学术刊物又有文艺特刊和综合性刊物;从出版周期来看,既有周刊又有旬刊、月刊;从读者范围看,既有校园刊物又有学生会刊物、国文学会特刊;

从专业细分领域看，既有教育特刊又有图书馆月报。可以说，女师学院的期刊体系中的各个刊物自成体系、相互交织、色彩纷呈。然而在这样一个丰富多元且偏于繁复的期刊体系中，《师中月刊》仍以其鲜明的抗争精神和青年气息在其中独树一帜，为女师学院师生的思想文化操舵和领航。

（2）《师中月刊》的创刊背景

1929年，女师学院经过几度更名后升格，并最终定名为河北省立女子师范学院。改制之后，一方面按照现代大学的文化内涵组建学校，形成了有特色的大学教育体系架构；另一方面因省立政府的财政支持形成了以学院为总部，下设中等师范、中学、小学、幼稚园四部的格局，自身构成了一条独立完整的教学链。[①] 从现存史料来看，《师中月刊》创办于1931年5月，此前由女师学院出版课主管的《学院周刊》已经出版一年有余，《朝华》月刊已濒于停刊。一方面，已经积累了相当丰富的自主办刊经验；另一方面，女师学院整体学术氛围浓厚，文艺佳作频出，其师中部也沐浴在这种文化艺术氛围之下。"在这一个八九百人集成的河北省立女师学院的师中部，任何方面上看，都似乎应当要有一种全体师生共同发表思想和交换思想的工具——出版物。因之，师中部的学生自治会，就决定经常地出版一种师中月刊。"[②] 师中部学生自治会便以研究学术文艺为宗旨出版了《师中月刊》，成为女师学院附属下的师范中学部创办相对较早的刊物。

2.《师中月刊》的出版概况

（1）刊物简介

1931年5月15日，《师中月刊》创刊于河北省，为月刊，由河北省女师学院师中部学生自治会出版的师范学校刊物，具体停刊时间不详，停刊原因已无从考证，现存1931年第1卷第1期和第2期。主要撰稿人有张文林[③]、李慧芬[④]、孙漠等，以研究学术文艺为宗旨，以刊登短论、文艺、诗词为主，是该校师生发表作品和交换思想的平台。全刊所占篇

---

① 刘斌：《名师荟萃的河北省立女子师范学院》，《北方美术·史论经纬》2017年第7期。
② 引自《师中月刊》第1卷第1期《发刊词》。
③ 张文林（生卒年不详），《师中月刊》主要撰稿人之一，在女师学院创办的《女师季刊》《国文学会特刊》《女师学院期刊》等多份刊物上也发表过多篇十分有见地的时评作品和调查报告。
④ 李慧芬（生卒年不详），《师中月刊》主要撰稿人之一，还曾向《朝华》投稿散文作品《迟暮》。

幅较多的内容与文学相关，多为文学作品，作为一份师范学校的刊物，其中文章来源大多来自本校学生的投稿，在创刊时该刊也发布"投稿简章"，表明其创刊宗旨以及文体要求、字数要求以及奖励等内容，为全校师生发表文艺作品以及论述文学思想提供了很好的渠道和途径。作为一份学生自治会创办的刊物，其中也包含学校日常运作的一些相关情况的记录，包括刊登一些办事细则等。如第2期刊登的《总务部办事细则》《出版部办事细则》《商务部办事细则》等。此外较为特别的是，该刊辟有"小同学的园地"一栏，专门刊载同学们的文章，如《失去了的时间》《战争的赐予》《刹那间的情趣》等。

（2）办刊宗旨和服务对象

《师中月刊》自创刊开始即有明确的创刊宗旨和出版目的，其《投稿简章》中直接言明"以研究学术文艺为宗旨"，其《发刊词》写道，"一个团体，便有一个团体的精神，一个团体的思想，而能代表这个团体的精神和思想的结晶的，莫过于这个团体的出版物，而师中月刊出版之目的，也就在此"①，明确了以《师中月刊》来展示师中精神和思想结晶的办刊目的。作为女师学院自办的校园刊物，《师中月刊》的征稿对象和读者对象是本校师中部的全体师生，为其提供发表作品和交流思想的园地，汇集师中部全体师生思想的精华。在这样清晰的办刊宗旨和明确的出版目的的指导下，《师中月刊》坚守自身定位，努力服务全校师生，并传播进步思想，砥砺青年自强，"闪动你炯炯的眼光，照澈世界的黑暗；伸出强壮的两臂，拉起消沉的青年"②，"无畏的表现'现代青年'的真精神"③，使之无愧于女师学院师中部精神和思想结晶的代表。

（3）文本概况

《师中月刊》现仅存1931年第1卷第1期和第2期，从现存资源来看，刊物容量偏小，第1期除去1篇发刊词，1份附录和1篇编后外，共18篇文章，第2期除去3篇附录外，共17篇文章，除短论之外，多为文艺类作品，包括诗歌散文、原创小说和翻译作品等。刊文整体数量不多，

---

① 引自《师中月刊》第1卷第1期《投稿简章》。
② 引自《师中月刊》第1卷第1期《初生的师中月刊》。
③ 引自《师中月刊》第1卷第1期《给初生的师中月刊》。

篇幅也较为短小，但所刊载的作品质量都较高，内容涉及了教育学、文艺学、社会学、心理学、医学等多种学科，或展示独特的教育教学方法，或体现先进的文学社会观，或表达对底层阶级的深切同情，或传递对女师学院同学乃至社会青年的谆谆教导。总体来看，展现了20世纪30年代女师学院师生奋发抗争的进取态度及精研学术文艺的学术精神。

①论说类文章

《师中月刊》未明确划分出短论时评版块，但论说类文章多集中出现在每期的第一部分。如第1期的前6篇文章《给同学们的话》《怎样能抓住现代》《戈果尔评传》《文学与社会》《文艺所给予我们的是什么》《儿童教育》，第2期的前4篇文章《一点学习数学的经验》《契可夫评传》《文学与社会》《肺结核》均为论说述评类文章，涵盖了青年思想、社会观、文艺观、外国文学评论、儿童教育、学习方法、疾病科普等多方面内容，展现了女师学院师生进步的文学观、社会观以及强烈的抗争精神。

论说述评类文章中最值得研读的当属青年思想启蒙类作品。第1卷第1期发刊词之后的《给予同学们的话》《怎样能抓住现代》都号召青年觉醒并联合起来反抗"种种的压迫"，观点通透而彻底，情感激烈而诚挚，语言大胆而露骨，直戳人心。《给予同学们的话》中作者Y.有感于当时同学们消颓的言行，出于对同学们的担忧，将同学分成四类，即守传统道德而忘传统道德的、物质环境很好的、醉生梦死糊涂的、被社会毒汁浸过的老成的青年，并一针见血地把可怖的未来展现给他们看，深刻地剖析社会的黑暗本质给他们看，并给他们指明真正的出路。"我们是需要自己起来，先联合起来打破了蒙蔽我们眼睛的东西！撤销封锁我们脑筋的政策！自己搜寻正当的肥料生发起自己来，这是我们目前的急务！为我们的前途计，不要忘掉了现在的羁绊！前途是自己撞出来的"[①]，对社会本质剖析之深切，对同学期望之殷切，即使放在今天来读，仍备受触动，足见其作品之深妙。《怎样能抓住现代》一文，号召青年"要养成高尚的人格，精密的思想，独立不羁的精神"，认为一切的起点都需立足于社会情状，在明了现代潮流的基础上，"我们要养成团结性，因为在这优胜劣败的世界上，大家联合起来，才能发生大的效率，完成大的工作，

---

① 引自《师中月刊》第1卷第1期《给予同学们的话》。

我们固然要为实现自己的志愿而工作，但这自己的志愿，同时也必须是社会的志愿"①，传达出个人利益需与社会利益相统一的价值观。值得一提的是，这篇文章虽作于1930年4月14日，却具有朴素的"建立民族统一战线"的思想，具有较强的社会前瞻意识。

论述文艺与社会关系的有多篇文章，其中心兹的《文学与社会》和孙漠的《文学与社会》，鲜明地表现出进步的文学社会观。两篇文章在谈及文学与社会的关系时，都论述了生产力和经济基础对文学艺术的决定作用，传达出一种经济基础决定上层建筑的历史唯物主义，"既简单的来说构成一篇文学作品的不外是作者的个性和围绕着作者的一般意识形态，而这两个条件是以自然为舞台而经营成人类的社会以决定的，社会的变化又以经济条件为其主要的原因，即以经济为基础，构成法律，宗教，社会意识等关系，——即上层的文化建筑"②。此外，心兹还论述了文学的相对独立性，可以看出《师中月刊》受到了马克思主义思想的影响，依此建立了唯物的文学社会观，并致力于向女师学院师生传播这种较为科学的文学观。

总的来说，《师中月刊》短论类文章兼顾了前瞻性和实用性，既针砭时弊又力求能够排惑解难，字里行间流露出作者对于社会的隐忧和对于青年的谆谆教诲，是《师中月刊》以抗争求生存和深切的社会责任感、使命感最好的例证。

②文艺类文章

文艺类作品在《师中月刊》中所占比重最大，类型也相对比较丰富，既有诗歌和散文，也有原创小说和翻译小说。第1卷第1期有5篇诗歌，2篇散文和3篇原创小说；第2期中有1篇诗歌，3篇散文，1篇散文式信函，2篇小说，其中原创小说和翻译小说各1篇。第1期的5篇诗歌，虽出自5位不同的作者，但风格和主旨都较为贴近，都聚焦于青年群体的思想状态，"青年""青春"两词在诗歌中多次出现，希望女师学院同学摆脱消沉、颓废，"不要沉迷在象牙之塔"，要"拆毁那监牢"，别让"青春暮了"。诗歌一字一句都流露出对青年的深切忧虑和谆谆教诲，而

---

① 引自《师中月刊》第1卷第1期《怎样能抓住现代》。
② 引自《师中月刊》第1卷第2期《文学与社会》。

这也是《师中月刊》"伸出强壮的两臂，拉起消沉的青年"的办刊使命所在。再如《给Y的一封信》，也传达出这样的精神，向青年们发出自强的公开信，号召他们点燃青春的火焰，同不公的命运和不堪的环境去对抗。

散文作品风格差异较大，具有多元价值倾向。《浓雾里的杵声》一文，因浓雾触发对人生的迷茫失措，但又在浓雾的指引中去领悟"人只是在'不可预测'中讨着生活"的真谛；《小雾迷离的战场上》一文，具象化描绘了小兵阿秋在国共内战背景的无奈心境和可悲结局；《小虎的眼》一文，借一只狗的视角，窥探同类相残的愚蠢，暗示国共内战的残酷，传达出了对群众的关切之情；《童心的来复》一文，记录了三五伙伴的嬉闹日常；《溟溟冷冷的风雨之夜》一文，借助与伶仃的孤独者的对白，发出了应该英勇奋斗的呼号。

另外，小说《住儿》和诗歌《创造者》，都聚焦了底层劳动者的悲惨命运。被描写对象子子代代日复一日地辛勤工作，生活却仍旧艰苦难挨，这不只是住儿父子的悲剧，还是整个社会的悲剧。两篇作品均体现了《师中月刊》对劳动者的同情，以及对社会阶层固化的深刻思考。

总的来看，《师中月刊》的文学类作品数量最多，文风和意旨也较为多元化，但并没有矫揉造作的沉淫之作，而是多立足现实、针砭时弊、切合实情的诚挚之作。

③特别栏目：小同学的园地

"小同学的园地"是《师中月刊》特别开辟的栏目，专为女师学院的同学们刊载文章作品。第1卷第1期刊登了3篇，第2期刊登了6篇。这几篇作品的文体自由，文意多样，有短论，有散文，还有散文诗，全方位展现了女师学院同学的有趣日常、烦恼忧虑以及抗争意识，真实地再现了女师学院同学的精神面貌和独特心境。《战争的赐与》一文，展现了军阀混战背景下一个家庭的悲剧，并发出了"军阀一天不除，世界一天免不了战争"的有力论断；《熹微的晨光》一文，借对光明与黑暗的独特思考，表达了对未来世界的希望；《雨雪声中的贫民》一文，表达了对自然风雪和社会风暴双重摧残下的贫民深切的同情，并向他们发出"快点联合起来吧！去奋斗，去努力"的号召，映射了女师学院的抗争思想；《课间十分钟》一文，描绘了女师学院同学丰富有趣的课间日常，生动再现了女师学院同学别样的精神面貌；《失去了的时间》和《怅恨》两篇作品,都表达了对时光流逝的独特思考。《怅恨》一文,还追忆了童年的消逝,怅恨青春的惨痛,抒发了离家求学游子的漂泊孤伶之感;《刹那间的情趣》一文,以一个个小片段捕捉了美好的日常;《没有手》一文,显示了女师学院同学天真美妙的想象力;《夜雨》一文,叙说了风雨之夜和祖母的温馨互动。综之,"小同学的园地"是女师学院同学们的乐园,他们的所思所想、所忧所虑都可以在这里得到抒发。

④学校日常运作的相关记录

《师中月刊》作为一份女师学院学生自治会创办的刊物,除短论和文艺作品外,还刊载了学校日常运作的一些相关情况的记录,包括学生自治会的简章和各部门的一些办事细则。如第2期刊登的《总务部办事细则》《出版部办事细则》《商务部办事细则》等,详细规定了各部的组织成员和职务要求,也反映出师中部校刊建设工作中各层次文化建设的具体内容,这也是女师学院教学理念和管理理念的一种渗透和内化。正是这部分内容,为《师中月刊》的创办和发展提供了组织支撑,从中可以透视出女师学院学生会的治理结构和治理方法,现今的校园刊物可以从中印证和反思其建设方针和具体实施情况,对当下校刊校报也具有一定的借鉴价值和指导意义。

3.《师中月刊》的内容特征与办刊特色

在仲芳创作的《给初生的师中月刊》一诗中,对《师中月刊》寄予了"伸出强壮的两臂,拉起消沉的青年""无畏的表现'现代青年'的真精神"的厚望。从现存的两期资料来看,《师中月刊》正谨记了这种使命,并使之成为《师中月刊》的办刊特色,在思想上为女师学院青年传播进步的文艺观、价值观、社会观,在学术上为其提供科学的学习态度和方法,在文学上为其提供养料和发表园地。

(1)启蒙色彩浓厚,对社会情状有深刻的洞察,对青年具有较大的感召力

"青年""抗争""联合"是《师中月刊》出现频次最高的几个词,它们分布在《师中月刊》的各个角落,并将《师中月刊》装点成一份颇具启蒙色彩的青年期刊。其中有多篇短论和诗歌对社会情状都有着深刻准确的洞察,"现在的中国社会是建筑在帝国主义掌握的经济上面,是建

筑在军阀官僚的封建势力上面"[①],其对中国社会半殖民地半封建社会性质的清醒认知;"军阀一天不铲除,世界一天免不了战争"[②],其对军阀混战残害无辜群众的愤慨批判;"同类相残……是如何愚蠢,残酷,和卑鄙! 谁咬死了谁,都不过是像一条无用的东西一般的死去"[③],其对国共内战的大胆讽刺,颇具启蒙色彩和批判意识,直接剖析了社会的黑暗本质,并多次向青年发出了"为人类计""养成团结性""找出路"的号召。对青年自强和抗争具有强大的感召力,使其可以称得上是女师学院期刊体系中最具青年气息和特质的一个刊物。

(2) 进步倾向明显,具有批判的阶级意识和朴素的唯物主义思想

《师中月刊》虽诞生在黑暗落后的社会环境下,但却积极接受并自觉传播先进的马克思主义思想观点,并内化于期刊的文章作品中。该刊传达的文艺观、价值观、社会观都表现出明显的进步倾向,体现出《师中月刊》的进步性和先导性。小说《住儿》描写了住儿父子呕心沥血地工作却仍旧难逃底层人民的悲剧命运的故事。观照底层人民生活的悲悯诗歌《创造者》,表达了对资产阶级不事劳动而剥削劳苦大众的愤懑,及对阶级悬殊和社会阶级固化的深刻思考。同名的两篇《文学与社会》,都用历史唯物主义思想阐发了经济基础对文学的决定作用及文学相对于社会的独立性,都有批判资产阶级形而上的文艺理论和代表无产阶级阐发文艺主张的进步倾向,在女师学院期刊体系中的领先意识较为突出。

(3) 文章短小精悍,用语通俗易懂,排版简洁清晰,可读性强

《师中月刊》虽是一份月刊,但刊物容量较小——"一本薄薄的小册子",现存的第 1 期共 18 篇文章,第 2 期共 17 篇文章,收录的文章作品也文本简短精悍,通常都是三四页,仅有 4 篇文章篇幅在 10 页以上,最长的一篇是 15 页的翻译小说《谎》,其余的大部分作品都保持在 2000 字以内的规模。《师中月刊》"投稿简章"虽言明"本刊文体,不拘文言白话",但刊载的文章都是白话文作品,语言通俗易懂、明畅顺朗,并启用了新式标点,贴合了青年学生的阅读倾向和文体取向。另外,在内文排

---

① 引自《师中月刊》第 1 卷第 1 期《给予同学们的话》。
② 引自《师中月刊》第 1 卷第 2 期《战争的赐予》。
③ 引自《师中月刊》第 1 卷第 2 期《小虎的眼》。

版上，采用横排文字方式，内文的字与字、句与句、段与段之间，间距也较大。通观整个页面，布局稳重清朗，消除了阅读上的紧迫感，并整体装订成形似图书的"小册子"，合乎阅读习惯，可读性强。

表3—7　　　　　《师中月刊》现存文章的篇幅统计

| 篇幅大小 | 1000字以下 | 1000—2000字 | 2000—4000字 | 4000字以上 |
| --- | --- | --- | --- | --- |
| 文章数量 | 9篇 | 19篇 | 4篇 | 4篇 |

4.《师中月刊》的版面设计特点及问题

从现存的两期刊物来看，《师中月刊》的版面设计追求简洁直观。在封面设计上，第1卷的两期刊物除表征期数的数字不同外，没有其他变化，呈现出简单、稳定的特点，对于读者形成对《师中月刊》的稳定印象和习惯审美有一定作用。在栏目设置上，可调试性强自由度高；在内文排版上，横向排版，纯文字呈现，视觉集中度高。当然，版面设计上也存在一些问题和不足之处。

（1）栏目划分不清，类目感不强

《师中月刊》所刊文章多为文艺作品，在栏目和版块划分上，仅明确界定出"诗"和"小同学的园地"两个版块，且第2期因仅有《创造者》一篇诗歌，便未单独划分"诗"这一栏目，仅有"小同学的园地"单独成块，其余文章不论内容和类型，混合交错排版。这导致《师中月刊》栏目连续性差，类目感不强，略显无序。

这样的栏目编排方式体现在目录上，就是目录页层次感弱、区分度低，如下图所示，各类文章混合交错，文章与文章之间连续性差，跳跃性大，不利于读者预览翻看，在后续仔细阅读的过程中也有损阅读的连贯性。

（2）排版装帧简单，视觉表达效果欠佳

在封面设计上，《师中月刊》采用了"文字+简单几何图形"的元素组合，配色上使用"红+黑+灰"的暗色系搭配，整体传达出一种厚重的感觉，对《师中月刊》办刊宗旨和特色的诠释力度不够强烈。刊物名称"师中月刊"四个大字，位于封面的上部，占据了封面三分之一左右

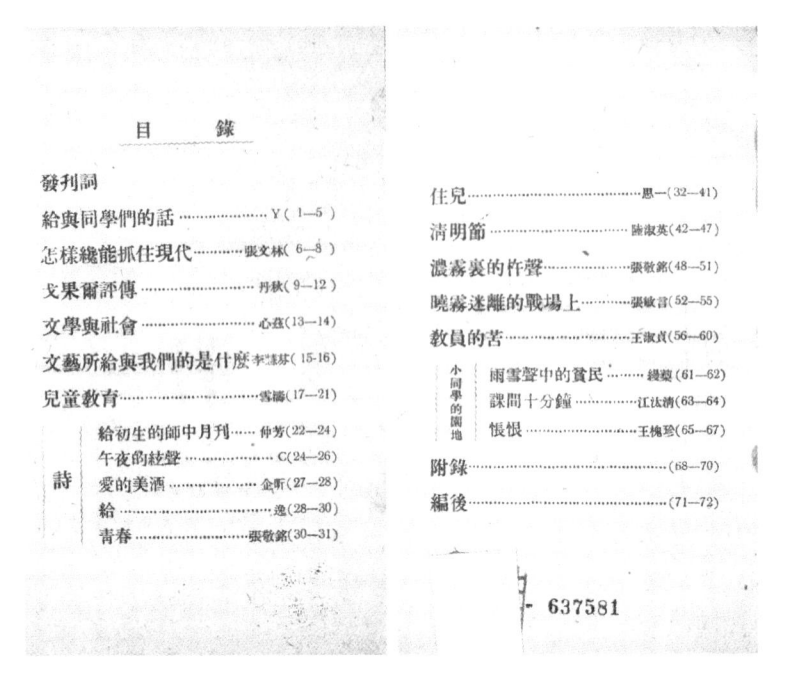

图3—50 《师中月刊》第1卷第1期目录

的空间，但视觉热点却集中在表征刊物期数的阿拉伯数字上，在一定程度上掩盖了《师中月刊》的锋芒。另外，内文排版上纯文字呈现，无插图和漫画等可视化内容，视觉表现力明显不足。这样的装帧和排版虽简单得体，却也削弱了《师中月刊》的表现力和感染力。

《师中月刊》是女师学院期刊体系中少有的横向排版的期刊，也使其在整个期刊体系中相当亮眼，尤其是展示了对青年读者的关照。虽然不能否认其在版面设计上确实存在不足，但将其置于女师学院期刊体系和当时的特定环境中，就会发现这些问题不唯《师中月刊》所独有，在整个期刊体系中，除《直隶第一女师范校友会会报》版式设计颇为完备以外，其他刊物的版面都不同程度地存在着上述问题。如，在此之前创刊的《朝华》，其栏目辨识度也较低，同时期创刊的《女师学院期刊》，封面设计也颇为简单，概可推知当时女师学院期刊对文体分类和目录辨识性上确实存在一定程度上的忽视，不应只苛责《师中月刊》。

图 3—51 《师中月刊》第 1 卷第 2 期目录

图 3—52 《师中月刊》
第 1 卷第 1 期封面

图 3—53 《师中月刊》
第 1 卷第 2 期封面

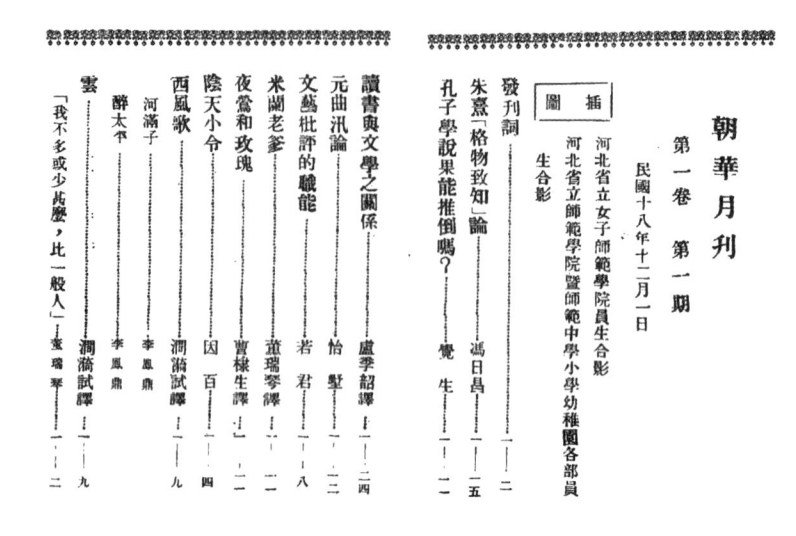

图 3—54 《朝华月刊》第 1 卷第 1 期目录

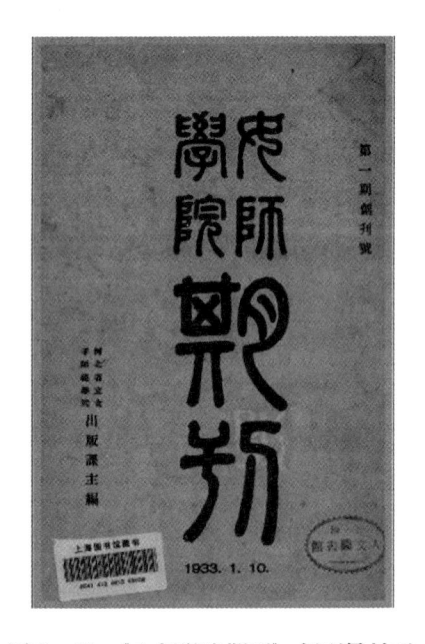

图 3—55 《女师学院期刊》创刊号封面

5. 《师中月刊》的出版意义

"八百多青年的热血灌输了你！八百多青年的命运交付在你身旁！为

他们，你该毁灭一切吃人的魔鬼；为他们，你要使人类的真理出现！"①像仲芳在诗歌《给初生的师中月刊》中所希冀的，《师中月刊》时刻谨记"为青年计"，为他们的前途计，为社会计，甚至为人类计。作为一份校园刊物，它为师生提供了交流思想和发表作品的乐园，最大程度激发他们的创作热情，点燃他们的思想火花。作为一份先锋刊物，它为马克思主义思想提供了春风化雨的载体，内化并传播先进的思想和观念。作为一份偏文学的刊物，它与读者分享了科学的文学社会观，并替无产阶级文学发言。作为一份师范学校刊物，它为师生提供科学的教育和学习方法，尽最大的努力为女师学院师生的教学服务。不管是日常的体悟还是未来的希冀，不管是大胆的批判还是先进的论断，都在《师中月刊》有所呈现。在割据混战的世态中，《师中月刊》敢为人先，兼具启蒙性和导向性，成为直击社会黑暗面和青年颓势的前沿阵地，一面痛击反动势力一面唤醒社会青年。可以说，《师中月刊》的发行，使女师学院同学乃至广大燕赵文化青年都有可能熏染了更为进步的思想，也具有了更为果敢的作为。

《师中月刊》虽是女师学院师中部的自办刊物，但它表现出的深切的青年群体关怀、进步的思想倾向、大胆的现实批判，都使其成为女师学院期刊体系中文艺色彩鲜明，抗争精神突出的重要代表。在该校校刊体系中，其特色鲜明、敢于担当，是研究和管窥当时河北校刊发展和进步水平的重要期刊。尽管其体量和篇幅不大，在装帧设计上也有一定缺点，但其满溢进步的文学观、价值观、社会观，也表现出强烈的抗争和自强精神。该刊既是研究20世纪30年代的文学情况及发展的参考和补充史料，也是该校"以抗争求生存"理念最强有力的证明之一。

**十　《女师学院期刊》**

民国时期是我国高等教育奠定和发展的重要时期之一，师范教育更是具有鲜明的时代特点。河北女子师范学院是中国高等教育的代表学校之一，是我国成立时间最早的公立女子师范教育机构，学校通过自身的不断创新、改革，成为女子师范教育的范本。河北省立女子师范学院于

---

① 引自《师中月刊》第1卷第1期《给初生的师中月刊》。

民国二十二年（1933）12月将《朝华》月刊转变为每学期出版一次的《女师学院期刊》，该刊由出版课主编。

女子师范教育作为教育史上较为特殊的一个教育形态，其成立、发展过程较为曲折。鸦片战争后，传教士创办教会女校，同时期民间女子学校纷纷建立，民间女子教育逐渐发展起来。而后，在洋务运动中的时代先驱们开始兴办新式学堂、发展教育，标志着中国近代教育的开端。从京师大学堂的成功创办到"壬子—癸丑"学制的完整确立，中国近代教育的发展进程不断推进。民国时期是中国高等教育奠基和发展的重要时期之一，随着社会环境的不断变化，女子师范教育的时代需求愈发迫切。

河北女子师范学院作为民国时期女子师范教育的佼佼者，创办了《女师学院期刊》《朝华》《校友会会报》等期刊。

1. 《女师学院期刊》的出版概况

（1）出版背景

民国时期由于西方先进思想的不断涌入，在男女平权思想风潮的剧烈冲击下，中国多地开始出现教会女校和私立女校，教育潮流以极大的冲击力摧垮了对兴办女学的限制，迫使清政府设立公立的女校。慈禧太后于1906年2月21日下令振兴女学，这一举措旨在促进中国女子教育加速向前发展。而后《女子师范学堂章程》等章程的颁布，使女子教育在中国有了制度保障以及更为名正言顺的社会地位。

"傅增湘在天津于1904年创办女子公学，1905年创办高等女学，1906年创办北洋女师范学堂，1907年创办北京女子师范学堂，后于1929年学校升格为河北省立女子师范学院，其为我国早期女子师范学院的代表院校之一。"[①] 河北女师学院成长经历曲折繁复，也是在不断的变革中将女师学院锻炼成民国时期顶尖师范院校之一。

辛亥革命推翻了清朝的统治，结束了两千多年的封建帝制。资产阶级革命派推行系列举措旨在振兴民族发展事业。尤其在教育方面，该政府建立了中国第一部现代学制——"壬子—癸丑"学制。该学制明确规

---

① 邱士刚：《论河北女师的文化架构及其文化价值》，《河北师范大学学报》2009年第1期。

定妇女拥有与男性同等的受教育权利，确立男女同校制度，同时号召筹办各级女子学校。该学制是中国教育史上第一个资产阶级性质的学制，有着划时代意义。

"壬子—癸丑"学制颁布后，河北女师学院依据现代高等学府的结构设计和发展方向，在制度、文化、学科等方面设计出独具风格的办学理念，具有较高的办学水平，成为中国女子师范教育历史中较有代表性的院校，同时也促进了我国女子高等教育的进一步发展。同时期，以"为了开展学术研究；破除专己守残之陋见，广泛进行学术交流；网罗众家之学说，开展学术自由讨论"[1]为主要发展方向的学术期刊纷纷涌现。其中《北京大学月刊》是民国时期创办较早、较具典型意义、最具大学学报形态及特征的学术刊物。此外，《南开大学半月刊》《复旦学报》等也是民国时期具有深远影响以及较高学术价值的校刊。《女师学院期刊》在兴教育、搞学术的热潮中创办，旨在总结师生学术成果，营造学院学术研究氛围，从而促进学院办学质量进一步提高。女师学院也通过《女师学院期刊》将其"以抗争求生存"的学术理念和崇高的社会责任感清晰完整地展现在世人面前。

（2）文本概况

《女师学院期刊》由《朝华》月刊演变而来，该刊于1933年1月10日创刊（第1卷第1期），至1936年6月出版到第4卷第1—2期合刊。《女师学院期刊》接受全校学生高质量投稿且不限制专业、年级。另外，该刊专门设置投稿版块用来向文化名士广泛征稿。《女师学院期刊》每卷页数达300页之多，内容涉及中外历史及文学、地理；中国教育制度、婚姻制度及语言文学；河北省有关地县平民教育、妇女教育状况调查及有关县志序；国际形势评述及苏联妇女情况介绍；中国历史名著及自然科学知识介绍等领域。

依据《女师学院期刊》的目录设置，栏目大致可分为：论说、小说与散文、诗、艺林初步、翻译、生活写真、调查报告、专载等。例如，第3卷第3—4期合刊中"论说"栏目登载了戴莘义的《民国以来之中日交谈述略》、艾瑞云的《中东路解决后对于中日俄之影响》等文章；第2卷第1期

---

[1] 出自《北京大学月刊》发刊词"北大之精神"。

中的"调查报告"版块中登载了耿馨山的《中国妇女在新旧法律地位上之比较》及王竹林的《英语教学上常见的错误》等多篇文章；在第3卷第1—2期合刊中的"小说与散文"这一版块中登载了曹绍芩的《自习后的一幕悲剧》一文。该刊内容编排紧密且版块设置得当，能够最大限度满足其受众的阅读需求。此外，《女师学院期刊》的文章质量在同时期的学术期刊中可称为上乘，文章内容对于今天仍具有重要的学术价值和参考意义。

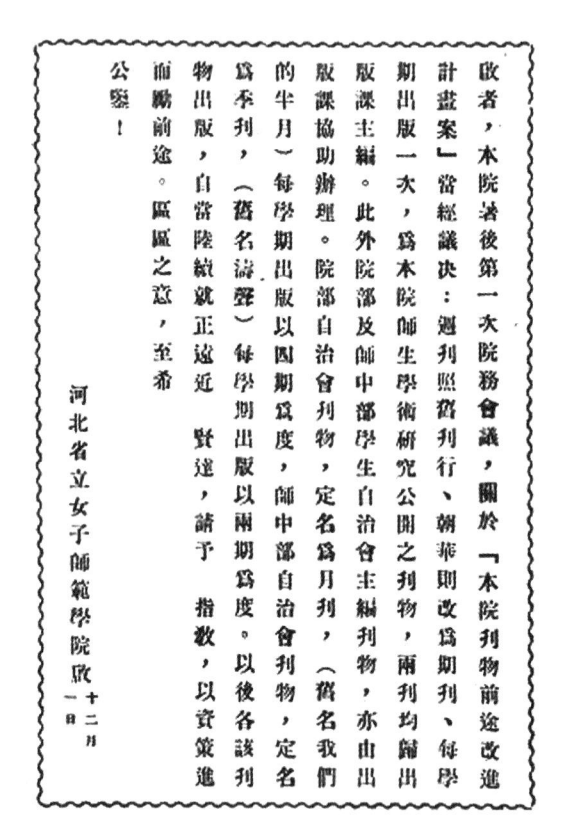

图3—56 《女师学院期刊》的创刊号中的相关说明

（3）办刊宗旨及读者群体

《女师学院期刊》的创刊号中写道："启者，本院（1932年）暑后第一次院务会议，《关于本院刊物改进计划案》，当经议决：《周刊》照旧刊行。《朝华》则改为《期刊》，每学期出版一次，为本院师生学术研究公开之刊物，两刊物均归出版课主编。"①虽经历期刊更名，《女师学院期刊》仍然坚守的正确的办刊方向，做到"材料充实，出版守信，一如前刊之希求。唯本刊系属学术研究性质，总期将本院师生学术上之心得，充分介绍，借以效其阐扬学术之天职"。《女师学院期刊》作为河北省立女子师范学院创办的最有成就的学术刊物之一，具有较高的学术价值。"据1934年度统计，全院高师有八系三科共24个班383名学生"②，从人数可以大致看出当时期刊的读者规模。

因《女师学院期刊》性质为学校期刊，因此其所要面向的主要读者群体为河北省立女子师范学院全体师生，也包括社会各界关注学术研究的受众群体。例如，想要了解国内外新局势，读者可以在该刊第3卷第3—4期合刊中读到由王蕙泽撰写的《苏俄入盟后的国联前途及其影响》、艾瑞云撰写的《中东路解决后对于中日俄之影响》、唐淑贞撰写的《世界列强对空军之竞争》等多篇文章，该"论说"栏目下共有41篇，文章主题涉及多个领域，语言犀利、简洁，论点明确且文章结构清晰，学术及时政价值十分珍贵。

针对想要了解国外文学的读者群体，《女师学院期刊》特别设置了"翻译"版块用来登载国外文学。例如，在第3卷第3—4期合刊中，由周德勤、王槐珍、董康泽合译的列夫·托尔斯泰的著作——《在高加索的俘虏》、由杜季琴译的《失望的松鼠》、由袁保鑫翻译而成的《一个有爱的老鼠》等多篇文章，数量为17篇，体裁、风格多样。《女师学院期刊》所面对的读者群体，既具有各阶层的广泛性又有着学术领域的针对性。

2.《女师学院期刊》的内容分类及特点

(1) 内容类型

①评论类文章

《女师学院期刊》创办于中国社会动乱纷争的年代。无论是在"辛亥革命"时期抑或是五四运动时期，河北省立女子师范学院的师生都展现出强烈的爱国主义情感和顽强不屈的革命精神。女师学院师生不畏强暴，

---

① 选自《女师学院期刊》第1期创刊号，扉页。
② 朱文通、王小梅：《河北通史·民国上卷》，河北人民出版社2000年版，第301页。

与黑暗势力作斗争，以笔为武器，用一篇篇文章揭露反动势力的真实面目，承袭此奋斗不屈的优良传统。《女师学院期刊》中的评论文章言辞犀利、针砭时弊，对于中国发展过程中所面临的问题进行了深度剖析和大胆讨论，体现出女师学院自身的高度社会敏感性和责任心。

例如，《女师学院期刊》第3卷第3—4期合刊中由陆俊澄撰写的《怎样教导农村与农村妇女》一文，针对当时的现行农村教育情况进行重点分析。该作者依据实地调查研究所得出的真实结论，对农村教育所出现的问题提出了解决方法以及应对策略。下文将从农村儿童教育、农村成人教育、农村妇女教育三个方面对《怎样教导农村与农村妇女》一文进行分析。

首先，在儿童教育方面，陆俊澄指出应因材施教地对农村儿童进行现代化教育，提出"一方面须唤起儿童喜欢上学校里去念书，而讨厌私塾的心理，一方面必须先办理农村成人的教育"①的理论观点。父母一直作为孩子的第一任教师，在孩子真正系统接受学校教育之前，孩子的种种行为习惯以及价值观念都深受父母影响。依据此观点，陆俊澄在文中指出要想在儿童教育方面取得成果就必须要科学地开展成人教育，使得孩子们在不知不觉中模仿父母行为，主动接受学校现代化教育。

其次，在成人教育方面，陆俊澄指出应从五个方面进行教育指导：应教导农民识字、使农民认识到儿童接受教育的必要、破除农村迷信、教授农民新的生产技术、除去农民不正当的娱乐活动，从而使政府达到对农村成人进行教育的目的，促进农村教育发展。农民的知识水平较低且学习欲望较微弱，根深蒂固的刻板印象使得他们接受新事物较为缓慢，陆俊澄提出政府应该先从写字这一基础入手，引起他们的学习欲望。还应该破除农村的不良风气，营造出良好的向学氛围，促使农村教育的更好开展。

最后，在妇女教育方面，陆俊澄认为应从三个方面加以实施：教授农村妇女抚育儿童、教导农村妇女讲卫生、促使农村妇女提高自己的人格。政府相关部门对农村妇女进行教育，传播现代化文明知识，使农村妇女能够意识觉醒并为争取自己的合法权益而努力，从而使其社会地位

---

① 选自《女师学院期刊》第3卷第3—4期中陆俊澄所作的《怎样教导农村与农村妇女》。

得到提高。自古以来，女性因不平等的社会观念压迫良久使得其对于自身独立人格的追求较为麻木，尤其是农村女性。所以，在开展农村教育过程中更应该将重点放在农村妇女身上，从她们最关心的抚育儿童话题入手，逐渐地改变其落后观念，使得妇女们能够重新清醒地认识自身的独特性，在现代思想文化的熏陶下能够使其独立精神觉醒主动接受现代化教育。

陆俊澄创作的《怎样教导农村与农村妇女》能够在一定程度上反映出《女师学院期刊》所表达的文化深度和情感温度，他深入分析了当时中国农村教育所面临的现实问题并提出切实可行的解决办法。陆俊澄以敏锐的洞察力和独特的角度将真实的社会现实描写出来，其深厚的文字功底也使整篇文章更加犀利、独到，由此可见，该文有着极高的社会文化价值和学术研究价值。

同时，《女师学院期刊》中相类似题材的文章还有：第 3 卷第 1—2 期合刊中由刘莲凤创作的《上古期间中日两国在文化上之关系》，由李鸿秀创作的《日本在东三省移民与铁路建设》，由王禧忠创作的《家事教育与中华民族复兴运动》等。

②文艺类文章

《女师学院期刊》中设有"诗"的版块，专门刊登诗歌类文章。在第 3 卷第 1—2 期合刊中，王淑源创作的诗歌《就这样散了吧》用简洁的文字将其内心面临离别时的悲伤心情生动地刻画出来，字真意切，"好！好！我们就此离散。天涯，海角！各奔一边"①。

在《女师学院期刊》创刊号中，由张梦达创作的诗歌《沉醉了的灵魂》全篇分为十四个小节，塑造了一位处于沉睡状态中的青年女郎形象，以指代无数为民族独立、国家强盛而前仆后继的革命志士。他们散发着人性的光芒，拥有可以在灿烂的樱花树下舞蹈的纯洁灵魂，与浑浊、肮脏的现实世界截然不同。当他们将宝贵的生命奉献给壮烈、伟大的革命事业之时，其灵魂将永存，那美丽的青年女郎将在那"黄金为室、碧玉为路"的天国里得到永恒。

此外《女师学院期刊》中刊登的诗歌还有由张琴书创作的《绝句四

---

① 选自《女师学院期刊》第 3 卷第 1—2 期中王淑源所作的《就这样散了吧》。

首》、王玉玲创作的《失去了的时代》、刘毓英创作的《千程与万程》等。

③调查、报告类文章

《女师学院期刊》中所刊登的调查类文章涵盖范围也较为广泛，包括：考古（王光祥等九人创作的《一年来国内古物发现之调查》）、教育（由张文林创作的《小学部一年来教学美术的经验报告》）、阅读（由周德勤创作的《读文艺批评与批评家后》）等分领域调查报告类文章。作者们用简洁的笔触和真实有效的信息，将其调查研究得出的成果总结为书面材料在《女师学院期刊》上刊登，以填补各领域内所缺失的文献材料，具有较高的学术研究价值和借鉴意义。

(2) 内容特征

①具有较高的学术价值

"女师学院所负的使命是：'研究所设各科之高深学理，及特殊技术，以为学术上之贡献。'学校对学术发展定位清晰，在办学过程中牢记使命，忠实践行研究高深学理及特殊技术这一学术观。"在《女师学院期刊》第2卷第2期中刊登的里文澜的《说文音均部表》、张寿林的《三百篇助词释例》、胡仲澜的《平均数及标准差数之标准差数》等文章，都旨在向读者科普相关知识，也体现了该刊的学术追求。总的来说，《女师学院期刊》中涉及的学术领域十分宽泛。例如：属于文学领域内的《说文解字六书分类表》；属于数学学科领域内的《尤耳氏偏关系系数公式之解法》；属于音乐学科领域内的《南胡独奏谱》；属于法律制度领域内的《现代婚姻制度述要》；属于生物学科领域内的《细菌之分布》和《动物之恋爱》等。由此可见，该刊所刊登的文章体裁多样且切入角度独特，能够用简洁、通俗的语言将具体的科学知识解释清楚，具有较高的学术价值，其能够满足读者的多样阅读需求和学习丰富知识的积极诉求。

②蕴含着不屈的拼搏精神

河北女师学院即使在社会局势动乱、研究经费不足的情况下，也依旧尽最大可能地办好教育，营造良好的学术研究氛围、打造自由的学术讨论平台，充分践行"以抗争求生存"的办学理念。

女师学院历经"新政"时期、辛亥革命、新文化运动、五四运动、抗日战争、解放战争等重大社会历史事件，每次浴火都得以"新生"。毋庸置疑，混乱的社会秩序和骚动的民众所带来的动荡和不安对高等教育的影响是十分严重的。无论是从在滦州起义中为国捐躯的女师地理教员白雅雨到被民众赞为"女子北伐敢死队"。"女子之身，有慷慨兴师之志；军歌齐唱，居然巾帼从戎；敌忾同仇，足使裙钗生色。"① 还是从第一个站出来号召大家投入到五四运动当中的女师学生郭隆真再到九一八事变后走上街头积极进行爱国宣传、誓死抵抗日本侵略的女师学生刘素心、王心怡等人。她们自身所拥有的革命文化与中国社会所提倡的革命文化核心是一脉相承的，但同时又有着女师学院自身的独特性。在特殊的历史时期，女师学院不曾屈服于任何一次艰难险阻，全校师生不畏强暴，始终秉持着高度的爱国热情和严谨的治学态度，在一次又一次挑战中超越自我，与残酷现实做抗争，促进女师学院向前发展。同时，女师学院全体师生也在用自己的力量推进国民高等教育的发展。事实证明，河北女师不仅没有被淹没在历史的洪流中，反而凭借着自身不屈的精神力量在中国女子师范教育的历史长河中熠熠生辉。

在极其艰难的办学条件下，女师学院仍然维持着浓厚的学术研究氛围，《女师学院期刊》作为河北女师坚韧精神的承载和表现平台，也向世人展现出了不凡的专业力量，无论是论说文章的犀利独到或是调查文章的严谨客观，都能够看出河北女师在混乱年代中对于学术研究的自我追求，努力成为女子师范教育领域的排头兵，探讨着我国师范教育事业的前进方向。

③翻译外国优秀文学作品

《女师学院期刊》于第3卷第1—2期合刊中开设了"翻译"专栏用来刊登译制完成后的外国文学作品。该类作品体裁主要为小说，主要思想为宣传自由与平等的先进思想观念。其中包括：万心蕙翻译的《浪子》，刘淑娍、张秀亚、董康泽、王槐珍共同翻译的《节译林肯传》，巴金环、张楷共同翻译的《友情》，张承寿翻译的《维克》，绮生翻译的《地震》，高学敏、杜季琴、曹珍、袁宝鑫、解淑贞共同翻译《三封信》等。《女师学院期刊》始终不离"学术"这一主要要旨，所翻译作品大都

---

① 原文陈其美《驰赴金陵助战》，《申报》1911年11月29日，转引自李持真《嘉兴沈氏四姐弟的传奇人生》，《浙江档案》2013年第11期。

为外国经典文学作品，意在培养女师学院师生的文学修养、开阔眼界、促进自身能力的进一步提高。另外，《女师学院期刊》也十分注重对于先进思想的传播，外国优秀文学作品作为西方先进思想文化的载体，译成中文能够使得女师学生更加快速地接受现代文明知识，了解世界文化动态。

3.《女师学院期刊》的编辑风格和编辑技巧

（1）版块设置丰富多样

《女师学院期刊》作为"学术期刊"，其始终围绕"学"和"术"的主线进行文章选择，在排版设计方面也延续了学术思路。其中"论说""随笔""文艺"等版块较为固定。

"论说类"文章常刊登于《女师学院期刊》的前半部分，总量为40—50篇。该部分文章主要以社会热点问题为关键切入点，与时政结合较为紧密，而且文章观点独到，能够体现出女师学院师生独立思考的精神。例如：刊登于第3卷第1—2期合刊中，由王槐珍创作的《师范学校毕业生的出路问题》，该篇文章主要聚焦于师范学生毕业后的选择问题，根据由教育部公布的《师范学校规程》中的第十二章第九十条"师范学校毕业生服务年限须照其修业年限加倍计算"。第九十三条也规定"师范学校毕业生，在规定服务期内，不得升学或从事教育以外之职务，违者除照第八十九条追缴学费外，如系升学仍由其升入之学校令其退学，但有特殊情形，经省、市、教育行政机关核准者得暂缓其服务期限"。该规程的严格规定以及师范类学校课程上的限制，使得师范毕业生只有按要求提供服务这一条路可走。但是严峻的社会现实能够给毕业生们提供的服务机会却少之又少，这就造成的师范毕业生们对于出路问题的矛盾和纠结。王槐珍以实例和理论将师范毕业生出路少这一问题进行细致解剖并且逐一分析原因，具有很强的社会意义，而且作者在文末呼吁社会各界加大对于这方面事实的重视，充分体现出《女师学院期刊》具有高度的社会敏感性和作为学院期刊的担当精神。

"随笔""文艺"类文章常置于《女师学院期刊》的中间部分，这类文章能够充分地展现出女师学院师生的文学修养以及艺术审美品位。该类版块下常刊登小说、散文、诗歌和随笔类文章，诸如《君中见闻录》《水手舅父》《秋望》等文学类作品。

另外，像"生活写真"这类版块仅在第3卷第1—2期中出现，不具有普遍性。该版块主要侧重于对于生活的真实记录，如高美的《日记择录》，同文的《生活的片段》等。此外，《女师学院期刊》会依据当时具体的现实情况以及稿件内容适当地调整各版块的设置情况，灵活地对于其所设版块进行适当删减或增添。

（2）《女师学院期刊》封面和内容设计独具匠心

综合来看，《女师学院期刊》封面设计始终以简洁为主要取向，大多采用线条式图像为当期封面。比如，《女师学院期刊》创刊号封面采用竖排版的设计，大致可分为三个部分。从右向左可依次分为：以繁体中文形式书写的"第一期创刊号"六个汉字；而后，由以小篆字体书写而成的"女师学院期刊"六个大字占据封面中心位置，即该期刊名称；封面左侧由两部分组成，上半部分是以繁体中文形式设计而成的"河北省立女子师范学院"十个汉字，下半部分则表明该本期刊由"出版课主编"五个汉字组合而成。以《女师学院期刊》创刊号封面为例，该封面未使用图片，皆以文字形式填充，其间，文字字体则以小篆和繁体为主，风格简洁且传达信息较为直观。第1卷至第2卷《女师学院期刊》均保持统一的简洁风格。从第3卷开始，《女师学院期刊》封面采用简约的线条图片，例如，第3卷第1—2期合刊封面主体为"季刊"两个汉字再加之帆船图案作为封面内容。第3卷第3—4期合刊封面主体为插在墨水瓶中的羽毛笔，充满学术研究气息。较之两本期刊封面可以见得，《女师学院期刊》在不改变基调的基础上稍作改动将图片代替简单文字，更能突出期刊自身的特点，也能够引起读者的阅读兴趣。

就目录来看，《女师学院期刊》目录并无较大改动，简洁的风格贯穿全刊。目录采用从右向左的竖排版形式，上半部分为文章名称经由省略号引导在下半部分标明作者名字。各版块名字相较于文章标题字号变大，且无省略号引导。另外，目录中无具体页码标明导致读者在阅读过程中寻找文章的难度加大，不利于更好地进行阅读。

图 3—57 《女师学院期刊》  　　图 3—58 《女师学院期刊》
第 1 期创刊号封面　　　　　　第 3 卷第 1—2 期合刊封面

总的来看,《女师学院期刊》的装帧设计始终选择简单的风格取向,无论是封面还是目录的设计都延续这一风格,在简洁的设计中着重突出稿件内容的学术性,在当时一众的学术期刊中尤为突出。从第 3 卷开始使线条图案代替单纯文字将《女师学院期刊》的封面设计感大幅度提升,但是正文内容仍采取统一的设计形式,从右向左的竖排版形式符合当时读者的阅读习惯。页码标注在正文页的上方,奇数页注明文章标题,偶数页注明期数,使得读者能够更加便捷地进行阅读。

作为民国时期女子师范教育的领航者,河北女师学院始终坚定不移地践行"以抗争求生存"的办刊理念,在我国教育史和出版史的互促式发展历程中,形成了兼收并蓄的办学风格,也发展成为我国女子师范教育的中流砥柱。

无论是在辛亥革命中英勇奋战的"女子北伐敢死队",还是五四运动中成为骨干力量的女师师生们,对于残忍的战争和模糊的生死界限,女师师生们从未想过后退以求生存,他(她)们在用自己的实际行动向世

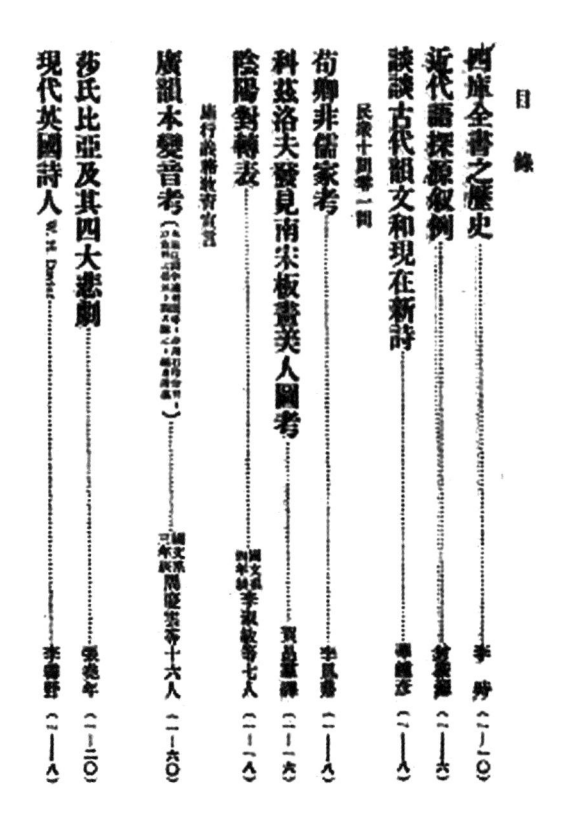

图3—59 《女师学院期刊》目录

人展示"以抗争求生存"的顽强理念。面对未知的困难险阻，只有奋起反抗才能拼出一条血路，躲避抑或是胆怯从来都不会得到生存的机会。为了中华民族的独立，同样也为了自己国家的生存与发展，作为那个年代的青年们，女师师生们用"初生牛犊不怕虎"的勇气向着敌人的尖刀利刃冲去，为的就是心中永不熄灭的爱国理想！

同时，《女师学院期刊》作为民国时期代表着中国女子师范教育最高学术水平的学院期刊之一，在一定程度上填补了中国在特定时期出版事业成果的空白，为后代留下了珍贵的教育史和出版史资源。其所刊登的文章无一不是当时读者们对于学术期刊阅读需求的缩影。

《女师学院期刊》作为中国女子师范教育历史的见证者和记录者，无论是高质量的稿件内容还是"以抗争求生存"的治学理念，都值得后人学习。河北女师学院在动荡不安中稳步向前，即使未来的道路上可能充满硝烟,她也没屈服在黑暗势力的胁迫之下。她用手中的笔当作武器,书写出那些振聋发聩的文字,为了自己国家前程和命运贡献才智!

### 十一 《保师附小校刊》

"保师附小"全称为河北省立保定师范学校附属小学,现全称为河北省保定市师范学校附属学校,该校成立于1910年,起于"孟养学堂",是保定市第一所新式初等学堂,1904年改称"保定初等小学堂",同年又改称"保定模范小学堂",1905年迁入古莲花池直隶学务处旧址。该小学校训为"善行,崇德,尚美,善思,博学,健行",学校历经时代洗礼,但始终薪火相传,为社会培育了众多优秀人才,现已是保定市的知名小学。

《保师附小校刊》创刊于河北省保定市,由河北省立保定师范学校附属小学负责编辑出版发行,具体停刊原因及时间不详,目前仅存有1946年至1947年期间刊行的第1期和第2期。该校刊的刊行,加强了学校与其他教育界同仁之间的交流,为研究民国时期直隶地区及后来河北省的教育发展情况和政策变动情况提供了丰富的史料。[1]

1.《保师附小校刊》的创刊概况

(1) 创刊背景

保师附小在《保师附小校刊》创刊前,学校已有三十七年的办学历史。在创校过程中,以抗日战争为节点进行划分,则抗战以前历时二十八年,抗战初期中断了一年,抗战期间实际累计办学七年时间。抗日战争结束后,学校即组织人员编写刊行了校报,即《保师附小校刊》。彼时,抗日战争胜利不久,河北地区又陷入内战,社会动荡、民生不稳,恢复教育迫在眉睫,然而莲池校址历经日寇八年的盘踞,旧貌大改,旧日的设备和成规都已废止。基于此,校方希望创建一个平台来方便展示学校的运作和教育理念,故创立该校刊。该刊主要是将平日工作进行具象而择要的记录,同时为社会同仁相互交流提供便利,共同为国民教育发展出力。

---

[1] 《保师附小校刊》1946年创刊号目,全国报刊索引:https://www.cnbksy.com/literature/literature/6141a82442dea1010ad1b93f8f3e2669. 访问日期:2021-11-29。

(2) 创刊理念

《保师附小校刊》创立时，抗日战争已经取得胜利，中国正处于解放战争时期。此时的保定政治局势趋于稳定，经济也有所增长，国民教育也得到了喘息的机会。各类学校开始图发展、谋复兴，同时也掀起了一阵兴办校刊的热潮。此时保师附小刚刚复员一载，创办的《保师附小校刊》主要记录学校的事务和学生作品，以及关于国民教育的研究和论述。校刊前言中有言，"期刊之作，不敢妄事宣传，仅将平日工作具象，择要记录，使社会人士知本校之梗概，而同情扶植"[1]，该刊对当时学校的情况做了书面介绍，方便校外社会人士对学校有所了解，该刊的创刊目的之一便是加强该校与教育界同仁之间的沟通，希望向社会公开业务，让社会了解学校的基本运行情况。1947 年，校刊第二期出版，时值教育改革阶段，国民义务教育年限改为六年，学校思及抗日战争对国民教育的摧残及教育救国的重要性，于校刊第二期不再仅仅着眼于加强与同仁之间的交流，而是加大展示学校运行情况的力度，希望最大程度引起关心国民教育者的共鸣，以期共谋国民教育改善之路。

2. 《保师附小校刊》的内容分类与栏目设置

(1) 内容分类

《保师附小校刊》主要刊登了对国民教育的看法和问题的探讨及研究，以及部分有关学校的事务及学生作品等，其核心是对国民教育问题的论述和研究，对学校事务和学生作品的展示以及学生须知和学则。其中，"论述"和"研究"列于栏目之首，是最有专业性且最具可读性的版块。对学校事务和学生作品的展示是占据篇幅最多的栏目，其次还有与教育相关的研讨会的会议纪要，及对教育中存在的问题提出的建议。[2]

该校刊的内容，也较多体现了校方的教育理念，如对学生自治能力的培养和刻苦耐劳精神的教育。《保师附小校刊》第 1 期《本校学生自治会成立记》提到对学校对学生自治能力的培养，并细化到了班级自治管理层面，《三个月工作之回忆》一文提到了对学生劳作一科的教育，"主

---

[1] 《保师附小校刊》第一期，前言。
[2] 张旭阳：《民国时期河北教育类期刊出版研究》，河北大学，2021 年。

张无论做何物,应使学生有创作能力,而收获举一反三之效果"①,要求学生所作每一件作品,都要有系统,要有步骤。整个过程务必使学生在劳力上劳心,在劳心上劳力,养成刻苦耐劳,劳动创造的精神品质。文章认为,学生制作工艺品,应该先由先生做好范本,用油印机印出,然后再发给大家照做,这样学生在模仿中的做法会有改良,加强练习,后期的作品都会较之前有很大进步。关于美术一科,该刊也有细致的论述,如五年级教授铅笔画,六年级教授水彩画,要求同学们自己准备毛笔、颜色和纸张等物品,但教学过程存在一定的困难,后学校体谅学生生活的艰辛和支付能力,决定不强制要求学生购买学习用品。尽管如此,当时的美术教学也经历了相当的困难,如临本问题,如果让学生在黑板上作画,那美术教育就流为了黑板画,学生仍然学不到美术的精髓。所以学校又到商店选择好图样,让学生前去购买。从文章的叙述可以看出学校对美术一科的重视和忧虑,对此,校方考虑到很多妨碍教学的因素,多次制订了并更改相关的教学方案。

(2)栏目设置

①"论述"和"研究"

"论述"与"研究"两栏目位于所有栏目之首,内容相对重要,可读性也较强。两栏目包含学校对于国民教育的深度思考,尤其是结合时代背景,号召教育工作者认清八年沦陷对教育的摧残,扫除余毒,并积极为恢复教育做出努力。

"论述"栏目主要探讨当时国民教育的重点和所做的努力。1939年国民政府开始推行新县制并加强对基层政权的控制,国民教育厉行政教合一,儿童部与民教部合二为一,形成了新的国民教育制度。该制度与以往的民众教育大异其趣,较以往更加注重国民民族意识的培养,并致力于健全学生体魄、加强体育锻炼,增进国民对生产技术的应用水平,尤其是要促进国民文化水平的提高。寿山先生认为这四者可以使学生爱国爱军,育成勇敢的精神以保家卫国,培养节俭劳动的习惯和明礼仪知廉耻的自信,并分为"管""卫""养""教"四个方面。寿山先生后分析了国民教育的课程设置,昔日课程讲求智德体三育并重,而新的教育制

---

① 萧宏遇:《三个月工作之回忆》,《保师附小校刊》第1期,第32页。

度实施后,则划分了德体智的先后次序,这一理念也呼应了前文对"管""卫""养""教"四分法的论述。当时实施国民教育五年计划,河北省因处于沦陷区,至1946年春才开始实行此计划,一些中心学校的实施已初具规模,另有一些县市因未收复而未能实行,已收复的也因保甲制度未健全而难以推行。寿山先生对此的看法是"政教合一,徒托空谈,教育效果,亦极微薄"①,并提出了自己的建议。在《保师附小校刊》第一期的另一篇论述里,皓东先生谈论了当时时代背景下小学生应有的认识,即日本投降、法西斯势力被瓦解后,周遭仍潜伏着莫大的危机,落后的经济和技术,使中国仍然置身于随时有可能挨打的境地。皓东先生认识到当时国家处于积贫积弱的境地,吃穿住行甚至于国防都十分落后于西方国家,至日本投降后,国家才有了一定的喘息和恢复发展的机会,却无法免除内战的纷扰,可见当时的教育者对战争的反对和对彻底实现和平的深切渴望。《小学自然科当怎样教学》一文解释了自然科教学的目的和自然教学应当注意的事项,该文作者信卿先生就这两点进行了分条论述。值得一提的是,当时的教育工作者已有了对自然科学教学的重视,"适宜的环境启发儿童的学习环境,更能就实物的观察比较,获得新知识"②。作为小学教育主体,能够继续重视西学进入后带来的知识体系的变革,并努力从基础教育阶段培养科学严谨的认知,是教育进步的重要标志。

在两期"论述"的四篇文章中,有三篇是署名寿山先生的文章。笔者认为,寿山的论述中行间里透露出忧患意识,在《漫谈国民教育》和《小学教育上几个问题的探讨》两文中,寿山先生多次提起小学教育对于国民教育的重要性,呼吁教育者对国民教育基础建设加以特别关注,"小学校推行国民教育,是一国教育的基础,其关系重要,尽人皆知"③。另外一点就是,要更加重视精神教育,扫除沦陷区时期敌人灌输的奴化教育的残毒,"按民族意识的加深培养,使爱国爱军,自治治事"④。寿山先

---

① 寿山:《漫谈国民教育》,《保师附小校刊》第1期,第4页。
② 信卿:《小学自然科当怎样教学》,《保师附小校刊》第2期,第11页。
③ 寿山:《小学教育上几个问题的探讨》,《保师附小校刊》第2期,第1页。
④ 寿山:《漫谈国民教育》,《保师附小校刊》第1期,第2页。

生不仅准确地找到了问题，清楚地看到日本侵华留下的精神余毒，而且提出了解决方案，这对于真正的改造国民思想具有重要意义。

"研究"版块包括"国民教育探究题研究纪要"和其他关于小学教育的研究。第1期的《第七次国民教育研究题研究纪要》亦由寿山先生编写，主要是"奉保师附小校长论，对第七次国民教育研究题本师范教育区如何措施，做研讨工作"①。寿山先生首先对本师范教育区的现状做了简单叙述，"本师范教育区位于冀中平原，敌伪时代陷于敌人铁蹄之下，敌人所施之奴化教育，要在消灭我民族意识国家观念……"②，相关的叙述在他其他的文章中也不少见。这些表述都展现了作者对河北地区教育力求恢复的现状和民众教育所经受的偏轨经历的清醒认知，饱含了对国民教育事业的忧患意识。随后，该文对本师范教育区实施的教育应改事项做了说明，即在行政组织、师资标准、教育经费、教学训导等方面给出建议并制定标准。这些都是对教育管理基础层面的建议，从中也可以看出，当时河北地区教育的困顿局面和亟待复兴的需求。《第八次国民教育研究题研究纪要》显示，教育基础标准和规划有了基本定型，主要的研究重点变为如何发展基于儿童本位的教育，亦开始寻找更加准确合适的小学教育方法，如怎样激发儿童的学习动机等，"动机即是发动力，学习之有力与否，当视乎动机的强弱"③。

②"记事""参观"与"儿童作品"

在两期《保师附小校刊》中，第1期的"记事"栏目与第2期的"参观"栏目都是对学校活动的记录，"记事"栏目中的《本校学生自治会成立记》记录了学校复员一载时，为培养学生的自治能力，组织成立了自治会。具体做法是，每班为一保，全校十五保，合组为一乡，并依据前莲池书院旧址，将其命名为"莲池乡"，进而召开了"莲池乡第一届乡民大会"，并对大会的举办情形做了详细记录。

此时，学校刚刚复员一载，也要紧密联系社会，与相关社会资源进行有效衔接，不能闭门造车。《本校工作与社会配合之实况》一文记录了

---

① 寿山：《保师附小校刊》第1期，《第七次国民教育研究题研究纪要》，第9页。
② 寿山：《保师附小校刊》第1期，《第七次国民教育研究题研究纪要》，第9页。
③ 寿山：《保师附小校刊》第2期，《第八次国民教育研究题研究纪要》，第25页。

当时学校与省市各界的联系与配合，保师附小借助"校址当省垣要卫"的地理优势以及"更有大礼堂一所"①，从而便于配合社会所需。根据《保师附小校刊》所记录，学校"让出礼堂供让使用，期学校与社会密切配合"②，并详细记载了学校礼堂数次借出的时间、使用用途及效果，文章将其分为"与省垣各界的配合""与党的配合""与政的配合""与军的配合""与地方学校的配合""与救济机构的配合"，基本内容为借出学校礼堂举办"游艺大会"接待官长、供话剧团公演募捐、开欢迎大会等。而"参观"栏目则展现了保师附小与保定各小学的联系与具体参观活动，如参观保定女师附小、厚福营小学和白衣庵小学等，参观人员为两人。其过程为，首先由受访学校校长带领参观了办公室，了解其本师生情况和教学大致情形，再由教师带领参观了学生们的学习环境和日常情形。"记事"和"参观"主要向读者展现了1946年至1947年间保师附小的教育建设理念和行动，附有管理方面的具体措施，对于学校规则的制订和实行也有探讨。

《保师附小校刊》专门为学生作品发表设立了栏目，"儿童作品"是整个校刊中所占篇幅最大的版块。第1期校刊共有九十八页，"儿童作品"占据四十一页，占比42%，第2期"儿童作品"的占比也达到了42%，可见编辑对学生作品的重视程度。"儿童作品"包括散文、应用文、游戏文、科学问答、新诗、歌谣、谜语和故事，涉及八种文体类型。除歌谣外，每一篇作品都署有学生的年龄和姓名。学生散文作品中有对母亲的崇敬，对景物的歌咏，对学校的热爱以及对家国民族的热忱等，可见学校对学生的培养，不仅仅在于其对家国的坚定热爱，还在于内心的修养，对生活的热爱和对家人及老师的感恩。

3. 《保师附小校刊》的编辑风格及版式特点

（1）编辑风格

①封面封底元素简洁清新

《保师附小校刊》由河北省立保定师范学校附属学校自主编辑和发行。第1期的封面设计，主要讲究整体画面的规整和简洁，整体呈现严

---

① 寿山：《本校工作与社会配合之实况》，《保师附小校刊》第1期，第24页。
② 寿山：《本校工作与社会配合之实况》，《保师附小校刊》第1期，第24页。

肃、整齐的格调。封面为由上至下的走势，书名占据画面整体上部三分之一的面积，字体颜色是符合校刊风格的偏严肃的暗红色，下部三分之二的画面是学校的简笔画形象，最下部标注出版日期。画面整体没有繁复多余的装饰图案和文字，简洁、清晰且一目了然。封底与封面是统一的风格，标注了出版日期、编辑者、发行者、印刷者和代售处等信息，左上角印有简单的装饰图，排版清新简洁。

图3—60 《保师附小校刊》第1期封面

图3—61 《保师附小校刊》第1期封底

第2期并没有延续第1期的封面风格，首先在颜色上选择了比较亮眼的青色、暗红色和底色三色搭配，三者相互穿插互相融合，巧妙地平衡比重，整体看上去严肃又不失靓丽，打破了沉闷的气息。在构图上第2期比第1期也有明显改变，用椭圆形勾线抓住读者眼球，内有右上角的校刊名称一目了然，椭圆内标有出版物的主要信息如校刊名称和出版方，可以使读者快速且清晰地了解出版物的基本信息。从图案上看，椭圆外的勾线随意又显均衡，十分吸睛，青色的人物简笔画，既呼应了校刊的性质，也给封面增加了青春活泼的气息。总体来说，青色首先吸引读者的视线，椭圆形将读者的视野吸引到出版物的名称，亮眼青春的气息激发读者继续翻读下去的欲望，搭配巧妙且富有美感。封底简洁明了，没有配置图案装饰，排版和内容沿用第 1 期形式，只将出版日期、编辑者、发行者、印刷者、代售处等基本信息标出。

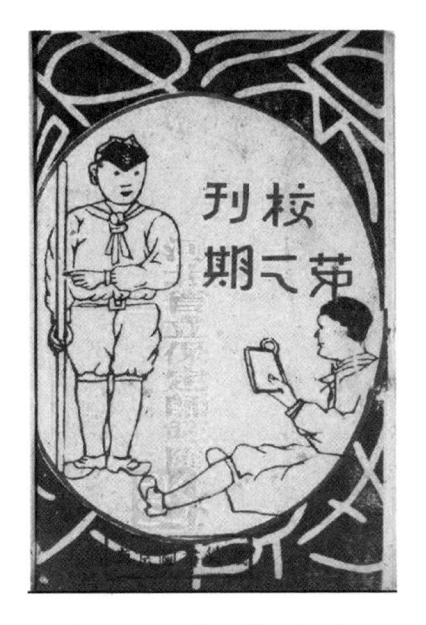

图 3—62 《保师附小校刊》
第 2 期封面

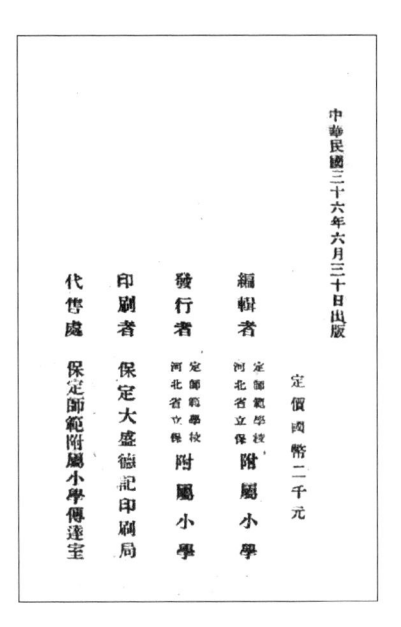

图 3—63 《保师附小校刊》
第 2 期封底

②目录分类简备精当

《保师附小校刊》目录整齐、分栏清晰，采用从右至左的阅读顺序。首先将可读性强的"论述""研究"和"训话"放在前三位，表达校方对国民整体教育和本校教育的看法与观点，紧接着是学校的具体事务和儿童作品，有助于校外人士对学校情况和学生进行了解，从目录页可以看出这部分所占比例最大，最后是本校须知和学则等内容。校刊不仅仅展示了学生作品，还将许多关于学校教育管理和对国民教育的论述与研究，兼及学校事务等内容，并用连续点号将文章与页码一一对应，分类清楚，方便读者查找。

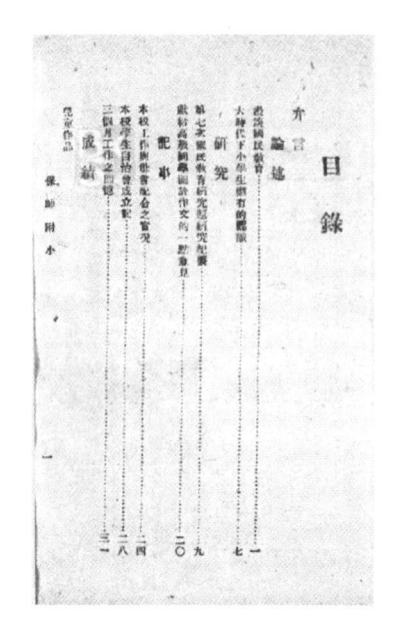

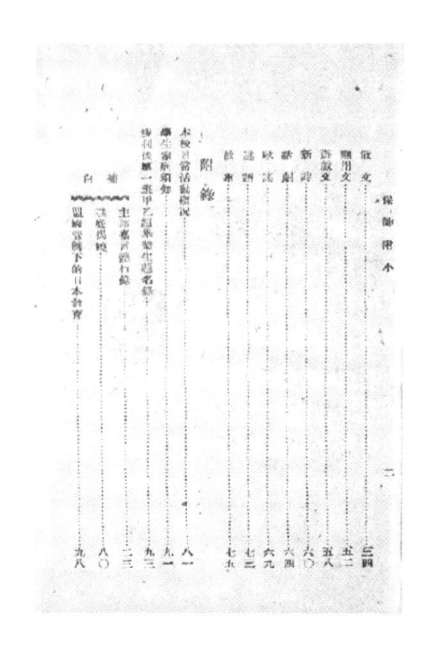

图3—64 《保师附小校刊》第1期目录

③二期的正文风格连贯

第2期不仅延续了第1期目录的编排方式,保留了简洁清晰的风格,在正文内容设置方面也保持了连贯的风格。第1期的前言和第2期的卷首语简单介绍了出版理念,第2期在前者的基础上有了新发展,增加了"训话""参观"等新版块。两期在正文上的排版上也一脉相承,都采用从右至左的阅读顺序,字体字号均保持一致。第2期的印刷和排版更加严谨,页面更加整齐,未发现错印或格式错误。

(2) 排版存在的问题

①正文排版参差不齐

《保师附小校刊》正文中有文字错印的情况,主要在第1期较为明显。如第1期"论述"版块的第一篇文章《漫谈国民教育》中就有一处较明显的文字错印,第2页从右至左第2行第一个"使"字向左颠倒。除了文字错印,还有印刷格式的不统一,以及主副标题不清晰的情况。仍以校刊的第1期为例,在第20页,即"研究"版块的第二篇文章《献给高级同学关于作文的一点意见》中,存在明显的格式混乱,没有首行缩进,段与段之间也未对齐。该校刊是由保定大盛德记印刷局负责印制的，采用的是铅印技术。铅印是民国时期运用最多的印刷技术，用铅印印刷出来的版面横平竖直，较为稳重，字体优美生动、清晰、规范，然而其制作过程也较为复杂，装版较麻烦，占用资金多，在当时设备和技术不够完备的情况下，出现上述错印、印刷格式不统一等情况也可理解。

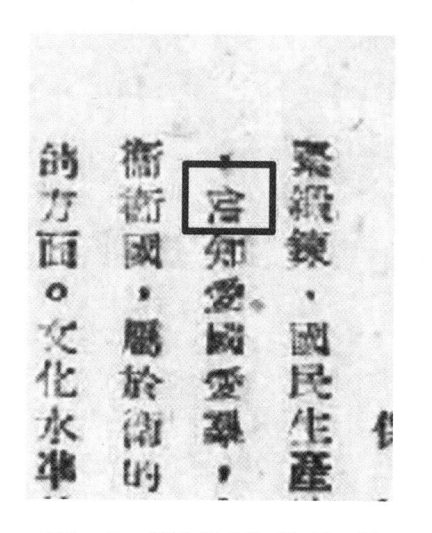

图3—65 《保师附小校刊》第1期《漫谈国民教育》版面情况

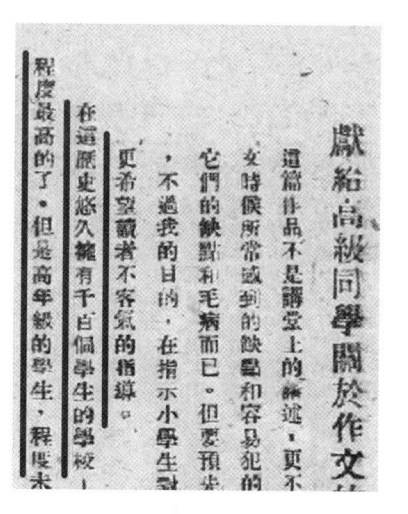

图3—66 《保师附小校刊》第1期《献给高级同学关于作文的一点意见》版面情况

②结尾部分稍显突兀

在校刊第一期的补白部分，有一篇题为《盟国管制下的日本育教》文章，这篇文章一百多字，简略地叙述了在盟国管制下日本的教育改革，即教材必须包括世界政治家和名人的传记，编写新的课本用来代替旧的传播军国主义的课本，设立社会教育局以担任向民众传播民主教育的工作，进一步削弱各学校的尚武精神。这篇一百三十字左右的文章，简单地介绍了日本的教育改革要点，单独来看，这篇文章有利于研究者简单了解日本战败后的教育改革趋势。但此段文字位于文末，前后没有呼应，也没有铺垫，稿件显得较为突兀且与校刊的整体风格不相符合，用此篇文章做结尾稍显不当。

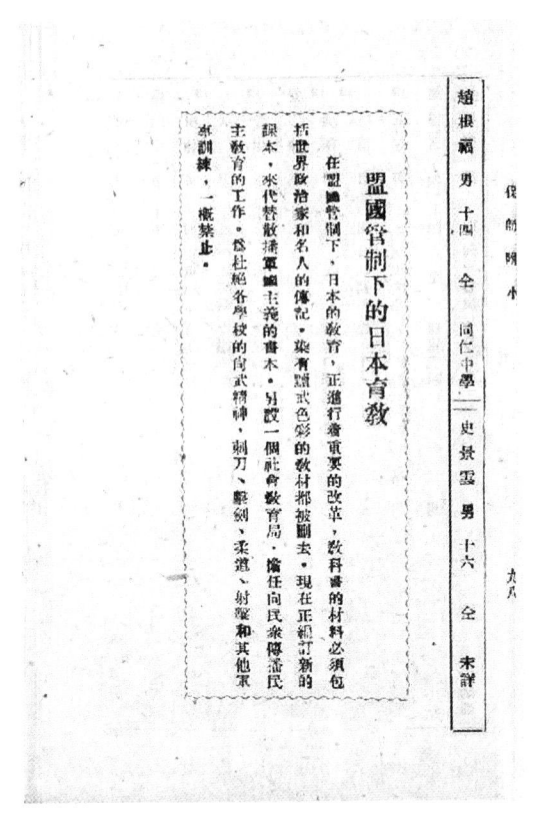

图 3—67 《保师附小校刊》第 1 期《盟国管制下的日本育教》
一文版面情况

4. 《保师附小校刊》的编辑思想及启示

（1）编辑思想

①对自然科学教育的重视

从目录就可以看出，该刊第二期非常显眼的一个名词——"自然科学"，这是唯一一个出现在文章名中的科目。两篇文章就自然科学教育进行了专门的论述和研究，即《小学自然科当怎样教学》和《我们为什么要研究科学》，可见校方对培养学生自然科学素质的重视。在《保师附小校刊》第 2 期中，多篇论述中都提到学校对于学生自然科学素质教育的重视，学校准确把握国家所需人才的动向，重视对科学人才基础素质的培养，顺应了当时国民政府的教育方针与方向。此外，正是由于当时国民政府对科学教育的重视，才促使学校将更多的教育经费投入到其中。

②对国民教育问题的探讨

分析对比两期校刊在"论述""训话""研究"版块发表的文章,第1期主要是"漫谈"和"意见",而第2期则出现了类似"问题探讨""怎样""为什么"等字眼。如《小学教育上几个问题的研讨》《小学自然科当怎样教学》和《我们为什么要研究科学》等文章。校方经过一年的实践,已经不再仅仅着眼于教育的基础建设,而是谋求改变,发现问题所在并探究解决方案,两期刊物的忧患意识都较为明显。1946年由于学校复员一载,元气未恢复,"莲池校址经日寇八年的盘踞悉改旧观,昔日设备成规亦荡然无存"[①],可以说当时教育工作者们还没有精力放在更深一步的问题探讨上,所以第2期中文章探讨方向的改变,可以窥见学校的发展思路的变化。

③封面的几何美感和颜色的大胆使用

两期校刊最明显的不同就是在封面设计方面,无论是色调还是构图上,第2期相较于第1期都有较大的改变。第2期的封面改变了单调的用色,在暗红色和黄色的基础上增添了青色的使用。不仅如此,构图也更具几何美感,椭圆的主框架将校刊主要包含在内,椭圆形会将人聚焦读者的视野,使人不由自主关注圆内的文字,而椭圆内的留白部分并不是单纯地填充青色,而是在其中用线条涂出底色,看似随意,又充满了线条舒展的美感,寥寥几笔就打破了单调的设计元素。在封面设计上,第2期较第1期有很大进步,是校刊装帧设计的一大亮点。

(2)启示

《保师附小校刊》虽然只是小学校级刊物,但不乏深度的内容,有专门的"研究"栏目,对教育相关的研讨会也做了简单的会议纪要,对教育中存在的问题进行了深入思考并提出了解决建议,同时该刊关注学校对学生的精神教育。正是因为有了研究教育思想,讨论教育问题的热忱,才进一步促发了关注教育本质问题和社会功用的创刊意志,《保师附小校刊》也得以产生更广的社会影响力,更有力地传播先进教育思想,发挥好教育刊物的教育指导功能。[②]

---

[①] 《保师附小校刊》第一期,弁言。
[②] 张腾潇:《近代河北省普通教育视导制度研究(1928—1937)》,河北师范大学,2021年。

在社会动荡、物资短缺、积贫积弱的年代里，《保师附小校刊》秉持着发展国民教育、探讨教育问题的意志，担起复兴学校教育、助力河北省教育事业发展的使命。该刊用有深度的高质量文章展现了教育者对教育问题的开放性思考和专业性辨析，也促进社会人士对该校和整体教育事业的关注。当下的小学教育，产生了诸多新的问题和命题，但教育的"初心"并没有发生改变，教育思想的演进也必然是循着中华民族伟大复兴的梦想而砥砺前行。

## 第三节　民国时期河北的党政与社科综合类期刊

### 一　《河北建设公报》

《河北建设公报》于1928年由河北省建设厅创办，该刊以服务人民生活、消除官民隔阂为办刊宗旨，以发布政府公告、施行政务公示、传播建设知识、颁布建设法规为办刊目的。本研究分别从期刊的创办背景、刊物内容分类、期刊装帧风格、发行方式四个方面分析《河北建设公报》的出版情况。《河北建设公报》是典型的政府办刊，出版风格严谨务实，但又不乏精致的装点，具有现代政务媒体的突出特点，是研究民国时期河北省政务期刊的重要史料。

民国时期是我国传统文化与国外新思想汇集交融的时代，也是政局多变和民生浮沉的特殊时期，这一时期的出版物呈现了前所未有的丰富性。河北省自民国初年开始，政局尤其多变，成为多方力量博弈的重要"战场"。1928年，随着新河北省政府的建立，其下设的建设厅、财政厅、教育厅等部门也相继承担其在各领域的关键角色，为了传达相关领域的政府公告、宣传政府形象、获取民众支持，创办了多种官办期刊，是为"公报"。近代河北地区第一次规模性的政府办刊风潮，颇有"除旧布新"之意，也意味着期刊等媒介在政治生活中的意义被显现出来。此时，主动宣传政府工作要点与回应民众现实关切，成为地方政务媒体的重要工作内容。

1. 《河北建设公报》的出版概况

（1）创办背景

1928年6月，国民政府将直隶省改为河北省，将旧京兆区各县并入河北省，改北平为北京。同年，北伐战争随着军阀张作霖被日本刺杀于皇姑屯进入尾声，12月，张学良在东北宣布易帜，至此北伐完成。推翻军阀的统治后，河北省亟待建设，但是经历了战争的破坏以及连年的水旱灾害，全省的民生凋敝、基础设施落后，百废待兴。此时，民众封建思想仍然较为顽固，政府中的官僚风气也比较严重，急需新式的政府出版物来稳定民心、转变思路、开化思想。"从外部环境来说，当时的国内形势虽然依旧动乱，但因军阀混战导致的混乱场面已基本消失，政治局势处于暂时稳定的局面，这就给出版业的发展提供了较好的土壤。"[1] 新的河北省政府刚刚成立，各部门也需要通过刊物向群众汇报工作、宣传思想。而"相对于图书，期刊中的作品具有生产周期短、时效性强等优点"[2]，适合省建设厅日常事务烦琐且工作具有周期性的特点。

（2）办刊宗旨与目的

在《河北建设公报》创刊号发刊词的末尾部分，河北省政府建设厅厅长温寿泉[3]向读者介绍了办刊目的，"现在为便于民众了解建设起见，特行编刊河北建设公报，由本厅主办，将本省政府一切建设计划，建设言论，及关于建设法令、文告、表册、调查报告等事项，分类编刊，以期灌输人民最新的最正确的建设知识，藉以排除其旧的思想观念，庶收共策共进之效"[4]。其办刊目的可基本概括为信息公开、教育民众和促生共识。

（3）文本留存情况

笔者通过收集与整理，可见1928年至1934年共33期3919页《河北建设公报》期刊文献资料，其中1928年10月创刊号至12月三期、1930年1—3月三期、1930年4—9月六期由中国人民大学图书馆合为一辑保存，1930年第11期和第12期在当时由河北省建设厅合为一辑出版，总计共留存33期。目前共留存《河北建设公报》期刊文献资料为：1928年三期、1929年三期、1930年九期、1932年十二期、1933年一期和1934年两期。

---

[1] 王广坦：《民国时期河北期刊的量化统计与出版分析》，硕士学位论文，河北大学，2019年，第15页。

[2] 邹鼎杰：《基于文献计量的民国文献分布及其应用研究》，《图书馆杂志》2019年第9期。

[3] 温寿泉（1881—1956），字静庵，山西省洪洞县辛村乡白石村人。1928年，出任河北省政府委员，1929年兼建设厅厅长。

[4] 《河北建设公报》1928年创刊号第28页，由温寿泉撰写的《发刊词》。

其中，1932 年留存期刊数量最为完整，十二期均保留下来。期刊页数多则 271 页，少则 70 页一期，大体维持在每期 100 页。该刊的主要栏目包括刊首图片、政府命令（命令、训令、指令、委任令）、论著、法规、计划、公牍、咨、公函、呈文、布告、工作报告、会议记录、调查等。现国家图书馆与中国人民大学图书馆等单位均保存有该刊相关资源。

2.《河北建设公报》的编辑风格

(1)《河北建设公报》的主要编辑及作者

根据已有文献资料以及民国时期期刊全文数据库统计系统显示，《河北建设公报》的主要作者及编辑人员有林成秀、温寿泉、孙秀林、于学忠[①]、史靖寰、李鸿文、杨励明等。据统计，该刊发表文章最多的作者为林成秀，共 1827 篇文章或报告署有林成秀的名字，其于 1930 年 11 月 4 日被任命为河北省建设厅厅长。发表文章数量第二的是上一任建设厅厅长温寿泉，共有 1185 篇署名温寿泉的文章。

(2)《河北建设公报》的封面装帧

1928—1934 年间，《河北建设公报》共使用了三种封面。其中，最常见的一种是"较为普遍的传统形式版面，这种形式也是对传统古典书籍风格的延续"[②]。封面中的文字均采用竖版排列，刊名位于版面正中间，出版单位位于刊名左边，发行时间以及期数排为一列均位于版面右侧，无装饰图案。这样的版面保守正统、无新意，更像是机关文件，并不利于投放市场后吸引消费者。

1929 年《河北建设公报》采用了中西结合的封面装帧风格，刊名和出版日期受西方横排版影响采用横版排列，期数仍采用竖版排列。刊名作为大标题位于版面的正上方，采用楷体字体，无色，字体背景为红色。期数位于版面中心右侧位置，采用黑体字体，红色，与绿白相间的背景区分开来。出版日期位于封面图画之外，版面的正下方，与刊名位置对应，采用红色黑体字体。这种封面最突出的亮点在于它加入了整幅的图画，且使用红色和绿色两个颜色，造成视觉的强烈冲击，能够一下抓住

---

① 于学忠（1890—1964），字孝侯，山东蓬莱人，抗日爱国将领，台湾地区二级上将。1932 年 8 月改任河北省主席兼北平军分会委员。

② 雷振：《民国期刊的版式设计研究》，硕士学位论文，太原理工大学，2017 年，第 24 页。

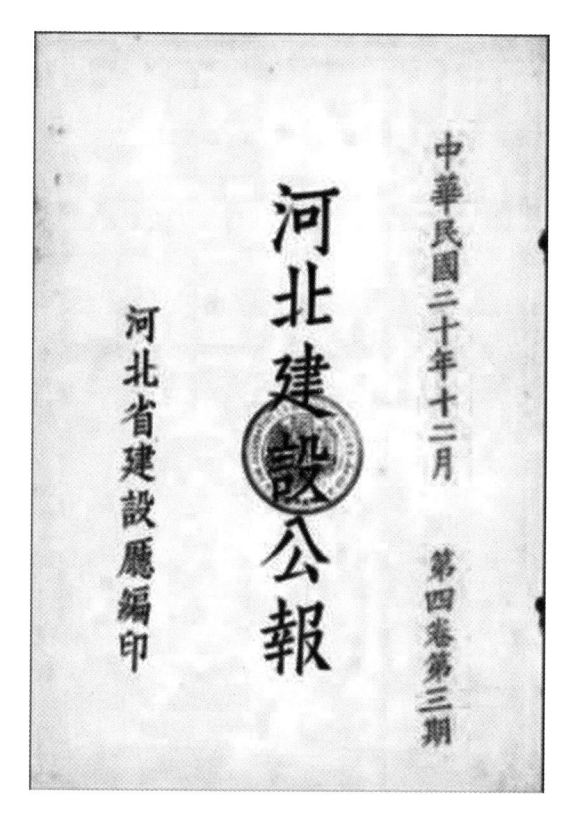

图3—68 《河北建设公报》1931年第3期封面

顾客的眼球。这种设计理念已经具备现代图书期刊装帧设计的一些要素。封面的图画左上方是一个太阳，它散发的光芒覆盖了整幅版面，下方分别绘制了河流上的帆船、行走的火车和参差的房屋，表明了办刊方建设厅的主要工作内容。图画与刊名用拱形的双线隔开，不仅可以突出红色背景的正文标题，也具有一定的美感。整体而言，1929年《河北建设公报》的封面设计是办刊七年间四种封面中色彩最丰富的、最具有美学价值的一版。

1934年的《河北建设公报》第一次全面采用了西方横排版的装帧形式，封面中的所有文字均采用横排版。这一版封面风格简单大方，仅有三行文字和一组花边设计。刊名作为大标题与花边共同位于版面的上三分之一处，标题采用红色，黑体，十分醒目。版面的正下方第一行使用红色字体标明期数,第二行用黑色字体标明出版单位。整体西式风格明确,简洁严肃,非常适合作为政府办刊的期刊封面。

图3—69 《河北建设公报》1934年第5期封面

(3)《河北建设公报》的内文排版

在经历了1933年的文书档案改革运动后,《河北建设公报》在正文中增加了新式标点符号,文字表达由文言文向白话文转变。但在书籍版式上,该刊没有革新,内文版面一直采用竖排排版。

该刊字体采用老宋体,横细竖粗,字体方正,与白底形成鲜明对比,便于阅读。部分大标题采用毛笔书写的楷体,起到美化版面、突出强调的作用。

该刊在每期目录前均加入摄影照片,内容一般为孙中山遗像、工程修建状况和省内风景图等。孙中山遗像排在各类图片之首,以表明省建设厅的立场和初心。而后根据当期刊登内容，配合展示相应的摄影图片，并辅助期刊内描述性的文字。风景图以美化期刊为主要目的，当期无建设工程图片发布时，保留刊前图片栏目使用。

该刊目录均采用竖版排列方式。除1933年外，目录均排列在刊首图片集后，大标题用竖线分割开，二级标题字号较正文大一号，作者名字列在篇名正下方，目录页标有页码。1933年的期刊较为特殊，精简版目录被排在了封面上，便于读者直接通过封面了解当期内容，刊内正文第一页还有详细版的目录。1933年唯一留存的这一期整体引用西式风格，目录及封面上的"本期要目"标题均采用横版排列方式，目录正文则仍为竖版排列。

从1934年开始，《河北建设公报》的内文排版采用了分栏的形式，即将若干相同行宽的文字组成文字块。不同于近现代的报纸期刊，该刊的内文分为上下两栏，因为《河北建设公报》采用竖版排版，分为上下两栏可以让读者不用为了阅读每列文字，从上到下地转移视线，甚至需要不停地"点头"，从而提高了读者的阅读效率。只要做到列宽不变、上下两栏间留有空隙，分栏排版还可以在一幅版面中排入更多的文字，而不显拥挤。

书眉是在每页版心上端空白处印上书名或篇名，在期刊中称为刊眉。该刊刊眉有两种：一种居中排布，放置刊名、期数，奇数页排刊名，偶数页排期数；另一种为偏切口排布文章篇名，这样读者可以不用查阅目录中的页码，就直接翻检到想看的文章，较为便利。1933年改革后，该刊删去了居中排的刊眉，仅留下偏切口排的刊眉，偶数页排刊名、期数，奇数页排篇名。但是删去了居中的刊眉却不重新规划版面，就显得天头过宽，地脚过窄，版面看上去不太和谐。

在页码编排规则上，《河北建设公报》自始至终采用复式页码编辑，即"以不同的栏目或者文章类型的篇章作为单位来计算"[1]，这种编排方式有利有弊，读者可以通过页码了解每个栏目具体的页数，但是无法通过目录查找到想读的文章，只能通过侧边刊眉查阅。

该刊在内文排版时，在空白处常配有精美的插画，尤其在目录页后

---

[1] 王文婷:《设计史视野下的民国期刊版式特征》，《艺术科技》2016年第9期。

大片空白处。插画内容多为花鸟树木等美好的形象，一般不具有隐含意义，只为填充空白和美化页面用。1933年第6期《河北建设公报》中发表了建设厅下属部门淮南煤矿局的"淮南煤"广告，这则广告占用了整幅版面。事实上，该刊所登广告皆采用整版，一是由于"杂志刊物的版面较为宽裕，能够使用整页甚至多页的空间来进行广告展示"[①]；二是因为刊登的广告大部分为下属部门商品的推销广告，建设厅也可从中盈利，因此舍得对广告使用整版和精美的包装。以"淮南煤"广告页为例，内文分为三部分：标题、广告语以及购买方式。版心的文字也利用线条进行了简单排版，在版心的外围加入精美的花边以示提醒。虽然在《河北建设公报》中广告出现的次数不多，但仍能借此了解民国时期河北省期刊广告的形式。

3.《河北建设公报》的发行情况

《河北建设公报》为月刊，每期封二类似于现代期刊的版权页，该页包括期刊订阅的价目表、投放广告的价目表、出版时间、期数、期刊定价、编印发单位和地址以及代售处单位和地址等内容。《河北建设公报》的编辑和发行单位一般为省建设厅。印刷单位有河北省立第一工厂、财政部印刷局和河北省政府秘书处印刷所等，并主要由省立第一工厂印刷。1929年起，《河北建设公报》由代售处售卖，代售处有佩文斋书局、成兴斋南纸店、大东书局、成英斋南纸印刷局。自创刊号起七年间，《河北建设公报》价格没有上涨过，均为每册四角大洋。半年订购优惠价格两元两角，全年订购优惠价格四元，订购时间越长，优惠力度越大。

（1）《河北建设公报》的主要读者群体

《河北建设公报》的主要读者群体为政府官员、商人及知识分子。阅读该刊的政府官员分为两部分，一部分为建设厅内部不参与编校的官员，他们通过阅读该刊了解近期厅内主要工作以及人员变动，进而优化工作重点、培养人事关系；另一部分为与建设厅有业务往来的省政府其他办事处官员，通过阅读该刊改进工作，确定下一步工作重点，了解建设厅人员变动方便对接。商人们通过阅读该刊了解政府决策，把握政府重点发展方向，进而优化调整运营策略。关心时事的知识分子通过该刊了解

---

① 杨浩：《以〈戏剧月刊〉为例谈民国时期的期刊广告》，《四川戏剧》2017年第10期。

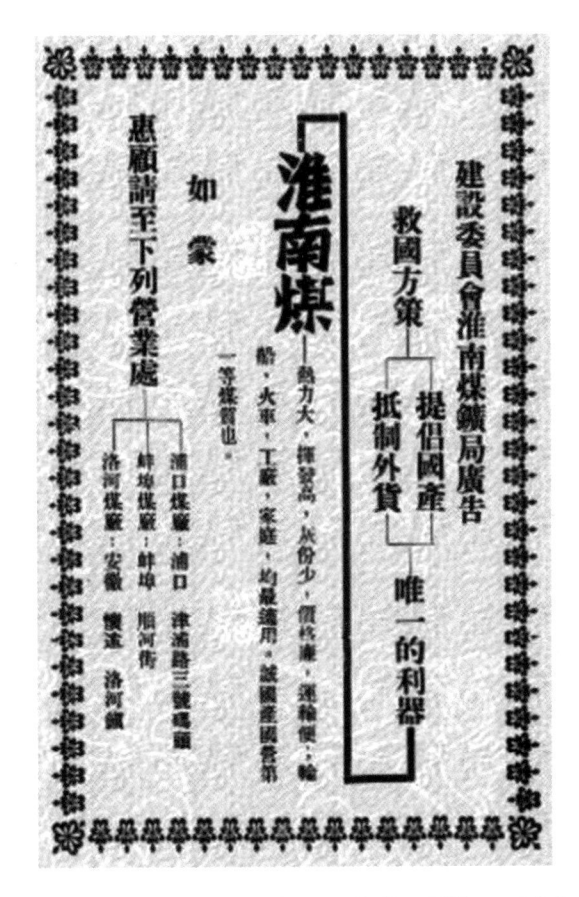

图3—70 《河北建设公报》1933年第6期第16页广告

政府对天灾人祸的治理措施，了解政府安装公共设施的计划，检阅政府的工作情况。有意愿进入建设厅工作的知识分子也需要通过该刊学习考试范围与要求，了解建设厅的日常工作，提高被录用的概率。

（2）《河北建设公报》的广告发行

《河北建设公报》从创刊号起便发布了广告价目表，一直延续，且价格未变。广告价格通过位置和面积划分不同的档次，封面和封底半面的价格和正文整面的价格相同，都为六元。最便宜的广告是在正文中占用八分之一版面的广告，仅需八角；最贵的广告是在封面或封底刊登整幅广告，需要十二元。与订阅期刊相同，在《河北建设公报》上连续刊登广告也有折扣优惠。但是，由于广告价格昂贵、受众群体小等，办刊以来仅有建设厅下属部门在期刊上刊登过广告，并未见私营企业刊登广告。虽然该刊的广告发行情况并不理想，但已经是一种全新的尝试，也为后期政府办刊进行广告招商提供了借鉴。

(3)《河北建设公报》的发行意义

民国时期的期刊大致可分为四类：政府办报、报社办报、社会组织办报、学校办报，《河北建设公报》属于第一种。政府办报以其本身为利益参考，因此该刊发行的意义有以下三点：

一是宣传政府形象。该刊发行的首要目的便是宣传省建设厅乃至省政府、国民政府的形象。1928年河北省政府及其下属机关刚刚建立，急需得到民众的支持，而开办刊物是打造政府公众形象最好的方式。通过刊物上发表的言论、展示出的政府工作情况，可以增加阅读该刊的知识分子对建设厅的信任，从而借助知识分子强有力的"意见领袖"作用，在民众中间塑造政府的正面形象，以此巩固政府的领导地位。

二是提高政府威信。在塑造政府公正为民的形象后，还可以通过该刊进一步提高政府的威信。从办刊方省建设厅的角度来看，该刊可以让民众了解新政府下的建设厅的职能，并增强建设厅的工作的信任感。政府机构做到让人民信赖，不仅需要做实事，还需要大力的宣传，让民众了解政府的功绩，才能真正取得民心。

三是促进舆论监督。从受众角度来看，《河北建设公报》的创办可以帮助民众对省建设厅的工作情况进行舆论监督。该刊中的会议记录、行政报告等大部分内容都具有政务公示的意味，读者可以通过阅读该刊了解政府近期的工作情况、政府的人员变动等，从而对政府的政绩进行民意考核。这种通过政府媒体公示政务的方式，现今仍在进行，被称为"阳光政务"。

## 二 《河北月刊》

北伐战争后，位于华北要冲的天津市经济日渐繁荣，商业兴旺，新闻业发展快速，大小报纸层出不穷，成为华北新闻事业的中流砥柱。直至1937年抗日战争全面爆发的前夕，天津的报业达到鼎盛时期。这一阶段，正是中国政治大动荡时期，政治的动荡刺激了新闻事业的发展。基于政治、经济上的种种原因，成就了天津新闻事业的繁荣。据不完全统计，这一时期，天津有大小报纸 50 余家，画报和周报 8 家，通讯社 20 余家，此外有广告社 30 余家，可谓盛极一时。[1]

1.《河北月刊》的出版概况

(1) 出版背景

《河北月刊》创刊于 1933 年 1 月，此时正处于土地革命战争时期 (1927—1937)，河北地区的期刊出版业处于相对稳定的发展阶段。军阀混战导致的混乱场面已基本消失，为出版业的发展提供了良好的环境。而河北省自 1928 年由原直隶省改制而来，省内政治、经济、文化等方面都处于相对稳定的阶段，这些因素共同促进了河北地区的期刊业发展。

《河北月刊》的第 1 卷第 1 期中的《记河北月刊社成立之经过》一文详细记载了《河北月刊》的创办经过，"本府自于主席莅任，翟秘书长以宿学之士出而倾慕，鉴于古人'名目达聪'，'周爱咨度'之旨，谓不可不与只载文告之公报外，增办一详载政情，沟通政见之刊物，以期通上下之志，畅内外之情。于是遂草拟章则，组织一河北月刊社，筹办河北月刊一种"[2]。《河北月刊》创办于民国二十二年 1 月 1 日，时值东北地区沦陷一年，时局动荡不安"外辱已深，而举目千里之内，祸机四伏若此，岂待敌骑之驱，方知安危之数，其迫切又不止于厝火薪边而已"[3]。《河北月刊》为宣达政令而创办，在那个兵荒马乱的年代里竭力发挥自身信息上传下达的作用，为河北地区的政治、社会、文化建设贡献了自己的一分力量。

《河北月刊》基于政府的支持和自身的不断发展进步，在当时报业繁荣的天津开辟了属于自己的读者市场。《河北月刊》不断融合地方特色，结合当地文化，在众多政务期刊中独树一帜。

(2) 文本概况

《河北月刊》由河北省政府河北月刊社出版发行，河北省政府秘书处印刷所印刷，为 16 开铅印。瞿兑之[4]任总编辑，谢宗陶、杨晶华任主任

---

[1] 参见俞志厚《1927 年至抗战前天津新闻界概况》，《新闻研究资料》1982 年第 4 期。
[2] 《记河北月刊社成立之经过》，《河北月刊》1933 年第 1 期。
[3] 《创刊辞》，《河北月刊》1933 年第 1 期。
[4] 瞿兑之 (1894—1973)，原名宣颖，晚号蜕园。现代史学家、文学家、画家。

编辑，许同华、朱尚瑞、吴隆复、陶明濬、王绎和、汪维垿、萧克真、王绍年等人任编辑。吴宓曾称赞总编辑瞿兑之说，"兑之博学能文，著述宏富，又工书法，善画山水及梅花。合乎吾侪心目中理想的中国文人之标准，兼治西籍，并娴政事。其于史学，则邃于史，掌故精熟"①。《河北月刊》自1933年元旦创刊，于1937年5月后停刊。该刊现存五卷，其中1—4卷每卷12期，第5卷共5期。现晚清民国数据库、国家图书馆均存有该期刊的全部影印版。

《河北月刊》作为政务类期刊，其大部分内容为政府政策公布、工作情况公示、相关政令的下达等与政府行政事务息息相关的信息。而其与一般的政务期刊的不同之处则在于《河北月刊》中除去政务公示的文章外亦不乏传达人文精神、文艺精神的内容存在，如每期中出现的河北各地人文景观（第4卷第4期河北易县清西陵摄影）、碑刻图片展示（第1卷第12期中对于元氏县汉白石神君碑的展示和文字说明）、河北各地的自然名胜游记（第2卷第8期《盘山游记》）以及各地历史研究（第1卷第5期《录满城县志略轶闻二则》）等。这些内容对于展示当时河北地区的人文地理、社会生活的真实情况具有重要参考价值。

（3）办刊宗旨和读者概况

从《河北月刊》的创刊辞中可略窥其办刊宗旨，"但求举吾河北全省之真实现况，表襮而宣达之。其善也，固可以为自勉之资；其不善也，亦将以求所以对症施治之效；而长官立政任人之旨趣，亦得如共处一堂，倾襟对语，通上下之志，畅内外之情。传曰，名目达聪；对曰周爱咨度，庶乎其有合焉"②。可见其创刊目的在于政府政策的公开公示和指令的上传下达，既传达政府政令又可汇集民众反馈集思广益，从而减少信息传递中信息熵的产生，达到政通人和的显著效果。《河北月刊》中有诸多文章可以反映其创刊宗旨，如第4卷第2期中"报告"版块的题为"河北省各河二十四年分修防概要"的文章。20世纪30年代，河北地区水患频发，严重威胁省内人民的生命财产安全，《河北月刊》于民国二十五年（1936）对河北省内的河流修防实务进行了梳理，并向省内人民进行公

---

① 李鸿渊：《瞿兑之及其〈中国骈文概论〉》，《古典文学知识》2009年第6期。
② 《创刊辞》，《河北月刊》1933年第1期。

图3—71 《河北月刊》刊载的易县清西陵摄影图片

告,从而达到监督工程进展、保证工程质量、稳定人心的作用。文章先是对黄河紧急工程概况进行了详细的介绍,并对其费用进行了公示,"以上三项工程,共估工程费洋二十七万二千四百三十四元,监修管理费洋二万七千二百四十四元,统计估需洋二十九万九千六百七十八元"①。其后又对工作成果进行了展示,"椿柳单层护沿二处,共长一万两千六百七十五公尺"②,类似成果展示长达两页篇幅。该刊实事求是地展现了河北省内各条河流的防汛现状,对每一笔支出都进行了详细的说明,从人工成本到用料成本都进行了细致的展示,有助于促进河北人民对于政府工作的理解。而对政府公务的细致展示,也在一定程度上约束了官员有可能产生的不良行为,从而促进政府工作保质保量完成。

总体来讲,《河北月刊》的主要受众面向河北乃至全国普通民众。在《河北》期刊发行至第2卷时,已从河北本地拓展到了北京、上海、南京

---

① 潞生:《河北省各河二十四年分修防概要》,《河北月刊》1936年第2期。
② 潞生:《河北省各河二十四年分修防概要》,《河北月刊》1936年第2期。

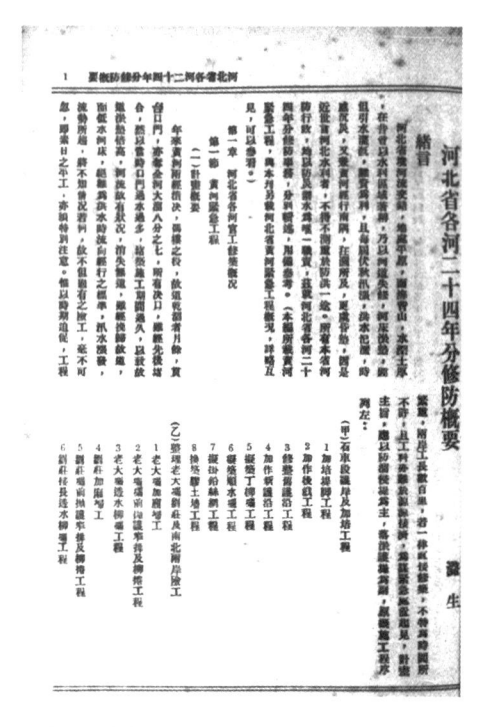

图 3—72　《河北省各河二十四年分修防概要》一文版面情况

各地。《河北月刊》较为注重读者反馈，在第 1 卷第 4 期便刊登了读者来信《对于河北月刊的建议》，放置于期刊正文部分，并附有期刊编辑反馈。再如，其第 4 卷第 2 期《编余缀言》中强调，"还希望读者诸君常常有意见指示我们，若能更以作稿投寄，尤其欢迎"①。

2.《河北月刊》的内容分类及特点

《河北月刊》发行的四年零五个月间，共出版 53 期，其内容虽以政治为主，但仍时刻强调文艺的重要性。《河北月刊》发展至后期，增加了"文艺"一栏，专载游记、考究等文，增加了期刊的人文气息。

《河北月刊》的内容类型可分为插图、政令、法规、公牍、纪录、报告、论说、文艺、译丛、专著、政闻、附录、统计、转载十四类。除去与政治密切相关的政令、法规、公牍、纪录、报告五部分，其他部分各具特点，为杂志原本单调的底色带来了一抹亮色。本研究将根据版块所

---

① 《编余缀言》，《河北月刊》1936 年第 2 期。

属内容不同分为六个部分进行分析。

（1）插图：跟踪时事，展示文化

《河北月刊》中刊有大量图片，图片内容涉及各个方面，如河北各地新闻图片、自然名胜、历史古迹、金石碑文等。其中新闻图片包括省内重大政治人物、政治活动摄影以及突发新闻摄影。如第1卷第2期中刊发时任天津主席的于学忠与严委员巡视南运河的一组摄影图片，于学忠在沧县渤海书院与学生训话的图片，即为政治活动摄影。每逢河北周边重大事件发生，则会酌情增加实时照片，如1933年7月至8月间，黄河流域发生特大洪水，冀鲁豫三省灾情最重，《河北月刊》进行了专题报道。在1933年第1卷第11期、第12期，1934年第2卷第1期，接连刊载了受灾区域的实况图片。

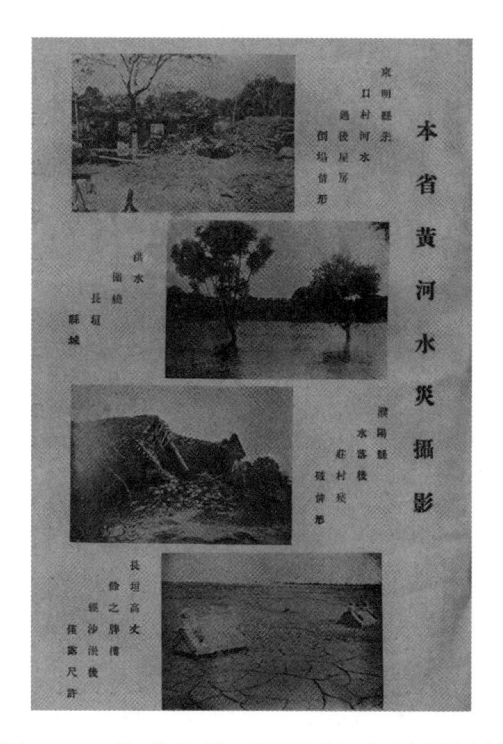

图3—73 《河北月刊》刊登的黄河水灾摄影图片

《河北月刊》也刊有大量碑文石刻，为河北地区金石的保护和研究做出了重要贡献。月刊在四年的发展中，插图的选择逐渐变为以登载河北省内的碑帖为主，以风景图片和名人字迹为辅，其中所有登载过的碑文一并印刷成单行本发行。据不完全统计，《河北月刊》共刊登了各地碑刻62帖，平均每期至少刊登一地碑刻。《河北月刊》并不只是将碑文图片进行简单的展示，而在专门页如插图本页或目录页，对所刊登碑刻作详细介绍，《河北月刊》所刊登的碑文图片涵盖了河北省各地古代碑刻，具有深刻的历史研究价值。

《河北月刊》中的风景图片，涵盖了河北地区大部分自然和人文风景，对于各地的特色建筑如桥梁、佛寺等都有详细的图文介绍。如正定地区众多的佛寺、佛塔；保定府的古莲花池；定县（今定州）的雪浪石、白果树等众多自然和历史风貌。《河北月刊》社的图片多分地区集中展示，以增加不同地区受众对自己所在地区的景物风貌的认识。

（2）政令、法规、公牍、纪录、报告：避免单调，政务公开

政令、法规、公牍、纪录、报告五个版块是《河北月刊》的主要内容，也是月刊的严肃性公文传达。单纯的政府工作展示、政府文件的摘录难免令读者读来艰涩难懂，缺乏趣味性。《河北月刊》的编辑在这些版块的内容选取时，常在选定题目后，用"纪事本末"的体裁作为报告或计划的展示，将法令、公牍夹叙其中，减轻读者的阅读困难，提高政府文件的可读性、易读性。这样的安排，也可帮助读者探究政策立意，了解法律制定目的，从而达到政务公开的效果。许同莘[①]的连载公牍类文章为这方面的代表，许同莘在《河北月刊》先后连载《治牍要旨》和《公牍诠义》两篇著述，并分别于民国二十一年（1932）、民国二十二年（1933）由河北月刊社出版。其中《公牍诠义》一书于民国年二十二年（1933）再版。许同莘的《治牍要旨》一经发表引起了社会各界人士的关注，为当时发展尚不成熟的档案工作，提供了系统的学科理念和工作方式，也为后世公牍学、档案学的发展奠定了基础。

许同莘的系列公牍文章填补了20世纪30年代档案学、公牍学的空白，对研究中国文书学和档案学具有重要的参考价值。而《治牍要旨》一书中涉及许同莘在河北地方行政人员训练中涉及的"治世之文"的讲

---

① 许同莘，字溯伊，江苏无锡人，生于清光绪四年（1878），庚子、辛丑并科举人，曾东赴日本留学，毕业于日本法政大学速成科。

义，即为当时的地方公职人员设定的日常工作规范，这也为文书的撰写提供了可借鉴的范例。许同莘的出版成果及所发挥的作用，从侧面表现了《河北月刊》在期刊内容选取、版块设计方面的精益求精。《河北月刊》顺应时代发展的需求，设立相应内容版块，大力填补当时社会的知识空白，实现期刊发行的社会效益。

（3）论说：扩充内容，丰富题材

论说部分主要分为论文和演讲文稿两种。论文即为对当时社会现象的评价，演讲文稿则是从侧面对当时政治、文化生活的记录。如《河北月刊》第4卷第10期中刊登的陈守谦的《论农村》，《河北月刊》第4卷第8期刊登的灊山的《文艺的片面观察》，《河北月刊》第3卷第1期刊登的《二十四年元旦于主席演说辞》均属于此类题材。

论说部分对当时的政治举措、社会环境、自然生态、文化发展等方方面面进行了论述和分析。此部分涉及题材较为广泛，语言表述方式多样，既有继承唐宋八大家散文传统的文言文形式也有新式白话文的写作方式。文章文笔精湛而逻辑自洽，从而得以更好地帮助读者了解当时社会发展和政策推行情况，启发民智。

（4）文艺：形式多样，怡情雅致

《河北月刊》的文艺类内容主要包括诗词、笔记、游记、小说等。总体特征是文字形式多变，文笔流畅，语言优美，有启迪情操之效。文艺类题材涉猎广泛，有助于丰富读者的精神文化生活。如第4卷第10期刊登的萧风的小说《变》，第4卷第4期刊登的梁建章的《儿童白话歌》，第3卷第12期刊登的《中山大学新校落成祝辞》，第1卷第2期刊登的《古中山国之游》等。从小说到诗歌，从辞赋到散文，文学体裁尽收于此。

文艺部分的设置进一步丰富了《河北月刊》的内容，刊载的文艺题材广泛，既有记录作者游览河北当地名胜景观的散文游记，也带有社会教化意味的戏剧剧本；既有雅俗共赏的社会民歌，也有展现社会变化的新式小说。所选文章包罗万象，在为《河北月刊》增加趣味性、可读性的同时借用读者喜闻乐见的方式传播新思想、新理念。

(5) 专著：大千世界，专业著述

专著，即为就某方面加以研究论述的专门著作。①《河北月刊》的专著部分包括研究性著作、古籍文献、人物考、风土志等具有地方色彩的针对历史地理议题的专业论述。如许同莘的《庚辛史料》的连载，《河北通治水道篇》对河北流域的滦河、涞河等河流进行连载介绍，以及第1卷第1期刊登的陈铁卿的《河北省县名考原》等。此类内容包罗万象，涵盖了河北省的地理、历史、文化知识，为读者普及了相应学科知识。

以上是《河北月刊》中内容涉及较多，社会影响力较大的九个版块。译丛、附录、统计、政闻、转载五部分，或随投稿内容、期刊需求不定期出现，或为后期改版增设，内容相对于其他部分占比较小。

3.《河北月刊》的设计特点及版式变化

(1) 版式设计

《河北月刊》自1933年1月1日创刊到1937年5月停刊，共发行53期，其封面设计风格统一，具有连贯性。封面主体为"河北"二字，而这二字看似相同实则暗藏玄机，均为河北各地碑文中所刻"河北"两字（第3卷第10期除外），每期杂志选用不同碑文中的"河北"，并标注该期"河北"二字的具体来源，出自哪块碑文，碑文是何年代，现位于何处等。如下图所展示的《河北月刊》不同年份的封面图样中的"河北"二字分别来自三级浮屠颂碑（第1卷第12期）、唐工部尚书张公仁宪神道碑文（第2卷第2期）、特兵学记碑（第3卷第8期）、唐开业寺碑字（第4卷第5期）。这一独特设计在宣扬石刻文化和展现历史文化遗产的同时，增加了刊物的历史感和厚重感，构思较为巧妙，令读者赞服，也有助于形成独属于《河北月刊》的期刊文化和特色。

《河北月刊》的发展后期，期刊设计理念逐渐成熟，在目录以及每篇文章标题上方增设专属图标。该图标从古代金石图样里拓取，每期各不相同，但风格保持一致。如第4卷第4期目录上横的图案即为汉砖上的文字，文章标题上方的图案采用的为汉代瓦当文。这一古代文化标志符号集成性运用，充分展示了月刊编辑人员的深厚的历史文化素养和巧妙的

---

① 参见《现代汉语词典》，商务印书馆2016年版，第1720页。

文化艺术传播意识。

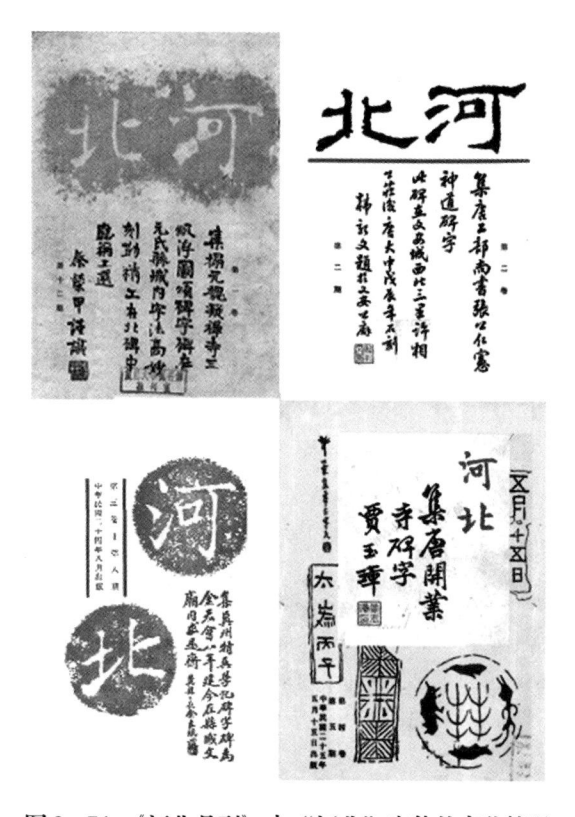

**图3—74 《河北月刊》中"河北"字体的变化情况**

(2) 版式变化

《河北月刊》自创刊以来，其文章内容和期刊设计都发生了相应的变化，从而不断适应变化的社会环境和读者需求。《河北月刊》的编辑紧跟时代潮流，与时俱进地进行期刊内容和版式的调整，为期刊的发展进步注入了新的动力。

《河北月刊》的变化，具体表现在文章内容选取方面不断进行深度和广度的拓展。文章内容方面从第1卷第1期内容偏向政府报告和工作计划，缺乏专业论述和文艺内容，到后期的"专著"部分成为该刊特色，文艺栏目逐渐发展成熟。《河北月刊》逐渐从一般的政务类期刊中脱颖而出，努力实现两条腿走路和多点支撑。

图3—75 《河北月刊》目录和内文标题图案

在期刊设计方面,该刊的目录从无到有再到精,并不断优化版块结构和适时增加新版块。该刊第1期没有进行目录的设计,阅读极为不便,而第1卷第4期则增设了目录部分,以方便读者阅读。此时的月刊虽有目录却无分类,各版块的文章分散排布,无栏目约束。直到第4卷第2期,编辑在目录页对版块进行了清晰的标注,将相应文章分门别类进行了排版,以栏目作为文章的统领。在版块设置方面,该刊也从开始的12个版块(插图、政令、法规、公牍、纪录、报告、论说、文艺、译丛、专著、政闻、附录),逐渐增加了"统计"和"转载",进一步丰富了期刊的内容,满足了读者的求知需求。

4.《河北月刊》的发行

《河北月刊》由河北省政府月刊社发行,发行初期的代销处为河北省各县政府和本外埠各大书店。而在《河北月刊》创刊四个月后,在1933年第1卷第4期中其代销处变为华洋书庄、大公报馆、文艺书局、志成书局、集贤书局、博古书局、有正书局、直隶书局、大成书局、松寿书局共十处,代销处的设立较前面三期更为具体和系统。《河北月刊》社经过将近半年的发展,发行市场已经逐渐打开,也摆脱了对政府发行网络的依赖,并将市场扩至知名的书店。随后,在该刊发行一年半后,从第2卷第4期起,《河北月刊》又增加了两个外省的代售处,分别为花牌楼书店(南京)和汉口书店(武汉)。这两

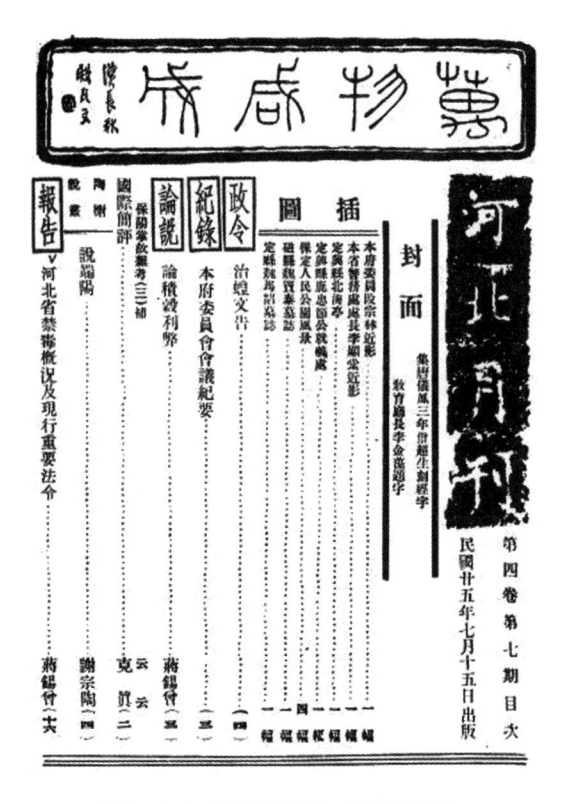

图 3—76 《河北月刊》的目录设计

个代售处的增加，也表明《河北月刊》的市场已从河北本地拓展到更加广阔的南方市场。

### 三 《河北民国日报》副刊

《河北民国日报》副刊系民国时期创刊于石家庄的面向普通大众的文学性刊物。其稿件作者较固定，多为原创稿件，也有不少翻译作品，较符合时代发展需求。内容多研讨社会现状、政治理论及青年问题，有很明显的政治倾向性，同时也意在激发人民大众尤其是青年人的热情和活力，鼓励其积极进取。

1.《河北民国日报》副刊的概况

《河北民国日报》副刊，日报，"號"系本报周刊之一，1928 年 12

月1日创刊于河北石家庄，社址为河北民国日报社。1928年12月1日出版第1期（创刊号），此后每日一期，其中1928年12月5日出版"號"系周刊第1期，1928年12月12日出版"號"系周刊第2期，1928年12月19日出版"號"系周刊第3期，1928年12月26日停刊一次。从现存期刊来看，发行时间共约1个月，共出版27期（其中合刊算作一期）。①该刊由晶清等任编辑，河北民国日报社发行。

图3—77 《河北民国日报》"號"系副刊头版

《河北民国日报》副刊上刊有诗歌、散文、小说、戏剧等作品，以及国内外局势分析评论，对当时社会及制度的评论等。该刊主要栏目有论著、诗歌、小说、戏剧、小品、十字街头、通信等。

该刊主要撰稿人有王礼锡、瑶章、晓园、晶清、康伦先、冯康、洛逸、郑震宇、沉默、吕希圣、快然、素、罡风、赵荫棠、芳草、傅振伦、

---

① 《河北民国日报》副刊现存资料共27期，但在庐隐著作年表中发现她曾在《河北民国日报》副刊（1929年3月1日第66号）发表新诗《空虚——夜的奇迹之一》，又在《河北民国日报》副刊（1929年3月5日第69号）发表新诗《漠然——夜的奇迹之一》。由此推测，《河北民国日报》副刊共出版不只27期，1928年以后仍有出版。《河北民国日报》虽属报纸，但其副刊具有明显的期刊特征，故本研究将其纳入。本研究通用《河北民国日报副刊》和《河北民国日报》副刊两种称谓。

第三章 民国时期河北的各类代表期刊 / 267

吕其光、于赓虞、东美、庐隐①、小鹿、黑丁、衣易、杜东②、何璧、荔、王澍、徐祖正、朱壬秋、柯仲平、波影、白丁、谋③、高滔、柯西、张龙祖、阿芒、如是、代代、思静、雪君、荆棘、骆驼、策士、秋蝉、苦心、嚣客、琴、少目、姜姜、尖刀、阿傻、畜牲、有话、废人、簇秦、金、穷人、逸休、小官、无面、傲匪。

（1）《河北民国日报》副刊的内容简析

《河北民国日报》副刊每期均为 8 页，现存 27 期总共 216 页。

从每期文章数目来看，稿源有时不够充足，篇目也不是很多，有的只有 3 篇，第 27 期甚至只有 2 篇，但是文章的篇幅长短足够填充 8 个版面。对于日报来说，这样的内容容量在当时的社会中已经蔚为可观。现将现存共 27 期的篇目梳理如下：

第 1 期：《致辞》，晶清；《耕者有其田的真解》，王礼锡；《白云观墓地》，于赓虞；《养父（第一幕）》，武者小路实笃④（著），徐祖正（译）；《招魂》，阿芒；《专利的轮回论》，芳草。共 6 篇。

"骎"系周刊第 1 期：《写于鸮之卷首》，于赓虞；《出了象牙之塔以后》，高滔；《诗人的路》，于赓虞；《慈悲的时代（孤灵之一）》，东美。共 4 篇。

第 2 期：《从副刊的诞生想到它的使命》，瑶章；《诗人诞生之夜》，东美；《养父（第二幕）》，武者小路实笃（著），徐祖正（译）；《男女关

---

① 庐隐（1898 年 5 月 4 日—1934 年 5 月 13 日）原名黄淑仪，又名黄英，福建省闽侯县南屿乡人。五四时期著名的作家，与冰心、林徽因齐名并被称为"福州三大才女"。其笔名庐隐，有隐去庐山真面目的意思。代表作品《地上的乐园》《曼丽》《灵海潮汐》等。

② 人名，共三个字。文中缺少的是中间一个字，在《古代汉语字典》及《现代汉语词典》中均查不到该字。

③ 人名，共两个字，文中缺少的是首字，在《古代汉语字典》及《现代汉语词典》中均查不到该字。

④ 武者小路实笃（1885—1976），日本小说家、剧作家。于 1908 年在学习院高等科毕业，入东京帝国大学社会科，次年退学，与木下利玄、志贺直哉等办同人杂志，发表处女作《芳子》。1910 年，同人杂志成员和有岛武郎、有岛生马兄弟等创办文艺刊物《白桦》，提倡新的理想主义的文艺，形成"白桦"派，武者小路是它的代表作家。曾发起"新村运动"。1918 年创办《新村》杂志。1925—1936 年，主办杂志《大调和》和杂志《独立人》。作品有《天真的人》《幸福者》《他的妹妹》《一个青年的梦》《爱欲》《释迦》《孔子》《托尔斯泰》《二宫尊德》和《真理先生》等。

系与名公之腿》，如是；《穷，变，通!》，代代；《天知道》，思静。共6篇。

"號"系周刊第 2 期:《夜游》，赓虞；《艺术与社会》，高滔；《孤灵（二首）》，东美；《再谈海涅》，小泉八云①（著），赵荫棠（译）。共 4 篇。

第 3 期:《论中比条约》，晓园；《泪与酒》，庐隐；《祈求——之一》，小鹿；《养父（第三幕）》，武者小路实笃（著），徐祖正（译）；《雪天》，波影；《花乎·女官乎?》，雪君；《他们的把戏》，荆棘。共 6 篇。

"號"系周刊第 3 期:《诗之艺术（一）》，于赓虞；《在铁轨上》，伊凡诺夫②（著），高滔（译）。共 2 篇。另，本刊最后刊登了介绍《华严月刊》③的广告，由黄庐隐、于赓虞编辑。

第 4 期:《离婚绝对自由以后》，晶清；《归来》，小鹿；《人间》，于赓虞；《养父（第四幕）》，武者小路实笃（著），徐祖正（译）；《大傻子》，骆驼；《和尚革命及其他》，阿芒。共 6 篇。

第 5 期:《评民主政治》，康伦先（译）；《思想》，东美；《养父（第五幕）》，武者小路实笃（著），徐祖正（译）；《旧女子应该入地狱吗?》，傲匪、晶清；《三个建议》，策士。共 5 篇。

第 6 期:《不是时代的错误》，白丁；《评民主政治（续）》，V. F. Col-

---

① 小泉八云本名 Lafcadio Hearn，是 19 世纪后半叶的知名作家，父为爱尔兰人，母亲是希腊人。1890 年赴日本，同年加入日籍，改名小泉八云，后在东京帝国大学开讲英国文学讲座，广受学生喜爱。1904 年，小泉八云因工作过度及受排挤，忧愤死于东京寓所。小泉八云精通英、法、希腊、西班牙、拉丁、希伯来等多种语言，学识极为渊博，为当世少见。其后半生致力推进东西方文化交流，译作和介绍性文字很多，在促进不同文明的相互了解上贡献非凡。小泉八云是近代史上有名的日本通，现代怪谈文学的鼻祖。著有《在法属西印度的两年》《异乡文学拾零》《中国鬼怪故事等》《异国生活与回顾》《日本魅影》《日本杂记》等。

② Ivanov Vsevolod Vianeslavovich（1895—1963），苏联剧作家、小说家。1895 年 2 月 24 日生于乡村教师家庭，卒于 1963 年 8 月 15 日。当过商店伙计、印刷工人、搬运工。1915 年开始发表作品。十月革命后发表中篇小说《游击队员们》和《铁甲列车 14—69》。后者于 1927 年改编成话剧，同年 11 月 8 日在莫斯科艺术剧院首演成功。其他剧作有以喀琅施塔的叛乱为背景的剧本《围困》、反映边防战士生活的剧本《保卫卡比里》、历史剧《罗蒙诺索夫》等，小说有短篇小说集《秘中之秘》、自传体长篇小说《魔术师的奇遇》。

③ 月刊，华严书店出版，1929 年 1 月 10 日创刊，全年十二册。

verton①（著），康伦先（译）；《临别曲》，小鹿；《养父（完）》，武者小路实笃（著），徐祖正（译）。共4篇。

第7期：《日本铁蹄下的满洲》，冯康；《嫁时日记》，晶清；《特别的国情》，如是；《电话中听来的话》，秋蝉。共4篇。

第8期：《日本铁蹄下的满洲（续）》，冯康；《怎样教育被离弃的妇女？》，洛逸；《何处》，东美；《白与黑》，苦心；《又一个建议》，谋士。共5篇。

第9期：《日本铁蹄下的满洲（续完）》，冯康；《寄少女》，黑丁；《往事》，契诃夫（著），芳草（译）。共3篇。

第10期：《中国社会的分析》，郑震宇；《金钱与生命》，Karl Ettlinger②（著），朱壬秋（译）；《醉后》，衣易；《在饭馆里》，嚱客；《革命成功了》，琴；《大时代》，如是。共6篇。

第11期：《赖斯齐学说评论》，沉默；《金钱与生命（续）》，朱壬秋（译）；《和冬风一样的紧张》，洛逸；《姨太太与顺天报》，思静。共4篇。

第12期：《赖斯齐学说评论（续）》，沉默；《战士底儿子》，柯仲平；《僵死了的中国人》，少目；《秘制药与生殖灵》，如是。共4篇。

第13期：《赖斯齐学说评论（续完）》，沉默；《僵尸》，庐隐；《战士底儿子（续）》，柯仲平；《抢婚制的复兴》，娄娄。共4篇。

第14期：《温达曼论资本》，吕希圣（译）；《恶魂》，东美；《战士底儿子（续）》，柯仲平；《路过"廊房"》，尖刀。共4篇。

第15期：《三民主义和中国革命》，快然；《"绿屋"旧话》，晶清；《战士底儿子（续完）》，仲平；《老爷的希望》，阿傻；《如是我闻》，畜牲。共5篇。

第16期：《三民主义和中国革命（续完）》，快然；《雪夜》，东美；《伴某君游公主墓》，东美；《宴罢归来》，谋③；《余欲无言》，有话。共6篇。

---

① 外语人名，原文中字形辨认不清，文中为作者猜测的写法。
② 外语人名，原文中字形辨认不清，文中为作者猜测的写法。
③ 人名，共两个字，文中缺少的是首字，在《古代汉语字典》及《现代汉语词典》中均查不到该字。

第 17 期：《今后中国的妇女运动》，素；《妻的像》，晶清；《杀人者》，高滔；《从吃屎狗说到》，废人；《电车站》，簇泰。共 5 篇。

第 18 期：《生产业者之结合与中国民生问题》，晓园；《又走出鬼的天堂》，东美；《小学教师的悲哀》，杜东①。共 3 篇。

第 19 期：《革命外交论》，罡风；《模糊》，柯西；《小学教师的悲哀（续）》，杜东②。共 3 篇。

第 20 期：《革命外交论（续完）》，罡风；《小学教师的悲哀（续完）》，杜东③；《蛆虫》，金。共 3 篇。

第 21 期：《文艺与时变》，桑戴克（著），赵荫棠（译）；《女事务员》，何双璧；《杭州育婴堂死学之研究》，米佳；《并不希奇》，琴。共 4 篇。

第 22 期：《文艺与时变（续完）》，赵荫棠（译）；《公理战胜》，高滔；《女事务员（续）》，何双璧。共 3 篇。

第 23 期：《论莫里哀》，芳草（译）；《女事务员（续）》，何双璧；《论生财有道》，穷人；《乱蒜》，逸休。共 4 篇。

第 24 期：《河北民食问题——民食之缺乏原因及调济之方法》，傅振伦；《女事务员（续完）》，何双璧；《慷慨与悲歌》，张耀祖；《苦闷的回头》，金。共 4 篇。

第 25 期：《河北民食问题——民食之缺乏原因及调济之方法（续完）》，傅振伦；《乡间的一天》，柴霍甫（著），荔（译）；《低诉》，小鹿；《吴杰之死》，琴；《谈及"制服"》，小官。共 5 篇。

第 26 期：《北平大学区接收河北教厅问题》，吕其光；《刁大爷》，王澍；《脸的典当》，无面。共 3 篇。

第 27 期：《近代德国租税论作家述评》，冯康（译）；《壮志长埋》，庐隐。共 2 篇。

---

① 人名，共三个字，文中缺少的是中间一个字，在《古代汉语字典》及《现代汉语词典》中均查不到该字。

② 人名，共三个字，文中缺少的是中间一个字，在《古代汉语字典》及《现代汉语词典》中均查不到该字。

③ 人名，共三个字，文中缺少的是中间一个字，在《古代汉语字典》及《现代汉语词典》中均查不到该字。

从上述资料来看,《河北民国日报》副刊文学体裁多样,有小说、散文、诗歌、话剧、书信、杂文、随笔、小品等。《河北民国日报》副刊的版面设计、内容安排大都相似,每期第一篇文章一般都是论著或时论,本期后面内容也可能有其他论著或时论,此外是诗歌、剧作、散文、"十字街头"栏目。"十字街头"几乎是贯穿副刊的一个固定栏目,一般在每期副刊内容的最后,"十字街头"里一般包括1—3篇独立成文的文章,有论著、时论、散文,篇幅大多短小。但是,副刊每期内容安排又不尽相同,并且其中个别期刊文章篇数极少,且与其他大多数相比内容安排完全不一样。此外,《河北民国日报》副刊也有不少外国作品的翻译,这些译作题材和体裁多样。

(2)《河北民国日报》副刊的办刊宗旨与服务对象

大多数刊物在创刊之际,要发表"创刊词""创刊缘起""发刊词"之类的文章,向公众宣告办刊宗旨。办刊宗旨大致可分为几类:一是为宣传而创办;二是以传播信息、研究学术;三是为丰富人们文化生活,提高文化娱乐创办;四是以营利为目的。此外,为了某种爱好或兴趣而创办刊物也是常见的。

《河北民国日报》副刊的服务对象是普通大众,并非某一特殊阶级。它没有摆着绅士的架子只谈高深学理,但也并非绝口不谈学理。晶清编此刊的态度是,凡是当时社会的滋味,不论是酸甜苦辣咸,都放进副刊里让读者品尝,掩饰事情对社会妥协,不是革命应有的态度。

2.《河北民国日报》副刊的出版特点

(1)重视翻译工作,译介外国优秀作品

《河北民国日报》副刊对于翻译工作较为重视。在该刊中,翻译的外国著作主要来自日本、苏联、美国、欧洲等,日本作品如《养父》《再谈海涅》,苏联作品如《在铁轨上》《往事》《剧散后》《乡间的一天》,美国作品如《评民主政治》《文艺与时变》,欧洲作品如《金钱与生命》《温达曼论资本》《近代德国租税论作家述评》。其中,《养父》《金钱与生命》是剧作,《再谈海涅》《文艺与时变》《温达曼论资本》《近代德国租税论作家述评》是论著,《在铁轨上》是散文,《往事》《剧散后》《乡间的一天》是小说,《评民主政治》是时论。

(2)《河北民国日报》副刊的形式特点

第一，从组成成分上来看，《河北民国日报》副刊具备报头、报眉、页码，而现代报纸通常具有的报眼、头条、倒头条、导读等部分，该刊则不具备。报眉部分只包括出版日期和号数，而对于开本、印张、版权等参数信息则没有注明。值得一提的是，该刊有两种页码，一种是与《河北民国日报》相连的总页码，一种是副刊每期独立的分页码。总页码在报纸内容两侧边框外，形式为中国小写；分页码位于每页报纸上方边框外，形式为阿拉伯数字。另外，组成部分还包括报纸侧边的"河北民国日报副刊"字眼，这部分与页码竖直对齐，在总页码上方，作用类似于现代的页眉和页脚，以下对其暂称"页眉"。

第二，从版面设计上来看，《河北民国日报》副刊采用模块式版面设计，用线条及边框把报头、报眉、目录、稿件等整齐地分割成若干块，使读者对报纸内容情况一目了然。但是稿件与稿件之间并没有分割成若干独立版块，而是一个版面一个模块，用双线边框表示。线条、边框等形式有单线、双线、直线、波浪线等。

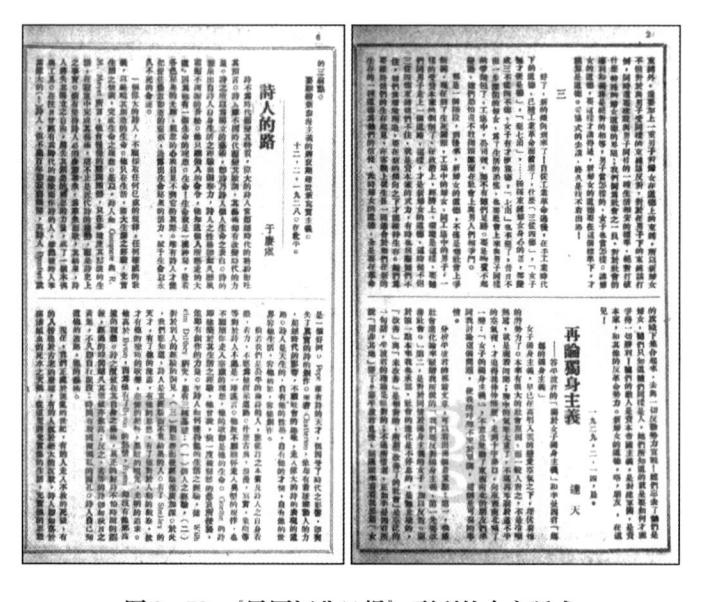

图3—78 《民国河北日报》副刊的内文版式

第三，从分栏体制上来看，《河北民国日报》副刊采用两栏制。一般一个版面分上下两栏，用直线线条分开。值得一提的是，其分栏并不是每篇稿件与稿件之间分栏，而是每个模块中都分作两栏，大多数情况是一篇稿件中间分栏。

第四，从文字形式上来看，《河北民国日报》副刊采用当时的汉字繁体，文字方向为竖排，字号因报纸名称、报纸参数、标题和正文等而有所不同。目录、文章标题、正文和"页眉"字体相同，均类似现代的宋体，只是字号不同，但是头版报眉表示号数的"第一號"等类字体采用黑体，而报纸名称采用不同式样的其他字体。

第五，从印刷色彩及图片安排等来看，《河北民国日报》副刊采用黑白印刷，且除报头背景是图片外，其他地方没有配置图片。报头背景图片要素主要是祥云、阳光和美女。以祥云为背景，一位只凸显大概轮廓的长发美女双手向后交叉在脑后，正仰头享受来自前方上方的阳光。这图片可能是出于一定的象征意义而设计的，如祥云、阳光等象征祥和、美好、温暖。

3. 对现代报纸副刊出版的启示

《河北民国日报》副刊等中国早期报纸的副刊由于处于发展的萌芽状态，存在一定的缺陷和不足，但仍深刻影响了报纸副刊的发展方向，也为现代报纸副刊发展带来启示。

首先，开创了一种丰富报纸内容的形式。报纸副刊不但填补了因新闻不足而产生的空白，而且发掘了报纸的新价值，丰富了报纸的新面向。又因为其内容多是文学性及文化性的作品，"现代传媒与文学联姻，促成文艺副刊在报纸上大量涌现，新文学以此为平台广为传播，文学不再是少数人的专利，成为大众参与的公共舆论空间，从而引发了创作主体、文学观念、文体等一系列的变革"[1]，所以对当时文学的发展及地区和民族文化的传扬、发展有重要作用。尽管现代报纸副刊的文艺性逐渐减弱，但生活性、现实性、趣味性强烈的副刊却更加能够开拓读者的视野，丰富读者的阅读内容，再加上现代印刷技术和视觉艺术的发展，能够给读

---

[1] 郭武群：《现代传媒与文学的完美结合——论民国报纸文艺副刊》，《江淮论坛》2007年第4期。

者带来前所未有的视觉享受和阅读快感。

其次，副刊推动报纸的发展，并因质量影响报纸的发行。民国报纸副刊是发表名家名作的阵地，同时传播文学信息，并介绍国外文学流派和思潮，深得广大读者喜爱，这种需求的满足是副刊出现之前所没有的。著名报人赵超构先生曾说过："新闻是报纸的灵魂，副刊是报纸的面孔，报纸耐不耐看主要看副刊。"[1] 从现代报纸副刊情况来看，由于传媒竞争加剧，报纸行业也竞争激烈，除了报纸的质量、特点，副刊作为报纸的重要组成部分，其质量好坏在很大程度上影响报纸的发行。

### 四 《市民周报》

民国元年（1912），顺天府改名为京兆地方，通州改名通县属之。民国十七年（1928），废除京兆，通县直属河北省，同年，北京改名为北平特别市，后改为北平市。1930年6月，北平降格为河北省省辖市，同年12月复升为院辖市。北伐战争后的通县处于相对稳定的发展时期，河北省教育厅在通县展开了"民众教育"运动，其中河北省立实验城市民众教育馆作为河北省教育厅设立的民众教育馆设立在通县，为了推广市民阅读活动，该馆在1934年创办《市民周报》，来满足一般民众需要[2]。

在"民众教育"运动展开的过程中，民众教育馆创办了众多旨在"传播民众教育"的刊物，如《民众半月刊》，后改名为《城市民教月刊》《乡村民教季刊》《市民周报》等，其中《市民周报》因其出版周期短、内容丰富、受众较广而得到广泛传播。

1.《市民周报》的文本概况

（1）《市民周报》简介

《市民周报》1934年12月创刊于河北通县，周刊，市民刊物，由河北省立实验城市民众教育馆编辑、河北省立实验城市民众教育馆出版委员会发行。根据国家图书馆馆藏民国期刊数据库的收录情况，《市民周报》每7天出版一期，于1934年12月7日出版第一期，馆藏最晚一期为

---

[1] 李可贝:《副刊的文艺性与新闻性浅析——以〈南方都市报〉副刊为例》,《青年记者》2011年第14期。

[2] 杨家毅:《民国时期通州"民众教育"探索及其影响》,《北京史学》2020年第1期。

1935年1月25日第8期。该刊使用"市民周报"作为期刊名称,承继《城市民教月刊》,后改名为《市民》。

《市民周报》旨在给民众以认识世界和得到许多应用知识的机会,在文字上力求通俗,在取材上力求适合一般民众的需要。该刊主要介绍国内外重大事件、重要新闻,日常生活及一般的科学常识,传播卫生、法律常识,改善生活的方法,也刊登一些民间故事等。其主要栏目有一周大事、介绍、常识、名词解释、读者园地、民教消息等。

从所存留期刊的统计信息来看,该刊的主要撰稿人有洛易、晨钟、洪钟、雨辰、蔚林、树人、栋材、曼云、刘克勤、雨山、秀峰、正平、一民、向诚、志忠、李富、复生等。该刊署名自由,其中笔名较真名为多。

(2)《市民周报》的办刊宗旨

1934年12月7日《市民周报》第1期发行,编者在第1期的"开场话"中明确指出,"我们应当给民众以认识世事,和得到许多应用知识的机会。本报抱着这种愿望和大家见面"[①]。创刊者认为在当时的社会环境下,人们总是在生活恐慌中挣扎,世事也总是在变化,人们不应再继续"靠天吃饭,埋头做人",而是要抬起头来,看看世事。创刊者指出图书馆和阅报室是一般人求知的地方,但能到这些地方去看书报的人并不多,并且大多数的报纸和杂志又不是一般民众所能看懂的,因此决定出版《市民周报》。

《市民周报》作为一本市民刊物,其读者定位为一般民众。《市民周报》的创刊者认为该刊应为民众提供国内外的重要新闻、日常生活及一般的科学常识、改善生活的方法以及合于民众生活的文艺作品等四个方面的内容。且创刊者认为该刊应具有这样的责任:"纵然这里所说的话,不尽是民众所要说的,但至少是民众所能懂的和需要的懂的话"[②]。

2.《市民周报》的内容分类及特征

《市民周报》现存8期共164页,内容丰富,栏目分类清晰,除了上文提到的六个主要栏目之外,刊内还有"通州秧歌选""冀南民歌拾零"

---

① 参见《市民周报》第一期"开场话"。
② 参加《市民周报》第一期"开场话"。

"通州传说故事"等系列内容，使《市民周报》更加符合市民的定位。

（1）栏目类别

①一周大事

该栏目分为国内外两个部分，主要刊登国内外社会、政治、经济等方面的重大事件，帮助民众了解国内外新局势，增长知识和拓宽眼界。国内新闻如《省政府明年元旦迁往保定》《中央财政本年度收支相差一万万元》等，有助于民众了解近期国内最新形势，提高思想政治意识；国际新闻如《中美航空联络还在交涉中》《英放弃与日交换意见》等为读者提供更加多元化的信息，增长民众见识。

②常识

顾名思义，本栏目以科普一般人所应具备且能了解的日常生活知识为主，包括生存技能、基本劳作技能、基础的自然科学以及人文社会科学知识等。

例如1934年第1期的"常识"栏目中，编者在《关于卫生上应注意的几件事》一文从住宅、食品、饮水、煮沸法、厕所这五个方面向读者介绍卫生常识。1935年第6期《灾荒年景中农民应有的常识》一文，向读者介绍农民一遇到荒年便逃不过冻饿的苦痛，国家力量薄弱，救济工作很难普遍施行，因此农民应在自己可能的范围内设法救济。编者介绍了蝗蝻防御法，其具体实施方法是秋后深耕、用火烧，这两种方法分别为预防和救急。此外还有白菜蚂蟥虫防御法、预防棉花发生蚜虫的常识。关于基础的自然科学常识，在1934年第3期的《预测天气的经验和简单的机械》、第4期的《为什么我们在冬季喜欢穿黑色衣服》《为什么要刮风》这几篇文章中都有所涉及。此外，还开设了"法律常识"小栏目，起到了一定的普法作用。

③民众文艺

本栏目主要刊登民间故事与民歌。关于民间故事，该刊从1934年第三期开始刊登的《雷瘌子的故事》系列，讲述了通州的雷瘌子虽然从小腿脚残疾，但为人忠厚老实、孝顺善良，最后得道升仙的传说。1934年第四期刊登的《民族英雄：韩世忠与梁红玉的故事》，讲述了韩梁二人英勇抗金的故事。编者刊登这类故事，是为了宣扬正直、善良、勇敢机智的美好品德，启发民众心智，为民众树立正确的价值观。

民歌方面主要刊登关于农事、劳作方面的民歌作品。例如《冀南民歌拾零》《长工歌》，旨在表现底层农民的劳动生活。其中《长工歌》运用叙事与抒情相结合的方法，按照一年十二个月的顺序诉说长工们劳动的繁重以及地主对他们的狠毒剥削和压迫。这些民歌都表达着农民对压迫的不满，但也都表达了未来的希望。

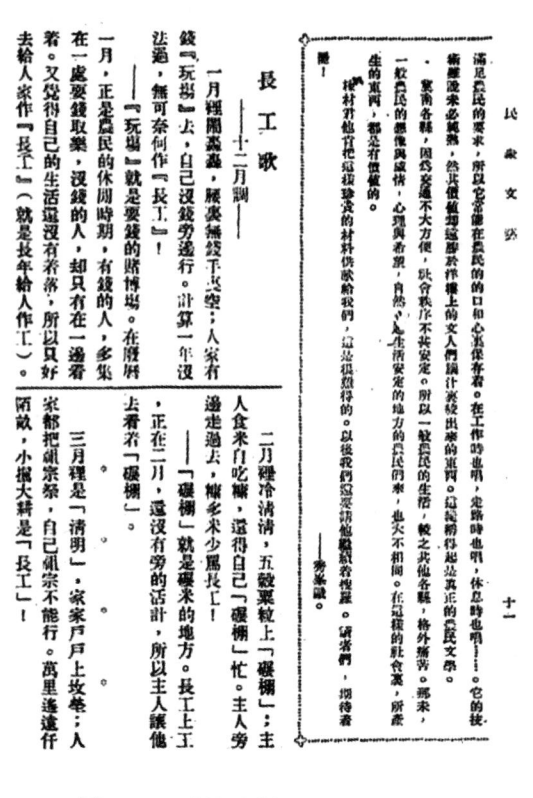

图3—79 《长工歌》版面情况（一）

④介绍

"介绍"栏目主要刊载对一些社会时事的解释和评论，例如第3期的《一个合作专家对于合作社的几点意见》，讲述外国专家在考察山东省时给出的几点建议："第一，应依赖经济原则为基本，所用方法须合乎生产原则及办事手续；第二，信用合作社要组织简单，借款时，必须以从事生产为目的，应绝对劝导及禁止不以生产为目的借款；第三，连锁合作

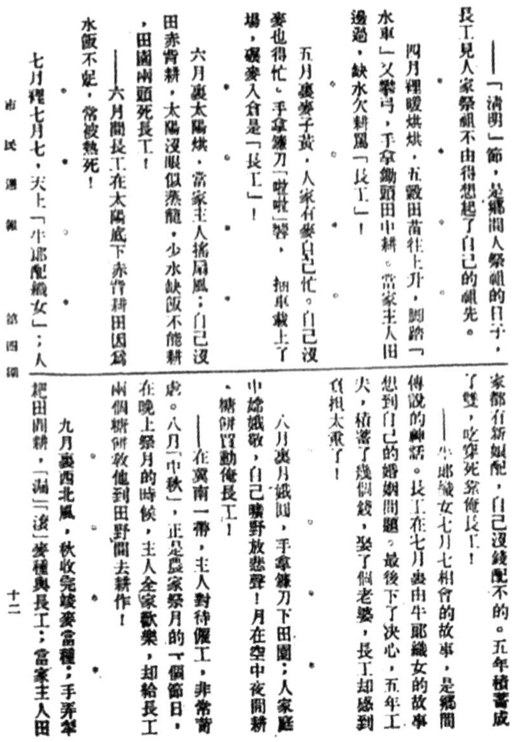
——「清明」節，是鄉間人祭祖的日子，長工見人家祭祖不由得想起了自己的祖先。

・ ・ ・ ・

四月裡暖烘烘，五穀田苗往上升，脚踏「水車」又攀弓，手拿鋤頭田中耕。當家主人田邊過，缺水欠耕罵「長工」！

・ ・ ・ ・

五月裏麥子黃，人家有麥自己忙。自己沒麥也得忙。手拿鐮刀「嚓嚓」響，捆車載上了場，碾麥入倉是「長工」！

・ ・ ・ ・

六月裏太陽烘，當家主人搖扇風；自己沒田赤背耕，太陽沒眼似蒸籠，少水缺飯不能耕，田間兩頭死長工！

——六月間長工在太陽底下赤背耕田因爲水飯不足，常被熱死！

・ ・ ・ ・

七月裡七月七，天上「牛郎配織女」；人家都有新姻配，自己沒錢配不的。五年積蓄成了雙，吃穿死累俺長工！

——牛郎織女七月七相會的故事，是鄉間傳說的神話。長工在七月裏由牛郎織女的故事想到自己的婚姻問題。最後下了決心，五年工夫，積蓄了幾個錢，娶了個老婆，長工却感到負担太重了！

・ ・ ・ ・

八月裏月娥圓，手拿鐮刀下田園；人家庭中燒娥敬，自己曠野放悲聲！月在空中夜開耕，糖餅買勸俺長工！

——在冀南一帶，主人對待傭工，非常苛虐。八月「中秋」，正是農家祭月的一個節日，在晚上祭月的時候，主人全家歡樂，却給長工兩個糖餅教他到田野間去耕作！

・ ・ ・ ・

九月裏西北風，秋收完婁麥當種；手弄犂把田閒耕，「漏」「淺」麥種與長工；當家主人田

市民週報　第四期　十二

图 3—80 《长工歌》版面情况（二）

社与信用合作社应各自分辨；第四，信用合作社必须在农村里办，连锁合作社必须在集镇或在都市之中心地方；第五，合作社举办之初，应先使农民明白合作社之意义，不应予以高深之理论。”① 除此之外，还有第一期的《通县夫人庄贷款所》、第八期的《新生活运动之解释》，此类内容对市民来讲比较新奇，但在一定程度上增长了农民的见识，促使他们对当下的国内发展局势有全新的理解。

⑤名词解释

这个栏目，顾名思义，每期选取 1—3 个名词进行解释，所选名词涉及政治、经济、社会等方面，第 1 期选取“公积金”“资本”“信用合作社”，第 4 期选取“对象”“经济”“生产”，第 6 期选取“华府海约”

① 参见《市民周报》第 3 期“一个合作专家对于合作社的几点意见”。

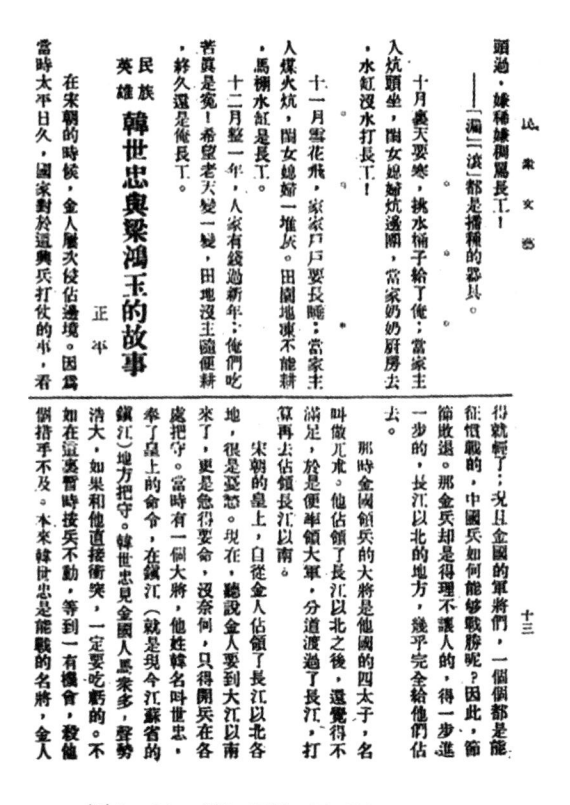

图3—81 《长工歌》版面情况（三）

"购买力""消费量"，第8期选取"国际联盟"。

其中对"公积金"一词的解释为"合作社或公司等类的组织，在经营的过程中，获得了盈余，在这盈余中提出若干，积存起来，作为公积金以备合作社或公司不时之需。公积金越多，合作社或公司的根基也越稳固"①，在第七版《辞海》中"公积金"一词有两个含义，分别为"为公共福利事业积累的长期性专项资金"以及"企业从缴纳所得税后的利润中按规定百分率提存或从其他来源（如资本溢价）积累，用于弥补亏损或转增资本（或股本）。包括资本公积、盈余公积"。《市民周报》对"公积金"的解释更侧重为"盈余公积"，因此对其理解显得不够全面。

《市民周报》对"信用合作社"一词的解释为"合作社普通可分为

---

① 参见《市民周报》第1期"名词解释"。

三种：消费、产销、信用。这信用合作社，是靠信用关系向社外金融机关借资本，再以信用关系分配社员应用。借贷手续，不再抵押品，专靠信用，所以叫做信用合作社"①，《辞海》中对此的解释为"由个人集资联合组成，以互助为主要宗旨的合作金融组织。吸收社员零星存款，并贷款给社员"。1923年。由华洋义赈总会组织设立的第一个信用合作社在河北香河县正式成立，这也是我国历史上第一个信用合作社，由于当时华北地区旱灾严重，中国华洋义赈救灾总会以低利贷给信用合作社500元，信用合作社再贷款给社员，这种贷款方式一定程度上满足了小农对资金的需求。由此可知，对于"信用合作社"一词的解释，虽然二者有所差异，但《市民周报》是根据当时情况做出的解释，有一定的历史局限性。

从上述两个名词的解释可以看出，《市民周报》对于词语的解释相对不够准确，在今天也已经过时，但在当时对民众科普方面有一定的积极作用。

⑥读者来稿

本栏目为对读者来稿的刊登，但仅刊登了两篇作品——《房漏的故事》《乡下人学说国语的故事》。《房漏的故事》讲述了一个村庄里有一家夫妇，家里有一头驴，丈夫说："别的不怕，只怕漏。"丈夫少说了一个"房"字，正巧门外有一个贼和一只狼听到了这话，贼想偷驴，狼想吃驴，贼看见狼认为是驴，就骑上了。狼以为被漏骑上了就往外跑，看到一棵大树想着将漏抗树上，贼想着漏跑到树下自己就立马蹄上树。那狼跑到树下，贼一蹄上树，狼头也不敢回就跑了。这个故事虽然篇幅短小，但语言诙谐幽默，整个故事奇趣横生。《乡下人学说国语的故事》讲的是一个乡下人带着很多钱去北平学国语，但最后却闹出误会的故事，文章呈现出"歧义型"幽默效果，文章前段铺垫娴熟，情节设计严丝合缝，文章不长但却十分具有喜剧效果。

这个栏目的开设也增强了读者与刊物的交流感与互动性。

（2）内容特征

①文笔通俗易懂，取材贴近生活。《市民周报》属于面向市民的刊

---

① 参加《市民周报》第1期"名词解释"。

物，其创办目的是要给民众以认识世界和得到许多应用知识的机会。鉴于受众是普通民众，因此语言不宜过于深奥、晦涩，要通俗易懂，便于市民阅读理解，能够让市民看懂报刊内容，了解报刊传达的信息。除了文笔通俗易懂外，更重要的是文章取材不能脱离群众，要贴近市民生活，能让市民产生共鸣，从而对其生活有所帮助、思想有所启发，例如第四期"常识"一栏中科普"鸡蛋的储藏方和新陈代谢辨别法"，以及"民众文艺"栏目对民歌的选登。

②文学样式多样，取材范围广泛。《市民周报》的受众是普通市民，因此需要多样的文学样式、丰富的内容以及广泛的取材范围才能最大程度满足读者需求。从文体来看，刊内文章包含小说、诗歌等文学作品，也有议论文、说明文等实用类文本，还有新闻报道、通讯等，文体较为多样化。从内容上来看，刊内刊登的文章涉及政治、经济、教育、法律、农业等方面，取材范围广泛，内容综合全面，从而扩大了《市民周报》的阅读。

③新闻时效性强，与读者互动性强。《市民周报》的"一周大事"栏目是该刊的固定栏目，主要报道上一周的国内外重大事件，能够帮助市民及时地了解国内外资讯。该刊内的"读者园地"与"读者来稿"栏目则是刊登读者投稿文章，使《市民周报》真正做到面向民众，让读者感受到参与性，拉近与读者的距离，增强刊物与读者之间的互动性。

3.《市民周报》的版式设计特点及不足

（1）栏目设置丰富

《市民周报》的栏目设置十分丰富，除了一周大事、介绍、常识、名词解释、读者园地、民教消息这些固定栏目，还不定期有答问、讲话、读者来稿等栏目。其体裁也涉及广泛，包括小说、短文、民歌、通讯等，顺应时代潮流的同时也满足读者需要。此外，第五期也即1935年第一期，开设了一些全新的栏目，例如"一年来的世界经济""这一年的教育概况""一年来的中国经济的检讨"，内容涉及对中国1934年经济、政治、教育方面的总结。

（2）封面设计元素多样

《市民周报》的封面设计相对简洁但内容丰富，如图3—104所示，刊名文字醒目，字体稳健厚重，位于左上方；左下方标注了出版单位、期刊定价；右上方为期刊号；中间标明本期目录；右下为本期主编。虽然整体设计简洁，但期刊信息完整，从封面可看到本期报刊标题，利于读者查阅，吸引读者阅读兴趣。

图3—82 《市民周报》的封面

（3）《市民周报》的内文版式设计

《市民周报》内文图文结合，设计更具美感，内容排版分为上下两栏，使文章更适合读者阅读，每期文章按照目录顺序进行排列，方便读者查找。

从文章编排来看，总体简洁但有新意，该刊内文分为上下两栏，前四期两栏之间加有横线，显得文章排版有些杂乱，第五期开始去除横线，留有适当的空白，显得文章整体排版更加整洁，此外，上下两栏的排版

第三章 民国时期河北的各类代表期刊 / 283

形式使文章更适合读者阅读。文章正副标题、小标题、编者和正文的字号、字体并不相同，便于读者区分；每个栏目旁会有小插画，固定的栏目其插画也固定，会使读者留下深刻的印象；大标题会加上边框，有些边框不是简单的直线，有波浪线或带有其他装饰，能与栏目名进行区分。此外，该刊合理运用空白版面，使用"传单"版块进行补充，"传单"内容多为鼓励民众摆脱愚昧思想，相信科学，具有宣传和教育意义。

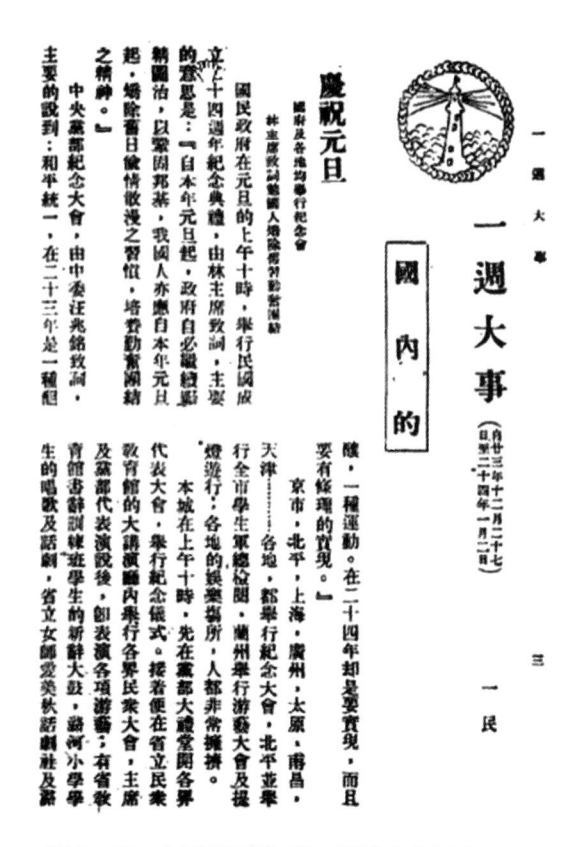

图3—83 《市民周报》第5期的内文版式（一）

《市民周报》的文章与图片巧妙结合，如在《海军谈判失败，军备竞争加紧》一文中，第一张插画具有强烈的讽刺意味，插画也有批注"军火商人的荣耀"，增添了文章的趣味性。第二张插画的批注表明图片来源，表明该刊具有一定的版权意识。

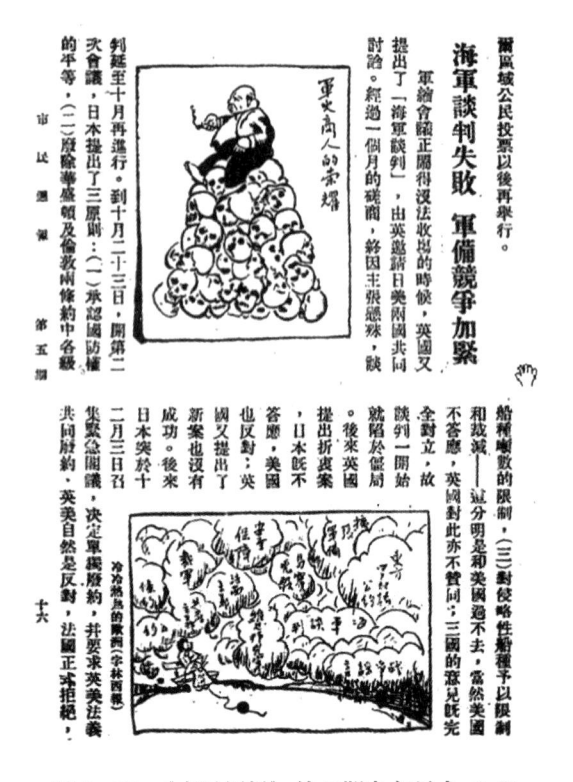

图3—84 《市民周报》第5期内文版式(二)

(4) 排版设计中存在的不足

《市民周报》的封面虽然简洁,但因只使用文字而缺乏图片以致无法吸引读者,但显得有稍许杂乱,同时,《市民周报》也无封底。在栏目设计中,"读者来稿"这个栏目到第八期改为"读者园地",固定栏目名称发生变动但未提前告知读者。在第六期第七期中,未开设"民众文艺"栏目,却单独刊登《韩世忠与梁红玉的故事(续)》《通州秧歌选》《冀南民歌拾零》这几篇文章,与第三期、第四期将其划分在"民众文艺"栏目之下有差别。

4.《市民周报》体现的编辑精神

"通常,人们把编辑精神具体概括为:国家民族主流意识支配下的历史责任感,注重与读者、作者加强沟通的群众观点,以追求书刊质量为前提的职业道德修养等等。这些编辑精神,不但使编辑在编辑业务活动中有了圭臬，而且使广大编辑有了审视自身修养的一面镜子。"① 编辑精神的形成是不断丰富、不断积累的，一般表现在编辑在工作过程中产生的认知、思想上，也反映在刊物的精神内核上。《市民周报》诞生于1934年，处于土地革命战争时期，当时河北地区期刊出版业发展相对稳定。从外部环境来说，当时的国内形势虽然依旧动乱，但因军阀混战导致的混乱场面已基本消失，政治局势处于暂时稳定的局面，人们开始自觉关注社会现实，试图通过一定的努力唤醒国民的意识。② 《市民周报》的编者认定的办刊宗旨为"民众以认识世界和得到许多应用知识的机会"，其所形成的编辑精神可总结为以下两点。

（1）高度的社会责任感

编者在第1期《开场话》中提道："我们这样督责着自己：既然这里所说的话，不尽是民众所要说的，但至少是要民众所能懂的和需要懂的话。我们深知自身的经验和学识都很欠缺，还需要各方面不断地给予帮助。"③《市民周报》从第1期到最后一期，坚持每周按时出版，并主动承担起为民众发声的社会责任，第3期编者在《指定的款发展义务教育及民众教育》一文中提出，要鼓励多设民众学校，普及义务教育和民众教育，同时考虑到民众不愿意读书的原因是交不起学费、买不起书籍用品以及时间不凑巧，因此建议学校提供给学生书籍笔墨和纸张用品外还要安排合适的上课时间。这些观点的提出，表现出编者对民众的关怀，正是秉持着对民众、对社会的责任感，报刊才能得以持续出版并受到应有的关注。

（2）客观、公正的职业态度

《市民周报》从呈现的内容来看是相对客观的，稿件质量高，特别对稿件的征集和选取都秉持着客观的态度。从对新闻的报道中可以看出，该刊摆脱了编者的个人偏见、情感和观点的阐发，只准确地报道事实，对事实不作解释和评论。这不仅体现出编者客观、公正的职业态度，也

---

① 党春直：《求真务实——编辑精神的灵魂》，《编辑之友》2005年第2期。

② 王广坦：《民国时期河北期刊的量化统计与出版分析》，硕士学位论文，河北大学，2019年。

③ 参见《市民周报》第1期"开场话"。

符合现代新闻报道客观性的原则。编辑作为稿件的"把关人",其编辑活动看似是非常主观的行为,但编辑仍需要尽自己所能做出主观判断进而无限地接近于稿件的客观质量本身。① 在第6期《房漏的故事》末,编者表明这个故事是在实验民校读书还不到三个月的一个学生写的,除了帮他改正了这篇文章的错别字外,其余一切都是投稿人所作。此外,编辑工作并非属于个人的认知行为,而应做好"守门人"的份内之事,即做好把关工作,要为读者筛选并传送信息,要判断编辑内容是否为读者所需要。《市民周报》面向普通市民,其对内容的选取也是民众所喜闻乐见的。

纵观这一时期的历史,和平安稳的社会环境为河北省报刊的发展提供了肥沃的土壤,"民众教育"运动也给当时的报刊提供了发展的契机,由于当时中国民众文盲比例较大,因此该运动也是一个循序渐进的过程,而《市民周报》的创办则在这项运动中起到了极大的推动作用。《市民周报》承担着启发民智的责任,为民众提供了认识世界的平台,同时,也起到推广市民阅读及进一步宣传民众教育的作用。

## 第四节　民国时期河北的实业类期刊

### 一　《河北实业公报》

《河北实业公报》是民国二十年(1931)五月由河北省事业厅秘书处主编,河北省实业厅事务处发行的大型机关政务类机关刊物。该期刊以记载河北省实业厅政务为主,详细记录了实业厅的政令、会议内容以及颁布的法规条款,可以从侧面反映南京国民政府的实业发展思路;以农工商业实践为内容的记载,能够系统地反映当时河北省实业发展的状况,具有"晴雨表"的功能。该刊对研究民国时期河北实业发展有举足轻重的作用,其出版发行也可以反映当时政务类期刊的办刊思想和水平。

政府公报,"可以追溯到唐朝的邸报,距今已有1200余年。邸报是发布宫廷文书用的,上面有皇帝的诏书、命令,巨僚的章奏疏表,以及

---

① 刘军:《体育期刊编辑审稿中主观判断与稿件的客观质量相统一的研究》,《第八届全国体育科学大会论文摘要汇编(二)》,2007年。

政府官员的升黜、任免、赏罚等。宋、元、明、清各朝相治不辍。但邸报是供皇族和各级官吏看的，庶民百姓是看不到的"[1]。光绪时期创办了《政治官报》，以之为立宪做预备，后宣统时期又创办《内阁官报》，为皇族内阁所掌握，特别用于公布清廷谕旨、奏章及法律命令。戈公振先生在其所著《中国报学史》中谈及"官报独占时期"时说道："民国以来，事务日繁，部有部公报，省有省公报，一省之内，厅局又各有公报。"[2] 国民政府要求，"政府下发公文除密件外应于政府公报公布"。实业部和各省实业厅，在国家建设中担当重任，如实业部总务司于1931年开始发行《实业公报》，山东省政府实业厅于1914年在济南创刊了《山东实业公报》。

孔祥熙升任南京国民政府实业部部长[3]后进行体制改革，实业部权力细分，对各地实业的管理也随之严格。在内外力交互影响下，民国二十年（1931）六月，经河北省实业厅厅长何玉芳的指示，《河北省实业公报》发刊。该刊负责详细记录河北省实业厅的政务内容，并公开发行。这份机关报持续至民国二十三年（1934），现国家图书馆民国期刊数字资料库中存有21卷。该刊既记录了政令书函，也传达了对具体实业项目的处理意见，主要负责上传下达、内外互通。同时，该刊又不仅限于在政府系统内传播，普通百姓也能看到实业厅工作成果。作为政务类期刊，其内容和形式、思想和主张，又不同当今的政府机关刊物，对当时河北省实业发展的展示方式和手段值得探讨。

1.《河北实业公报》的出版概况

（1）出版背景

民国中期总体处于军阀混战和反抗日寇侵略之间的相对和平期。此时，南京国民政府成立不久，中原地区局势和缓，百废待兴，国民政府全力支持实业发展以振兴经济。1933年，资本主义国家爆发了经济危机，整个资本主义世界的工业生产下降了37%，世界贸易额也减少了1/3，世

---

[1] 王金玉、黄俊琳：《民国时期的政府公报》，《档案管理》1987年第3期。
[2] 戈公振：《中国报学史》，生活·读书·新知三联书店1986年版，第59页。
[3] 1926年，孔祥熙在广州任广东革命政府财政厅厅长，后任武汉国民政府实业部部长。后至南京支持蒋介石，任南京国民政府委员，实业部部长，财政部部长，中央银行总裁，行政院院长，中国银行总裁等职。

界各工业国失业达3000万人。为摆脱和转嫁危机，资本主义国家之间展开了激烈的贸易战，向殖民地半殖民地和附属国倾销商品的同时也加紧了对工农业资源的掠夺，尤其是原材料等初级产品。① 此种情况下，南京国民政府对于民族实业领域的调整与扶持势在必行，其颁布了一系列经济政策和保障措施，为实业救国热潮的兴起提供了必要的政治法律条件，政府主导并大力助推实业热潮的到来。1914年，中华书局在上海创办的《中华实业界》杂志，对当时的情景有所描绘："民国政府励行保护奖励之策，公布商业注册条例、公司注册条例，凡公司商店工厂之注册者，均妥为保护，许各专利，一时工商界踊跃欢忭，咸谓振兴实业，在此一举，不几时而大公司大工厂接踵而起。"② 作为在北方与上海相呼应的城市天津，在相关实业发展方面的进步要求和成果动向既代表了广大北方地区，更代表了河北省。

1930年，实业部部长孔祥熙走马上任，并接管具体工作，他在实业领域推行了一系列法令，也强化了对各省实业厅的具体要求。同时，各省实业厅为其所在省政府的下辖职能部门，省级政府也掌有对实业厅的行政命令权，实业厅要接受两个上级部门的直接领导和管理。同时，实业厅要负责省内所有的实业工作，对实业家和企业进行直接有效管理。然而，农工商众多实业项目数量庞大，如无科学严谨的规章制度则难以进行有效统一的管理。1929年至1933年爆发的世界性经济危机，大部分资本主义国家经济面临崩溃，中国由于当时经济体量不大所以受到的影响相对较小。列强在加紧对中国进行商品输出的同时，也加大了对中国市场的依赖。民国中期同样延续了初期的实业救国思想，加之南京临时政府在法令政策制定方面打下了较好的基础，经济刺激计划和实业扶持政策均有较大水平进步。实业建设得以迅速推进的各方面优势保障条件都在不断聚集，再加上如火如荼的实际生产和建设，实业发展迅速，一些指标连创新高。

就由省级政府部门运作的实业类期刊来说，如《云南实业周刊》《江苏省实业半月刊》《浙江省实业季刊》等刊物也都在地方上发挥着不可替

---

① 任长见：《论我国近代的对外开放（续）》，《河南职技师院报（综合版）》1999年第3期。
② 徐建生：《民国初年的实业热潮与初期工业化》，《中国工业评论》2015年第9期。

代的作用，彰显着各地因地制宜和奋勇争先的工作情势。在地处华夏文明重要核心区的河北省，《河北实业公报》也应运而生，承担起了京畿要地"非凡"时期的社会建设重任。

（2）文本概况

作为政务类机关刊物，《河北实业公报》由河北省实业厅秘书处编辑，于1931年6月经实业厅事务部审核后，在全省范围内大规模发行。该刊规格为16开，使用铅印技术印刷，其发行后由国家实业部图书馆予以收藏，收藏本印有相关藏书章。该刊现存21卷，国家图书馆民国期刊数字库中可下载该刊影印本。

在《河北实业公报》所存卷帙中，最后一卷为民国二十三年（1934）四月刊。据最后一卷内容和已有刊期情况，尚无法推断该卷是否为停刊卷。但据现存最后一期的时间点可以推断，《河北实业公报》的停刊应该与南京国民政府的经济态势下行、全国性经济危机加剧及日军侵华有关。在现存刊的最后一期（即民国二十三年四月刊第36期）中，编者还在目录前配置了"本报启示"以示征稿，即此时的河北省实业厅仍然期待公报有更优质和广泛的稿件来源，并没有停刊之意。但该期之后的刊物至今未见实物，当另有他因。

"实业"一词是近代中国出现的一个新词汇，实从日本引入，对其内涵和外延的理解，颇多歧义。本研究所指的"实业"，"以农、工、矿三项生产事业为主体，而旁及交通、运输等业，商业从事于原料与制品之贩运，大有助于生产事业发展，故亦当列入实业之门"[①]。该刊内容题材较为单一，以政务为主，但是刊文量极大，平均每期有百页之多，主要包括河北省实业厅与国家实业部及省政府的公函往来，省实业厅对于地方机构的行政命令、对地方企业的管理以及重大会议的完全记录。

（3）读者对象

《河北实业公报》并不以营利为目的，而是更注重政治和社会功用，主要读者为相关行政人员。其主力消费群体也是行政人员，河北省内的实业家是其次级消费群体。

---

[①] 张肖梅：《实业概论》，商务印书馆1947年版，第1页。

虽然缺乏一手史料，但据公报上价目表的标注，只要"先行见惠空函"①，就可以获订该刊，而且上面注有"国内及日本""欧美各国"的邮费价格。因此可以推测，一些有志之士和心系兴国之华人华侨也订阅了该刊。

2.《河北实业公报》的内容及特点

（1）主要内容

首先是该刊的内容结构。从目录来看，《河北实业公报》的结构相对稳定，每一期的组成结构都是大体相似的，由图画、命令、法规、公牍、记录等固定部分和转载、党义、杂俎、布告等非固定部分组成。

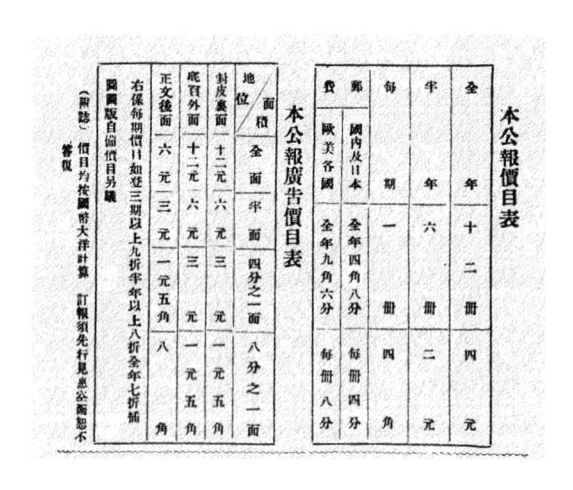

**图3—85 《河北实业公报》价目表和广告价目表**

图画部分是指刊首位置的图片，以重要领导近影、工作场所照片、领导人合影、职工合影为主。这些照片不属于正文内容，但也在目录中张列。

命令、法规、公牍、记录、统计部分都属于公文写作范畴，命令部分记录国家实业部和河北省政府对于河北省实业厅的训令以及实业厅对下辖各县、各试验场的委任状。例如"为令知事查前农矿部呈准施行之蚕种制造取缔条例，现经本部修正改为实业部蚕种制造取缔规则……"②法规部分记载与实业相关的国家法律及河北省行政法规，例如"海外中

---

① 选自《河北实业公报》第1期（民国二十年六月）广告页部分。
② 选自《河北实业公报》第1期（民国二十年六月）命令部分第3页。

华商会商品陈列所征集团内商品办法　第一条：海外中华商会商品陈列所征集团内出品暂分左列各类……"①（此法规共十条）；公牍部分包括呈、咨、公函以及布告和代电（也有版次将其单独作为板块），也都是平级部门间的公文往来，例如"呈实业厅——为呈复事案查本厅前呈报农务会议情形并检送提案请鉴核一案兹奉"②；记录部分是对省内重大会议的详细记录，"河北省第一次农事会议"③还出现了多刊连载的现象；统计部分则是使用表格对某些数据的详细记录。这些固定内容主要是河北省实业厅与上下平级间的公文往来，以及对新颁布法规和近期重要会议的详细记录，与政治、经济有着极为密切的关系，所占比重较大。

以上内容和信息是该刊的重要价值体现。上到实业部部长孔祥熙的训令，下至县级工厂厂长甚至是试验场技术员的委任，事无巨细，全部刊登见报。具体文稿方面，该刊力求事尽其详，流程、结构完整，着墨较多，记录部分尤为明显。实业厅设有专门的会议记录员，能够做到对会议高还原度的记录，这在民国中期的技术条件下也是较为困难的，同时也体现出省实业厅对实业事务的重视。该刊的文学性水准一般，属于政治色彩较强的公文性文本，展示了民国中期实业事务被进行分级化处理，通过上下协调，来合力做事。作为实业任务的分省总揽机关和主要"处理中枢"的省实业厅责任重大，需要接收上级单位提出的诸多工作要求，又需要处理省内所有实业项目和地方单位的相关问题。难得的和平发展契机，也为《河北实业公报》赢得了展示自身的机会，使得河北省实业厅在推动省内实业发展方面承担好领导作用。同时，该刊将公文往来发布上报又是必要的政令公开程序，也能体现省实业厅的工作决心和办公效率。

统计部分值得进行深入分析，统计表涉及众多内容，如"宛平县矿业统计表和矿业职工统计表"④和"省矿区面积产额及税额统计表"⑤。此外，该刊基本每一期的统计部分都记录了天津市出口货物的相应数据。

---

①　选自《河北实业公报》第2期（民国二十年六月）法规部分第1页。
②　选自《河北实业公报》第3期（民国二十年六月）公牍部分第7页。
③　该会议被分别收录在《河北实业公报》第1期、第2期及第3期。
④　选自《河北实业公报》第2期（民国二十年六月）统计部分。
⑤　选自《河北实业公报》第2期（民国二十年六月）统计部分。

帝国主义加强攫取中国的原料和劳动力，"在这种情形之下，把本国的工业当作自身经济的基础，把对外贸易当作侵略争夺的手段，依靠本身生产的速度，产量和成本的进步，于是压价倾销、垄断市场、占领销路、独占原料"①，将中国变为其海外销售市场，较少考虑中国社会经济的和谐运行与贸易的平衡，一味强化独占的、排他的、锁国的重商主义。这种压榨式的国际贸易，严重损害了中国民族实业的发展，但也说明1930年行政区划改编后，天津市在河北省的重要地位及在进出口贸易方面的重要作用。随之，天津作为河北省首府和沿海开放城市的优势开始显现。该刊所涉数据范围较大，但统计较为精确，大部分可以精确到个位数，且会在表格位置做详细的备注，其工作效率可见一斑。

其余栏目均不固定，如党义部分只在前两期设置，之后再未出现。但是作为实务类报刊中的政治部分，同样值得加以分析。

转载部分多用专栏转载，引用的大多是农业和工业生产方面的说明文，并使用半文言、半白话的笔法，较为生涩。但所引内容都紧密联系实业生产，例如《治蝗法浅说——蝻为蝗之幼虫，蝗为蝻之成虫》②等贴近农民生产的科普文章，且以科学常识和规律为依托，与靠天吃饭的自然经济逐渐划开界限。从行文内容来看，该刊所转载的内容，阐释清晰、分层明了、讲解透彻，未使用过于深奥的专业词汇。该刊不仅适合知识分子阅读，知识水平不高的普通生产者也可以基本理解。

杂言部分内容变化较大，形式亦不固定，如译文"工作的宝贵"和"海关出口税则"，并无太大关联，且并非专门设置的版块，仅作为该刊的附加内容出现。

此外，还有该刊的稿件来源问题。受制于刊物性质，《河北实业公报》中记录的大多都是与上下级部门的公函政令，也有部分新出台的法令内容、重大会议的详细记录以及数据统计表格。除了转载栏目需要向其他刊物支付少量的转载费之外，该刊基本不需要和作者约稿，因此减少了一大笔稿费开支，降低了运营成本。上文已经提到，在办刊的后期，

---

① 罗红希：《近代中国对外贸易超激增问题研究——以1929—1933年经济危机背景为中心》，《湖北函授大学学报》2016年第5期。

② 选自《河北实业公报》第6期（民国二十一年六月）转载部分第1页。

该刊开始刊登"征稿启事",意在改变来稿结构类型。

(2)内容特点

①内容与结构相对单一,但专业性和记录意识较强

该刊以政务内容发布为主,数据记录为辅,偶有文学作品也与实业近况密不可分。"一方面在确立公文保密性之外,能够有效地实现公文传达政令、指导工作的基本功能;同时,也有助于政务服务水平与行政效率的提高。"[①] 公文类作品一般不具有文学性,其格式固定、用语简单朴素,仅起到记录和说明作用。

结合现有21本存留刊物可概括如下:该刊的栏目变化较少,总体结构较为固定,履行公文写作规范。通过分析文本内容,其对于政令等公文的内容记录详尽,尤其是会议记录部分,多为专人记录,力保发言精确。该刊所涉内部文件的范围跨度较大,上至国家实业部的公函,下至实验场内试验员的任命训令,都记录完备。

"国民政府一些新设的农村调查研究机构和其他许多农林部门在进行农村经济调查同时,也纷纷发行了各自的刊物。这类刊物可分为两类:一类是国民政府中央机关发行的刊物。这类刊物影响大,发行时间也较长……第二类是地方政府以及一些实验区发行的刊物。这类刊物种类繁杂,发行者主要为各省的农工厅、农矿厅、农村合作组织、实验区及其他农业推广改进部门,就其影响和发行时间而言,虽远不能和第一类相比,但也自有很强的地方性。"[②] 因此,《河北实业公报》最重要的价值在于信息的记载与传递。既给当时的实业者传达了与实业相关的法规,传播了科学技术知识;也作为一手史料,对民国中期河北省实业经济、政治、社会方面进行忠实记录,为研究人员提供了直接的信息参考。

②打破传统视角藩篱,时代特征时有展现

《河北实业公报》突破了自然经济的分科界限,对科学管理和先进生产力的应用更加重视,对人员的调配与管理更加严格,且有着清晰的任命制度,甚至连研究员都须经实业厅派遣任命,充分表现政府部门对实业工作的重视。而转载等方面,则将目光聚集在先进生产力应用上,大

---

① 王永春:《民国时期政府公报的期刊形态与史料价值》,《秘书之友》2017年第2期。
② 郑京辉:《论民国时期农业经济学的传播》,《河北学刊》2013年第1期。

力普及涉及实业改进的优质知识，如"蝗灾""天气异常"等自然现象和"矿石说明""棉作物培育"等工农业知识等。

除了引用外国文章和译文，该刊只在统计部分对天津市的原材料货物出口进行明确数据统计，未刊载其他国外交流信息和国外技术引进信息。民国时期在国际贸易中基本处于不利地位，商品竞争力较弱，但河北省有一些优秀实业家也在积极奔走，号召以实业救国。该刊在内容规划方面，未从根本上突破传统视野，对于外国企业和相关内容的重视不到位。同样，其目光仍只停留于基本的工农业原料生产和加工层面，忽视了对相关商业活动管控信息的传递。1933年前后，河北省的制造业产业结构与全国大体相似，产业结构亦不够合理，轻重工业比例失衡。但相比于全国，此时河北省的制造业如化学化工类行业的生产优势相对明显。从产业空间和布局变化来看，在传统行业与新兴工业方面，传统行业表现为原有的产业中心地位的衰落。[①] 在这样的背景下，已有的21本期刊中，除了对相关法律的记录，并未涉及商业活动和现代工业内容，可见此时的"小农经济"思想影响仍然较深，需要进一步提高经济的对外开放程度，加大新思潮的影响力度。

③图表和图案是"点睛之笔"

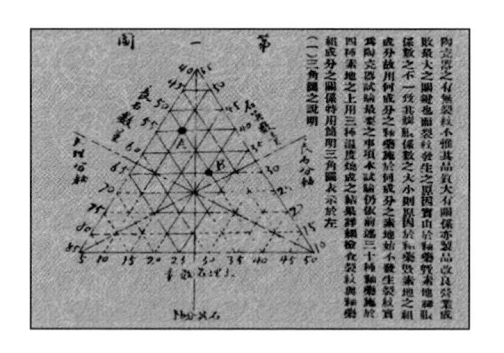

图3—86 《河北实业公报》第5期配置的三角图表

作为说明性和记录性的公报，文字表述是基本形态，但在数据记录

---

[①] 吴学伟：《1929—1933年河北省制造业发展的量化研究》，硕士学位论文，广西师范大学，2017年，第1页。

功能方面，尤其是涉及众多的内容分类和庞大数字记录时，纯文字说明难以达到预期效果。《河北实业公报》使用了大量图表来说明问题，清晰明了且不易出错。该刊在表格和视图的使用方面基本合理，并适时加入文字说明。此外，从表格的配置来看，编辑人员对统计学的运用也较为娴熟。

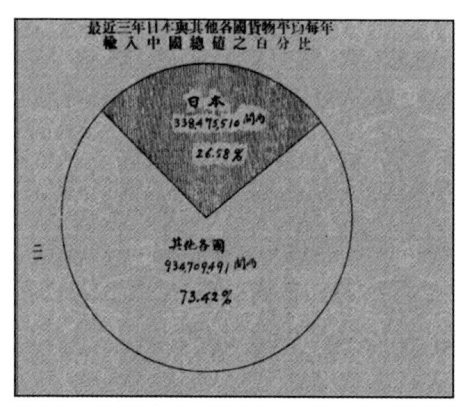

图3—87 《河北实业公报》第5期配置的百分比饼状图

此外，《河北实业公报》在部分过渡页上使用了带有中国特色的图案，虽然比例较小且画法简单，但也为全刊增添了生趣。

3.《河北实业公报》的版式设计

（1）排版风格

随着西学的不断涌入，民国时期的报刊逐渐改变了传统的排版方式，版式设计的风格逐渐丰富起来。① 但从专业角度来看，《河北实业公报》的排版方法较为中规中矩。

除部分刊期的转载部分之外，该刊整体上都是简单的古代书籍排版方式，从右至左繁体字竖版排列。该刊全版单栏排布且未使用标点，字、行、段间距稍显拥挤，给今人阅读带来一定障碍，总体上美观性稍差。

美术编辑方面，该刊的封面和内文设计，多是简单的文字罗列，并没有添加任何图案修饰和艺术造型，字体也未变化。该刊配图多是将单

---

① 雷振：《民国期刊的版式设计研究》，硕士学位论文，太原理工大学，2017年，第40页。

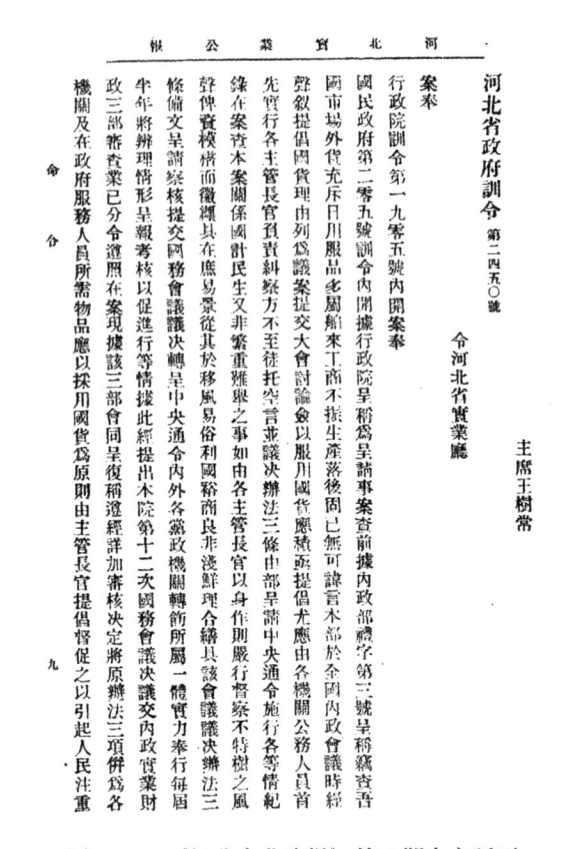

图3—88 《河北实业公报》第1期内文版面

独图片排布在整版空白页上，相对缺少美感。此外，多图表的页面方面也稍显杂乱，尤其是将图表无序地堆积在一起，视觉体验不佳。

（2）内文版式

《河北实业公报》对于目录方面的设置有明显的民国时期此类期刊通用的排版特点。

首先，编者未在目录上设置页码，目录部分只有标题名称，这也增加了读者的查阅难度；其次，目录分级不明显，用同样的字体字号表示一级分层和二级分层，区分度较小且易混淆，容易给读者造成阅读困难。

该刊编者将目录之前的插图同样置于目录中，而图片下已经备注了信息，没有必要将单张图片放入目录。且此举容易给读者造成误会，误以为图片位于目录之后，但仍能看出编者对刊物编辑的重视。

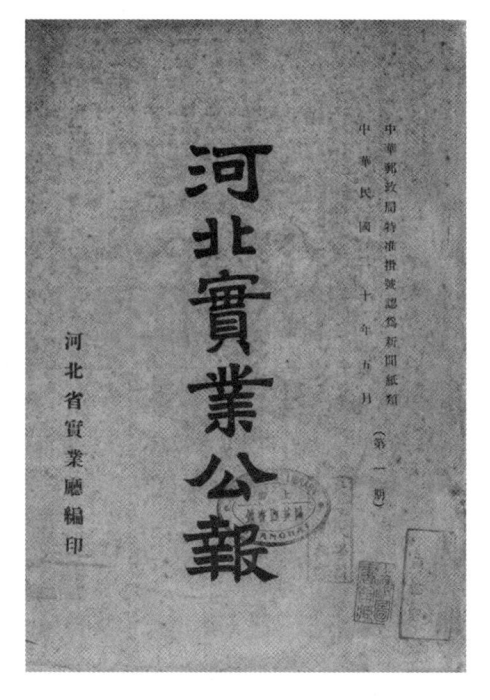

图3—89 《河北实业公报》第1期封面

该刊页码是分部分设置的,比如民国二十年(1930)六月刊第2期第一部分为"命令",从第一页到三十八页为第一部分目录,而第二部分"法规"的页码又重新从"一"开始,每个独立成章的内容其页码均是如此配置。虽然这是民国报纸的排版方式之一,但弊端也是明显的,即查找容易出错,容易影响阅读效率。

(3)刊物印刷

《近代中国印刷术》有称:"著者读我国古代印刷史,不胜崇拜我先代创造改进之精神;而一考察我国近今印刷界之状况,对于我印刷界之不知积极改进,未能与世界各国比美,又不能不深为叹息也。"[1] 民国时期印刷界的窘境,也会对期刊印制发行造成不利影响。该刊是利用铅印技术印刷而成,部分字迹出现溢墨和用墨不均匀的情况,且部分文字内容出现了错位的问题。但就民国时期的印刷技术而言,这样一种文字数

---

[1] 于翠玲:《民国时期中国印刷术研究的视野与思路》,《甘肃社会科学》2015年第9期。

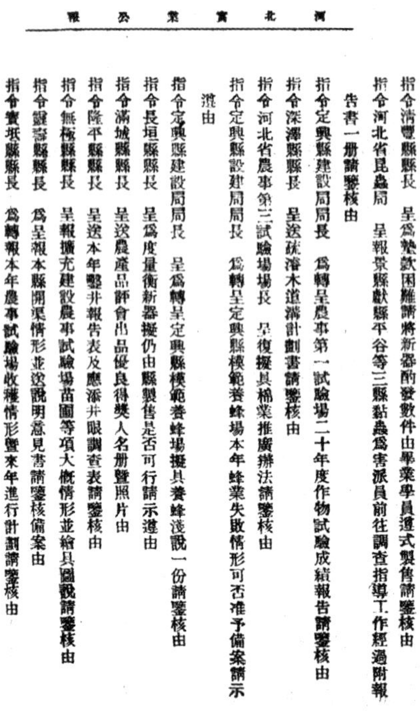
河北實業公報

指令清豐縣縣長　呈爲蟄款困難請將新器酌發數件由畢業學員遵式製售請鑒核由

指令河北省昆蟲局　呈報景縣獻縣平谷等三縣粘蟲爲害派員前往調查指導工作經過附報告書一册請鑒核由

指令定興縣建設局局長　爲轉呈農事第一試驗場二十年度作物試驗成績報告請鑒核由

指令深澤縣縣長　呈送疏濬木道溝計劃書請鑒核由

指令河北省農事第三試驗場場長　呈復擬具棉業推廣辦法請鑒核由

指令定興縣設建局局長　爲轉呈定興縣模範養蜂場本年蜂業失敗情形可否准予備案請示遵由

指令定興縣建設局局長　呈爲轉呈定興縣模範養蜂場擬具養蜂淺說一份請鑒核由

指令長垣縣縣長　呈爲度量衡新器擬仍由縣製售是否可行請示遵由

指令滿城縣縣長　呈送農產品評會出品優良得奬人名册暨照片由

指令隆平縣縣長　呈送本年鑿井報告表及應添井眼調查表請鑒核由

指令無極縣縣長　呈報擴充建設農事試驗場苗圃等項大概情形並繪具圖說請鑒核由

指令鹽山縣縣長　爲呈報本縣開渠情形並送說明意見書請鑒核備案由

指令寶坻縣縣長　爲轉報本年農事試驗場收穫情形暨來年進行計劃請鑒核由

目錄　五

**图 3—90 《河北实业公报》第 6 期目录**

量较大的机关刊物需要较大的人力和财力投入。油印技术操作相对简易，但印制质量不能得到很好保证。

4.《河北实业公报》的发行

（1）发行概况

“各级政府公报公开发行，发行范围可能有所限制，在传达政令、指导工作、公开政务等方面都有一定的积极意义。”① 受其机关刊物性质的影响，该刊发行后的具体发行量和市场反应无法找到资料印证，只能据其发行价目表及“订购须知”加以推测。

出版方在省内的行业地位及刊物的读者定位决定了其发行范围的下限。该刊创办初期主要在河北省实业界内发行，但也标注了省外和国际邮寄的价格，说明订购者不局限于河北省内。民众的开蒙程度和对实业的关注程度决定了该刊订购的上限，一般来讲，普通民众对与自身关系

① 王永春：《民国时期政府公报的期刊形态与史料价值》，《秘书之友》2017 年第 2 期。

不大的行业报刊的关注度有限。虽然不能排除有志之士密切关注实业发展，但此类人群的订阅量一般不会太大。

笔者认为，亦不排除该刊因后期销量无法保障，编辑部日常运营受影响的可能。该刊发行后期的"征稿启事"也说明编辑部也在力求改善出版形式，丰富出版内容，贴近大众的关注点，以适应不断变化的刊物生存环境。

（2）发行意义

该刊的发行，首要意义在于政务服务。"这些行政公文本身就是各级政府发布的具有法定效力的权威文件，是研究民国不同历史时期行政公文文种类型及变迁、逻辑结构、语体、文风等的重要史料。"[1] 河北省实业厅通过该刊做好政务公开工作，将重要内容公之于众，做到上情下达。其次是作为行业参考的意义，作为当时河北省实业领域最为权威的报刊，所传达的信息会对实业者的相关经济活动产生一定的指导作用。"民国时期政府公报上承古代的官报，又在某种程度上链接着新中国成立后的政报类期刊。从期刊栏目来看，民国时期的政府公报与当前各级政府机关的政府公报比较接近，基本发布的都是行政公文与规范性文件。"[2] 该刊所刊登的相关经济内容，为今天的相关研究者提供了重要的参考，其所展示的内容和理念，也是研究当时经济思想史的珍贵档案。

在民国中期出版发行的《河北实业公报》，作为一种重要的政务类期刊完成了它被赋予的历史使命。尽管只存续了三年，社会反响有限，且内容配置和格式编排都存在一定的问题，但作为真真切切的见证，其作用也是其他刊物所难以取代的。受制于现存资料的缺失，以上仅是笔者对该刊出版情况的初步判断。

## 二 《河北省银行经济半月刊》

"中国民国第一次，也是唯一的一次工业普查，是1933年刘大钧领导经济统计研究所的调查者们进行的，是直接从工厂的经理收集来的统

---

[1] 王永春：《民国时期政府公报的期刊形态与史料价值》，《秘书之友》2017年第2期。
[2] 王永春：《民国时期政府公报的期刊形态与史料价值》，《秘书之友》2017年第2期。

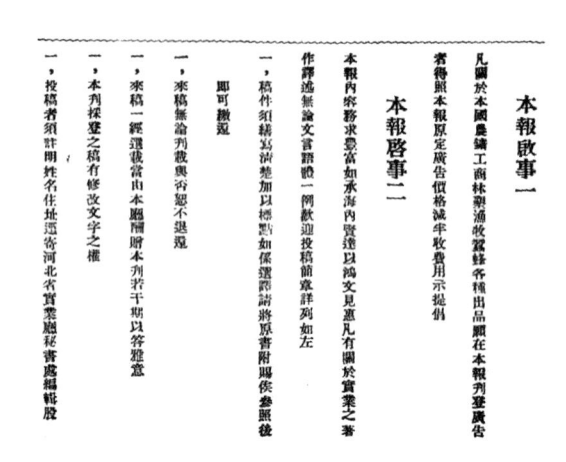

图3—91 《河北实业公报》第41期中的征稿启事

计资料"①，可见调查的不易。而由民国时期河北省银行经济调查室主编的《河北省银行经济半月刊》，是当时华北地区具有代表性的经济类期刊。该刊对当时处于抗战胜利时期，百废待兴的中国经济以及世界各国的经济发展状况都有一定的记载，内容包括国内外经济发展局势的展望与检讨、国内外经济机构制度设计的介绍、国内法制与经济发展相关问题的讨论、天津市各行业在沦陷时期和抗战胜利后的经济变化状况分析、河北省银行的各类金融业务的介绍、经济法规汇编和经济资料统计。

中华人民共和国成立之前的期刊文献，记录着在不同的历史时期的政治、经济、文化、科技诸方面的发展情况，保存了大量有参考价值的历史资料。其中，"民国时期的经济期刊多达534种"②，面临中国半殖民地半封建社会的近代化境况，当时经济期刊大多在偏重探讨中国的实际经济问题，分析本国经济状况的同时，希望通过借鉴国外先进的经济思想理论与经济体制，改造我国的经济政策和经济体制，实现中国的近代

---

① ［美］费正清：《剑桥中华民国史1912—1949》（上卷），杨品泉等译，中国社会科学出版社1994年版，第45页。

② 严清华、李詹：《民国时期经济期刊的经济思想文献述评》，《经济学动态》2012年第7期。

化转型。因此，对民国时期的经济期刊文献进行梳理和研究，有助于从总体上认识民国时期经济思想的基本内容、本质特征与理论贡献，为今日中国的经济理论发展与经济建设实践提供有益的经验借鉴与历史启示。

《河北省银行经济半月刊》作为抗日战争胜利后华北地区具有代表性的经济类期刊，是民国时期经济思想发展到后期得以展现的载体之一。武汉大学高璇的《民国〈经济评论〉（1947—1949）研究》中第三节"《经济评论》[①]的办刊特色和所处"所称：国民政府后期共有经济类期刊53种，其中由政府编制的有13种，研究金融领域的刊物有11种，研究财政经济的有3种，研究工商业领域4种，探讨中国工业经济的有3种，研究合作经济的有3种，研究国际贸易的有2种，研究会计相关理论与实务的有2种，研究证券市场的有1种，其余10种杂志是经济综合类刊物，《河北省银行经济半月刊》则是经济综合类刊物的一种。

1. 《河北省银行经济半月刊》的文本概况

（1）文本简介

《河北省银行经济半月刊》为半月刊，1946年1月创刊于天津，由河北省经济银行经济调查室编辑出版，由天津河北省银行总行负责发行，地址位于天津第一区中正路114号，后迁往中正路78号。编辑者为河北省银行经济调查室，发行者天津河北省银行总行，印刷者为天津大公报馆承印科，经销处为各大书局，出版地为天津旧法租界中街。第1卷第11期明确经销商为天津河北省银行经济调查室（河北企划公司、文化服务部）。

从现存的《河北省银行经济半月刊》来看，该刊发行时间约为两年，从1946年到1947年，共出版4卷43期（其中合刊算作一期），1946年1月出版第1卷第1—2期合刊（创刊号）。其中，1946年第1卷1—2期为合刊，1946年第1卷第7—8期为合刊，1947年第3卷第1—2期为合刊。

自1948年开始，《河北省银行经济半月刊》停刊，取而代之的是《河北省银行月刊》。编辑者为河北省银行经济研究室，印刷者为天津民

---

[①] 《经济评论》于1947年4月在上海创刊，方显廷主编，经济评论社发行，发行周期为一周，1949年5月停刊，共出版99期，属经济类刊物。

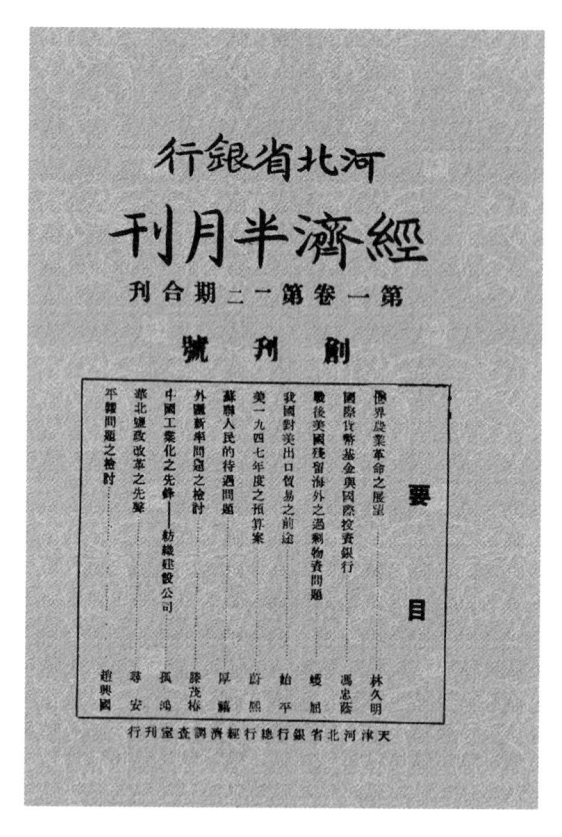

图3—92 《河北省银行经济半月刊》封面

国日报社承印所,经销处为天津河北省银行经济研究室,代销点分为天津代销处和北平代销处。1948年2月出版第1卷第1—2期,第1卷第1—2期为合刊,第4—5期为合刊,后或停刊,余者不详。从现存情况来看,发行时间共约三个月,一共五期。

《河北省银行经济半月刊》期刊的栏目分为时评、国际、国内、本市、经济资料、经济法规汇编六部分。1947年第4卷开始对该刊目录进行设计更改,第1期增设新版块"论著"和"经济新闻述要",并将国际、国内、本市经济新闻述统归于"经济新闻述要"这一版块下。

该刊主要撰稿人有三类,如天津市政府统计室、天津政府统计处、"河北省银行经济半月刊室"、"河北省银行经济半月刊"、市府统计室、四联分处、社会局等政府金融机构,天津市银行业同业公会、天津市银号业同业公会、天津市钱商业同业公会等经济组织，冯忠荫、林久明、赵兴国、詹汝珊、郑振声、滕茂春、刘炳若、霍世奋、蔚熙、听民、寻安、赵聚之、厚禧、梦仙、津生、王警愚、寻庵等个人，美国新闻处、W. Bullitt 等国外政府机构和个人。

（2）创刊

1946年1月，《河北省银行经济半月刊》发行第1卷第1—2期（创刊号），标志着《河北省银行经济半月刊》的创刊生，其由经济调查室[①]创办。

1945年9月2日，世界反法西斯战争胜利，中国抗日战争取得全面胜利。国际上，一系列国际会议就维护战后世界和平、促进世界经济发展，达成了一系列协议和谅解，确立了维护战后世界秩序的国际制度。在战后初期新建立起来的国际货币基金组织、世界银行、关税及贸易组织等国际经济组织，成为战后国际体系中占主导地位的国际经济组织。国内，1946年，中国共产党代表同国民党政府代表签署停战协议，1月31日，由国民党、共产党、民主同盟、青年党、社会贤达代表参加的政治协商会议在重庆闭幕，会议通过了政府改组案、和平建国纲领案、军事问题案、国民大会案、宪法草案。

一系列国际经济组织的筹建以及政协会议的顺利闭幕，让经济学界人士认为中国经济恢复发展的时机已然到来。恢复正常的社会秩序是当时社会各界人士期望的，沦陷期间沉没的天津河北省银行总行在其发刊词中提到"凡百措施以经济为基础，经济建设以银行为后援"。在这样的背景及目的下，天津河北省银行总行仿照欧美银行成规，增设经济调查室，先发银行经济半月刊。

（3）办刊宗旨和服务对象

"发刊词即向公众宣告办刊宗旨，办刊宗旨大致可分为几类：一是为宣传而创办；二是以传播信息、研究学术而办；三是为丰富人们的文化生活，提高文化娱乐创办；四是以营利为目的。"[②] 从《河北省银行经济

---

[①] 1946年河北省银行总行增设经济调查室。

[②] 金强、马志毅：《民国时期保定文艺期刊〈幽燕〉研究》，《保定学院学报》2013年第3期。

半月刊》的发刊词中，可知该刊的办刊宗旨为"将国内外一切经济新闻，作有系统之摘要记载，传达世界经济之消息，我工商各业之借鉴"，服务对象为"工商各业"。

（4）内容简析

《河北省银行经济半月刊》现存43期，共4卷，1946年开始发行半月刊，1948年由半月刊改为月刊。顺延该刊卷期的发行时间，大致梳理如下。

根据对该期刊的目录整理及内容研读可知，该经济期刊前三卷大致按照"时评""国际""国内""本市""经济资料""经济法规汇编""统计资料"这七个版块来编排。其中，"国际""国内""本市"三个版块下最后一篇均为"经济新闻述要"，第1卷的"调查资料"栏目在第2卷更名为"经济资料"。

"时评"部分为林久明供稿，每期一篇，主要点评世界各国政府的经济措施，阐述现有金融制度的利弊得失。在第1卷第3期刊登时评《中国工业化之前途》；第2卷时评逐渐增多，例如第2卷第1期的《美国贷英巨款之意义》，第2期《美国之管理物价问题》，第8期《修改我国所得税法条文之建议》，第9期《论中美新商约》，第12期《当前吾国经济之危机》；第3卷每期都刊有"时评"。

"国际"版块主要是刊登关于世界经济形势的变化与展望、世界各国金融机构的制度设计、各国所面临的贸易与金融问题和应对之道、各国的现实经济情况。国内部分被编者分为"国内"和"本市"两个版块，"国内"版块则主要侧重讨论法制与国民经济之间关系，检讨近年来各行业的经济发展情况，预测国家未来的经济发展趋势，概要近期国内经济新闻；"本市"一栏篇幅所占不多，主要分析天津市各行业在沦陷时期和抗战胜利后的经济变化，介绍河北省银行的各类金融业务，简述近期天津市经济新闻。"经济资料"一栏则以刊登统计数字为主，涉及抗战胜利初期国内不同地区各行业的经济数据统计；"经济法规汇编"则是介绍各类金融与经济法规、条例、补充办法和处理规则；"统计资料"一栏主要是刊登天津市各类金融和民生的统计数据。

该期刊在第4卷开始对期刊目录进行整改，目录为"时评""论著""经济资料""经济新闻述要""经济法规汇编""统计资料"。"论著"一栏则主要涉及介绍各国的经济发展计划,研究中国各地各行业的经济现状,阐释宏观经济原理;"经济新闻述要"一栏则是将原本的"国际""国内"和"本市"中的新闻述要汇总在一起;其余栏目与前几卷内容一致。

该刊国际部分所占篇幅较大,从第4卷开始该期刊的内容略有缩减,在国际方面涉及较少,国际部分内容主要在时评、论著和国际经济新闻述要这三个部分出现,期刊编著者将内容重点转向国内,尤其是河北地区。在第4卷仅"河北"一词在题目中出现10次,如第4卷《由河北农业机械公司想到苏联的曳引机站》《河北省严重的农村经济危机》《河北省渔业概况》《河北政治的实际问题》《河北省的肥料问题》《河北省食品之产销问题》《河北省煤矿之概略》《河北省南部伙种地之说明》《河北省主要农产物之产销状况》《河北省的土壤》等。

《河北省银行经济半月刊》所讨论的经济问题涉及到国家产业层面,从农业到工业再到商业都有涵括。

该刊提到的农业类内容主要有:农业革命建设,例如第1卷第1期《世界农业革命之展望》、第3卷第1—2期合刊中《一年来农业建设之回顾》、第3卷第4期《怎样扶植自耕农》;饥馑问题,例如第1卷第3期《世界饥馑问题》、第2卷第1期《由世界饥馑谈到中国之食粮前途》、第18期《远东今年粮产展望》;具体农业发展问题,如第2卷第2期《我国渔业之前途》。

该刊所涉及的工业类内容主要有:工业革命建设回顾总结问题,第1卷第1—2期《中国工业化之先锋——纺织建设公司》、第1卷第3期《中国工业化之前途》、第2卷第2期《论中国工业化之资本问题》、第3卷第3期《天津工业生产的动力问题》等;轻重工业发展问题,如第1卷第3期《我国皮毛业之概况》、第2卷第2期《我国造纸工业之回顾与前瞻》、第3卷第3期《天津炼钢厂概貌》、第3卷第7期《唐山铁路机厂鸟瞰》、第4卷第3期《德仁化学工厂概观》等。

该刊所涉及的商业问题则多为银行业和贸易,如第1卷第1—2期《国际货币基金与国际投资银行》《美国之国际贸易》、第1卷第5期《由开放外汇市场谈到我国对外贸易之前途》、第2卷第9期《中英贸易之回顾与前瞻》、第4卷第3期《我国猪鬃出口贸易之状况》等。根据该刊文献目录统计:"贸易"一词在本期刊第1卷中出现8次,第2卷中8次,

第3卷8次，第4卷7次；"银行"一词在本期刊第1卷中出现8次，第2卷5次，第3卷18次，第4卷3次；"率"一词在第1卷出现3次，第2卷14次，第3卷11次，第4卷4次；"币"一词第1卷出现4次，第2卷3次，第3卷3次，第4卷1次；"税"一词第1卷出现10次，第2卷16次，第3卷11次，第4卷4次。由此可得，这一时期，涉及贸易、银行税率、币制体系方面的论著在经济类期刊中所占比重较大，原因在于，国际上，二战后资本主义世界经济体系的形成①，调整了世界经济贸易与金融，使得世界经济不断朝着体系化和制度化方向发展；与此同时，国内经济期刊通过对国外币制改革的频繁报道为之后的国民党政权币制改革②造势。

作为一种期刊，要目、简章、广告一般也是内容中不可缺少的部分。《河北省银行经济半月刊》在每一期的封面都有本期"要目"一栏，"要目"节选该期刊几篇重要的文章。要目之后便是该期刊的"征稿简章"以及相关出版事宜，"征稿简章"主要说明征稿要求和稿酬相关内容，出版说明除了介绍该刊编辑者、发行者、印刷商和经销商，还刊登了订阅价目表格和广告刊例。从第3卷第4期开始，该刊"征稿简章"和相关出版事宜从期刊第3页更改至倒数第2页。第1卷第6期在该刊中间植入纸行和银号广告，第3卷第7期首现绘画版布料广告，为天津染织厂出品，后出现牙粉广告为天津同昌行牙粉工厂③制。

2.《河北省银行经济半月刊》的编辑风格

编辑的风格是编辑在编辑一部作品时，由于个人的生活实践、思想立场、学识素养、艺术趣味的不同，在编辑过程中内容的选择与形式的表现上也会不同，这种特色与个性构成了风格的基础。一本刊物的创办必定体现出编辑者的编辑思想，而在刊物的编辑、出版、发行整个运作

---

① 世界银行、国际货币基金组织的成立，《关税与贸易总协定》的签订，构成了调整世界经济贸易和金融的三大支柱，标志着战后资本主义体系的形成。

② 1948年8月18日，政府下令实行币制改革，以金圆券取代法币，强制将黄金、白银和外币兑换为金圆券。但由于滥发造成恶性通货膨胀，使得大量城市中产阶级因此破产，导致政府民心大失，成为国民党内战迅速失败的原因之一。

③ 天津蓝天集团股份有限公司是国内知名的口腔护理用品企业，经营至今已超过100年，它的前身"同昌行"早在1911年就推出了著名的"地球牌"牙粉，是我国牙粉、牙膏制造业的先驱。

的过程中，再之加上来自读者的反馈，编辑者的不断调整，必定形成一定异于其他刊物的风格，某些风格或许与同类刊物类同，实际又有所区别。《河北省银行经济半月刊》的风格可概括如下：

（1）稿件来源稳定

通过对《河北省银行经济半月刊》稿件的分析，可知该期刊各栏目的主要撰稿人比较固定，且只为该刊供稿。其中天津市政府统计室供稿92篇，主要负责该刊"统计资料"栏目；冯忠荫41篇，林久明38篇，负责该刊国际部分；赵兴国34篇，负责"本市"一栏稿件内容撰写；天津市政府统计处31篇，市府统计室20篇，负责提供天津市统计资料；詹汝珊28篇，稿件内容多涉及"国内"经济和河北省经济；郑振声26篇，滕茂椿25篇，稿件内容多与贸易和税务相关；刘炳若23篇，稿件多为对我国农业发展问题的研讨。《河北省银行经济半月刊》1946年共发表765篇稿件，1947年发表693篇稿件。

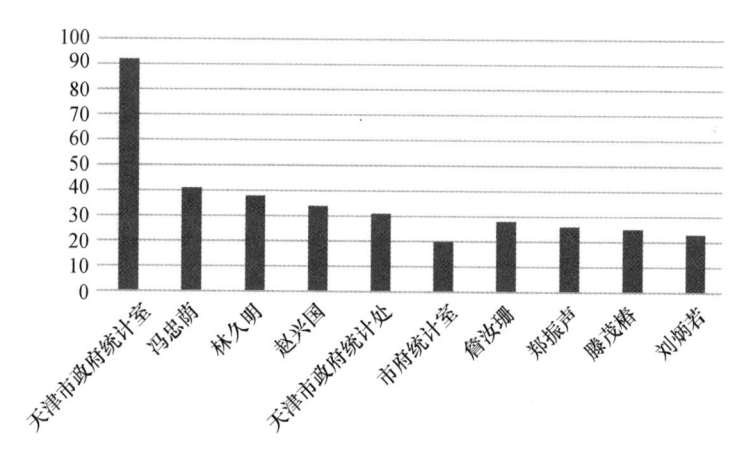

**图3—93　《河北省银行经济半月刊》撰稿人及发稿数量统计**

（2）栏目设置相对稳定

该期刊出现的栏目共有10个，其中前三卷的固定栏目主要有6个，分别为时评、国际、国内、本市、统计资料（有时为经济资料）、经济法规汇编。其中在国际、国内、本市栏目下的经济新闻述要为固定部分。一些栏目如专论、专载、经济论文摘要仅出现了一两次，如第2卷第4期出现专载，第1卷第7期出现经济论文摘要。第4卷的栏目设置虽然做了些改变，但栏目依然较为固定，分别为时评、论著、经济新闻述要、经济资料、经济法规汇编、统计资料6个，其中仅在第3期出现"工商介绍"一栏。

另外，在每一期的封面编者都设置了"要目"，要目的内容则是从各个栏目中挑选重要的文章题目编成；相对于同时期的其他类型的期刊来说，经济类期刊栏目设置相对稳定，这样做体现了经济类期刊的认真严谨，也便于读者查找阅读。

（3）资料连载成系列

根据对《河北省银行经济半月刊》的目录整理，可以看出该期刊的统计资料、经济资料和经济法规汇编三个栏目的内容是连载的，且该期刊是半月连载，即该资料在上半刊连载或下半刊连载，而不是上下连载。例如第4卷统计资料一栏的《天津市菚售国货价格指数》《天津市菚售国货及外国货价格指数》《天津市零售国货价格指数》《天津市工人生活费指数》在该卷每月上半刊出现，即第1期、第3期、第5期、第7期。数据资料实时更新，半月连载有利于读者完整地掌握数据，便于为经济发展做参考。

（4）封面风格稳定且形式简约，内页版式新颖

该刊的封面设计形式较为稳定简约，每期都有期刊名称、期数、要目、发行者和发行时间。其中期数除说明是该卷的第几期之外，还会补充说明是该刊的第几期，例如第2卷第1期为该刊第13期。

民国出版业由晚清出版业发展而来，它一方面表现出浓厚的"继承"色彩，即印刷技术，出版物内容、装帧设计等均有表现；另一方面又在新文化运动之后呈现出新的特点。《河北省银行经济半月刊》在内容的排版上，延续从上到下、从左到右的传统排版方式，在继承古典书籍以往的阅读方式及习惯的同时使用新式标点符号，融合具有现代主义的版面设计，版块分明、版式新颖、个性鲜明。

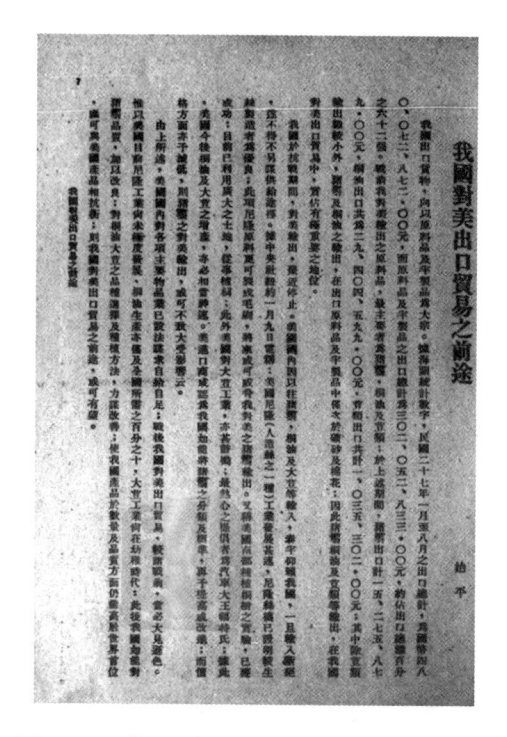

图3—94 《河北省银行经济半月刊》内文版式

3. 《河北省银行经济半月刊》的发行与影响

（1）发行分析

从期刊的价格来看，该刊定价略有变动，价格逐渐上涨。第1卷第1—2期合刊每册定价为国币一百元，到第1卷第10期改为每册定价法币二百元，第2卷第4期改为每册定价五百元，第3卷第1期改为每册定价法币一千元，第4卷第1期改为每册定价法币二千元。该刊在1948年改为《河北省银行经济月刊》后第1卷第1—2期价格定为每册定价国币两万元，第5期后停刊。由此，当时物价上涨、货币贬值之速度可见一斑。因此大约可以推断，该刊于1948年由半月刊改为月刊而后停刊，也大概是因为物价上涨过快，成本过高而销售量减少造成的。

从刊物内容来看，大多是国内外经济新闻，天津市经济资料统计，经济法规汇编；从刊物发行人来看，发行者为天津河北省银行总行；从经销处和代销处来看，该刊经销处为天津河北省银行经济调查室，代销处主要为天津代销处和北平代销处。

另外，通过《河北省银行经济半月刊》刊载的广告，也可以对它的发行与影响有个约略的印象。《河北省银行经济半月刊》的期刊广告可分为两种，一种是本刊的启事，包括征稿启事、投稿规约、广告价目表等，详见该刊每期第二页和倒数第二页"征稿简章"；另一种是商业广告，主要是刊登染织厂布料广告、牙粉广告和银行广告。该刊一共刊登的商业广告有三个：第一个是天津染织厂出品的布料广告；第二个是天津同昌行的牙粉广告，同昌行后发展为如今的天津蓝天集团；第三个是河北省银行的业务广告。从《河北省银行经济半月刊》的征订广告来看，它的市场主要是天津市乃至整个河北地区。由此可知，该刊的主要发行范围为河北省，以天津市为主。

（2）影响与启示

关于《河北省银行经济半月刊》的影响，没有直接的数据与资料可供分析，但通过期刊发行期数和内容的各个方面还是能够对此有一个大致的把握。

就其发行来看，该期刊自1946年1月发行至1947年12月结束，时间大概有两年，后改为月刊，于1948年停刊。在当时内战不断，国内外经济环境极为复杂的大背景下，《河北省银行经济半月刊》依然坚持发行，并将复杂的经济问题进行客观的分析解读，体现了当时国内经济人士"以天下为己任"的治学态度，为当今学术界研究问题发挥了很好的借鉴作用。

就其内容来看，《河北省银行经济半月刊》的发行对战时惨遭重创的中国实体经济来说，具有很强的指导借鉴意义。其中，提到了我国各行各业的复兴的具体措施，例如《我国造纸工业之回顾与前瞻》《黑银号取缔方法的研究》《复员两年来天津工业之没落及其挽救途径》等文章，为缓解当时的经济状况提供了一些新思路；同时，该刊在当时全球爆发经济危机的背景下，为中国研讨了解决经济危机问题的措施，尤其是涉及币制改革问题和贸易问题，如林久明在第4卷第4期时评中《论改革币制》提出希望通过发行新的货币，并逐步回收现有货币来解决当时国内的通货膨胀问题，这一措施在新币制度中得到体现。

就所体现的编辑思想来说，该刊在重视西方先进经济思想和先进经济理论的引进的同时，更加注重学术与中国当下经济问题的结合。如经过对经济思想与经济理论的本土化解读，使能够更好地解决中国当时的经济问题，满足战后中国经济发展的需要。这种对于外来文化批判吸收的态度，对于身处在经济全球化潮流中的中国有很强借鉴意义。

综上所述，《河北省银行经济半月刊》作为民国晚期的经济类期刊，刊载了大量有关抗战胜利初期河北省的金融经济数据和统计资料以及经济学家的专题论文，对于研究者分析抗战胜利初期河北省的经济发展情况，研究抗战胜利初期经济学界的知识谱系，都具有一定的参考价值；与此同时，在当时的经济环境下，该刊向中国及时介绍了国际经济发展状况并给出相应的解读，对抗战胜利初期的天津市乃至整个华北地区的经济状况进行统计刊载，对我国战后的经济重建工作也有一定的指导意义。

《河北省银行经济半月刊》作为当时华北地区具有一定影响力的经济类期刊，在编辑体例、编辑思想以及编辑风格上的体现，编辑团队自身的特点，本部分对其资料的辑录、整理，可为研究民国时期经济类期刊提供一些可供参考的资料。

## 三 《河北棉产汇报》*

河北省是我国的产棉大省。近几年来，河北省的皮棉产量位列全国第二[①]，仅次于新疆维吾尔自治区，在我国植棉产业总量中占据重要地位。民国前期，"全省植棉区分布广泛，据1916年直隶省实业厅报告，河北津海、保定、大名、口北四道119县中，除口北10县不宜植棉外，其他109县中有101县有棉产统计数字……1916年，棉田最多之县达34

---

\* 金强、王玉晴：《支农、勉农与惠农：民国时期〈河北棉产汇极〉出版研究》，《燕赵文化研究》（第八辑），中国社会科学出版社2022年版，第107—123页。内容有改动。

① 中华人民共和国国家统计局：《国家统计局关于2019年棉花产量的公告》。2019年12月17日，http：//www.stats.gov.cn/tjsj/zxfb/201912/t20191217_1718007.html，2021年5月1日。中华人民共和国国家统计局：《国家统计局关于2020年棉花产量的公告》，2020年12月18日，http：//www.stats.gov.cn/tjsj/zxfb/202012/t20201218_1810113.html，2021年5月1日。

万亩,最少者仅为40亩,棉产额最高为2500万斤,最低为250斤"①。

1. 民国时期的棉花产业与《河北棉产汇报》的办刊背景

第一次世界大战期间,欧洲列强忙于军火生产,加上运输车船短缺,减少了对中国的出口,在中国的直接投资也十分少,为中国工业发展提供大好时机,中国的民族工业得到了发展的机会,并进入了"黄金时代",这段时间是中国经济蓬勃发展的阶段。由于纺织业的发展对棉花产量的需求激增,带动了植棉产业发展,在第一次世界大战结束之后,中国的植棉产业发展一直呈现下降趋势。但在此之前,河北省植棉业已经成了河北省重要的经济产业,已经改变了河北省当地农村的社会经济结构,很大程度上影响了当时棉农的经济生活。

民国时期,河北植棉产业发展呈现下降趋势最大原因是自然灾害,受地理环境、社会和经济等因素的影响,那时河北省所遭受的自然灾害是全国最频繁和严重的地区之一,主要灾害是蝗虫、干旱和涝灾,几乎每年都有灾害的相关记载,灾害的直接结果一方面导致农作物无法按期播种,或是播种后的收成无法达到预期效果,经常减产、歉收甚至是绝收;另一方面导致农业劳动力的大量死亡,或因营养不良或身体健康状况欠佳而无法参加生产劳动。虽然棉花作为河北省重要的经济作物,收益高于一般的粮食作物,但是前期的资金和经历的投入也高于一般的粮食作物,因此,灾害对于植棉产业的冲击也大于一般的农作物产业。

在河北省各地的县志中对于植棉在农民中的地位都有或多或少的描写,例如清河县"自近年始畅种,为棉业放一异彩","已拔旧棉之帜而代之矣。其总产额约全县物产总额之半且强,分运至天津、济南等处,为清河第一富源"。② 望都县"按本邑近来因谷贱病农,受经济压迫,为草棉一项,价值较昂,销路亦多,为活动经济之出路"③。完县"棉花每岁所产虽不及正定、栾城等处之多,倘能及时普种,其收益亦约在余万元之谱,获利不可谓不丰"④。

---

① 朱文通、王小梅:《河北通史·民国上卷》,河北人民出版社2000年版,第239页。
② 张福谦修,赵鼎铭纂:《清河县志》卷2《舆地志·物产》,民国二十三年铅印本,第186页。
③ 王德乾等纂修:《望都县志》卷1《舆地志·物产》,民国二十三年铅印本,第59页。
④ 彭作桢等纂修:《完县新志》卷7《食货第五》,民国二十三年铅印本,第474页。

《河北棉产汇报》创刊于北平，是由河北省棉产改进会编辑发布，由孙恩麐①担任主编的经济学刊物，自1936年5月1日出版至1939年2月1日停刊，停刊原因不详。该刊属半月刊，共出版47期，目前有部分丢失，收藏并不完整。本研究以现存38卷为对象，对《河北棉产汇报》进行研究。

《河北棉产汇报》作为20世纪30年代末反映河北省植棉产业生产与销售情况的一份经济类刊物，对于研究河北省棉产改进会的工作实践、棉花育种栽培的科学知识、农技人员与棉农之间的知识互动都具有一定的史料价值，对于目前棉产议题期刊出版也有一定的研究价值和参考意义。

2. 《河北棉产汇报》的办刊宗旨与目的

《河北棉产汇报》以"提倡棉业，灌乡民知识"为办刊宗旨，意在培养河北棉产改进会下属的棉产调查员和各县棉花生产运销合作社的职员具有棉花种植的科学知识，利用科学知识发展植棉产业，以促进棉花产量的提高，增加河北省内棉农的收益。《河北棉产汇报》创刊之后并不以营利为目的，而是从根本上提高河北省内棉农的收益，推广植棉产业，振兴河北省植棉产业，因此编印《河北棉产汇报》作为棉产知识灌输的先锋。

《河北棉产汇报》的主要作者群体，除棉产改进会下属的调查员之外，还有各地棉产方面的研究专家，如陈燕山、卢广绵、吴振钟、杨度春等。具体内容方面，刊登了部分棉产专家的演讲稿，如陈燕山在全国植棉讨论会上的讲演，孙恩麐、原颂周、杜春培在棉产改进会植棉讨论会上的讲演等。

3. 《河北棉产汇报》的主要内容及特点

（1）主要内容

《河北棉产汇报》每一期的结构大体相似，都是由专载、棉讯与代

---

① 孙恩麐（1893年8月26日—1961年9月17日），字玉书，出生于江苏省高邮县城，毕业于路易斯安那州立大学，中国农业教育家、棉花专家，中国普及陆地棉的先驱。他是中国第一位留学美国专攻棉花的学者，一直从事棉花科教事业，培养了一批棉作科学家，大力推广陆地棉用以取代中棉，并对早期美棉栽培、陆地棉麦两熟栽培和旱地植棉做出了贡献。

邮、小统计、附录、工作纪要等非固定栏目组成，在对某些地区的植棉情况进行说明使会附上调查表格。

《河北棉产汇报》第1期的最后对期刊内容栏目进行了说明，期刊栏目分为专载、译述、常识、棉讯、研究报告、调查统计、讲演、问答、棉运合作、经济杂俎、章则、代邮、附录等，但是各栏目可以根据每期材料的性质随时增减。专载、棉讯、代邮和小统计为常设栏目。在第1期也对本刊的订阅价格进行了说明，算邮费在内，每册五分，订阅半年定价为5角，订阅全年定价为1元。

"专载"一栏多是长篇专论性文章，在内容上涉及河北省经济作物的普查情况，河北省棉花生产区划界，棉花育种、栽培、收割的科学方法，应对病虫害和恶劣天气状况的方法，如何开拓棉花销售渠道，棉产改进会的制度设计，以及介绍其他国家和地区棉业生产情况等。这一栏目早期强调传授棉产知识，连载了《棉作育种之技术》《世界各国棉业概况》《军粮城棉场二十五年份工作报告》《农村工作者所应有的条件及修养》《华北种植美棉浅说》《南美几个小国之棉产概况》《我国棉花之检验分级与棉农棉商之关系》等文章，注重专业性，学术特色明显，后期也多注意与棉农、棉产调查员之间的互动，连续刊登《答农友问》等系列文章，解答棉农在现实生产活动中的困惑。

《答农友问》在《河北棉产汇报》中占有重要的地位，自第37期开始在共连载十一期，对于读者来函所问的问题在每期中作了详细的解答，并且对这些问题进行了分类汇总。如国内市场上外棉的种类、棉花市价的涨落及外棉的折算方式、合作社提取公积金及公益金的理由、开除挂名的合作社社员、合作社理事主席的座右铭、利用棉茎皮制绳的发明、棉籽的新利用、贩卖合作与运销合作、公用合作与利用合作、人造丝发明的经过、为什么穿新棉衣比旧棉衣觉得暖等54个问题。这些问题不仅包括专业的棉花种植知识类问题，也包含关于棉花市场、运销问题，同时也有一部分农民的与棉花有关的生活常识问题，极大地提高了棉农和调查员之间的互动，对《河北棉产汇报》在读者中的地位有了进一步的提升。

"棉讯"一栏所占篇幅较少，但是为每一期的固定栏目，主要分为河北省内通讯和河北省外通讯两部分，偶尔也会刊登国外棉讯。省内通讯

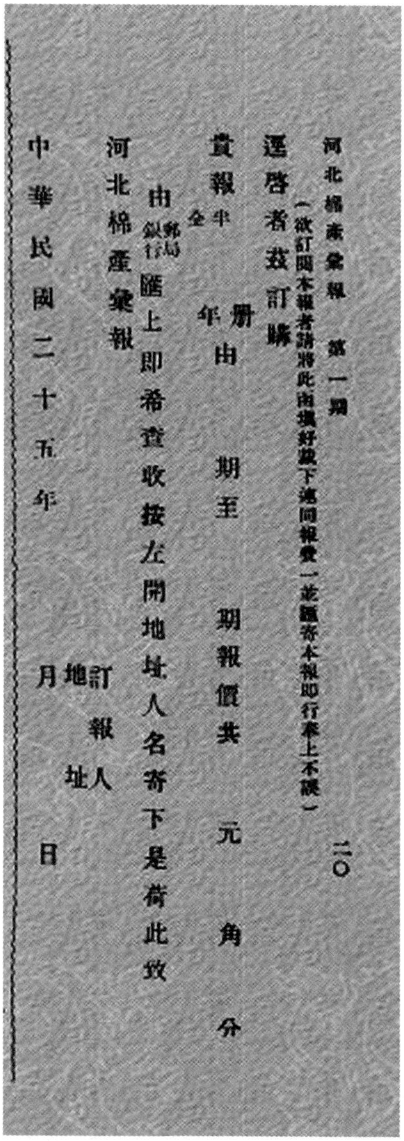

河北棉產彙報　第一期　二〇

（欲訂閱本報者請將此函填好撕下連同報費一並匯寄本報即行奉上不誤）

逕啟者茲訂購

貴報半年/全年　冊由　期至　期報價共　元　角　分

由郵局/銀行匯上即希查收按左開地址人名寄下是荷此致

河北棉產彙報

訂報人

地址

中華民國二十五年　月　日

**图 3—95 《河北棉产汇报》订阅函**

以介绍棉产改进会和植棉指导区的工作为主要内容，多刊登植棉指导区的工作计划与工作方针，发布各地棉场生产的资讯，促进各地棉农和合作社参与合作；省外通讯则以介绍外省棉花产销经验和当年度的收获情况为主；国外棉讯主要刊登国外与植棉产业有关的最新消息和数据。

"代邮"一栏则主要是刊载刊物对读者和投稿人的致谢,内容简单明了。

"小统计"一栏则以统计资料为主,主要涉及刊登全国粮食统计数字,统计植棉指导区的棉花种植面积与产量,刊发河北省棉产调查各类职员名单等内容,通常用表格的形式将这些内容列出。

(2) 内容特点

①整体结构相对单一,但能综合运用图表数据

《河北棉产汇报》是一本地方性经济期刊,主要以棉花种植培育和公布各地数据为主,因此期刊内容不具有很强的文学性,格式也相对比较固定,文字用语通俗,以实用性为主,以适合农民的阅读为标准。该刊的栏目较多,但是会根据当期期刊的需要选择使用,且以"专载""棉讯"等栏目为主,其他栏目出现频率相对较少,排版格式较为固定。图表部分外,文字部分大多是采用上下两栏排版,在刊初期,《河北棉产汇报》每页分为两部分,上部分为专载部分,下部分为棉讯部分,之后改为上下两栏排版,但每个栏目逐一排版。

《河北棉产汇报》一刊中运用了很多数据和图表,尤其是在"小统计"一栏,以说明省内外乃至全世界的棉产量分析。比如在第6期中用表格列出了民国二十五年河北省各县棉田占耕地面积百分数的估计表、耕地面积的占地百分数等;在第46期中就采用了大量的数据从世界原棉生产量、1931年至1936年世界各国的棉花消费量、世界各国每年原棉消费量等多方面对世界各国棉业概况进行了分析。数据和图表的运用更加直观地说明了全国和其他国家的植棉产业的具体情况,让读者对全世界的植棉产业有更深入的了解。

②内容详尽,专业性较强,且具实用性

《河北棉产汇报》的内容十分详尽,主要体现在"小统计"部分,尤其是对河北省各县棉产调查员及植棉指导区内各县棉花生产运销合作社的相关工作的公示部分。在每个月的工作纪要中对当月的所有工作事无巨细地展开说明;改进会为了调查全省棉产情况,将全省划分为二十个调查区,为方便起见,将各调查区的调查人员名录分期刊登出来等。

根据《河北棉产汇报》的投稿原则,稿件内容必须着重农村实际问题,力求避免高深的理论,在这种原则下,该刊的内容具有极强的专业

河北省各縣二十五年份棉田佔耕地面積百分數第一次估計表

| 縣名 | 棉田% | 縣名 | 棉田% | 縣名 | 棉田% | 縣名 | 棉田% |
|---|---|---|---|---|---|---|---|
| 北平 | 1.22 | 文安 | 0.94 | 靈壽 | 2 | 廣宗 | 3.56 |
| 宛平 | 0.46 | 大城 | 0.4 | 井陘 | 0 | 欒城 | 35.63 |
| 昌平 | 1.80 | 任邱 | 2.13 | 藁城 | 22.51 | 趙縣 | 46.63 |
| 順義 | 0.37 | 雄縣 | 2.40 | 無極 | 24.78 | 寧晉 | 24.19 |
| 通縣 | 0.4 | 新城 | 3.79 | 深澤 | 18.14 | 柏鄉 | 25.59 |
| 大興 | 12 | 房山 | 2.49 | 束鹿 | 32.05 | 臨城 | 1.05 |
| 安次 | 2.19 | 涿縣 | 2.7 | 晉縣 | 47 | 高邑 | 35.72 |
| 武清 | 14.41 | 淶水 | 2.19 | 獻縣 | 1.08 | 贊皇 | 0.68 |
| 靜海 | 2.40 | 易縣 | 2.64 | 河間 | 0.28 | 元氏 | 23.60 |
| 天津 | 4.57 | 良鄉 | 4.06 | 肅寧 | 4.42 | 任縣 | 7.87 |
| 寧河 | 5.97 | 高陽 | 11.29 | 饒陽 | 0.1 | 南和 | 1.32 |
| 香河 | 5.86 | 安新 | 2.22 | 深縣 | 1.64 | 平鄉 | 1.54 |
| 三河 | 2.7 | 容城 | 4.89 | 衡水 | 1.29 | 鉅鹿 | 4.46 |
| 平谷 | 28 | 定興 | 4.17 | 武邑 | 0.73 | 隆平 | 8.84 |
| 興隆 | 0.5 | 徐水 | 7.97 | 武強 | 0.9 | 堯山 | 7.78 |
| 薊縣 | 0.36 | 滿城 | 18 | 滄縣 | 3.11 | 內邱 | 5.59 |
| 玉田 | 4.6 | 完縣 | 6 | 鹽山 | 0.03 | 邢台 | 0.9 |
| 寶坻 | 5.25 | 清苑 | 8.8 | 慶雲 | × | 沙河 | 17.13 |
| 懷柔 | —— | 望都 | 0.05 | 青縣 | 0.17 | 邯鄲 | 41.09 |
| 密雲 | 1.42 | 定縣 | 20.51 | 東光 | 3.33 | 磁縣 | 8.9 |
| 昌黎 | 0.38 | 安國 | 7.55 | 交河 | 0.45 | 成安 | 29.56 |
| 樂亭 | 1.75 | 博野 | 30.01 | 南皮 | 15.66 | 廣平 | 2.07 |
| 灤縣 | 1.24 | 蠡縣 | 27.11 | 寧津 | 3.92 | 肥鄉 | 12.7 |
| 豐潤 | 2.93 | 安平 | 6.19 | 吳橋 | 17.5 | 曲周 | 19.24 |
| 盧龍 | —— | 新樂 | 1.74 | 故城 | 2.41 | 永年 | 24 |
| 臨榆 | —— | 唐縣 | 16.04 | 景縣 | 2.11 | 雞澤 | 2.89 |
| 撫寧 | —— | 淶源 | 0.2 | 阜城 | 12.12 | 大名 | 1.97 |
| 遷安 | —— | 阜平 | 1 | 新河 | 26.77 | 南樂 | 1.31 |
| 遵化 | 1.95 | 曲陽 | 0.15 | 冀縣 | 18.14 | 清豐 | 1.2 |
| 固安 | 4.18 | 行唐 | 15.91 | 棗強 | 3.85 | 濮陽 | 0.82 |
| 永清 | 2.46 | 正定 | 29.25 | 南宮 | 24.58 | 東明 | 2.07 |
| 霸縣 | 19.15 | 獲鹿 | 14.7 | 清河 | 19.73 | 長垣 | 0.63 |
| 新鎮 | 6.17 | 平山 | 1.7 | 威縣 | 41.5 | | |

說明：

〔—〕表示未曾收到調查報告之縣份，如冀東之懷柔，盧龍，臨榆，撫寧，遷安等是。

〔○〕表示不產棉之縣份如井陘是。

〔×〕表示尚未聘定調查員之縣份如廣宗是。

河北棉產彙報 第六期

二

图 3—96 民国二十五年河北省各县棉田占地面积百分数第一次估计表

性和实用性。

《河北棉产汇报》面向的是农民读者，是为了让农民学习棉花种植的科学知识，因此，所刊登文章理应以农民受众的阅读情况为标准，要让农民看懂读懂，这份期刊也才算是遵循了其创刊理念，实现了自己的创刊目的。

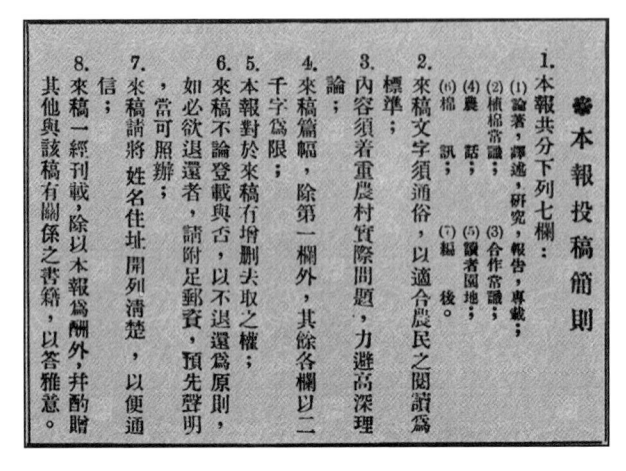

本報投稿簡則

1. 本報共分下列七欄：(1)論著，譯述，研究，報告，專載；(2)植棉常識；(3)合作常識；(4)農話；(5)讀者園地；(6)棉訊；(7)編後。
2. 來稿文字須通俗，以適合農民之閱讀為標準。
3. 內容須著重農村實際問題，力避高深理論。
4. 來稿篇幅，除第一欄外，其餘各欄以二千字為限。
5. 本報對於來稿有增刪去取之權；如必欲退還者，請附足郵費，預先登明，當可照辦。
6. 來稿不論登載與否，以不退還為原則。
7. 來稿請將姓名住址開列清楚，以便通信。
8. 來稿一經刊載，除以本報為酬外，并酌贈其他與該稿有關係之舊籍，以答雅意。

图 3—97 《河北棉产汇报》的投稿简则

4. 《河北棉产汇报》的形式风格特征

（1）封面简洁，图片配置较为直观

20 世纪 30 年代起，由于国内政治不稳定，图书审查制度严格，部分刊物采取了一系列伪装措施使其稳定发展，这些伪装措施主要包括更换刊物名、编者名等。[1] 而《河北棉产汇报》作为河北省内的一份服务型经济类期刊，并没有像部分刊物一样承载着政治话语阵地的作用，因此在封面设计上没有严格的要求，整体设计简单明了。

《河北棉产汇报》封面主要由三部分组成。封面上方有周作民题词的"河北棉产汇报"的刊名，中间标有每期的期数、地址、主编单位名称和出版日期，下方附有河北棉产改进会所在地及各办事处所在地的地图，地图中标出了改进会所在地、区办事处所在地、分办事处所在地、区界、县界、棉场、合作棉场和铁路。

总体来看，《河北棉产汇报》的封面设计比较单调。虽然封面简洁，整体画面单一，但是作为一个地方性的经济类期刊，尤其是主要针对各

---

[1] 李倩倩、曹永平：《民国期刊封面图像的风格及语境分析》，《编辑之友》2015 年第 5 期。

地植棉产业内部人员发行的刊物，不需要用复杂的画面吸引读者，直观地表现出期刊的主题与内容更有效。

（2）承继传统文化，偶有出新之举

晚清之后，由于"西学"的影响，中国传统的排版方式逐渐改变，形成了现代常见的排版方式。

《河北棉产汇报》依旧采取的是中国传统的编排方式，并无创新之处，但在《河北棉产期刊》中使用了体系完整的新式标点。新式标点在中国的首次使用是1904年翻译家严复所作的《英文汉诂》，但是这次新式标点的使用并没有对新式标点的推广起到作用，甚至直到20世纪40年代，不少的文章和广告还是不用标点的。在《河北棉产期刊》中，已经使用了较为完备的现代标点的四级体系，不管对于当时的人们还是现代的人们的阅读和传播都是非常有利的。但《河北棉产汇报》中虽大多部分使用了完整的新式标点体系，但在部分内容中还是采用了传统的书写方式，没有使用标点。

民国时期，读者们受到中国传统阅读习惯的影响，更习惯于把期刊"整合成册"并当作书籍来阅读，并且这种的页码编辑设计也便于读者从各个时期的出版物中把喜欢的栏目或文章装订在一起，为了阅读和收藏提供便利。[①] 这种"拆散重新装订"的营销手段，也是当时出版社用来吸引读者的一种手段。而《河北棉产汇报》采用的是单计量页码编辑，从封面开始计入，不同于民国时期常见的复式页码编辑，这种页码编辑方式与现代图书期刊的页码编排方式一致，更加有助于对期刊内容的检索。

《河北棉产汇报》的目录设置存在一些阅读障碍。首先，该刊的目录部分均未单独列出，除第3期和第46期（新年号）外，目录均在专载文章的第一页中用方框隔出，并且目录内容仅为专载文章名称和其他栏目名称，并没有页码标注，增加了读者内容查阅的困难；其次，该刊的目录部分的分级不明显，有些栏目的名称没有注明，但有些栏目又标明了栏目名称，如"专载"部分只写出了文章的名称，但在"棉讯""代邮"等部分又写出了栏目名称，分级混乱，采用同等大小的字体，使读者更加容易混淆，不利于读者的阅读。第3期目录位于整期期刊的最后一页，

---

① 王文婷：《设计史视野下的民国期刊版式特征》，《艺术科技》2016年第9期。

已经完全不能起到目录的作用。第 46 期将目录在第 2 页单独列出，并且标注了页码，与现代书籍的目录较为相似。

图3—98 《河北棉产汇报》第 2 期第 2 页版面情况

《河北棉产汇报》使用了中国传统的书籍排版形式，又有新式的书籍排版形式，但并没有将两者做很好地融合，反而在一些地方稍显突兀。总体来看，从编辑的角度《河北棉产汇报》并不具有明显的研究价值。

5.《河北棉产汇报》的发行情况

（1）《河北棉产汇报》的读者人群

《河北棉产汇报》主要在河北省内发行，根据第 6 期刊载的《河北省棉产改进会五月工作纪要》中指出，"本会自经上月规划编印河北棉产汇报后，本月一日即将创刊号出版，分赠本会指导。下之各棉花产销合作社及所聘各地调查员阅读，并为广事宣传起见，改为非卖品，一律赠阅，出版以后，颇受外界欢迎，各地闻讯来函索阅者，日有数起，计创刊号共发出三千〇六十六份第 2 期发出三千六百五十八份"。由此可以看出，《河北棉产汇报》主要针对的读者人群是河北省各县棉产调查员二千五百余人及植棉指导区内各县棉花生产运销合作社的数千名职员,使他们增长更多关于棉花的新知识,以此推广及他们的家人、亲朋好友和邻里等,试图用这种读者之间的沟通方式将《河北棉产汇报》在棉农之中推行开来。

(2)《河北棉产汇报》的发行意义

《河北棉产汇报》的发行,对于河北省的棉产从业者和棉农来说都是具有重要意义的。河北省是我国产棉大省,但是长期以来棉农们都用传统的方法进行种植,没有接触到科学的新方法,再加之频繁的自然灾害侵扰,棉农的收益下降,政府方面对此也没有采取适合有效的办法,经常导致事倍功半。虽然因为当时自然灾害频繁、防御自然灾害的能力薄弱和战争,导致皮棉总量没有很大程度上的增长,但是《河北棉产汇报》的出版带给了棉农更科学的种植方法,带动了河北省各地区棉花的养殖,为河北省之后的植棉产业发展提供了良好的支撑。

这种基础性的教育,虽然不能说马上就有结果,但长此以往,农民的知识得到改进,植棉产业的升级和演进就有了成功的希望,河北省的植棉产业的发展就能够更进一步。

**四 《河北通俗农刊》**

保定地区自古便农业发达,农业技术在北方地区相对先进,良好的农业基础也支撑起了这一区域的经济、文化、政治等方面的繁荣。"保定之名取自'保卫大都,安定天下',自古便是'北控三关,南达九省,地连四部,雄冠中州'的通衢之地。"[1] 农业经济发展又和农村振兴和农学教育息息相关。河北省立农学院又名"保定省立农学院",前身为"直隶农务学堂",并先后于清光绪三十年(1904)和宣统三年(1911)改名为"直隶高等农业学堂"和"直隶公立农业专门学校",现为河北农业大学。"河北农业大学是一所百年老校,早期创办过一系列刊物,其中有创刊于1905年和1918年的《北直农话报》《农学月刊》等在当时较有影响的科

---

[1] 保定概况,定州市人民政府官网,http://www.baoding.gov.cn/content-1431-313479.html,2020-12-22。

技期刊。"① 《河北通俗农刊》创刊之时，农学院设农学、林学、园艺三系，在动荡的年代培养了一大批农业方面人才。《河北通俗农刊》是河北省立农学院出版委员会于1934年创办的一本农学性质的刊物，接受全国范围内的来稿，其内容主要反映保定乃至河北地区的农业发展情况，是河北代表性的农业类期刊，同时也是近代高等农业教育的资料见证。

1.《河北通俗农刊》的出版概况

（1）出版背景

20世纪30年代，保定地区推行经营式农业发展模式，虽然未能突破瓶颈，但仍然取得了一定程度的发展成就。从地理气候上看，保定地处冀中平原西部，气候温和，四季分明，适宜耕作；交通方面，保定也拥有比较好的水利条件；在农业总体情况方面，保定的人口压力也较小。② 另外，保定延续了清朝时期的部分政治经济特征，在全河北省域内保持了较好的人才和教育优势。

"河北平原的一整套精耕细作农业技术，也是长期在环境和人的互动关系中形成的。传统的精耕细作在不同的生态与社会环境下存在着相对的变数，除了适应作物或牲畜以外，技术还要对土壤、温度、水以及社会环境作出选择。"③ 在拥有适宜农业生产的地理环境的同时，保定也面临着农业耕作水平落后，农业生产效率低下，自然灾害发生频率高等一系列问题。《河北通俗农刊》的出版，在一定程度上是为了解决保定地区农业发展因这些不利因素而受阻的问题。

创办《河北通俗农刊》的原因很多，推动20世纪30年代保定地区的农业发展只是其中之一。河北省立农学院设农学、林学、园艺3系，林学系从民国二十一年（1932）八月招生，每年招一个班，第一班招收22名；园艺系从民国二十二年（1933）八月招生，每年招一班。《河北通俗农刊》1935年1卷2期"特别注意"中刊有"可供作物学，园艺

---

① 潘秀华、郭丽娟、张冬冬、石丽娟、刘彦琴、黄金祥：《河北农业大学早期刊物编辑职业精神解读》，《编辑学报》2008年第2期。

② 隋福民、吴天彪：《20世纪三四十年代无锡与保定经营式农业发展状况比较研究》，《河北师范大学学报》（哲学社会科学版）2021年第2期。

③ 张瑞静：《对近代河北农业经济变迁的历史考察》，《延边大学学报》（社会科学版）2011年第5期。

学，普通植物学教授及参考之用"的字样，这也说明《河北通俗农刊》的创办也有为教职人员提供授课参考，因应高素质农学人才培养的教育需求。

（2）刊物简介

《河北通俗农刊》是由河北省立农学院出版委员会于1934年9月创办的地方农业类刊物。该刊前身可追溯至1905年河北农业大学前身直隶高等农业学堂创办的《北直农话报》，几易其名，前有《农学月刊》《河大农刊》阶段，后又分别历经《河北农林学刊》《河北农学院研究专刊》等阶段，1959年正式确定刊名为《河北农业大学学报》并沿用至今。[1]

该刊不分具体栏目，每期刊登文章14篇左右。现存4期刊物刊登的文章篇幅较长，见地深刻，作者中不乏当时在全国很有名气的农学大家。该刊物的内容以农业方面为主，以"改良农业生产技术，推动中国农业现代化，抵御外侮兼具实用性与科学性"为宗旨，与河北省立农学院的教学工作相互配合，既为农学院的教师人员提供了授课参考的来源，也为农学研究者提供了相关参考文献，同时还为广大农业劳动者提供了一系列现实可行的农业种植常识、技巧。《河北通俗农刊》所刊发的文章主要以作物学、园艺学与普通植物学为主要方向，例如1935年1卷2期中刊登的《河北主要作物分布概况》与《耕作防旱》两篇文章就属于作物学范畴，而《洋槐植林和今后的利用》则是普通作物学领域的文章。

（3）文本概况

《河北通俗农刊》于1934年9月创刊，1936年更名为《河北农林学刊》。该刊为季刊，由河北省立农学院出版委员会出版发行。[2]

《河北通俗农刊》现存1935年第1卷第1期、第2期、第3期、第4期以及1935年第2卷第1期。该刊物不仅刊登有作物学、园艺学、普通植物学等指向性明确的专业文章，还刊有学校管理、行政类内容。现存期刊中，这一部分分别刊登有省政府委员梁子青在学院大礼堂的讲演

---

[1]《河北农业大学学报》，主要荣誉百年农刊薪火相传，《河北农业大学学报》2021年第44卷第2期。

[2] 黄金祥、姚远、李川：《〈河北农业大学学报〉创刊年代考》，《河北农业大学学报》2005年第3期。

稿——"河北省立农学院之使命""本院史略""本院过去 3 年度之经常支出决算报告表"和"本院暑期学生实习规程"等内容。

从现存刊物来看，《河北通俗农刊》在一定程度上冲破了时代的藩篱，拥有明显的现代刊物特征。在农林专业方面，其刊发文章科学准确，不限地域，具有明显的农林生产指导作用与研究价值。虽然其出版时间稍短，但为当时的省立农学院提供了宝贵的教学参考，也在一定程度上推动了保定乃至河北地区的农林知识普及与深入研究。而在出版方面，《河北通俗农刊》则是当年农业类期刊的一个缩影，其现存的资料为探究当时的刊物面貌与出版状况提供了较好的样本。

（4）办刊宗旨与读者对象

在该刊创刊前期，其办刊宗旨是为河北乃至全国范围内农林知识方面提供学习交流与互动平台，同时为河北农学院的教职员工提供一些教学参考。1935 年第 2 卷第 1 期的卷尾明确表明了"改良农业生产技术，推动中国农业现代化，抵御外侮"的出版目标，即为其办刊宗旨。但这一宗旨的明确提出并非无迹可寻，自 1935 年 9 月创刊伊始，该刊的"特别注意"一栏中就有"按照最新颖之分类法分类"的字样，并提及使用三国语言，由此可以看出该刊编辑人员对于近代新型农林知识以及外国知识技术的引入持有开放包容的积极态度。

由于《河北通俗农刊》为河北省立农学院出版委员会出版的地方农业类刊物，因此其面向的主要群体为研究农林园艺学的专家学者，省立农学院教职人员以及广大农业生产劳动者。

例如在"该刊投稿简章"中提到的"来稿凡研讨农林问题以及介绍各地农林消息者该刊一律欢迎"其办刊不受地域限制，可以为全国研究农林园艺学的专家学者提供发表见解、研究讨论的自由天地，从《蛋黄素之提取法及戒烟用途》和《植物病害浅说》等专业性较强的论述类文章便可见一斑。而该刊 1935 年第 1 卷第 2 期特别注意中"可供作物学，园艺学，普通植物学教授及参考之用"的字样，也说明该刊刊发的文章为农学院教职人员的课业教学提供参考与辅助，农林教职人员群体也是该刊的主要读者群体之一。最后，由于该刊的低廉价格以及口袋书式的便携设计，也给广大农业生产劳动者提供了极大的便利。具体如《有机肥料的主要性及其自给法》为农业生产者提供了自行制作有机肥料的简便可行途径，而《鞘蚤之防涂法》和《植物病害的预防》则将有效预防病虫害，提高作物收成的方法传授给了个体农户。

2. 《河北通俗农刊》的内容特征与办刊特色

（1）用词科学严谨，思想与时俱进，态度开放包容，具有进步刊物的重要特征。

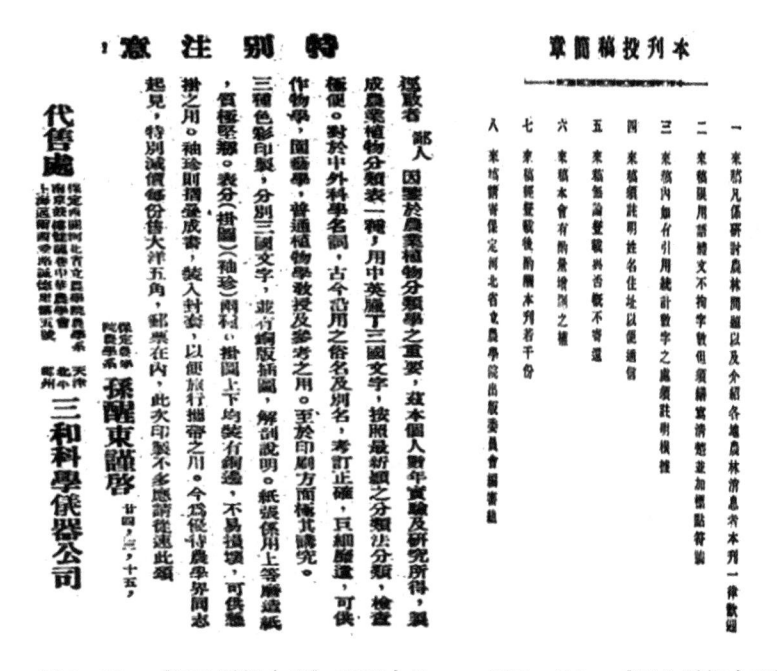

图3—99　《河北通俗农刊》版面中的"特别注意"

图3—100　《河北通俗农刊》版面中的"本刊投稿简章"

在该刊每一期的"该刊投稿简章"中，都有"来稿限用语体文不拘字数但须缮写清楚并加标点符号"的字样，表明了该刊编辑行文规范的基本要求。该刊的编辑思想较为先进开放，"特别注意"中提到的"按照最新颖之分类法分类"，体现了《河北通俗农刊》对于新兴的知识体系持开放包容的积极态度，这同时也是该刊思想前卫新潮的具体表现之一。尊重科学，态度严谨也是该刊作为进步刊物的重要特色。"特别注意"中第1卷第2期刊登的"对于中外科学名词，古今沿用之俗名及别名，考订正确，巨细靡遗"的字样，充分体现了该刊用词科学严谨的态度。中外科学名词的使用也在很大程度上体现了《河北通俗农刊》的专业性及严谨性,同时也是该刊紧跟时代步伐,积极吸取外来知识经验的重要标志。例如1935年刊发的《洋槐植林和今后的利用》一文的注释中,便数次出现了相关动植物的英文名称。

(2)强调法理与实践两者间的紧密结合,内容务实且接地气。

时任省立农学院院长的薛培元[①]先生在《河北通俗农刊》的发刊词中写道:"叙述科学的事实和理论,以期促进农林科学常识;介绍科学的农林技术,以期普遍采用;披露农业现状,藉贡蒭议。"[②] 这段发刊词揭示了该刊叙述科学事实,介绍农林技术的办刊思想。

《河北通俗农刊》具有法理与实践两者间紧密结合的鲜明内容特征[③],其刊发文章不仅有论述性强的说明型,还有倾向于实践的指导型。例如当时在该刊第一期的《谈我国的园艺》和第二期的《果树漫谈》两篇论述性较强的法理型文章,而第三期的《河北省果树的重要害虫及有效防除方法》则属于教授预防害虫的实践型文章。

此外该刊还登有诸多适用于日常农业园林经营的实践性文章,并受到了当时广大农民的热烈欢迎,这也能看出该刊内容上注重接地气的典型办刊特色,而该刊简洁明了的版面设计也使该刊更加易于阅读。

(3)内容通俗易懂,版面简洁明了,服务读者多元化。

《河北通俗农刊》正如刊物名称中的"通俗"二字所言,其内容通俗易懂,降低了阅读者的文化门槛,从而使广大农业劳动者也可以通过阅读来获得一系列易于上手操作的农业种植常识、技巧。在版面设计上,《河北通俗农刊》也做到了简洁明了,整个版面设计没有任何复杂的修饰性元素。编辑工作者在排版时采取了最直观的纵向排版,只需在第一页便可浏览期刊的全部目录,无任何相关栏目设置,便于读者按图索骥进行文章查找,指向性和目的性明确,节省了阅读者的大量时间与精力。尽管这种排版与编辑形式在观感与审美方面存

---

① 薛培元(1894—1970),字燮之,曾用名李元,1894年5月生于河北省临城县,农学家、胶体化学家、农业教育家、水利史专家,中国最早留学美国攻读胶体化学的学者。曾任国立北京农业大学教授、河北省立农学院院长、北京农业大学教授。
② 薛培元:《河北通俗农刊》,《发刊词》1934年第1期。
③ 夏志学:《从河北农业大学早期刊物溯直隶高等农业教育》,《河北农业大学学报》(农林教育版)2014年第6期。

在不足，但也确实便于查找翻阅以及通俗易懂。

"学术期刊在不同时期、不同时代承载着不同的历史使命，要从国家、民族、人民的根本利益出发，解社会之困厄，抒民本之情怀，发时代之强音。"①该刊还承担着作为近代高等农业教育辅助性教学刊物的历史使命。农学教育的现代化演进推动着该刊的发展，该刊作为特征显著的进步刊物，以科学严谨，开放包容的态度不断完善自身，并以农业教育辅助性教学刊物的身份反哺农学教育的现代化进程。

除了广大农民以及农学学子外，农学研究者也是该刊必不可少的受众群体之一。作为一种通俗学术期刊，在自身受众本来便具有明确指向性的情况下，《河北通俗农刊》已经将自己的读者受众面扩展到了一定范围。

（4）为教职人员授课提供参考，刊物发展与高等农业教育近代化接轨。

外国的侵略、农业经济的衰败和中国对农业科技的迫切需求，是近代中国高等农业教育兴起的内外动因。②而《河北通俗农刊》正是在这种历史背景下创刊的，上文也提到该刊创办的一个重要目标是为农学院的教职人员提供教授参考，因此该刊具有显著的高等教育近代化演进特征。《河北通俗农刊》中西方思想文明的引入和学习借鉴先进国家的农业教育经验，也显示出中国近代农业教育正处于不断发展前进的历程中，高等农业教育的改革方向与该刊谋求现代化演进的办刊理念不谋而合。

《河北通俗农刊》中随处可见的英文注释、中外知识名词以及新兴知识体系，都使近代高等农业教育现代化演进的轨迹变得愈发清晰，直隶高等农业教育兴起和发展的缩影。在动荡的年代，该刊在曲折探索中谋发展，为农学思想传播、农业教育发展、农业科技推广和农业生产改良作出了重要贡献。

（5）专业性强，名家作品数量可观，编辑人员身兼刊物编辑与作者两职。

作为农业学术刊物，《河北通俗农刊》的专业性极强。在上文提及过

---

① 李金华：《学术期刊的历史使命与期刊人的社会责任》，《光明日报》2021年6月2日第11卷。

② 时赟：《中国高等农业教育近代化研究（1897－1937）》，河北大学，2007年：摘要。

的"特别注意"中,"对于中外科学名词,古今沿用之俗名及别名,考订正确,巨细靡遗"的要求,以及大量使用中外科学名词,再加上对刊文进行详细注释,也在很大程度上印证了《河北通俗农刊》具有很强的专业性。这一点也吸引许多名家纷纷在刊物上刊登文章,例如当时被称为全国园艺三杰的园艺系主任谌克终[①]教授先后发表了《谈我国的园艺》《果树漫谈》《河北省果树的重要害虫及有效防除方法》等文章;农学系主任孙醒东、林学系主任邵维坤、育种专家杨允奎、化学专家余兰园等也都纷纷撰文。[②]

河北省立农学院早期刊物编辑中有人身兼编辑与撰文作者两职,不仅负责编校文稿,还时常为栏目撰写文章。例如与《河北通俗农刊》同时期的刊物《农学月刊》,其刊物主任兼本校教员贾范卿即是一例。"贾范卿,河北省束鹿县人,直隶公立农业专门学校教员兼《农学月刊》报务主任。据《农学月刊》1919 年第 7 期'农家余兴'栏发表的《中国古代农学书目表》中'束鹿 贾树模 范卿甫 编次'的署名看,束鹿,即其籍贯,贾树模为其名,范卿即其字。故此推断,贾范卿即贾树模。另,贾范卿在《北直农话报》时期,还曾使用'范卿'署名发表文章。这从《农学月刊》1919 年第 16 期'附件'记载的捐助名单中可以推知。"[③]"作为《农学月刊》主任,他还拟定了该刊的简章,制定了该刊的工作制度和程序,确立了该刊的基本内容和特色,为刊物的出版与发展做出了重要贡献。"[④] 整体来看,优质的作者和编辑团队,是刊物兴办成功的最坚实基础,而河北地区的优秀农业人才能够不断钻研专业、探索发现,则是刊物获得良好口碑的重要保障。

---

[①] 谌克终(1899—1989),历任浙江省地方自治专修学校教师、北平大学农学院教授,河北省立农学院教授兼园艺系主任。

[②] 夏志学:《从河北农业大学早期刊物溯直隶高等农业教育》,《河北农业大学学报》(农林教育版)2014 年第 6 期。

[③] 潘秀华、郭丽娟、梁虹、刘彦琴:《〈农学月刊〉主任贾范卿的编辑活动及其启示》,《中国科技期刊研究》2009 年第 1 期。

[④] 潘秀华、郭丽娟、张冬冬、石丽娟、刘彦琴、黄金祥:《河北农业大学早期刊物编辑职业精神解读》,《编辑学报》2008 年第 2 期。

3.《河北通俗农刊》的版式特征

（1）封面、封底以及辅文排版设计

《河北通俗农刊》的封面十分简洁，刊物名称与目录呈现于一页，上为题目下为目录，题目为横向排版，而目录则采取了纵向排版的方式。将本期期刊的文章题目与作者一一罗列，符合同时期大多数刊物排版方式的基本特征，便于读者了解本期文章内容并查找翻阅。封面的最下面标注着出版日期与出版单位"河北省立农学院出版委员会"。右侧字样模糊不清，但依稀可以分辨是在表明该刊所用纸张为"中华邮政特供纸张"。从总体来看，封面的版面设计十分简洁，实用性大于观赏性。虽然从现代排版编辑思维来讲，将刊物名称与目录归于同一页面上不符合常理，在当时却能起到便于查找阅读、节省纸张、降低成本以及便于携带等一系列重要作用。该刊的封底的排版，依然采取了上为横向排版，下为纵向排版的方式。封底的正上方为"河北农林学刊出版"，下为"要目"，左侧则是纵向排版的编辑者与每册定价，封底的版面设计依然十分简洁。

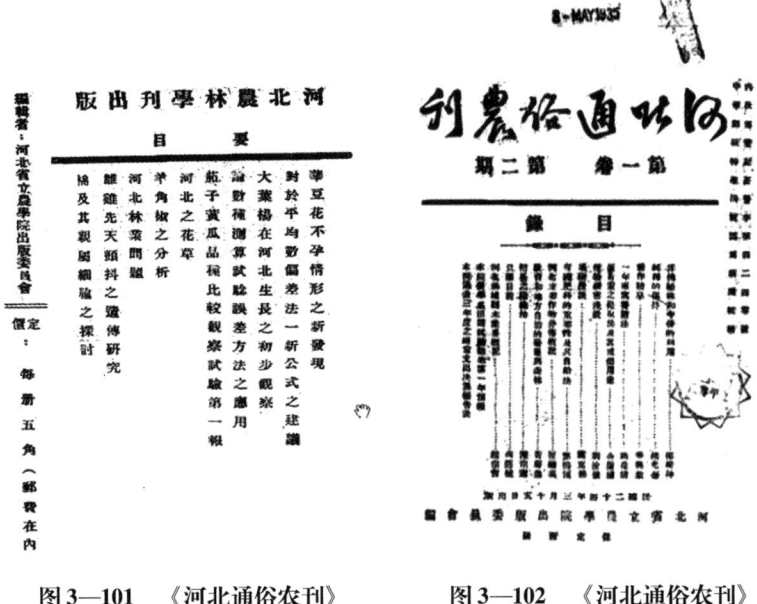

图3—101　《河北通俗农刊》第1卷第2期封底

图3—102　《河北通俗农刊》第1卷第2期封面

(2) 内文排版设计的优缺点

①穿插大量铜版插图，图文并茂

《河北通俗农刊》作为农业方面的学术与科普期刊，在图片与文字的组合方面起到了非常好的示范作用。在"特别注意"一栏中，编辑人员便提及"使用铜版插图"，而这一办刊理念也被贯彻到了每一期刊物之中。内文随处可见的科普图片都与文章内容相互映衬，不仅激发了读者的阅读兴趣，提高阅读体验，还有利于广大农业生产劳动者按图索骥，从而顺利推进实操性农业生产活动。

在大多数以文字为主体，插图数量极少的同期刊物中，《河北通俗农刊》的图片运用意识明显，改变了期刊内文版面的纯文字单一表现形式。这种图文并茂的排版方式也在一定程度上提高了刊物美感，对于缓解读者视觉疲劳、提高阅读效率具有重要作用。

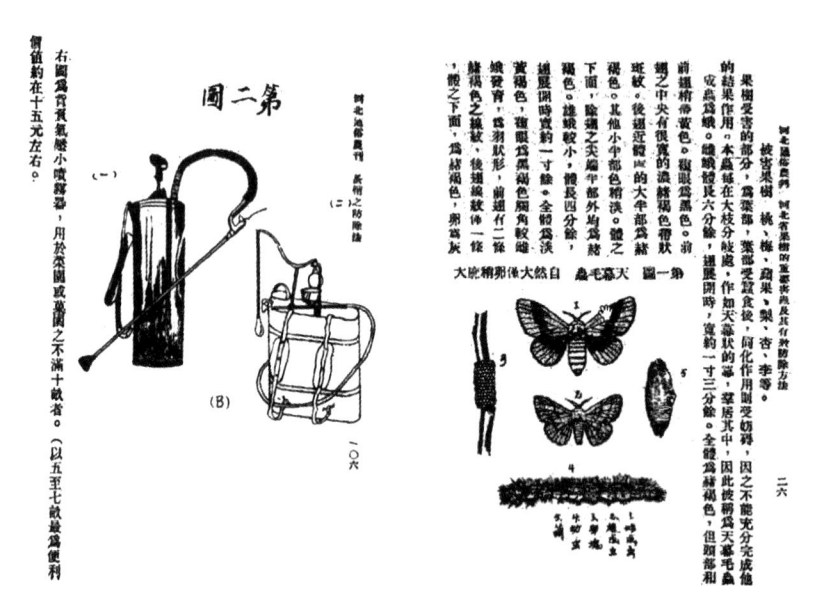

图 3—103　《河北通俗农刊》第 1 卷第 2 期第 106 页版面情况　　图 3—104　《河北通俗农刊》第 1 卷第 3 期第 26 页版面情况

②采用三色印刷，样式新颖

除了上面提到的图文并茂外，《河北通俗农刊》采用的三色印刷也极大提高了该刊的审美价值。"特别注意"中提及该刊采取三色印刷的方式进行印制，但由于目前现存的研究资料为影印版本，因此难以直观地观察到20世纪30年代时该刊的三色印刷效果，但这一技术在当时属于编辑出版行业的新兴技术，对《河北通俗农刊》的阅读观感有大幅抬升。

③页码标注混乱，不利于查找翻阅

在内文排版设计方面，《河北通俗农刊》依然选择通篇采取从右到左的纵向排版方式，整体上依然延续了封面封底与辅文版面设计的简洁风格。但在页码标注方面，却选择了单数页码标注在页面左下角，双数页码标注在页面右下角的方式，在阅读的观感上体验较差，不太符合阅读习惯。

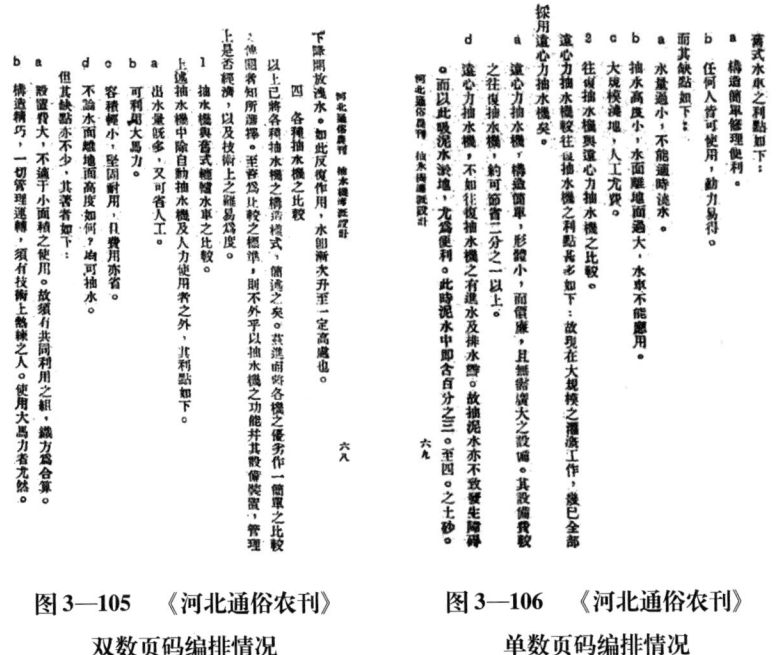

图3—105　《河北通俗农刊》双数页码编排情况

图3—106　《河北通俗农刊》单数页码编排情况

④页面字数分布不均，和谐感不足

在内文文章的排版方面，也存在页面字数安排不均匀的情况，尤其是在上文注释与下文正文衔接的页面，前文稀疏，页面空白面积过大，而后文极其紧凑，几乎没有空白版面，导致两者之间连续性较差，阅读体验的和谐与均衡感也稍逊。

⑤栏目设置缺失，类目感较差

《河北通俗农刊》的内文排版上，还存在栏目设置缺失，类目感较差的问题。由于整个刊物从头到尾没有栏目设置,该刊所刊发的作物学、园艺学与普通植物学三类文章并无分类,而是无次序地排列组合。这一安排不利于相关类型文章的查找,使内文排版相对散乱无序,也使封面的目录存在辨识性不足的问题。

4.《河北通俗农刊》的发行意义与启示

《河北通俗农刊》的编辑人员怀揣着"改良农业生产技术,推动中国农业现代化,抵御外侮"的职业理想与抱负,开始了刊物的编辑出版工作。作为一份农学领域的学术期刊,《河北通俗农刊》做到了服务农学研究、彰显广大农学研究者的学术精神以及承担农学在时代背景下的历史重任。该刊尊重科学、态度严谨,思想先进开放,对新兴的知识体系持开放包容的积极态度,紧跟时代步伐,积极吸取外来知识与经验,具有进步刊物的显著特征。

作为近代高等农业教育教学的辅助性刊物,《河北通俗农刊》同样做出了相应贡献。在高等农业教育近代化推动该刊诞生的背景下,该刊也相应地为高等农业教育近代化的发展进程添砖加瓦。《河北通俗农刊》为河北省立农学院教员以及农业教学领域的其他教职人员提供了丰富而广泛的教学参考,与同时期其他农学期刊一同推动了近代高等农业教育的良性进步与长足发展。在农业生产知识与技术的科普方面,《河北通俗农刊》也努力发挥"科普"之功能,作为工具书来降低受众门槛,为广大农业生产劳动者提供了改良农业生产技术,增加农业作物产量的现实途径。

《河北通俗农刊》的主编者与发行者皆为河北省立农学院出版委员会,还可以从该刊附录的价位表和广告价目表中得知有关定价与广告费用等一些具体信息。例如零售每册价格为一角六分,预定半年(两册)价格则为三角,预定全年(四册)价格则为五角,以上出售价格均包括邮费。《河北通俗农刊》将广告分为甲乙丙三种,其中甲种广告位于底封外侧,价格为全面十元半面五元;乙种广告位于封面内面,价格为全面八元半面四元;丙种广告位于正文前后,价格为全面五元半面两元。

河北省立农学院还在同时期刊发了另一份以"增加农民知识,促进农业改良"为宗旨的农学期刊《农民须知》。与《河北通俗农刊》以长篇文章为主的刊登策略不同,《农民须知》文章短小精悍,其以农业生产技术为主的刊发特点也与长于学术研究的《河北通俗农刊》相得益彰。而在读者定位的策略上,《农民须知》广受农民欢迎,与《河北通俗农刊》的受众定位也有很好的互补作用。

《河北通俗农刊》虽然是河北省立农学院出版委员会创办的地方农学类刊物,刊发时长也相对较短,但其先进的创刊宗旨与开放的办刊理念却与时代发展的主旋律相契合。其展现出的科学严谨的编辑精神,与时俱进的编辑思想,开放包容的编辑态度,都彰显着20世纪30年代进步刊物的风姿与光彩。在《河北通俗农刊》的创刊与发行,记录和彰显了20世纪30年代农学研究者在艰难时境中刻苦钻研的精神,以及编辑从业人员科学严谨、与时俱进的可贵职业精神与可敬职业情怀。

# 第四章

# 民国时期河北期刊的出版特征

在对民国时期河北期刊的出版周期、出版地、出版单位等作量化统计之后，河北期刊史的发展脉络就更加清晰了。上一章对各类期刊中的期刊进行了详细分析，为接下来继续深入探讨相关内容和形式问题做了铺垫。本章将主要解读期刊的封面设计、版式设计、文章风格等，并分析民国时期河北期刊的其他出版特征。

## 第一节 民国时期河北期刊的主要类型

民国时期河北地区出版的期刊，在刊物性质上可细化为十几个小类。为了统计和研究方便，根据期刊的出版单位性质、出版内容性质等因素，可将其简要划分为党政综合类、社科综合类、文教德育类、实业类、文学艺术类、宗教类等6个大类。

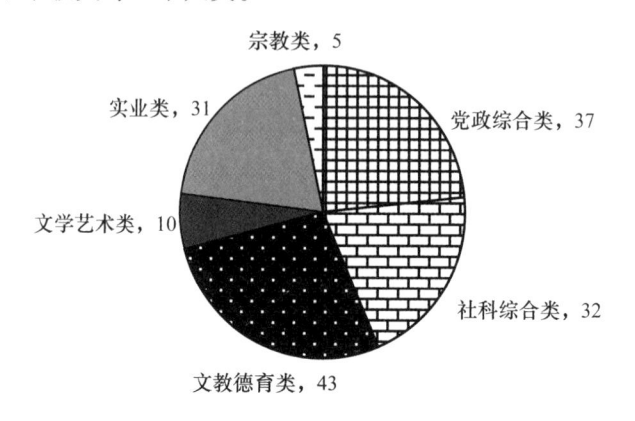

**图4—1 民国时期河北期刊大类分布图**

由图4—1可知，文教德育类、党政综合类占比较高；实业类、社科综合类次之；文学艺术类和宗教类占比较低。不同类型的期刊在出版形式和内容上既有相似之处，又有不同之处。

**一 党政综合类与社科综合类期刊**

民国时期的党政综合类期刊有37种，具体包括党务类、政务类、警务类、社务类、政论与政治类、政法类。此类期刊大多数都由政府机关或党的机关主办，也有一些由期刊社主理，在内容上侧重于讨论政治，故也归为党政综合类期刊。举例来说，《河北民政月刊》由当时的国民党政府河北省民政厅第五科编辑并发行，主要公布民政方面的有关议案、财务、救济、卫生、宗教等内容，属于典型的政务类期刊。《河北前锋》是由国民党河北省党务整理委员会宣传科编辑并发行的刊物，该刊阐明国民党党义，以讨论革命工作并传递党政消息为宗旨，内容分为时评、论著、党政近况、国际要闻、专载、文艺、通信等，属于典型的党务刊物。《疾呼》是由疾呼旬刊社主编的政论性刊物，主要发表国内外时事政治，以反映当时内忧外患的动荡时局。

民国时期的社科综合类刊物有32种，具体包括学术研究类、社会评论类、杂志综合类3种。出版单位方面，以学校、期刊社和社会组织为主。其中，学术研究类如《工业年刊》《河北工程师协会月刊》《山西醋》等，偏向于对某种工艺或某一科学问题的研究。《技术》以研究铁路学术、互通会员消息为宗旨，内容涉及机车检验及修理机车动作要略说明、本路机车调查一览表、会员消息、路政要闻、会计报告等。社会评论类如《北光》《保定新青年》等，其中以《北光》为例，该刊主要发表关于政治、经济与哲学等论述，还有小说、诗歌等文学作品，也登载有各地通讯。杂志综合类所刊载的内容涉及多个方面，属于典型的社科类刊物，如《河北民国日报副刊》《新河北》《银河》等。以《银河》为例，该刊主要内容涵盖时事政治、科技新闻、娱乐界新闻、社会新闻、妇女家庭、长篇连载小说等。

总的来说，在当时的大环境下，出于思想宣传和政令传播的需要，党政综合类期刊的出版占据了相对主流的地位。无论是由政府机关主办的公报类刊物，或是由期刊社主办的以政论文章为主的刊物，都旨在争取民众信任或者抨击其他党派。社科综合类期刊则因为涵盖范围广,在介绍新知识的同时也努力传播新思想,因而被当时的政党和有识之士倍加重视,并出现过一定时期的繁荣局面。

### 二 文教德育类与文学艺术类期刊

文教德育类刊物有43种,数量占比最高,足可见当时教育事业在河北地区的重要地位以及教育界所展现的能动性和创作力。具体而言,文教德育类刊物主要包含校刊、教育机关刊物、民教组织刊物等类型。

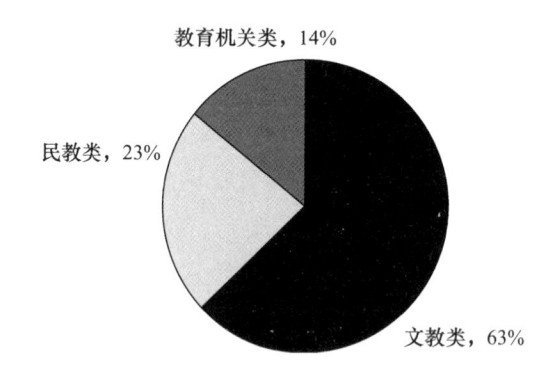

图4—2 民国时期河北地区文教德育类刊物占比图

结合图4—2可知,在文教德育类刊物中,以校刊(文教类)占比最高,基础学校教育在当时受到了较大的重视。举例来看,如《正中校刊》,主要登载该校的布告、会议纪录、演讲辞、校闻、各课消息、图书馆报告、常识问答、毕业同学消息,以及该校学生的论著、论说、小说、戏剧、小品、读书笔记、诗词、杂俎等作品。民教类刊物在文教德育类期刊中占比居中,从其出版单位上来看,主要有河北省立民众教育人员养成所、河北省立实验乡村民众教育馆、保定道女子教育研究会等,亦可见民众教育在当时的重要性。民教类刊物如《民众半月刊》,刊载内容既有论说类文章,也有生活常识,同时亦刊载部分文艺作品,比较贴近底层生活,亦充满对底层民众的关怀。教育机关类期刊则占比较小,从出版单位上来看主要有河北省教育厅、曲阳县教育局、滦县教育局等,多以倡导教育学术研究、介绍教育思潮、检讨实际教育问题、报道教育实施状况等为宗旨。

　　文学艺术类期刊仅有 10 种，但此处所指的文学艺术类期刊是相对纯粹的，其文章内容基本以文学或艺术议题为主。从创刊地上来看，10 种期刊中有 7 种在保定创办，亦可见保定地区在民国时期河北省的文化中心地位。这一时期出版的文艺类刊物如《望益》，刊名由胡适、朱自清等文坛名人题写，设置有特色栏目"文艺""随笔""小说""论著"等，其中不少文学作品都具有较高的文学水准与史学价值。

### 三　实业类与宗教类期刊

　　"实业[①]类"这一概念所针对的实体对象相对广阔，工商金融、农林渔牧等与国民生活相关的营生都可以归入其范围内。民国时期河北地区出版的实业类期刊共有 31 种，在整个河北期刊体系中占比不到五分之一。按照期刊的具体内容侧重，又可分为工商经济类、工业类、农业类、矿业类、气象类、园艺类等。

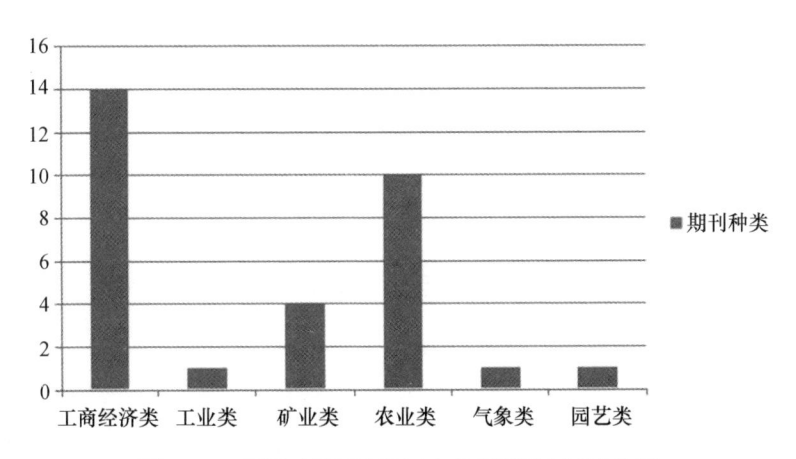

**图 4—3　民国时期河北地区实业类期刊出版统计图**

　　结合上图可见，工商经济类期刊在实业类期刊中占比最高，接近二分之一。工商经济类刊物如《河北物价指数季刊》，主要刊登各市、县日用零售物价指数表，批发物价指数表，城市生活费指数表等。农业类期

---

① 农、矿、工、商等经济事业的总称。

刊在实业类期刊中的占比也接近三分之一，有 10 种期刊。从农业类期刊的出版单位上来看，主要是各农业学校或农村建设实验场等组织。如《河北农林学刊》主要宣传农业改进上的基础知识，报告各部工作及研究进展，介绍农业界简要消息，与社会各方面取得联络，发挥农职教育的职能等。矿业类刊物有 4 种，分别为《井矿月刊》《河北农矿公报》《河北省营三矿月刊》《河北矿务汇刊》，"据 1925 年统计，河北省石棉、硝、碱（主要产于冀中和开滦）产量居全国第一位，煤、水泥和研磨料产量居全国第二位，盐产量居全国第三位，石材产量居全国第四位，硫产量居全国第八位。河北矿产总值占全国矿产总值的 18%，仅次于辽宁，居全国第二位"[①]。如《河北省营三矿月刊》主要登载各矿厂的规章制度、组织办事规则及矿业的现行和令、函件，各厂的工务会议记录等。工业类期刊相对较少，仅《唐钢》1 种；气象类期刊也较少，仅《气象季刊》1 种；园艺类期刊也仅有《园艺季刊》1 种。

宗教类期刊是相关宗教团体和组织思想交流的重要阵地和宣传的主要载体。可考的宗教类期刊有 5 种。从出版单位上看，主要包含永年教区威县赵庄校友会、河北景县天主堂、河北大名天主堂。以《文会期刊》为例，该刊的主要内容有关于该教"爱主、爱人、牺牲、救世精神"的阐述，并阐明公教学校应有的精神，并刊登学生的文学作品，统计中国天主教教务等，属于典型的教会学校宣传刊物。

## 第二节　民国时期河北期刊的创刊宗旨

每种期刊的编辑发行，自有其目的可究。党政类刊物，大多是政党宣传的工具，常常由政府机关主办或由政党实际控制；社科综合类刊物，则大多以传播新思想、介绍新技术为主，或者含有对社会问题的探讨，常在知识阶层和普通民众中引起反响；文教德育类刊物，常以教化为宗旨，既要宣传学校办学思想，也有激发师生创作及传播思想文化的目的。

相较于其他辅文，期刊的发刊词最能体现创刊宗旨。而在民国时期河北地区出版的 158 种期刊中，截至目前，可统计到创刊号的有 69 种刊

---

[①] 朱文通、王小梅：《河北通史·民国上卷》，河北人民出版社 2000 年版，第 249 页。

物，可统计到发刊词的有 33 种。根据已有发刊词，可将民国时期河北期刊的创刊宗旨分为以下几类。

## 一 公开政务于民

党政类刊物中，大多含有公开政务于民的思想，其很大程度上是出于政府机关宣传思想的目的和需要。"以袁世凯为代表的北洋军阀政府，迫于时代的潮流，不得不效仿西方议会民主制建立了一套形式上具有某些近代色彩的政治体制。直隶作为其统治重心，相继设立了省司法机关、省议会、省行政机关、省军政机关。"① 但北洋军阀统治时期，政务类期刊的出版较少。而后，民国时期的河北地区多处在国民党管辖范围内，故党政刊物中时常可见对其他政党的抨击和丑化。

如在《警风月刊》的发刊词中，有如下表述，"警察肩荷查究奸宄，保卫人民安全，维护地方秩序之重任，际此时机，其责任不只在纠正或裁制不法之人与事，而在使不法之人与事无由发生，警界同仁更应精诚奋发，努力完成此伟大时代所赋予之非常使命"，"改进警政之良机，其言论亦可为服务警界者他山之助，树警界前途之楷模，除已往不良之积习，建立一种新风气，俾达成与民众彻底合作，防患未然"。

公开政务于民，主要是通过一部分政务信息的公开，使民众相信政府和执政党的管理是科学的、高效的和廉洁的。这些刊物一方面是政党宣传的工具，另一方面也确实促进了政府和民众之间的有效沟通。

## 二 介绍知识于民

文教德育类刊物和实业技术类刊物，大多有传播新知识、传授新技能的目的和功用。民国时期的中国，命运多舛、百业待兴，多数底层百姓生活艰难困苦，因而对于知识和技术的渴求日趋强烈。新知识可以填补他们的精神空虚，改善他们的思维方式，而新技术则可以帮助他们改善自己的生存技能。

《民众半月刊》的发刊词中，有如下表述，"我们觉得民众教育，是民治主义的基础，民众教育普及，民治的真精神才能实现，所以编此刊

---

① 朱文通、王小梅：《河北通史·民国上卷》，河北人民出版社 2000 年版，第 20 页。

而播民教。此后决以实验的结果，组成浅显且有价值的言论，并介绍普遍常识与富有兴趣的文字，逐期登载，贡献给民众，俾民众变成社会的能员，得施行他们的'民有''民治''民享'的权利，以完成我们的使命"。该刊创刊的目的是教给民众新的常识和新的文字，并使他们明白自己享有的权利，从而更好地生活。这一刊物在传播新知识的同时，也旨在促使"三民主义"的思想深入人心。

《新十一中》的发刊词中，有如下表述，"他们在这种矛盾的社会，复杂的现状里面挣扎，用一管自由的笔描写出他们这种不自然的生活来；这很可以引起我们一种重大的注意与研究。由这本小册内可以找到现在一部分——或者是大部分青年的需要与烦恼，能够供给研究社会问题者许多的材料，这是本刊的第一种使命"。"从这本小册内，可以看出一个乡间学校的内容，公开给热心教育的同志们研究，以期求得公正的批评和确切的指导，这是本刊的第二种使命。""在这一片自由的园地里，同学们根据学理上的见解，与环境上的需要，用课余的时间，做一点学术上的研究；借此互相砥砺，彼此观摩。可以养成进取竞争的勇力与研究的兴趣；更可使全体同学的精神有所寄托。这是本刊的第三种使命。"

这一刊物的三种使命可以归结为一点，就是希望借助刊物使民众在学到新知识的同时有更深层次的思考，尤其是加深对于社会问题的思考。而这一使命在文教德育类刊物，甚至大多数其他类期刊上都有体现，但表现方式略有不同。

### 三 传播思想于民

社科综合类刊物和文教德育类期刊，大多都含有传播新思想的目的。这一时期的中国处于内忧外患的形势下，需要新思想来唤醒人们的意识，激起人们争取独立和民主的愿望。

《市民周报》的发刊词有如下表述，"我们应当给民众以认识世事，和得到许多应用知识的机会"。"我们应供给民众以：国内外的重要新闻；日常生活及一般的科学常识；改善生活的方法；以及合于民众生活的文艺作品"。这一表述表明，社科综合类刊物在给人们传递新闻信息和生活知识的同时，也可将国内外的先进思想传输到了民众心里。

《正风》的发刊词中，有如下表述，"目见正容，耳闻正风，是社会防污的象征；群众的风尚，好恶的舍取，是风习优劣的表现"。"所以我们用不着谈'风'色变，也用不着浩叹空悲，我们惟有想法扫除病态，廓清社会间的污迹，以建立繁衍群众生命，促进民族健康的生活习惯，确切实践新生活运动，纲要而养成'正风'。并发由这荒凉的莽风吹起，使它能吹遍全国。"这一刊物名为"正风"，其实也正传达了一种新思想，即促进社会端正风气的养成。当时的河北地区由于各种原因，在社会风气层面存在着诸多顽疾和弊病，而该刊则直指这一问题，希望通过"新生活运动"[①]，改变河北地区的不良社会风气，进而在全国逐渐掀起社会新风尚，其初衷是值得肯定和褒扬的。

其他社科类期刊，尤其是一些青年类刊物，如《保定新青年》等，多登载对于社会问题的关注和探讨。当时的中国社会，一些青年在思想上处于极度空虚的状态，整日浑浑噩噩、无所追求又缺乏反抗意识和民主意识，衰颓之风弥漫。在这种情况下，先进的知识分子试图借助期刊等文化载体，传播新的思想，涤荡人们的心灵，在潜移默化中将"三民主义"及"科学与民主"等思想传输到人民群众头脑中去。

## 第三节　民国时期河北期刊的创刊号

民国时期是我国社会发生深刻变革的历史时期，这一时期所生成的各类文献真实反映了当时政治、经济、军事、外交、教育、思想、文化等各方面状况，不少文献表达了不同乃至互相对立的立场，其中期刊文章的前瞻性、使命感和责任意识普遍较强。期刊创刊号是一本新刊诞生的标志，创刊号一般都经过创办者的充分酝酿和精心孕育，不仅具有唯一性，且极具启发意义。创刊号所展现的办刊宗旨、时代背景及发刊要义等，一般都值得深入探讨。民国时期河北地区风云激荡、人文荟萃，涌现出不少优秀出版人和特色刊物，这些期刊展示了河北各地区的时局

---

① 1934年2月，蒋介石在南昌发起社会风气革新运动。运动宣传以"礼义廉耻""生活军事化"等为口号，从改造国民日常生活入手，以整齐、清洁、简单、朴素等为标准，以图革除陋习，提高国民素质。从改良生活来看，运动具有一定的积极意义。但在思想层面上，它糅合了中国传统礼教等级思想、国家主义、欧洲法西斯主义、日本军国主义以至基督教价值观元素，以借此维护国民党统治。因而招致不少质疑，未能达到预期效果。抗战胜利后，该运动逐渐停止。

动态、人文景象和观点争鸣,对探究当时的社会局势、文人活动和出版图景具有重要的史料价值。目前,国内外关于民国时期河北期刊的研究尚处于起步阶段,个案研究较多,综合性和整体性研判偏少。

民国时期,继续沿用清朝的22省建制。北洋政府时期,22个省之外又增设了京兆、热河、察哈尔、绥远、川边5个特别区域,及西藏、蒙古、青海3个地方。北伐胜利后,国民政府改直隶、奉天2省为河北、辽宁,并将京兆特别区并入河北省,将热河、察哈尔、绥远、川边、宁夏、青海改建为6个省,全国增加至28省。察哈尔省的成立,划走河北境内的张北等10县。热河省的成立,分走了整个承德地区。此番调整,使河北省域全部退回长城以南,而南面则延伸到黄河北岸,现属河南省的濮阳、安阳一带均为河北地域。

民国时期,中国出版事业突飞猛进。戈公振[1]在《中国报学史》中,引用《第二届世界报界大海纪事录》的资料,认为:"民国十年全国共有报纸一千一百三十四种。"此间的大部分报刊出版主要集中在东部沿海地区,但内陆地区的报刊事业也别具风格。

## 一 创刊号的整体概况

"'创刊号'一词约始于新文化运动之后,在此之前的报刊一般都用卷、号、期标明。创刊号,是报纸和期刊正式出版发行的第1期,是报刊诞生的标志,有着鲜明的时代特色,具体的报刊形态。"[2] 全国报刊索引、国家图书馆民国期刊特色资源库及各相关数据库中存有河北期刊创刊号的有68种。从创刊时间来看,民国时期河北期刊创刊主要集中在20世纪30年代,有47种,1911年至1929年有12种,1940年至1949年有9种。68种期刊的创刊号,按其内容大致可分为党政综合、社科综合、实业、文教德育、文学艺术和宗教六大类。

(一)创刊号的主办者

创办期刊的组织类型丰富,多是扎根和培育于燕赵大地上的有责任

---

[1] 戈公振(1890—1935),名绍发,字春霆,江苏省东台市人。中国现代著名新闻学家、20世纪30年代著名的新闻记者、中国新闻史学拓荒者。

[2] 高倩、宋汉晓:《图书馆创刊号的专题收藏及应用》,《劳动保障世界》2013年第6期。

有担当的政府、文化、教育和相关社会团体组织。

有的是负有教化责任的院校，如《河北省立第七中学校刊》《保师附小校刊》《通县女师半月刊》《保定民生中学校刊》等期刊的创办者分别是刊名显示的学校。《七师期刊》的创办者是河北省立第七师范学校，《新十一中》《新十三中》的创办者分别是河北省立第十一中学和第十三中学。

有的是专门的出版机构，如《烟》《幽燕》《学友》《玉田半月刊》的创办者是以各自刊物命名的期刊社，《银河》的创办者是唐山日报社，《春草》的创办者是津浦路春草月刊社。

有的是政府各机关部门，如《正太铁路消费合作社社务汇刊》的创办者是正太铁路管理局，《冀东政府公报》《大城县政府周报》《吴桥县政府公报》的创办者都是刊名显示的地方政府，《井矿月刊》是河北省井陉矿务局总务处编辑并发行。

有的是各种社会组织，如《城市民教月刊》的创办者是河北省立实验城市民众教育馆；《气象季刊》的创办者是河北省立农学院气象观测所；《文会期刊》的创办者是河北大名天主堂附设学校；《石门物价月报》的创办者是中国联合准备银行；《德风》是保定道女子教育研究会编辑，新民会保定指导部发行的。

多元办刊主体，所代表的组织、阶层、利益集团在各自的立场上发声，更能够展示社会全面而真实的境况。

（二）创刊号的刊文情况分析

由于创办者的编辑理念差异及所能调配资源的多少有所不同，创刊号上的文章数量也有较大区别。文章数量较少的，包括发刊词在内只有10篇左右，数量中等的大部分都是20—50篇，文章数量较多的可以达到100余篇。各创刊号内容版块划分也都有自己的标准。

有的创刊号内容较少且排布简单，没有单独分栏，如《心声》的创刊号有11篇文章，没有细分成多个单元。而《市民周报》的创刊号虽然只有13篇文稿，却划分为3个栏目，其中"常识"4篇，"民众文艺"4篇，"介绍"2篇。

创刊号刊文量中等的期刊也各有自己的内容分类规律，如《德风》的创刊号有27篇文章，无分栏，文章多以思想教育类为主，中间穿插了一些生活妙招。《紫光》的创刊号共有36篇文章，多关涉教育制度，有5个分设单元，其中"论述"9篇，"记述"5篇，"诗"2篇，"报告"2篇，"读书笔记"4篇。《乡村民教季刊》的创刊号总计有56个内容版块，除发刊词之外，分为6大部分，具体包括"插图"4个，"论述"6个，"报告"分两组，共42篇，另有"杂俎"2篇，"附录"2个。

也有的创刊号刊文量较大，且不止有两级内容分栏，如《新十一中》的创刊号共有118个内容版块，划分为4个单元，"论著"有19篇，"短评"有2篇，"文艺"单元里再细分为11个子单元，分别是小说、诗、散文诗、戏剧、散文、科学、书信、杂感、歌谣、杂俎和体育，最后一个单元"英文研究"又有3个子主题的内容。据此可知，民国时期河北期刊创刊号的刊文数量没有固定标准，且内部版块划分多是根据自身内容而定。

## 二 创刊号的内容特色

### （一）内容涉及地域广，以发展民生为要

河北大部地处华北平原，历史悠久、物产丰富、人口繁多，且环绕国家的政治与文化中心，政治、经济、文化等方面都有很大的发展余地和发展诉求。民国时期作为我国历史上一个特殊的时段，政局多变、民生多艰，在这种背景下，期刊的创刊号所涉及的范围很宽泛，办刊波动现象也较为明显。

根据目前搜集整理到的资料来看，属于党政综合类期刊的创刊号有14种，分别是《长芦盐务公报》《河北民政汇刊》《视察特刊》《河北半月刊》《正太铁路消费合作社社务汇刊》《交河周刊》《河北民政月刊》《河北高等法院季刊》《冀东政府公报》《吴桥县政府公报》《大城县政府周报》《永清县治安维持会县政月刊》《玉田半月刊》《警风月刊》。

属于社科综合类期刊的创刊号有14种，分别是《河北民国日报副刊：迦》《河北民国日报副刊：鹓》《河北民国日报副刊：社会科学周刊》《育德月刊》《交大唐院季刊》《交大唐院周刊》《工业年刊》《河北省立法商学院反日特刊》《市民周报》《保定新青年》《中国文化建设协会河北分会会刊》《唐大学生》《务实》《银河》。

属于文教德育类期刊的创刊号有18种，分别是《唐山工业专门学校

杂志》《新钟》《城市民教月刊》《乡村民教季刊》《乡村民众教育月刊》[①]《保定民生中学校刊》《新十一中》《师中月刊》《新十三中》《心声》《河北省立第七中学校刊》《通县女师半月刊》《七师期刊》《河北教育半月刊》《德风》《紫光》《保师附小校刊》《冀中教育》。

属于实业类期刊的创刊号有15种，分别是《河北省财政整理委员会季刊》《气象季刊》《河北通俗农刊》《河北农林学刊》《河北省营三矿月刊》《井矿月刊》《财政研究》《农民须知》《河北棉产汇报》《黄农月刊》《园艺季刊》《石门物价月报》《昌农月刊》《银行月刊（石家庄）》《唐钢》。

属于文学艺术类期刊的创刊号有5种，分别是《春草》《烟》《学友》《幽燕》《烽炎》。

属于宗教类期刊的创刊号有2种，分别是《平民半月刊》《文会期刊》。

有的创刊号虽然属于同一类型，但针对的读者对象却不一样，侧重的议题方向也不相同。县域的党政综合类期刊创刊号，自然是面向生活在其所属地域的读者。

社科综合类期刊中，《市民周报》创刊号主要是面向市民，内容题材贴近生活，比较符合市民的定位，主要介绍国内外重大事件、重要新闻，日常生活及一般的科学常识，传播卫生、法律常识及改善生活的方法。《交大唐院周刊》以"沟通消息，反映校内外情况"为宗旨，内容包括报道学院情况与教育要闻，刊登各种规章制度、会议记录与学术论文，介绍在校学生与毕业生发展情况等，以校内师生为主要读者对象。《保定新青年》则侧重于服务青年读者，立足于青年的发展和进步，所刊载文章带有启发性和普及性，主要登载时事政治和具有知识性、趣味性的文章。

文教德育类期刊中，《德风》创刊号由保定道女子教育研究会编辑，属于妇女教育类刊物，读者也自然以女性为主。《乡村民教季刊》主要面向乡村底层民众，以推广乡村民众教育事业为宗旨。学校刊物中，《保师附小校刊》为小学校刊，《河北省立第七中学校刊》为中学校刊，《七师期刊》和《通县女师半月刊》为师范类校刊。

实业类期刊中，《石门物价月报》创刊号全文皆为数据报表，主要刊

---

[①] 其中《乡村民众教育月刊》是《乡村民教季刊》的前身，所以下文将一并以后者叙述。

登市场和物价信息，且对农民日常生活中各类消费品都有涉及。《河北通俗农刊》为农业类刊物，主要介绍河北农业发展现状，研究农业理论和农林问题，普及科学常识，报道各地农林消息。《河北棉产汇报》主要反映河北省棉花产业的生产与销售情况，《唐钢》是关于中国钢铁产业的刊物，《井矿月刊》是矿业类刊物。

（二）多涉及思想教育，以普及知识为魂

1911年，辛亥革命①爆发，革命的胜利使得中国结束了几千年的封建专制制度，中华民族从旧制度中挣脱开来，并准备迎接一个崭新而又形势严峻的世界。列强对中国虎视眈眈，新的科学技术又日新月异，面对即将到来的翻天覆地的变化，人们需要接受新的思想，学习新的知识，以此来适应世界的发展，同时也为中国的发展做出努力。作为具备大众传播功能的刊物，民国时期河北期刊有义务和责任带领受众接触新事物，创办者们也应有意识地去引导读者们感知新世界。因此，创刊号内容大部分都涉及思想教育领域，综合类期刊的创刊号都会有关于新事物的知识传播，专门致力于德育的创刊号更是不在少数。

以德育为宗旨的期刊的创刊号，其内容多集中于思想教育。如《德风》作为女子教育刊物，以新民主主义作为教育思想的核心。这类刊物"积极提倡妇女养成自立、自强的精神，宣传大众知识，提高妇女文化的水平，为妇女们了解科学知识提供学习的场地，也为妇女们完善自我提供多样的途径"②，代表文章如《于家庭中怎样教育儿童》《今后女子教育之我见》《共产主义与家庭》《女子继承权之探讨》《谈谈"美"》等，主要介绍有关新民妇女生活、女子教育和与子女教育的问题。《开瓶盖的好法子》《怎样修补竹篮底》《除污垢法》《女学生时代的卫生》等文章是有关生活妙招和常识的内容。《紫光》的内容多关涉教育制度方面，发

---

① 辛亥革命是指发生于中国农历辛亥年（清宣统三年），即公元1911年至1912年初，旨在推翻清朝专制帝制、建立共和政体的全国性革命。狭义的辛亥革命指的是自1911年10月10日（农历八月十九）夜武昌起义爆发，至1912年元旦孙中山就职中华民国临时大总统前后这一段时间中国所发生的革命事件。广义上辛亥革命指自19世纪末（有的学者认为从1905年中国同盟会成立算起，有的说从1894年兴中会成立开始）迄辛亥年成功推翻清朝统治在中国出现的连场革命运动。

② 张佳：《民国时期妇女期刊发刊词研究》，《吕梁学院学报》2019年第1期。

刊词也寄希望于找到适应农村教育的方法，认为："教育事业，原不是死板板的一成不变的事……要能仁者见仁，智者见智，随时代的变迁而不拘泥"①，提出："（一）应实地深入农村指导农民生活；（二）教育设备上应求农村化；（三）农村小学教师应求十足兑现。"② 这三点建议也为改革乡村教育提供了有价值的参考。《我国教育改制问题的探讨》《小学教师应有的修养》《改革教育的基本问题》《苏俄新教育的介绍》等文章都是对乡村教育方法改进的探讨。

其他各类创刊号也都刊登有诸多涉及新思想、新知识的内容。党政综合类创刊号《河北高等法院季刊》的"解释例要旨"一栏，详细解释了各类法律在法条定义和具体适用过程中的疑难问题、规范要件和适用情形，为民众理解新当局的法律条令提供了帮助。《正太铁路消费合作社社务汇刊》的创刊目的之一是向民众宣传铁路知识，强调其今后在军事、经济等各方面可以发挥的巨大作用，并明晰了铁路建设的重要性和必要性。

社科综合类期刊中，《市民周报》创刊号刊登有日常生活中的一般科学常识和改善生活的方法，并积极传播有关卫生及法律的常识。这些刊物对民众学习新的社会生活知识大有裨益，且对民众思想从封建落后到科学开放的转变也大有助益。

实业类期刊中，《河北通俗农刊》的创刊号中的《河北农业之现状》《种子的价值及选种法》《怎样防除猪癫》《简单农业药剂的制法和他的使用法》等文章，提供了农业生产经验，传播了农业发展的新知识，其文字通俗易懂，并配有相应的简易图表供读者参考。尽管部分内容在今天看来稍有讹误，但在当时却促进了河北农民群众通过学习新知识来改善生活热情和技能，对于促进河北地区农业发展也确实发挥了积极作用。

文学艺术类期刊中，《春草》创刊号中的"散文诗"和"诗"两个栏目刊有《秋天》《小星语流萤》和《太阳》等文章；《烟》创刊号中的《我们也需要一次文艺复兴运动》一文，亦旨在帮助人们感受新式文艺作品的魅力。

---

① 摘自《紫光》1935年1月创刊号发刊词。
② 摘自《紫光》1935年1月创刊号发刊词。

(三) 关注时局变化，以映射现实为本

明代顾炎武的《日知录·正始》中讲到"国家兴亡，匹夫有责"。创办刊物的组织一般对时局变动较为敏感，官方机构有职责向群众展示政府的各项规章制度，私人组织也有较强的社会责任感，并着力反映社会现实，揭露腐败黑暗。因此，民国时期河北期刊创刊号中的内容大多关注时局变化，创办者有鲜明的思想倾向且乐于向读者群体传递社会动态和真知灼见。

党政综合类期刊《交河周刊》的创刊号在内容选择上，主要包括对交河县县政府公告、训令的报道，以及关于国内、国际重要新闻和历次县政府行政会议的记录。《玉田半月刊》的内容则主要有玉田县政令、批示、新民青年团规章和该县要闻。

社科综合类期刊《市民周报》创刊号中介绍了国内外重大事件、重要新闻，涉及政治、经济、文化、社会等各个方面。《育德月刊》对国内外政治、中国外交及东北问题发表评论，关注振兴中国实业问题和青年问题，刊有民国时期涉及中外交往的重要论著，且多围绕当时发生的重大事件进行论述。

文教德育类期刊《城市民教月刊》的创刊号介绍了其创办者河北省立实验城市民众教育馆在通县开展民众教育活动的进展情况，及在其他地区开展教育的状况，也刊登该馆的工作报告、会务纪要等，对当时民众教育的发展状况做出具体及时的报道，还发表对社会问题的评论，积极发挥舆论监督的作用。《河北省立第七中学校刊》主要刊载学校行政会议记录、学术报告、时事报告，报道本校各类校闻，也刊载有该校师生的时政评论文章。

实业类期刊《黄农月刊》创刊号中刊登校闻、农事要闻、通讯，通报该校各部的工作及研究情况，为读者介绍农业界的简要消息，与社会各方面取得联络，发挥农职教育之功能，并向民众传递农业发展的各种动态信息。

文学艺术类期刊《春草》创刊号里的"小说"栏目以反映社会现实，揭露社会黑暗为主，代表作有《老桂的死》《母亲》《爸爸在雪天的牢狱中》等，"戏剧"栏目主要刊载新创作的话剧，内容同样是反映社会现实，比如《死者的遗骸》《白乾：月明之夜》等。

这些期刊都着眼于当下，不仅把刊物自身的发展状况呈现在文本记录上，同时也反映社会即时动态，将当时政治、经济、文化等方面的发展变化都如实记录下来，为研究民国时期各种社会现象提供了史料依据。一些期刊还会针对特殊事件提出自己的看法，映射现实、针砭时弊，发挥舆论监督作用。

（四）聚焦社会发展，以开启民智为旗

"民国时期的期刊报纸承载着丰富的历史、文化信息，是民众当时的主要信息来源，也是各界人士向社会宣扬自己理想的重要阵地。"[①] 作为在民众中流传的读物，期刊有其天然的大众传播属性，人们通过阅读其刊载的内容来了解各行各业的发展，掌握政治、经济、文化等方面的风貌和动向，久而久之也会对其中的观点产生心理认同，默认其为"意见领袖"。同时，期刊的创刊者在对内容进行选择把关时也发挥了一定的"守门人"作用，因此创办者的意图很可能对民众的思想倾向产生较大影响。因此，这就要求创办者有较高的媒体自觉，为读者选择积极向上的内容，引导民众保持乐观积极的生活态度。

党政综合类期刊《玉田半月刊》的创办宗旨在于宣传县情，其发刊词提出："新闻纸杂志，乃是一种启发民智的刊物……而本刊以'玉田'地面辽阔，人烟稠密，深感南人不知北事！东民不晓西情！因是，特有本刊之创。……本刊既膺宣传县情之使命，自当秉我良知良能向前迈进。"[②]《交河周刊》的创刊宗旨和目标受到新生活运动的较大影响，其认为国政、省政和县政是一体的，国家、社会和个人的发展也是息息相关的。该刊力求加强交河县的内部建设，发扬"礼、义、廉、耻"的精神，为交河县文化、经济和政治发展服务。

社科综合类期刊《市民周报》创刊号中"开场话"宣称要"给民众以认识世界，和得到许多应用知识的机会。……在文字上要力求通俗，在取材上要力求适合一般民众的需要"[③]。《保定新青年》的发刊词提到

---

① 陈楠：《民国期刊的整理与开发研究——以吉林省图书馆典藏创刊号为例》，《图书馆学研究》2019年第8期。

② 摘自《玉田半月刊》1940年9月创刊号发刊词。

③ 摘自《市民周报》1934年12月创刊号发刊词。

"本刊为保定知识分子有志于文化建设事业者的产品,名曰'保定新青年'意在对于保定青年有所贡献也。……在文化建设运动上,主张一面发扬中国固有的文化,一面吸收外来的文化。……在学术研究上,应当提倡笃实精进及独立自尊之美德,确立创造文化,服务人群及贡献国家民族之信念,排斥因袭,盲从,浅薄,浮夸诸恶德"①。

文教德育类期刊《德风》创刊号以新民主主义作为教育思想的核心,宣扬"新道德""新风气",以劲疾之风根绝过去嚣张乖戾、依赖虚荣的恶习,更易煦和之风,培养明德新民柔顺端静的正气。《乡村民教季刊》发刊词中表述了以"言行"批评德、英、法、中四国人民的国民性,"惟有中国人的性情特别,纸上谈兵……言而不行"②。作者认为"确中时弊,足发深省",希望大家可以"翻然改悟"。《心声》里有文章积极宣传社会主义,对资本制度和日本帝国主义大力批判,呼吁广大无产者追求获得知识的权利。

文学艺术类期刊《学友》的发刊词写道"在目前这救亡运动高潮澎湃,所谓'国难'正是严重到万分的时际,我们不应该再玩物丧志的沉默下去,鱼刺塞在喉咙里,是顶不舒服的事……把牺牲自己的精神……借了文学这工具帮助我们吐出来"。《春草》在发刊词中提到,在抗战的大背景下,每一位青年都应该"有一分力量,做一分的工作,有一厘的力量,做一厘的工作"③,而他们是"受了衷心的驱使,为了血气的要求,要用尽我们十几个人的力量,从事于文艺工作"④。

环境可以影响人的思想观念和行为习惯,民国时期河北期刊的创刊词大都积极向上,弘扬正能量,为河北民众打开了一扇扇展望更好未来的窗口。人们被这种积极氛围所影响,更容易在日常生活中保持乐观心态思想,努力学习各种新知识,更深刻思考民族振兴与国家发展。

---

① 摘自《保定新青年》1934年9月创刊号发刊词。
② 摘自《乡村民教季刊》1933年6月创刊号发刊词。
③ 摘自《春草》1931年10月创刊号发刊词。
④ 摘自《春草》1931年10月创刊号发刊词。

### 三 创刊号的出版启示

（一）出版方针方面：把握刊物定位，思忖发展方向

"创刊号作为报刊第 1 期，在创办史中有特殊地位和意义，不仅有实物收藏价值，而且包含有关刊物的重要内容和信息。"[1] 创刊号的封面和内容都是创办者精心挑选的最契合期刊主旨的内容，其中通常会包含发刊词、致读者、寄语读者、编者的话等内容，以向读者介绍清楚报刊的办刊宗旨、方针、性质、风格、特点等基本属性，如《德风》的创刊号封面呈现的图片和文字就表明了其妇女教育刊物的整体定位。同时，期刊作为一种定期发布的读物，风格的一贯性是毋庸置疑的，只有长期用同一种方式向人们传播自己的观念和思想，才会使读者产生深刻、坚定且庄重的印象，读者才更容易在其影响下做出相应的改善，所以民国时期河北期刊的创刊号所确立的宗旨就是整个期刊一以贯之的主旨。

"期刊的创刊号是一本新杂志的诞生，宛如初生儿的第一声啼哭，潜蕴着生命的意义，给人们以无限的期待和梦想。创刊号一般都是经过创办者的充分酝酿和精心孕育而产生的，所以挑选的是最优秀的作者，选取的是最精彩的文章，表现的是最合时宜的内容，揭示的是最令人感兴趣的问题，体现的是最美丽的画面。创刊号一般都会载有其独特的发刊词或创刊词用以阐明办刊宗旨，是一种期刊的宣言，具有特别重要的地位和指导意义。"[2] 在多重考虑和慎重抉择下，创刊词相当于描摹了期刊未来发展的蓝图，对期刊整体的发展路径做出最根本的规划。从期刊整体的版式到划分单个文章的分栏，从寻找作者的方式到挑选内容的标准，民国时期河北期刊的持续出版发行，多是根据创刊号所搭建的构架来顺势而为的。创刊号相对于刊物本身和整体来说，是最能体现刊物风格的代表，也是奠定刊物整体格调的基石。

（二）出版原则方面：凝聚开拓意志，集结优秀思想

文字是最能阐发笔者思想的工具。创刊号的文字都是创办者精心

---

[1] 马超：《近代回族报刊创刊号及其爱国特征初探》，《北方民族大学学报》（哲学社会科学版）2018 年第 4 期。

[2] 张素梅：《清季民国浙江期刊创刊号的价值赏析》，《图书馆研究与工作》2011 年第 1 期。

挑选而刊出的内容，代表了创办者的心声，也符合创办者理念的个性表达，所以创刊号是最能体现创办者所思所想的容器，为其承载"初心"的呼告。

大部分期刊都会定期发行，而作为信息和思想接受者的民众，在长期的观念浸润下，会对期刊所表述的内容和观点形成态度，明晰一种思想产生的背景、原因及具体表现。只要民众们承认这是一种对他们更好的想法，就会不吝表达认同感。如《德风》的创刊号以新民主主义作为教育思想的中心，旨在鼓舞新的风气，树立新的道德，以劲疾之风根绝过去嚣张乖戾、依赖虚荣的恶习，更易煦和之风，以培养明德新民柔顺端静的正气。

（三）编辑理念方面：展示行业精髓，密切读者联系

"报刊的目的与宗旨，不仅在于使劳动者了解自身的处境，促进他们的觉醒，更在于形成一个可靠的与创刊者们的社会联盟。为了达到这样一个目的，创刊词的作者们运用通俗的语言与表达技巧，努力传达这样的信息：创刊者们与工人属于同一群体，他们是工人的坚强后盾。"[①] 各种类型的期刊都向自己的受众传递专门信息，宣传自己的各项业绩，并展现其作为媒体人的胸怀、责任与担当。

民国时期河北期刊的创刊号类型多样，涉及的行业领域广泛，如《石门物价月报》是经济类刊物，《玉田半月刊》是行政类刊物，《保师附小校刊》是教育类刊物，这些创刊号一经发行，就相当于代表这个行业和领域向读者和群众发声。从形式上看，期刊不只有文艺类、教育类，也不仅局限于一个县域，一所学校、一家工厂、一个社团都可以创办自己的刊物，以提高自己的宣传效度和知名度。从内容上看，各类创刊号都会表达自己的办刊初衷，如《城市民教月刊》的创刊号里载有其创办者河北省立实验城市民众教育馆"由十九年二月开馆至六月底实验工作报告书"；《河北省立第七中学校刊》的创刊号里记录了校内的会议记录、时事报告和相关校闻；《正太铁路消费合作社社务汇刊》的创刊号里包含该社的筹备经过、规章制度和各类统计表，这些内容都可以为同行业和

---

[①] 张国伟：《二十世纪二十年代工人报刊发刊词的框架策略研究》，《牡丹江教育学院学报》2018年第11期。

上下游单位提供借鉴。

（四）编辑实践方面：因应时代变革，回应社会关切

民国时期河北期刊的内容丰富，种类多样，涉及范围广泛同时又有较强的时代特征。"创刊号具有鲜明的时代特征，是记录当时历史背景的实物，其独特的办刊指导宗旨、时代背景及致读者、寄语读者、编者的话和发刊词、创刊词、报刊头题字的信息来源等，非常值得探讨，对后世有着真实历史资料和佐证史实的研究价值。通过创刊号上的文章，也可以对当时人们的社会文化生活有一定的了解。"①

民国时期河北期刊的创刊号内容涉猎范围较广，如《玉田半月刊》作为地方上的行政刊物，所刊载的大量的玉田县政令、批示、新民青年团规章等内容，对研究河北玉田县的历史发展、制度变革以及当地的文化遗存提供了翔实的史料依据。《保师附小校刊》作为学校刊物，刊登有关小学教学、国民教育的论述，还有教育方案、工作概述，发表散文、应用文、诗歌、小戏剧等小学生作品，并设有特色栏目论述、训话、研究、参观等，为研究民国时期教育发展和政策变动情况提供了丰富的史料，也为了解近代河北地区小学教育情况提供了一个新的视角和平台。而《市民周报》作为市民刊物，主要介绍国内外重大事件、重要新闻，日常生活及一般的科学常识，传播卫生、法律常识，改善生活的方法，也刊登一些民间故事等，涉及政治、经济、文化、社会等各个方面，对研究河北省乃至全国的市民生活状况具有一定的史料参考价值。

通过研究这些期刊创刊号的创办者和刊发内容，可以得知当时社会有哪些组织机构和民间团体热衷于兴办期刊，了解他们各自的发展诉求和关注重点。通过分析这些期刊的形式特色，可以看到当时期刊出版业的发展水平，理解当时出版行业的审美特征与言论趋势。通过总结民国时期河北期刊的出版启示，可以体会当时局势下有识之士所遇到的各种问题、挑战和困境，也能够了解到他们的主张、期待和目标。

---

① 李博：《馆藏报刊"创刊号"的综合价值探讨》，《现代情报》2005年第5期。

## 第四节　民国时期河北期刊的发刊词

吴冷西先生在《出版十论》中曾说过"创刊一种报纸或杂志，就是在公众面前树起一面旗帜，给这面旗帜揭旨定性、规定内容、明确方向的就是发刊词，因此它是一种报纸或杂志的宣言，在出版中具有十分重要的地位"[1]。作为一份报纸杂志"出生证明"的发刊词，其意图是将办刊出台的缘由与背景、创办的目的与意义、报刊性质、编辑方针以及传达的思想倾向等告知读者。

关于民国期刊的量化统计与出版发行分析，例如《中国现代文学的出版平台——晚清民国时期文学出版情况统计与分析（1902—1949）》等，大都是基于民国特殊时代背景，研究期刊发行创办的时长、发行主体以及期刊创办的历史背景等，而有关河北民国期刊发刊词的研究成果甚少。对期刊发刊词进行探究的原因有以下两点：一是民国时期时代背景复杂，各种思想交叉碰撞，正是出版潮思迸发并转变的重要时期；二是民国时期的河北期刊是民国河北社会的缩影，社会各人士兴办期刊，承载了一代人的思想锋芒与辉光，今人也可以循着发刊词的足迹去追溯民国时期河北期刊出版人的责任与担当。

民国时期的国运坎坷起伏，时常处于动荡时局中的人民，总是极力保护自己，保全家园。南京国民政府成立初期的1928年至1932年间，中国经历了一段特殊动荡的时期。在二次北伐[2]完成后，中国实现了形式上统一，宣布进入训政时期之后，国民党政权内部的各政治、军事派系之间又出现了分分合合，政治博弈与军事角力不断[3]。民国时期的"乱世风格"在破与立中进退取舍，并迎来了一个文化发展高峰，各种文化艺术百花齐放，各种思想流派百家争鸣，在这一时期涌现了诸多著名思想家、

---

[1]　吴冷西：《出版十论》，中国社会科学出版社1994年版，第18页。
[2]　二次北伐，指北伐战争的第二阶段。1928年，蒋介石联合冯玉祥、阎锡山和李宗仁发动对奉系军阀张作霖的战争。因国民政府自称这次战争是第一次北伐战争的继续，故称这次战争为"二次北伐"。
[3]　张静：《南京国民政府成立初期的国民党政权——史学界对1928—1932年民国政治史的研究述评》，《南京大学学报》2014年第6期。

教育家、文学家等。河北期刊的发行数量在这一时期也持续走高,办刊思想和传播理念在此时的发刊词中都有所明确而具体的呈现。

### 一 发刊词的总体概况

民国时期河北期刊与其他省份同时期期刊的发刊词相似,在开言篇头都会附上"发刊词""创刊词""弁言"等。部分极具个性的文学期刊将发刊词紧扣期刊名主题,例如《烟》的发刊词名为"写在烟的前面"。《德风》的"出刊的话"较为特殊,将发刊词撰写者本人的个性渲染其中。除"发刊词"这一中规中矩的模式外,有的也附带"创刊数语""序言"等类型的辅文。笔者选取的期刊中也有部分不是首次发刊,可能是经费等原因导致了停刊,复刊后在复刊号上也会附上简短的带有原因说明性质的发刊词,如《河北高等法院季刊》发刊词里写有"兹改自本年五月十五 哲熙蒞院之日始,至十月正,编订一册,嗣则三月为期,因易名曰季刊"[1]。该发刊词寥寥数语,讲明了更改刊号的原因。发刊词作为新发期刊的宣传定位语,要向读者介绍报刊的"初心"与"使命",对期刊发刊词的研究,可以更清楚地洞察刊物创办前多方面的实际状况,能够从对"初心"和"使命"的独白中感受那段心意拳拳的岁月。

(一)发刊词的刊载情况

通过全国报刊索引以及国家图书馆民国期刊的数据检索可知,在直隶省时期至解放战争时期(1912—1949)内,可检索到的刊物中创刊号的刊物共有 68 种,按内容大致分为党政综合、社科综合、实业、文德教育、文学艺术和宗教六大类。由于部分期刊现存刊期与页数不足,故不在选取范围内,初筛刊物大致分为机关刊物 14 种,期刊社 14 种,校刊 21 种,组织刊物 14 种。笔者选取了具备创刊号、所存期刊数目足量且刊载了发刊词的 30 种刊物开展分析。

30 篇河北民国期刊发刊词发文长短不一,行文风格各具特色,有的全为白话,也有的半文半白,还有全为文言。文艺类期刊的修辞用词与政治综合类期刊在风格上形成了鲜明的对比,文艺类的文风较为开放,擅于彰显个性且多用白话文,政治综合类为了言简意赅表达期刊办刊宗

---

[1] 节选自《河北高等法院季刊》1936 年第 1 期第 1 页发刊词。

旨与核心思想，多用半文半白或是全文言。从发刊词中的语言风格，到内容界定、性质明确等，都不难看出各种期刊的个性追求。发刊词是快速解读各刊的"识别符号"[①]。发刊词一般包括以下内容：一是介绍报刊性质；二是阐述办刊宗旨；三是明确读者对象，提出稿件要求，以及对作者、读者的希望等。

（二）发刊词的撰写者

发刊词的作者通常是报刊主编、编辑，或是专家、名人、官员等。[②]通过查阅，有发刊词撰写者落款的只有《城市民教月刊》《乡村民教季刊》《乡村民众教育月刊》《新十一中》等15种期刊。《七师期刊》中明确标注了发刊词撰写者的身份，为当时天津女师学院的执教者郭鸣鹤，创办该刊旨在推进师生齐心协力共筑学术研究成果，并借助社会力量加以指导与纠正。《永清县治安维持会县政月刊》发刊词撰写者为张芸阁，其也是该刊物的主要撰稿人之一，其余撰稿人还有杨泽永、刘永锟、缪继珊等人。部分发刊词撰写者借用笔名，如《河北省立第七中学校刊》主要撰稿人有张兴周、李秉文、杨凤程等，但发刊词撰写者名为寄梦，此人具体身份不详。总的说来，期刊发刊词撰写者的身份分为三类：一类是在校任职并担任刊物编辑的执教人员；另一类是与刊物合作的学术友人；还有一类就是期刊的主要撰稿人。

（三）发刊词所展示的发刊缘由

具体的发刊缘由，可归为以下几点：

一是为了不断强化民族意识。如《乡村民众教育月刊》写明，"我们深信乡村民众教育应以三民主义为最高原则；我们深信乡村民众教育应以实际生活为依据；我们深信训政时期的乡村民众教育应以乡村训政为目的；我们深信训政时期的乡村民众教育应以经济简史为准则；我们深信训政时期的乡村民众教育应以普及全国各乡村为政策"。该发刊词将民众教育放在首位，力求以刊物推进民众教育普及，在普及工作基础之上，更好开展精准有效的宣传教育工作。

---

① 周碧华：《试论发刊词在报刊中的特殊功能》，《湖南文理学院学报》2004年第1期。
② 张敏：《民国时期图书馆学期刊的产生——从"发刊词"的视角》，《国家图书馆学刊》2016年第4期。

二是为了宣传政党建设思想。如《交河周刊》是交河县属的政治刊物，其创刊宗旨和目标受到新生活运动的极大影响，刊旨认为国政、省政和县政是一体的，国家、社会和个人的发展也是息息相关的。

三是为大众做好科普教育工作。较有代表性的就是各类校刊，例如《保师附小校刊》创刊的宗旨在于宣传该校做法，使社会民众明了教育真相，引起关心国民教育者的共鸣，并谋求国民教育持续改善，以及期望在教育推进工作中取得更大进步。

**二 发刊词的内容特点**

（一）党政综合类期刊的发刊词

党政综合类期刊在发刊词最为明显的一个特点就在于对"三民主义"内容的阐述与对该思想的行动实施。《热潮》发刊词中就提到"启发新民主主义思想，反映群众生活与群众斗争，介绍文化知识，促进热河建设事业"[①]。《视察特刊》是一本政务类期刊，办刊宗旨是发表关于河北政务的文章并为民众展示河北省政府的民生工作，主要刊登河北省政府民政厅各项训令，视察员视察各县吏治情形的报告及视察员的陈述意见，还包括各县民众生活状况、社会治安的调查报告等，旨在反映民间之疾苦，官吏之政绩，地方之状况。《大城县政府周报》为地方行政刊物，希望将实行训政时期的建设工作彻底公开化，以打破政府"秘密黑暗"的印象，主要分民政、财务、司法、纪载等栏目。其发刊词引述了孙中山遗嘱的部分内容，"余致力国民革命凡四十年，其目的在求中国之自由平等。积四十年之经验深知欲达到此目的，必须唤起民众及联合世界上以平等待我之民族，共同奋斗"[②]。该发刊宗旨以孙中山先生的三民主义为指导思想，因当时的中国处于军阀割据混战和四分五裂状态，段祺瑞坚持召开"善后会议"，实行军阀间的重新分赃，使中国继续处于分裂局面。孙中山极力谋求和平统一并主张召开有各界民众代表参加的国民会议，共商国家的统一和建设大计，废除帝国主义强加给中国的不平等条

---

① 节选自1948年《热潮》发刊词。
② 节选自1929年《大城县政府周报》第1期第1页发刊词。

约，摆脱政治上和经济上的束缚，从而建设一个新的中国。[①] 孙中山在遗嘱中的谆谆教嘱，把希望寄托于"唤起民众"，这也正是该县政府周报发刊的核心任务。

从内容来看，这些发刊词都是作者对国民革命与社会生活中重大问题的思考，主要针对中国革命斗争与农民运动历史发展的状况，革命的目标、方法和策略，以及编辑出版的目的与意义等来发表观点。《交河周刊》发刊词撰写者提到"我希望把新生活二字，放在政治上边，这便是政治的新生活，也就是'新生活的政治'，因为现在民穷财尽，罗掘具穷，建设固然必要，但先后缓急，总应以'环境需要'之程度为准，而使之合理化，固然改进以彻底为贵，建设以进化为高，但建设非和一日之功，进步以调协为妙……"[②]，此内容展示了办刊者欲将责任和重心放在人民生活上，希望通过发刊来警醒执政者的革命实践工作，以谋求政治工作与社会生活的和谐平稳发展。

（二）社科综合类期刊的发刊词

民国时期，经济发展的不平衡导致城市与农村教育出现了偏颇，为优化教育发展状况，办刊者们依靠自己敏锐的感知力，积极寻找问题由来，并主动解决问题。在《新十一中》发刊词里就曾提到，"他们在这种矛盾的社会，复杂的现状里面挣扎，用一管自由的笔描写出他们这种不自然的生活来；这很可以引起我们一种重大的注意与研究。由这本小册内可以找到现在一部分——或者是大部分青年的需要与烦恼，能够供给研究社会问题许多的材料，这是本刊的第一种使命"。"经济落后的中国，他的教育的重心，自然集中到都市去。教育家的视线也往往趋向到都市里。对于这僻处冀南的教育，能有确切的认识，明了她的教育者与受教育者的实施与反应的，甚不多见。"[③]《新十一中》中有很多关于当时青年教育、社会、历史、文学、婚姻等问题的思考。办刊者们体察社会民情，关注社会生活，勇于发掘社会问题，并愿意自主探索剖析深层次原因，以自己的学识和经历为依据来提出解决办法，将所思、所想、所为

---

① 罗汉：《孙中山的三份遗嘱》，《文史杂志》2013年第2期。
② 节选自1934年《交河周刊》第1期第2页发刊词。
③ 节选自1931年《新十一中》创刊号第29—30页发刊词。

呈现在发刊词中,以警醒被人们忽视的教育失衡问题,从而促进对教育落差的弥补,激励与鼓舞青年树立远大的志向。

(三) 实业类期刊的发刊词

实业类期刊的创刊时间大多在1934年至1948年间,此间正是"新生活运动"及国民教育新运动阶段,"新运动"以提倡纪律、品德、秩序、整洁等为要,一再教导人们以"礼义廉耻"重要思想为主,期待人民革新自我、改头换面,以具备"国民道德"和"国民知识"。新生活运动提倡改良生活,具有积极意义。基于此思想指导,实业类期刊也希望通过自己的平台来给民众做实业类知识的科普教育。其次是实业类期刊发刊词在行文书写方面有着整齐的格式,条理也较清晰。如《黄农月刊》的"(一)宣传农业改进上之简要知识……(二)报告本校各部工作及研究……(三)介绍农业界简要消息"[1]。《河北通俗农刊》的"一、叙述科学的事实和理论,以期促进农林科学常识。二、介绍科学的农林技术,以期普遍采用。三、披露农业现状,借贡刍议"[2]。从以上行文特征不难看出,发刊词做了条目归纳总结,将发刊宗旨分条列出,阅读时方便读者一眼抓住重点。《正太铁路消费合作社社务汇刊》发刊于"新生活运动"前一年,创刊之时正是铁路运输业刚刚萌芽之时。当时国内受到战争的影响,经济凋敝、失业人口增加,而铁路运输业属于新兴事业,国内民众由于信息不畅或是知识浅薄等原因对此不甚了解,所以该刊创刊目的之一就是向民众宣传铁路知识,强调其今后在军事、经济等各方面将发挥巨大作用,同时也旨在便利合作社社员的生活,加强各个铁路合作社之间信息的沟通等。

《唐钢》在其发刊词中提到,"本厂为国营钢铁炼制机构,自接受复工以来,翼翼经营,未尝稍懈,更赖同仁锐意研讨,对于品质之改进,产量之增加,无时不在瘁心砥砺,以期百尺竿头,再进一步,兹本行健自强之旨……借供同仁检讨之园地,而为学术风尚之提倡,并冀宏达之士览此而知有所措意焉:造端虽微,所期则大,淬砺以赴,愿我同仁共

---

[1] 节选自1937年《黄农月刊》创刊号第1页发刊词。
[2] 节选自1934年《河北通俗农刊》创刊号第1—2页发刊词。

勉之"①。该刊以同仁研讨钢铁学术及增进写作兴趣、借以联系精神、扩展钢铁生产贡献工业建设为宗旨,内容方面主要刊载唐山制钢厂的实际情况以及有关钢铁炼制的研究与讨论。

从以上内容看,实业类期刊发刊词多如实说明办刊宗旨,较发挥引导读者关注与荐读功能,行文条理清晰并进行情理交融,较容易抓住读者的注意力。此类发刊词的行文多采用总分结构,核心目标是带领读者一同展望期刊的发展前景与美好未来。

（四）文德教育类期刊的发刊词

教育类与艺术类期刊占比较大,一是因为此间经历了国民革命,提出"新三民主义"的报刊从业者期望通过期刊加强内容呈现,向大众科普新革命政策,并应从教育入手;二是土地革命时期至抗日战争时期,虽然经济生活不见好转,但更加激励了有志青年敢于担当、救国于危难的志向,展现了当时报刊从业者们心系人民、心系国家的情怀。正如《民众半月刊》,其刊载内容贴近底层生活,充满着对底层民众的真切关怀,其发行对于教育民众、提高民众知识与觉悟有积极意义。同时,该刊也在一定程度上反映了底层群众的生活、教育状况。其发刊词里也提及,"我们身受国家的培植,而当民众教育志趣的同人,来担任河北省立实验城市民众教育馆的职务,我们要恪遵总理遗训,和学习的所得,努力为城市民众们,设施理想而相当的教育。我们觉得民众教育,是民治主义的基础,民众教育普及,民治的真精神才能实现,所以编此刊而播民教。此后决以实验的结果,组成浅显且有价值的言论,并介绍普遍常识与富有兴趣的文字,逐期登载,贡献给民众,使民众变成社会的能员,得施行他们的'民有''民治''民享'的权利,以完成我们的使命。我们深觉学识浅薄,难负实验民教的重大使命,惟愿海内同志,教育界名流,念民教之重要,群起研讨,时赐南针,无任盼祷!"② 这些表述进一步地展现了当时知识分子的觉悟与其忧国忧民的优秀品质。

（五）文学艺术类期刊的发刊词

文艺类期刊的发刊词,如同其发刊词题名,旨在展现办刊者独特的

---

① 节选自1948年《唐钢》创刊号第1页发刊词。
② 节选自1930年《民众半月刊》发刊词。

个人魅力，透露着神秘与捉摸不透的气息，需要读者细细咀嚼，品尝其滋味。此类发刊词的撰写大都为白话文，正如《烟》的发刊词中写道，"文艺是要在'幻变'中求现实；在现实上刻划着'时间'的足迹，过去的文艺是以过去的'时间'为生命，在现在与未来的'时间'上，只会产生现在与未来的文艺的花果。一切自然的'幻变'有如'烟'之一缕，不等到你察清她的形体时，她又萧萧的幻灭了。文艺不但是要捕捉她的形体，而且还要捕捉她的灵魂。我们为着不肯让眼前一切的'烟'萧萧幻灭，我们要在'烟'的形体与灵魂上划出每个'时间的分子'移动的留痕，这便是我们的'烟'的来历"①。《烟》的发刊词透露出报刊编辑独特的风格定位，以及文艺气质。但文艺类期刊发刊词也并不难以捉摸，相比于《烟》的缥缈感，《春草》的发刊词颇能轻易触碰到群体"初心"，该刊在发刊词中提到，在抗战的大背景下，每一位青年都应该"有一分力量，做一分的工作，有一厘的力量，做一厘的工作"，而他们是"受了衷心的驱使，为了血气的要求，要用尽我们十几个人的力量，从事于文艺工作"。"……这是从经济的畸形的发展，换来的阶级的分野，进而为阶级的利益的拥护而发生了冲突。于是，操纵政治大权的小资产阶级，阻碍了无产者的自觉与思潮的进展。"② 其发刊词反映了办刊者希望在动荡时局中贡献出一份独特的力量并与青年们并肩前行。该期刊现存只有一期，但文字的力量跃然纸上。

### 三 发刊词的时代使命与出版启示

民国时期，我国出版事业飞速发展，30 余年间出版期刊 2 万余种、图书 10 万余种、报纸 1.3 万余种。③ 不同的政权结构方式与治理体系，孕育出迥异的文化事业架构方式和出版发行特色。如果说民国期刊是时代的这些印记，那么发刊词便是打开印记的钥匙。这些期刊发刊词的撰写，大多从实际出发，贴近社会、贴近现实、贴近受众。即便是文学类期刊的发刊词，在彰显期刊文学本性的同时，文中所言也是经济政治动

---

① 节选自 1930 年《烟》第 1 期第 2—4 页发刊词。
② 节选自 1931 年《春草》发刊词。
③ 孙予青：《民国期刊的"形形色色"》，《唯实》2013 年第 6 期。

荡局面下对文学何去何从的质问和思考。对民生问题的探索，对实际工业成绩的记录与发布，对学校教育、社会教育问题的探求，地方期刊与社科综合类期刊都在不同的领域内发挥着自己的专业特长。他们用自己的忠诚和担当来照亮民众心中的希望，增强对祖国必定战胜艰难险阻的信心。

在民国持续动荡的社会环境中，办刊人多拥有着深刻而清醒的认知，他们希望通过自己兴办的期刊，激起国人的爱国自觉，响应不可阻挡的革命形势，锻造更为高尚的专业品格。

（一）与民族命运相扣，唤醒民众自身觉悟

九一八事变之后，日本占领了东三省，并在长春扶持溥仪为伪政权首领，建立了伪满洲国。榆关与热河的相继沦陷，将日本侵华的战线下移，华北地区的人民镇守山海关，并竭尽全力作出抵抗。此时，《河北省立第七中学校刊》创办，其宗旨在于团结全校师生的精神，统一师生的意志，下最大的决心向既定的方向前进，不虚夸也不妄自菲薄，真实地把学校的各种活动和师生言论公布出来。从创刊词中可知，学校的教员深知在这样的危难时刻该如何去做。校刊刊载的校长训辞中提到，"国人民族意识，自来就很淡薄，而民族精神又历遭斲丧，现在我们要恢复国魂，复活民族精神，非如此不能从事革命的战斗！""民族自决，是弱小民族反抗帝国主义的唯一办法。"[①] 几句话清晰深刻地分析了当时的国人心态以及国人对于救国持有的看法，救亡图存是唯一出路。该文还明确地提出了解决的办法，希望增强民族自信心，加强人民团结，以自己的力量去援助前方战线，为前线积极宣传，为战士们运送货物。其发刊词中讲，"我们要彻底觉悟，只有打倒帝国主义，才能解放弱小民族，只有实行民族革命，才能救出中国。本此信念，我们要健强我们的体魄，培植我们的基本能力，要勤奋坚毅，勇敢前进，要刻苦坚忍，严守纪律，以精诚团结，以热烈牺牲，必如此，才配谈到救国抗日"。

（二）宣传爱国精神，塑造正确价值观

时局动荡，一场又一场的残酷战争摧毁了曾经挚爱的家园，期刊办刊者们心怀天下、情系众生、忧国忧民，他们对教育、对民生、对文艺

---

① 节选自1933年《河北省立第七中学校刊》第1期发刊词。

受到的伤害都深感痛心。办刊者将自己的热血熔铸在简短的发刊词中，竖起了一面面鲜明的旗帜。

《河北通俗农刊》的创刊词中写道，"交通的利器天天进步；社会的花样时时翻新；人生的欲望节节增高；国际的冲突刻刻紧张。在这样情势之下，决不是'邻里相望；鸡犬之声相闻，老死不相往来'的办法可以保持得住了。也决不是朴朴素素的勤俭持家可以相安无事了。更不是从前那样家传秘宝，墨守成法的生产制度可以安安隐隐的过活了。请看我们勤劳朴素，埋头苦干的农家不是都已经破产了吗？要想救济这种惨状，应付这种复杂的环境，固然有待于政治的力量，而我们自身根本上必须具有随时代而进步的知识和技能。那就是科学的和经济的知识与大量生产有效的技能。这是比什么都要急切的"①。文中的观点何其鲜明，看似陈述，实则发问，对的增益，错的指正，刊物的出版在凝聚力量、激发共识中寻找初心并实现价值。

《正风》的发刊词中提到，"所以我们用不着谈'风'色变，也用不着浩叹空悲，我们惟有想法扫除病态，廓清社会间的污迹，以建立繁衍群众生命，促进民族健康的生活习惯，确切实践新生活运动，纲要而养成'正风'。并发由这荒凉的莽风吹起，使它能吹遍全国……共同协力发挥'正风'的力量，用我们共同的'热情''血汗''力量'造成一个改革社会风尚的，正风，更是本刊同仁所最切盼的！"②《新十一中》的发刊词中提到，"在这一片自由的园地里，同学们根据学理上的见解，与环境上的需要，用课余的时间，做一点学术上的研究；借此互相砥砺，彼此观摩。可以养成进取竞争的勇力，与研究的兴趣；更可使全体同学的精神有所寄托。这是本刊的第三种使命"③。上述发刊词中，办刊者们心中都寄托着对美好未来的憧憬，既对民国革命理论进行了阐述，也鼓励作者们把真实的想法讲出来，这也是这些发刊词在今天读起来仍让人热血沸腾的原因。

（三）相关发刊词对当下期刊出版的启示

每一份期刊都具备自己独特的编辑风格与行文风范，但期刊发刊词

---

① 节选自1934年《河北通俗农刊》创刊号第1页发刊词。
② 节选自1935年《正风》发刊词。
③ 选自1931年《新十一中》创刊号第29—30页发刊词。

所展现出的情志、胸怀与办刊宗旨,都表现出民国时期仁人志士们的独特关照与使命担当。其期刊出版要旨,大致可以概括为以下几点:

第一,通过发刊来结交志同道合者,扩展交际范围。

表现较为明显的当属《学友》,该刊为学友社主编发行的文学类期刊,创刊目的在于加强校友之间感情交流,增加校友之间联络,实现学术上的交流,并承担起砥砺前行的责任。"所谓'国难'正是严重到万分的时际,我们不应该再玩物丧志的沉默下去,鱼刺塞在喉咙里,是顶不舒服的事,虽然吐出来也许有碍于所谓'君子'也者之流的人们的尊严,也或者会引起老成稳重的'士'们的鼓噪,那么也只有听其自然。"① 而《德风》的发刊词中也提到,"要以新民主义作为教育思想的中心,造成新的风气,树立新的道德,换句话说,我们要以劲疾之风根绝过去嚣张乖戾,依赖虚荣的恶智,更以煦和之风,培养明德新民柔顺端静的正气,这种重大的使命,我们应该当仁不让置诸肩头、唤醒同胞,自修身齐家起,切实向前作去"②。类似的还有《乡村民众教育月刊》,该刊是一本民众社会教育刊物,以将实验研究所得的结果供诸社会以便推广乡村民众教育事业为宗旨。以文会友、以刊交友,是那个时代清新明朗的社会风尚。

第二,通过办刊收集民众的反馈,尤其是批评与建议,以完善刊物内容,同时达到教育国人的目的。《德风》的发刊词中提到,"……要以新民主义作为教育思想的中心,造成新的风气,树立新的道德,换句话说,我们要以劲疾之风根绝过去嚣张乖戾,依赖虚荣的恶智,更以煦和之风,培养明德新民柔顺端静的正气,这种重大的使命,我们应该当仁不让置诸肩头、唤醒同胞,自修身齐家起,切实向前作去……"《民众半月刊》的发刊词中提到,"……我们要恪遵总理遗训,和学习的所得,努力为城市民众们,设施理想而相当的教育"。《沧中双周》的发刊词中提到,"……对于我校情况,得以随时明了,而辅翼之,匡正之;俾得逐日改善,以造福青年;斯则此次改组之所企望者也"③。无论是以"新民主义"为主的思想教育,还是关于生活知识的教育,这些刊物都有着自己

---

① 节选自 1935 年《学友》发刊词。
② 节选自 1938 年《德风》创刊号第 1 页发刊词。
③ 节选自 1934 年《沧中双周》发刊词。

超出常人的看法与主张。所谓开民智、诉心声，办刊人在社会化媒介尚不发达的当时，通过刊物来集"众人之智"无疑是有担当和有智慧的。

第三，通过发刊进行加深与同道、同学、同僚、同盟的学术探讨。《警风月刊》发刊词中明确指出："警政之良窳，关系人民至钜，《警风月刊》之创始，正为各同志相互砥砺切磋。"[①] 该刊希望能够借助《警风月刊》的发行，与警界同僚共同探讨，改进当时的警政制度，改正以往的不良风气，并借此与民众达成合作，共同努力、共同进退。《七师期刊》的发刊词中也明确指出："今后吾校师生研讨之心得，设施之计划，与毕业同学在各地服务实验之报告，均可借此定期刊物，为之披露。"该刊创刊伊始时，明确是要借此刊将教学研讨之心得公布于社会，并期望得到指正。

第四，通过发刊配合地区经济、政治、武装、文化等方面的建设。《玉田半月刊》《唐钢》《视察特刊》等期刊都是这方面的代表。其中，《河北通俗农刊》的创刊词中说到，"请看我们勤劳朴素，埋头苦干的农家不是都已经破产了吗？要想救济这种惨状，应付这种复杂的环境，固然有待于政治的力量，而我们自身根本上必须具有随时代而进步的知识和技能。那就是科学的和经济的知识与大量生产有效的技能。这是比什么都要急切的"[②]。一些期刊虽然刊名具体，服务范围不大，也较有专业性，但正因为其发行范围较小、传播精度高，其所保留的地域风格和专业气息也更为全面与深刻。

民国办刊者们向后人展现出了他们的"先天下之忧而忧，后天下之乐而乐"的伟大胸怀，也生动反映了民国时期河北知识分子的气度、学识、谈吐、风范以及勇气、责任与担当，深刻彰显了办刊者的职业精神和理想信念，以及他们知行合一的行动力和感染力。

---

① 节选自1947年《警风月刊》发刊词。
② 节选自1934年《河北通俗农刊》创刊号第1—2页发刊词。

# 第 五 章

# 民国时期河北期刊的形式与风格

## 第一节　民国时期河北期刊封面的形式与风格

一本期刊风格的体现，主题内容的表达，主要依靠于期刊封面传播给读者，封面带给读者对一本期刊的第一印象，是外在的表现形式。民国时期随着社会的动荡，中西文化不断的碰撞，封面设计作为一种艺术表现形式也彰显着相应的时代特征，体现着传统文化与新文化的交融，以及民国时期河北省的地域文化特色。

### 一　封面的配置形式

（一）封面尺寸型款多样

从封面的尺寸上看，民国时期河北期刊的开本大小不是统一的16开。不同类型的期刊根据其功能不同，封面大小也有明显差异。

民国初期的政务类期刊，其刊登内容多为法律法规的颁布、公务公文、相关部门之间的联系。其主要读者为相应职位的政府官员工或办事人员，其作用与清朝的奏折类似。在封面尺寸上，也与奏折的尺寸相仿。以1912年的《长芦盐务公报》（如图5—1）为例，其封面的长宽比为2∶1，与清朝奏折的长宽比例大体相同，封面文字排版也类似。以笔者搜集到的期刊来看，1928年以前的政务类期刊，一直沿用的是与清代奏折比例相似的封面开本，1928年以后大多改为16开本。

图5—1 《长芦盐务公报》封面

(二) 封面设计款式多样

从封面设计来看，随着社会的变革与进步，艺术审美风格与印刷装帧技术不断革新，不同类型的期刊因其不同的办刊目的和读者类型，封面也呈现出各具特色的视觉效果。

民国时期河北期刊的封面形式分为两种：一种是有明显封面的期刊，另一种是无明显封面的期刊。笔者搜集到无明显封面的期刊有以下几种：

表 5—1　　　　　无明显封面的期刊统计表

| 期刊名称 | 办刊机构 | 内容类型 | 创刊年 | 每期页数 |
| --- | --- | --- | --- | --- |
| 《河北民国日报副刊》 | 期刊社 | 社科类 | 1928 | 8—11 页 |
| 《河北民国日报副刊：鹁》 | 期刊社 | 社科类 | 1928 | 8—11 页 |
| 《河北民国日报副刊：筦》 | 期刊社 | 社科类 | 1929 | 8—11 页 |
| 《河北民国日报副刊：社会科学周刊》 | 期刊社 | 社科类 | 1929 | 8—11 页 |
| 《交大唐院周刊》 | 校刊社 | 综合类 | 1930 | 4 页 |
| 《春草》 | 期刊社 | 文艺类 | 1931 | 4 页 |
| 《河北省立民众教育实验学校周刊》 | 校刊社 | 综合类 | 1932 | 8 页 |
| 《心声》 | 校刊社 | 文教类 | 1932 | 8 页 |
| 《疾呼》 | 期刊社 | 政论类 | 1932 | 12 页 |
| 《河北省立第七中学校刊》 | 校刊社 | 综合类 | 1933 | 4 页 |
| 《河北省立医学院半月刊》 | 校刊社 | 综合类 | 1933 | 4 页 |
| 《正中校刊》 | 校刊社 | 综合类 | 1934 | 5 页 |
| 《望益》 | 期刊社 | 文艺类 | 1936 | 12 页 |
| 《唐大学生》 | 校刊社 | 综合类 | 1937 | 20—40 页 |
| 《合力周刊》 | 期刊社 | 政治类 | 1937 | 11 页 |
| 《黄农月刊》 | 校刊社 | 农业类 | 1937 | 44 页 |
| 《农建旬刊》 | 机关组织 | 农业类 | 1937 | 14 页 |
| 《银河》 | 期刊社 | 社科类 | 1946 | 16 页 |

据以上统计，无明显封面的期刊中有 9 种为期刊社出版，8 种为校刊，1 种为组织刊物。期刊页数方面，除《黄农月刊》与《唐大学生》以外，其余都在 20 页以下，有 11 本期刊的页数在 10 页以下。

《交大唐院周刊》《正中校刊》《河北省立第七中学校刊》等综合类期刊，内容多以刊登消息为主，包括学校的布告、会议的记录、校闻、报告、常识问答、毕业同学消息等，每篇文章篇幅较短，所占空间不大。该类封面尽管在样式上与报纸类似，但与报纸不同，在装订上以册的形式呈现，内容上所有期刊围绕一个主题或者研究对象进行编排，而报纸则多以新闻评论为主要内容。期刊多因节省版面或者纸张原因而选择不配置明显的封面版式设计，但该类出版物无论是从内容还是装订形式等方面分析还是属于期刊范畴。以《交大唐院周刊》为例，无明显封面的期刊其"封面"多是以版块的形式进行区域划分，将期刊横向平均分为四个版块，右边纵向开辟出一个版块，用来介绍期刊的主要信息，标题、版权、目录等。这类封面将公告、启事等重要的消息放置于封面，方便读者阅读。无明显封面的社科文艺类期刊，所刊文章的主题与期刊栏目设置较为单一。以《疾呼》（如图5—2）、《心声》（如图5—3）为例，《疾呼》的文章以政论性文章为主，多发布针对国内外大事的评论。而《心声》以"交流学术文艺"① 为宗旨，刊登文章多为文学作品或者是译著。这类作品篇幅与消息公告相比显得较长，所占版面空间较大，所以这类期刊多是将封面横向平均分为两个或三个版块。

有明显封面的期刊，封面样式、图文安排、字体样式、版式设计等也不尽相同。

**图5—2 《疾呼》封面**

---

① 参见《心声》第1期发刊词。

图 5—3 《心声》封面

1. 排版类型差异明显

民国时期河北期刊的字体排版方式主要分为三种：竖向排版、横向排版、自由排版。

竖向排版是沿用中国传统书籍的排版方式，字体一般较大，标题字占整个封面三分之二的空间。政务类期刊多采用竖向排版，分为文字与留白两大部分。这样的封面较为简洁，文字与留白将封面进行了良好的分割，突显了题目，并使期刊显得庄重、清爽。以《河北财政公报》（如图5—4）为例，标题居中占封面三分之二的空间，两边以对称的形式将期刊的出版单位与出版时间与出版期数有序排列，标题配合传统的毛笔字体，较为工整庄重，适合政务类期刊的风格。《乡村民众教育月刊》（如图5—5）的标题置于期刊右侧，黑底白字，突出了标题，并与目录形成对称。右置的标

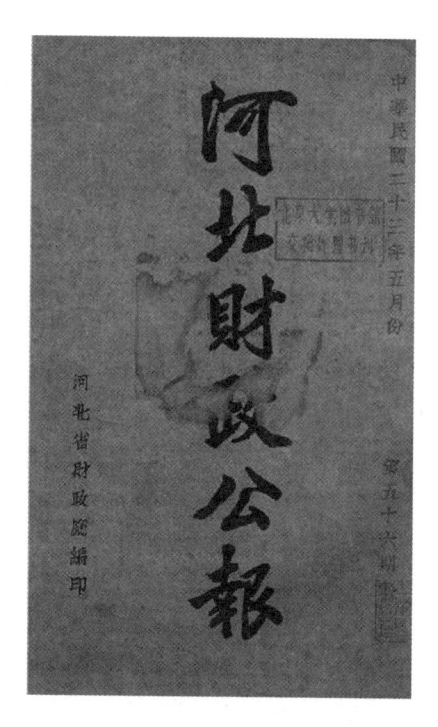

第五章 民国时期河北期刊的形式与风格 / 371

图5—4 《河北财政公报》封面

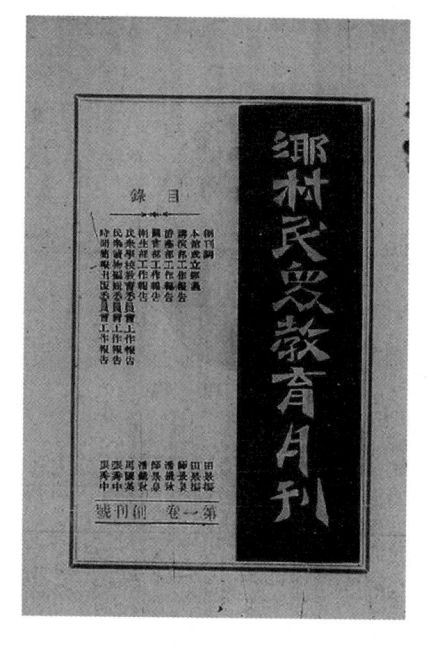

图5—5 《乡村民众教育月刊》封面

题放置更加符合当时读者的阅读习惯。《井矿月刊》（如图5—6）继承了传统书籍标题置于左上的传统，封面右上角的梅花与左下角的井矿图形成对称，这样的排版设计增加了期刊的生活气息，符合该期刊沟通情况、指导经营的办刊宗旨。梅花、矿井、商标等意象的加入，打破了传统书籍不加修饰的素雅风格，使期刊更加生动、新颖，增强了对读者的吸引力。

随着西方设计理念的传入，期刊封面文字也逐渐采取横向排版的方式。在横向排版时将标题放在上方的三分之一处，以《财政研究》（如图5—7）为例，该期刊将标题放在封面上方三分之一处，剩余的空间以留白的方式进行处理，使用简单的线条对封面空间进行了粗略划分，中间是目录介绍，右边为期刊基本信息。这样的封面设计视觉上给人清晰简洁的感受，封面上的文字更加清晰明了，具体内容也更加突出。

图5—6 《井矿月刊》封面

第五章 民国时期河北期刊的形式与风格 / 373

图 5—7 《财政研究》封面

横向文字排版逐渐代替竖向文字排版成为当时主流的排版方式。以《朝华》（如图 5—8 与图 5—9）为例，1929 年第 1 卷第 1 期封面为竖向

图 5—8 《朝华》第 1 卷第 1 期封面

**图 5—9 《朝华月刊》第 2 卷第 4 期封面**

排版，1930年第2卷第4期改为横向排版，并一直沿用到停刊。《保定新青年》《幽燕》《新河北》等期刊也在封面设计上做了相应调整，文字从竖向排列逐渐变为横向排列，文字阅读顺序从右向左变为从左向右排列。

自由方式的文字排版没有规律可循，设计者可根据期刊本身的特点、办刊宗旨、目标读者水平及想要传达风格等因素，综合考量进行设计。

部分期刊封面的文字排版受当时苏联构成主义的影响，将图片、线条、色块与文字进行结合，强调空间感与视觉上的冲击。封面设计者对期刊办刊宗旨的理解，充分融入文字与图片的配合中，或根据期刊目标读者的整体水平进行封面设计，从而达到吸引读者、展现期刊风格的效果。以《培德月刊》（如图5—10）为例，该刊将标题文字与圆形相切，圆形被历史、国文、专刊等书本填满，目录被写在了一本书的图形上，置于整本期刊下方的二分之一处。期刊的期数被写在了五角星图形上，封面上还随机以花朵的图形进行了点缀，上面写着"勤""亲""忍"等字样。《培德月刊》为中学生刊物，主要刊登对于德智体发展有所指导、增益的文章，办刊目的在于补充中学课本中的不足。其充满童趣的封面设计，不仅吸引了目标读者的兴趣，还彰显了补充知识、增益中学生德智体美的办刊宗旨。《新钟》（如图5—11）的封面将标题嵌入在一个钟

第五章　民国时期河北期刊的形式与风格　/　375

图 5—10　《培德月刊》封面

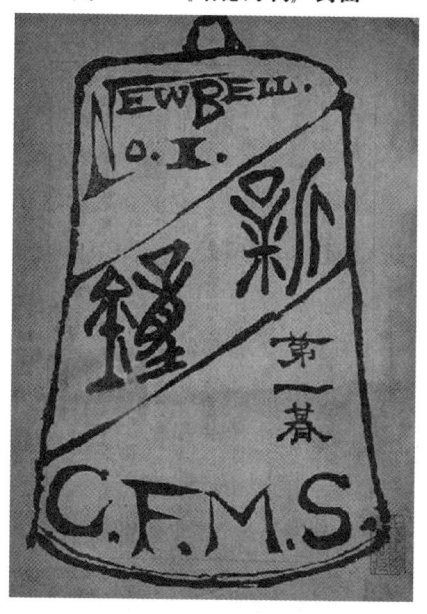

图 5—11　《新钟》封面

形的图形中，以平行四边形将钟横向分割成三个版块，标题嵌在中间，上面为"新钟"的英文名 *NEW BELL* 与期刊号，下面为缩写。《新钟》的封面打破了单纯的横竖排版格局，自由方式的文字排版让封面更加生动具象。自由方式的文字排版多在文艺类、教育类、党政宣传类等商业性强或宣传性强的期刊中使用。

2. 字体设计及运用新颖多变

民国时期河北期刊封面的字体，主要分为传统字体、印刷字体与美术字。

使用传统毛笔字作为期刊封面的标题字体，大多是继承了中国传统书籍的封面设计方式，封面风格简单练达，以文字与留白作为封面的主要设计元素。还有一些期刊使用书法名家的作品作为期刊封面，从而达到彰显期刊地位、吸引读者关注的目的。以《工业年刊》《昌黎周报》《河北棉产汇报》为例，其封面都使用当时社会上有声望的书法家的题字作为标题，《工业年刊》（如图5—12）由李煜瀛[①]先生题字，《昌黎周报》（如图5—13）由詹朝阳先生题字。以书法题字作为期刊封面在当时河北期刊中较为流行，较多期刊以书法题字或者曾以书法题字作为封面标题。

随着东西文化的融入与贯通，鲁迅、钱君陶、丰子恺等不仅在中国传统书法方面有所造诣，对西方艺术理论也日益加深研究，他们将中国传统的书法与西方的艺术形式相融合，设计出了艺术字体。这些字体一改中国传统书法的样貌，将笔画进行适当的变化，比如笔画上的延长或者缩短、加粗或变细、改变文字的重心等增加视觉上的效果，让标题更加醒目，更能吸引读者的注意，或者通过增加图形点缀，让字体表达更加符合期刊风格特点。

---

[①] 李煜瀛（1881—1973），字石曾、石僧，河北高阳人，出身望族，其父为晚清重臣李鸿藻。早年曾随清驻法公使孙宝琦到法国读书。1906年加入同盟会，回国后任京津同盟会副会长，1913年再去法国参加勤工俭学活动，为大批中国青年提供了到欧洲学习西方文化、寻求救国真理的机会。1917年回国后任北京大学教授，并创办中法学院、中央研究院。1924年，参加国民党第一次全国代表大会，被选为中央监察委员。他参与了驱逐溥仪出宫和故宫博物院的创建活动，曾被聘为清室善后委员会委员长等职。1928年，在国民政府任命的故宫博物院理事中他位列第一，成为第一任理事长。1949年移居海外，1956年回到台湾。

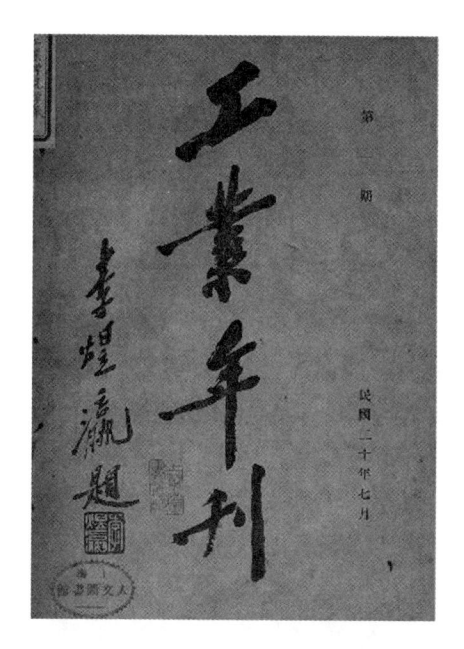

图5—12 《工业年刊》封面

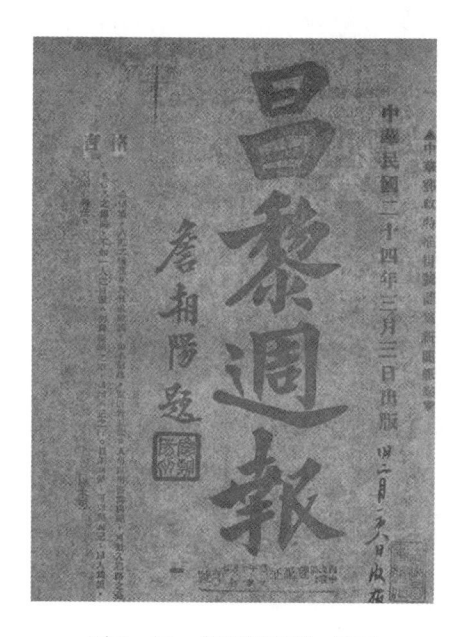

图5—13 《昌黎周报》封面

《烽炎》（如图5—14）的封面中"烽炎"二字如同火苗正在激烈地燃

烧。设计者将笔画的笔尾做上扬变细处理，延长右半部的笔画，将左半边的笔画缩短并上移，将烽与炎形象地展现在读者面前。此期刊以鲁迅先生逝世特辑作为创刊号，意为相信文艺的力量就像烽火一般可以燃起民众的内心，唤起民众的觉醒。这样的标题设计恰如其分地表达了该期刊的办刊目的，向读者传递了其内容中所蕴含的力量与决心。

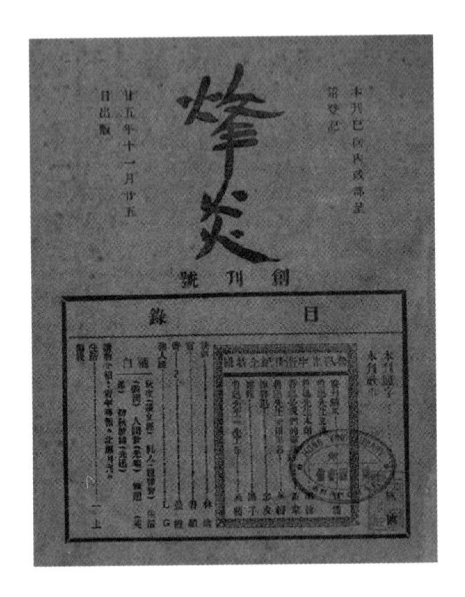

图 5—14 《烽炎》封面

《河北第一博物院半月刊》（如图 5—15）的封面尽管是传统式的文字排版，视觉上较为素雅，但整体上呈现出厚重和自然的风格特点。除去其以文物形象为图形的淡草绿色底纹设计外，书法字体形式的改变也为其风格的呈现助力。期刊封面在标题的文字设计上，将所有的"点"这个笔画都改变为圆头骨头的形状或犄角的样式，字体的整体结构都书写得较为松散，形似重新组装后的文物或者化石。这样的字体结构样式与该刊"考古研究、艺术绘画、文化教育"的主题较为相符，颇能引起读者的阅读与学习兴趣。

《河北前锋》（如图 5—16）的封面副标题"五月革命纪念专号"占据了整个封面四分之三的位置，其将字体笔画加粗改短，"专刊"二字为了与前列对齐，将笔画进行了延长。这样的字体设计使副标题更加醒目

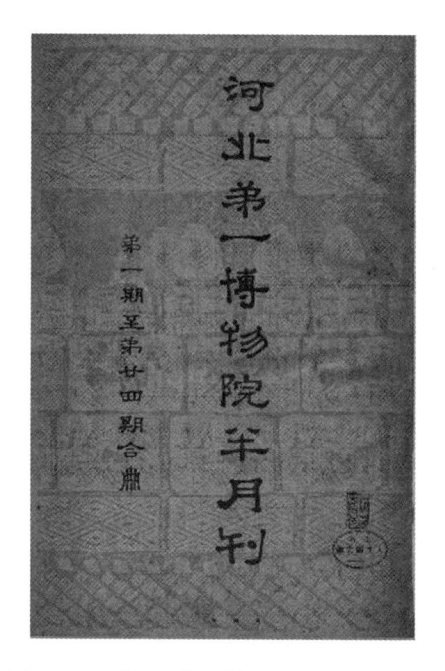

第五章　民国时期河北期刊的形式与风格　/　379

图 5—15　《河北第一博物院半月刊》封面

图 5—16　《河北前锋》封面

突出，鲜明地向读者展现了该刊的主要内容与主题特征。短粗的字体设计使文字风格显得幼稚可爱，并与文字后的漫画背景融为一体。

《幽燕》（如图5—17）的封面标题与鲁迅先生设计的《晨光》（如图5—18）相似，笔触硬朗有金石感，笔尾有尖脚设计以显灵气。《幽燕》名字由来与办刊宗旨通过阅读版权页前附文——《关于幽燕》即可知，"这个名字之由来，第一期已说明。现在我们将它当为一个标记，我们要在这个标记之下团结起来开步走。朋友们，这个保定是一个荒，让我们，我们现在来拓"①。该刊的主创者认为当时的保定文学氛围欠浓郁，希望通过《幽燕》这一期刊在保定开拓出新的文艺园地。既然拓荒必要坚定，这与"幽燕"二字在封面上所体现的有力量感的设计紧密贴合。

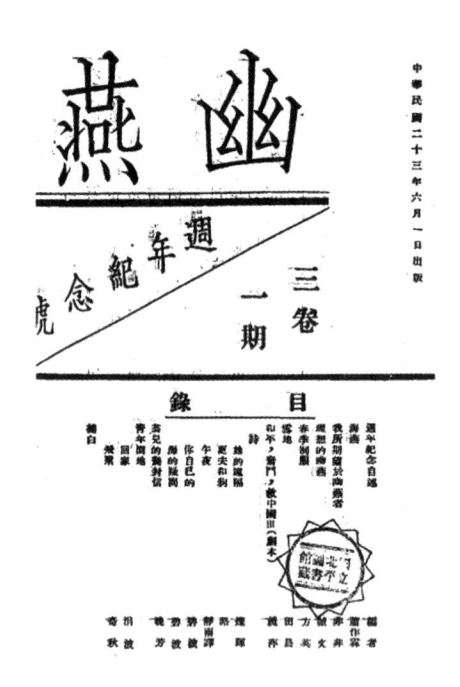

图5—17 《幽燕》第3卷第1期封面

---

① 参见《幽燕》第1期《关于幽燕》。

第五章　民国时期河北期刊的形式与风格　/　381

图 5—18　《晨光》封面标题

印刷字体随着西方印刷技术的引入而加以应用，期刊的出版印刷从传统的印刷方式转为现代化的印刷方式，字体从传统的字体形式改为了宋体与黑体等印刷体字体。这些字体至今仍被较多使用，一般认为印刷字体更加规范、标准、程式化。宋体字样式清晰典雅容易辨认，黑体字形式清晰明了，突出醒目。印刷字体在期刊上使用，使形式看起来更加工整、规范和严肃。如《晋察冀画报》（如图 5—19）与《国立唐山工学院四十二周年纪念特刊》（如图 5—20）分别使用了黑体与宋体印刷字作为标题，封面显得大气庄重，与新闻画报类或特刊类的期刊风格相得益彰。

图 5—19　《晋察冀画报》封面

图5—20 《国立唐山工学院四十二周年纪念特刊》封面

早期派往日本、西方学习美术的艺术家们回国后,将他们所学的西方或日本的艺术理念带回中国,在印刷字体的基础上进行了改动或修饰。随着美术字的广泛使用,国人对于传统字体的认知发生改变,并掀起了设计新字体的艺术风潮。

民国时期河北期刊对于印刷字体的应用和改进,与对书法字的应用和改进同步进行。在文字的笔画上进行修改装饰,宋体字使其在原本大方典雅的基础上更加富有艺术感染力,黑体字使其在原本庄重醒目的基础上更加生动活泼。在美术字的设计方法中,值得一提的方法是字体设计者将宋体与黑体相结合,使字体既具有宋体笔势上的大方典雅又有黑体醒目的特点。如《保师附小校刊》(如图5—21)的封面标题字就是将宋体字进行了笔画上的改造,每个字的收尾处变得曲折圆润,让原本典雅的宋体字增添了稚气与童趣。《文化前哨》(如图5—22)的标题的字体是在黑体字体的基础上进行了加工,在笔画末尾添加了形如水滴的装饰,在醒目的同时增添了文艺气息。

第五章 民国时期河北期刊的形式与风格 / 383

图 5—21 《保师附小校刊》第 2 期封面

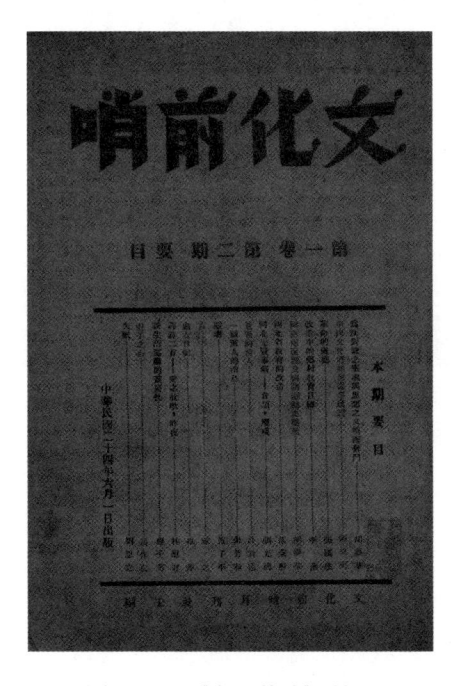

图 5—22 《文化前哨》封面

除基本样式的美术字外，一些美术字的设计还在融合西方艺术理论后出现了多种变体，如立体式、阴影式、双线式等。《务实》的封面标题（如图5—23）采用的是立体式美术字，《新冀东》的封面标题（如图5—24）则采用的是阴影式美术字，《朝华月刊》（如图5—25）与《河北民国日报副刊》（如图5—26）的封面标题则采用的是双线式美术字。采用不同类型的美术字，在更加美观的同时，也使标题更为醒目突出，易于读者识别与记忆。

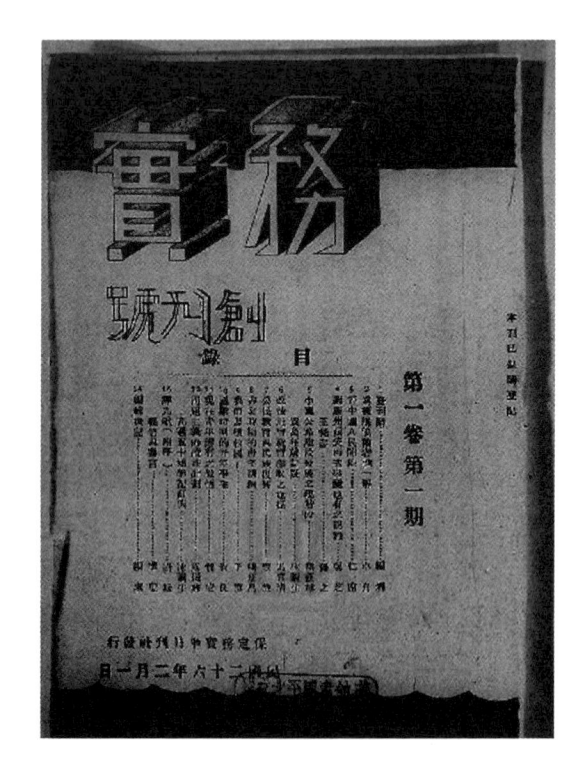

图5—23 《务实》封面

第五章　民国时期河北期刊的形式与风格　/　385

图 5—24　《新冀东》封面

图 5—25　《朝华月刊》第 2 卷第 4 期封面

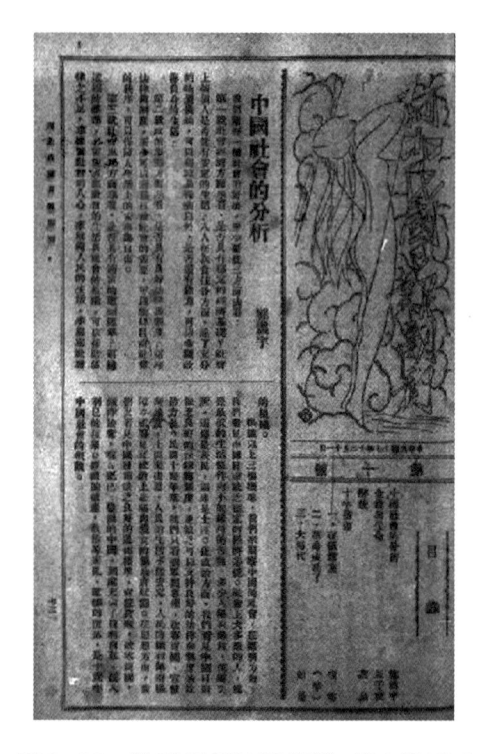

图5—26 《河北民国日报副刊》第十号封面

3. 图形设计元素较为丰富

民国时期河北省期刊的封面在图形设计上，也随着技术发展与进步展现出与时俱进的特点，具体形式有木刻版画、漫画、传统水墨画、摄影作品等。

木刻版画起于中国，曾流传至英、德、日等国家，日本首先将木刻版画应用于装饰艺术。随着五四运动的开展，鲁迅先生提倡把木刻版画作为一种新兴的装饰艺术进行推广，这也是新文化运动的一个组成部分。民国时期木刻版画以记录事实，反映社会与身边现实情况为创作内容。

木刻版画按颜色可以分为单色版画、黑白版画与套色版画，在民国时期的期刊封面中应用广泛。

《北光》封面（如图5—27）的图形是用木刻版画方式制作的一幅黑白版图（如图5—28），版画展现的是中国军队在前线上持枪保家卫国。该封面以写实的记录手法反映了当时中国社会正处于外敌入侵的危机时刻,画面旁边写有"曙光在前,兄弟们奋斗!"的呼告,以激励期刊读者并引起共鸣。

图5—27 《北光》封面

图5—28 《北光》封面版画细节

《保师附小校刊》（如图5—21）是以单色版画的形式展现了两位童子军之间的相处,这幅画应是与期刊中《童子军当怎样服务》一文相呼应,该文主张作为童子军的责任是服务人群,为他人服务,为社会服务。

《德育月刊》第 3 卷第 1 期的封面（如图 5—29）采用的是套色木刻的方式，该封面以黄色为底，红色为线条，封面上的德育中学在落日的余晖下仿佛闪耀着金色的光芒。封面整体给人以充满希望、温暖与欢愉的感觉。

图 5—29　《德育月刊》第 3 卷第 1 期封面

以漫画为表现手法进行封面设计，是当时较为流行的表现形式。由于丰子恺、张乐平[①]等当时著名漫画家的带动，加之漫画本身具备讽刺现实，表达方式含蓄内敛的特点，漫画较适用于当时变革动荡的社会现实。以《大城县政府周报》封面（如图 5—30）为例，此期刊被誉为最为贴近农民的政府类报刊，在特殊的农忙或者耕种时节，期刊会以漫画的形

---

① 张乐平（1910 年 11 月 10 日至 1992 年 9 月 27 日），男，浙江嘉兴市海盐人，中国当代漫画家，漫画"三毛"形象的创作者。毕生从事漫画创作，画笔生涯达 60 多个春秋。1949 年后，在中国美术家协会上海分会、解放日报社、上海少年儿童出版社任专业画家。20 世纪 80 年代后任中国美术家协会顾问、《漫画世界》主编。其漫画以政治讽刺见长。1949 年后还画了三毛在新时代的经历系列画集，共出版 10 多部三毛形象的漫画集。

式作为期刊封面，叮嘱农民该时期耕种所需注意的事项。第 16 期的封面画了一幅"蝗虫入境"图，提醒农民要预防蝗虫的到来。第 17 期的封面画了一幅"向蝗虫开炮"图，鼓动农民要进行杀虫抗虫，不要畏惧蝗虫。第 19 期的封面是一幅农耕图，发刊日期为 6 月 10 日，正是小麦成熟需要收割的季节。图上旁白标注"农民紧张起来了"，用来督促农耕。《大城县政府周报》以漫画作为封面，增添了政府号召的亲和力。

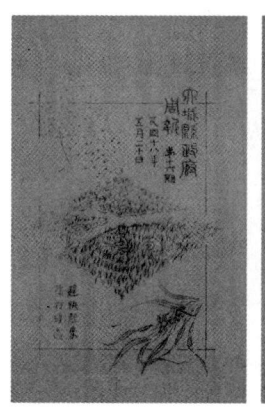

图 5—30 《大城县政府周报》第 16 期、第 17 期与第 19 期封面

尽管当时的整体社会风气是提倡新文化、新技术、新思想，但民国时期河北期刊并没有完全将中国传统的艺术精神摒弃，一部分期刊将中国传统的水墨画艺术运用到了期刊封面中。中国传统的水墨画，线条简单、颜色内敛，讲究意境与意象的结合，寓意深远。一些封面设计者，将水墨画的形式特点凝练转化成为期刊封面中的图像，使期刊彰显东方艺术品位与特色的同时，还为期刊平添了一份书卷气与厚重感。

《威县赵庄校友会年刊》以促进校友会之发展与校友之间的沟通交流为办刊宗旨，梅花、竹子与松树作为主要意象出现在了该刊的封面中（如图 5—31）。自古以来，国人用"梅花香自苦寒来"来歌颂梅花，用"任尔东西南北风"来赞美竹子，用"岁寒然后知松柏之后凋也"来描述松树，三个意象都具有在危难时仍旧坚韧挺拔、自强不息、不畏困难的高贵品质。该刊以梅、竹、松作为封面的意象，一方面激励校友，不畏艰苦、保持初心，花香自然会在苦寒之中飘来。另一方面表达了期刊在

图5—31 《威县赵庄校友会年刊》第3期封面

困难时期，仍坚持自我主张的决心与毅力。该刊在第3期例言中说道，"本刊出版因财政极感困难且无专贵人员以致规模极小取材极为简陋暂定年刊一次，但本刊为餍足阅者之心理今念不惜多为出刊资改用铅印，封面装订秀美以洗形式不完整字迹模糊之弊"①。这一表述更加说明了该刊出版力求少而精，条件虽困难却不应服输。

《文昌宫》②1936年第11期的封面（如图5—32）以一幅林间风景图作为封面，稳重大气、意蕴悠长，该刊的主要办刊目的是呈现河北省立第一师范附属小学校学生的文学作品，水墨画的封面使期刊更具备了一份文艺气与书卷气。

一些期刊封面中的摄影作品体现了西方技术与艺术理念的融合。照相技术于19世纪40年代传到中国，民国期间并未普及，但是其纪实性与直观性是当时其他艺术表现形式不可替代的。《丰中季刊》（如图5—

---

① 参见《威县赵庄校友会年刊》第3期例言。
② 该刊1934年第8期前名为《文昌》，1935年第9期后改名《文昌宫》。

第五章　民国时期河北期刊的形式与风格 / 391

图 5—32 《文昌》封面

33）、《晋察冀画报》（如图 5—19）《七师期刊》（如图 5—34）等期刊封

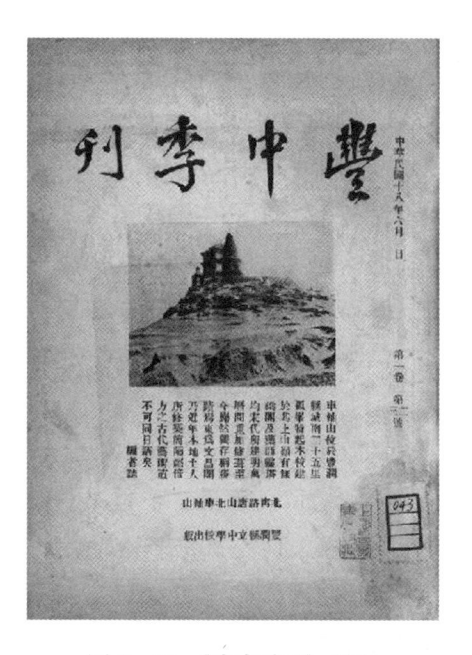

图 5—33 《丰中季刊》封面

图5—34 《七师期刊》封面

面多采用摄影作品为封面。其中《银河》与《晋察冀画报》都是以新闻消息为主要登载内容的期刊。《丰中季刊》与《七师期刊》为校刊，由于摄影作品对于印刷技术与拍摄的设备都有一定要求，碍于技术与经济上的限制，将摄影作品作为封面的期刊数量并不多。新闻消息类期刊大多都配有照相机，在展现内容真实性时多以摄影作品作为封面，还有就是出版规模较大的期刊，一般有充足的资金用于封面的设计与印刷，也多以摄影作品作为封面。

4. 色彩运用明快清朗

民国时期河北期刊封面在色彩设计方面多以简单质朴的风格与期刊主旨相互呼应，给人以直观的审美感受，配色上一般简练大气，颇有传统中国艺术作品之风范，也不失现代颜色艺术之意蕴。

简约大气的传统配色。这类配色多以同种色系进行搭配，不同的期刊多选择不同色系。文艺性较强，以小说、散文、诗歌等文学性作品为主要内容的期刊，多以浅色系作为封面主色调，给人以平静、温和、踏实的感受。如期刊《德风》的封面（如图5—35），以淡蓝绿色作为底色，人物与图形以灰色填充，单纯的配色、舒缓的色调，给人以娴静淡雅之感，恰与《德风》更易煦和之风、培养明德新民，以及柔顺端静的办刊宗旨相符。校刊则多爱使用蓝色、橘色、白色等色调作为封面配色，给人以充满希望和生机勃勃之感。如《新十三中》的封面（如图5—36），封面中的图像将蓝色与黑色作为大背景，橘黄色的余晖、云朵与白色的天鹅与之形成对比，暗色的背景象征着大环境的艰苦，图中引吭高歌的天鹅与明亮的余晖，象征希望对明天的期待。《新十三中》的办刊宗旨提倡教育救国，期刊主要内容包括中国社会问题、农村经济探讨、青年杂志、侵华史略、独幕剧、文艺创作、暑期生活以及学校各项规章制度等。《新十三中》的卷首语中提到，"在这样时代环境下的学校教育，

**图5—35 《德风》第1期封面**

绝非仅仅于贩卖知识所可济事，而尤当在恢复民族独立，改造中国社会上，特别加鞭。根据'十年树木，百年树人'的精神，教育出救国救社会的人材，适应时代的要求，以维持民族生命，挽救社会危机"①。其封面中两只戏水的白鹅，可传达出别样的意境。

图5—36 《新十三中》第1期封面

色彩对比强烈的现代感配色。在民国时期河北期刊中，使用强烈的色彩来表明强烈的情绪，给人以视觉冲击感的封面较少，但这种配色方式主要在宗教类期刊或者冲突感较强的期刊中应用。现代感配色多以黑、白、红三种颜色形成鲜明的对比。《文会期刊》（如图5—37）为河北大名天主堂附设学校主办，属于教会学校宣传刊物。《反日特刊》（如图5—38）为抗日宣传刊物，该期刊专载一切关于反日之文章，报道和揭

---

① 参见《新十三中》第1期首卷语。

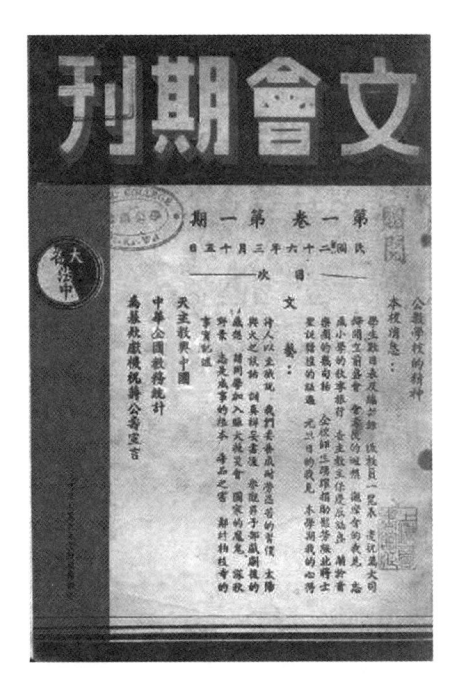

图 5—37 《文会期刊》封面

图 5—38 《反日特刊》封面

露日本侵略罪行，正如其自述"本刊目的——欲知倭寇所以为盗；御侮方法——务求有效而力行不败"。这两类期刊都是以宣传自己的中心思想作为办刊主要目的，此类强烈对比的现代感配色在民国时期河北期刊的封面中并不多见，但能够给人以强烈的视觉冲击，并引起更多的注意力和明确的情感指向。

## 二 封面的风格特征

（一）"以古为新"——活用传统艺术与古典精神

在"西学东渐"各种新文艺理论与西方新技术的共同冲击下，河北期刊的封面大多没有随波逐流，快速全盘西方，而是展现了交叉混融的艺术特征。

1. 封面题字以传统书法体为多

据笔者统计，民国时期河北期刊封面字体的使用，44%为传统毛笔字，33%为毛笔美术字，23%为西式美术字，在封面字体的使用上更偏爱于传统的毛笔字与美化改造后的毛笔字体。与印刷字体或者西式的美术字体相比，传统毛笔字或毛笔美术字为期刊的封面平添了书卷气，毛笔字使期刊的文化感更加浓厚，无论是期刊的气势还是期刊的底蕴，都表现得更加有力。传统毛笔字与毛笔美术字的期刊封面，更具有亲和力和代入感。

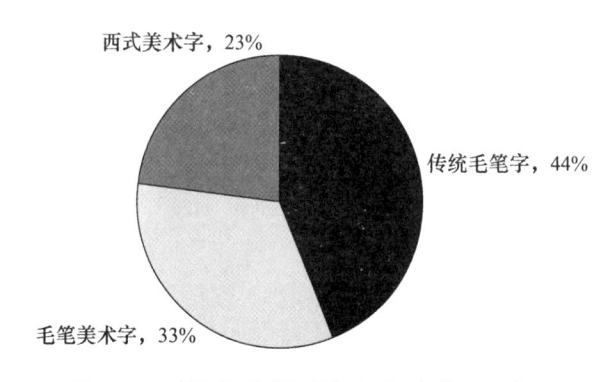

图5—39 民国河北期刊封面不同字体形式占比

2. 传统意向与文化符号运用较多

民国时期河北期刊封面无论是图形选择上还是封面构图上，都更加偏爱使用中国传统的艺术理念与形式。在一些封面的设计中，设计者大量运用知黑守白理念和留白方式，运用联系、象征、比喻等艺术创作手法，将寓意赋予意象，从而呈现期刊的风格特征。在文艺性期刊中，多用女性的形象来代表文艺意象。如《文化月刊——文艺特刊》的封面几乎都使用了年轻女性读书的形象来表达文艺气息。女性常常与美好、娴静、温和等意境联系在一起，可预示期刊中的文艺作品能带来平和与安静的感受。

图5—40 《文化前哨》封面

留白是民国时期河北期刊封面设计中使用最为普遍的艺术手法，很少有将图片或者文字铺满整幅期刊封面的情况。留白的封面设计手法，不仅可以均衡整个版面结构，使图形与文字等主体更为突出，还可以增加期刊封面的层次感。知黑守白的艺术创作手法主要是运用"黑"与"白"的对比来均衡版面，安排结构。这个观念最初出自《老子》第二十八章中的"知其白，守其黑，为天下式"①，后被运用到中国字画等艺术作品当中。这里的"黑"与"白"并不是上文提到的简单的留白，而是排除艺术作品中的色彩后，"黑"与"白"之间相互作用后所发生的艺术感应。"知黑守白"的艺术理念与中国传统画作中"虚实相生"，书法作品中的"计白当黑"系出一脉。闻一多认为，真正美的封面"不专指图画底构造，连字底体裁，位置，他们底方法，同封面底面积，都是图案底全体底元素"②。

（二）"化繁为简"——擅用经典意象与恰切符号

民国时期河北期刊封面在整体设计上多将实用性与功能性置于设计的首位，"少则多，多则惑"的中国传统艺术理念与西方的"简约主义"③不谋而合。尽管民国时期河北省的印刷技术水平相对不高，且当时大多期刊的经费都有些拮据，限制了封面的设计形式与艺术风格的呈现，但一些办刊者将期刊封面设计得简约而不简单，仍给时人和后人留下了深刻印象。

封面作品简约的设计风格主要体现在强调视觉中心，突出封面重点，传递最有效的信息。《兴华》的封面设计（如图5—41）主要集中在标题与刊期上，这类的封面设计是河北期刊最多也是最爱使用的设计风格。如《朝华》的封面（如图5—8与图5—9）、《文化前哨》（如图5—22与图5—40）的封面等，都将标题放在整个封面最为醒目的位置，增加标题的设计感，突出标题内容让读者能够快速辨认期刊的同时，给人大气、稳重之感。《工农兵》的期刊封面（如图5—42）除了增加标题的设计感外，还将工农兵的简单图形作为期刊形象的代表，并放在封面中心的位置，突出了期刊的主题对象，让读者对期刊的内容有一个大致的了解。

---

① 王亚楠：《论"知白守黑"在民国书刊封面设计中的应用》，《艺术百家》2016年第S1期。
② 吴明娣：《中国近现代艺术设计专题研究》，首都师范大学出版社2011年版，第36页。
③ 简约主义源于20世纪初期的西方现代主义。欧洲现代主义建筑大师路德维希·密斯·凡德罗（Mies Vander Rohe）的名言"Less is more"被认为是代表着简约主义的核心思想。简约主义风格的特色是将设计的元素、色彩、照明、原材料简化到最少的程度，但对色彩、材料的质感要求很高。因此，简约的空间设计通常非常含蓄，往往能达到以少胜多、以简胜繁的效果。

图 5—41 《兴华》复刊第 1 期封面

图 5—42 《工农兵》第 3 卷第 2 期封面

(三)"图文并茂"——巧用新闻图片与切题绘画

民国时期河北期刊作为当时的"新"媒介平台，有着与当今新媒体相同的特点——时效性，紧跟社会变革的步伐，及时跟进和反映当时社会热点成为刊物的工作要点，这不仅体现在期刊内容中，在期刊封面上也有呈现。

如上文所述训政时期的期刊封面多以太阳图形为意象，暗合了当时国民党作为执政党的一些宣传部署策略。1937年到1945年全面抗战时期，河北期刊封面多呈现与战争相关的内容，或直接抗日的宣传内容，如《反日特刊》封面（如图5—38）、《北光》封面（如图5—27）、《卫生》第1卷第5期的封面（如图5—43）。随着摄影技术的发展，期刊封面更多反映当时人们真实的生产与生活状态，将社会的进步与群众的呼声最为直观地展现在期刊封面中，如《晋察冀画报》的封面（如图5—44与图5—45）。紧跟社会热点、反映社会现实，具有较强的时代特征，是民国时期河北期刊的又一典型风格。

图5—43 《卫生》第1卷第5期封面

图 5—44 《晋察冀画报》第 8 期封面

图 5—45 《晋察冀画报》第 11 期封面

期刊封面是一份期刊内容的文本形象转译，是思想内容传播的直观景象和有力依托。20世纪20年代后期，中西文化已经从碰撞期进入了成熟稳定的发展阶段，现代书籍装帧设计也逐步发展起来。在这样的历史背景下，民国时期河北期刊的封面设计展现出了其在文化碰撞中融汇而成的新形式与新风格。

## 第二节　民国时期河北期刊内文的形式与风格

民国时期河北期刊不仅在封面方面经历了形式与风格上的变革，内文版式设计也有较大的变化。为了使新思想、新内容更好地为读者所接受，让读者在翻阅期刊的过程中有更好的阅读体验，民国时期河北期刊在目录、文字排版、分栏与注释等方面都做了调整和优化。

### 一　内文版式的呈现形式

#### （一）目录编排形式多样

目录一般位于封面与内容之间，是最先展现期刊具体内容的文字信息，也是读者判断是否对期刊继续阅读的判断因素之一，实用美观的目录版式设计尤为重要。

民国时期河北期刊的目录在位置上大致有两种形式，一种是置于期刊封面上，一种是置于具体内容的前一页。将目录安排在封面上具有较强的实用性，能够使读者更加方便快捷地了解该期刊登文章的主题，可指引对刊登文章进行选择性阅读。如《农友》的目录（如图5—46）就采用这种形式，将目录的主题内容用波浪式分割线与封面中其他内容隔开，并置于封面标题之下，这也是民国期刊目录排版设计中常见的位置。第二种目录位置的安排，是将目录置于内容页的前一页。民国期刊的扉页，多是与文章内容相关的摄影作品或是相关人士的题字祝词或是孙中山先生的肖像，目录多置于这些内容之后、具体文章内容之前。

以上两种目录配置方式也一直沿用至今，但在目录的版式上，当时河北期刊目录的内容形式与今天又略有不同。现今的期刊目录多用于检索，为了方便检索，现今的目录在文章标题后一般都标有页码，标题与页码之

图5—46 《农友》封面

间有指引线相连，而民国时期的目录最初多为期刊内容的简介之用，所以文章标题后一般标有作者的名字，标题与名字中间没用指引线相连。

民国时期河北期刊的目录从版式设计上，可以细分为以下几种：

1. 线装书式期刊目录版式

传统类的期刊目录以"甲乙丙丁"作为栏目的分类，没有指引线将文章标题与页码或者作者进行分离，只是单纯地将期刊内容的标题列出，供读者对期刊内容进行把握。如《长芦盐务公报》的目录（如图5—47），随着期刊编辑方式的演进，摒弃了"甲乙丙丁"的分类方法，简单地将栏目标题置于内容标题之前，将栏目标题的字号加大以示划分，如《河北民政汇刊》的目录（如图5—48）。这类目录多出现在政务类期刊中，政务类期刊多在党政机关内部传播，无须过多修饰来吸引读者的注意，主要以实用为主。但编辑人员进行期刊目录编辑时，还没有意识到可以在目录中安插页码，从而增强目录的检索功能。

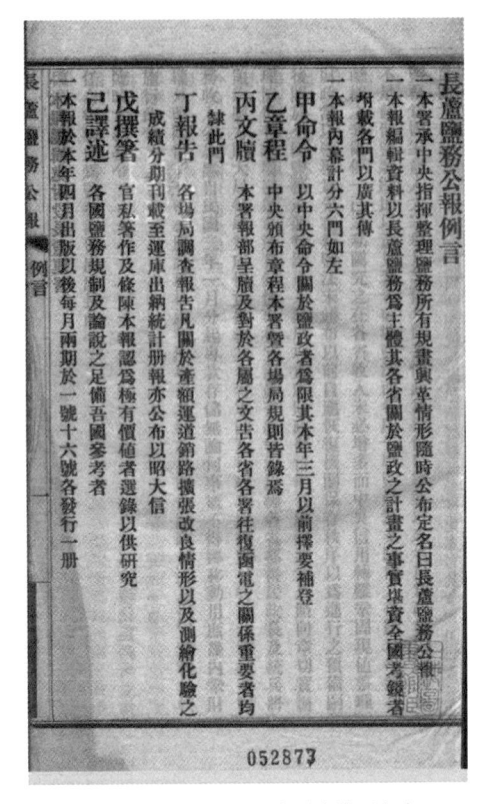

图 5—47 《长芦盐务公报》目录

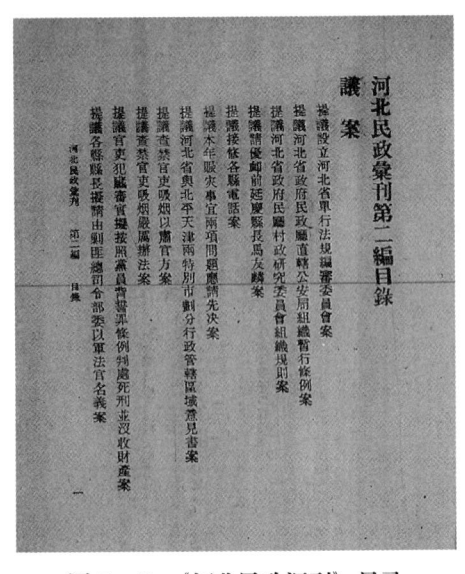

图 5—48 《河北民政汇刊》目录

2. 加注页码的目录标记版式

相较于传统的目录版式，括号式的页码标记型目录的实用性显得更强一些。这类目录在内容标题的对应处，标有文章的作者与页码，将页码用括号括起来与文字内容隔开。这类目录版式多用于民国早期，尤其是期刊栏目较少的文教类期刊，如《德育月刊》（如图5—49）。

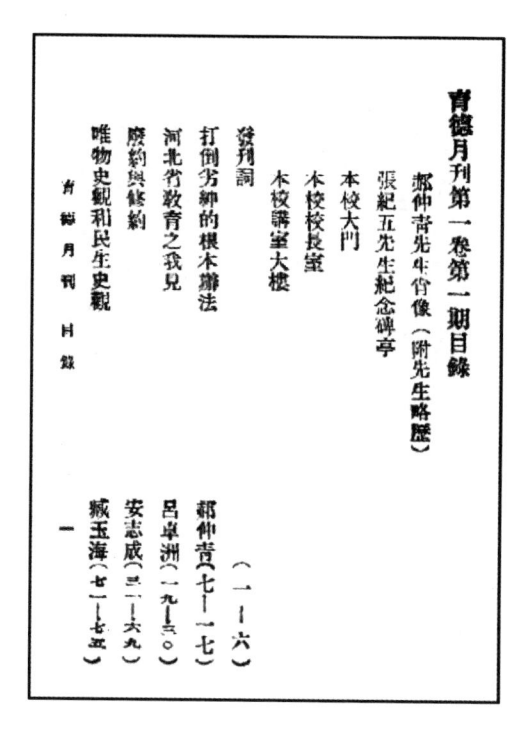

**图 5—49　《德育月刊》第 1 卷第 1 期目录**

3. 标题与作者或页码相连式

随着新式标点符号的应用，为了方便读者阅读，编辑人员在标题与作者或者页码之间添加了指引符。如1930年出版的《交大唐院季刊》第1卷第1期的目录，在1931年出版的第1卷第3期后添加了指引符号。版式方面，分为横版与竖版两种，多数期刊选择竖版的传统排版形式，指引符号上方为标题，下方标记页码或者标记作者，如《八师校刊》的目录（如图5—50）。一些新式期刊，尤其是科技类、实业类的期刊，如《交大唐院季刊》的第1卷第3期目录（如图5—51）多采用横向排版，

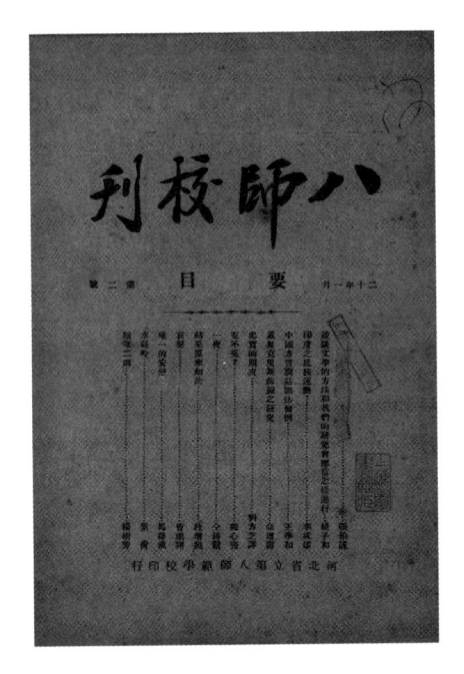

图 5—50 《八师校刊》目录

图 5—51 《交大唐院季刊》第 1 卷第 3 期目录

文字从左向右进行排版，指引符号左侧为期刊名称，右侧多为页码。

4. 栏目统领及分页式

栏目分页式的目录并不是简单地将栏目标题单独拎出来，而是以栏目作为检索与查阅的单位。最初的目录编排欠缺合适的表达方式，在栏目标题后并没有将页码标出，尽管这样的标题与传统式的目录相比实用性稍强，读者也容易获取信息，但是对所需的文章进行查阅并不便捷。以《财政研究》的目录（如图5—52）为例，该刊的目录将"插图""论著"等栏目标题横向排列，置于页面上端，将归类的文章内容置于相应的标题下。读者在阅读时，可以对文章内容分类一目了然。而后就出现了栏目标题的后面加上该栏目所在页码的情况，这样就增强了目录的检索功能，如《河北省立邢台师范学校月刊》的目录（如图5—53）。该刊的目录文字排版采用竖向排列，栏目标题使用黑色边框框柱，以突出标题的内容，并在相应的栏目下方标注了相应页码，使期刊栏目的信息更加清晰明了，实用性与美观性都得到增强。

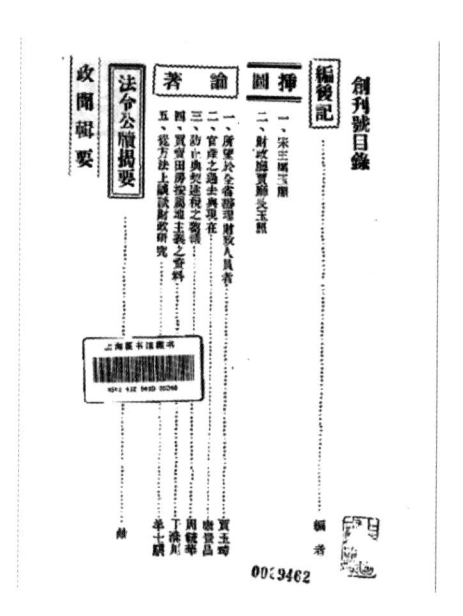

图5—52 《财政研究》目录

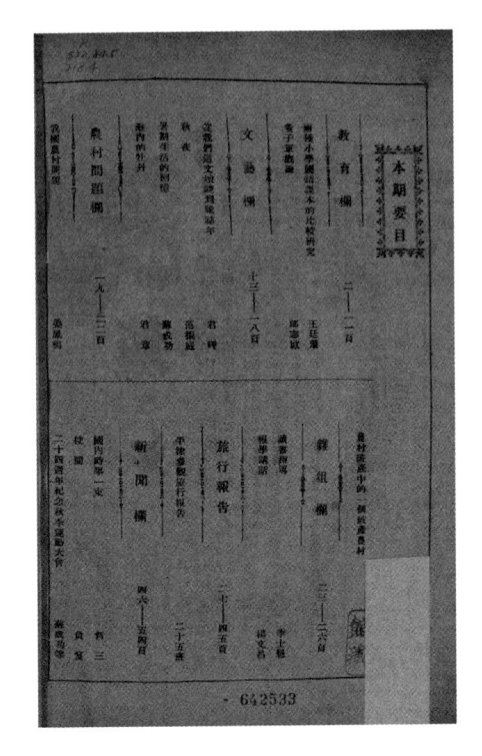

图5—53 《河北省立邢台师范学校月刊》目录

5. 配图与装饰性目录

民国时期河北期刊的目录在注重实用性的同时,对目录的美观性也同样重视,常以期刊主题或者栏目内容相关的图片作为装饰点缀在目录的版面上,与目录的文字、标点共同形成目录版式的组成元素。以《津南农声季刊》(如图5—54)的目录为例,《津南农声季刊》以农民补充科学农耕知识为主题,目录上下的图片均以稻田农舍或者农民耕种的场景为分主题,与期刊总主题相互照应。

(二) 内容呈现形式混融

1. 排版格式中西互鉴、交叉混融

在中国图书文化的发展过程中,书籍的装帧形式经历了从甲骨文时期利用尖石或刀具等利器雕刻在龟甲和兽骨上,再到使用毛笔进行书写到丝绸缣帛或者竹简木牍的过程,再后来主要使用毛笔与纸张。以上的书写方式,为了防止衣袖等擦花书写好的内容,所以在文字排版上使用

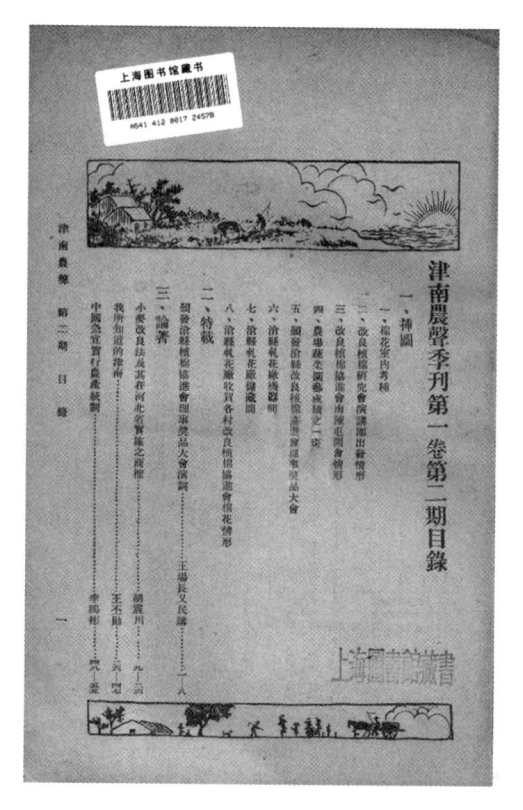

图 5—54 《津南农声季刊》目录

了右书右刻的方式。再者古代图书的材质多为简牍，简牍的制作原料为竹片、木条，形状皆为条形，图书内容长篇巨幅，竖条编制有利于书籍的携带与阅读。以上两点决定了我国古代文字的排版为竖向排版的方式。直至近代，文字的排版方式在西方文字形制及机械印刷技术的影响下，才逐渐丰富了起来。文字的排版形式不仅限于竖向，不同类型的期刊其排版方式也产生了变化，除传统竖排外，还衍生出了横向排版与横竖混排。

党政类、文艺类期刊的文字排版以传统竖向排版为主，科学类或实业类期刊的排版多采用横竖混排或横向排版。以《九师月刊》的内页排版为例（如图 5—55），该刊在涉及"论著""文艺"等栏目时，为了迎合阅读习惯还是以竖向排版为主，而"研究"等栏目，因为涉及公式与表格等内容，为了使内容能够更加准确完整地呈现，使用了横向排版。

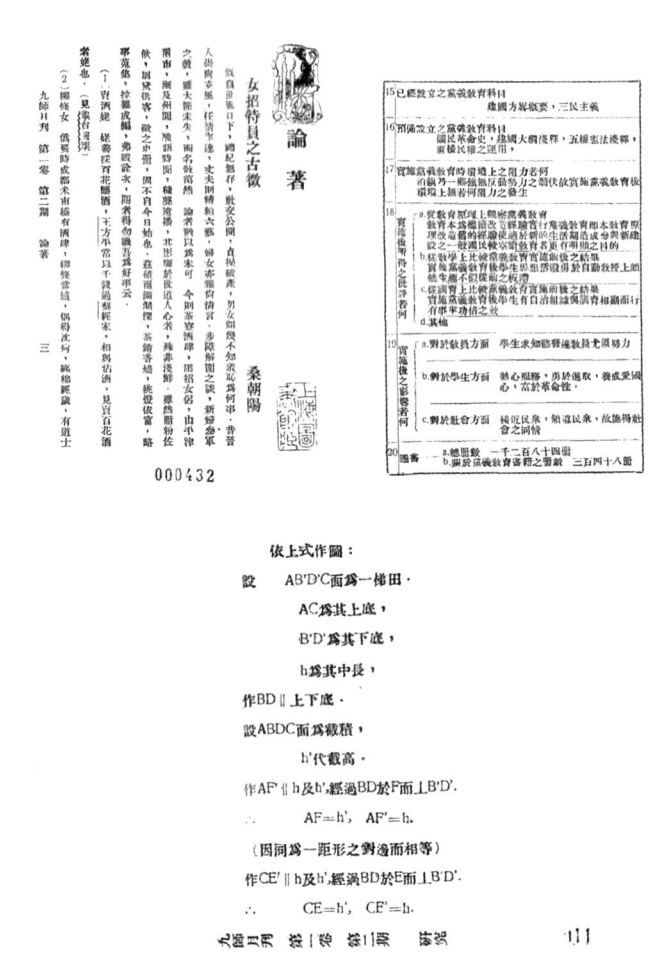

图5—55 《九师月刊》内页版面情况

有时为了保持前后一致性，在编辑"研究"类栏目时，编辑将书本横置进行排版，如图5—55的第三张图片，这样的排版方式会降低，读者的体验感，翻阅时不够便利，《唐山工业专门学校杂志》（如图5—56、图5—57）采用了双向排版的方式，这种排版方式避免了书本横置的排版方式带来的不便。《唐山工业专门学校杂志》采用了双向封面的设计，从前往后读是以英文或者科学为主的论文内容，为横向排版，从后往前读是以中文为主的论著文章，为竖向排版。《冀中教育》（如图5—58）采用的是将横向排版的内容与竖向排版的内容用边框隔开的方式进行排版，排版方式也巧妙地避免了阅读时的不便。

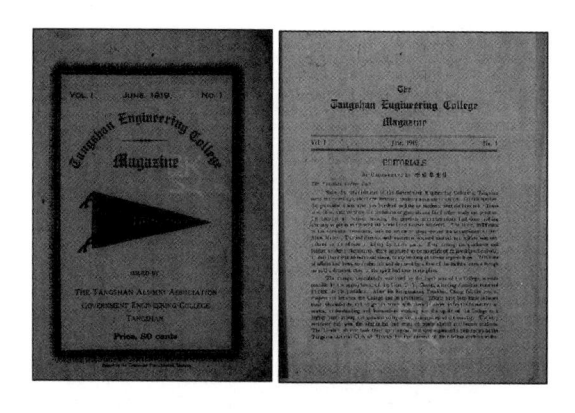

图5—56 《唐山工业专门学校杂志》横向排版情况

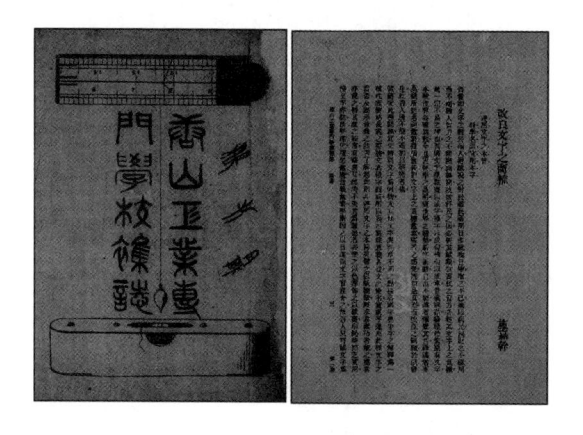

图5—57 《唐山工业专门学校杂志》竖向排版情况

《技术》《工业年刊》《师中月刊》等与科学技术相关的期刊多采用横向排版方式，而文艺类、教育类、党政类期刊多以竖向排版为主。民国时期河北期刊的文字排版形式多样，有的继承了传统排版方式，有的结合了西方与中国的两种排版方式，有的完全为西式排版方式。但总体上讲，还是以传统排版方式为主，具体使用哪种方式，多依内容而定。

2. 整体以竖排为主，横竖交叉运用自如

文章排版格式对内容呈现也较为重要。中国语言文化博大精深，字

图5—58 《冀中教育》横竖混合排版情况

体的选择，标点符号的使用，字间距的大小，段间距宽窄，章节之间补白的安排等，如果使用得当，可以帮助读者提升阅读感受，激起阅读兴趣。

在字体选择上，民国时期河北期刊文章多选用宋体，宋体较为方正，便于辨认，整体上看比较整齐美观。部分内容选择黑体或美术字等字体，部分期刊由于经费与技术有限，采用油印的印刷方式，这类期刊多以手写体为主。在文章格式的安排上，首先还是依照传统的文章格式，段落开头空两个字符。这种排版方式与西方的排版方式相比，使文章看起来更具备节奏感。在字号的配置方面，民国时期河北期刊按照章节的大小，包含与被包含的关系，字号从大到小，有序进行编辑，这种编辑方式使文章更加具有层次感。以上这些排版方式一直沿用至今，期刊文章的标题与内容区分，使其更加突出，增层次性和阶梯感，文章的标题常常采用美术字或者图文结合的形式，艺术化的文章标题在增强了文章层次、突出标题的同时还提升期刊内容的美感。以《冀中教育》的文字标题为例（如图5—59），每篇文章的标题都有与之相对应的一幅图画内容，例如"罗主任给各村农会的一封信"的标题旁边画有两个学生给邮递箱投信的图形。"把在职学习组织起来！"这篇文章的标题旁配有一个人在办公室学习的情景。这种排版方式使文章内容更加生动，增加了文章趣味性，更加吸引读者。

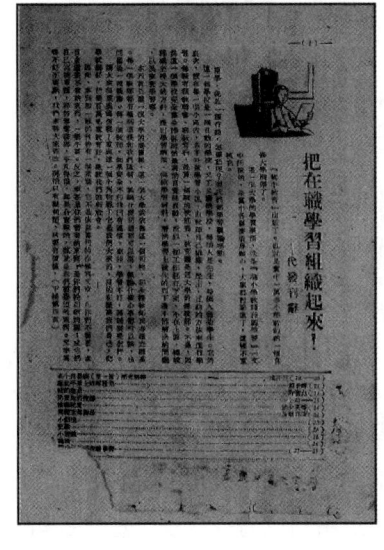

图5—59 《冀中教育》的内容与标题排版情况

在段落与行距的安排上，民国时期河北期刊并没有统一的标准与形式，每本期刊根据其版面大小、期刊页数、栏目安排等都有其不同的形式安排。

在篇章的安排上，篇、章一般排版在单页码，如果上一篇或者上一章的文字内容结束在单页码上，下一页双页码的页面会做空白处理或者以插图的形式填充。新的篇章内容从单页码开始，篇章内容在双页码上结束。如果内容偏少，或者结束页的内容偏少，期刊中也常常用插图来补白（如图5—60）。

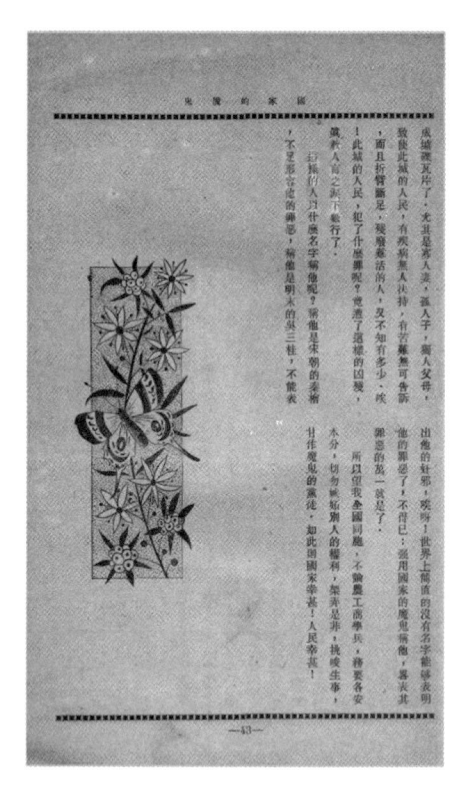

**图5—60 《文会期刊》的内页补白**

3. 标点符号元素的丰富性尚欠缺

民国时期河北期刊文章的标点运用尚不成熟。民国早期的一些期刊文章中延续着文言文的文章体式，使用"之乎者也"进行断句，或者在需要停顿的文字右下角画一个空心圆圈或黑点，所谓"句读式"。这种形式使文章内容不够明确，不同读者对句子的断句方式不同，句子的释义也会产生差异，而且形式较为单一，不能完全发挥标点符号的功能。

编辑水平的提高，期刊文章来源渠道的增多，对于规范的标点格式的需求也日益增长。1929年中华书局出版的《新式标点符号使用法》和1932年李仲吟编著的《标点符号的用法》两本书，都对新式标点的使用方法进行了规范。期刊出版单位逐渐对来稿的标点也有了新要求，大多期刊出版单位在"投稿简章"中都会标明，要求稿件使用新式标点，以《师中月刊》投稿简章（如图5—61）为例，在简章的第二条中说明，"本刊文体，不拘于文言白话；但一律须加新式标点"。

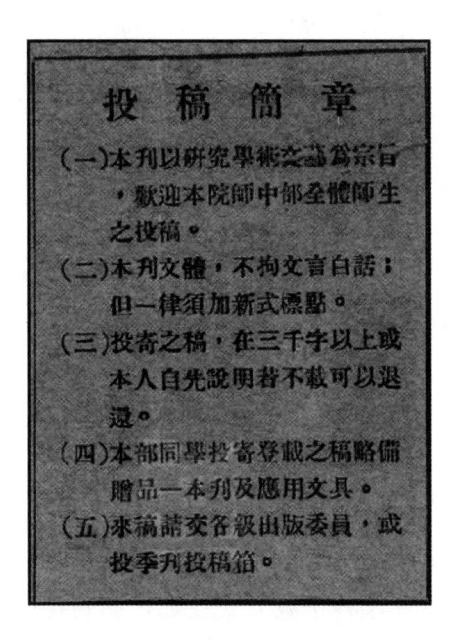

**图5—61 《师中月刊》的投稿简章**

（三）文章版式排布有节

1. 基于空间合理运用的现代式版式

受当时苏联构成主义潮流的影响，相关设计元素与元素在民国河北省期刊的设计中较多使用。除了封面，期刊内页文章版式设计上也多有应用。现代主义版式设计以版块为基本单位，根据文章内容进行排列安排，以《河北第一博物院半月刊》第64期第4页（图5—62）与《昌黎县政公报》第12期第5页为例（图5—63），每篇文章以不同规格的版块出现，相对节省空间，符合人们阅读时的视觉习惯。

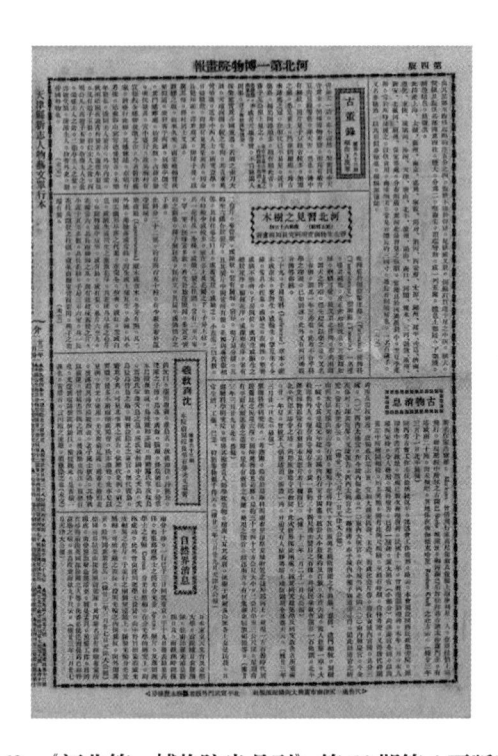

**图5—62　《河北第一博物院半月刊》第64期第4页版面情况**

另一种现代主义排版方式——跨页式排版，在民国河北画刊类期刊中也广为使用。跨页式排版，顾名思义就是期刊以两页为一个单位进行设计，也称双页排版。这种排版方式在现代期刊排版设计中仍在沿用，《晋察冀画报丛刊——八路军和老百姓》第18页（如图5—64）使用的是这类排版方式，其左右页面对称，文字内容与图片跨页相连。

2. 因"文"而异的分栏式布局

民国后期的河北期刊中多使用分栏设计，即根据版面与文章的不同，将版面分为两栏、三栏或四栏不等，论著、小说、散文等长篇幅的文章或者期刊中较为重要的文章，多使用两栏或者不分栏的版面设计。如，刊登在《合力周刊》第2期第4页的论著——《绥远抗战以来国内政治形势的开展》（如图5—65），在排版时根据文章的特点选择了分两栏的

图5—63 《昌黎县政公报》第12期第5页版面情况

图5—64 《晋察冀画报丛刊——八路军和老百姓》第18页版面情况

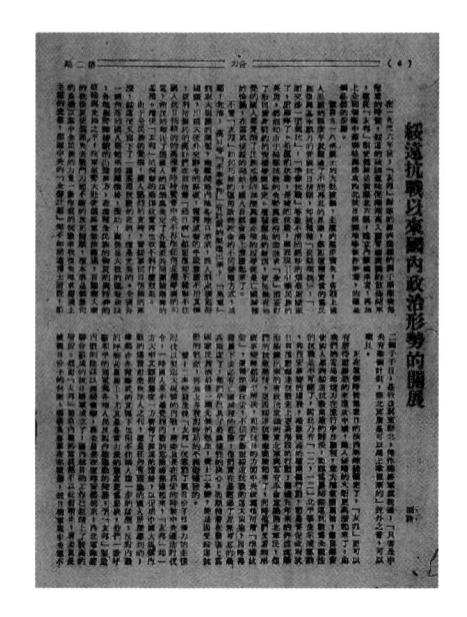

图5—65 《合力周刊》第2期第4页版面情况

版面设计，分栏数量越少，读者在一行中停留的时间越长，并且字间距与行间距与多栏相比也较大。较大的留白与停留时间更能引发起读者的思考，更加便于读者对文章多加停顿并进行深度阅读。消息、时评、图片简述或者期刊中次级重要的文章，多使用三栏或者四栏。《团刊》是地方时政类刊物，刊登在其第5—6期的合刊中第5页的散文《理想与现实》（如图5—66），由于不是重头文章所以在排版时分为了三栏。《河北省立医学院半月刊》（如图5—67）以刊登院闻和院务为主，文章主体为消息、公布等，排版时编辑人员将版面分为了四栏，分栏的数量越多，阅读一行的速度越快，层次越紧凑，字号、字间距与行间距都较小，使读者更加便捷快速地获取信息，更加适合读者对文章进行快速阅读。

3. 简单实用的线框装饰

加线框是民国时期河北期刊最基本的修饰方式，突出内容、文章分栏、修饰页眉等作用都可以用加线框的方式实现。线框是当时期刊编辑使用较为便捷且使用率最高的版式工具。如，《德育月刊》的第1卷第1期第2页（如图5—68），为了突出标题"校训"，编辑在校训下加了分割线，将校训内容与本刊启事之间加了分割线用于内容分栏。在《技术》

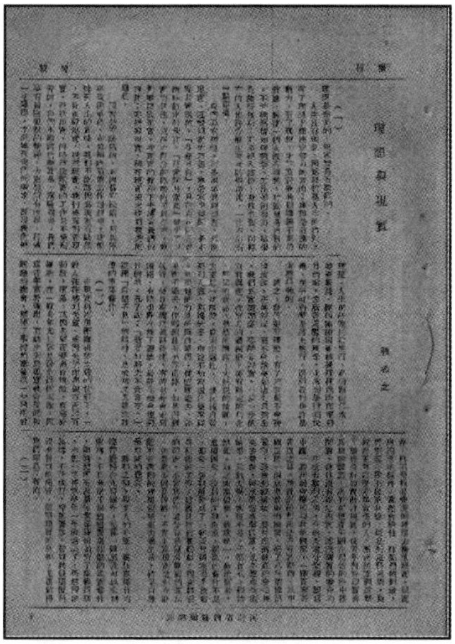

图 5—66 《团刊》第 5—6 期第 5 页版面情况

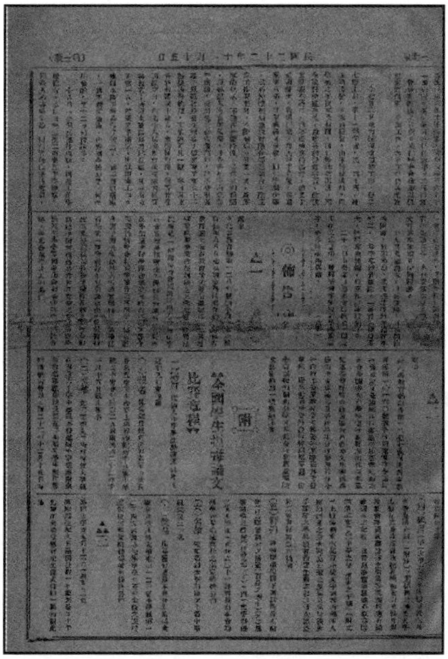

图 5—67 《河北省立医学院半月刊》第 21 期第 3 页版面情况

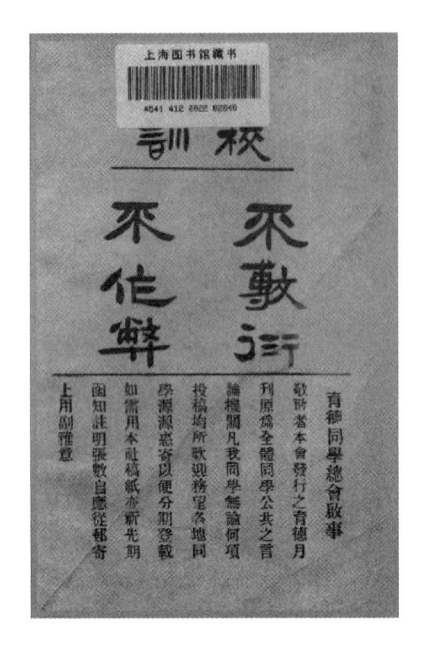

图5—68 《德育月刊》第1卷第1期第2页版面情况

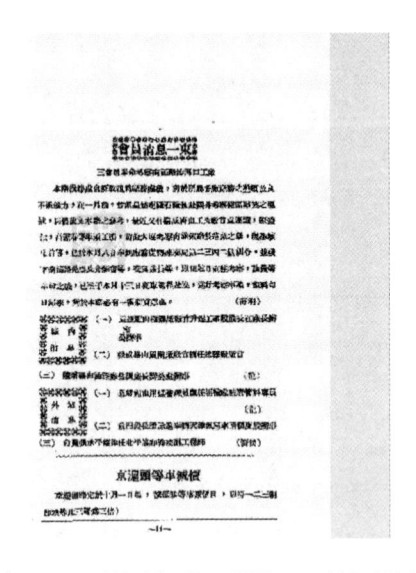

图5—69 《技术》第2期第13页版面情况

第 2 期第 13 页中（如图 5—69），线框起到了突出内容、醒目标题的作用，将标题用线框框住，使读者对于页面内容一目了然，两篇文章中间用线隔开，使内容层次更加明确。此外，为加强页面美感，线框的形式也不只是单一的横线和规规矩矩的长方形。为了照顾到页面的美观，《技术》第 2 期第 13 页中的线框使用的是"＊"号，两篇文章之间的分隔线使用的是波浪线。《交河周刊》第 1 期第 6 页《发刊词》的线框（如图 5—70），使用的是以两个对称的小玉米为一组的图案，与《交河周刊》县政刊物的风格十分契合，将内容用线框框住，与留白部分清晰地分开，使页面看起来更加整洁大方。

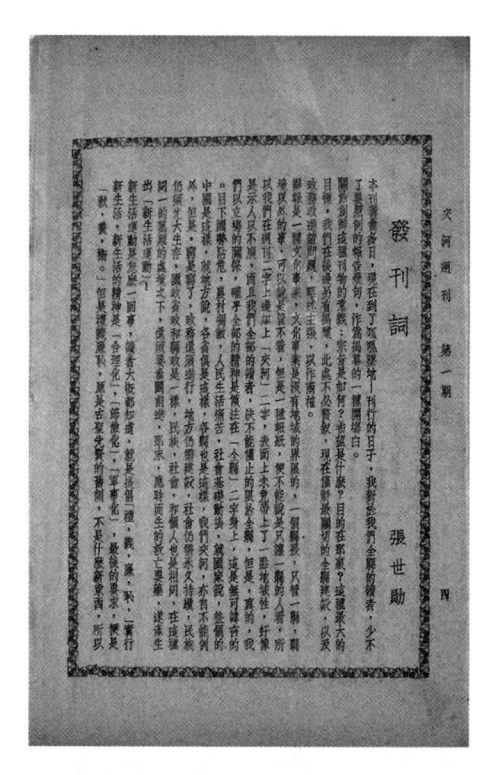

图 5—70 《交河周刊》第 1 期第 6 页版面情况

## 二 内文版式的风格特征

（一）版式设计"拙中藏巧"

民国时期河北期刊从种类上划分，可以分为实业类、党政综合类、文学艺术类、宗教类、文教德育类五大类。不同类别的期刊所面对的读者、承载的文化信息、传播的责任不尽相同，版式设计风格也有相应差异。

实业类期刊与学校创办的科学类期刊刊登的知识内容以西方传入和转译的内容为多，在版式设计上更为西方化，其文字排版多是横版。以期刊《水产》为例（如图5—71），文字横向排版，页码标在右上角，以罗马数字计页数，文章内容小标题也是以西方论著的标题形式。《唐山工业专门学校杂志》（如图5—72）以刊登专业论著为主，在每篇论著下标明了写作时间，线框的设计也是纯西式风格。

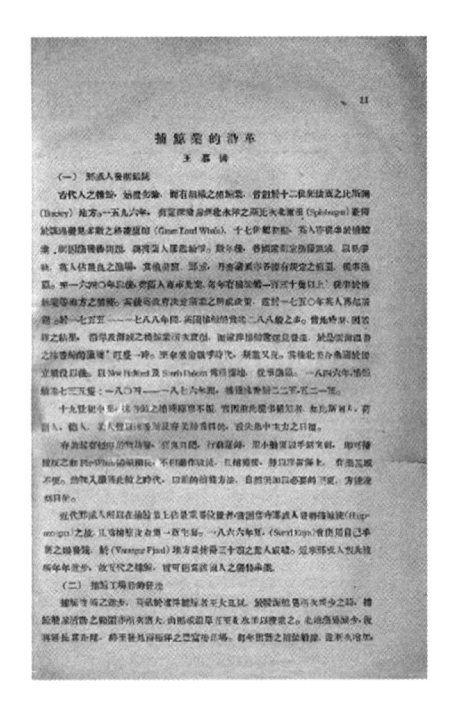

图5—71 《水产》内页版面情况

党政综合类期刊，多用于党政机关之间的内部交流，尤其在训政时期，各方面条例、规章、律法的制定与发布较多，并多在期刊上进行发布。党政综合类的期刊其内文较为严肃，受众为各部门官员，不以吸引一般读者为目的。其在版式设计上较为简朴，以文字内容为主，较少配图，文字为竖向排版，没有多余的装饰，《河北财政公报》（图5—73）内页设计可见一斑。

第五章　民国时期河北期刊的形式与风格　/　423

**图 5—72　《唐山工业专门学校杂志》内页版面情况**

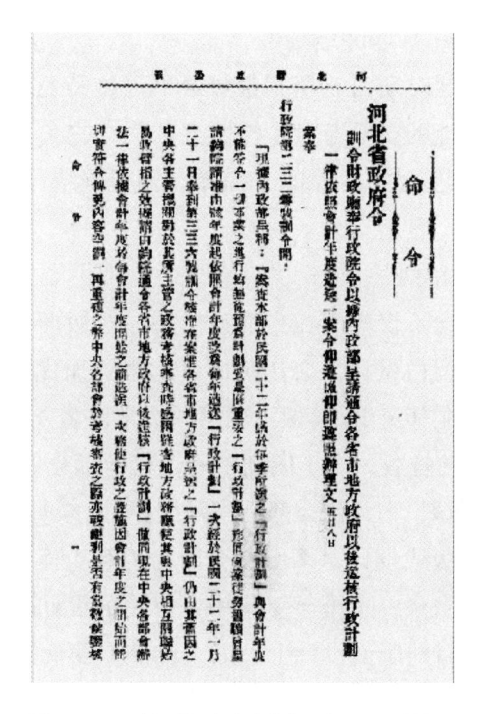

**图 5—73　《河北财政公报》内页版面情况**

文学艺术类期刊读者面相对较广，版式设计更关注内容与读者的阅读感受之间的匹配度，更考虑版面设计与文字之间的契合度。文学艺术类期刊的文章的字间距与行间距相对较宽，给读者留有想象与批注的空间。该类期刊在版式设计上，边框与标题会更加注重艺术美感，在符合期刊的文艺特性的同时，更能吸引读者的注意力。

宗教类期刊以传播教义为主，将教义浅显易懂地表达出来是其基本诉求，因此宗教类期刊的版式设计多使用图片和修饰来辅助表达。

文教德育类刊物，内容较为丰富多彩，有的以刊登学术著作为主，也有的以刊登诗歌散文为主，还有的以刊登农业、园艺、手工等知识为主，更多的是以刊登校闻、公告等消息为主。文教德育类刊物在版式设计风格上，学术著作为主的校刊以西式排版为主，诗歌散文为主要内容的校刊在版式设计上与文学艺术类期刊的版式特征相似，以刊登校闻、公告等消息为主要内容的校刊，多以版块分栏的形式进行排版。

（二）版式风格"以简化繁"

实用简约是民国时期河北期刊最显著的风格特色之一。将实用性与功能性作为版式设计的重要考量，与西方"简约之美"的设计理论不谋而合。简约的设计理念并不等同于简单，而是具有了"以简化繁"的功效。

1. 特别注重"留白"

留白的设计理念不仅应用在封面设计中，在版面安排上也有大量的应用。期刊文章的留白设计，会让版面看起来更加优雅大气，这种设计理念在文学期刊中尤其突出。《烟》的第一页常以名人名言或者格言开头（如图5—74），竖向排版，居于期刊中间，其他部分做留白处理。《烟》第1期第1页以"烟，烟，什么都是一阵烟！"为本期的格言，富含寓意的格言加上留白的版式设计，不但不会因为内容少而使读者忽略，反而读者的视觉会更加聚焦，思维会更集中，留白的设计给读者留下了思考的空间。在诗歌栏目的版面设计上，以《幽燕》第2期第8页《月》为例（如图5—75），诗歌置于页面中间，周围做留白的设计，其他文体以《幽燕》第2期第5页为例（如图5—76），行间距与字间距都较大，除了

第五章 民国时期河北期刊的形式与风格 / 425

图 5—74 《烟》第 1 期第 1 页版面情况

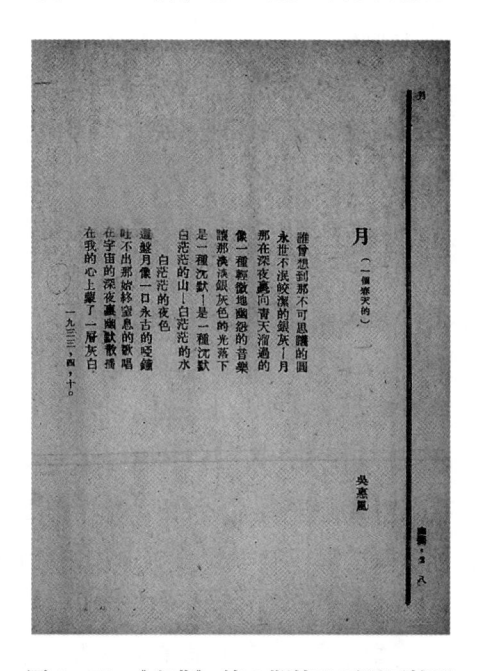

图 5—75 《幽燕》第 2 期第 8 页版面情况

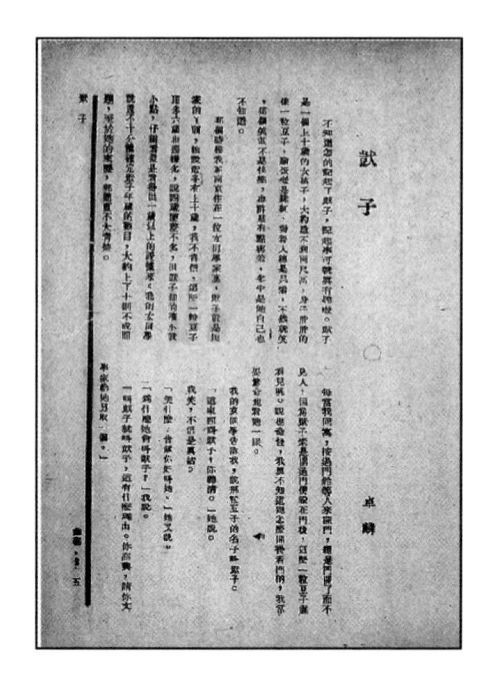

图 5—76 《幽燕》第 2 期第 5 页版面情况

有条线将页眉与主题内容分开外,没有多余的设计。这样留白的设计,可以放慢读者的阅读速度,增加阅读停留时间,更多地思考文艺作品中的起承转合与情感的起伏错落,留白还能让版面显得整洁大气,更具有书卷气。

2. 注重"以雅化俗"

在新文学、新思想的冲击下,有些期刊在版式设计方面,会照搬西方版式的设计方法,较少考虑中国的文字表达对版式设计的需求。一些期刊在版式设计方面充分考虑到了读者的阅读习惯与阅读感受,注重阅读体验。以《唐山工业专门学校杂志》为例,为照顾当时国民的竖向文字阅读习惯,该刊采取将中文文章与英文文章分开编辑的方法,形成了两本"小期刊",再将两本"小期刊"的末页相连,形成正面翻开是中文期刊,反面翻开为英文期刊的合刊形式。民国时期河北期刊的编辑根据文章体裁的不同,采取因"文"制宜的分栏方式,以方便读者对不同文体内容的阅读。多数期刊为了避免传统标点给读者带来的阅读困难,在编辑文章时都采用了新式的标点。民国时期河北期刊为了营造良好的阅读体验,期刊编辑多使用留白等艺术手法进行文章内容的"节奏化"处理。为加深读者对文章的理解，在标题旁以简笔画的形式进行标题内容的呈现，帮助读者对标题的理解，加深读者对文章的印象。

## 第三节　民国时期河北期刊的地域风格

河北省地处华北地区，现今有7个邻省市，地理位置优越，文化驳杂多样，民风淳朴包容。此外，河北省域文化的区块化特征明显，各地在经济、政治、文化等方面的发展要点也存在一些差异。

### 一　勇猛精进的"新"冀东

据笔者的统计，民国时期在冀东地区出版的期刊共25种，其中社科综合类与文教德育类各10种，党政类期刊5种。由于冀东临渤海靠燕山，地处华北与东北之间，信息通路顺畅，依靠如此的地理优势，冀东地区出版的期刊以"新"为主要风格特征。

（一）办刊理念新

冀东地区的期刊无论在封面还是内页的版式样式上，都是最先受到西方版式设计影响的，也是中西风格融合得较好的地区。"五四运动在唐山是从唐山工业专门学校（现西南交通大学前身）发起的"[1]，所以说《唐山工业专门学校杂志》具有较为超前的觉悟，是民国时期河北期刊中最早以中英合刊的形式进行出版的，英文部分的期刊封面与内页设计与同时期河北省其他地区的版式设计风格大不相同，其整体设计已经有了当今期刊的影子。《唐山工业专门学校杂志》英文部分的封面（如图5—77）以哥特式字体作为期刊的标题，标题整体形状设计成圆弧状，整个期刊封面与西方书刊封面形式类似，封面上的信息也与西方封面的信息相同，目录的形式也是新式的（如图5—78），与当今的目录形式相同，文章题目与作者页码之间用连接符相连。与同时期只标明文章题目与作者的期刊相比，《唐山工业专门学校杂志》的编辑水平较高，内文的文字为横向排版（如图5—79），文章格式与当今论文格式类似，有清晰的章节划分，在页脚处清晰明了地标注出注释，这是同时期河北省其他

---

[1] 朱文通、王小梅：《河北通史·民国上卷》，河北人民出版社2000年版，第56页。

428 / 河北期刊出版研究(1912—1949)

地区的期刊在编辑排版时所不及的地方。

图5—77 《唐山工业专门学校杂志》的封面（英文）

图5—78 《唐山工业专门学校杂志》的目录（英文）

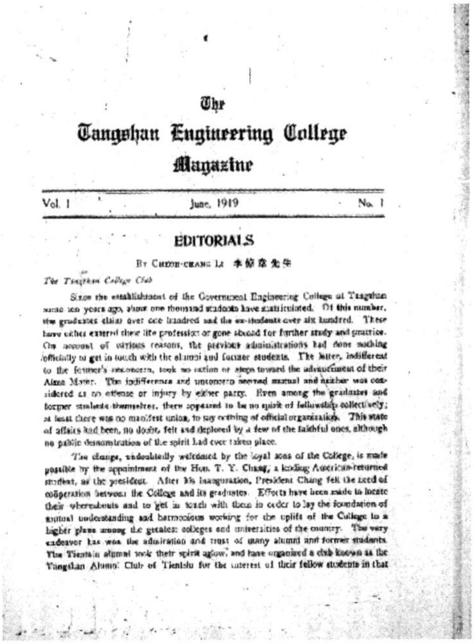

The
Tangshan Engineering College
Magazine

Vol. 1　　June, 1919　　No. 1

EDITORIALS

By Cheuh-chang Li 李倬章先生

*The Tangshan College Club*

Since the establishment of the Government Engineering College at Tangshan some ten years ago, about one thousand students have matriculated. Of this number, the graduates claim over one hundred and the ex-students over six hundred. These have either entered their life profession or gone abroad for further study and practice. On account of various reasons, the previous administrations had done nothing officially to get in touch with the alumni and former students. The latter, indifferent to the former's unconcern, took no action or steps toward the advancement of their Alma Mater. The indifference and unconcern seemed mutual and neither was considered as no offense or injury by either party. Even among the graduates and former students themselves, there appeared to be no spirit of fellowship collectively; at least there was no manifest union, to say nothing of official organization. This state of affairs had been, no doubt, felt and deplored by a few of the faithful ones, although no public demonstration of the spirit had ever taken place.

The change, undoubtedly welcomed by the loyal sons of the College, is made possible by the appointment of the Hon. T. Y. Chang, a leading American-returned student, as the president. After his inauguration, President Chang felt the need of coöperation between the College and its graduates. Efforts have been made to locate their whereabouts and to get in touch with them in order to lay the foundation of mutual understanding and harmonious working for the uplift of the College to a higher plane among the greatest colleges and universities of the country. The very endeavor has won the admiration and trust of many alumni and former students. The Tientsin alumni took their spirit aglow, and have organized a club known as the Tangshan Alumni Club of Tientsin for the interest of their fellow students in that

**图 5—79　《唐山工业专门学校杂志》的内页（英文）版面**

1929 年由丰润中学创办的《丰中季刊》（如图 5—80）是民国时期河北省较早使用照片作为封面的期刊。1930 年创办的《技术》、1947 年创办的《昌农月刊》等期刊，在文字排版上多采用横向排版或横竖混合排版的方式。1942 年创办的《晋察冀画报》与 1946 年创办的《晋察冀画报丛刊》①，在版式设计上也是采用跨页式排版方式。

（二）教育理念新

冀东地区是最先也是最为重视到民众中开展教育的地区之一。民国河北民教类期刊共有 8 种，其中有 4 种的创刊地点在冀东，分别由河北省立实验乡村民众教育馆创办的《城市民教月刊》《乡村民教季刊》《乡村民众教育月刊》《乡民旬刊》。

《城市民教月刊》与《乡民旬刊》的目标读者为乡民，《城市民教月刊》的主要目标为启迪民智、唤醒民众，其发刊词中讲道，“唤起民众，面对不知不觉的大多数，所谓革命家的基本军，我们的国民革命重担，

① 抗战胜利后，华北野战军晋察冀军区政治部编印的宣传该军区抗战情况的画报丛刊。

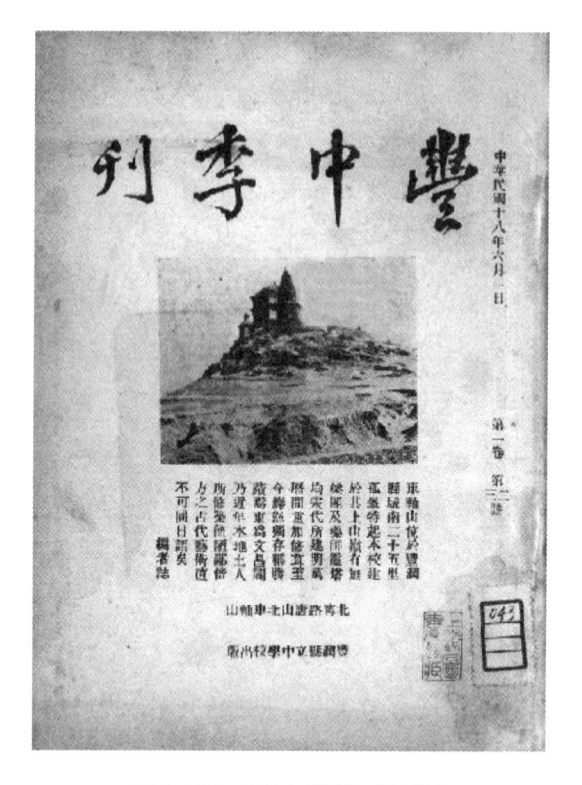

图5—80 《丰中季刊》的封面

都放在他们的肩上。我们不应该只是从形式上的尊重他们，还要努力去唤起他们，使他们知，使他们觉，才能使他们去执行。完成革命的办法，简单地说：'唯一出路，就是唤起民众，唤起那些大人先生们，看不起的老百姓'能叫那些不知不觉的实行家，活动起来，都赖于民众教育的训导，这样中国革命才能发叶滋长，前途方力，经常阅读报刊关心时事，常用自己的脑力，分析事件的因果，以养成科学处事的习惯"[1]。《乡民旬刊》旨在向广大乡村民众传播国家大事，谈论世界新闻，普及文化知识，介绍风土人情，为民众带来先进的知识与最新的信息。《乡村民教季刊》《乡村民众教育月刊》两本期刊的读者对象为民众教育的管理者，主要内容是对民众教育的整体管理，政策的颁布与推进，民众娱乐项目的内容规划等。除此之外，还有社会科学综合性刊物《银河》，其以深入浅出的

---

[1] 详见《城市民教月刊》第1期《发刊词》。

方式，向普通民众传播现代知识，刊载一些时事政治、科技新闻、娱乐界新闻、社会新闻等，其目的在于补充学校、社会教育的不足，期刊中刊登了《一幅漫画象征了美外交政策的纵横面》（国外通讯）《上海的商品女性》《故国啼鹃》（长篇连载小说）等重点内容。

"国民党河北省政府教育厅从1928年起先后颁布《河北省民众学校实施细则》《河北省各县分期设立民众学校办法》《河北省各县教育局长办理民众学校专案考成办法》《中等以上学校兼办社会教育暂行办法》等文件，并于1929年11月创办了河北省立民众教育人员养成所（1930年7月改为河北省立民众教育实验学校），推动社会教育的发展。"① 冀东地区在教育理念与实践方面处于河北省前列，比起其他地区，更加注重文化思想的普及程度，注重将文化知识大众化，更全面地提升国民文化素质。

（三）实业视角新

"救亡图存"是民国时期的时代主题，冀东地区依靠唐山工业专门学校、唐山交通大学②等以理工科著名高校的优势，将科学救国作为"救亡图存"的方式，创办了大量的学术类、社会科学类期刊。唐山工业专门学校创办了以刊登桥梁建筑最新研究成果为目的的系列期刊，唐山交通大学创办的以刊登工程类与电子类最新科学知识为目的的系列期刊，除此之外还有由北宁铁路机务技术员学会③创办的以刊登最新铁路技术为主要内容的期刊《技术》。

依靠冀东地区交通便利的优势，以期刊作为媒介进行学术科学知识的交流与传播，为当时中国的交通、电力、工程等项目的发展做出了较大的贡献。《唐山工业专门学校》创办的刊物中，其文章的作者有后来的钱塘江大桥的建造者茅以升④先生，还有为中国工业做出较大贡献的

---

① 朱文通、王小梅：《河北通史·民国上卷》，河北人民出版社2000年版，第304页。
② 1921—1937年间，该校校名屡有更易，但习惯上称为"唐山交通大学"。
③ 即京奉铁路机务处技术员学会。该会还办有《京奉铁路机务处技术员学会会刊》，为铁路技术类刊物，内容是对蒸汽机车技术问题的研究，以及蒸汽机车与电力运输之关系的论述文章。孔夫子旧书网上有相关信息，但笔者未见到该刊。
④ 茅以升1916年毕业于西南交通大学（时称交通部唐山工业专门学校）。

侯家源[①]先生与施嘉幹[②]先生。他们都有在唐山上学的经历，也都受了在唐山所创办期刊的影响，也以期刊作为媒介，将新的科学知识不断介绍进来，将科学救国、工业救国的信念付之于行动。

**二 慷慨博大的"文艺"保定**

与冀东地区以科学技术为主不同，民国时期河北保定地区出版期刊以文艺类和政治类为主。保定作为民国时期河北省的文化和文学中心之一，无论是专门的文学艺术类刊物还是文教类或社科类刊物，大都开设有文学栏目，并聚集了大批作家和文学青年，"当时在保定育德中学学习的刘少奇、李富春、李维汉等人都参加了学联成立大会，张昆弟还参加了救国十人团……'救国十人团'的成立，对保定学生促进很大，各中等以上学校的学生绝大多数参加了该组织"[③]，期刊是其强有力的斗争武器。

（一）"以文载道"的优秀校刊

校刊类期刊，不但刊登名家的文学作品，也刊登学生的习作，以促进文学青年的成长，助力他们对自己感情的抒发，培养他们对写作的热爱。

以育德中学创办的《育德月刊》为例，该刊除了有校闻、同学会消息、国内外大事等栏目外，还有名人演讲，如郝仲青先生、朱自清先生等，以及外国著名作家的介绍、国外优秀文学与论著的翻译。对社会现象与国内外事件的观点论述，《河北省教育之我见》《废约与条约》《最近中日交涉之症结》《关税自主问题》《新闻纸及其社会的任务》等文章，对哲学问题的论述，如《唯物史观和民生史观》《唯物史观辩误及其主义》等文章，还有对生物、物理等科学知识的普及。除此之外，该刊

---

[①] 侯家源，字苏民，别号苏生，江苏省苏州人。1896年出生，中学时代就读于北京清华学校，后考入唐山路矿学堂（今西南交通大学），1918年，自唐山毕业后，考取清华官费留学，入美国康奈尔大学研究生院攻读土木工程，1919年获硕士学位，继而入美国桥梁公司实习。1921年回国，出任青岛胶济铁路局工程师。1926年回到母校唐山交通大学（现西南交通大学）任土木工程教授。

[②] 施嘉幹，曾用名衍林。高级工程师。江苏吴县人。1918年毕业于唐山路矿学校结构专业。

[③] 朱文通、王小梅：《河北通史·民国上卷》，河北人民出版社2000年版，第55页。

还刊登了优秀的学生来稿,也培育了一批成长迅速的优秀作家,比如著名作家孙犁,年仅13岁就读于育德中学,在《育德月刊》共发表了5篇作品,其中包含4篇小说《孝吗》《弃儿》《自杀》《麦田中》与1篇剧本《顿足》。据日后对孙犁的采访,孙犁对其初中时期在《育德月刊》中发表文章的事情记忆深刻。早年间的发表经历给予了孙犁日后的创作信心,可以说该刊在孙犁的文学生涯中起到了启蒙作用,同时孙犁也受到《育德月刊》刊文的影响,对自己的文风有了更高更深的追求。

除此之外,还有由直隶省立第一中学校发行的《新钟》期刊,该刊登载了大量名家作品、国内外优秀的文学作品,在第1期的《直一中学出版部改组之宣言》中阐述了创办期刊的原因,一是为了提倡新文化,二是为了提高学生对文学的审美。由保定民生中学校刊社编辑出版的《保定民生中学校刊》,每期也将学生优秀的文学作品在期刊中进行展示。《保定新青年》《培德月刊》《民生双周》等学校刊物也都设置了与文学相关的栏目。

由此可见,民国时期保定地区对于文学的培养与发展十分重视,为促进学生对于文学与写作的喜爱,在校刊中刊登大量的文学作品并且以向学生征稿的方式激起学生的写作兴趣,以培养并提升学生的文学素养。

(二)"以文会友"的文化生态

民国时期保定地区出版了大量优秀的文学刊物,有以"研究艺术,阐扬文化"为目的的《幽燕》,希望以文艺来记录时间的《烟》,关注文化事业建设的《文化前哨》,向鲁迅先生致敬的《烽炎》等。大多数文学期刊都能够助力烘托当地的文学气氛,宣扬文学观念和展现文学魅力,"河北省建省时以保定为省会,保定人民认为这是保定的荣幸,也是众望所归,河北境内没有哪个城市可以像保定这样自然而然成为省会,又让人心悦诚服"[1]。这也是保定在诸多河北城市中对比来看一个非常显著的特点,也体现了其作为历史文化名城的厚重积淀和责任担当。《烟》第1期的《写在烟前头》中提道,"一切文艺的产生,便是为担当这个工作而起。文艺是要在幻变中求现实,在现实上刻画着时间的足迹,过去的文

---

[1] 冯世斌主编:《1952~1968河北省省会变迁始末》,河北人民出版社2012年版,第245页。

艺是以过去的时间为生命，在现在与未来的时间上，只会产生现在与未来的文艺的花果。一切自然的幻变有如烟之一缕，不等到你查清楚他的形体时，她又潇潇幻灭了，文艺不但是要捕捉他的形体，而且还要捕捉她的灵魂。我们围着不肯让眼前一切的烟潇潇幻灭，我们要在烟的形体与灵魂上画出每个时间分子，移动与留痕，这是我们的烟的来历。在我们的生命之火还没有完全熄灭之前，虽然失去了灿烂的光芒，但我们总得有一缕烟来表示我们的存在"①。用文艺之笔和细腻之思来描摹当时的风土人情、时代变迁与社会变革，是当时此类文艺期刊创办的主要目的。

民国时期河北保定地区文学期刊的读者对象多为青年人和知识分子，主要是为他们提供文学知识、介绍文学作品，为他们补充文学营养、开启文学写作之路，尤其是帮助他们增长见识、切磋技艺、开阔胸襟、广交朋友。

### 三 期刊出版的"金三角"——京津保

期刊的出版离不开良好的交通和通信设施的支持，"到1928年河北地区（包括京、津）邮政局所总计有1436个，是当时国内邮政局所最多的地区"②。随着天津开埠，以及在北方海路运输中的地位崛起，其在政治上的地位也一度上升。"由天津开始的军事近代化，以及铁路、电报、电话、邮政、采矿、近代教育、司法等方面的建设，均开全国之先河，天津成为当时中国第二大工商业城市和北方最大的金融商贸中心。"③ 随着京津冀地区的政治环境与发展思路的不断调整，三地在政治功能和地位方面出现了分分合合和快速调整。这在中国的行政史上也是一个极为特殊的现象。多变的省会，以及频繁更改的省级建制，导致此时的京津保三角，既保有了一定的集合力和包容力，也存在着一定的割裂感和离散力。虽然刊物都署名为河北，但在京津两地所办的刊物，河北的名称都是短暂的。虽然短暂，但其部分刊物的档次和级别，却较为显著。三地

---

① 参见《烟》第1期扉页。
② 朱文通、王小梅：《河北通史·民国上卷》，河北人民出版社2000年版，第277页。
③ 冯世斌主编：《1952～1968河北省省会变迁始末》，河北人民出版社2012年版，第246页。

由于不同的地理位置，政治视野、文化环境、人才资源都大不一样。政治中心的持续转移，不少刊物在兴办的过程中也在不断增加难度。而除却这三个主要城市外，河北省的行政特点，在于县域治理体系发达。县级主体作为独立文化中心的现象明显，但其规模和体量相对偏小，能够借助的人财物优势也不明显，因此也常造成短刊现象。综之，京津保三地构筑起了民国时期河北期刊出版景象的基础底色和"金三角"。

## 第四节　民国时期河北期刊的广告形式与风格

民国时期河北社会持续变革并促进了经济的发展，国外大量商品在河北境内进行贸易和销售，导致了一定程度的商品竞争。市场的有效竞争必然带动广告商和广告业的发展，期刊作为当时新媒介平台，也成为广告投放者的必选之地。形形色色的期刊广告出现在读者视野中，并形成了一定的风格特点。

### 一　广告刊登的样貌、品类与形式

据笔者搜集到的相关资料可知，民国时期河北期刊的广告从版面的配置情况来看，可以分为以下9种（如图5—81）：底封面之外页的全面广告、底封面之内页的全面广告、正文中或目录后的全面广告、底封面之外页的半面广告、底封面之内页的半面广告，正文中或目录后的半面

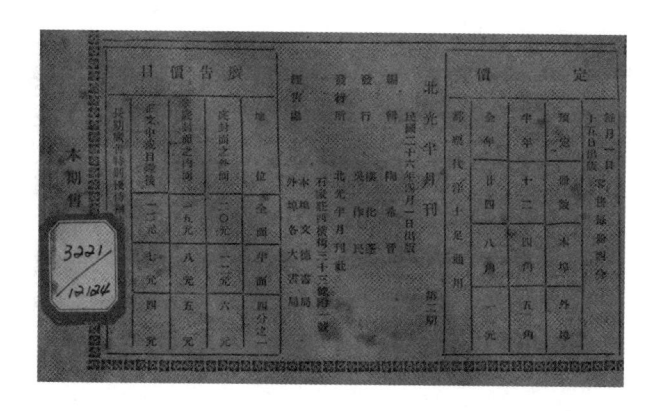

图5—81　《北光》的定价及广告价目

广告、底封面之外页的四分之一面广告、底封面之内的四分之一面广告、正文中或目录后的四分之一面广告、底封面之外页的八分之一面广告、底封面之内页的八分之一面广告、正文中或目录后的八分之一面广告。广告所置的位置不同，版面的大小不同，广告的价格也不相同。

以期刊广告的内容呈现手段来划分，可分为文字、插图与摄影等三种表现方式。

受当时的编辑理念与印刷技术的限制，加之部分期刊的广告经营意识不强，广告主对于广告载体的投入态度等因素，导致大多数广告投放者多选择单纯的文字形式广告。文字形式的广告也分为两种，一种是与所投期刊相关期刊的广告，一种为商品或店铺类广告。以《城市民教月刊》中《江苏学生》的广告为例（如图5—82），期刊类广告多以期为单

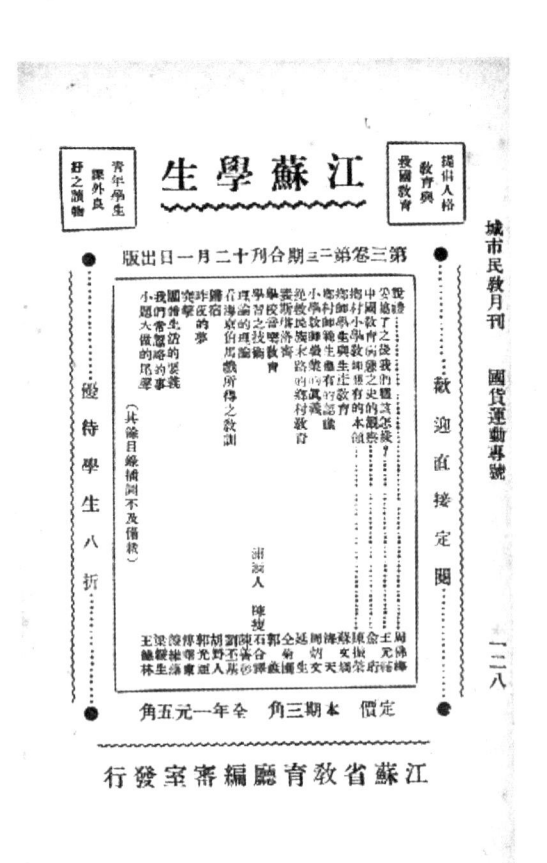

图5—82 《城市民教月刊》中有关《江苏学生》的广告

位进行广告宣传，将下一期的主题内容、重点文章的目录，刊登在所投期刊上，并标明订阅价格、出版单位与期刊名称，依靠期刊的文章内容来吸引订阅者。以期为单位的订阅形式，可以吸引对该期内容感兴趣的短期读者购买，从而慢慢培养读者以吸引其进行长期订阅。与对整个期刊进行广告宣传的方式相比，对单期的宣传旨在增加个别刊期的零售量，同时还可以节约整体广告费用，形成"以点带面"的效果。商品或店铺类的广告也出现较多，如《北光》中一系列有关银行的广告（如图5—83）与《工业年刊》中的兴华公司、永兴洋纸行与增成工程公司的广告（如图5—84）。店铺类文字广告，多运用文字的巧妙设计，并加以语言修辞的提炼，来突出其店铺的主要特点与优势。如，朱琏诊所的广告将坐诊时间做了明显的标注，并交代了联系方式与随时能够出诊的信息，以方便人们有急症时能够马上出诊。石家庄交通银行与金城银行除了标明营业时间外，还标明了不同存款方式的利息，以吸引客户。《工业年刊》中刊登的广告更加重注通过文字设计与线框圈示来突出重点，由于《工业年刊》的广告版式最小为四分之一页面，所刊登的内容较多，

图5—83　金城银行、石家庄交通银行与朱琏诊所①广告

---

① 1936年3月1日，位于石家庄新华区西横街爱华里一号的民宅门口挂起一块"朱琏诊所"的铜牌，这个以诊所为名的民宅，实际是中共石家庄市委地下联络机关。

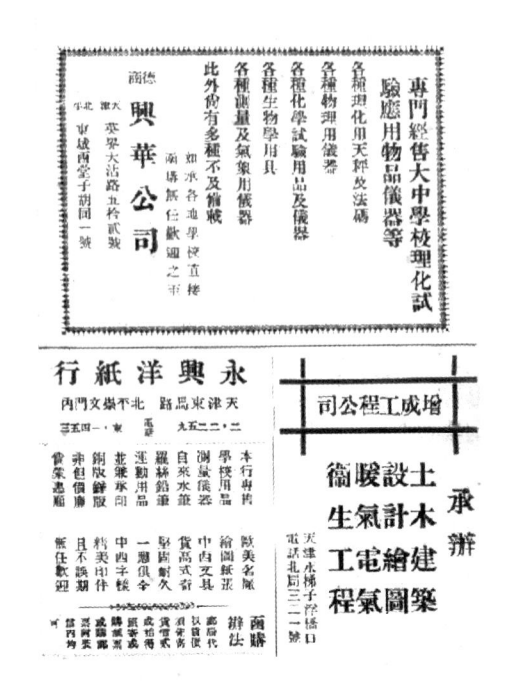

图5—84 兴华公司、永兴洋纸行与增成工程公司广告

所以在广告的内容设计中更加注重字号大小的调配、字体的选择与线框的应用。兴华公司的广告,将"兴华公司"的名称与"专门经受大中学校理化试验应用物品仪器等"的文字信息选用黑体3号字,其他具体内容的补充信息使用宋体5号字。字体之间形成鲜明对比,有利于吸引读者关注,利于读者对信息进行获取与筛选。用加有斜线装饰的线框将内容圈出,与下半部分的广告进行明确的区分,可起到突出广告内容的作用。永兴洋纸行与增成工程公司的广告利用文字的横竖排版,将店铺或公司的名字横向排版置于版面的上部并居中,增城公司还加上了"井"字线框将公司名称包围,从而突出强调了公司名称。

插图类广告多应用于选择全页或者二分之一页的广告投放的商品。这类广告版面空间较大、创作空间充足,形式风格大体可以分为两种:一种为将商品置于情景当中,并进行戏剧化的演绎,以《工业年刊》中拜耳阿司匹灵与药特灵广告(图5—85)与《河北月刊》中哈德门香烟广告(图5—86)为例;一种为将商品图像直接展现在页面中,以《新

图5—85　拜耳阿司匹灵与药特灵广告

图5—86　哈德门香烟广告

钟》中文祥皮件靴鞋庄的广告（如图5—87）与《唐山工业专门学校》中的上等美女香烟与大喜香烟的广告（如图5—88）为例。拜耳阿司匹灵的广告设定了一个中年男性在大树下拿着蒲扇乘凉的场景，旁边以醒目的字体标注，"乘凉容易凉快，伤风容易成功，治疗需服真药，拜耳阿司匹灵"的广告语。情景加文字标语的表现形式，给静态的图像赋予了生动的想象，不由让读者想象出在树下乘凉，伤风后打喷嚏的情景。将阿司匹灵与生活片段紧密联系在一起，营造了一种生活化的场景，也成功诱导了读者对阿司匹灵的购买欲。药特灵的广告在图形设计上使用了夸张的手法，醒目的标语——"全球称颂之防痢治痢圣药"配上地球与药特灵的实体图像，用特大号的艺术字将"药特灵"三个字置于版面右侧，以达到吸引读者注意的效果。哈德门香烟的广告，以"一片笑乐声，欢迎哈德门"为标语，以各型各色的人露出笑容的抽烟为配图以迎合"一片笑乐声"的标语，将哈德门香烟的图形置于版面中间以突出产品，设计者将哈德门香烟与快乐联系在一起，使读者的目光聚集在产品产生的

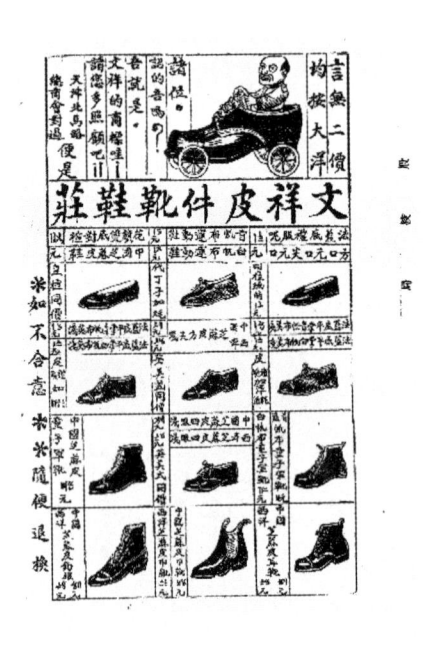

图5—87 文祥皮件靴鞋庄广告

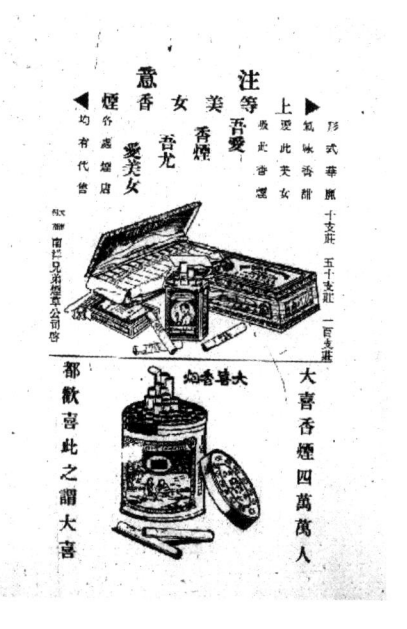

图5—88　上等美女香烟与大喜香烟广告

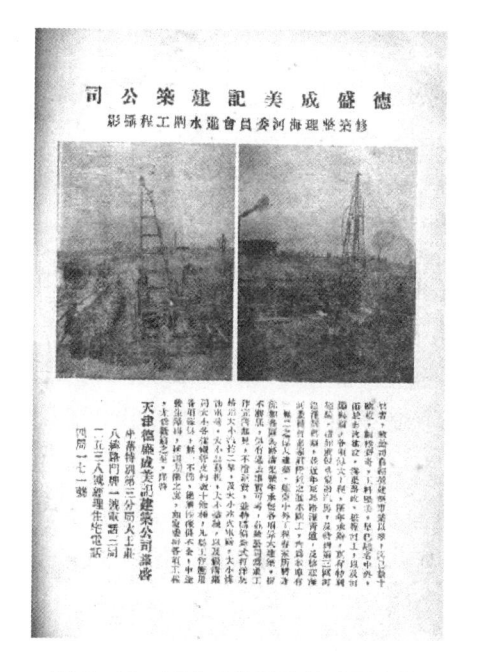

图5—89　德盛成美记建筑公司广告

效果中，引起读者购买欲。《新钟》杂志中有关"文祥皮件靴鞋庄"的广告与《唐山工业专门学校》中的"上等美女香烟"与"大喜香烟"的广告，将商品直接展现在广告页中，配有文字介绍，表现方式简单直接，便于读者感知与记忆。

民国河北省期刊的摄影类广告较少，因限于编辑水平与印刷技术，摄影类的广告多为黑白色，在表现效果上不如插图类广告，但摄影能够更好地展现事物的原本，也增加了商品的可信度。以《河北省工程师协会月刊》中德盛成美记建筑公司的广告为例（如图5—89），该广告以建筑公司的施工现场照片作为配图，彰显了该公司的规模，增强了公司的可信度。

### 二　广告配置的风格特征

对比来看，民国时期河北期刊广告的发展理念不算先进，也没有形成较为庞大的体系与规模。大部分期刊广告，是生意人普通商业意识的延伸，其商业属性和专业风格必须因应整个社会大环境，其风格可以总结为以下两点。

第一，民国时期河北期刊广告的投放，是根据其期刊的目标读者群体的定位与期刊的办刊宗旨来确定的。较报纸而言，期刊对于受众的细分是较为明显的，更适合进行精准的广告投放，在广告形式的选择与设计方面，也更能够为特定受众和专门受众服务。例如，刊登在《工业年刊》的广告，多为三和公司、大昌实业公司等工业用品的广告或者主营工程学、铁道学、建筑学等学术用书的图书公司。《新钟》一类的文艺类期刊多刊登中小学教学辅助用具，文艺类书籍的书店，或者印务局的广告。《唐山工业专门学校杂志》的读者多为唐山工业专门学校的本国与外籍师生，或者工程类专业的学者与从业者，因此其广告设计上多采用中英两版，上半部分刊登中文广告，下半部分刊登该商品的英文广告以确保所有读者准确获取到商品的广告信息。第二，工业类、文艺类期刊是广告投放者首选的期刊类型，由此也反映出河北省一些地方工业较为发达，同时文学氛围也相对浓郁，可谓经济搭台文化唱戏。工业类与文艺类期刊中的广告，多选择使用全页或者半页，多位于底封之外或者底封上，多为图文结合的形式。

## 第五节　民国时期河北期刊栏目的形式与风格

**一　栏目设置的基本考量："因时""因事"与"因势"**

民国时期河北期刊种类多样，不同种类的期刊在栏目设置上有不同的表现形式，同类型期刊在栏目设置上也有一定区别。在栏目设置上，笔者大致将特点归为以下几类：

党政综合类期刊可分为政务类与政论类两种，政务类期刊形式较为单一，在栏目设置上多循章旧法，主要由"命令""公牍""计划""法规""统计""报告"等栏目组成。"命令"栏目又分为"训令""指令""委任令""布告""批示"等需要由上级公布，且需要施行的内容。"公牍"栏目又可分为"呈文""咨文""公函""公电"，主要为相关部门或者下级部门反映或者咨询相关问题。"计划"栏目以该部门的后期目标与规划为主。"法规"栏目以公布与该部门有关的法律法规为主。"统计"与"报告"以公布该部门现阶段开展工作的现状和调研成果为主。政论类期刊的栏目主要为"时评""论著""文艺"与"杂俎"。"时评"栏目主要分为对国内事件的评论与国际事件的评论。"论著"栏目主要刊登党政思想与马克思哲学等相关作品。"文艺"与"杂俎"栏目在政论类期刊中增加了期刊的互动性。"文艺"栏目中多为文艺作品，如小说、散文、诗歌等。"杂俎"的形式较为多样，有独幕剧、歌词歌曲等，也为读者和相关创作者开辟了可以消遣、赏析和切磋的园地。

社会综合类期刊，主要刊登与社会知识、现象和问题等相关的内容，主要包含"论著""时事政治评论""文艺""译著""杂俎"等栏目。"论著"主要是刊登与社会问题相关的著作，一般作为重点栏目出现，"文艺"与"杂俎"栏目与政论类期刊中的内容类似，"译著"栏目主要刊登对国外知名社会科学类文章的翻译。

文教德育类期刊又分为校刊与民教类期刊。校刊中分为文艺类校刊、学术类校刊与普通校刊。普通校刊的栏目主要有"布告""会议记录""训辞""时事报告""校闻""常识问答""图书馆报告""毕业生消息""学校园地"等与校园事务相关内容的栏目。文艺类校刊的栏目设置，除了有与普通校刊相同的校闻与毕业生消息等栏目以外，还有"学生作品"与

"优秀文艺作品"两个重点栏目。学术类校刊大多为高等院校创办的期刊，其栏目设置除了"记录"栏目用以刊登校闻、公布、毕业生消息等内容外，还有"论著""科学""工程"等栏目用于刊登学术知识。由于民教类期刊面向的读者受教育程度相对较低，其在栏目设置上与校刊类期刊略有不同，主要栏目有"谈话""小说""诗画""常识""时事新闻""读者园地"等。其刊登的内容主要面向广大乡村民众，以谈国家大事、转载世界新闻，普及文化知识，介绍风土人情，提高民众文化素养为主。

民国时期河北期刊的栏目设置大体可以分为以上几类，文学艺术类期刊一般不进行栏目的划分，只是简单地将文学作品以文体进行归纳，按次序在文章中分别体现。

## 二 栏目设置的风格特征："合规""合用"与"合拍"

民国时期河北期刊作为当时最主要的媒介形式之一，在栏目设置上除了要依据期刊的办刊宗旨，将每期的内容进行大致归纳，为读者提供集成性的优质阅读内容外，还发挥着沟通交流和研讨辩论的媒介功能。互动性强、思辨性强是期刊栏目设置的主要风格特色，主要表现为校刊中的"毕业生消息"与"常识问答"，党政综合类期刊中的"公牍"栏目，社会科学类期刊的"通信"栏目等。

党政综合类期刊，主要起到直通民意与上达下听的功能。在期刊栏目设置上，此类期刊"命令"栏目中的"训令""指令""委任令""布告""批示"，主要为上级部门对下级的信息传达。"公牍"栏目中的"呈文""咨文""公函""公电"，主要为下级或者相关部门对信息的反馈。政务类期刊在栏目设置上以部门之间的沟通交流为主，便于政策传达与反映问题的，利于政务开展。文教德育类期刊的沟通交流，以校刊最为突出，如《唐山工业专门学院杂志》在编者按中明确交代，"本杂志的目的在于与毕业的以及出国深造的校友进行交流"[①]。该刊还在最后特别设置了"校友会启事"这一栏目，试图通过期刊的媒介建立起校友之间沟通的桥梁。除了《唐山工业专门学院杂志》以外，《新十一中》《新十三中》等校刊也设有"校友启事"一栏，用于与校友之间的沟

---

① 详见《唐山工业专门学院杂志》第 1 期《编者按》。

通。普通类校刊中设置的"常识问答"栏目,也起到了学术沟通与信息解答作用,学生通过投稿进行提问,学校集中就重点问题在该栏目给予解答。

"沟通交流"的风格,还体现在同类栏目之间。以《新钟》为例,其在序言中讲到,"夫学生共聚一堂人数亦云多矣,我所不知者彼或知之,彼所未闻者我或闻之。在知者以为旧而不知者既以为新在闻者以为旧而未闻者以为新且人数既多思想见解各有不同,甲之思想则以乙之思想为新,丙之见解则以丁之见解为新,新杂志之出,所推广其见闻,交换其知识既所以增益其所新的生活之兴趣也"[1]。该刊希望同学借助期刊中不同的栏目,各抒己见,通过交流沟通,拓宽彼此的见闻。《河北民国日报副刊:笳》就"论著"栏目中的几期关于妇女地位的问题进行了辩论,就《妇女解放的之根本问题》《论妇女协会》《妈妈的独身主义》《再论独身主义》等几篇文章,在前后几期进行了观点交流。

期刊因时而变、栏目因势而成。受众之所以订购和阅读该期刊,就在于看中其提供的信息价值和赋予的精神价值,以及能够实现的思维跨越。民国时期的期刊,基本能够为受众提供一个公平对话和平等交流的平台,并给予言论以较大的表达空间。期刊编辑对于民众的来稿,一般都保持公正客观和审慎的态度,很少因为文章与自己的观点不合而拒绝或者狠批稿件。在栏目设置上,民国时期的河北期刊,也多秉持了开放的姿态和互动的主张,在"合规""合用"和"合拍"的平衡中,不断强化自己的责任、使命和担当。

# 第六节　民国时期河北期刊形式与风格的成因

### 一　国家大势、时代号角与民意汇集的必然呼应

1912年至1949年期间,中国经历了封建帝制被推翻,民国建立,二次革命等国家政权的更迭与潜进,此间又有诸多足以对中华民族未来发展起到重要影响的事件,如新文化运动、五四运动等救亡图存的运动,一些党派也应运而生。尽管思想主张存在差异,组织性、纪律性、原则

---

[1] 参见《新钟》第1期序言。

性也有区别，但绝大多数仁人志士和其派系都将自己保卫中华的旗帜高高举越，并将个人奋斗融入复兴中华的伟大实践中。从19世纪末开始，清廷腐败昏聩，无力阻挡资本主义列强的侵入，甲午战争之后，中华民族更是陷入了前所未有的深重危机中。从九一八事变到七七事变日本全面侵华，东北华北的抗日烽火连成一片，而河北一地攻守尤为重要，因此在河北省也尤其能够体现各党各派统一战线、全面进行抗日的信心与决心。在这样的社会环境下，社会需要及时更新的信息，需要时效性强、主题明确、分析透彻的好文章，来传达仁人志士的呼告与奋起，需要言论的"匕首"和"火枪"。而除了报纸之外，期刊是最为合适的"武器"。

"畅通渠道"与"开辟言路"是民国时期期刊的两大重要功能，河北期刊也不例外。"畅通渠道"类的期刊多为党政类、文教类期刊，背后往往依靠着党政组织或者高层次的知识精英，主要是为了启迪民众的思想，为主义与学说做好宣传等。其主要是试图通过期刊宣导，从上至下的思想灌输，弭平社会不同阶级之间的思想差异，构建一个与自己观念、主义相融通的社会景象。除此之外，还有一些以营利为目的的商业出版机构创办的期刊，一些为了搭建学术平台而创办的学术期刊，以行业交流为主要目的的行业类期刊，以及一些为加强同乡同学之间联络而创办的校刊与同乡会期刊。这些期刊构成了不同社会阶级、不同行业的"交流圈"，哪里有需要，哪里就会形成一定的期刊聚落。以期刊为中心，"能写善辩"的知识分子可以"挥毫泼墨"也可以"唇枪舌剑"，默默为社会转型和革命开展出力。

首先，互动栏目的设置最能体现这一功能，以读者阅读感受为中心的内页排版与引人入胜的封面设计，是抓住目标读者群的关键。期刊中"通信""常识问答""编后语""来稿启事""校友会启事"等栏目，发挥着交流沟通的功能。通过这些栏目，可以吸引读者参与到刊物设置的主题讨论中，形成高质量的社群讨论，产生锐利的观点交锋。通过栏目之间一期接着一期接龙式的观点表述，产生了略带时间差的互动与交流，可吸引更多的注意力。读者或因与期刊部分文章所表达的观点一致，或因对期刊介绍的事件感兴趣，或因对期刊所传播的知识、所传递的情感有需求，而选择期刊进行阅读。读者之间以期刊为平台进行书信等互动交流，群众因其所关注的期刊和栏目不同，也可以形成不同的交往群体。其次，以读者视觉体验为考量的内页排版原则。从社会媒介的发展看，受众体验逐渐与内容并重是媒介社会化发展的趋势。期刊为了吸引更多的读者，增强读者黏性，不断改进排版的方式，来为读者提供更为舒适的阅读感受与良好的视觉体验，比如借鉴西方书籍目录排版方式，改进期刊目录排版形式，以栏目分页目录改为标题与作者或页码相连式等。除此之外，部分期刊还根据文章题材的不同，采取不同的分栏处理方式。消息、公告类文章分栏较多，便于读者的信息获取，论著类期刊采取两栏或者不分栏，以便于读者在阅读中进行思考，诗歌散文类文体在版面安排上会增加行距与字距与页边的留白，便于读者记述阅读感受，以增强对文章意境的烘托等。最后，增强封面的设计感以强化读者的认知。一些期刊的封面设计较注重对传统文化的继承与使用，如使用改良的毛笔字体做标题，运用国画进行封面图像创作等。除此之外，一些期刊的封面在注重美观的同时还讲究实用性，部分期刊将目录或者重点内容的文章呈现在封面之上，便于读者在不翻看期刊的情况下对本期内容有一个大致了解。

期刊能够吸引并可以留住读者，除了有高质量的内容外，具有亲和力的形式与风格也是重要的条件。

## 二 地域文化、民俗风尚与区位特征的必然彰显

辛亥革命推翻了清王朝两百多年的封建统治，政治制度的变革促使了资本主义经济的快速发展。五四运动与新文化运动，推动了民众思想的解放与科学技术的发展。随着西方文化的进入，新鲜事物逐渐增多，西方的先进的技术对于中国传统的手工业、农业等都造成了不小的冲击。"科学救国""实业救国"的思想成为主流，民众对于西方先进知识与技术的渴求促使多种多样类型期刊的产生，尤其以实业类与学术类知识为主的期刊类型，了解和学习西方的新技术、新知识是当时社会的主流。但由于河北省地域连接较为广阔，不同区域经济、文化、政治等客观条件差异较大，也导致了其关注与接收外界信息的愿望和程度不同，对知识信息的需求类型与表达领域也不同。如在天津、唐山等交通发达、经济发展基础较好的地区，以知识科普类期刊为主，涉及工业、工程内容

的也较多。而在保定、正定等周边地区，以农业类期刊为主。石家庄则以矿务类期刊为主。

受到孙中山先生"唤起民众"遗嘱的激励，以及国民革命运动的影响，有关民众教育的话题持续升温。河北当时建立了两所民众教育馆，民众教育从民众的娱乐生活出发，规范当时游艺、演讲等娱乐活动，建立平民学校，教育民众读书识字，传播尊重科学、热爱祖国等思想。随着民众教育的开展，民众整体的受教育程度得到了提高，对文学、艺术、德育等期刊的需求度也随之有所提高。民国时期河北期刊为了满足当时民众对于娱乐类期刊内容的需求，设置"杂俎""文艺"等栏目供大众休闲娱乐，也有《紫光》《德风》等刊物专门供民众阅读。

### 三 行业约制、专业精神与职业操作的必然体现

（一）主流期刊环境的必然影响

《新青年》《丝语》等作为全国知名刊物，其对当时代其他同类刊物的影响是较大的。

在白话文与新式标点的应用方面，在《新青年》的示范与引领下，白话文与新式标点成为民国时期河北省期刊文章的主流表达方式。尽管大多数期刊的"投稿启事"中要求使用新式标点，但是对语体并不进行限制，但是20世纪20年代之后的民国时期河北期刊中刊登的文章大多以白话文进行表述。在大规模提倡白话文运动的背景下，文言文表达方式逐渐成为少数，而白话文的广泛应用不仅使思想与观点在表达方式上更加生动自如，在学术科学等知识的传播、外来著作的翻译与社会的信息交流等方面，也提供了诸多便利。

除此之外，河北省较多的社科类期刊也以《新青年》为效仿对象，以《保定新青年》为例，该刊建立在以《新青年》发起的运动的基础上，主张一面发扬中国固有的文化，一面吸收外来的文化。栏目有"时评""自然科学""论著""文艺""青年园地"等，主要撰稿人有翰芬、自、张国英、任难、今是、刘慈轩、絮如、范振兴、惠、佟纯仁等。该刊的"论著"和"自然科学"栏目的篇幅最重，第1期的《何为科学何为科学化》《社会科学之体系》等文，让读者明白科学的真正含义，第2期刘心的《现代青年醒来》一文，指出了青年修养的方法。封子斌君的《青年

的出路》一文，除了申明今日青年的出路外，还附带说明了青年的危机。卓臣的《秦皇岛山海关记游》一文，向读者介绍了东北失陷后关外的一些实情。第 2 卷第 1 期的《望远镜与天文学》一文与第 1 卷第 12 期的《理论科学与应用科学》一文中提出了"应用科学可促进理论科学"的理论等。其他栏目如"时评"，主要是对政治、社会问题的评述，如《中日提携问题》《日德秘密协定》《黄河水势又告危险》《教育与人才统治》等文；"文艺"一栏内容丰富，包括书画作品《保定新希望》《入冬新装》《新生之路》等，诗歌作品《初秋之晨》《努力向上》《往事》等，文学作品《海鸥》《失恋》《湘湖拾零》等。该刊在栏目与观点上继承与发扬了《新青年》的特点，提倡新文学、反对旧文学，倡导民主、科学，提倡民族精神、创造精神，消灭"封建思想""阶级思想""颓废思想""奴隶思想"，立足于青年的发展和成长，倡导青年对国家与社会有多贡献。在《新青年》杂志上讨论过的"女性的发现"，同样开启了民国时期河北省以"女性发现"为主题的期刊，以《河北省民国日报副刊：笳》与《德风》为例。《河北省民国日报副刊：笳》中以《论妇女协会》《妈妈的独身主义》《新妇女道德论》《再论独身主义》等文章就女性的贞操观、婚姻观、职业观等进行了热烈的讨论。《德风》就"女性发现"这一主题进行了更为透彻的研究，其"论坛"一栏，主要针对妇女生活中出现的各种问题进行讨论，比如《重婚》《长舌妇》等文。"专载"和"妇女"两个栏目主要介绍有关新民妇女生活、女子教育和与子女教育的问题，代表文章有《于家庭中怎样教育儿童》《日本妇女生活的一般》《女子继承权之探讨》《贤妻良母应具备之条件》《主妇与家庭》等。"卫生"一栏，主要介绍有关妇女卫生问题及疾病预防，比如《女学生时代的卫生》《伤风预防法》《荣养要纲》等文。该刊以新民主主义为中心，宣扬"新道德""新风气"，与《新青年》的办刊宗旨更为贴近，而且在办刊模式上《德风》也深受《新青年》的影响，与《新青年》同为相似的组织形式和办刊模式，同样受其办刊模式影响的还有《烽炎》《紫光》《望益》《烟》《春草》等。

《幽燕》的发刊词中提到，"我们这个小小的文艺刊物，也得照例要个题目，但是真不好下，没法，只好学《语丝》的样，随便在字典上找两个字算数，恰好面前放着一部清苑县志，翻开闭目一点，却正正点到了'幽燕'这两个字，这就不但有了题目，并且这个题目还有解义了"①。可以略知，《幽燕》的命名部分受到了《语丝》的影响。

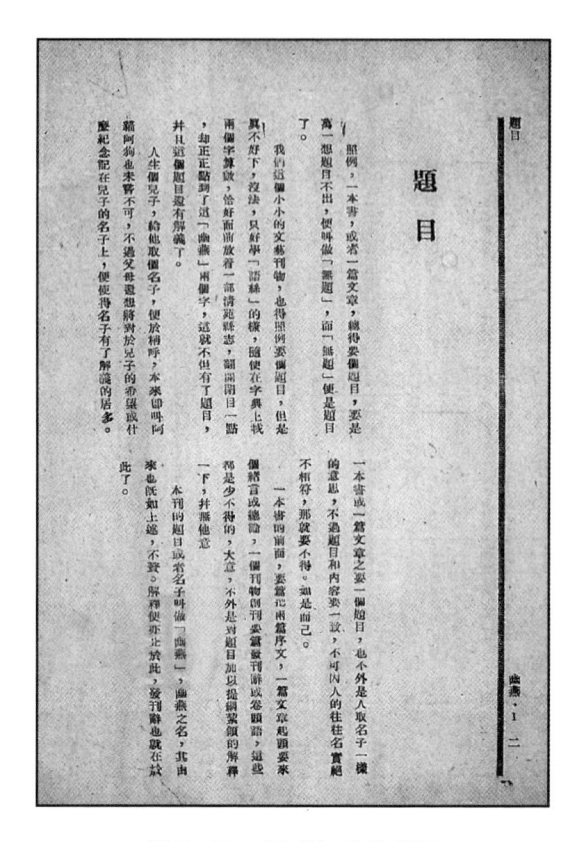

图5—90 《幽燕》的发刊词

由此可知，民国时期的主流期刊不仅对民国时期河北省期刊的文体形式与办刊模式有所影响，甚至对办刊宗旨、期刊的命名方式等与期刊内容直接相关的形式与风格等，也产生了较大的影响。

(二) 办刊群体的专业追求

形式与风格的形成，与当时办刊人的努力尝试与开拓是密不可分的。如《幽燕》的版权页前附的《关于幽燕》写道，"这个名字之由来，第1期已说明。现在我们将它当为一个标记，我们要在这个标记之下团结起

---

① 参见《幽燕》第1期《关于幽燕》。

来开步走。朋友们，这个保定是一个荒，让我们，我们现在来拓。除了这个半月刊外，我们还有公演剧本的计划，此外，也有文艺茶会的举行。凡是爱好艺术的朋友们，请不要犹疑地来参加这个进行的行列"①。《幽燕》的创办者萧君，虽是军人出身但有用文艺传播新思想的意识与想法，曾任《流露月刊》②的主编，来到保定后，见到保定学校林立，但学生们只是伏案学习，无一刊物可以打发课余时间，文学氛围沉闷，于是萧君以研究艺术，阐扬文化为目的，传播新思想、新文学，活跃保定的文学气氛，成为民国时期文学期刊在保定地区的拓荒者。

《视察特刊》的"序"中也有这样的记述，"共和十七年夏，余返自晋观政梓乡承乏民治于时大难初平民困未息四郊多累满目疮痍。然民间之疾苦，官吏之政绩，地方之状况，参互考镜悉其梗概亦得失之林也校刊竟事乃为述其缘起于此闻政，君子幸垂览。将一年的改变措施与改变情况编辑成册，深望各界人士就刊中所载之实况，指导措施之谬误，予以改革上之方针，使河北民政前途早跻于训政完成之地位，则斯刊之出，其亦或稍稍有益于前途乎？"③《视察特刊》的创办者初到保定，探民众之生活艰难，故创此刊。该刊以年刊的形式出版，可以供各界人士垂览，且点出其可以精进之处并进行改进，从而使民众生活更为富裕，政治体系更为完善。

《丰中季刊》以"研究学术，改进教育，提倡文艺，报告本校情况"为宗旨，发刊词中写道，"在大变动时代的怒潮中，人类社会一切现象必然很明白地反映出来，正在向新的方向迅速转动的征候，朽腐的已经颓败，或快要死去，然而须经新兴势力的奋斗，才能完结了前史"④。

《工业年刊》的发刊词中写道，"借着刊物公布出来，现值训政伊始，建设方殷工业本身的改造，一天一天的紧急工业的需要，一天一天的迫切。本院负着工业教育的使命，对于工业自应该奋勇前进，一方努力研究设法改良，一方发表刊物，提倡进步"⑤。

---

① 参见《幽燕》第 1 期《关于幽燕》。
② 为萧卓麟、左漱心、陈旷夫等主办，由拔提书店发行，无任何倾向及色彩。
③ 参见《视察特刊》第 1 期发刊词。
④ 参见《丰中季刊》第 1 期发刊词。
⑤ 参见《工业年刊》第 1 期发刊词。

由此可见，民国时期河北省期刊的创办人多有着强烈的社会责任感，在动荡不安的时局中，各个领域的期刊创办者都在大胆尝试、努力开拓，也进一步推动了民国时期河北省各类期刊的形式创新与风格流变。

河北省地处京畿要地，历来是重要的军事争斗场，政治和军事生活在整个燕赵大地具有极其重要性，可以说，历史上多个王朝的局势动荡，多与河北地区的不稳定有一定的关联。颇为不稳定的社会环境，为经济发展带来阻碍，也对文化生产造成掣肘，在这样的环境下，期刊的生存与发展相较于其他省份，可以说困难更重、忧虑更多。

但一些勇敢的办刊者们并没有因此而退缩与屈服，反而在艰苦斗争中倾力维系期刊的发展，在曲折的办刊过程中磨砺意志、增长智慧。如，唐山工业专门学校在战乱中历经波折，经历几次搬迁，其学生会创办的期刊《唐山工业专门学校杂志》由于战乱、学校搬迁等因素的影响，辗转唐山、上海、成都等地，并以《唐山铁道学院学》《西南交通大学学报》《唐山交大周刊》等名字进行复刊。创办《唐山工业专门学校杂志》的知识分子团队，在这期间还创办了《科学的唐山》《唐山土木》《交大唐院季刊》等期刊，尽管编辑形式不如《唐山工业专门学校杂志》完善，但也为该学校的校务工作与学术知识传播出了一分力。《幽燕》从第1期的简单标题作为封面，而后开始刊登丰富多彩的封面。《文化前哨》从第3卷第7期开始由彩色封面改成黑白色，《培德月刊》创刊初期由每期一变的期刊封面在1937年之后改成了简单的标题加线框。部分期刊在战争时期在封面与内页排版上采用了"版块式"设计，以节省纸张。

随着时间推移，一些期刊在形式上逐渐变得精致细腻，但一些期刊也因为各种原因而变得更加简陋粗糙。尽管在1937年至1945年期间，部分期刊由于战争而导致编辑水平有所下降，但艰苦环境下期刊编辑的努力拼搏能从中加以感知。1945年后，绝大多数期刊从内容到形式方面都逐步走向正轨，一些期刊的形式已与当今期刊较为接近。

# 余 论

# 民国时期河北期刊史学术体系的建构

通过对民国时期河北地区期刊进行多角度、多侧面的挖掘和整理，以及进行大量的质化和量化分析，笔者初步廓清了民国时期河北期刊的出版概况，并深入分析了一些颇具"明星气质"的期刊和办刊风尚。

对于本议题的研究，其研究的主体应该主要由从事民国时期河北地方史研究和出版研究的学者组成，但目前尚未发现有专业学者或学术团队对这一领域和议题有持续的关注。

目前，关于民国时期报刊的研究尚处在持续推进过程中，研究论文或者专著偶有发表和出版，但总体上速率还偏低，发表质量和水平也还有待提升。对于民国时期河北期刊史的学术建构，需要专业人士和专业机构持续加以关注和给予投入。对于单种期刊的个案研究，是进行期刊群落研究的前提，由于单种期刊的存刊量也参差不齐，有的刊物仅存一期，而一期刊物也多只能出产一篇研究论文。有的刊物一期有数百页之多，内容体量虽大，但内容编排的程式化明显，记录功能大于思辨功能，因此也多仅作为研究相关专门史的基础材料。真正有思想，对今天仍有现实借鉴意义的期刊，则应反复研读，在此基础上出产多篇高质量的研究论文。

再来看周边省份的类似研究。有些省份已经结合自身省情基本建立了独立的报刊出版史研究体系，并产出了一批研究成果。如，有关学者已通过收集和整理民国时期山东各地出版的报刊，形成了较为完善的民国时期山东地区报刊出版史体系，并且按照一定的方法对刊物进行了分类汇总。在此基础上，也出版了一部专门介绍山东省所出版的报纸和期刊的书籍，即《民国时期山东报刊目录提要（全二册）》。该书提供了民国时期山东地区报刊出版总目录，每种报刊都配有图片介绍，可以以给读者最直观的阅读体验。据其前言可知，该书共收录了山东省图书馆和青岛市图书馆馆藏民国时期山东出版的中文期刊、报纸四百余种，既包括正式出版物，也包括内部出版物；既包括综合性文献，也包括专业性文献；既收录抗日根据地的珍贵历史文献，亦收录国民政府出版物，还收录伪政权、伪组织的出版物，是研究民国时期山东报刊出版的重要资料。

其他省份在省域期刊汇编方面的资料目前暂未可见，而关于民国时期各省区市期刊研究的论文已有一定存量，目前主要有针对山西、上海、广西、贵州、甘肃、黑龙江、温州等省份和地区期刊出版的研究。从研究层次来看，大多数论文的研究层次集中在总体特征分析及个案研究方面，真正对本省期刊做集中量化统计并分析出版全貌的文章还比较少见。

相较而言，虽然有关民国时期河北历史的研究一直较为重要，且重要成果颇丰，但民国时期河北期刊也理应成为研究民国历史的重要资料来源和可靠支撑，而建立河北省的民国期刊出版史学术体系尚未引起重视，即尚未有一部完整记录民国时期期刊出版状况的著作或名录出版。这一方面，亟待研究者继续深入挖掘和整理并形成力作。

再来看学术体系建构需要解决的基本问题，笔者认为有以下几点：

## 一　研究路径的基本遵循

对于民国时期河北期刊学术史的建构来说，首先应当明确期刊史是出版史的一部分，在建构时必须要合乎出版史研究的基本规范。民国时期河北期刊史的学术建构应是在民国出版史的宏观框架下进行的。

例如，福建人民出版社2011年6月出版的《民国出版史》一书，该书由吴永贵编著，系统地介绍了民国时期的出版状况。在内容编辑上，该书以时间为经，历史事件和历史人物为纬，在政治、经济、文化的历史背景解析下，对民国各个阶段的出版历史现象和出版活动进行了全景式的描绘，对民国时期的图书业历史，从行业经济史和出版文化史两个维度，进行了宏观把握与特征概括。该书对有影响的出版机构和出版人物个案进行了微观研究和具体分析，对出版活动过程中商业利益和文化价值之间的平衡关系也给予了特别关注。该书对于民国时期中国共产党领导的出版事业，既探讨过往，亦总结规律，并有细致深入的论述。结合吴永贵编著的《民国出版史》一书的方面指引，河北期刊史应在遵循传统研究方法的基础上，结合当时社会大环境和河北相较于其他地区的特殊状况，有针对性地进行研究方法上的改进和研究范围上的拓展。通过对民国时期河北期刊的统计分析，其期刊学术史研究上应注重以下几点：

首先，民国时期河北期刊史的研究应在出版时间上做阶段性的划分，保证所对应资料的真实性和完整性。因民国时期国情、社情、民情复杂，河北地区区划也历经几次重大调整，省会多次变迁，这无疑对原有的文化发展规划和文化组织社团的发展产生一定的影响。省会在哪里，资源和人脉就在哪里，因此如果一种期刊想要在一地稳定发展，还要克服多种内外部困难。比如，出版时间上的断层，又或者期刊在出版过程中通过多次改名来适应区划调整、工作变动和人员流动，这些情况在笔者进行期刊统计时并不罕见。因此，在进行期刊学术史建构时，出版时间既应作为筛选期刊的标准，又要作为各期刊出版史的时间脉络加以重视。具体来说，期刊在符合民国时期和河北地区这两个条件后，对每一种期刊的出版史梳理，都要明确其具体的出版时间，这既包括创刊时间、停刊时间，也包括期刊出版过程中可能出现的暂时停刊问题。因为民国时期社会经常性动荡，一些期刊在出版过程中可能会受到来自当地政府、外部侵略势力等的压迫，或者受战争影响等而失去出版条件。在进行期刊出版史的统计时，期刊是否因不可抗力而导致停刊，应尽可能结合当地历史作深入的考察，而这种考察，工作量一般较大。在进行期刊出版时间的统计时，还应结合每一期期刊的具体出版时间，判断其是否在出版过程中发生了出版周期的变化。根据出版时间作期刊统计分析，能够将民国时期的重大历史节点事件和阶段性特征与河北期刊的出版趋势结合起来，从而更好地为河北期刊史与民国期刊史之间的对接提供必要事实支撑。

其次，民国时期河北期刊史的研究要在出版地域范围上做区分，保证相应资料的完整性和准确性。因民国时期的河北省在1928年之前实际为直隶省，直隶省改制为河北省后，河北省的区划一直发生变化，直至中华人民共和国成立后亦有较大改动，因此，在进行期刊学术史建构时，对期刊出版地的考察是一个极为重要的工作。本研究在进行资料收集整理时，针对每一种可能属于民国时期河北地区出版的期刊进行了仔细甄别。因不同的数据库可能采取不同的统计方式和衡量标准，尤其是数据库中对于期刊出版地的历时性对接的判断可能有所不同，这都会影响到最终的数据分类和研究结论。河北地区在民国时期，尤其是在战争年代，有些地区被侵略势力所占领，有些地区属国民党管辖区，直至中华人民共和国成立后才确定了与今天大体相似的区划，但仍有一些区县在中华人民共和国成立后又经历了区划调整，因此本研究只关注民国时期的区划与行政管辖所发生的变化。本书为统计方便，将可收集到的期刊进行了一般出版要素层面的划分，凡属今天河北省范围内的期刊大多作为研究的备选对象，但是未包含张家口地区和承德地区出版的期刊。

## 二 研究方法的具体运用

（一）定量统计法

在民国期刊史的研究中，针对某一地区或者某一领域期刊的研究，常常因为资料过多而加重了研究任务。结合对民国时期河北地区期刊出版史的研究，在资料有整理中使用量化统计方法是极为有效的。民国时期河北地区出版的期刊有158种，每种期刊的现存资料有多有少，少的如《新冀东》只有19页，多的如《河北民政刊要》超过10000页。而对这一时期期刊史的研究，并非需要针对每一种期刊都进行事无巨细地分析，一些期刊在内容和形式特征方面具有明显的趋同性。如民国时期河北地区的多数校刊，虽然在内容上有一定的差别，但是在编排的风格和栏目设置上，有颇多相似之处，多数校刊在栏目设置上，都有学校的规章制度、学校新闻、学生的作品等。因此在进行期刊资料整理时，量化统计可以较快地将研究的变量呈现和突出出来。量化统计法适用于对期刊各要素的统计，比如期刊的出版时间、出版周期、出版地、可考期数等，能够在出版趋势、选题侧重点、出版范围等问题的研究上提供更直观、更详细的数据支持。

（二）定性研究法

在民国期刊史的研究中，当资料处理量过大时，可采用定性研究法，也就是将研究对象划分为不同类型，将同一类型的期刊归纳在一起，并选择其中最具代表性的期刊进行深入研究，发现共性、总结特征、寻找规律，从而提高研究效率。结合对民国时期河北地区期刊史的研究，定性研究法在资料分析上是较为可行的。因河北期刊的原始资料庞杂并且存在诸多残缺不全的情况，所以需要将其中具有代表性的期刊提取出来进行专门研究。而如何选择代表性期刊，又是一个需要审慎对待的问题。本研究根据河北期刊的出版单位性质和出版内容将所有期刊划分为6种类型。不同类型期刊之间或许存在部分交集，如有的期刊既属于教育类期刊，也属于政务类期刊，但对于期刊的整体样貌和形态研究来说影响不大。因为每一类期刊无论是创刊目的、栏目设置、编排风格，都遵循着一定的程序和规则，尤其是其主管主办单位，多具有明显的差异，这也成为判断其刊物性质的重要依据。还有一些日伪期刊，也可以从其主办机构的性质来加以判断。定性研究法能够迅速为研究者找到某一类型期刊的共同点，提高研究效率。

（三）案例分析法

在民国期刊史的研究中，既要有科学的定量研究，也应当进行具有深度的定性研究。期刊史的研究不应停留在数据分析层面，应在历史背景下进行深度的出版场景还原，应结合多学科知识进行多角度解读。对民国时期河北地区期刊的研究，进行案例分析是较为有效的方法。如，对某一期刊的研究可以从其创刊号入手，采用典型分析法。期刊的创刊号、改刊号、副刊号等最能代表一个阶段性的期刊出版特征。无论是出版周期、出版地区，还是出版物的形式设计和内容安排，都能从期刊的重要刊期上体现出来。同时，期刊创刊号中基本都刊有发刊词，而发刊词能帮助读者更快了解期刊出版的缘由、目的和主要思想等，其发挥着提纲挈领的作用。因此，案例分析法运用得当，可以起到"以点带线、以线带面"和"画龙点睛"的效果。

总体来讲，民国时期河北期刊出版史的研究，既不能脱离资料谈问题，又不能仅从资料看问题，而应当结合实际出版环境和出版物生产流程做资料分析。定性研究与定量研究在期刊出版史的研究上都很重要，此外还可以使用混合交叉的研究方法。经过统计之后的期刊要素汇集在一起，能易让研究者发现定性研究中被忽视的问题；定性研究侧重从纵深度方面理解期刊内容，更关注研究对象的本质，但往往忽略了对期刊出版发展趋势的研究。把握民国时期河北期刊出版状况不能单纯依靠定性研究，应多运用量化统计的方式发现其整体出版趋势和选题侧重点等。

结合以上策略和方法，笔者再来谈一谈对民国时期河北期刊史学术体系建构的设想，主要可以概括为以下两个方面。

首先是期刊资料库的建立与整合。在民国时期河北期刊史的建构方面，期刊史料库的建设是最初级也最为重要的一项工作。民国时期河北地区期刊资料来源在渠道上正逐步拓宽，应进一步统合多渠道资料来源，形成专门的数据库。笔者在探查民国时期河北期刊资源的十几年中，相关资料库的挖掘一直都在进行中，并且经历了多个阶段，而多数数据库都有使用权限，有一些下载极为不便，本研究的数据积累靠的多是逐页截图，费时费力且多带有水印。全国报刊索引的民国期刊数据库是本研究的主要数据来源，据不完全统计，这一数据库中所涵括的民国时期河北期刊占全部民国时期河北期刊的九成左右。相对于其他期刊数据库来说，全国报刊索引的期刊下载方式较为方便、快捷，因而资料的收集较为迅速。目前已建立的绝大多数民国时期河北期刊的资料库，主要是呈现期刊的原件照片或扫描件图片。同时，为研究方便，笔者又先后录入了期刊的发刊词，并对期刊的封面进行了专门汇总。结合民国时期河北期刊的实际出版参数情况，又先后绘制了民国时期河北期刊统计总表、民国时期河北期刊统计分表（保定地区、平津地区、其他地区等）、民国时期张家口地区期刊统计表、民国时期承德地区期刊统计表等。此类统计表一般包含有期刊名称、期刊性质、创刊省份、创刊地、创刊年、出版周期、出版单位、现存期数、现存页数、有无创刊号、资料来源等要素。

其次是期刊史研究成果库的逐步扩充。目前尚无专门的民国时期河北地区期刊的资料汇编成果，通过对民国时期河北地区出版期刊的出版统计分析与出版特征分析，民国时期河北地区期刊出版的基本面貌已初具雏形。结合期刊的出版时间、出版地区、出版单位、出版周期进行的统计分析为民国时期河北期刊史学术体系的建构提供了框架。具体而言，从期刊的出版时间脉络可以清楚地了解河北地区期刊出版的高潮期与低谷期；从期刊的出版地区分布可以看到河北地区期刊出版的中心区域和次中心区域；从期刊出版单位的统计上可以了解期刊出版的主体力量和主导因素；从期刊出版周期的分析上，可知当时河北地区期刊出版的速率和实效。

  民国时期河北地区的期刊史,是整个民国期刊史的必然组成部分,也是整个民国史不可或缺的组成部分。历史研究,目的还在服务于现实,目前的河北省在出版事业上仍有诸多需要完善、改进和提升的方面,而民国时期的出版视野、气度、胸怀和修为,显然未得到很好的继承与发扬并延续到今天出版人的职业血脉中。希望通过对本议题的初步探究,能够为读者展示一个有文化传承、有出版理想,特别是有"燕赵风骨"的民国期刊出版景观,作为今后重要的行动参考。

# 参考文献

**一　普通图书、论文集、会议录、学位论文、报告**

（一）图书类

戴国林:《河北省近现代期刊综录》,河北人民出版社1990年版。

戴建兵、张志永:《民国时期河北女子师范学院的教学》,中国农业出版社2014年版。

邓集田:《中国现代文学出版平台》,上海文艺出版社2012年版。

冯世斌主编:《1952~1968河北省省会变迁始末》,河北人民出版社2012年版。

戈公振:《中国报学史》,商务印书馆1927年版。

戈公振:《中国报学史》,上海书店出版社2013年版。

戈公振:《中国报学史》,生活·读书·新知三联书店1986年版。

龚书铎:《中国近代史1919—1949》,中华书局2010年版。

胡适:《胡适文存》,北京大学出版社1998年版。

李建新:《中国新闻教育史论》,新华出版社2003年版。

李林奎等纂修:《元氏县志》,台北成文出版社1976年版。

李友芝、李春年等:《中国近现代师范教育史资料（第二册）》,教育出版社1980年版。

刘晨:《民国时期艺术教育期刊与艺术教育发展》,团结出版社2010年版。

刘崇本等纂修:《雄县新志》,台北成文出版社1968年版。

刘兰肖:《晚清报刊与近代史学》,中国人民大学出版社2007年版。

刘廷昌等纂修:《霸县新志》,台北成文出版社1968年版。

刘增人等:《中国现代文学期刊史论》,新华出版社2005年版。

马保超、骆志安、刘国庆编:《河北编著出版纪事(春秋—民国)》,河北人民出版社1992年版。

马建国:《冀东书报刊史料》,河北人民出版社1995年版。

茅仲英、唐孝纯编:《俞庆棠教育论著选》,人民教育出版社1992年版。

民国教育部:《第一次中国教育年鉴》,开明书局1934年版。

张福谦修,赵鼎铭纂:《清河县志》卷2《舆地志·物产》,民国二十三年铅印本。

彭作桢等纂修:《完县新志》卷7《食货第五》,民国二十三年铅印本。

王德乾等纂修:《望都县志》卷1《舆地志·物产》,民国二十三年铅印本。

宁树藩、姚福申、秦绍德:《中国地区比较新闻史:全3册》,复旦大学出版社2018年版。

《全国民国档案通览》编委会:《全国民国档案通览(三)》,中国档案出版社2005年版。

沈厚润:《民众语文教育》,中华书局1948年版。

石峰主编,吴永贵著:《中国期刊史第二卷(1911—1949)》,人民出版社2017年版。

绥远省政府编:《绥远概况》,1933年铅印本,内蒙古图书馆藏复印本。

王德乾等纂修:《望都县志》,台北成文出版社1968年版。

魏也一:《陶行知、黄炎培、徐特立、陈鹤琴教育文选》,安徽教育出版社1992年版。

吴冷西:《出版十论》,中国社会科学出版社1994年版。

吴明娣:《中国近现代艺术设计专题研究》,首都师范大学出版社2011年版。

谢忠厚:《河北通史·民国下卷》,河北人民出版社2000年版。

张坪纂、张凤瑞修、徐国桓修:《民国沧县志》,上海书店·巴蜀书社·江苏古籍出版社民国二十二年铅印本。

张宪文:《中国现代史史料学》,山东人民出版社1985年版。

张肖梅:《实业概论》,商务印书馆1947年版。

张兴周、周家珍编著:《20世纪中华人物名字号辞典》,法律出版社2000年版。

郑之纲：《乡村师范教育实习指导》，上海黎明书局1934年版。

中华职业教育社：《黄炎培教育文选》，上海教育出版社1985年版。

朱文通、王小梅：《河北通史·民国上卷》，河北人民出版社2000年版。

［美］费正清、费维恺编：《剑桥中华民国史1912—1949》（下卷），刘敬坤等译，中国社会科学出版社1994年版。

［美］费正清编：《剑桥中华民国史1912—1949》（上卷），杨品泉等译，中国社会科学出版社1994年版。

（二）论文集类

商丽浩：《中国近代教育期刊五十年》，纪念《教育史研究》创刊二十周年论文集（1）——教育史学理论及史学史研究，2009年。

（三）学位论文类

董春雨：《民国时期美术期刊的传播特征与影响研究》，硕士学位论文，河北大学，2013年。

回笑哲：《民国时期河北期刊的形式与风格研究》，硕士学位论文，河北大学，2020年。

贾铭宇：《民国时期上海地区中学校刊研究（1912—1949）》，硕士学位论文，上海师范大学，2017年。

靳婷婷：《民国时期河北地区公路建设述论（1918—1937）》，硕士学位论文，河北师范大学，2015年。

雷延航：《杂志封面设计的发展与演变》，硕士学位论文，吉林大学，2015年。

雷振：《民国期刊的版式设计研究》，硕士学位论文，太原理工大学，2017年。

李旻：《清末民初实业救国思潮研究》，硕士学位论文，陕西师范大学，2010年。

刘芳：《民国时期绥远地区"调查报告"评述》，硕士学位论文，内蒙古大学，2005年。

刘京京：《民国时期中学生的生活研究》，博士学位论文，华东师范大学，2015年。

刘颖：《民国时期视觉符号研究》，硕士学位论文，江南大学，2008年。

卢叶：《新桂系时期广西中学校刊研究》，硕士学位论文，广西民族大学，

2016 年。

吕益冉：《民国时期出版物美术字设计研究》，硕士学位论文，青岛科技大学，2017 年。

马青青：《民国时期保定私立育德中学研究（1928—1937）》，硕士学位论文，河北大学，2018 年。

闪晓宇：《中国近现代回族报刊形式风格研究》，硕士学位论文，河北大学，2011 年。

王广坦：《民国时期河北期刊的量化统计与出版分析》，硕士学位论文，河北大学，2019 年。

王金霞：《河北与中国教育早期现代化》，博士学位论文，河北大学，2006 年。

王晶：《文艺月刊（1930—1941 年）研究》，硕士学位论文，华东师范大学，2013 年。

王亚超：《民国时期河北电信业研究》，硕士学位论文，河北师范大学，2016 年。

吴学伟：《1929—1933 年河北省制造业发展的量化研究》，硕士学位论文，广西师范大学，2017 年。

杨华丹：《民国期刊〈乐风〉研究》，硕士学位论文，西安音乐学院，2017 年。

张茜：《民国时期上海期刊的装帧设计研究》，硕士学位论文，东华大学，2013 年。

张旭阳：《民国时期河北教育类期刊出版研究》，硕士学位论文，河北大学，2021 年。

周碧兴：《民国时期书籍封面标题字体设计研究》，硕士学位论文，西安工程大学，2017 年。

（四）期刊论文类

白丽娟、李聪明：《唐山报刊出版史述略》，《唐山学院学报》2011 年第 2 期。

陈含英：《浅论民国期刊是近现代翻译文学发表的主阵地》，《台州学院学报》2015 年第 1 期。

陈楠：《民国期刊的整理与开发研究——以吉林省图书馆典藏创刊号为

例》,《图书馆学研究》2019 年第 8 期。

程斯辉、代小芳:《民国时期著名中学的管理特色初探》,《教育理论与实践》2018 年第 2 期。

冯超:《从保定军校看民国初期军人学生的社会参与及其影响》,《沈阳教育学院学报》2008 年第 2 期。

符晓林:《民国时期中学图书馆思想论略》,《山东图书馆学刊》2016 年第 4 期。

高倩、宋汉晓:《图书馆创刊号的专题收藏及应用》,《劳动保障世界》2013 年第 6 期。

郭武群:《现代传媒与文学的完美结合——论民国报纸文艺副刊》,《江淮论坛》2007 年第 4 期。

韩剑尘:《论民国时期的警察法研究——以〈警察法总论〉和〈警察行政法〉为例》,《法律文献信息与研究》2010 年第 1 期。

韩艳娟:《傅作义绥远抗战胜利原因探析》,《新西部》2010 年第 6 期。

何宝民:《民国文学期刊的短刊现象》,《寻根》2017 年第 2 期。

河北正定中学:《河北正定中学》,《教育实践与研究》(中学版) 2009 年第 9 期。

侯怀银、王玲玲:《民国时期的"教学"研究——以民国时期教育学著作和教材为基础的考察》,《河北师范大学学报》2019 年第 5 期。

黄继刚:《近现代文艺期刊与读者意识之流变》,《兰州学刊》2016 年第 12 期。

黄丽芬:《华北事变后南京政府对日政策的转变及其原因》,《洛阳师范学院学报》2003 年第 1 期。

《继往开来,致力卓绝的河北正定中学》,《地理教学》2015 年第 1 期。

焦以爽:《清末民国时期沧县教育简略》,《沧州师范专科学校学报》2008 年第 4 期。

金晞:《民国警政期刊中的警察勤务》,《江苏警官学院学报》2019 年第 5 期。

靖思:《民国时期警察巡逻勤务探析》,《湖北警官学院学报》2014 年第 1 期。

李博:《馆藏报刊"创刊号"的综合价值探讨》,《现代情报》2005 年第

5 期。

李持真：《嘉兴沈氏四姐弟的传奇人生》，《浙江档案》2013 年第 11 期。

李鸿渊：《瞿兑之及其〈中国骈文概论〉》，《古典文学知识》2009 年第 6 期。

李捷三、胡永波：《久负盛名的育德中学》，《中小学管理》1994 年第 1 期。

李金铮：《读者与报纸、党政军的联动：〈晋察冀时报〉的阅读史》，《近代史研究》2018 年第 4 期。

李可贝：《副刊的文艺性与新闻性浅析——以〈南方都市报〉副刊为例》，《青年记者》2011 年第 14 期。

李明：《谈"等因奉此"之三民国公文"令、训令和指令"》，《云南档案》1987 年第 3 期。

李倩倩、曹永平：《民国期刊封面图像的风格及语境分析》，《编辑之友》2015 年第 5 期。

李振宇、魏畅：《浅谈期刊封面的字体与版式设计》，《现代出版》2018 年第 5 期。

李志茗：《袁世凯幕府与清末新政》，《史林》2007 年第 6 期。

李志毓：《1928 年前后中国文艺界的政治热情》，《粤海风》2010 年第 1 期。

李子谦：《在革命史上写下光辉一页——保定育德中学校史简述》，《河北学刊》1982 年第 4 期。

刘斌：《名师荟萃的河北省立女子师范学院》，《北方美术·史论经纬》2017 年第 7 期。

刘东霞：《视觉形态下的民国书籍装帧艺术内涵研究》，《编辑之友》2018 年第 9 期。

刘莉：《民国警察史料的数字化整理与开发研究》，《图书馆理论与实践》2017 年第 12 期。

刘泉、刘增人：《民国文学期刊论纲》，《南京师范大学文学院学报》2014 年第 4 期。

刘玉梅：《民国时期河北水灾频发的原因探析》，《河北工程大学学报》（社会科学版）2010 年第 2 期。

刘振修：《"新政先锋"袁世凯》，《文史天地》2010年第10期。

罗汉：《孙中山的三份遗嘱》，《文史杂志》2013年第2期。

罗红希：《近代中国对外贸易超激增问题研究——以1929—1933年经济危机背景为中心》，《湖北函授大学学报》2016年第5期。

罗文、宋永林：《民国时期的河北省立实验乡村民众教育馆述论》，《河北广播电视大学学报》2019年第2期。

马超：《近代回族报刊创刊号及其爱国特征初探》，《北方民族大学学报》（哲学社会科学版）2018年第4期。

马光仁：《中国早期的新闻团体》，《新闻研究资料》第41辑。

马俊江：《革命文学在中学校园的兴起与展开——北方左联与1930年代中学生文艺的历史考察》，《台州学院学报》2012年第1期。

苗红环：《期刊栏目设置的作用与反思》，《中国传媒科技》2012年第8期。

邱士刚：《论河北女师的文化架构及其文化价值》，《河北师范大学学报》2009年第1期。

任长见：《论我国近代的对外开放（续）》，《河南职技师院报》（综合版）1999年第3期。

孙予青：《民国期刊的"形形色色"》，《唯实》2013年第6期。

汤志辉：《民国时期的中学校刊及其文学史料价值》，《中国现代文学研究丛刊》2015年第9期。

唐铄：《民国时期书刊封面的美术字造型研究》，《艺术与设计（理论）》2017年第9期。

王成：《民国时期农村教育及其经费问题》，《长安大学学报》（社会科学版）2013年第1期。

王金玉：《许同莘与公牍学》，《郑州大学学报》（哲学社会科学版）1995年第1期。

王金玉、黄俊琳：《民国时期的政府公报》，《档案管理》1987年第3期。

王胜国、张焕琴：《河北早期青年运动的摇篮——育德中学》，《河北青年管理干部学院学报》2002年第2期。

王忘筌：《民国校刊中的苏州中学》，《江苏教育》2014年第8期。

王文婷：《设计史视野下的民国期刊版式特征》，《艺术科技》2016年第

9 期。

王亚楠：《论"知白守黑"在民国书刊封面设计中的应用》，《艺术百家》2016 年第 S1 期。

王永春：《民国时期政府公报的期刊形态与史料价值》，《秘书之友》2017 年第 2 期。

文学武、王冰冰：《论京派知识分子与民国大学的文学教育》，《南方文坛》2019 年第 5 期。

吴平：《浅论编辑思想构成及其品质》，《出版科学》2003 年第 1 期。

吴永生：《民国警察的社会教化功能》，《学海》2016 年第 6 期。

肖守库、郎琦：《晋察冀边区首府张家口的社会教育及其历史地位》，《河北师范大学学报》（教育科学版）2015 年第 2 期。

徐建生：《民国初年的实业热潮与初期工业化》，《中国工业评论》2015 年第 9 期。

许永宁：《从文学革命到革命文学：20 世纪 20 年代中国文学观念的嬗变》，《江西社会科学》2018 年第 5 期。

严清华、李詹：《民国时期经济期刊的经济思想文献述评》，《经济学动态》2012 年第 7 期。

杨浩：《以〈戏剧月刊〉为例谈民国时期的期刊广告》，《四川戏剧》2017 年第 10 期。

杨奎松：《蒋介石与 1936 年绥远抗战》，《抗日战争研究》2001 年第 4 期。

杨猛：《民国时期（1912—1937）河南地方警政建设述略》，《法制与社会》2007 年第 1 期。

杨敏：《民国期刊数字资源建设现状研究》，《图书馆学研究》2013 年第 12 期。

杨尚德、杨效民：《血火锤炼的晋察冀军区》，《文史月刊》2007 年第 10 期。

姚福申、史和、叶翠娣：《晚清天津报刊录》，《新闻史料》1982 年第 2 辑。

姚正平：《近 20 年史地期刊研究的回顾与展望》，《武陵学刊》2013 年第 3 期。

尹雪皎：《民国期刊美术字的形式与风格》，《汉字文化》2018 年第 1 期。

友辉：《中国全面抗日战争的序幕——卢沟桥事变纪实》，《福建党史月刊》1995年第7期。

于翠玲：《民国时期中国印刷术研究的视野与思路》，《甘肃社会科学》2015年第9期。

俞志厚：《一九二七年至抗战前天津新闻界概况》，《新闻研究资料》1982年第4期。

喻永庆：《近代教育期刊研究的回顾与展望》，《河北师范大学学报》2014年第5期。

原喜泽、陈晋胜：《民国山西警察杂志——〈警民〉的基本特色》，《山西档案》2015年第1期。

张国伟：《二十世纪二十年代工人报刊发刊词的框架策略研究》，《牡丹江教育学院学报》2018年第11期。

张佳：《民国时期妇女期刊发刊词研究》，《吕梁学院学报》2019年第1期。

张静：《南京国民政府成立初期的国民党政权——史学界对1928—1932年民国政治史的研究述评》，《南京大学学报》2014年第6期。

张敏：《民国时期图书馆学期刊的产生——从"发刊词"的视角》，《国家图书馆学刊》2016年第4期。

张素梅：《清季民国浙江期刊创刊号的价值赏析》，《图书馆研究与工作》2011年第1期。

张武军：《1936年：20世纪中国文学发展道路中的转捩点》，《东岳论丛》2016年第5期。

张媛：《近十年来民国中学教育研究综述》，《高校社科动态》2016年第3期。

张震、闫盼：《西安事变前中国共产党对张学良、杨虎城的统战工作》，《新西部》2017年第33期。

郑大华：《学术研究如何服务于民族复兴——九一八事变后的中国学术界》，《史学月刊》2018年第10期。

郑京辉：《论民国时期农业经济学的传播》，《河北学刊》2013年第1期。

周碧华：《试论发刊词在报刊中的特殊功能》，《湖南文理学院学报》2004年第1期。

周维东:《革命与乡土——晋察冀边区的乡村建设与孙犁的小说创作》,《文学评论》2014年第6期。

朱秀清:《徘徊在革命意识与女性意识之间——丁玲〈我在霞村的时候〉解析》,《山东社会科学》2009年第3期。

《著作权的概念》,《中国现代医药杂志》2020年第3期。

邹鼎杰:《基于文献计量的民国文献分布及其应用研究》,《图书馆杂志》2019年第9期。

[法]让-雅克·卢梭:《论人类不平等的起源和基础》,《人民法治》2018年第23期。

## 二 报纸类

陈其美:《驰赴金陵助战》,《申报》1911年11月29日。

《贯彻华北小学教育会议的精神把小学教育从现有基础上提高一步》,《人民日报》,1949年6月15日。

田钢:《成仿吾曾主编〈北方文化〉》,《齐鲁晚报》,2013年10月31日。

《中共保定党组织的建立》,《保定学院报》2008年第14期。

## 三 网络资料类

《民国三十二年(1943)〈河北省分县详图〉大型彩色地图1张》,2020年12月30日,https://www.artlnk.com/53804.html,2021年8月18日。

《20世纪以来河北省省会变迁示意》,http://att.newsmth.net/nForum/att/Geography/215054/314,2021年8月18日。

丁璨:《勿忘1937—1945:穿越古今再现保定抗战风云》2015年7月29日,http://bd.hebnews.cn/2015-07/29/content_4933080.htm,2021年8月18日。

胡适:《文学改良刍议》,http://www.bookdao.com/book/1845608/,2021年8月18日。

鲁承宗:《"育德"的那些日子》2012年5月8日,http://blog.sina.com.cn/s/blog_6f16d7c101012ar5.html,2021年8月18日。

史润泽:《1948年上半年的国内局势》2018年4月16日,http://www.cndca.org.cn/mjzy/ztzl/hdlzt/jnwykhfb70zn/_1248765/1249899/index.html，2021年8月18日。

中华人民共和国国家统计局：《国家统计局关于2019年棉花产量的公告》，2019年12月17日，http：//www.stats.gov.cn/tjsj/zxfb/201912/t20191217_1718007.html，2021年5月1日。

中华人民共和国国家统计局：《国家统计局关于2020年棉花产量的公告》，2020年12月18日，http：//www.stats.gov.cn/tjsj/zxfb/202012/t20201218_1810113.html，2021年5月1日。

《河北正定中学学校概况》2016年1月28日，http：//www.zhengzhong.net.cn/index.php？m=content&c=index&a=show&catid=17&id=3853，2021年8月18日。

《河北正定中学光荣历史》，2009年1月28日，http：//www.zhengzhong.net.cn/index.php？m=content&c=index&a=show&catid=18&id=3852，2020年1月2日。

《1948年经济总崩溃（上）》，2017年1月19日，http：//www.sohu.com/a/124705158_526351，2020年6月1日。

《1948年经济总崩溃（上）》，2017年1月19日，http：//www.sohu.com/a/124705158_526351，2020年6月1日。

河北正定中学官网：《河北正定中学校名沿革》，2009年1月9日，http：//www.zhengzhong.net.cn/index.php？m=content&c=index&a=show&catid=18&id=107，2020年1月2日。

常树青：《沧州市第一中学百年校庆公告》，2013年3月11日，http：//www.hbczyizhong.cn/Article/lscl/xqgg/201303/5181.html，2020年1月2日。

## 四　作者已发表的相关研究成果

金强、马志毅：《民国时期保定文艺期刊〈幽燕〉研究》，《保定学院学报》2013年第3期。

金强、曾令：《民国时期保定期刊〈望益〉研究》，《保定学院学报》2013年第6期。

金强、闪晓宇：《〈河北民国日报〉副刊研究》，《保定学院学报》2014年第6期。

金强、周聪：《民国时期河北文学期刊〈学友〉研究》，《保定学院学报》2018年第5期。

金强、闪晓宇：《民国时期保定旬刊〈疾呼〉研究》，《保定学院学报》2018年第1期。

金强、回笑哲：《〈长城〉季刊出版研究》，《保定学院学报》2019年第1期。

金强、姚恒威：《民国时期期刊〈乡民〉出版研究》，《六盘水师范学院学报》2019年第1期。

金强、唐甸重：《民国时期河北沧县校刊〈心声〉研究》，《中国出版史研究》2019年第4期。

金强、刘雪飞：《河北省立沧县中学校刊〈沧中双周〉研究》，《保定学院学报》2020年第1期。

金强、张子茜：《文艺、生活与表达：河北文学期刊〈北方文化〉》，《河北大学学报》2020年第2期。

金强、闪晓宇：《移风化俗与建警砺警：警政类期刊〈警风〉出版研究》，《新闻春秋》2020年第6期。

金强、胡诗语：《思想演武与出版砥砺：红色校刊〈育德月刊〉出版研究》，《保定学院学报》2020年第5期。

金强、王思凡：《公信、治理与保障：民国时期〈河北建设公报〉出版研究》，《中国出版史研究》2021年第1期。

金强、童怡晨：《解放区期刊〈歌与剧（河间）〉出版研究》，《印刷文化》2022年第1期。

金强、刘艳东：《时局谛认、见识体认与意义追认：重读〈新闻纸与其社会的任务〉》，《新闻论坛》2022年第2期。

金强、周雅菲：《〈河北通俗农刊〉出版研究》，《印刷文化》2022年第2期。

金强、王一栋：《内容、形式与功能：民国河北文学类期刊出版特色探析》，《华夏传播研究》）（第十辑），九州出版社2023年版。

金强、王玉晴：《支农、勉农与惠农：民国时期〈河北棉产汇报〉出版研究》，《燕赵文化研究》（第八辑），中国社会科学出版社2022年版。

# 附录 一

# 民国时期河北期刊基本信息汇总表

| 序号 | 刊名 | 刊物类别 | 内容类型 | 省份 | 创刊地 | 创刊年份 | 出版周期 | 编辑出版单位 |
|---|---|---|---|---|---|---|---|---|
| 1 | 《长芦盐务公报》 | 机关刊物 | 党政综合类 | 直隶省 | 长芦 | 1913 | 半月刊 | 长芦盐运公署 |
| 2 | 《政学纪闻》 | 机关刊物 | 党政综合类 | 直隶省 | 深县 | 1914 | 周刊 | 深县讲演社 |
| 3 | 《唐山工业专门学校杂志》 | 校刊 | 文教德育类 | 直隶省 | 唐山 | 1919 | 年刊 | 唐山工业学校校友会 |
| 4 | 《唐大月刊》 | 校刊 | 社科综合类 | 直隶省 | 唐山 | 1923 | 月刊 | 唐山大学学生会营业股 |
| 5 | 《新钟》 | 校刊 | 文教德育类 | 直隶省 | 石家庄 | 1923 | 半季刊 | 直隶省立第一中学校 |
| 6 | 《河北财政公报》 | 机关刊物 | 党政综合类 | 河北省 | 天津 | 1928 | 月刊 | 河北省政府财政厅庶务处 |
| 7 | 《河北民政汇刊》 | 机关刊物 | 党政综合类 | 河北省 | 天津 | 1928 | 双月刊 | 河北省民政厅 |
| 8 | 《河北工商月报》 | 机关刊物 | 实业类 | 河北省 | 北平 | 1928 | 月刊 | 河北省政府工商厅第四科 |
| 9 | 《河北建设公报》 | 机关刊物 | 党政综合类 | 河北省 | 北平 | 1928 | 月刊 | 河北省政府建设厅公报处 |
| 10 | 《河北民国日报副刊》 | 期刊社刊物 | 社科综合类 | 河北省 | 北平 | 1928 | 日刊 | 河北民国日报副刊社 |
| 11 | 《河北民国日报副刊：鹗》 | 期刊社刊物 | 社科综合类 | 河北省 | 北平 | 1928 | 周刊 | 民国日报馆 |

续表

| 序号 | 刊名 | 刊物类别 | 内容类型 | 省份 | 创刊地 | 创刊年份 | 出版周期 | 编辑出版单位 |
|---|---|---|---|---|---|---|---|---|
| 12 | 《河北周刊》 | 机关刊物 | 党政综合类 | 河北省 | 北平 | 1928 | 周刊 | 中国国民党河北省党务指导委员会宣传部编审科 |
| 13 | 《育德月刊》 | 组织刊物 | 社科综合类 | 河北省 | 保定 | 1928 | 月刊 | 保定育德中学校同学总会 |
| 14 | 《河北教育公报》 | 机关刊物 | 文教德育类 | 河北省 | 保定 | 1928 | 旬刊 | 河北省教育厅 |
| 15 | 《视察特刊》 | 机关刊物 | 党政综合类 | 河北省 | 保定 | 1928 | 特刊 | 河北省政府民政厅 |
| 16 | 《河北省国货陈列馆月刊》 | 组织刊物 | 实业类 | 河北省 | 天津 | 1929 | 月刊 | 河北省国货陈列馆 |
| 17 | 《河北高等法院公报》 | 机关刊物 | 党政综合类 | 河北省 | 天津 | 1929 | 月刊 | 河北高等法院 |
| 18 | 《唐山交大周刊》 | 校刊 | 文教德育类 | 河北省 | 唐山 | 1929 | 周刊 | 交大土木工程学院学生会出版部 |
| 19 | 《曲阳县教育汇刊》 | 机关刊物 | 文教德育类 | 河北省 | 曲阳 | 1929 | 未知 | 曲阳县教育局 |
| 20 | 《丰中季刊》 | 校刊 | 文教德育类 | 河北省 | 丰润 | 1929 | 季刊 | 北宁路唐山北车轴山丰润县立中学校 |
| 21 | 《大城县政府周报》 | 机关刊物 | 党政综合类 | 河北省 | 大城县 | 1929 | 周刊 | 大城县政府 |
| 22 | 《河北半月刊》 | 机关刊物 | 党政综合类 | 河北省 | 北平 | 1929 | 半月刊 | 中国国民党河北省执行委员会宣传部 |
| 23 | 《河北零售物价指数月报》 | 机关刊物 | 实业类 | 河北省 | 北平 | 1929 | 月刊 | 河北省政府工商厅 |
| 24 | 《河北民国日报副刊：筇》 | 期刊社刊物 | 社科综合类 | 河北省 | 北平 | 1929 | 周刊 | 民国日报馆 |
| 25 | 《河北民国日报副刊：社会科学周刊》 | 期刊社刊物 | 社科综合类 | 河北省 | 北平 | 1929 | 周刊 | 民国日报馆 |

续表

| 序号 | 刊名 | 刊物类别 | 内容类型 | 省份 | 创刊地 | 创刊年份 | 出版周期 | 编辑出版单位 |
|---|---|---|---|---|---|---|---|---|
| 26 | 《河北农矿公报》 | 机关刊物 | 实业类 | 河北省 | 北平 | 1929 | 月刊 | 河北省政府农矿厅 |
| 27 | 《河北省财政整理委员会季刊》 | 机关刊物 | 实业类 | 河北省 | 北平 | 1929 | 季刊 | 河北省财政整理委员会 |
| 28 | 《城市民教月刊》 | 组织刊物 | 文教德育类 | 河北省 | 未知 | 1930 | 月刊 | 河北省立实验城市民众教育馆城市民教月刊编辑部 |
| 29 | 《民众半月刊》 | 组织刊物 | 文教德育类 | 河北省 | 通县 | 1930 | 半月刊 | 河北省立实验城市民众教育馆 |
| 30 | 《技术》 | 组织刊物 | 社科综合类 | 河北省 | 唐山 | 1930 | 半月刊 | 北宁铁路机务技术员学会 |
| 31 | 《河北省立民众教育人员养成所工作报告》 | 组织刊物 | 文教德育类 | 河北省 | 北平 | 1930 | 年刊 | 河北省立民众教育人员养成所 |
| 32 | 《交大唐院季刊》 | 校刊 | 社科综合类 | 河北省 | 唐山 | 1930 | 季刊 | 交通大学唐山土木工程学院 |
| 33 | 《交大唐院周刊》 | 校刊 | 社科综合类 | 河北省 | 唐山 | 1930 | 周刊 | 交通大学唐山土木工程学院 |
| 34 | 《乡村民教季刊》 | 组织刊物 | 文教德育类 | 河北省 | 北宁路 | 1930 | 月刊 | 河北省立实验乡村民众教育馆 |
| 35 | 《乡村民众教育月刊》 | 组织刊物 | 文教德育类 | 河北省 | 北宁路 | 1930 | 月刊 | 河北省立实验乡村民众教育馆 |
| 36 | 《三师汇刊》 | 校刊 | 文教德育类 | 河北省 | 滦县 | 1930 | 半年刊 | 第三师范消费合作社 |
| 37 | 《九师月刊》 | 校刊 | 文教德育类 | 河北省 | 沧县 | 1930 | 月刊 | 河北省立第九师范学校 |

续表

| 序号 | 刊名 | 刊物类别 | 内容类型 | 省份 | 创刊地 | 创刊年份 | 出版周期 | 编辑出版单位 |
|---|---|---|---|---|---|---|---|---|
| 38 | 《保定民生中学校刊》 | 校刊 | 文教德育类 | 河北省 | 保定 | 1930 | 未知 | 保定民生中学校刊社 |
| 39 | 《河北矿务汇刊》 | 组织刊物 | 实业类 | 河北省 | 石家庄 | 1930 | 未知 | 河北省矿务整理委员会 |
| 40 | 《民中双周》 | 校刊 | 文教德育类 | 河北省 | 保定 | 1930 | 双周刊 | 保定民生中学出版委员会 |
| 41 | 《烟》 | 期刊社刊物 | 文学艺术类 | 河北省 | 保定 | 1930 | 月刊 | 烟社 |
| 42 | 《新十一中》 | 校刊 | 文教德育类 | 河北省 | 未知 | 1931 | 年刊 | 河北省立第十一中学 |
| 43 | 《春草》 | 期刊社刊物 | 文学艺术类 | 河北省 | 北平 | 1931 | 月刊 | 津浦路春草月刊社 |
| 44 | 《工业年刊》 | 校刊 | 社科综合类 | 河北省 | 天津 | 1931 | 年刊 | 河北省立工业学院年刊社 |
| 45 | 《河北民政刊要》 | 机关刊物 | 党政综合类 | 河北省 | 天津 | 1931 | 月刊 | 河北省民政厅编辑室 |
| 46 | 《河北省立法商学院反日特刊》 | 校刊 | 社科综合类 | 河北省 | 天津 | 1931 | 特刊 | 河北省立法商学院反日救国宣传部该刊编辑委员会 |
| 47 | 《水产》 | 组织刊物 | 社科综合类 | 河北省 | 天津 | 1931 | 半年刊 | 河北省立水产专科学校学生自治会出版委员会 |
| 48 | 《河北实业公报》 | 机关刊物 | 实业类 | 河北省 | 天津 | 1931 | 月刊 | 河北省实业厅庶务处 |
| 49 | 《河北物价指数季刊》 | 机关刊物 | 实业类 | 河北省 | 天津 | 1931 | 季刊 | 河北省实业厅 |
| 50 | 《河北省立民众教育人员养成所半月刊》 | 组织刊物 | 文教德育类 | 河北省 | 北平 | 1931 | 半月刊 | 河北省立民众教育人员养成所 |

续表

| 序号 | 刊名 | 刊物类别 | 内容类型 | 省份 | 创刊地 | 创刊年份 | 出版周期 | 编辑出版单位 |
|---|---|---|---|---|---|---|---|---|
| 51 | 《铁路月刊：正太线》 | 机关刊物 | 党政综合类 | 河北省 | 石家庄 | 1931 | 月刊 | 正太铁路总管理处 |
| 52 | 《师中月刊》 | 校刊 | 文教德育类 | 河北省 | 河北 | 1931 | 月刊 | 河北省女师学院师中部学生自治会 |
| 53 | 《昌黎周报》 | 期刊社刊物 | 党政综合类 | 河北省 | 昌黎县 | 1931 | 周刊 | 昌黎周报社 |
| 54 | 《河北前锋》 | 机关刊物 | 党政综合类 | 河北省 | 北平 | 1931 | 周刊 | 中国国民党河北省党务整理委员会宣传科 |
| 55 | 《河北第一博物院半月刊》 | 组织刊物 | 社科综合类 | 河北省 | 天津 | 1931 | 半月刊 | 河北第一博物院 |
| 56 | 《新十三中》 | 校刊 | 文教德育类 | 河北省 | 永年 | 1932 | 未知 | 河北省立第十三中学校校刊委员会 |
| 57 | 《河北省工程师协会月刊》 | 组织刊物 | 社科综合类 | 河北省 | 天津 | 1932 | 月刊 | 河北省工程师协会 |
| 58 | 《河北省立民众教育实验学校周刊》 | 校刊 | 社科综合类 | 河北省 | 天津 | 1932 | 周刊 | 河北省立民众教育实验学校 |
| 59 | 《心声》 | 校刊 | 文教德育类 | 河北省 | 沧县 | 1932 | 半月刊 | 河北二中学生自治会出版委员会 |
| 60 | 《气象季刊》 | 组织刊物 | 实业类 | 河北省 | 保定 | 1932 | 季刊 | 河北省立农学院气象观测所 |
| 61 | 《河北省立第七中学校刊》 | 校刊 | 文教德育类 | 河北省 | 正定 | 1933 | 半月刊 | 河北省立第七中学 |
| 62 | 《河北月刊》 | 机关刊物 | 党政综合类 | 河北省 | 天津 | 1933 | 月刊 | 河北省政府河北月刊社 |
| 63 | 《警务旬报（河北）》 | 机关刊物 | 党政综合类 | 河北省 | 天津 | 1933 | 旬刊 | 河北省民政厅警务处 |

续表

| 序号 | 刊名 | 刊物类别 | 内容类型 | 省份 | 创刊地 | 创刊年份 | 出版周期 | 编辑出版单位 |
|---|---|---|---|---|---|---|---|---|
| 64 | 《期刊》 | 校刊 | 社科综合类 | 河北省 | 天津 | 1933 | 半年刊 | 河北省立大名师范学校期刊编辑委员会 |
| 65 | 《正太铁路消费合作社社务汇刊》 | 机关刊物 | 党政综合类 | 河北省 | 石家庄 | 1933 | 年刊 | 正太铁路管理局 |
| 66 | 《七师期刊》 | 校刊 | 文教德育类 | 河北省 | 大名 | 1933 | 未知 | 河北省立第七师范学校 |
| 67 | 《威县赵家庄校友会年刊》 | 组织刊物 | 宗教类 | 河北省 | 威县 | 1933 | 年刊 | 永年教区威县赵庄校友总会 |
| 68 | 《幽燕》 | 期刊社刊物 | 文学艺术类 | 河北省 | 保定 | 1933 | 半月刊 | 幽燕社 |
| 69 | 《河北省立邢台师范学校月刊》 | 校刊 | 文教德育类 | 河北省 | 邢台 | 1934 | 月刊 | 河北省立邢台师范学校 |
| 70 | 《河北通师》 | 校刊 | 文教德育类 | 河北省 | 通县 | 1934 | 半月刊 | 河北省立通县师范学校 |
| 71 | 《通县女师半月刊》 | 校刊 | 文教德育类 | 河北省 | 通县 | 1934 | 半月刊 | 河北省立通县女子师范学校 |
| 72 | 《河北省工业区工人生活费指数月刊》 | 机关刊物 | 实业类 | 河北省 | 天津 | 1934 | 月刊 | 河北省实业厅视察处 |
| 73 | 《山西醋》 | 组织刊物 | 社科综合类 | 河北省 | 天津 | 1934 | 未知 | 黄海化学工业研究社 |
| 74 | 《河北省滦县教育公报》 | 机关刊物 | 文教德育类 | 河北省 | 滦县 | 1934 | 月刊 | 河北省滦县教育局 |
| 75 | 《交河周刊》 | 期刊社刊物 | 党政综合类 | 河北省 | 交河 | 1934 | 周刊 | 交河周刊社 |
| 76 | 《沧中双周》 | 校刊 | 文教德育类 | 河北省 | 沧县 | 1934 | 双周刊 | 河北省立沧县中学校 |
| 77 | 《市民周报》 | 组织刊物 | 社科综合类 | 河北省 | 通县 | 1934 | 周刊 | 河北省立实验城市民众教育馆出版委员会 |
| 78 | 《河北省省立正定中学校刊》 | 校刊 | 文教德育类 | 河北省 | 北平 | 1934 | 未知 | 河北省省立正定中学 |

续表

| 序号 | 刊名 | 刊物类别 | 内容类型 | 省份 | 创刊地 | 创刊年份 | 出版周期 | 编辑出版单位 |
|---|---|---|---|---|---|---|---|---|
| 79 | 《保定新青年》 | 期刊社刊物 | 社科综合类 | 河北省 | 保定 | 1934 | 周刊 | 保定中学新青年社 |
| 80 | 《河北通俗农刊》 | 组织刊物 | 实业类 | 河北省 | 保定 | 1934 | 季刊 | 河北省立农学院出版委员会 |
| 81 | 《吴桥县政府公报》 | 机关刊物 | 党政综合类 | 河北省 | 吴桥县 | 1935 | 旬刊 | 吴桥县政府秘书处 |
| 82 | 《威县赵庄校友会年刊》 | 组织刊物 | 宗教类 | 河北省 | 威县 | 1935 | 年刊 | 永年教区威县赵庄校友总会 |
| 83 | 《中国文化建设协会河北分会会刊》 | 组织刊物 | 社科综合类 | 河北省 | 北平 | 1935 | 未知 | 中国文化建设协会河北分会 |
| 84 | 《津南农声》 | 组织刊物 | 实业类 | 河北省 | 天津 | 1935 | 季刊 | 津南农村生产建设实验场 |
| 85 | 《河北教育半月刊》 | 机关刊物 | 文教德育类 | 河北省 | 保定 | 1935 | 半月刊 | 河北省教育厅 |
| 86 | 《河北民政月刊》 | 机关刊物 | 党政综合类 | 河北省 | 保定 | 1935 | 月刊 | 河北省民政厅第五科 |
| 87 | 《河北农林学刊》 | 校刊 | 实业类 | 河北省 | 保定 | 1935 | 月刊 | 河北省立农学院出版委员会 |
| 88 | 《河北省捐税监理委员会会议汇刊》 | 机关刊物 | 实业类 | 河北省 | 保定 | 1935 | 半月刊 | 河北省捐税监理委员会会议 |
| 89 | 《河北省省营三矿月刊》 | 机关刊物 | 实业类 | 河北省 | 保定 | 1935 | 月刊 | 河北省省营矿业监理委员会 |
| 90 | 《农友（定县）》 | 组织刊物 | 实业类 | 河北省 | 定县 | 1935 | 未知 | 华北农产研究改进社定县办事处 |
| 91 | 《培德月刊》 | 校刊 | 文教德育类 | 河北省 | 保定 | 1935 | 月刊 | 保定北关培德中学校 |
| 92 | 《文化前哨月刊》 | 期刊社刊物 | 文学艺术类 | 河北省 | 保定 | 1935 | 月刊 | 文化前哨月刊社 |

续表

| 序号 | 刊名 | 刊物类别 | 内容类型 | 省份 | 创刊地 | 创刊年份 | 出版周期 | 编辑出版单位 |
|---|---|---|---|---|---|---|---|---|
| 93 | 《紫光》 | 校刊 | 文教德育类 | 河北省 | 安平 | 1935 | 未知 | 安平县乡村师范校刊编辑委员会 |
| 94 | 《冀东政府公报》 | 机关刊物 | 党政综合类 | 河北省 | 未知 | 1936 | 半月刊 | 冀东防共自治政府秘书处 |
| 95 | 《民教月刊》 | 组织刊物 | 文教德育类 | 河北省 | 通县 | 1936 | 月刊 | 冀东通县民众教育馆 |
| 96 | 《井矿月刊》 | 机关刊物 | 实业类 | 河北省 | 井陉 | 1936 | 月刊 | 河北省井陉矿务局总务处 |
| 97 | 《河北高等法院季刊》 | 机关刊物 | 党政综合类 | 河北省 | 北平 | 1936 | 季刊 | 河北高等法院 |
| 98 | 《财政研究》 | 机关刊物 | 实业类 | 河北省 | 保定 | 1936 | 半月刊 | 河北省财政厅地方财政研究委员会出版部 |
| 99 | 《烽炎》 | 期刊社刊物 | 文学艺术类 | 河北省 | 保定 | 1936 | 月刊 | 保定北关烽炎月刊社 |
| 100 | 《农民须知》 | 期刊社刊物 | 实业类 | 河北省 | 保定 | 1936 | 半月刊 | 河北省立农学院农民须知社 |
| 101 | 《河北棉产汇报》 | 组织刊物 | 实业类 | 河北省 | 北平 | 1936 | 半月刊 | 河北省棉产改进会 |
| 102 | 《望益》 | 期刊社刊物 | 文学艺术类 | 河北省 | 保定 | 1936 | 双周刊 | 保定望益社编辑部 |
| 103 | 《合力周刊》 | 期刊社刊物 | 党政综合类 | 河北省 | 未知 | 1937 | 周刊 | 合力社 |
| 104 | 《河北省立工业学院学报》 | 校刊 | 社科综合类 | 河北省 | 天津 | 1937 | 未知 | 河北省立工业学院 |
| 105 | 《唐大学生》 | 校刊 | 社科综合类 | 河北省 | 唐山 | 1937 | 半月刊 | 交通大学唐山工程学院学生自治会出版部 |
| 106 | 《北光》 | 期刊社刊物 | 社科综合类 | 河北省 | 石家庄 | 1937 | 半月刊 | 北光半月刊社 |

续表

| 序号 | 刊名 | 刊物类别 | 内容类型 | 省份 | 创刊地 | 创刊年份 | 出版周期 | 编辑出版单位 |
|---|---|---|---|---|---|---|---|---|
| 107 | 《平民半月刊》 | 期刊社刊物 | 宗教类 | 河北省 | 景县 | 1937 | 半月刊 | 平民半月刊编辑部 |
| 108 | 《黄农月刊》 | 校刊 | 实业类 | 河北省 | 黄村 | 1937 | 月刊 | 河北省立黄村初级农业职业学校 |
| 109 | 《永年教区校友会年刊》 | 组织刊物 | 宗教类 | 河北省 | 永年 | 1937 | 年刊 | 永年教区威县赵庄校友会 |
| 110 | 《文会期刊》 | 组织刊物 | 宗教类 | 河北省 | 大名 | 1937 | 未知 | 河北大名天主堂附设学校 |
| 111 | 《务实》 | 组织刊物 | 社科综合类 | 河北省 | 保定 | 1937 | 半月刊 | 保定务实半月刊社 |
| 112 | 《农建旬刊》 | 组织刊物 | 实业类 | 河北省 | 正定 | 1937 | 旬刊 | 华北农村生产建设实验场 |
| 113 | 《兴华（保定）》 | 校刊 | 文学艺术类 | 河北省 | 保定 | 1937 | 月刊 | 志存中学兴华月刊社发行部 |
| 114 | 《学友》 | 期刊社刊物 | 文学艺术类 | 河北省 | 保定 | 1937 | 未知 | 学友社 |
| 115 | 《园艺季刊》 | 组织刊物 | 实业类 | 河北省 | 保定 | 1937 | 季刊 | 河北省立农学院园艺系同学会 |
| 116 | 《永清县治安维持会县政月刊》 | 组织刊物 | 党政综合类 | 河北省 | 永清县 | 1938 | 月刊 | 永清县治安维持会 |
| 117 | 《德风》 | 组织刊物 | 文教德育类 | 河北省 | 保定 | 1938 | 月刊 | 保定道女子教育研究会 |
| 118 | 《长芦盐务管理局民国二十八年年报》 | 机关刊物 | 党政综合类 | 河北省 | 长芦 | 1940 | 特刊 | 长芦盐务管理局 |
| 119 | 《玉田半月刊》 | 期刊社刊物 | 党政综合类 | 河北省 | 玉田 | 1940 | 半月刊 | 玉田半月刊社 |
| 120 | 《黄农双周》 | 校刊 | 实业类 | 河北省 | 黄村 | 1940 | 半月刊 | 河北省立黄村初级农业职业学校 |

续表

| 序号 | 刊名 | 刊物类别 | 内容类型 | 省份 | 创刊地 | 创刊年份 | 出版周期 | 编辑出版单位 |
|---|---|---|---|---|---|---|---|---|
| 121 | 《昌黎县政公报》 | 机关刊物 | 党政综合类 | 河北省 | 昌黎县 | 1942 | 半月刊 | 昌黎县公署秘书室 |
| 122 | 《河北省银行经济半月刊》 | 组织刊物 | 实业类 | 河北省 | 天津 | 1945 | 半月刊 | 河北省银行经济调查室 |
| 123 | 《卫生》 | 期刊社刊物 | 社科综合类 | 河北省 | 邯郸 | 1945 | 月刊 | "卫生"编委会 |
| 124 | 《新冀东》 | 组织刊物 | 党政综合类 | 河北省 | 三河县 | 1946 | 未知 | 中国文化服务社唐山分社 |
| 125 | 《团刊（河北）》 | 机关刊物 | 党政综合类 | 河北省 | 未知 | 1946 | 月刊 | 河北省地方干部训练团 |
| 126 | 《天津市商情变动》 | 机关刊物 | 实业类 | 河北省 | 天津 | 1946 | 月刊 | 河北平津区敌伪产业处理局 |
| 127 | 《唐院月刊》 | 校刊 | 文教德育类 | 河北省 | 唐山 | 1946 | 月刊 | 唐山国立工学院 |
| 128 | 《银河》 | 期刊社刊物 | 社科综合类 | 河北省 | 唐山 | 1946 | 五日刊 | 唐山日报社 |
| 129 | 《保师附小校刊》 | 校刊 | 文教德育类 | 河北省 | 保定 | 1946 | 半年刊 | 河北省立保定师范学校附属小学 |
| 130 | 《工农兵》 | 期刊社刊物 | 文学艺术类 | 河北省 | 威县 | 1947 | 半月刊 | 冀南书店工农兵编委会 |
| 131 | 《河北省立工学院半月刊》 | 校刊 | 社科综合类 | 河北省 | 天津 | 1947 | 月刊 | 河北省立工学院 |
| 132 | 《歌与剧（河间）》 | 组织刊物 | 文学艺术类 | 河北省 | 河间 | 1947 | 月刊 | 冀中新华书店 |
| 133 | 《国立唐山工学院四十二周年纪念特刊》 | 校刊 | 社科综合类 | 河北省 | 唐山 | 1947 | 特刊 | 国立唐山工学院 |
| 134 | 《石门市政府公报》 | 机关刊物 | 党政综合类 | 河北省 | 石门 | 1947 | 月刊 | 石门市政府秘书室 |
| 135 | 《昌农月刊》 | 校刊 | 实业类 | 河北省 | 昌黎县 | 1947 | 月刊 | 河北省立昌黎农业职业学校昌农月刊社 |

续表

| 序号 | 刊名 | 刊物类别 | 内容类型 | 省份 | 创刊地 | 创刊年份 | 出版周期 | 编辑出版单位 |
|---|---|---|---|---|---|---|---|---|
| 136 | 《河北教育月刊》 | 机关刊物 | 文教德育类 | 河北省 | 保定 | 1947 | 月刊 | 河北省政府教育厅 |
| 137 | 《警风月刊（保定）》 | 机关刊物 | 党政综合类 | 河北省 | 保定 | 1947 | 月刊 | 警风月刊社 |
| 138 | 《河北省银行月刊》 | 组织刊物 | 实业类 | 河北省 | 天津 | 1948 | 月刊 | 河北省银行经济研究室 |
| 139 | 《银行月刊（石家庄）》 | 组织刊物 | 实业类 | 河北省 | 石家庄 | 1948 | 月刊 | 华北银行总行 |
| 140 | 《唐院季刊》 | 校刊 | 文教德育类 | 河北省 | 唐山 | 1948 | 季刊 | 唐山国立工学院 |
| 141 | 《冀中教育》 | 组织刊物 | 文教德育类 | 河北省 | 保定 | 1948 | 月刊 | 冀中教育社 |
| 142 | 《唐钢》 | 组织刊物 | 实业类 | 河北省 | 唐山 | 1948 | 未知 | 资源委员会华北钢铁有限公司唐山制钢厂 |
| 143 | 《八师校刊》 | 校刊 | 文教德育类 | 河北省 | 正定 | 1931* | 未知 | 河北省立第八师范学校 |
| 144 | 《疾呼》 | 期刊社刊物 | 党政综合类 | 河北省 | 保定 | 1932* | 旬刊 | 保定疾呼旬刊社 |
| 145 | 《壬申医学》 | 期刊社刊物 | 社科综合类 | 河北省 | 保定 | 1932* | 半年刊 | 河北省立医学院壬申医学社编辑部、发行部 |
| 146 | 《河北省立医学院半月刊》 | 组织刊物 | 党政综合类 | 河北省 | 保定 | 1933* | 半月刊 | 河北省立医学院 |
| 147 | 《文昌》 | 校刊 | 文教德育类 | 河北省 | 天津 | 1933* | 半年刊 | 河北省立天津第一师范附属小学第一部 |
| 148 | 《乡民旬刊》 | 组织刊物 | 文教德育类 | 河北省 | 北宁路 | 1933* | 旬刊 | 河北省立实验乡村民众教育馆 |

续表

| 序号 | 刊名 | 刊物类别 | 内容类型 | 省份 | 创刊地 | 创刊年份 | 出版周期 | 编辑出版单位 |
| --- | --- | --- | --- | --- | --- | --- | --- | --- |
| 149 | 《正中校刊》 | 校刊 | 文教德育类 | 河北省 | 石家庄 | 1934* | 月刊 | 河北省省立正定中学校 |
| 150 | 《北戴河海滨公报》 | 机关刊物 | 党政综合类 | 河北省 | 北戴河 | 1934* | 年刊 | 北戴河海滨自治区公署 |
| 151 | 《乡民（河北）》 | 组织刊物 | 文教德育类 | 河北省 | 北宁路 | 1935* | 半月刊 | 河北省立实验乡村民众教育馆 |
| 152 | 《河北省公报》 | 机关刊物 | 党政综合类 | 河北省 | 保定 | 1938* | 周刊 | 河北省公署秘书处 |
| 153 | 《石门物价月报》 | 组织刊物 | 实业类 | 河北省 | 石门 | 1940* | 月刊 | 中国联合准备银行 |
| 154 | 《新河北》 | 期刊社刊物 | 社科综合类 | 河北省 | 保定 | 1941* | 月刊 | 新河北社 |
| 155 | 《晋察冀画报》 | 机关刊物 | 党政综合类 | 河北省 | 保定 | 1942* | 未知 | 晋察冀军区政治部 |
| 156 | 《唐山土木副刊》 | 校刊 | 社科综合类 | 河北省 | 唐山 | 1946* | 未知 | 国立唐山工程学院唐山土木工程学会 |
| 157 | 《晋察冀画报丛刊》 | 机关刊物 | 党政综合类 | 河北省 | 保定 | 1946* | 未知 | 华北野战军晋察冀军区政治部 |
| 158 | 《通讯往来》 | 期刊社刊物 | 社科综合类 | 河北省 | 保定 | 1946* | 半月刊 | 新华社冀中分社 |

注：带*为可考最早出版年份。

附 录 二

# 民国时期河北期刊文献存留情况汇总表

| 序号 | 刊名 | 现存期数 | 创刊号 | 现存总页数 | 电子期刊数据库来源 |
|---|---|---|---|---|---|
| 1 | 《长芦盐务公报》 | 14 | 有 | 445 | 全国报刊索引 |
| 2 | 《政学纪闻》 | 28 | 无 | 668 | 全国报刊索引 |
| 3 | 《唐山工业专门学校杂志》 | 1 | 有 | 216 | 全国报刊索引 |
| 4 | 《唐大月刊》 | 3 | 无 | 329 | 全国报刊索引 |
| 5 | 《新钟》 | 1 | 有 | 130 | 全国报刊索引 |
| 6 | 《河北财政公报》 | 9 | 无 | 1716 | 全国报刊索引 |
| 7 | 《河北民政汇刊》 | 9 | 有 | 3180 | 全国报刊索引 |
| 8 | 《河北工商月报》 | 15 | 有 | 3331 | 民国地方期刊文献数据库 |
| 9 | 《河北建设公报》 | 57 | 无 | 7880 | 全国报刊索引 |
| 10 | 《河北民国日报副刊》 | 176 | 有 | 1408 | 全国报刊索引 |
| 11 | 《河北民国日报副刊：鹗》 | 18 | 有 | 144 | 全国报刊索引 |
| 12 | 《河北周刊》 | 19 | 有 | 1439 | 全国报刊索引 |
| 13 | 《育德月刊》 | 7 | 有 | 1103 | 全国报刊索引 |
| 14 | 《河北教育公报》 | 78 | 无 | 5362 | 全国报刊索引 |
| 15 | 《视察特刊》 | 3 | 有 | 2050 | 全国报刊索引 |
| 16 | 《河北省国货陈列馆月刊》 | 4 | 有 | 997 | 全国报刊索引 |
| 17 | 《河北高等法院公报》 | 14 | 有 | 5712 | 全国报刊索引 |
| 18 | 《唐山交大周刊》 | 1 | 无 | 54 | 全国报刊索引 |
| 19 | 《曲阳县教育汇刊》 | 1 | 无 | 169 | 全国报刊索引 |
| 20 | 《丰中季刊》 | 1 | 无 | 93 | 全国报刊索引 |
| 21 | 《大城县政府周报》 | 26 | 有 | 782 | 全国报刊索引 |
| 22 | 《河北半月刊》 | 1 | 有 | 105 | 全国报刊索引 |
| 23 | 《河北零售物价指数月报》 | 16 | 有 | 1771 | 全国报刊索引 |

续表

| 序号 | 刊名 | 现存期数 | 创刊号 | 现存总页数 | 电子期刊数据库来源 |
|---|---|---|---|---|---|
| 24 | 《河北民国日报副刊：筇》 | 14 | 无 | 112 | 全国报刊索引 |
| 25 | 《河北民国日报副刊：社会科学周刊》 | 5 | 有 | 40 | 全国报刊索引 |
| 26 | 《河北农矿公报》 | 10 | 有 | 2080 | 全国报刊索引 |
| 27 | 《河北省财政整理委员会季刊》 | 2 | 有 | 440 | 全国报刊索引 |
| 28 | 《城市民教月刊》 | 22 | 有 | 1670 | 中国国家图书馆 |
| 29 | 《民众半月刊》 | 5 | 无 | 193 | 全国报刊索引 |
| 30 | 《技术》 | 4 | 无 | 108 | 全国报刊索引 |
| 31 | 《河北省立民众教育人员养成所工作报告》 | 2 | 有 | 526 | 全国报刊索引 |
| 32 | 《交大唐院季刊》 | 14 | 有 | 1580 | 全国报刊索引 |
| 33 | 《交大唐院周刊》 | 71 | 有 | 284 | 全国报刊索引 |
| 34 | 《乡村民教季刊》 | 1 | 有 | 280 | 中国国家图书馆 |
| 35 | 《乡村民众教育月刊》 | 3 | 有 | 361 | 全国报刊索引 |
| 36 | 《三师汇刊》 | 2 | 无 | 681 | 全国报刊索引 |
| 37 | 《九师月刊》 | 1 | 无 | 118 | 全国报刊索引 |
| 38 | 《保定民生中学校刊》 | 1 | 有 | 129 | 全国报刊索引 |
| 39 | 《河北矿务汇刊》 | 1 | 无 | 320 | 全国报刊索引 |
| 40 | 《民中双周》 | 1 | 无 | 70 | 全国报刊索引 |
| 41 | 《烟》 | 5 | 有 | 218 | 全国报刊索引 |
| 42 | 《新十一中》 | 2 | 有 | 812 | 全国报刊索引 |
| 43 | 《春草》 | 1 | 有 | 57 | 中国国家图书馆 |
| 44 | 《工业年刊》 | 2 | 有 | 418 | 全国报刊索引 |
| 45 | 《河北民政刊要》 | 42 | 无 | 16000* | 全国报刊索引 |
| 46 | 《河北省立法商学院反日特刊》 | 1 | 有 | 70 | 中国国家图书馆 |
| 47 | 《水产》 | 1 | 无 | 36 | 全国报刊索引 |
| 48 | 《河北实业公报》 | 34 | 有 | 5418 | 全国报刊索引 |
| 49 | 《河北物价指数季刊》 | 16 | 有 | 1376 | 全国报刊索引 |
| 50 | 《河北省立民众教育人员养成所半月刊》 | 10 | 有 | 207 | 全国报刊索引 |
| 51 | 《铁路月刊：正太线》 | 17 | 无 | 1257 | 全国报刊索引 |

续表

| 序号 | 刊名 | 现存期数 | 创刊号 | 现存总页数 | 电子期刊数据库来源 |
| --- | --- | --- | --- | --- | --- |
| 52 | 《师中月刊》 | 2 | 有 | 182 | 全国报刊索引 |
| 53 | 《昌黎周报》 | 15 | 无 | 480 | 全国报刊索引 |
| 54 | 《河北前锋》 | 14 | 无 | 829 | 全国报刊索引 |
| 55 | 《河北第一博物院半月刊》 | 140 | 有 | 562 | 全国报刊索引 |
| 56 | 《新十三中》 | 1 | 有 | 145 | 全国报刊索引 |
| 57 | 《河北省工程师协会月刊》 | 12 | 有 | 444 | 全国报刊索引 |
| 58 | 《河北省立民众教育实验学校周刊》 | 26 | 无 | 245 | 全国报刊索引 |
| 59 | 《心声》 | 5 | 有 | 82 | 全国报刊索引 |
| 60 | 《气象季刊》 | 19 | 有 | 417 | 全国报刊索引 |
| 61 | 《河北省立第七中学校刊》 | 14 | 有 | 100 | 全国报刊索引 |
| 62 | 《河北月刊》 | 53 | 有 | 8438 | 全国报刊索引 |
| 63 | 《警务旬报（河北）》 | 1 | 无 | 116 | 全国报刊索引 |
| 64 | 《期刊》 | 3 | 无 | 185 | 全国报刊索引 |
| 65 | 《正太铁路消费合作社社务汇刊》 | 1 | 有 | 152 | 全国报刊索引 |
| 66 | 《七师期刊》 | 1 | 有 | 306 | 全国报刊索引 |
| 67 | 《威县赵家庄校友会年刊》 | 1 | 无 | 63 | 全国报刊索引 |
| 68 | 《幽燕》 | 31 | 有 | 1000* | 全国报刊索引 |
| 69 | 《河北省立邢台师范学校月刊》 | 2 | 无 | 127 | 全国报刊索引 |
| 70 | 《河北通师》 | 1 | 无 | 16 | 中国国家图书馆 |
| 71 | 《通县女师半月刊》 | 3 | 有 | 84 | 中国国家图书馆 |
| 72 | 《河北省工业区工人生活费指数月刊》 | 2 | 无 | 16 | 全国报刊索引 |
| 73 | 《山西醋》 | 1 | 无 | 11 | 全国报刊索引 |
| 74 | 《河北省滦县教育公报》 | 6 | 无 | 774 | 全国报刊索引 |
| 75 | 《交河周刊》 | 7 | 有 | 188 | 中国国家图书馆 |
| 76 | 《沧中双周》 | 11 | 无 | 210 | 全国报刊索引 |
| 77 | 《市民周报》 | 8 | 无 | 164 | 中国国家图书馆 |
| 78 | 《河北省省立正定中学校刊》 | 1 | 无 | 386 | 全国报刊索引 |
| 79 | 《保定新青年》 | 28 | 有 | 1384 | 全国报刊索引 |

续表

| 序号 | 刊名 | 现存期数 | 创刊号 | 现存总页数 | 电子期刊数据库来源 |
| --- | --- | --- | --- | --- | --- |
| 80 | 《河北通俗农刊》 | 5 | 有 | 640 | 全国报刊索引 |
| 81 | 《吴桥县政府公报》 | 20 | 有 | 377 | 全国报刊索引 |
| 82 | 《威县赵庄校友会年刊》 | 2 | 无 | 444 | 全国报刊索引 |
| 83 | 《中国文化建设协会河北分会会刊》 | 1 | 有 | 200 | 全国报刊索引 |
| 84 | 《津南农声》 | 4 | 无 | 885 | 全国报刊索引 |
| 85 | 《河北教育半月刊》 | 17 | 有 | 1890 | 全国报刊索引 |
| 86 | 《河北民政月刊》 | 7 | 有 | 2226 | 全国报刊索引 |
| 87 | 《河北农林学刊》 | 1 | 有 | 173 | 中国国家图书馆 |
| 88 | 《河北省捐税监理委员会会议汇刊》 | 2 | 无 | 295 | 全国报刊索引 |
| 89 | 《河北省营三矿月刊》 | 3 | 有 | 318 | 全国报刊索引 |
| 90 | 《农友（定县）》 | 1 | 无 | 21 | 全国报刊索引 |
| 91 | 《培德月刊》 | 14 | 无 | 901 | 全国报刊索引 |
| 92 | 《文化前哨月刊》 | 16 | 无 | 909 | 全国报刊索引 |
| 93 | 《紫光》 | 1 | 有 | 199 | 中国国家图书馆 |
| 94 | 《冀东政府公报》 | 18 | 有 | 2494 | 中国国家图书馆 |
| 95 | 《民教月刊》 | 1 | 无 | 107 | 全国报刊索引 |
| 96 | 《井矿月刊》 | 8 | 有 | 582 | 全国报刊索引 |
| 97 | 《河北高等法院季刊》 | 2 | 有 | 828 | 全国报刊索引 |
| 98 | 《财政研究》 | 12 | 有 | 314 | 全国报刊索引 |
| 99 | 《烽炎》 | 4 | 有 | 113 | 全国报刊索引 |
| 100 | 《农民须知》 | 12 | 有 | 294 | 全国报刊索引 |
| 101 | 《河北棉产汇报》 | 40 | 有 | 1016 | 全国报刊索引 |
| 102 | 《望益》 | 14 | 无 | 192 | 全国报刊索引 |
| 103 | 《合力周刊》 | 2 | 无 | 23 | 全国报刊索引 |
| 104 | 《河北省立工业学院学报》 | 1 | 无 | 245 | 全国报刊索引 |
| 105 | 《唐大学生》 | 3 | 有 | 88 | 全国报刊索引 |
| 106 | 《北光》 | 1 | 无 | 18 | 全国报刊索引 |
| 107 | 《平民半月刊》 | 1 | 有 | 4 | 全国报刊索引 |
| 108 | 《黄农月刊》 | 2 | 有 | 50 | 全国报刊索引 |

续表

| 序号 | 刊名 | 现存期数 | 创刊号 | 现存总页数 | 电子期刊数据库来源 |
|---|---|---|---|---|---|
| 109 | 《永年教区校友会年刊》 | 1 | 无 | 267 | 全国报刊索引 |
| 110 | 《文会期刊》 | 1 | 有 | 78 | 全国报刊索引 |
| 111 | 《务实》 | 7 | 有 | 250 | 全国报刊索引 |
| 112 | 《农建旬刊》 | 11 | 无 | 171 | 全国报刊索引 |
| 113 | 《兴华（保定）》 | 1 | 无 | 63 | 全国报刊索引 |
| 114 | 《学友》 | 1 | 有 | 72 | 中国国家图书馆 |
| 115 | 《园艺季刊》 | 2 | 有 | 311 | 全国报刊索引 |
| 116 | 《永清县治安维持会县政月刊》 | 1 | 有 | 65 | 中国国家图书馆 |
| 117 | 《德风》 | 2 | 有 | 122 | 全国报刊索引 |
| 118 | 《长芦盐务管理局民国二十八年年报》 | 1 | 无 | 64 | 全国报刊索引 |
| 119 | 《玉田半月刊》 | 1 | 有 | 28 | 全国报刊索引 |
| 120 | 《黄农双周》 | 51 | 有 | 284 | 全国报刊索引 |
| 121 | 《昌黎县政公报》 | 2 | 无 | 45 | 全国报刊索引 |
| 122 | 《河北省银行经济半月刊》 | 41 | 有 | 2285 | 全国报刊索引 |
| 123 | 《卫生》 | 1 | 无 | 52 | 全国报刊索引 |
| 124 | 《新冀东》 | 1 | 无 | 19 | 全国报刊索引 |
| 125 | 《团刊（河北）》 | 7 | 无 | 162 | 全国报刊索引 |
| 126 | 《天津市商情变动》 | 9 | 有 | 274 | 全国报刊索引 |
| 127 | 《唐院月刊》 | 2 | 无 | 24 | 全国报刊索引 |
| 128 | 《银河》 | 3 | 有 | 48 | 全国报刊索引 |
| 129 | 《保师附小校刊》 | 2 | 有 | 190 | 全国报刊索引 |
| 130 | 《工农兵》 | 3 | 无 | 116 | 全国报刊索引 |
| 131 | 《河北省立工学院半月刊》 | 26 | 无 | 232 | 全国报刊索引 |
| 132 | 《歌与剧（河间）》 | 4 | 无 | 254 | 全国报刊索引 |
| 133 | 《国立唐山工学院四十二周年纪念特刊》 | 1 | 无 | 26 | 全国报刊索引 |
| 134 | 《石门市政府公报》 | 3 | 无 | 104 | 全国报刊索引 |
| 135 | 《昌农月刊》 | 2 | 有 | 45 | 全国报刊索引 |
| 136 | 《河北教育月刊》 | 3 | 无 | 152 | 全国报刊索引 |
| 137 | 《警风月刊（保定）》 | 2 | 有 | 80 | 全国报刊索引 |

续表

| 序号 | 刊名 | 现存期数 | 创刊号 | 现存总页数 | 电子期刊数据库来源 |
|---|---|---|---|---|---|
| 138 | 《河北省银行月刊》 | 5 | 无 | 192 | 全国报刊索引 |
| 139 | 《银行月刊（石家庄）》 | 3 | 有 | 167 | 全国报刊索引 |
| 140 | 《唐院季刊》 | 2 | 有 | 48 | 全国报刊索引 |
| 141 | 《冀中教育》 | 8 | 有 | 378 | 全国报刊索引 |
| 142 | 《唐钢》 | 1 | 有 | 100 | 全国报刊索引 |
| 143 | 《八师校刊》 | 1 | 无 | 158 | 全国报刊索引 |
| 144 | 《疾呼》 | 2 | 无 | 21 | 全国报刊索引 |
| 145 | 《壬申医学》 | 5 | 无 | 1226 | 全国报刊索引 |
| 146 | 《河北省立医学院半月刊》 | 5 | 无 | 21 | 全国报刊索引 |
| 147 | 《文昌》 | 5 | 无 | 687 | 全国报刊索引 |
| 148 | 《乡民旬刊》 | 5 | 无 | 60 | 全国报刊索引 |
| 149 | 《正中校刊》 | 9 | 无 | 397 | 全国报刊索引 |
| 150 | 《北戴河海滨公报》 | 1 | 无 | 31 | 全国报刊索引 |
| 151 | 《乡民（河北）》 | 19 | 无 | 228 | 全国报刊索引 |
| 152 | 《河北省公报》 | 4 | 无 | 93 | 全国报刊索引 |
| 153 | 《石门物价月报》 | 45 | 有 | 180 | 全国报刊索引 |
| 154 | 《新河北》 | 6 | 无 | 579 | 全国报刊索引 |
| 155 | 《晋察冀画报》 | 5 | 无 | 118 | 全国报刊索引 |
| 156 | 《唐山土木副刊》 | 1 | 无 | 16 | 全国报刊索引 |
| 157 | 《晋察冀画报丛刊》 | 1 | 无 | 27 | 全国报刊索引 |
| 158 | 《通讯往来》 | 7 | 无 | 165 | 全国报刊索引 |

注：部分期刊存于多个数据库，此表仅列一处。

＊表示根据目前数据库存刊统计的大致总页数。

附 录 三

# 重读《新闻纸与其社会的任务》[*]

1928年，国民党执掌全国政权后，北洋时期较为宽松的新闻舆论环境得以终结。南京国民政府根据"以党治报"的方针和新闻统制的思想，于1928年6月开始建立了新闻宣传审查制度，并出台了《指导党报条例》《指导普通刊物条例》《审查刊物条例》等条例，企图进一步牵制思想界和新闻界。进步人士以报刊为阵地，开展革命文化运动，如创造社曾出版《创造季刊》《创造周报》《文化批判》等刊物，提倡"新文学建设"；太阳社创办《太阳月刊》提倡无产阶级革命文学等。共产党人也在"地下"坚持出版，如《红旗》周刊[①]就是在这个时期出版发行的。

这一年，直隶省改制为河北省，省内政治、经济、文化等方面都在相对稳定的局面中有了发展，新闻出版业也获得了进步，创刊和出版了多种报刊。由河北保定育德中学同学会主办的《育德月刊》便在此时期创刊，该刊除了登载国内外名家的文学作品外，还涉及生物、化学等自然科学方面的文章，同时对国内外政治、经济形势也发表有评论。《育德月刊》在创刊号中的"育德同学总会启事"中明确指出，"凡我同学会无论何项投稿均有欢迎，望各地同学源源惠寄以便分期登载"[②]。该刊内容丰富，政治性和批判性较强，起到了启发民智、动员民众以及舆论监督的作用。

---

[*] 金强、刘艳东：《时局谛认、见识体认与意义追认：重读〈新闻纸与其社会的任务〉》，《新闻论坛》2022年第2期。

[①] 1928年11月，中共中央在上每创办《红旗》周刊，后改为三日刊，由中宣部主编。1930年8月与《上海报》合并，出版《红旗日报》。

[②] 《育德同学总会启事》，《育德月刊》1928年第1期。

附录三 重读《新闻纸与其社会的任务》 / 491

**一 对于"新闻纸"定义与分类的认知**

《新闻纸与其社会的任务》一文载于1928年第一卷第3期的《育德月刊》，共计22个页码，作者为张炳钧。其具体的创作时间为1928年11月22日，创作地点为保定。全文8000字，对于当时时势与时事都做了研判，对于"新闻纸"的定义、新闻纸的职责以及当时流行且重要的观点做了考辨。这篇稿件，在全刊中较为醒目，一定程度上彰显了育德中学创办刊物的"初心"，即"抵御精神侵蚀，力促精神觉醒和行为独立，是育德中学同学会赋予《育德月刊》的使命"①。

张炳钧认为："新闻纸之名词，在英文为Newspaper，国人亦有称之曰'报纸'，或'报章'，或简称之曰'报'。"② 具体来说，张炳均按内容将新闻纸分为三类；又对美国密苏里大学新闻学院威廉士博士依照新闻纸的性质、形式和它的来源，按国家的观念，对将新闻纸分为四种的观点进行了分析，并援引戈公振对新闻纸的表述，提出新闻纸的职责乃是提供实质的新闻；在参考了徐宝璜先生对新闻所下的定义"新闻者，乃大多数阅报人所注意之最近发生之事也"后，张炳均提出了自己关于新闻纸的定义。

（一）依据内容对新闻纸进行划分

我国早期报纸（刊）内容丰富，往往不限于刊登每日新鲜之事。如由米怜创刊于1815年的《察世俗每月统记传》（*Chinese Monthly Magazine*）便是一本涉及宗教、自然科学知识、新闻等内容的月刊。梁启超任主笔的《新民丛报》则主攻政论，是资产阶级改良派的武器，对每日发生的新奇之事也较少关注。张炳钧根据所发行刊物的特点，按内容将新闻纸划分为三类：专门供给新闻，传播消息的；提意见，批评时政、实事的；讨论学术，既不传播消息，也不批评事实，专门研究各种科学的发现的。③ 将新闻纸按内容进行划分，只是归类新闻纸的一种视角，凡是

---

① 金强、胡诗语：《精神演武与出版砥砺：红色校刊〈育德月刊〉出版研究》，《保定学院学报》2020年第5期。
② 张炳钧：《新闻纸与其社会的任务》，《育德月刊》1928年第3期。
③ 张炳钧：《新闻纸与其社会的任务》，《育德月刊》1928年第3期。

内容完备的大报，无不是三者内容皆有之，且不限于此三类。

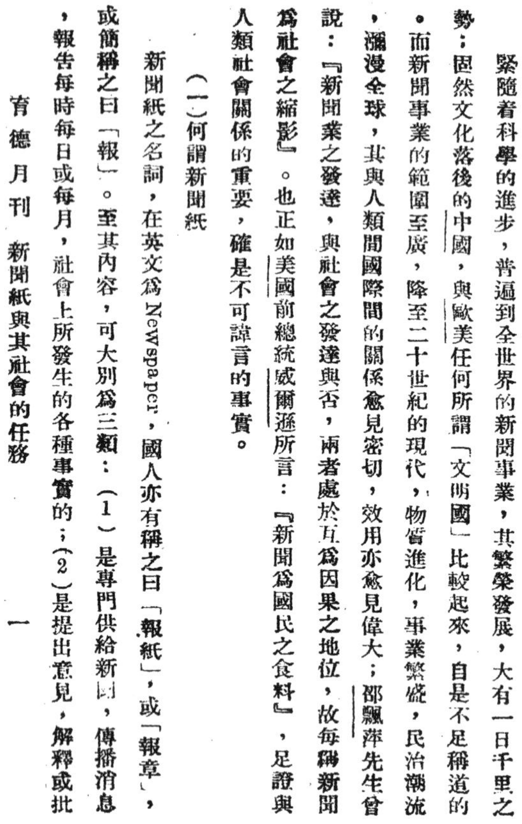
新聞紙與其社會的任務

張炳鈞

緊隨着科學的進步，普遍到全世界的新聞事業，其繁榮發展，大有一日千里之勢；固然文化落後的中國，與歐美任何所謂「文明國」比較起來，自是不足稱道的。而新聞事業的範圍至廣，降至二十世紀的現代，物質進化，事業繁盛，民治潮流，彌漫全球，其與人類間國際間的關係愈見密切，效用亦愈見偉大；邵飄萍先生曾說：『新聞業之發達，與社會之發達與否，兩者處於互爲因果之地位，故每稱新聞爲社會之縮影』。也正如美國前總統威爾遜所言：『新聞爲國民之食料』，足證與人類社會關係的重要，確是不可諱言的事實。

（一）何謂新聞紙

新聞紙之名詞，在英文爲Newspaper，國人亦有稱之曰「報紙」，或「報章」，或簡稱之曰「報」。至其內容，可大別爲三類：（1）是專門供給新聞，傳播消息，報告每時每日或每月，社會上所發生的各種事實的；（2）是提出意見，解釋或批

育德月刊　新聞紙與其社會的任務　一

**图1 《新闻纸与其社会的任务》的版面形态**

（二）认为新闻纸的职责是供给新闻

美国密苏里大学新闻学院威廉士博士将新闻纸分为：注重批评时政的英国式；重视传播效果和技巧的法国式；讨论学术思想的法国式；以新闻消息为重，重视新闻时效性的美国式。张炳钧认为，凡此分类虽然各有其侧重，但支持全体的唯一骨干，则终究是新闻莫属的。上海时报记者戈公振在其著作《中国报纸进化之概观》中也提出：民国成立以后，报纸渐多，形式已归一律，其内容亦新闻日增，而文艺日减，足见供给新闻的重要性。只有在获得了准确无误的新闻事实的前提下，进行时事批评才有可信度。再加上民众对新鲜事件的渴求，新闻纸的新闻性愈发

凸显。

（三）重新定义了"新闻纸"

徐宝璜先生曾对新闻下过如下定义：新闻者，乃大多数阅报人所注意之最近发生之事也。其定义重点解释了如下两个要点：新闻为最近发生的事，新闻为大多数人所注意的事，也就是"时新性"和"重要性"。"时新性"自不必说，消息则赖以灵通，凡过去稍久的事，阅报人早经闻知，则报纸上自无再事登载的必要了。① 对于"重要性"，张炳钧在文章中也有论述，可概括为两种。其一为与社会民生关系密切之事；其二为引起读者兴趣的奇异之事。张炳钧以国民政府某委员染病引人关注为例来解释新闻的"重要性"，以"狗咬人非新闻，人若咬狗则为地道的好新闻"来喻指新闻的"时新性"。其后张炳钧将新闻纸定义为：一类为，刊登的内容须满足关乎人类社会需求，具有"新""速""确"等特点，兼具非常之事件的新闻事实；二类为，解释批评实事、介绍学术，分门别类，有次序的，艺术化的，刊之于纸张，以供人闻觉者。

## 二 对"新闻纸"社会任务的深刻剖析

彼时的新闻纸，以及现在的各种新闻媒体都是社会公器，都具有重要的社会职责。西方甚至将新闻媒体视为约定俗成的与行政、立法、司法平行的"第四权力"，足见其重要性。张炳钧认为，新闻纸与社会文明程度成正相关关系，是近代文明产生的主要原动力之一，其之于社会所扮演的角色可概括为"社会的公证人""舆论的表现者"以及"革命的辅助者"。

（一）认为新闻纸应该是"社会的公证人"

"公证人"是一个法律概念，根据《公证法》的规定，公证员（人）是符合本法规定的条件并在公证机构从事公证业务的执业人员。通俗地讲，就是当甲方与乙方发生矛盾，双方互相商讨并提出确切的解决方案，但此方案需第三方的监督评判时，作为丙方的公证人出现。张炳钧将新闻纸比喻为"社会的公证人"，是因为新闻纸的任务就是将人类社会发生的任何种类的事实，或人为的，或天然的，一丝不走样地记述下来，而

---

① 张炳钧：《新闻纸与其社会的任务》，《育德月刊》1928 年第 3 期。

人们便根据报纸的内容进行价值判断。新闻纸因此成为人们评判真伪与善恶的衡量标准，也就是"公证人"。

而要成为社会的公证人，就要求新闻纸具有"不偏不倚，不党不私"的公共性和公正性。那么，如何使得新闻纸具有且保持好公共性和公正性呢？其根本在于记者或报人能够自由地刊登关切社会的内容，且保持内容的客观性。新闻自由思想源于约翰·弥尔顿的经典之作《论出版自由》，该书根据"天赋人权"和"主权在民"的思想，对封建专制制度对人民自由的剥夺进行了深刻地批判，并提出出版自由是人类与生俱来的权利。客观性思想随着自由主义思想一道影响了清末及民国前期的中国新闻界，并在梁启超、王韬、汪康年等报界巨擘的努力下逐渐深入人心。随着1928年后南京国民政府新闻管控的施行，报界尽是歌功颂德之辞，新闻纸的公共性和公正性逐渐弱化。张炳钧深感新闻界"不自由"之风气，在文中对政府和新闻纸的关系提出了自己的见解。

张炳钧重申了来源于西方新闻界并由梁启超提出的"耳目喉舌论"。正如马克思所言：报刊按其使命来说，是社会的捍卫者，是针对当权者孜孜不倦的揭露者，是无处不在的耳目，是热情维护自己自由的人民精神的千呼万唤的喉舌。新闻纸之所以能够成为社会的"耳目"，必然是要"耳聪目明"即具有获得真实新闻的自由，作为"喉舌"，则要求为民众为社会公义去发声。新闻纸作为社会的"耳目喉舌"是其能够成为"社会公证人"的前提，任何一国的人民，如若想要判断政府的行为是否恰当，其判断的依据是发布在新闻纸上的真实信息。所以，新闻纸发布的消息须客观、真实、公正，不仅是要跟随政府的意见发表出来，而且要伴随有价值与合理的反对政府之人的意思发表出来，给全国人民查看。而政府决策者们，即使有超世之才，也免不了有疏漏，因此也就有了被监督的重要理由。而新闻纸正是提供了这样一个平台，新闻纸披露社会事实，而人民对于公共的事务，或党政要事，都借此而得到认知的根据，并发表意见以供参考，因此，新闻纸才无愧于诚实无欺的"公证人"的称号。

（二）认为新闻纸应该是"舆论的表现者"

"舆论"一词，最早见于《三国志·魏书·钟繇华歆王朗传》，其中"舆论"即公众的言论，或公众的意见。张炳钧将其解释为：关于政治的公众的意见。这个定义涉及两方面的关切，其一是"政治"，其二是"公众"。孙中山这样解释政治的含义:"政是众人的事,治是管理,管理众人的事,即政治"。张炳钧如此看重政治与舆论,自然与当时的社会环境密不可分。经过了所谓"辛亥革命",社会转变为军阀专政形态,人民只可"在商言商""在农言农""不谈政治",茶肆酒楼里都要大书特书"莫谈国事"。这种风气对普通民众是十分不利的,"不谈政治"所造成的后果是"不要革命",民众在遇到军阀暴虐欺压时,便只能听天由命,无可奈何。所以,社会需要唤起民众革命的意识,培养其政治参与的能力,而新闻纸正如上文所论,乃是社会的"公证人",其功能是要为社会公义发声。因此,其充当舆论表现者的角色是恰当且公允的。

那么,该如何为公众发声,充当民众意见的表现者呢?"执舆论牛耳"的梁启超先生曾经提出新闻纸具有"监督政府和向导国民"的"两大职能",并认为报馆有两大天职:"一曰对于政府而为其监督者,二曰对于国民而为其向导者",并明确指出报馆可以代表舆论发挥监督职能,"舆论无形,而发挥之、代表之者,莫若报馆,虽谓报馆为人道之总监督可也。"[1] 在当时民众思想尚不完全开化的情况下,张炳钧是赞同政府在新闻纸上宣传国民党"以党治国"的理论的,但以党治国,是以党义治国,而非以党员治国。党义宣传的目的是使全国任何界别的人士,都能够明了党义,从而起到向导国民、努力参加国民革命,促成三民主义实现的目的。而是否能够监督政府,是新闻纸能否表现公众舆论的前提。戈公振先生在考证了旧时官报后,曾发出如下感慨:透析漫长的中国官报史,不过是皇帝官吏沟通信息的工具,与广大庶众无缘,很多报道是遮人耳目,愚民泯智。政府"专权"压制自由言论,其实是在维护一小部分统治者的利益,新闻记者如若受其摆布,或者及尽谄媚讨好专制政府,便不能代表广大民众的意见,就不能说是舆论的表现者。

要极力营造真正属于民众的舆论,张炳钧深切地指出,首先要政府知晓民众所需,给予其充分言说革命之自由,革命党之施政,自然要根据舆论来进行判断,可舆论从何而来?舆论应该是一般民众的公共意见,新闻纸实为将其意见汇总在一起的载体,所以记者的天职便是代表舆论,举凡民众欢笑呻吟哭泣呼喊之声,莫不应活跃在纸上。其次,新闻纸不

---

[1] 中国之新民:《敬告我同业诸君》,《新民丛报》1902年第17期。

仅有代表舆论的作用，还应有指导或监督舆论的责任。清末之际，中国新闻纸虽然仍旧势力薄弱，但其鼓噪革命，为普通民众之解放呼号，遇重大事实，发挥一致的论调，使舆论的势力涌现一时，对推翻帝制以及军阀复辟起到了关键作用。对于表现社会实际状况，解释内幕，使得民众认清实际所处环境，指正其平庸与不妥，发表进步而完善的舆论，新闻纸是责无旁贷的。行使好了这些权力，也就无愧为"舆论表现者"的角色了。

（三）认为新闻纸应该是"革命的辅助者"

毛泽东曾说，枪杆子里面出政权。其实革命的胜利不但要靠枪杆子，也得靠笔杆子，也就是要在发展军事的同时，注重新闻纸的宣传作用。孙中山就曾极力地赞许新闻纸宣传的作用："革命成功，全仗报界鼓吹之力"，甚至认为"革命成功极快的方法，宣传要用九成，武力只可用一成"[①]。在此种思想的指导之下，资产阶级革命派报刊活动家于右任就曾创办《民呼日报》《民吁日报》《民立报》等报纸，并使之成为宣传革命的"重镇"。民国建立后，孙中山又在《民报发刊词》中重申报刊对革命宣传的作用，称革命报刊应把"非常革新之学说，其理想灌输于人心，而化为常识"，足见报纸对革命开展的重要作用。张炳钧认为，新闻纸能够辅助革命，其理由有二：其一是，新闻纸是宣传鼓噪革命的利器，能够引导民众心理走向革命；其二就是新闻纸的"平民化"特点，平民教育是普及的教育，而新闻纸是宣传普及最好的工具。

培养普通民众的知识素养和革命思想，是一个较为漫长的过程。在当时的社会条件下，新闻报纸乃是最高效、最便捷、最广泛、最深刻的大众传播媒介，其起到的教育国民的作用是不容忽视的。革命宣传与教育民众是相辅相成的，唯有革命思想之民众，才有革命思想之宣传。社会风俗和思潮的改变，需要一般民众知识水平和道德情操的提高，而教育是改变之始。在当时国贫民弱的社会环境下，教育资源在各地是极其不平衡的，高等院校也只是存在于仅有的几座大城市里，因此，新闻纸的平民属性就发挥了关键的教育民众的作用。梁启超先生对新闻纸的这种思想启蒙、智识启发的功能也深表赞同，他认为欲维新吾国，当先维

---

① 《孙中山全集》第8卷，中华书局1981年版，第568页。

新吾民。中国之所以不振，由于国民公德缺乏，智慧不开，故本报专对此病而药治之。① 张炳钧在文中也指出，新闻纸负有教育上的使命，这是大家所公认的，而好的新闻纸，亦莫不是促成人类进步的先锋队——亦即是革命的辅助者。张炳钧还对当时一些"不革命""假革命"甚至是"反革命"的新闻纸提出了批评，认为其不但没有革命的色彩，反而时带封建的臭味。批评之余，张炳钧也对"辅助革命"的新闻纸提出了几点建议，具体可概括为：宣传革命之党义，培养"真革命"的精神；迅速地报道国内外重大新闻事件，尽量多地采用国内通讯社的新闻稿，而不是借助于类似"路透""东方"等外国通讯社的稿件；不刊登带有封建臭味的内容，着重报道普通民众的事件，不谄媚，不逢迎权贵；介绍新知识、新思想以启迪民智，切实负起表现舆论与引导舆论的责任。

### 三 承载的时代精神、进步意义与启示

由于电子通信技术的发展和互联网的普及，普通民众不再担心有没有"新闻"，而是为卷入滚滚的信息洪流而烦恼。技术的进步使得各种信息泛滥的同时，也不禁使得学界和业界对新闻业的未来发展陷入深深的思考。当大家都在遵循技术的逻辑，不断改进新闻采写、新闻发布、舆论互动方式的时候，是否已经成为工具理性下被异化的对象呢？新闻是什么？新闻工作者的职责又有哪些呢？

当下的一些媒体和媒体人在拥抱技术和资本的同时，是否已经忘记了新闻记者天生的职责？怎样才能建设一个健康而繁荣的新闻界，是诸多学者和业界人士不断思考的问题。以史为镜，可以知兴替；以人为镜，可以明得失。张炳钧这篇文章虽然写于 1928 年，且是对当时特定社会环境下新闻纸及其社会责任的论述，但其提出的"社会的公证人""舆论的表现者"以及"革命的辅助者"等观点和思想至今仍然具有借鉴意义，并可给新时代新闻工作者以诸多启发。

普利策曾这样比喻记者的职责，他说：倘若一个国家是一条航行在大海上的船只，新闻记者就是站在船头的瞭望者，他要在一望无际的海

---

① 梁启超：《发刊词》，《新民丛报·创刊号》1902 年 2 月 8 日。

面上观察一切,审视海上的不测风云,并及时发出警报。新闻记者的重要性不言而喻,张炳钧虽然没有直接提到记者的职责和作用,但字里行间都在提到"新闻自由"和"新闻真实"。"新闻自由"是呼吁当权者给予新闻界充分的采访权和信息发布权。而发布真实的新闻内容,则是对作为内容采集者的记者的要求。徐宝璜也对记者的个人秉性提出了要求,他认为,报人全力提供真实的新闻,发表评论要立足事实,不得弄虚作假;他告诫记者不能有意颠倒事实,散播谣言,更不能对当权者谄媚。新闻纸须掌握在正确而高尚的人手中,正如钱锺书所言:"夫新闻纸之设,其意何自防哉?盖有褒贬之笔寓于其间焉,非且良史之才不能膺作新闻纸之任。"[①] 这正是保证新闻业健康发展的重要力量。纸媒时期,谣言的散播和假新闻的泛滥已经造成了显而易见的破坏性后果。网络时代,假新闻和谣言的传播速度更是呈指数倍增长,几乎每年都有同类型的假新闻多次出现,影响极其恶劣。由于背后的资本运作和技术加持,假新闻还有其生存的土壤,一时难以禁绝。作为新闻记者,能做的也就是要自身保持操守,不制作发布谣言和假新闻。

"思想教化""文化浸润"与"平民教育"是民国时期新闻纸的重要社会功能。徐宝璜在深切赞叹新闻纸这一功能的同时,指出在"新闻纸"的作用与影响下,"国民之政治思想,赖以养成;社会之道德智识,赖以涵育"[②]。张炳钧在文中也指出平民教育是普及的教育,而新闻纸是宣传普及最好的工具,可见当时的新闻纸在教育普及方面所做的贡献是不可替代的。如今,我国的教育体制已渐趋完善,加上互联网的助力,在线教育成为一股风尚,人们获取知识只需轻轻点击几下鼠标,而新闻纸的平民教育功能则显得渐趋衰落。在互联网时代,尤其是智能手机的普及使得每个人都可以自由表达个人观点,一时间各种网络文化兴起,同时"拜金主义""泛娱乐化""审丑"等现象也在网络空间里野蛮生长,良莠不齐的信息与观点影响着人们的价值判断。民国时期的新闻纸是通过介绍西方的自然科学知识,以及变法革命思想来培养普通民众的革命意

---

① 钱锺书主编,李天纲编校:《万国公报文选》,中西书局2012年版,第87页。
② 张育仁:《自由的历险:中国自由主义新闻思想史》,云南人民出版社2002年版,第279页。

识，从而实现"思想教化"的作用。而如今的新闻界以及其所属的新闻机构的使命也有了一些变化，不再是"思想教化"，更像是梁启超先生所提到的"向导国民"。宣传社会主义核心价值观及正能量事迹，是新时期新闻宣传的重要任务，而同时，这些工作的完成也有力促进了网络空间的净化。而张炳钧先生在文中以"舆论的表现者"来论述新闻纸"向导国民"与"舆论监督"的职责，尤其认为民众之舆论是革命党施政的依据，新闻纸具有指导和监督舆论的责任。显而易见，舆论监督同样是新闻纸重要的社会功能之一。

随着西方文化的输入和观念的影响，报刊媒介的监督功能也被运用到中国。清末时期的《大公报》称，就报章而言，以指导舆论、监督政府为唯一之天职者，报纸为医治社会的良药，"有化生之功用"，并在其社论《现政府与责任内阁》中最早使用了"舆论监督"这一新词汇，用于表达监督政府中意味。随后"舆论监督"便频繁出现在民国的各大报纸之上，如《大公报》《东方杂志》等。在中国特色社会主义建设新时期，舆论监督已不再局限于马克思所处时代的报刊监督以及我国党报的报纸批评功能，而是具有了适应时代发展的新功能，并强化了新闻工作者的职责和使命。而这种职责和使命，习近平总书记将其概括为"澄清谬误、明辨是非""激浊扬清、针砭时弊"。不管信息传播技术如何发展，传播新闻的载体如何变化，舆论监督的要求是不变的，那就是张炳钧所提到的：记载新闻，表现实际社会状况，使人人认清自身所处的环境，与其隐现的变迁；并解释其内幕，批评其当否，使人人有明确的观念；反映民众的意见，指正其平庸与不妥。

张炳钧先生的《新闻纸与其社会的任务》一文，虽然是对1928年前后我国新闻界及新闻纸社会任务的探讨，但由于其独到的见解以及对时势的精准判断，仍然对今天的新闻工作有重要启发。其将新闻纸的角色设定为："社会的公证人""舆论的表现者"以及"革命的辅助者"可谓匠心独运。高速链接的信息社会，新闻媒体的"社会公证人"角色似乎受到了一定程度的削弱，但依然是大众评判社会及事实的可靠来源；做好"舆论的表现者"是如今媒体应当努力完善的职责，只有真实反映大众的观点才是真正的舆论；"革命的辅助者"是时代的产物，新闻纸对当时的革命宣传起到了巨大的作用，不亚于发动武装斗争，因此"革命斗争"的思想永远不能丢。时代在变化,新闻媒体以及新闻工作者的"社会瞭望者"角色不会改变,做好新闻工作的历史使命和时代要求也不会改变。

# 后　　记

　　2009年前后，我开始参与导师白贵教授主持的国家社科基金课题"中国近现代回族报刊史研究"，并着手进行基础资料搜集工作，此间亲眼得见不少民国时期的老旧报刊，并存留了大量的资料照片，特别对一些珍稀报刊有过眼的亲切感与仪式感。课题筹备期间，我还专程访问了北京市平谷区"世纪阅报馆"馆长李润波先生，通过李先生的介绍，得见了更多珍贵的民国报刊原件，其可谓"蔚为大观"。此外，我还到北京知名学者张巨龄和马博忠先生的家中求教，一览两位前辈有关民国报刊的个人收藏。正是这样一些非常珍贵的记忆组合，将我对于民国期刊的专业志趣推向了一个新的高度。

　　同时，由于编辑出版学专业的教学特点和培养要求，我也在十余年间经常带领编辑出版学专业学生赴京参观中国印刷博物馆、中国出版文化展览馆，对于不少印刷品实物也反复叠加直观记忆。积累之余，我也着意在一些相关课程讲授中加入有关民国期刊的知识介绍和资料分析。自2010年参与的国家社科基金课题结项后，我便开始着手有关民国河北期刊的收集工作。

　　得益于国家图书馆对民国报刊的数字化转化，我带领部分本科生进行了初步的电子资料收集与整理。从2010年开始，我首先带领2007级编辑出版学专业本科生秦逸同学整理出了《民国时期河北报刊出版总表》。而后2011年，又有2007级编辑出版学专业的朱波同学，在我的指导下完成了对《幽燕》一刊的研究。紧接着2009级编辑出版学专业的曾令、卢林冬、姚金侠、石欢欢、时利英、洪建军等6位同学，以学年论文的形式完成了对《望益》《警风月刊》《建国漫画旬刊》《疾呼》《河北民国日报副刊》和《烟》的研究。同在2011年，我又在此基础上申请到了保定市哲学社会科学基金课题"民国时期保定市报刊出版史研究"，并于2014年结项。之后，我又断断续续开展了一些相关研究工作，主要是补充对重要期刊个案研究的空白。2017年5月，经过了近10年的积淀，我申请到了河北省社科基金2017年年度项目"民国时期河北报刊出版研究"（HB17XW005），并带领2015级的周聪、姚恒威、唐甸重、刘海钢、胡诗语、张畅，2016级的王思凡、张子茜、王瑞雪、刘梦娇、杨智媛、刘雪飞、牛瑶、顾悦、黄瑞，2017级的冉育华、曹静、张倚烨、马怡然、王玉晴、肖扬，2018级的刘靖宜、范蕊、冯丽颖，2019级的童怡晨、霍菲、周雅菲、王雨荷等同学，继续开展相关研究工作。其中的一些重要个案研究成果，已经在多个专业刊物上发表。该项目于2020年结项，并获得了良好的评级。其间，我又指导了2017级出版专硕王广坦同学、2018级出版专硕回笑哲同学以及2019级出版专硕的张旭阳同学（辅助指导）完成了三篇以民国河北期刊为题的出色的硕士论文。此外，2020级出版专硕刘通、王一栋两位同学也协助做了一些基础性工作，并完成了实业类期刊和文学类期刊的专门研究。目前这一议题，仍在我的研究规划中，继续稳步推进。

我所开设的本科生专业课程《期刊出版研究》，单独将民国报刊研究作为一个专题加以介绍，课程讲授中河北大学工商学院2015级编辑出版班全体66位同学辅助我做了大量的原始资料收集工作。研究期间，我又获赠了内蒙古大学文学与新闻传播学院张丽萍教授撰写的《民国时期内蒙古报刊史研究》一书，收获了很多写作灵感。十年间，针对民国河北期刊专题，我带领本硕学生们撰写并发表了十余篇论文，每一篇都凝结着浓郁的师生友谊，也都经过了字字句句的反复斟酌与修改。随着学生毕业离开，留下的这些合作文章，也成了珍贵的专业印痕和成长记忆。值得一提的是，同学们在跟我做课题的过程中，要强迫自己去阅读民国期刊，全部同学做完之后表示基本功都得到了锻炼和提升，也都完成了质量较高的学年论文和毕业论文。当然，同学们交上来的稿子，我逐字逐句批改，稿子的修改遍数都在五次以上，多的会超过十次，每一个版次都是师生专业水平共同进步的见证。我想，整个过程是研究性质的，也是教学性质的，是足以令人印象深刻的"有后劲儿"的研究。至于每一篇论文的发表，都倾注了后期大量的审核和校对、修改的心血，让人真正体会到了"改句难于造篇"的辛苦。当然，文章水平的提高也离不开后期合作者以及已发表期刊的多位编辑朋友对稿件的悉心审校，在此一并表示深深的谢意。

2017年4月1日，雄安新区被确立为国家级新区，成为千年大计、国家大事。2022年北京、张家口合办冬奥会，燕赵大地正在向着更为宏伟的目标迈进。而身处保定的我，更深切地感觉到应秉承京津冀文化一体、出版一脉的宗旨和精神，深入挖掘京津冀之间的无法割裂、无法斩断，必须放在一起来言说和分析的传统文化根脉。历史上的燕赵大地，曾多次出现过思想活跃期和变革突破期，而民国时期也正属于这样的绝佳时段之一。民国时期的河北期刊，对于农耕、海洋和游牧三种文明基因的糅合式表达，对于长城内外的"一视同仁"，都是清晰和明确的。这其中饱含的爱国理想与变革精神，展现的为人标准与行文风范，诉说的动人情感与家园故事，都是一笔笔巨大的文化财富和智慧宝藏。

对于民国时期河北期刊出版的研究，我虽然已积累了十年有余，但也只能算是刚刚起步，坚持过程颇为不易。而让这一个个应该呈现更加光亮色彩的期刊"明珠"，重新被擦拭并闪烁于燕赵大地、芳香于河北沃土便是我的"初心"。

本书的写作，需要进行大量的截图、修图和打印工作，依托于原始文本的影印件并要辩别刊物的具体属性，这个下载、整理和辩认的过程也是艰辛的。市面上和一般图书馆里很难见到这些散佚各地的期刊，个别流落到古旧书刊市场上的，价格也都奇高，因此没有各大相关数据库的支持，这项研究工作几乎是无法顺利开展的。

本书出版应感谢为本书的编校付出辛苦努力的安芳编辑的精心审校，感谢为书稿整理和初稿撰写付出艰辛劳动的各位同学以及相关合作者。本书的出版，还应感谢再次特别河北大学新闻传播学院和河北大学燕赵文化高等研究院以及河北省社科院（河北省社科联）的大力支持。

本书虽经多次校对，但正文中错漏之处仍在免难免，恳请专家学者与读者朋友们批评指正。

金　强

2021 年 11 月 19 日

于河北大学新校区德翰园

　　此外，还要向为本书题写书名的著名书法家李纯博先生表示特别的感谢，亦对中央民族大学杨桂萍教授表示特别的感谢！此书稿在定稿后临出版之际，我怀着略微忐忑的心情通过杨桂萍教授向李纯博先生求本书的题签，没想到两位伉俪老师欣然应允，并在三天内为我的邮箱发送了题签，令我倍感荣幸与兴奋！我在书法道路上是一个初学者，有了杨老师和李老师的双重激励，我也对日后在学术和艺术方面获得更大的进步充满信心。

金　强

2023 年 7 月 7 日

补记于河北大学坤舆德翰园